西華大學
四川省人民政府文史研究館
蜀學研究中心主辦

西華大學蜀學院協辦

蜀學

第二十輯

巴蜀書社

《蜀學》第二十輯發刊辭

加强蜀學研究，爲建設文化强省和文化强國做出新貢獻。

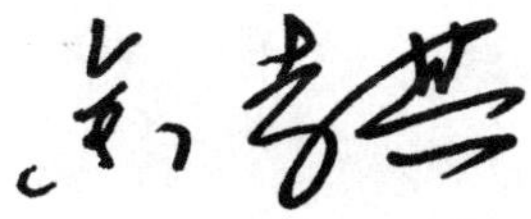

目　録

·紀念蘇東坡逝世920周年專欄·

蘇軾在徐州：詩文交往與其主盟文壇的關係 …… 楊勝寬（001）
北宋科舉論争及蘇軾的科舉改革主張 …… 張　帆（016）
蘇軾與他的初心使命 …… 潘殊閑（033）
從蘇軾寓黄書信中窺其寓黄時期的矛盾心態 …… 曹闖川（048）

·蜀中名人·

李白對董仲舒思想的積極繼承與詩性表達 …… 張思齊（059）
李白的謫仙情結及自我神仙意識 …… 鄭家治（075）
《李杜評釋》與久保天隨的李杜觀 …… 蘇　德（088）
張栻静江府治績述略 …… 任仁仁（098）
魏了翁對宋代蜀學的貢獻與影響 …… 黄劍華（106）
從劉沅到劉咸炘——雙江劉氏家族略述 …… 施　維（117）
清代蜀中著名詩人張問彤初探 …… 胡傳淮（131）

·巴蜀文獻·

李調元集外佚詩文輯録 …… 郭　齊（140）
陳希曾督學川晋奏摺彙輯 …… 許雋超　劉旭展（191）
四川省圖書館館藏成都劉氏家族著述經眼録 …… 馬　旭（204）

·蜀學史料与蜀文化史论·

巴蜀文脉"蜀石經"殘石

——兼述捐贈者、書法、書法家及其他 …………………… 唐　林（222）

南宋眉山史繩祖仕宦履績考釋 …………………… 毛　慧（236）

李乾德年譜 …………………… 馮凌雲（253）

"臨邛道士鴻都客"及"長生殿"略考 …………………… 李永庚（278）

靈岩書院師生劄記 …………………… 施廷俊（290）

·蜀海拾贝·

我從心底裏敬佩的老師

——記念陳守忠教授百歲誕辰 …………………… 張邦煒（305）

中國學術視野中的地域文化

——謝桃坊蜀學研究述評 …………………… 郭一丹（322）

朗朗賢功入雲端

——記念原温江專署教育局副局長、崇慶中學校長劉朗雲先生 ………… 葉成軍（336）

·地方學術文化論壇·

宋代南豐曾氏家風探析 …………………… 胡長海（358）

明萬曆年間湖廣右參政韓濟考述 …………………… 劉　濤（367）

稿　约

著作權使用聲明

紀念蘇東坡逝世 920 周年專欄

蘇軾在徐州：詩文交往與其主盟文壇的關係

楊勝寬

内容提要：蘇軾在徐州任職不到兩年時間，但他通過廣泛的詩文交往，結識了不少後來在元祐時期起着主力軍作用的文人才士，尤其是黄庭堅、秦觀、陳師道、參寥等人投於蘇門，爲其元祐時期主盟文壇奠定了堅實的人才基礎；而其與黄庭堅、參寥、吴琯等人往還詩文中提出的文藝主張，也爲其主盟文壇促進創作繁榮打下了重要理論基礎。

關鍵詞：蘇軾；徐州；詩文交往；蘇門人士；文藝思想

蘇軾於宋神宗熙寧十年（1077）四月到達徐州履職知軍州事，元豐二年（1079）三月離開徐州前往湖州赴任，在徐州的時間約一年十一個月，在其歷任地方官履歷中，算是比較短暫的一個任期。但在這不到兩年的時間裹，他經歷了入仕以來最大的一次主政綜合能力考驗，即黄河決堤導致洶涌洪水將要淹没徐州城，面對异常危急而複雜的形勢，他親臨一綫指揮督戰，率領全城軍民固牆築堤，奮勇抗洪，歷三月餘而洪水終於退去，徐州城得以完好保存，人民的生命財産損失被降至最低。他的沉着謀劃，身先士卒，臨危不懼，其超常的應急智慧和卓越的統籌能力，既感動了徐州軍民，也得到朝廷的嘉獎，成爲其作爲一任地方官爲徐州留下的歷史功績和寶貴遺産，也是其一生中勤政愛民、敢於擔當的成功范例。蘇軾在徐州的突出政績，歷來受到的關注與讚譽已經很多，而其在徐州的詩文交誼活動，人們的關注度還顯得不够，特别是這期間的詩文交往，與其後來元祐時期主盟文壇是否存在一定因果聯繫，似乎尚未進入研究者的審視視野。其實，對於視文學如生命的蘇軾來説，無論他身居何職何地，處於何種生存境地，文學藝術活動永遠都是其生活的重要組成部分，"君子會友以文"①，不僅是蘇軾藝術人生的成就方式，也是其能够完成一代文壇盟主使命的重要途徑。

一、蘇軾在徐州的詩文交往

蘇軾似乎生來就注定了要與名聲相終始的不平凡命運。他少年讀書時代，就以文思敏捷、才情顯露爲父母所器，被胞弟所慕。二十出頭，一門三父子入京，不僅一舉而進士取高第，而且博得考官歐陽修、梅堯臣等人的激賞。歐陽修當時就預言，"三十年後世上人更不道著我"②，并且致書梅堯臣曰："吾老矣，當放此子出一頭地。"③ 這話他還在不同場合對不同的人多次表露過。説明一代文壇領袖歐陽修對蘇軾的文學才能充滿期待，當時就有培養其成爲新一代文壇盟主的考慮。蘇軾後來在元祐七年（1092）寫詩贈同年晁端彦有詩追憶及之："'尚欲放子出一頭'，酒醒夢斷四十秋。"蘇軾自注："嘉祐初，軾與子由寓興國浴室，美叔忽見訪。云：'吾從歐陽公游久矣，公令我來，與子定交。謂子必名世，老夫亦須放他出一頭地。'"④ 蘇軾自嘉祐二年（1057）在歐陽修做主考時一舉中第，算來至寫此詩時已近四十年，如今已不負歐陽修的期許，成爲了名滿天下的文壇盟主，恩師作古，往事宛然，不免在詩中感慨繫之。在經歷人生近四十個春秋的摔打磨礪之後，蘇軾依然以歐陽修當年的期許爲念，證明他一直在朝着主盟文壇的目標努力奮鬥着。

蘇軾來徐州任知州，已年過不惑，已走過了仕途十六年的歷程。回顧之前的仕宦履歷，對於喜歡以文會友的蘇軾而言，杭州人文薈萃，名流雲集，他在倅杭期間，通過詩文酬贈等方式，結交了不少士林和方外的朋友，自謂"杭州故人頗多"⑤，以至於後來轉徙四方，還孜孜爲念，屢見於詩文。其中尤其值得一提者，則是後來成爲蘇門四學士之一的晁補之，對蘇軾的詩文極爲推崇，其《再上蘇公書》云"不佞生十五年，知讀閣下書"，讚美其文章"豪重敢決，旁肆横發，呼吸陰陽，出入鬼神，愕然莫窮其指意之所施"；"如入深山、行大澤，以觀風雲之相遭，奔騰交會"⑥。一再致書、呈送詩賦創作，希望拜於門下問學。熙寧七年（1074），蘇軾正式接納了這位對其充滿崇拜之情的好學之士⑦。晁補之利用侍父於杭之新城的機會，有近兩月的時間，在蘇軾身邊請益問道，收穫頗豐。李昭玘《上眉陽先生》

---

① （宋）蘇軾著，孔凡禮點校：《蘇軾文集》卷十《徐州鹿鳴宴賦詩叙》，中華書局，1986年版，第322頁。

② （宋）朱弁撰，孔凡禮點校：《曲洧舊聞》卷八《東坡詩文盛行》，中華書局，2002年版，第205頁。

③ （宋）吴曾：《能改齋漫録》，顏其中編注《蘇東坡軼事彙編》，岳麓書社，1984年版，第8頁。

④ （宋）蘇軾著，孔凡禮點校：《蘇軾詩集》卷三十五《送晁美叔發運右司年兄赴闕》，中華書局，1987年版，第1896頁。

⑤ （宋）蘇軾著，孔凡禮點校：《蘇軾文集》卷五十一《與文與可尺牘三首》其二，中華書局，1986年版，第1512頁。

⑥ （宋）晁補之：《雞肋集》卷五十一《再上蘇公書》，四庫全書本，上海古籍出版社，1985年版，第1512頁。

⑦ 楊勝寬：《蘇門文人集團研究·宗騷與慕陶：蘇門學士晁補之論》，四川人民出版社，2010年版，第328—329頁。

記晁補之自述從蘇軾問學情況云："雖疾風苦雨，晨起夜半，有所請質，必待見先生而後去。先生亦與之優游講析，不記寢食，必意盡而後止。"① 晁自己總結這段師從蘇軾的經歷則説："予自謂至此乃知學之所趨，猶出荆棘險阻，得大途而思騖也。"② 蘇軾的耐心和啓發讓晁補之領悟了治學與寫作要領。此舉對蘇軾而言也有特别意義，因爲由此拉開了其一生提携後輩、凝聚志同道合者一起發展文學事業的序幕③。王水照、朱剛在所著《蘇軾評傳》中分析其在倅杭期間"創作和交流呈活躍的態勢"時，提到了西湖的山水、錢塘的潮汛使他寫出了一大批詩歌名作④。其實還有一個重要的原因，就是其在杭期間的廣泛交游活動所營造的條件。他的那些游湖、游山、游寺之作，即是其頻繁交游的産物。

徐州成爲蘇軾結交文人才士的一個高峰期。依照管仁福主編《蘇軾徐州詩文輯注》收録的蘇軾作於徐州期間的150題詩歌作品進行統計，其中屬於酬贈友人和與僚友出游而創作的作品，比重高達近91%⑤。在此期間，他不僅與詩苑藝林人士如李常、孫覺、文同、孔宗翰、李清臣、舒焕、頓起、鮮于侁、錢勰、任汲、顔復、黎錞、范德儒、王詵、李伯時等人保持着較爲頻繁的詩文往來，與前輩顯達如張方平、司馬光、范鎮等持續有詩文聯絡，還與方外之人、隱逸之士如辯才、僧潛、張天驥等成爲詩文之友，而最值得重視的，則是結識了黄庭堅、秦觀、陳師道、王鞏等蘇門學子，後來所謂"蘇門四學士""蘇門六君子"，到此時已經基本皆歸於蘇軾門下。這成爲蘇軾徐州時期以文會友、集聚文學創作有生力量的最大亮點。他後來遠貶黄州，李昭玘主動請求從游問學，蘇軾對此特别感動，其中也隱含着幾分自豪，在寫給對方的書信中言：

> 軾蒙庇粗遣，每念處世窮困，所向輒值墻穀，無一遂者。獨於文人勝士，多獲所欲，如黄庭堅魯直、晁補之無咎、秦觀太虚、張耒文潛之流，皆世所未知，而軾獨先知之。今足下又不見鄙，欲相從游。豈造物者專欲以此樂見厚也耶！⑥

值得玩味的是"獨於文人勝士，多獲所欲"一語，這是蘇軾熱心以文會友的真實心迹表白，他把這視爲人生最大的"樂"事，不管仕途境遇如何，他廣泛結交詩文之友的願望與行動從來没有改變或者停歇過，特别對於後輩士子，祇要是有志於文學事業，他都樂於交往，努力提携。"蘇門六君子"剩下的最後一位成員李廌，也在蘇軾謫居黄州之初，主動投謁，"贄文求知"⑦。蘇軾欣然接受了對方，并且在讀過其所爲古賦、詩歌及書信後，專門回信與

---

① （宋）李昭玘：《樂静集》卷十，四庫全書本，上海古籍出版社，1985年版，第302頁。

② （宋）晁補之：《雞肋集》卷一《釋求志》，四庫全書本，上海古籍出版社，1985年版，第416頁。

③ 邵祖壽《張文潛先生年譜》依據《宋史·張耒傳》，認定其游學陳州，在蘇轍熙寧三年任陳州教授時，"因得從軾游"，則張耒成爲蘇門人士的時間應略早於晁補之，但其并非首投蘇軾之門。邵《譜》載李逸安等點校《張耒集·附録一》，中華書局1990年版，第976頁。

④ 王水照、朱剛：《蘇軾評傳》第一章《"吾生如寄耳"：家世與生平》，南京大學出版社，2004年版，第80頁。

⑤ 管仁福：《蘇軾徐州詩文輯注》，中國礦業大學出版社，2014年版。

⑥ （宋）蘇軾著，孔凡禮點校：《蘇軾文集》卷四十九《答李昭玘書》，中華書局，1986年版，第1439頁。

⑦ （元）脱脱等撰：《宋史·文苑傳六·李廌傳》，中華書局，1985年版，第13116頁。

之討論學術問題，進行耐心的人生開導[①]。

黄庭堅出生書香之家，其父黄庶，仁宗朝進士，以提倡韓愈古文爲幟志。其創作詩文兼擅，詩風戛戛獨造，不蹈陳因，頗矯“西昆體”之流弊；而古文則古直簡净，不屑爲駢偶纖濃之詞。著有《伐檀集》若干卷[②]。黄庭堅的文章風格，直接受到其父的影響。蘇軾的好友孫覺、李常分别是黄庭堅的岳父、舅父，這兩人都是當時文壇與政壇的名流。所以黄庭堅在蘇軾官徐州時，贈詩求知，希望成爲蘇門一員，蘇軾自然十分樂意。

神宗元豐元年（1078），黄庭堅有《古詩二首上蘇子瞻》，南宋任淵《山谷詩集注·目録》該詩題注：“東坡守徐州，山谷教授北京，初通書，并以此二詩寄意。東坡亦有報書及和章。……建炎中，山谷之甥洪炎玉父編其舅文集，斷自退聽堂始；退聽堂前，蓋不復取，獨取《古風》二篇，冠詩之首，且云：‘以見魯直受知於蘇公，有所自也。’”[③] 洪炎這樣的編排處理，大略是充分理解舅父黄庭堅心思的。黄氏《古詩二首》其二：“青松出澗壑，十里聞風聲。上有百尺絲，下有千歲苓。”又云：“小草有遠志，相依在平生。……小大材則殊，氣味固相似。”詩中用到的“青松”“茯苓”“菟絲”，按照該詩題解：“‘松’以屬東坡；‘茯苓’以屬門下士之賢者；‘菟絲’以自况。”[④] 則該詩托物寄意的内涵很清楚，除了對蘇軾的敬仰、讚美之外，十分嚮往成爲蘇門人士之一員，自謂雖才分大小有殊，但彼此“氣味”非常相似，完全志同道合。蘇軾讀了黄庭堅的詩歌和書信，回信云：

> 軾始見足下詩文於孫莘老之坐上，聳然异之，以爲非今世之人也。莘老言：“此人，人知之者尚少，子可爲稱揚其名。”軾笑曰：“此人如精金美玉，不即人而人即之，將逃名而不可得，何以我稱揚爲？”然觀其文以求其爲人，必輕外物而自重者，今之君子莫能用也。其後遇李公擇於濟南，則見足下之詩文愈多，而得其爲人益詳。意其超逸絶塵、獨立萬物之表，馭風騎氣，以與造物者游，非獨今世之君子所不能用，雖如軾之放浪自棄、與世疏闊者，亦莫得而友也。今者辱書詞累幅，執禮甚恭，如見所畏者何哉？軾方以此求交於足下而懼其不可得，豈意得此於足下乎！喜愧之懷，殆不可勝。[⑤]

又評價《古風二首》“托物引類，真得古詩人之風”[⑥]。觀蘇軾這一長段回信，既叙述了對黄庭堅逐步瞭解的過程，表明未晤其面已數讀其詩文，從其詩文中看到了其爲人，所謂今世君子莫得而用、莫得而友，甚贊黄庭堅文如其人，有獨立萬物之表，不與世俗相頡頏的超凡氣概。又對黄庭堅“書詞累幅，執禮甚恭，如見所畏者”的謙虚誠懇態度大爲感動，慶幸

① （宋）蘇軾著，孔凡禮點校：《蘇軾文集》卷四十九《答李方叔書》，中華書局，1986年版，第1430—1431頁。

② （清）永鎔等纂：《四庫全書總目·集部·别集類·伐檀集提要》，中華書局，1981年版，第1315頁。

③ （宋）任淵注，劉尚榮校點：《黄庭堅詩集注·目録》第一卷，中華書局，2003年版，第3頁。

④ （宋）任淵、史容、史季温注：《山谷詩集注》卷一，上海古籍出版社，2003年版，第49頁。

⑤ （宋）蘇軾著，孔凡禮點校：《蘇軾文集》卷五十二《與黄魯直尺牘五首》其一，中華書局，1986年版，第1531—1532頁。

⑥ 同上。

自己久欲“求交”的願望得到滿足，又喜又愧，不可言狀。初次回信的言辭間雖有一些客氣的成分，但更多的是發自内心的喜悦聲音，深爲黄庭堅執禮於蘇門感到由衷的高興。故其《次韻黄魯直見贈古風二首》其二有云：“不知市人中，自有安期生。今君已度世，坐閲霜中蒂。”① 以安期生屬黄庭堅，借用安期生“合則見人，不合則隱”的歷史典故②，同樣采用托物見意的表達手法，既讚揚黄庭堅的超凡脱俗，又對彼此間意氣相投而欣慰不已。

後世評宋詩，將蘇、黄并稱，既表明他們二人的詩歌創作成就和地位旗鼓相當，也應該看到，黄庭堅逐漸形成的獨特詩風，以及由此開啓在古代詩史上影響深遠的江西詩派，與蘇軾主盟文壇鼓勵蘇門人士創作風格多樣化、個性化的理論主張分不開。因此，儘管黄庭堅在兩宋詩壇的地位甚高，在當時的名氣與影響頗大，但其終身對蘇軾均禮敬有加，不自矜伐。其當初欲拜於蘇門時曾説：“閣下學問文章，度越前輩，大雅愷弟，約束後來。……晚學之士，不願親炙火烈，以增損益其所不能，則非人之情也。”③ 至蘇軾去世，黄庭堅依然自視爲門下“老僕”，故其《跋自草與劉邦直》有言：“建中靖國元年十月，沙市舟中，晚日入窗，松花泛研，愛此金屑銑澤，因爲邦直作草，頗覺去古人不遠。然念東坡先生下世，故今老僕作此無顧忌語。”④ 其詩文中涉及對蘇軾詩文書畫的推崇之語，比比皆是，不一而足。洪炎編輯黄庭堅詩文集，獨取《古風二首》冠於衆篇之首，以明其受知於蘇軾的淵源所自，最得作者本意，表明其對舅父瞭解之深。

同年夏，蘇門的另一重要成員秦觀，同樣通過蘇軾與李常、孫覺的親密關係，因進京應舉，路過徐州拜會蘇軾，臨别作有後世盛傳的“我獨不願萬户侯，惟願一識蘇徐州”名句的《别子瞻》詩，表達對蘇軾的由衷敬佩之情。詩中言及李常促其拜謁蘇軾：“故人持節過鄉縣，教以東來償所願。天上麒麟有漫聞，河東鸑鷟今纔見。”⑤ 表明秦觀對蘇軾的大名早已耳熟能詳，并且一直希望滿足親自拜謁的心願，而李常自徐州與蘇軾相聚後南行赴淮南西路提刑之任路過高郵與秦觀相見，提議秦觀往徐州拜見蘇軾，直接促成秦觀徐州之行。所謂“天上麒麟”“河東鸑鷟”，皆以神鳥喻蘇軾，其對蘇軾的敬仰之情洋溢於全詩的字裏行間。蘇軾讀過秦觀詩後，對其才情大爲稱賞，以《次韻秦觀秀才見贈，秦與孫莘老、李公擇甚熟，將入京應舉》爲題作答，詩云：

> 故人坐上見君文，謂是古人籲莫測。新詩説盡萬物情，硬黄小字臨《黄庭》。
> 故人已去君未到，空吟“河畔青青草”。誰謂他鄉各异縣，天遣君來破吾願。

---

① （宋）蘇軾著，孔凡禮點校：《蘇軾詩集》卷十六，中華書局，1987年版，第836—837頁。

② （漢）司馬遷：《史記·封禪書》，中華書局，1982年版，第1389頁。

③ 洪炎編纂：《豫章黄先生文集》卷十九，四川大學中文系唐宋文學研究室編《蘇軾資料彙編·上編》第一册，中華書局，1994年版，第95頁。

④ （宋）黄庭堅：《山谷題跋》卷九，四川大學中文系唐宋文學研究室編《蘇軾資料彙編·上編》第一册，中華書局，1994年版，第109頁。

⑤ （宋）秦觀著，徐培均箋注：《淮海集箋注》卷四，上海古籍出版社，1994年版，第135頁。

一聞君語識君心，短李髯孫眼中見。[①]

由此可知，蘇軾在故人李常那裏，已經見過秦觀所作詩文，并且對其詩歌寫盡物情的才華印象深刻；當李常離去、秦觀未至時，蘇軾朝夕念之，充滿與之結識的期待；及相見交談以後，則更相信其爲人，與李常、孫覺的認識和評價完全一致。秦觀辭别蘇軾以後，數以書信通音訊，故蘇軾得知秦觀應舉落榜消息後，特寫信進行安慰，且表示對下次如約在徐州再會很期待。在信的末尾蘇軾特意寫道："程文甚美，信非當世君子之所取也。"[②] 頗有意思的是，蘇軾在與黄庭堅、秦觀的書信中，均談到他們爲"當世君子"所不取、不友，祇有蘇軾深知他們的文學才能且大爲嘆賞，故兩人在相距一兩個月的同一年裏，先後拜於蘇軾之門，成爲蘇門人士中的骨幹成員，在後來蘇軾主盟文壇期間，發揮了繁榮元祐文學與學術的主力軍作用。

熙寧十年（1077），蘇軾剛到徐州不久，徐州布衣陳師道與其兄陳師仲一起前來拜見蘇軾兄弟，并由此定交。蘇轍《答徐州陳師仲書二首》其一："去年轍從家兄游徐州，君兄弟始以客來見，一揖而退。"[③] 而陳師道在《秦少游字序》裏説："熙寧、元豐間，眉山蘇公之守徐，余以民事太守，間見如客。"[④] 所謂"間見"，表明其見蘇軾不止一次兩次。元豐元年，徐州黄樓落成，蘇軾組織了盛大的典禮來記念徐州軍民抗洪的成功，蘇轍、秦觀皆作有《黄樓賦》，陳師道特作《黄樓銘并序》，并參加了這次隆重的落成慶典活動。到元祐初，蘇軾被召回京受到重用，他時刻都没有忘記此時仍是一介布衣的陳師道，專門向朝廷上疏，舉薦陳師道，稱其"文詞高古，度越流輩。安貧樂道，若將終身。苟非其人，義不往見。過壯未仕，實爲遺才"[⑤]。由此不僅可以看出蘇軾對陳師道文學才能的高度認可，而且尤爲肯定其以"義"自守的孤傲人格。這足以説明，當初蘇軾在徐州，陳師道主動拜訪，且願意成爲門下士，是對蘇軾深表敬佩的舉動。蘇轍叙述當時拜見時情景，祇是"一揖而退"，并無多言，與蘇軾對陳師道獨特個性的評價相吻合。

二、蘇軾徐州時期的文藝思想

北宋文學的發展，經由歐陽修主盟文壇大力推進宣導詩文革新運動，推動文學創作朝着具有時代風尚特徵的方向不斷發展。與他共同致力於此的梅堯臣、蘇舜欽、尹洙等人，對創立有别於"唐音"的宋調，功不可没。陳千帆、吴新雷《兩宋文學史》引《神宗舊史·歐陽

① （宋）蘇軾著，孔凡禮點校：《蘇軾詩集》卷十六，中華書局，1987年版，第818頁。
② （宋）蘇軾著，孔凡禮點校：《蘇軾文集》卷五十二《與秦太虚尺牘七首》其一，中華書局，1986年版，第1534頁。
③ （宋）蘇轍著，曾棗莊、馬德富校點：《欒城集》卷二十二，上海古籍出版社，1987年版，第490頁。
④ （宋）陳師道：《後山集》卷十一，四庫全書本，上海古籍出版社，1985年版，第620頁。
⑤ （宋）蘇軾著，孔凡禮點校：《蘇軾文集》卷二十七《薦布衣陳師道狀》，中華書局，1986年版，第795頁。

修傳》："國朝接唐、五代末流，文章專以聲病對偶爲工，剽剥故事，雕刻破碎，甚者若俳優之辭。……至修文一出，天下士皆向慕，爲之猶恐不及。一時文章大變，庶幾乎西漢之盛者，由修發之。"并評價説："歐陽修是當時的文壇盟主，對詩文革新起了重大作用。他團結尹洙、石延年、范仲淹、蘇舜欽、梅堯臣諸人，在仁宗年間開創了新局面。……同時，他又注意培養後起之秀，提携尚不知名的作者，如王安石、曾鞏、蘇洵及其二子軾、轍，都是他識拔或者推薦的。"① 蘇軾對歐陽修主盟文壇所做的工作及其取得的成功，無疑是非常關注并注意學習的，因爲他心裏早就清楚，作爲提拔并十分器重自己的恩師，早已有把他培養成下一代文壇盟主的意願，并且努力爲他創造這種條件。蘇軾非常感念歐陽修對他的栽培和信任，故其在《祭歐陽文忠公夫人文》中深情地追憶道：

> 軾自齠齓，以學爲嬉。童子何知，謂公我師。晝誦其文，夜夢見之。十有五年，乃克見公。公爲拊掌，歡笑改容。此我輩人，餘子莫群。我老將休，付子斯文。再拜稽首，過矣公言。雖知其過，不敢不勉。②

在蘇軾看來，這一切似乎都是命運的安排。當其爲學童時，就晝思夜想地希望歐陽修成爲他的老師；十五年後兩人相見，歐陽修那種喜得俊才的表情與稱許，讓蘇軾終身難忘，特别是"我老將休，付子斯文"的鄭重托付，蘇軾一直未嘗斯須有忘，勉勵自己朝着肩負起接替主盟文壇責任的目標而不懈努力。

蘇軾在徐州先後結識陳師道、秦觀、黄庭堅、王鞏和僧潛等詩文之友，加上之前已拜入其門的晁補之、張耒，一個由在文學事業上志同道合者組成、以蘇軾兄弟爲核心的創作群體，已經粗具規模，其力量與當年歐陽修團結一批有志於詩文革新事業的文人才士掀起一場文學運動的陣容大致相當，衹是這些人羽翼未豐，尚未在文學創作上嶄露頭角，世人知之者甚少，需要一個加快磨煉成長、不斷集聚能量的發展過程。

所謂志同道合，意味着彼此不僅在政治立場上大體一致，而且還要對文學事業有相同的愛好與志向，在創作理念上具有相近的傾向和主張，對爲文之"道"有着目標一致的堅守。特别是衡量主導一個時期文學創作的領袖人物，是否具有鮮明的文學理論主張，并以此爲旗幟，號召和團結一班人爲實現這些理論主張而共同努力，形成群體效應和廣泛影響，這是非常重要的標志。蘇軾在徐州任職時間不長，但也提出了一些很重要的文學創作主張，成爲其全部文藝思想理論的有機組成部分。

首先，蘇軾提出，爲文之道，要在積學，積累不深，涵養不高，就不可能創作出優秀作品，也不可能成長爲優秀作家。這在其所作《日喻》一文中體現得非常鮮明生動。關於此文的寫作背景，蘇軾後來在"烏臺詩案"的供詞中做了具體交代："元豐元年，軾知徐州。十

① 陳千帆、吴新雷：《兩宋文學史》第二章《歐陽修與北宋中葉的詩文革新》，上海古籍出版社，1991年版，第31—32頁。

② （宋）蘇軾著，孔凡禮點校：《蘇軾文集》卷六十三，中華書局，1986年版，第1958頁。

月十三日，在本州監酒、正字吴琯鎖廳得解，赴省試。軾作文一篇，名爲《日喻》，以譏諷近日科場之士，但務求進，不務積學，故皆空言無所得。以譏諷朝廷更改科場新法不便也。”① 如果蘇軾的陳述屬實，那麽其爲幕僚吴琯進京應試而作《日喻》一篇送之，直接的動機是勉勵吴琯不要衹計較科舉成敗進退，而應該正確處理作文與積學的關係，衹有注重長期的學習積累，具備豐富的學識涵養，才能創作出有内涵、有才識、有個性的文學作品。而文章藴含的現實動機，則充滿對科舉新法重經義、輕詩賦考核取向的譏諷之意，對這種導向容易把士人引入追逐時好以求進，而忽略扎實的學養積累、作文時衹能蹈空議論的創作歧途表示深刻擔憂。客觀地講，無論是出於對吴琯的勸諭，還是對士人不重實學的擔憂，文章立論都是無可厚非的，衹是此文作於新舊黨争的特殊背景下，故蘇軾遭遇文字獄時不得不爲此背書。

《日喻》全文，圍繞“道可致而不可求”的中心論點展開論述，作者不是采用抽象説理的表達方式，而是以“觀日”和“識水”爲喻，來闡明“致道”的深刻哲理。文章有云：

> 然則道卒不可求歟？蘇子曰：“道可致而不可求。”何謂致？孫武曰：“善戰者致人，不善戰者致於人。”子夏曰：“百工居肆以成其事，君子學以致其道。”莫之求而自至，斯以爲致也歟！②

孫武用作戰來説明致勝的道理，子夏用百工成事來説明習得的重要，與蘇軾在文中用眇者不識日、北方多没人的比喻，所闡明的都是同樣的道理，做任何事，没有廣泛而深入的學習積累、反復操練，真正把握其中的規律，熟練掌握其技能，都不可能獲得成功。而這通過學習把握規律、熟諳技巧的過程，就是蘇軾所講的“致道”過程。文學創作，作爲一種高級精神性創造活動，其原理當然也是如此。宋人黄震評此文“爲不務學者戒”，林紓謂此文重在闡明“道須由學而得”③，頗得蘇文要蒂。而尤爲值得尋味的，則是明人楊慎的以下評説：“《日喻》與《稼説》二作，長公皆根極道理，確非漫然下筆。”④ 其之所以把兩篇文字聯繫起來，是因爲它們有一些共同之處，比如其寫作的意圖均是送人文字，《稼説》乃送其鳳翔府同僚張琥，與《日喻》之送吴琯類似；《稼説》乃以農人種稼爲喻來闡明道理，《日喻》則以識日、没水爲喻來闡明道理；《日喻》意在闡明積學勤練對提高創作能力的極端重要性，而《稼説》的主題同樣在此。其文有云：

> 古之人，非其才有以大過今之人也，其平居所以自養而不敢輕用以待其成者，閔閔焉如嬰兒之望長也。弱者養之以至於剛，虚者養之以至於充。三十而後仕，五十而後

---

① 朋九萬：《烏臺詩案》，四川大學中文系唐宋文學研究室編《蘇軾資料彙編·上編》第二册，中華書局，1994年版，第599頁。

② （宋）蘇軾著，孔凡禮點校：《蘇軾文集》卷六十四，中華書局，1986年版，第1981頁。

③ 張志烈、馬德富、周裕鍇主編：《蘇軾全集校注·蘇軾文集校注》卷六十四《集評》，河北人民出版社，2010年版，第7122—7124頁。

④ 同上，第7124頁。

爵。信於久屈之中，而用於至足之後，流於既溢之餘，而發於持滿之末。此古人之所以大過人，而今之君子所以不及也。①

在做了此番論述之後，他對張琥説："吾子其去此而務學也！博觀而約取，厚積而薄發，吾告子止於此矣。"② 文章看似泛論"自養"與人的成長二者間關係，但其所謂"博觀而約取，厚積而薄發"，皆在强調"務學"的重要性，表明所謂"自養"，乃是以"務學"爲主要内容和基本途徑的。這非常適用於文學創作的一般規律，是毫無疑問的。故筆者在二十多年前所作的《蘇軾人格研究》一書中對此有如下一段闡釋："蘇軾把學習與創造的關係解釋爲'厚積'與'薄發'的關係，既表明創造必須依賴於學習，提倡在全面學習繼承的基礎上創新發展，又表明學習的目的在於通過吸收消化，産生新的創造品。與此同時，蘇軾把學習、創造視爲一個動態的過程，兩者互相依賴，交互作用，而學習、創造的最終目標，是美化人生，完善人格。"③

其次，蘇軾主張，文章風格當以平和爲尚，不要追求奇麗怪誕。這在其給黄庭堅的書信中有明確表達。其言云：

> 晁君騷詞，細看甚奇麗，信其家多异材耶！然有少意，欲魯直以己意微箴之。凡人文字，當務使平和，至足之餘，溢爲怪奇，蓋出於不得已也。晁文奇麗似差早，然不可直云尔。非謂避諱也，恐傷其邁往之氣，當爲朋友講磨之語乃宜。不知以爲然否？④

晁君指晁載之，乃晁説之堂弟，與晁補之、晁冲之、晁禎之均出自山東巨野晁氏望族，一門之中特多文才之士。據朱弁《曲洧舊聞》載，黄庭堅將年紀不滿二十的晁載之所作《閔吾廬賦》寄給蘇軾看，大約有引薦之意，希望蘇軾對晁載之其人其文做出評價⑤。蘇軾在給黄庭堅的回信中寫了上面這段話，希望黄庭堅用自己的口氣，以"講磨"的探討方式向晁載之傳達。從朱弁的記載看，晁載之由此受到啓發，文章水準大有長進。邵博《邵氏聞見後録》亦記載了此事，且云："魯直以晁載之《閔吾廬賦》問東坡何如，東坡報云……予謂此文章妙訣，學者不可不知，故表出之。"⑥ 按照朱弁、邵博的理解，蘇軾的這番言論，表達的是關於文學創作的重要觀念，也是很寶貴的寫作經驗之談，不僅晁載之可以從中受益，學習寫作者都應該明白這個道理，并且深入領會其中藴含的精義。

蘇軾提倡文章風格的平和，反對追求奇麗怪誕，既有繼承北宋詩文革新運動以來一貫傳統的時代背景，也是他一生文學藝術創作不斷追求的文學風格與寫作境界。他後來在黄州寫

---

① （宋）蘇軾著，孔凡禮點校：《蘇軾文集》卷十，中華書局，1986年版，第340頁。

② 同上。

③ 楊勝寬：《蘇軾人格研究》第十三章第二節《博觀而約取，厚積而薄發》，四川大學出版社，1994年版，第312頁。

④ （宋）蘇軾著，孔凡禮點校：《蘇軾文集》卷五十二，中華書局，1986年版，第1532頁。

⑤ （宋）朱弁撰，孔凡禮點校：《曲洧舊聞》卷八《晁伯宇得東坡之教文章大進》，中華書局，2002年版，第204頁。

⑥ （宋）邵博：《邵氏聞見後録》卷十四，四川大學中文系唐宋文學研究室編《蘇軾資料彙編·上編》第一册，中華書局，1994年版，第260頁。

給李廌的書信中，通過對自己寫作經歷的反思，可以印證他的這種思想觀念。其言云：

> 木有癭，石有暈，犀有通，以取妍於人，皆物之病也。謫居無事，默自觀省，回視三十年以來所爲，多其病者。足下所見皆故我，非今我也。無乃聞其聲不考其情，取其華而遺其實乎？①

這番話雖然不專指其文學創作，但無疑文學創作是包含在其中的最重要組成部分。李廌之仰慕蘇軾，進而想拜入其門，主要因爲他們有着共同的文學愛好，李廌對蘇軾的讚譽，也主要在其文學才能、文學成就與影響方面。而蘇軾的反省之意，正是以回顧其應舉作文所走過的曲折歷程爲重點的。所謂"故我""今我"之不同，既是一種人生道路的選擇，也是其告别過去文學創作道路的告白，故對李廌有"取華遺實"的殷切告誡。蘇軾對"華"與"實"的取捨態度，表現出其在藝術風格上擯棄奇麗怪誕、提倡平和樸實的鮮明價值導向。

蘇軾晚年在寫給二郎侄的信中，談到其創作風格的演變過程，是一個由早先"氣象峥嶸，采色絢爛"發展爲後來"漸老漸熟，乃造平淡"的漸次提升軌迹，故謂"其實不是平淡，絢爛之極也"②。表明在蘇軾自身的創作追求中，平淡乃是一個作家創作風格臻於成熟的重要標志，也是文學表達的崇高境界。故其在遠貶海南儋州時作書答謝民師，評價謝氏詩文云："大略如行雲流水，初無定質，但常行於所當行，常止於不可不止，文理自然，姿態横生。……夫言止於達意，即疑若不文，是大不然。求文之妙，如繫風捕影，能使是物了然於心者，蓋千萬人而不一遇也，而況能了然於口與手乎？是之謂辭達。辭至於能達，則文不可勝用矣。"③ 人們普遍認爲，蘇軾是借評論謝氏文章來表達自己的創作主張及其一生孜孜追求的藝術表達理想境界。

因此，從蘇軾徐州時期提出的"平和"文章風格，到後來一再强調的"平淡""辭達"表現境界，可謂貫穿其創作實踐與理論宣導的一生，是其十分基本、重要的創作主張之一，也是其樹立的非常崇高、難以企及的理想藝術境界。

再次，蘇軾認爲，衹有作家進入心"静"欲"空"的自由狀態，才能體悟天地之道萬物之理，創造出清新自然的文學作品。這一觀點，集中體現在其作於元豐元年《送參寥師》一詩中。參寥是杭州僧人，當年蘇軾倅杭期間，兩人并無深交，給彼此留下些許遺憾。而當蘇軾知徐州時，參寥於元豐元年秋專程前往拜望，從此兩人結下長久而深厚的情誼。蘇軾詩篇幅較長，筆者曾在《蘇軾與道潛交誼述論》一文中，對該詩的結構與内容做過深入分析，在此可以節省一些篇幅④。詩中最受人關注的是"欲令詩語妙，無厭空且静。静故了群動，空

---

① （宋）蘇軾著，孔凡禮點校：《蘇軾文集》卷四十九《答李端叔書》，中華書局，1986年版，第1432—1433頁。

② （宋）蘇軾著，孔凡禮點校：《蘇軾文集·蘇軾佚文彙編》卷四《與二郎侄尺牘一首》，中華書局，1986年版，第2523頁。

③ （宋）蘇軾著，孔凡禮點校：《蘇軾文集》卷四十九《答謝民師推官書》，中華書局，1986年版，第1418頁。

④ 楊勝寬：《蘇軾與蘇門文人集團研究·蘇軾與蘇門人士論》，四川人民出版社，2010年版，第482—483頁。

故納萬境”數語，多家討論蘇軾詩學思想的論者從不同角度對此進行了闡釋。如周裕鍇指出：“空和静就是一種禪定狀態，排除一切外在干擾的空心澄慮的静默觀照，世界萬物呈現眼前，景象不知不覺進入腦中，没有理智和邏輯的介入，這就是詩思的狀態。”“宋人提倡的禪定式的觀照，已非指肉眼的觀察，而是心靈對世界的接納和包容。”① 張海鷗則認爲：“蘇軾把佛教‘住心静觀’和莊子‘清而容物’的理念發揮於詩學，認爲‘空且静’是優良的創作情境。在這樣的情境中，創作者容易更好地體會生命形態的純真和自由，獲得一種身心閑静而意趣曠遠的創作美感和靈感。”②“空”與“静”不僅是僧人所欲達到的最佳禪修狀態，也是詩人創作時進入體驗的理想狀態，這就是蘇軾爲什麽認爲“詩法不相妨”的道理之所在。更進一步看，“静故了群動”句中的“了”非常關鍵，用在這裏是“了然”“窮盡”之意，恰如蘇軾在《上曾丞相書》裏所言：“幽居默處，而觀萬物之變，盡其自然之理，而斷之於中。”③ 該書信意在闡明，創作跟治學的道理一樣，治學難在“無私”，有了私心雜念，就不可能正確認識自然萬物的變化規律；創作不能保持心境寧静，就難以達到物我統一、身與物化的藝術境界，體認不到心、物爲一的玄妙而通透的哲理。“空故納萬境”句中的“納”同樣關鍵，世界廣大無邊，應有盡有，一個人怎樣才能將廣闊無邊、變動不居的大千世界納入其心的觀照之中？蘇軾在《次韻僧潛見贈》詩中説：“道人胸中水鏡清，萬象起滅無逃形。”④ 可爲理解“空故納萬境”作參照。《壇經·般若品》云：“世界虚空，能含萬物色像：日月星宿，山河大地，泉源溪澗，草木叢林，惡人善人，惡法善法，天堂地獄，一切大海，須彌諸山，總在空中。世人性空，亦復如是。”“自性能含萬法……萬法在諸人性中。”⑤ 禪宗主張，世間人修得佛性，纔能具備含藏萬法的大智慧。蘇軾稱讚參寥心如水鏡，其觀照萬象起滅，均無所遁形，是具有大智慧的得道高僧。其心清如水、明如鏡，作詩時心口相應，言爲心聲，故所造之詩境，亦如其性，清新絶俗，讀之令人意氣蕭然。故其在徐州寫信給表兄文同説：“近有一僧名道潛，字參寥，杭人也，特來相見。詩句清絶，可與林逋相上下，而了通道義，見之令人蕭然。”⑥ 又在參寥離别徐州後寫信評價其詩曰：“三詩皆清妙，讀之不釋手。”⑦ 蘇軾貶謫黄州，參寥致信慰問，且將近作及所編詩集寄贈蘇軾，蘇軾讀後回信説：“詳味，灑然如接清顔、聽軟語也。……筆力愈老健清熟，過於向之所見。此於至道，殊不相妨，何爲廢之耶？當更磨揉以追配彭澤。”⑧ 在蘇軾的詩論中，“清”是一個很高的藝

① 周裕鍇：《宋代詩學通論·詩思篇》第一章《構思：“其身與竹化，無窮出清新”》，巴蜀書社，1997年版，第370—371頁。

② 張海鷗：《北宋詩學》第五章《蘇軾的詩學思想》，河南大學出版社，2007年版，第169頁。

③ （宋）蘇軾著，孔凡禮點校：《蘇軾文集》卷四十八，中華書局，1986年版，第1379頁。

④ （宋）蘇軾著，孔凡禮點校：《蘇軾詩集》卷十七，中華書局，1987年版，第880頁。

⑤ 佛光山東方佛教學院：《六祖壇經注釋》，福建南山廣化寺印行，第50頁。

⑥ （宋）蘇軾著，孔凡禮點校：《蘇軾文集·蘇軾佚文彙編》卷二《與文與可尺牘十一首》其十，中華書局，1986年版，第2446頁。

⑦ （宋）蘇軾著，孔凡禮點校：《蘇軾文集》卷六十一《與參寥子尺牘二十一首》其一，中華書局，1986年版，第1859頁。

⑧ 同上，其二，第1860頁。

術表現境界，筆者曾作專文論之[1]。在蘇軾評價參寥的言語中，反復提及其詩風格清新、清警、清熟、清妙、清絶等特徵，表達對其藝術追求的高度肯定和更大期許。

當然，清新自然的藝術境界，并非衹有禪修高人纔能創造，衹要作家創作時能够進入内心寧静澄澈、物我兩忘、心手相應的自由狀態，都可以創造出清新自然的奇妙藝術作品。就像其讚揚文同畫竹所言："與可畫竹時，見竹不見人。豈獨不見人，嗒然遺其身。其身與竹化，無窮出清新。莊周世無有，誰知此疑神。"[2] 古紀昀評此詩曰："亦有手與筆化之妙。"[3] 在蘇軾看來，藝術創作的自由自如境界，不僅要身與物化，而且要内外如一，心手相應。這在其《文與可畫篔簹谷偃竹記》中表述得更爲清楚明白："故畫竹必先得成竹於胸中，執筆熟視，乃見所欲畫者，急起從之，振筆直遂，以追其所見，如兔起鶻落，少縱則逝矣。……予不能然也，而心識其所以然。夫既心識其所以然而不能然者，内外不一，心手不相應，不學之過也。"[4] 其實，神於畫竹的文同，也没有特别神秘的訣竅，衹不過因爲其對竹特别熟悉，對其成長規律非常瞭解，已將"成竹"裝入心中，故畫竹時能够進入"兔起鶻落"的靈感狀態，使所畫之竹形神兼備，生機盎然。蘇軾總結説，一切内外不一、心手不相應的現象出現，均歸結於"不學之過"，没有深厚的學習積累，没有對事物諳熟於心的透徹瞭解，是難以創作出優秀文學藝術作品的。

從以上的論述可以看出，蘇軾徐州時期提出的文學創作思想，涉及創作前的積累、創作時的心境及創作出作品的風格等重大理論問題，涵蓋了文學創作的全過程，是互相關聯、具有内在邏輯的重要理論觀念。而其把學習作爲創作的基礎和重要保障，正好與其在這一時期廣泛結交蘇門人士，意在爲他們提供經驗啓示和提出明確要求的特殊背景相適應。他所宣導的平和文風、清新詩風，既秉持自歐陽修以來的詩文風格革新傳統，又體現其致力於鞏固宋代文學時代風格特徵的不懈追求，這些思想觀念，在其元祐時期主盟文壇時得到進一步發揚光大，并取得了輝煌的文學藝術創作成就。

三、徐州時期爲其元祐主盟文壇奠定了堅實基礎

蘇軾在徐州任職不滿兩年，於元豐二年（1079）初被任命爲湖州知州，他便離任輾轉前

---

① 楊勝寬：《蘇軾論詩重"清境"》，《四川教育學院學報》1993 年第 1 期。人大報刊複印中心：《中國古代、近代文學研究》1993 年第 12 期。

② （宋）蘇軾著，孔凡禮點校：《蘇軾詩集》卷二十九《書晁補之所藏與可畫竹三首》其一，中華書局，1987 年版，第 1522 頁。

③ （清）紀昀：《紀評蘇詩》卷二十九，張志烈、馬德富、周裕鍇主編《蘇軾全集校注·蘇軾詩集校注》卷二十九《集評》，河北人民出版社，2010 年版，第 3162 頁。

④ （宋）蘇軾著，孔凡禮點校：《蘇軾文集》卷十一，中華書局，1986 年版，第 365 頁。

往湖州赴任。中途先後到了陳州，既拜望前輩張方平，又與在此做教授的弟弟相會，羈留多日。然後南渡淮水至高郵，與秦觀、參寥相見，并乘舟同行過揚州，游金山。到達湖州任所，已是四月下旬了。按照慣例，官員履新須向皇帝奏表謝恩，蘇軾作《湖州謝上表》，衹是爲了完成這道例行程式。然而觀其文中所言，通篇帶有濃厚的牢騷情緒，成爲他三個月後被御史臺官員彈劾的導火索。《謝表》先言："（湖州）風俗阜安，在東南號爲無事；山水清遠，本朝廷所以優賢。顧爲何人，亦與此選。"説的都是與謝恩之意相符的得體話，符合其謝恩文字的表達規范。照理説差知湖州，是滿足了其心願的理想處所。但作者接着筆鋒轉换，意味大變，説自己"性資玩鄙，名迹堙微，議論疏闊，文學淺陋。凡人必有一得，而臣獨無寸長。……非不欲痛自激昂，少酬恩造。而才分所局，有過無功；法令具存，雖勤何補"。不僅把自己糟蹋得一無是處，而且連徐州抗洪被皇帝嘉獎的功勞也隻字未及。其中的牢騷意味，無論是誰都可以明顯感受到。行筆到此似乎意猶未盡，接着更説："知其愚不適時，難以追陪新進；察其老不生事，或能牧養小民。敢不奉法勤職，息訟平刑。上以廣朝廷之仁，下以慰父老之望。"① 這些情緒化的言辭以及所表達的不滿，顯然都是衝着新法而來的。是其對新法不滿首次在上奏皇帝的公文中集中暴露。此表奏上，監察御史里行何大正、舒亶兩人同時彈劾蘇軾，皆以其《謝表》"肆爲詆誚""譏切時事"爲言，國子博士李宜之、御史中丞李定賡即加入彈劾者行列，彈劾内容擴展到蘇軾自通判杭州以來所作詩文涉及的譏切時事、批評新法流弊的文字，要求朝廷用"重典"治其罪。七月下旬，中使皇甫遵奉旨到湖州逮捕蘇軾入京，投入御史臺監獄。"烏臺詩案"的發生，改變了蘇軾的仕途軌迹，也導致其人生道路出現重大轉變。這場著名的文字獄結案以後，蘇軾被貶官安置黄州，不得簽書公事，在那裏度過了躬耕東坡、與漁樵雜處的近五年謫居生活。

黄州謫居，對於遭受重大人生打擊的蘇軾而言并非全是壞事，他利用無公務可爲的"幽居默處"機會，一方面深刻反思人生歷程，同時也冷静考慮未來的生活方式。雖然在此期間所作詩文不再明火執仗地譏諷時政，但其經歷人生挫折之後對於現實、人生的感悟和體察，却達到了一個前所未有的思考深度和表現高度，該時期的文學創作，形成了蘇軾一生文學藝術生涯的黄金階段。蘇轍在爲蘇軾所作的墓志銘裏有這樣的評述："（蘇軾）嘗謂轍曰：'吾觀今世學者，獨子可與我上下耳。'既而謫居於黄，杜門深居，馳騁翰墨，其文一變，如川之方至，而轍瞠然不能及矣。"② 這不全是蘇轍自謙，所作的評價相當符合客觀事實。

我們注意到，黄州時期蘇軾的交際圈也隨之發生顯著變化，對於官場應酬之交和經過患難考驗證明不值得信任的所謂友人，蘇軾主動采取斷絶音信的方式，把他們從交際名單中"拉黑"了；而對於真正志同道合的朋友，尤其是那些在其身處逆境而有勇氣表達交往誠意的晚輩，蘇軾則竭誠與之加强交往，結下可以彼此"交心"的深厚情誼。諸如"蘇門四學

---

① （宋）蘇軾著，孔凡禮點校：《蘇軾文集》卷二十三，中華書局，1986年版，第653—654頁。

② （宋）蘇轍著，曾棗莊、馬德富校點：《欒城集・欒城後集》卷二十二《亡兄端明子瞻墓志銘》，上海古籍出版社，1987年版，第1421—1422頁。

士”、陳師道、李廌、李昭玘、王鞏、陳慥、參寥等人，均在這一時期與蘇軾保持着多種形式的密切交往。歷史地看，這種交往延續了徐州時期的詩文往來方式，鞏固并擴大了其“含金量”更高的文藝朋友圈，這圈朋友成爲其元祐時期主盟文壇時繁榮文學藝術創作的中堅力量。與此同時，蘇軾黄州時期的詩文詞創作名作輩出，進一步提升了其在文壇的地位，擴大了在整個士林的影響，當其元祐時期被召還京師受到器重，之前因詩案受牽連的蘇門人士不約而同地聚集於朝，這無疑爲蘇軾主盟文壇提供了極爲有利的客觀條件。可以説，蘇軾在元祐時期被尊爲主盟，既是其自身在文學事業上長期努力奮鬥的結果，也是現實條件發展成熟的水到渠成之事。

“元祐更化”逆轉了熙寧、元豐以來所推行的新法行政格局，垂簾聽政的太皇太后采用超常手段，急招司馬光還朝主持朝政，一大批因批評新法而被排擠打擊的士大夫，在司馬光的努力下被召回朝廷任職。蘇軾的坎坷命運也因此而發生陡轉，數月之間三獲提拔，頗受太皇太后及執政者司馬光的信任。蘇軾入朝後，他積極推薦“蘇門人士”回京任職，故一時間“蘇門學士”齊聚京城，具備了既能同朝共事，又在公務之餘舉行文人雅集、彼此詩文唱和的得天獨厚條件。王水照、朱剛在《蘇軾評傳》中對此予以關注，指出：“至於（蘇軾）元祐中與‘蘇門’學士一起醉酒談藝、題畫品書、相互唱和的景象，則是尤爲引人神往的。”[①] 比較具有代表性且在後世影響甚大的文人雅集發生在元祐二年（1087）[②]，作《西園雅集圖》的李公麟對畫中人物逐一作了標注，他們分别是：蘇軾、王詵、蔡肇、李之儀、蘇轍、黄庭堅、李公麟、晁補之、張耒、鄭靖老、秦觀、陳景元、米芾、王欽臣、圓通大師、劉涇；當時另一位親自參與了雅集活動的米芾作《西園雅集圖記》[③]，所列人名分别是：蘇軾、王鞏、王詵、黄庭堅、張耒、李公麟、元冲之、公素、王欽臣、米芾、秦觀、陳景元、劉涇、圓通大師。在《圖》和《記》所列的 16 人中，儘管少數人互有出入，但兩份名單中的參與者，絶大多數都屬於蘇門人士，或者至少是與蘇軾保持着較密切交往的文人學士。并且，不管是李公麟之畫，還是米芾所記，蘇軾都被擺在了最重要的位置，是大家公認的靈魂人物，其文壇主盟的地位，得到了完全確認。

蘇轍在其兄死後所作祭文中言：“兄之文章，今世第一。忠言嘉謨，古之遺直。名冠多

---

① 王水照、朱剛：《蘇軾評傳》第五章《文藝成就與美學思想》，南京大學出版社，2004 年版，第 424 頁。

② 關於在王詵家花園的雅集活動，歷來有一次和二次之説。主二次説者，認爲雅集分别於熙寧元豐間和元祐二年或三年舉行。筆者《蘇軾與李公麟交往考評》（《江蘇科技大學學報（社科版）》2019 年第 1 期）曾就這一問題有專門探討，基本看法是元祐二三年間舉行的雅集活動可能更可信，因爲衹有這時，雅集的文人才有可能聚齊京師，且蘇軾處於頗爲得志的仕途境遇之中，召集以蘇門人士爲主的雅集活動，最具備條件。熙寧十年雖然蘇軾兄弟也有過逗留京師的機會，理論上講也有集會的可能，但要把十六人都聚齊於京師，其實是不太現實的。

③ 關於米芾是否寫過《西園雅集圖記》，新加坡學者衣若芬在其所作《一樁歷史的公案——“西園雅集”》（《赤壁漫游與西園雅集——蘇軾研究論文集》，綫裝書局，2001 年版，第 49—85 頁）一文中否認米芾作過此文，主要理由是未收入《寶晋英光集》正録中，僅見於補遺，而補遺的可靠性存疑。筆者曾在《蘇軾與米芾交游述評》（《蘇軾與蘇門文人集團研究・蘇軾與蘇門人士論》，四川人民出版社，2010 年版，第 461—477 頁）及《論蘇軾與王詵的交誼及“西園雅集”之争議》（未刊）等文中對此有所辨析，基本觀點是：在没有提出更加確切的有力證據之前，不宜輕易否定米芾《西園雅集圖記》的著作權。

士，義動蠻貊。流竄雖久，此聲不没。遺文粲然，四海所傳。”[①] 按照蘇轍祭文之意，蘇軾文章被推爲天下第一，在其被流竄於蠻貊之地以前就已是士林共識，即使被貶謫了多年，孤身僻居海外，但其聲譽并没有因此而遭埋没，反而四海盛傳，影響更大。這是對蘇軾元祐時期在文壇居於主盟地位的清楚表述。現代學者對此也有特别關注和評價，孫望、常國武主編的《宋代文學史》云：“元祐年間，一時文林名士多出蘇門，‘六君子’文望尤爲籍籍。……其實在蘇軾周圍所形成的被稱爲‘元祐詞林’的作家群，他們雖然在不同方面受着蘇軾的熏陶和沾溉，但各人的創作成就却互有短長，藝術風貌也各具姿容。”[②] 看到元祐作家群體以蘇門人士爲中堅力量，這是符合實際的；至於這一時期的作家們，各有自己的風格，成就也有短長之别，其實這主要是受蘇軾創作思想的影響，而且與其主盟文壇的藝術開放觀念直接相關，是其促進元祐文壇創作繁榮的根本原因所在。觀其回京後於元祐元年夏寫給“蘇門四學士”之一的張耒書信所言，可以看出蘇軾對此前文壇狀況的總體評價，以及對未來文學創作方向的引領性提倡：

> 文字之衰，未有如今日者也。其源出於王氏。王氏之文，未必不善也，而患在好使人同己。自孔子不能使人同，顔淵之仁，子路之勇，不能以相移。而王氏欲以其學同天下。地之美者，同於生物，不同於所生。惟荒瘠斥鹵之地，彌望皆黄毛百葦，此王氏之同也！……僕老矣，使後生猶得見古人之大全者，正賴黄魯直、秦少游、晁无咎、陳履常與君等數人耳。[③]

其狠批王安石當政時“好使天下人同己”的文學方針，流弊便在於遏制文藝風格的多樣化，阻礙作家們努力走符合自己個性發展和興趣追求的創作道路，所以造成了文壇的凋敝、文章的衰敗。他從孔子不能使人同己、土地所生之物不會一樣的基本道理與一般規律講起，落脚到繁榮時下文學藝術創作，有賴蘇門人士各盡所能，自成一家之言，使古人所宣導的“大全”創作局面再現於文壇，是其作爲文壇領導者最真誠的期待，也是其力主文藝創作多樣化、個性化思想觀念的充分表達。

作者單位：樂山師範學院

① （宋）蘇轍著，曾棗莊、馬德富校點：《欒城集·欒城後集》卷二十《祭亡兄端明文》，上海古籍出版社，1987年版，第1388頁。

② 孫望、常國武主編：《宋代文學史》第十五章《蘇轍與蘇門弟子》，人民文學出版社，1996年版，第276頁。

③ （宋）蘇軾著，孔凡禮點校：《蘇軾文集》卷四十九《答張文潛縣丞書》，中華書局，1986年版，第1427頁。

北宋科舉論争及蘇軾的科舉改革主張

張　帆

内容提要：北宋是中國科舉史上鋭意革新的朝代，朝中大臣不僅熱衷於政治改革，對如何完善教育與科舉制度也展開了激烈的論争與反復的改革。蘇軾從科舉考試的優勝者走向科舉制度的管理者和執行者。憑着他對科舉考試的功能、標準及管理制度的認識，積極参與了北宋重大的科舉改革與論争。對人才選拔，他極力主張“兼用考試察舉之法”，深刻揭露察舉弊病，反對單純的以德取士；對考試科目他反對單純的以經術取士，力争爲“詩賦取士”留一席之地；對考試制度，他堅决維護封彌謄録制，力保考試公平公正。由此可見蘇軾力圖站在社會發展的高度，對教育與科舉制度熱切關注。

關鍵詞：北宋；科舉論争；蘇軾；科舉主張

中國的科舉制度，首創於隋，確立於唐，鼎盛於宋，直至清光緒三十一年（1905）科舉制停廢，前後經歷一千三百餘年，其間經歷了無數的變革與發展，北宋更是中國科舉史上鋭意革新的朝代。由於宋代實行文官政治，在開國初期就把改革科舉取士的問題放在首要位置，文人們經過科舉進入官場，不僅熱衷於政治改革，也格外關心教育與科舉的發展。他們不僅能及時發現前代科舉考試的弊端，更期望能進一步完善國家培養人才、選拔人才的教育科舉制度。因此，他們不斷地探索，并積極推動變革。而每一項重大變革，都伴隨着激烈的論争，甚至與政治鬥争互相滲透與糾結，呈現出一派否定、肯定、否定之否定的曲折而複雜的變革現象。

蘇軾自宋仁宗嘉祐元年（1056）首次出川參加科舉考試，到嘉祐二年（1057）參加禮部的考試，再到嘉祐六年（1061）應中制科考試入第三等，取得北宋開國以來的“百年第一”的好成績，又到宋哲宗元祐三年（1088），權知禮部貢舉，成爲科舉考試的主考官。在科舉選士的實踐中，蘇軾從科舉考試的優勝者走向科舉制度的管理者和執行者。憑着他對科舉考試的功能、標準及管理制度的認識，蘇軾也以自己積極而冷峻的思考參與了北宋重大的科舉改革與論爭。在他的文集中，保留着大量的論述科舉的文章、奏議，可見出他對當時的科舉論爭發表的意見和建議。

蘇軾在他的《議學校貢舉狀》中曾一針見血地指出：

> 今議者所欲變改，不過數端。或曰鄉舉德行而略文章；或曰專取策論而罷詩賦；或欲舉唐室故事，兼采譽望，而罷封彌；或欲罷經生樸學，不用貼、墨，而考大義。①

結合蘇軾以上文字及他的其他著作，北宋有關教育與科舉的論爭主要集中在四個方面：一是學校取士還是科舉取士？二是以德行取士還是以考試取士？三是以文學取士還是以經術取士？四是科舉考試中還要不要糊名、謄録制度？蘇軾對這些問題都有自己的見解與主張。

一、主張“兼用考試察舉之法”

這是有關學校取士還是科舉取士，孰優孰劣的問題。科舉考試與學校育人本是可以相互促進的，但隋唐以降，學校教育培養人才，科舉考試選拔人才，二者出現了失衡現象，加之某些統治者偏重科舉的政策，導致重科舉目的輕學校培養的矛盾日益突出。到了宋代更是發展成爲唯科舉是重而忽視學校育人的基本功能，導致相當一部分學生不願在學校接受系統的知識學習而專攻舉業，助長了學子們僥幸奔競的功利之風，科舉取士無形中削弱了學校教育的功能。因此，早在唐代就有人主張正確處理科舉選才與學校育人的關係，呼籲國家興學育才，辦好學校爲社會培養人才。

北宋時期，學校育才功能與科舉選拔人才的矛盾更加突出，爲平衡兩者間的關係，達到育人與選才協調一致，北宋政壇與教育界曾先後開展了三次大規模的興學改革運動，當朝的大臣們也紛紛就興學育才與考試選才展開激烈的論爭。爲了深入瞭解蘇軾的教育改革思想，我們不妨回顧一下這三次興學改革運動。

宋代的第一次教育改革是慶曆興學。

慶曆三年（1043）范仲淹出任參知政事，在推進社會改革的同時，積極宣導興學育才。除宋仁宗高度讚賞之外，韓琦與歐陽修等朝中重臣也大力支持。興學從慶曆四年（1044）開始，首先是改進太學和國子學及各州縣立學，規定科舉應試者必先接受正規的學校教育，并有人證明其品行端正，方能參加科舉考試，這個興學舉措客觀上助推了學校功能的發揮，保證了應試學子有一個知識積累與逐步成長的過程；其次是科舉制度改革，規定考試的程式是

① （宋）蘇軾著，孔凡禮點校：《議學校貢舉狀》，《蘇軾文集》卷二十五，中華書局，1986年版，第724頁。

先策、次論、次詩賦，罷帖經、墨義。應試學子的學業及操行等等，均由學子所在學校和地方官員保證。這次興學改革强調應試學子必須經過學校正規學習，在選拔人才的標準方面側重時務論策，注重學子對時政的關注及策論能力。

慶曆興學使太學的改革很有起色。太學素來是封建時代的國立最高學府，其名始於西周，夏、商、周稱謂却各有不同。漢代在京師設立太學，正式成爲全國最高教育機構，歷經魏晋南北朝的動亂，到唐、宋，太學仍然是國家公辦的最高學府。北宋慶曆興學，一批名師受聘於太學，對提高其品質無疑作用顯著。尤其是胡瑗在太學的鋭意改革，首創“分齋教學”，教學目的十分明確。其中經義齋的教學，主要内容是儒家經典，爲政府各部門輸送文職官員。治事齋則分爲治民、講武、堰水、曆算諸學科，爲國家各職能機構輸送專業的技術人才或專門的管理人才。學校在分齋教學的同時，還要求學生根據自己的專長選學一個主科，同時兼習一個或幾個副科。

胡瑗等人在太學改革中實行分齋教學和在治事齋中設主、副科的教學制度，是一項重大的教育教學改革。尤其是將農、兵、水利、曆算等實用性學科正式納入太學課堂，開了我國古代分科教學和學生必修、選修學習制度之先河，在中國教育史上具有劃時代的意義。這一教育方式的改革不僅將當時的自然科學和實用科學提升到與儒家經典同等重要的教育地位，對後世的教育發展也產生了不可低估的深遠的積極的影響。但令人遺憾的是，慶曆新政觸犯了皇親貴戚的既得利益，權貴及守舊勢力不斷彈劾范仲淹及其他的改革舉措，加之當時的科舉改革中有些做法，如廢除彌封、謄録制等等，儘管改革者的初衷是爲了考察學子們平時的學習與品行，但在實際的操作中難度很大也容易失誤。隨着范仲淹被黜罷相，他所主持的科舉改革也被宋仁宗下詔全部恢復舊制。慶曆興學的失敗，胡瑗改革太學的舉措亦被中止。雖然這次改革失敗了，但它對端正當時的學風有積極的促進作用，對後來的教育改革也有明顯的啓示意義。後世的文、理分科和必修、選修制度的創立就是胡瑗教育理念的繼承。就今天的教育發展眼光來看，胡瑗當時的人才培養制度也是具有合理性與前瞻性的。

宋代第二次教育改革是熙寧、元豐興學。

這一次興學是王安石領導的，是他變法革新的重要内容之一。早在嘉祐四年（1059）王安石就在《上仁宗皇帝言事書》中全面表達了自己教育改革的設想。熙寧、元豐期間（1068—1085）王安石兩次爲相，在推行新政的同時不遺餘力地進行教育改革。舉措爲：整頓各地官學和實行太學“三舍法”；罷明經諸科，專以進士取人；設立經義局，編審經學教材；整頓和發展專科學校，創辦武學，恢復醫學和律學。

特别值得一提的是王安石對太學的一系列改革。諸如，規定教師二人共講一經，對“教導有方”者予以提升，而“職事不修”者予以貶黜；頒行太學“三舍法”，外舍生成績優良者可升入内舍，内舍生成績優良者可升入上舍，上舍生成績優异者由主判直接推薦至中書省，免試科舉，直接授官。除此之外，王安石還親自主持對《詩》《書》《周禮》注釋和講解并以《三經新義》編輯出版，頒發於各學校，成爲全國統一的經學教材。王安石此舉的目的是統一思想，杜絶异議，以適應變法革新的政治需要。

客觀而論，王安石興學育才的基本思想是符合教育發展規律的，他對太學的改革，整頓和發展是有貢獻的，尤其是他將競争機制引入太學的教師管理和學生管理之中，調動了師生教與學的積極性，提高了太學的教學品質。但在熙寧、元豐興學的過程中，也始終充滿了激烈的政治鬥争。在宋神宗的授意下，許多朝臣參與了此次教育與科舉改革的論争，現存的奏狀有蘇軾的《議學校貢舉狀》、司馬光的《議學校貢舉狀》、程顥的《請修學校尊師儒取士劄子》、劉攽的《貢舉議》、吕公著的《上神宗答詔論學校貢舉之法》、蘇頌的《議貢舉法》等等，由這些奏狀可見當時激烈論争之一斑。

元豐八年（1085）神宗駕崩，年僅十歲的哲宗繼位，其祖母高太后垂簾聽政，起用舊黨，王安石等變法派人物先後被廢除，新法陸續被否定，第二次興學運動也以失敗告終。

宋代第三次教育改革是崇寧興學。

崇寧元年（1102），蔡京執政，再度興學，全力推行三舍法。崇寧三年（1104），宋徽宗依蔡京之請，下詔罷停科舉，取士全部歸於學校，人才之選，全由太學中的“三舍法”取而代之。這次興學實際上是恢復和强化王安石的改革思路——將培養學子與選拔人交給學校統一完成。

在這三次興學運動中，蘇軾雖然不是領軍人物，不是主持者，但他的態度是積極地參與論争，及時發表自己的教育改革主張。

蘇軾早年，親身經歷了范仲淹慶曆興學和王安石熙寧、元豐興學運動，他也力主改革考試，完善取士制度，但他有自己的見解。

首先，蘇軾認爲單純地偏重於推薦或考試一端對選拔人才都是不足取的，在《謝制科啓二首》中他説：

> 恭惟制治之要，惟有取人之難。用法者長有司之不公，故捨其平生，而論其一日，通變者恐人才之未盡，故詳於采聽，而略於臨時，兹二者之相形，顧兩全而未有。一之於考試，而掩之於倉卒，所以爲無私也，然而才行之迹，無由而深知；委之於察舉，而要之於久長，所以爲無失也，然而請屬之風，或因而滋長，此隋、唐進士之所以爲有弊，魏晋中正之所以爲多奸。①

蘇軾認爲國家治理最重要，最難辦的就是人才的選拔。就此我們簡單回顧一下漢代以後中國封建社會三大選才制度。一是察舉制（漢武帝元光元年至漢滅亡），將先秦時期的世襲官制改爲由地方長官在轄區内隨時考察、選取人才并推薦給上級，經過試用考核再任命官職；二是九品中正制（魏晋南北朝時期），是魏文帝黄初元年（220）爲了拉攏士族而采納陳群的意見制定的。即用各州郡有聲望的人任“中正”官，負責在本地區品評人物，選拔官

① （宋）蘇軾著，孔凡禮點校：《謝制科啓二首》，《蘇軾文集》卷四十六，中華書局，1986年版，第1323頁。

吏。把人物分爲九等，稱九品，然後按品級選官。此制創始於曹魏，發展成熟於兩晋，衰落於南北朝時期，廢除於隋朝；三是科舉制（隋朝大業元年至清朝光緒三十一年），其實質是通過科舉考試相對公平的選拔官吏。學子應舉不必非得由公卿大臣或州郡長官特别推薦，這既是科舉制最主要的特點，也是與察舉制和九品中正制最根本的區别。但科舉制也有它的局限，這正是蘇軾及其官員們討論的問題。

上引蘇軾文的大意是：在選拔人才時，有的人擔心選拔不公平，注重（學子）一日的表現而忽略他們平時的人品；有的擔心選拔有遺漏，故主張聽取人們的意見，但又忽略學子們臨時的表現。兩者比較，能兼顧兩全的辦法還没有。（漢代）采用察舉推舉人才，但同時又滋長了請托之風。這就是隋、唐進士考試有人作弊，魏晋時代的九品中正制也有很多奸詐情况出現（的原因）。蘇軾在深刻分析和指出歷史的教訓後，提出了自己的見解，"兼用考試察舉之法"，就可做到"始由察舉，而無請謁公行之私；終用考試，而無倉卒不審之患"①。

在此基礎上，蘇軾還對朝廷選拔人才者提出了更高層面的要求，他説："得人之道，在於知人，知人之法，在於責實。使君相有知人之才，朝廷有責實之政，則胥吏皂隸，未嘗無人，而况於學校貢舉乎，雖因今之法，臣以爲有餘。使君相無知人之才，朝廷無責實之政，則公卿侍從，常患無人，况學校貢舉乎，雖復古之制，臣以爲不足矣。"② 蘇軾認爲選拔人才的關鍵，首先應解决自上而下的"責實"（即求實）觀念，纔能選拔到真正的有用之才。國家要獲得有用之才，必須知人責實。而要解决知人責實的根本，在於朝廷是否有責實之政，君相是否有知人之才。如果國家的政治體制得以改進，具備上述機能，人才選拔的問題就能從根本上解决，而不必專繫於學校貢舉之途。相反，如果國家無責實之政，君相無知人之才，學校貢舉也無從得人。因此，"使三代聖人，復生於今，其選舉養才，亦必有道矣，何必由學"③。蘇軾不否認學校有培養人才的作用，但他認爲"選舉養才"還應該有完整的自上而下的原則與系統，完全依賴學校貢舉是絶對不行的。他甚至希望這種由上而下的系統從皇帝開始，爲天下人表率，他説："夫欲興德行，在於君人者修身以格物，審好惡以表俗，孟子所謂'君仁莫不仁，君義莫不義'。君之所向，天下趨焉。"④ 由此可見，蘇軾期待建立一套完整的人才培養與選拔系統的願望非常强烈。

其次，對王安石以學校育人代科舉取士的做法，蘇軾在奏疏《議學校貢舉狀》中也提出了明確的反對意見：

> 且天下固嘗立學矣。慶曆之間，以爲太平可待，至於今日，惟有空名僅存。今陛下必欲求德行道藝之士，責九年大成之業，則將變今之禮，易今之俗，又當發民力以治宫室，斂民財以食游士，百里之内，置官立師，獄訟聽於是，軍旅謀於是……故臣以爲今

---

① （宋）蘇軾著，孔凡禮點校：《謝制科啓二首》，《蘇軾文集》卷四十六，中華書局，1986 年版，第 1324 頁。
② （宋）蘇軾著，孔凡禮點校：《議學校貢舉狀》，《蘇軾文集》卷二十五，中華書局，1986 年版，第 723 頁。
③ 同上。
④ 同上，第 724 頁。

之學校，特可因循舊制，使先王之舊物不廢於吾世，足矣。[1]

對王安石推行“三舍法”所衍生的負面影響，蘇軾也做過深刻的批評：“謂罷於開封，則遠方之隘者，空自韞玉；取諸太學，則不肖之富者，私於懷金。雖負凌雲之志，未酬題柱之心。三舍既興，賄賂公行於庠序（學校）；一年爲限，孤寒半老於山林。自是憤愧者莫不顰眉，公正者爲之切齒。”[2] 蘇軾認爲“三舍法”的實施，使權貴壟斷了取士之途，阻礙了貧寒學子的進取之路，極大地敗壞了士風。因此，蘇軾竭力主張恢復學校育才、科舉選才的教育體制，以確保貧民學子的進身之階和國家選拔人才的公平公正。

對此，有人會説蘇軾從根本上是出於自己對改革漸變的堅持，對王安石的科舉改革提出异議，有他保守的一面。但蘇軾提出的“責實之政”却是有深刻道理的，他所指出的單純以興學取代科舉的弊端，也是客觀存在的，他極力主張恢復學校育才、科舉選才相結合的教育體制，也是合乎養士、取士的客觀規律，是提高人才品質的真知灼見。

二、力争爲“詩賦取士”留一席之地

用考試制度選拔人才，必須首先解决的是考試内容相對固定和評判標準客觀公允的問題。在唐代就已出現的以詩賦取士和以經義取士之争，實質上就是如何匡定考試内容和評判標準的争論[3]。

唐代科舉考試的形式主要有帖經、墨義、策問、詩賦四種。

“帖經”似現在的填空題，主要考察學子的記誦能力。爲拉開考生得分差距，考官往往會刻意提高試題難度，甚至出偏題、怪題，使一些學子專注於默記“帖括”的片言隻語，而忽視對本經大義的整體認知，因而遭到有識之士的普遍質疑。

“墨義”是對經義的簡要問答，重在考察考生對經義的理解。但因爲其主觀性較强，考生回答正確與否全由考官確定，客觀公正就難以保障。

“策問”重在考察學子對社會現實的觀察及思考問題、解决問題的能力，要求考生博古通今，既要善於書面表達，又要有鮮明的政治主張。但“策問”題型施行良久，題目難免重複，有的考生會將過去的對策編綴起來背誦，以便臨時套用，而考官評判缺乏客觀標準，給分也難免主觀。

“詩賦”考試則因講求聲律偶切，規定嚴格，評判標準相對客觀公正，最終形成了唐代

---

① （宋）蘇軾著，孔凡禮點校：《議學校貢舉狀》，《蘇軾文集》卷二十五，中華書局，1986年版，第723頁。

② （宋）蘇軾著，孔凡禮點校：《復改科賦》，《蘇軾文集》卷一，中華書局，1986年版，第29頁。

③ 劉虹：《從“經義式”到八股文形成的當代詮釋》，《河北師范大學學報》（教育科學版）2006年第8期。

以“詩賦取士”的科考定局。雖然詩賦取士也存在多種弊端，終唐之世反對之聲不斷，官方回應批評也衹是不斷調整，并没有廢止。有唐一代，詩賦取士始終獨領風騷。

到了宋代，人們意識到，詩賦取士衹是比較客觀地解决了考試評判標準的問題，考試内容基本不涉經學術數。因而，有的人就以經義取士考試内容“正統”的優勢，與詩賦取士較長量短。

宋仁宗慶曆三年（1043）七月，范仲淹任參知政事，在韓琦、宋祁、歐陽修等人的支持下，於九月上奏十項改革方案——《答手詔條陳十事》。其中“精貢舉”力陳詩賦取士之弊：“……國家專以辭賦取士，以墨義取諸科，士皆捨大方而趨小道，雖濟濟盈庭，求有才識者，十無一二。”[①] 爲此，范仲淹建議“進士先策論、後詩賦，諸科取兼能經義。賜第以上，皆取詔裁。餘優等免選注官，次第人守本科選”[②]。積極主張辦學傳授儒家經典。他説：“今諸道學校如得明師，尚可教人《六經》，傳治國治人之道”，“况天下危困，乏人如此，固當以經濟之業，取以經濟之才，庶可救其不逮”[③]。這些改革主張一提出就獲得宋仁宗的積極支持，慶曆科舉改革迅速展開，各州縣皆立學傳授儒家經典，學子須在學校學習三百日以上方能應試；科舉考試先策、次論、次詩賦，罷帖經、墨義，評定標準也有相應的變化。遺憾的是，“慶曆新政”如曇花一現，科舉改革也隨着主持者范仲淹被黜罷相，全部恢復舊制。

反思范仲淹以“經義取士”終至失敗的原因，最重要的莫過於“經義”内容博雜寬泛，各家注疏汗牛充棟，不僅考試内容博雜，而且答案標準也難以確定，評定成績尺度很難把握。因此，匡定經義策論的考試内容，確定其評判標準，就成了後繼改革者的首要任務。

二十五年後，王安石接着慶曆科舉改革的思路，將“經義取士”的方案變成了現實。王安石主要做了三項工作：

一是確定儒家經典在考試内容中的正統地位。王安石於宋神宗熙寧四年（1071），正式以經義考試取代詩賦考試。具體方法是：應試者可在《易》《詩》《書》《禮記》《周禮》中任選一經作爲考試科目，稱之爲“本經”或“大經”，兼考《孟子》《論語》，稱之爲“兼經”。每科考試共四場：第一場試大經大義十道；第二場試兼經大義十道；第三場試論一篇；第四場試策三道。禮部試增加二道，殿試則專試策，字數限在千字以上。之所以考試科目以經義取代詩賦，旨在希望學子們精通儒家經典大義，并以此爲基礎闡發他們有關政治、經濟、道德、修身、齊家等方面的認知與見解[④]，寫出文質相濟，言之成理的策論。

二是匡定經義内容。宋神宗熙寧八年（1075）六月，頒布王安石等人對《詩》《書》《周禮》經旨大義注疏闡釋的合訂本即《三經新義》於學官[⑤]，并將之作爲經義考試的主要内容和評判標準。

---

① （宋）范仲淹：《答手詔條陳十事》，《范仲淹全集》，鳳凰出版社，2004 年版，第 476 頁。
② 同上，第 478 頁。
③ 同上，第 476 頁。
④ 劉虹：《從“經義式”到八股文形成的當代詮釋》，《河北師范大學學報》（教育科學版）2006 年第 8 期。
⑤ （元）脱脱等：《宋史》卷三二七，中華書局，1985 年版，第 10550 頁。

三是撰寫經學小論文，爲學子提供應試范文。《三經新義》主要解决了經義闡釋的評判標準。但策論仍然汗漫難知，評判試卷仍然不够客觀。爲此，王安石不惜親自撰寫經學小論文，作爲士子考試經義、論策的答卷模式，也作爲考官評判試卷的標準。

對北宋“經義取士”與“詩賦取士”的争論，時任殿中丞、直史館的蘇軾也發表了自己的意見：

> 自文章而言之，則策論爲有用，詩賦爲無益；自政事言之，則詩賦、策論均爲無用矣。雖知其無用，然自祖宗以來莫之廢者，以爲設法取士，不過如此也。豈獨吾祖宗，自古堯舜亦然。《書》曰：“敷奏以言，明試以功。”自古堯舜以來，進人何嘗不以言，試人何嘗不以功乎？議者必欲以策論定賢愚、决能否，臣請有以質之。近世士大夫文章華靡者，莫如楊億。使楊億尚在，則忠清鯁亮之士也，豈得以華靡少之。通經學古者，莫如孫復、石介，使孫復、石介尚在，則迂闊矯誕之士也，又可施之於政事之間乎？自唐至今，以詩賦爲名臣者，不可勝數，何負於天下，而必欲廢之！近世士人纂類經史，綴緝時務，謂之策括。待問條目，搜抉略盡，臨時剽竊，竄首易尾，以眩有司，有司莫能辨也。且其爲文也，無規矩準繩，故學之易成；無聲病對偶，故考之難精。以易學之士，付難考之吏，其弊有甚於詩賦者矣。①

蘇軾的奏疏雄辯滔滔，態度十分鮮明。他直接道明就政事而言，詩賦、策論都是無用的，但雖知其無用，自祖宗以來也從未廢棄。爲此，蘇軾還特别以楊億、孫復、石介等人爲例，説明文章華美者未必没有忠清鯁亮之士，精通經義者未必就能長於政事，至於“纂類經史，綴輯時務”，“臨時剽竊，竄首易尾”者，其弊或許更大於詩賦！他直言不諱地指出以策論定賢愚未必可靠，以文章辭賦取人未必不能得名臣。因此，他認爲“專取策試而罷詩賦”不足取，進士試製策，於政事同樣不能有所補救。制策之類的文章没有“規矩準繩”的限制，容易學成，而没有“聲病對偶”的標準，考官也難考校優劣。况且自唐以來，以詩賦取士施行已久，取得的人才也不可勝數，何必當今非要廢除。蘇軾從正反兩個方面據理力争，是希望能爲“詩賦取士”留下一席之地，但當時的朝中衹有趙抃支持蘇軾，宋神宗雖一度傾向於蘇軾的主張，也因王安石的堅决反對而不再提及②。

對王安石與蘇軾的争論，我們應該站在社會與文化發展的高度做一客觀公正的評價。

王安石科舉改革的立足點是選拔具有經綸濟世之志和真才實學的人才，考試形式以“經義取士”爲主，匡定了考試内容和評判標準，從考試操作層面而言，適應了評審考卷的需要。從治理國政的角度而言，適應了封建統治者“尊儒術、正心術、一道德”的根本需要；從教育育人而言，王安石强調了學校育才的功能，并將《三經新義》作爲各級學校的主要教

---

① （宋）蘇軾著，孔凡禮點校：《議學校貢舉狀》，《蘇軾文集》卷二十五，中華書局，1986 年版，第 723 頁。
② （元）脱脱等：《宋史 • 志一百八 • 選舉一》，中華書局，1985 年版。

材，在統一教材的基礎上，也便於朝廷取才時尺度相對公平。但不能回避的是，對學校教學内容和考試標準的“匡定”，也使學校教學内容受限，培養方式單一，學術空氣及學生的思維方式也會因此而趨於僵化。王安石此舉，對學校造成既扶植又禁錮的雙向影響，對社會文化的全面發展也具有一定的負面作用。因此，從這個角度講，蘇軾對“詩賦取士”的呼籲也不無道理的，至少他的理論對文化的全面發展是有價值的。所以，司馬光繼任宰相後，重新恢復了詩賦的考試，形成了經義取士和詩賦取士在進士科考試中平分秋色的局面。

值得一提的還有，蘇軾不僅强烈反對單純以“經義取士”，還注意到當時的出題，都於子史書出，久而久之難免導致學子知識面狹窄，甚至還會出現試題重複的現象。因此，蘇軾在元祐八年（1093）寫下《奏乞增廣貢舉出題劄子》，呼籲擴展出題范圍：

> 臣伏見《元祐貢舉敕》：“諸詩賦論題，於子史書出。唯不得於老莊子出。如於經書出，而不犯見試舉人所治之經者亦聽。如謂引試治《詩》《書》舉人，即聽於《易》《春秋》經傳出詩賦論題。引試治《易》《春秋》舉人，即聽於《周禮》《禮記》出詩賦論題之類。”臣竊謂自來詩賦論題雜出於《九經》《孝經》《論語》，注中文字浩博，有可選擇，久而不窮。今詳上條，止得於子史書出，所取者狹，雖聽於經書出，又須不犯見試舉人所治之經。如是在京試院，分經引試，可以就别經出題。至如外州、軍，只作一場引試，即須回避，只如子史中出，恐非經久之法。臣今相度，欲乞詩賦論題，許於九經、《孝經》、《論語》，子史并九經、《論語》注中雜出，更不避見試舉人所治之經，但須於所給印紙題目下備録上下全文，并注疏不得漏落，則本經與非本經舉人所記均一，更無可避，兼足以稱朝廷待士之意，本只以工拙爲去取，不以不全之文掩其所不知以爲進退，於忠厚之風，不爲無補。①

三、揭露察舉弊病，反對單純的以德取士

在科舉制實施之前，選拔人才的方式，都將考察士人的德行放到首要位置。科舉制度形成後，考察的重點轉移到評價學子才學方面，對他們平常的德行則很難掌握，這是科舉考試最大的弊端之一。因此，在北宋科舉改革的浪潮中，伴隨着興學與科舉存廢的争論，德行取士與考試取士，也成了人們争論的焦點之一，雖然其規模與范圍有限，但它與學校養士與科舉取士、經義取士與詩賦取士互相交集，呈現出紛繁複雜的局面。

蘇軾就是這場辯論的主辯手之一。

王安石主持熙寧變法期間，宋神宗曾授意中央各部司討論科舉改革的事宜，其中也包括

① （宋）蘇軾著，孔凡禮點校：《奏乞增廣貢舉出題劄子》，《蘇軾文集》卷三十六，中華書局，1986年版，第1017頁。

是否恢復察舉制的問題。對此，蘇軾有十分强烈的反應。他在《議學校貢舉狀》中說：

夫欲興德行，在於君人者修身以格物，審好惡以表俗，孟子所謂“君仁莫不仁，君義莫不義”。君之所向，天下趨焉。若欲設科立名以取之，則是教天下相率而爲僞也。上以孝取人，則勇者割服，怯者廬墓。上以廉取人，則弊車羸馬，惡衣菲食。凡可以中上意，無所不至矣。德行之弊，一至於此乎！……唐之通榜，故是弊法。雖有以名取人，厭伏衆論之美，亦有賄賂公行，權要請托之害，至使恩去王室，權歸私門，降及中葉，結朋黨之論。通榜取人，又豈足尚哉。諸科舉取人，多出三路。能文者既已變而爲進士，曉義者又皆去以爲明經，其餘皆樸魯不化者也，至於人才，則有定分，施之有政，能否自彰。今進士日夜治經傳，附之以子史，貫穿馳騖，可謂博矣。①

蘇軾在文中很激動地指出，如果以德行取士，一定是“教天下相率而爲僞也”，讓天下讀書人上行下效，投機取巧，紛紛效仿甚至僞裝成統治者期待的模様，“凡可以中上意，無所不至矣”。如果像唐代的“通榜取人”以“衆論之美”來評價人物，也有賄賂公行，權要請托之害，甚至還有因之而結朋黨的弊害。因此，蘇軾認爲僅靠“德行”選拔人才不僅無客觀標準可衡量，反倒會給社會帶來不良的風氣。科舉取士雖也有不足之處，但它畢竟是考生憑實力去争取，有客觀標準衡量取才。在《謝應中制科啓》中蘇軾更是明確指出察舉制和科舉考試各有不足之處——“一之於考試，而掩之於倉卒，所以爲無私也，然而才行之迹，無由而深知；委之於察舉，而要之於久長，所以爲無失也，然而請屬之風，或因而滋長”②。這些現象都是已經爲隋唐進士考試和魏晋九品中正制所證明的歷史教訓。因此，蘇軾建議選拔人才應該“兼用考試察舉之法。每中年輒下明詔，使兩制各舉所聞。在家者能孝而恭，在官者能廉而慎。臨之以患難而能不變，邀之以寵利而能不回。既已得其行己之大方，然後責其當世之要用。學博者又須守約而後取，文麗者或以用寡而見尤。特於萬人之中，求其百全之美。……是以始由察舉，而無請謁公行之私；終用考試，而無倉卒不審之患。蓋其取人也如此之密，則夫不肖者安得而容。”③ 由此可見，蘇軾極力宣導的“兼用考試察舉之法”是對士子才與德的雙重考察。爲此，蘇軾呼籲君主要注意鑒别人才，特别要警惕士人德行中的模仿與作假行爲：

特願陛下留意其遠者大者。必欲登俊良，黜庸回，總覽衆才，經略世務，則在陛下與二三大臣，下至諸路職司與良二千石耳，區區之法何預焉！然臣竊有私憂過計者，敢不以告。昔王衍好老莊，天下皆師之，風俗凌夷，以至南渡。王縉好佛，舍人事而修异教，大曆之政，至今爲笑。……今士大夫至以佛老爲聖人，粥書於市者，非莊老之書不

---

① （宋）蘇軾著，孔凡禮點校：《議學校貢舉狀》，《蘇軾文集》卷二十五，中華書局，1986年版，第724頁。
② （宋）蘇軾著，孔凡禮點校：《謝制科啓二首》，《蘇軾文集》卷四十六，中華書局，1986年版，第1323頁。
③ 同上。

售也。讀其文，浩然無當而不可窮；觀其貌，超然無著而不可挹，豈此真能然哉？蓋中人之性，安於放而樂於誕耳。使天下之士，能如莊周齊死生，一毀譽，輕富貴，安貧賤，則人主之名器爵禄，所以礪世摩鈍者，廢矣。陛下亦安用之？而况其實不能，而竊取其言以欺世者哉。臣願陛下明敕有司，試之以法言，取之以實學。博通經術者，雖樸不廢；稍涉浮誕者，雖工必黜。則風俗稍厚，學術近正，庶幾得忠實之士，不至蹈衰季之風，則天下幸甚。[①]

蘇軾在奏疏中列舉了許多投機模仿、欺世盜名的行爲，他們效仿的都是聖人的外在行爲，而不是人品的真正改善。

自古以來，統治者選拔人才都是圍繞“德”與“才”兩個方面考慮的。司馬光在他的《資治通鑒》中分析晋國智伯慘敗的原因時説道：“智伯之亡也，才勝德也。夫才與德异，而世俗莫之能辨。通謂之賢，此其所以失人也。夫聰察强毅之謂才，正直中和之謂德。才者，德之資也；德者，才之帥也……”[②] 德才兼備，是國家最需要的人才，也是歷代統治者選拔人才的最需要考量的兩個重要指標。但在實際的運作中，“才”可以通過科舉公平競争，有一定客觀標準可衡量。而“德”的標準以及如何考量它却有着極大的不確定因素，在特殊利益的驅動之下，人的言行舉止也許并不是他真實的内心世界的反映。蘇軾正是非常深刻地認識到這一點并直言不諱地指出，這種没有客觀標準的薦舉非但不能真實鑒别人的德行，反倒會爲各級權貴徇私舞弊、任人唯親大開方便之門。

事實證明，在這場有關德行取士與科舉取士的論争中，蘇軾的見解是有深度與預見性的。宋哲宗元祐年間，司馬光在《乞以十科取士劄子》的奏疏中，宣導實行“十科”薦士，十科的名目是：一、行義純固可爲師表科；二、節操方正可備獻納科；三、智勇過人可備將帥科；四、公正聰明可備監司科；五、經術精通可備講讀科；六、學問該博可備顧問科；七、文章典麗可備著述科；八、善聽獄訟盡公得實科；九、善治財賦公私俱便科；十、練習法令，能斷請讞科[③]。儘管司馬光以縝密的思考從十個方面提出以德取士的初步設想，這些建議也一度被朝廷采納，但後來的發展證明，在國家選拔人才的標準上，單純考量“德”仍然是難以把握的。

宋徽宗因尊崇王安石，又沿用宋神宗時創設的太學三舍法，并擴大太學、州學、縣學等規模，在各路設提舉學事司，作爲專門的教育機構。接着又於大觀五年（1107）正式下令廢科舉，直接從太學生中選拔進士，以孝、悌、睦、姻、任、恤、忠、和八種德行作爲取士標準，這就是所謂的“八行科”取士。以德爲先選拔人才，其主觀願望無可指責，但執行起來却導致了一些士人爲求“八行”之名而上演矯揉造作、沽名釣譽的鬧劇。徇私舞弊、請托公

① （宋）蘇軾著，孔凡禮點校：《議學校貢舉狀》，《蘇軾文集》卷二十五，中華書局，1986 年版，第 725 頁。
② （宋）司馬光：《資治通鑒·周記一》，中華書局，1956 年版，第 14 頁。
③ （元）脱脱等：《宋史·志一百八·選舉六》，中華書局，1985 年版，第 3746 頁。

行等社會亂象更是屢禁不止。最後，宋徽宗於政和三年（1113）下詔限制八行士人貢入太學和州學的名額，以免妨礙學子正常的考選升補入學途徑。“八行科”取士的夭折，無形中宣布了宋代以德取士取代科舉考試的嘗試性改革失敗。

回顧北宋時期關於科舉制存廢的論争，主要表現在科舉取士與學校取士之争，事實上，無論科舉取士還是學校取士，强調某一方面都會失之偏頗，衹有根據人才選拔的目標綜合運用，纔能解决兩者間的矛盾。既不能簡單地以興學取代科舉考試，也不能以考生的一紙試卷决定其去留。宋代以德取士取代科舉考試的改革失敗，也應驗了蘇軾力陳的察舉弊病。雖然蘇軾也同時指出科舉考試也并非盡善盡美，而且隨着時間的流逝，它從形式到内容都日益凸顯其僵化的特徵，負面影響也不容小視。但在相當長的歷史時期内，科舉考試相對於其他選才方式仍然具有明顯的比較優勢與合理性，甚至時至今日我們也找不到更好的方法來取代它。就此而言，蘇軾當年堅持興學與科舉并行是十分可貴的。

四、維護封彌謄録制，力保考試公平

蘇軾不僅力主保留科舉制，爲了保證科舉考試的公平、公正的原則性，他還十分注意科舉場上的各個細節。比如，北宋科舉改革中争論不休的“糊名、謄録制”問題，雖是科舉考試中的一個細節問題，但這個細節却是科舉考試是否對每一個考生都公平公正的至關重要的核心問題。在中國的科舉考試中，糊名制是從唐代武則天當政時代就開始的，即在考試結束後，將考卷上考生填寫的姓名、籍貫等基本信息用紙糊起來，以保證考官在閱卷過程中不受其他因素干擾，進而增强科舉考試的公平性。糊名制實施以後，科場規范了許多。但仍有考生通過在試卷上做標記、寫暗語等方式，提醒閱卷者注意自己的身份，徇私舞弊的現象仍然存在。宋代爲進一步保證科舉考試的公平，防止科舉場上的舞弊行爲，采取了更爲周密的措施即“謄録法”，即將所有考生試卷全部由專門的工作人員重新謄抄一遍，閱卷者衹能看到謄抄過後的試卷，徹底杜絶了通過字迹、暗語等給閱卷者請托信息的可能。北宋因爲“糊名”和“謄録”嚴格的配套使用，使作弊者請托無門，考官要格外打壓或抬舉某位考生，也幾乎是不可能的事情。

關於糊名制，宋代科舉中有許多趣話。蘇軾本人的試卷被歐陽修誤以爲是自己的學生，不好判第一，衹好判第二，就是科舉場中的一個傳誦不衰的話題。另外，還有鄭獬和李廌的例子流傳也十分廣泛。

關於鄭獬，沈括的《夢溪筆談》卷九有載：

> 鄭毅夫自負時名，國子監以第五人選，意甚不平。謝主司啓詞，有“李廣事業，自

謂無雙；杜牧文章，止得第五”之句。又云：“騏驥已老，甘弩馬以先之；巨鼇不靈，因頑石之在上。”主司深銜之。他日廷策，主司復爲考官，必欲黜落，以報其不遜。有試業似獬者，枉遭斥逐；既而發考卷，則獬乃第一人及第。①

鄭獬字毅夫，國子監選拔考生時，其名次被排在了第五，自視甚高的鄭獬對此十分不滿。在按慣例寫給主司的感謝信中大發牢騷，將自己比作騏驥、巨鼇，而將前四名同學比作“駑馬”，更罵主司是冥頑不靈的“頑石”。鄭獬殿試時，又恰逢那位主司任考官，爲了報復鄭獬對自己的不恭，他特地在衆多試卷中找到一份類似鄭獬的卷子，并將之淘汰。但出人意料的是，閲卷完畢拆封之後，該考官發現被淘汰的試卷不是鄭獬的，鄭獬没有名落孫山而且高中狀元。

李廌的例子則與蘇軾密切相關，神宗元祐三年（1088），蘇軾知貢舉，其門生李廌也參加了這次科舉考試。據陸游記載：“東坡素知李廌方叔。方叔赴省試，東坡知舉，得一卷子，大喜，手批數十字，且語黄魯直曰：‘是必吾李廌也。’及拆號，則章持致平，而廌乃見黜。故東坡、山谷皆有詩在集中。初，廌試罷，歸語人曰：‘蘇公知舉，吾之文，必不在三名後。’及被黜，廌有乳母，年七十，大哭曰：‘吾兒遇蘇内翰知舉不及第，它日尚奚望?’遂閉門睡，至夕不出，發壁視之，自縊死矣。廌果終身不第以死，亦可哀也。”②

以上兩個例子，恰好從正反兩個方面説明了糊名法的公正，如果説鄭獬是因爲糊名法的保護，逃脱了主考官的刁難，而李廌則成了同一制度的犧牲品。當然，無論是鄭獬的幸運還是李廌的不幸，畢竟都是小概率事件。糊名法和謄録法作爲科舉考試中一種制度上的保障，削弱了主考官“生殺予奪”的許可權，最大程度地防止了徇私舞弊現象的發生，爲大多數考生，尤其是没有背景、没有關係的普通考生提供了公平競争的機會，是科舉制度日臻成熟和完善的一種表現。

當然，任何制度都不可能盡善盡美，都有可能利弊共存，對這一套保障考試公平競争機制的利弊存廢，北宋政壇、文壇也不乏激烈的論争。

宋仁宗慶曆三年（1043），范仲淹上《答手詔陳十事疏》其三“精貢舉”，就論及“糊名”“謄録”制的不足，并建議州郡發解考試不必采用糊名法。曰：

三曰：精貢舉。……又外郡解發進士、諸科人，本鄉舉里選之式，必先考其履行，然後取以藝業。今乃不求履行，惟以詞藻、墨義取之，加用彌封，不見姓字，實非鄉里舉選之本意也。……臣請重定外郡發解條約，須是履行無惡、藝業及等者，方得解薦，更不彌封試卷。其南省考試之人，已經本鄉詢考履行，却須彌封試卷，精考藝業。定奪等第訖，進入御前，選官覆考，重定等第訖，然後開看。南省所定等第内合同姓名偶有

① （宋）沈括著，侯真平校點：《夢溪筆談》卷九，岳麓書社，2002年版，第65頁。
② （宋）陸游：《老學庵筆記》卷十，《宋元筆記小説大觀》，上海古籍出版社，2007年版，第3445頁。

高下者，更不移改。若等第不同者，人數必少，却加彌封，更宣兩地參較，然後御前放榜，此爲至當。①

正是因爲范仲淹奏疏指出“糊名”“謄録”制存在的問題，仁宗命翰林學士宋祁等修訂貢舉考試條制。慶曆四年（1044）仁宗批准了宋祁等擬定的諸州解試，“更不封彌謄録”的貢舉新制。但是，很快就有了反對的呼聲。慶曆四年（1044）十一月，時任權三司使的包拯上奏《請依舊封彌謄録考校舉人》曰：

天下郡學自罷聽讀之後，生徒各以散去，一旦詔下，投牒求試者比比皆是，長吏等又安能一一練悉行實哉？不免只憑逐人遞相保委，然而詐僞猥雜者亦無由辨明；兼每州用試官一員，是天下試官逾三百餘員，必恐未能盡得其人，而悉心於公取也。或緣其雅素，或牽於愛憎，或迫於勢要，或通於賄賂，勢不得已因而升黜者有矣，又何暇論材藝、較履行哉！洎取捨一謬，則是非紛作，不惟抑絶寒素，竊慮天下因此構起訟端多矣。況封彌謄録，行之且久，雖非取士之制，稍協盡公之道，若今來諸州發解舉人，且令仍舊封彌謄録考校，於理甚便。②

爲了考試公正起見，包拯堅決要求地方科舉考試也要恢復“封彌謄録”制。慶曆新政推行不到一年，即遭夭折，宋祁等人制定的“諸州解試不用封彌謄録”的新條例也被廢罷。

客觀而論，科舉考試中的“封彌謄録”制度，對防止評閱試卷作弊確實能起到關鍵性的作用，所以，它一旦創立就受到絶大多數人的推崇。但在宋朝，對它的利弊存廢争議却經歷了一個漫長的過程。第二次集中議論“封彌謄録”制是在王安石變法時。

宋英宗治平元年（1064），歐陽修在《論逐路取人劄子》中説：

竊以國家取士之制，比於前世，最號至公。蓋累聖留心，請求曲盡。……又糊名、謄録而考之，使主司莫知爲何方之人，誰氏之子，不得有所憎愛薄厚於其間。故議者謂國家科場之制，雖未復古法，而便於今世，其無情如造化，至公如權衡，祖宗以來不可易之制也。③

短短的文字中，歐陽修反復强調科考場中一個重要的道德境界——“至公”，這是自隋唐科舉選拔人才以來，歷朝歷代所追求的共同目標，也是宋代科舉改革的核心理念。然而對如何將“至公”的理念落實到考試制度上，宋人的理解却有巨大的差别。

宋神宗熙寧二年（1069）四月，詔議科舉。五月，知制誥蘇頌上《議貢舉法》奏曰：

---

①（宋）范仲淹：《答手詔條陳十事》，《范仲淹全集》，鳳凰出版社，2004年版，第476頁。
②（宋）包拯：《請依舊封彌謄録考校舉人》，《包拯集校注》卷一，黄山書社，1999年版，第15頁。
③（宋）歐陽修：《論逐路取人劄子》，《歐陽修全集》，中華書局，2001年版，第1716頁。

所謂考試關防太密，彌封、謄録是也。夫彌封、謄録，本欲示至公於天下，然而徒置疑於士大夫，而未必盡至公之道，又因而失士者亦有之。何則？國家取士，行實爲先。今既彌封、謄録，考官但校文詞，何由知其行實？故雖有瑰异之士，所試小戾程式，或致退落。平時常負玷累，苟一日之長可取，便預收采。士之賢否，而進退之間繫乎幸與不幸，往往是矣。是豈朝廷之本意耶？……爲今之便，則莫若去彌封、謄録之法，使有司得專參詳考察。一則主司知朝廷委任不疑，益務盡心。二則負實學者得以自明，程文小疵，不虞見棄。三則淺陋之人。固無僥倖之望。至公之道，無大於此。①

蘇頌也呼籲“至公”，他更是希望有司自覺地站在一種道德的高度，秉持公心，以“至公之道”爲國家選拔人才，因而主張廢除“封彌、謄録”制。這無疑是一種理想主義！司馬光在熙寧二年（1069）五月應詔所上《議學校貢舉狀》中，就針鋒相對地指出：

議者又曰：“宜去封彌謄録，委有司考其文辭，參以行實而取之。”臣獨以爲不然。夫士之德行，知州縣者尚不能知，而有司居京師，一旦集天下之士，獨以何術知之？其術不過以衆人之毁譽决之。孔子曰：“衆好之，必察焉；衆惡之，必察焉。”夫衆人毁譽，庸詎足以盡其實乎？必如是行之，臣見其愛憎互起，毁譽交作，請托公行，賄賂上流，謗讟并興，獄訟不息，將紛然淆亂。朝廷必厭苦之而復用封彌謄録矣。夫封彌謄録，固爲此數者而設之也。譬猶築防以鄣洚水也，今不絶其源而徒去其防，則横流之患愈不可救矣。②

面對“封彌謄録”制的存廢與否，熙寧四年（1071）蘇軾在《議學校貢舉狀》中發表了自己的見解：

至於貢舉之法，行之百年，治亂盛衰，初不由此。陛下視祖宗之世貢舉之法，與今爲孰精？言語文章，與今爲孰優？所得文武長才，與今爲孰多？天下之事，與今爲孰辦？較比四者，而長短之議决矣。今議者所欲變改，不過數端。或曰鄉舉德行而略文章；或曰專取策論而罷詩賦；或欲舉唐室故事，兼采譽望，而罷封彌；或欲罷經生樸學，不用貼、墨，而考大義。此數者皆知其一，不知其二者也。③

從蘇軾上述對考試之法的比較問難中，已經表明，他不主張廢除“封彌謄録”制。筆者認爲，蘇軾在科舉考試中力主保留“封彌謄録”制，有它的合理性。事實上，如果廢除“封彌謄録”制，考官也不可能瞭解所有應舉學子的履行，相反，會給不少人“賄賂公行，權要請托”的機會，甚至會出現“權歸私門”，影響國家選拔人才的公正公平。正因爲此，元祐

① （宋）蘇頌：《議貢舉法》，《蘇魏公文集》卷十五，文淵閣四庫全書。
② （宋）司馬光：《議學校貢舉狀》，《温國文正司馬公文集》卷三十九，四部叢刊本。
③ （宋）蘇軾著，孔凡禮點校：《議學校貢舉狀》，《蘇軾文集》卷二十五，中華書局，1986 年版，第 724 頁。

三年（1088），蘇軾知貢舉，其愛徒李廌因“封彌謄録”制落第而歸。蘇軾事後儘管十分内疚，也未對“封彌謄録”制度本身有過質疑與否定。在此，我們不妨以蘇軾寫給學生李廌的詩爲證：

與君相從非一日，筆勢翩翩疑可識。
平生漫説古戰場，過眼終迷日五色。
我慚不出君大笑，行止皆天子何責。
青袍白苧五千人，知子無怨亦無德。①

蘇軾首先表示自己深知李廌的才能并以書法爲喻，誇耀李廌筆勢翩翩如南朝吴質之書法。接着引《唐摭言》中李程因賦《日有五色賦》而得狀元之事，暗喻自己應承擔遺才之責。再言此舉參試的士人太多，自己作爲主考官，偶或遺賢，作爲考生，當能諒解。可見，蘇軾縱然愛生心切，也能從國家科舉選拔人才的高度出發，理解與支持“糊名謄録”制度，維護科舉考試的公平公正。

關於北宋的“糊名謄録”制之争，蘇軾與歐陽修的觀點高度一致（參見前所引歐陽修語），歐陽修的話雖然説得有點絶對，但實踐中，“封彌謄録”制度也確實顯示了“無情如造化，至公如權衡”② 的作用。縱觀宋朝科舉史，“封彌謄録”制度杜絶考生與主考官企圖徇私舞弊的例子也不勝枚舉。如前文所引，鄭獬因此制度而逃掉考官陷害并高中狀元，蘇軾欲保門生李廌却因此而意外落第。此外，還有如嘉祐四年（1059），歐陽修爲殿試考官，决心封殺文風怪誕又有不少青年刻意模仿的劉幾，而劉幾却因試卷被密封，加之自己痛改了文風，試文被歐陽修高度賞識而中了狀元的案例，都説明“封彌謄録”制在科舉場上的客觀作用。

從這些例子中，我們可以看到，不管他是多大的官員還是多大的文豪，個體的人往往都有不可逾越的情感因素，而且這還不能簡單地斥之爲道德的問題，人的情、理、法有時真的難以統一。所以，必須要有一定的社會約束，借助法的力量方能保證社會的公正公平。就科舉場上的實際操作而言，“封彌謄録”制度的實施，在正常、普遍情况下，并不會妨礙考官盡心盡力，反而會使考官排除各種請托干擾，盡心精選英才。雖然，我們也不能否認，一張試卷决定士子命運也有不公平的時候，但兩者相較，“封彌謄録”制在科舉考試中利大於害是毋庸置疑的。而蘇軾、歐陽修等人在當時極力維護“封彌謄録”制度，也是值得充分肯定的。

---

① （宋）蘇軾著，孔凡禮點校，王文誥輯注：《余與李廌方叔相知久矣，領貢舉事而李不得第，愧甚，作詩送之》，《蘇軾詩集》卷三十，中華書局，1986年版，第1568頁。

② （宋）歐陽修：《論逐路取人劄子》，《歐陽修全集》，中華書局，2001年版，第1716頁。

結語

通過以上對北宋教育與科舉改革論争的梳理，我們重新審視了蘇軾當年的育人觀、選才觀、考試觀以及科舉改革中的種種主張，雖然我們不能武斷地説，蘇軾所有的教育主張與科舉主張都是進步的合理的。但他對教育科舉的改革熱情是值得充分肯定的，除了上述所引蘇軾給朝廷的奏疏外，蘇軾在與友人及學生的交往中也經常發表自己對當時教育科舉改革的意見。如他對王安石“欲以其學問同天下”的教育措施，就有深刻的批判。在《送人序》中，他説“士之不能自成，甚患在於俗學，俗學之患，枉人之材，窒人之耳目，誦其師傳造字之語，從俗之文，才數萬言，其爲士之業盡此矣。夫學以明禮，文以述志，思以通其學，氣以達其文。古之人道其聰明，廣其聞見，所似學也，正志完氣，所以言也。王氏之學，正如脱槧，案其形模而出之，不待修飾而成器耳，求爲桓璧彝器，其可乎？”① 蘇軾直言王氏之學就是“俗學”，按王安石新學模式培養的人才，就像按模具製作的器物，看起來成器，但要從中找到真正的類似桓璧彝器的重器，則根本不可能。蘇軾就在肯定前人對學子“廣其聞見”，注重全面素質培養的基礎上，猛烈抨擊王安石教育法對學子的禁錮與危害！還有如當他得知張耒要作太學博士，管理教育，特别告誡自己的學生：“文字之衰，未有如今日者也。其源實出於王氏。王氏之文，未必不善也，而患在於好使人同己。自孔子不能使人同，顔淵之仁，子路之勇，不能以相移。而王氏欲以其學同天下！地之美者，同於生物，不同於所生。惟荒瘠斥鹵之地，彌望皆黄茅白葦，此則王氏之同也。”② 有類這樣的批判，我們不能簡單地視爲他與王安石之間革新主張激進與保守的差异，更應該看到蘇軾站在社會文化全面發展的高度，主張人才培養的靈活多樣及其對文化兼收并蓄的態度。而這種態度與主張，千載之下仍然是教育與科舉領域謹守的法寶，甚至隨着時代的發展，它的價值會愈加顯現。

作者單位：西華大學文學與新聞傳播學院

① （宋）蘇軾，孔凡禮點校：《送人序》，《蘇軾文集》卷十，中華書局，1986年版，第325頁。
② （宋）蘇軾著，孔凡禮點校：《答張文潛縣丞書》，《蘇軾文集》卷四十九，中華書局，1986年版，第1427頁。

蘇軾與他的初心使命

潘殊閑

内容提要：“初心”一詞最早源於佛教典籍，指的是一種大徹大悟之心，一種向上、向善、向前的赤子之心、菩提之心。蘇軾在詩文中凡十三次使用“初心”一詞。這些“初心”，分爲對自己的表述和對他人的表述兩類。蘇軾筆下的“初心”書寫，基本上都是烏臺詩案之後，由貶謫人生開始的思考。蘇軾無論身處順境還是逆境，都堅守自己爲國爲民的“初心”，踐行經世濟民的“使命”，具體表現爲他始終堅信理想、堅持正道、堅守愛心和堅定責任。蘇軾的“初心”，是全天下一切有良知、有責任、有情懷之人共同的“初心”；蘇軾的“使命”，也是中國古代所有賢士大夫共同的“使命”。蘇軾的“初心”與“使命”，讓他“生氣凛然”，光彩照人，不負世界“千年英雄”的美名。

關鍵詞：蘇軾；初心；使命；歷史迴響；當代價值

最近兩年，“初心”一詞，被大家廣泛使用，成爲熱詞。但“初心”一詞并非今人的新造詞，通過查閲文獻可知，古人早已在使用“初心”一詞，而作爲被林語堂先生稱爲“人間不可無一，難能有二”的千古名人蘇軾，在其筆下，就有“不忘初心”的真切表述。不僅如此，蘇軾坎坷崎嶇的一生，非常真實生動地詮釋了他“不忘初心，牢記使命”的崇高理念，令萬世景仰。

一、漢語“初心”溯源

在中國古代，“初心”一詞被廣泛使用。但最早“初心”一詞出自哪部文獻，很難斷定。

但比較一致的看法是，“初心”一詞源於佛教典籍。以《大藏經》爲例，檢索“初心”，共出現 1742 次。佛學各部經典都大量提及“初心”。

何謂“初心”?《佛教大辭典》這樣解釋：“最初發求覺悟之心。”①

换言之，佛教所謂的“初心”，就是一種大徹大悟之心，一種向上、向善、向前的赤子之心、菩提之心。“初心”不是簡單的“初衷”。因爲“初衷”是中性詞，而“初心”在佛教的世界，俱爲“褒義”。

佛教東漢時期傳入中國，大約在兩晋時期，中國人開始在自己撰寫的文章中使用“初心”一詞。晋人干寶所撰《搜神記》卷十五即有“既不契於初心，生死永訣”之話②。梁蕭統在《講席將畢賦三十韻詩依次用》中有“後焰難堅明，初心易驚縮”③ 之語。

韓愈《複志賦》中有“欲奔走以及事兮，顧初心而自非。朝騁鶩乎書林兮，夕翱翔乎藝苑；諒却步以圖前兮，不浸近而逾遠”之語④。自唐以後，人們使用“初心”一詞就越來越多了。

在中國語言文字發展史上，佛學術語其實是做了不少貢獻的，漢語中有一大批辭彙來自於佛經佛典，如涅槃、刹那、覺悟、觀念、醍醐灌頂、隨緣、輪回、慧眼、意識、無我、因果、如意、心地等。“初心”即是衆多佛學辭彙中的一個。

二、蘇軾筆下的“初心”

根據相關文獻檢索，蘇軾詩文創作中共 13 次使用“初心”一詞。其中，詩歌 1 次，散文 12 次。

蘇軾筆下的這些“初心”，大體分爲兩類，一類是對自己的表述，一類是對他人的表述。對自己的表述占了絶大部分。對他人的表述衹有三處。

對他人的表述有：

一是詩歌《送俞節推》，有云：“吴興有君子，淡如朱絲琴。一唱三太息，至今有遺音。嗟余與夫子，相避如辰參。猶喜見諸郎，窈然清且深。异時多良士，末路喪初心。我生不有命，其肯枉尺尋。”⑤

① 吴汝鈞編著：《佛教大辭典》，商務印書館國際有限公司，1992 年版，第 321 頁。

② 《漢魏六朝小説大觀》，上海古籍出版社，1999 年版，第 388 頁。

③ 逯欽立輯校：《梁詩》卷十四，《先秦漢魏晋南北朝詩》（中），中華書局，1983 年版，第 1799 頁。

④ 馬其昶校注，馬茂元整理：《韓昌黎文集校注》，上海古籍出版社，2014 年版，第 7 頁。

⑤ 本文所引蘇軾詩歌，如未特别注明，均係（清）王文誥輯注、孔凡禮點校《蘇軾詩集》，（中華書局 1982 年版），以下所引，僅在文中標注篇名。

另一篇是《書劉庭式事》[①]。劉庭式爲齊人，蘇軾知密州時，劉庭式爲通判。當時蘇轍在齊州掌書記，聽鄉閭之人講到劉庭式的故事，便告訴蘇軾。這是一個非常有意味的故事。説劉庭式及第之後，不忘此前“議娶其鄉人之女”的初心，雖然此時的“鄉人之女”因爲生病已“兩目皆盲”，但劉庭式拒絶他人“納其幼女”的建議，堅稱：“吾心已許之矣。雖盲，豈負吾初心哉!”“卒娶盲女，與之偕老”。後來盲女去世，劉庭式“逾年而哀不衰，不肯復娶”，表現了愛情的忠貞，令人感喟。

還有一篇是《代滕達道湖州謝上表》，作於元豐七年（1084）八月，時滕達道在赴湖州任上，其中云：“此蓋伏遇皇帝陛下，妙物言神，睿思作聖。謂天蓋遠，以窮呼而必聞；如日之明，雖浸潤而不受。念兹七年之阨，收之九死之餘。臣敢不更勵初心，馴圖後效？老當益壯，未甘結草之幽途；死且不辭，尚欲據鞍於前殿。”

縱觀蘇軾筆下的“初心”書寫，基本上都是烏臺詩案之後，由貶謫人生開始的思考與訴求。比如：

《杭州召還乞郡狀》寫於元祐六年（1091）五月十九日，當時蘇軾被朝廷徵詔，從杭州回到京師作翰林學士承旨。蘇軾已連發三狀，乞請恩准他到揚、越、陳、蔡地方上去做官。因爲没有得到允准，所以，在這篇奏狀中，蘇軾歷數自己爲官的坎坷旅程，坦言自己劫後餘生，不願再回中央，惹惱那些嫉恨他的人，以求“遠禍全身”。奏狀披露肝肺，言辭懇切，十分感人。在這篇奏劄中，蘇軾自我剖析，坦言自己因爲才華和性格耿直，自反對王安石新政以來，即遭受群小攻擊。蘇軾自知當時如果自己稍微變通一下，“少加附會”，“進用可必”。但因爲“蒙二帝非常之知”，所以，“不忍欺天負心”，因此要“具論安石所爲不可施行狀，以裨萬一”。後來，一連串的攻擊，以至於皇帝都擋不住，蘇軾用古語“聚蚊成雷，積羽沉舟”象喻。烏臺案發，湖州就逮之後，蘇軾曾多次萌生自殺念頭，所幸皇帝的種種眷顧，讓蘇軾劫後餘生。再回京城後，蘇軾秉承“獨立不倚，知無不言”的處事原則，又先後與孫永、傅堯俞、韓維争議，與司馬光异論，又素疾程頤之奸，引起頤黨側目。又極力反對周穜上疏乞用王安石配享之事。這些都讓蘇軾感覺“風雨欲來”，因此，累章力求補外。在蘇軾看來，如果他“貪得患失，隨世俛仰，改其常度，則陛下亦安所用”？而如果他“守其初心，始終不變，則群小側目，必無安理”。雖然蘇軾自知有“二聖深知”，但“亦恐終不勝衆”。所以他反復計慮，莫若求去：“非不懷戀天地父母之恩，而衰老之餘，耻復與群小計較短長曲直，爲世間高人長者所笑。”所以，蘇軾請求皇帝安排“執政檢會累奏，祗作親嫌回避，早除一郡”。并乞求他的這些奏狀，不要外傳，以免被小人利用。進而蘇軾表態：“若朝廷不以臣不才，猶欲驅使，或除一重難邊郡，臣不敢辭避。報國之心，死而後已。惟不願在禁近，使黨人猜疑，别加陰中也。”

---

① 本文所引蘇軾散文，如未特别注明，均係（明）茅維編、孔凡禮點校《蘇軾文集》（中華書局 1986 年版），以下所引，僅在文中標注篇名。

這樣的“初心”，在蘇軾其他的文章中也有類似的表述，如：

豈期晚遇，又過初心。（《謝中書舍人表二首》之二）

知人材之難得，采虚名而用臣。敢不益勵初心，力圖後效？才不逮古，雖慚内相之名，志常在民，庶免私人之誚。（《謝中書舍人表二首》之二）

蒙恩除臣翰林學士知制誥者。名微不稱，寵至若驚。伏念臣經術空疏，吏能短淺。少年自守，無用於作新；去國生還，適逢於求舊。初何雲補，遽辱甄收。此蓋伏遇皇帝陛下，文武生知，聰明天縱。法乾坤之廣運，體日月之照微。過采虚名，使陳薄技。敢不激昂晚節，砥礪初心？雖洪造之難酬，盡微生而後已。（《謝翰林學士表二首》之一）

恭惟太皇太后陛下，明極照臨，憂深付托。欲爲社稷之衛，莫如臣僕之賢。以帝堯之哲，而甚畏於壬人；以孔子之聖，而思見於狷者。致兹選擢，驟及迂愚。臣敢不淬勵初心，激昂晚歲，誓堅必死之節，少報不貲之恩。（《謝兼侍讀表二首》之一）

始臣之學也，以適用爲本，而耻空言；故其仕也，以及民爲心，而慚屍禄。乃者屢請治郡，兼乞守邊，欲及殘年，少施實效。而有志莫遂，負愧何言。今乃以文字爲官常，語言爲職業。下無所見其能否，上無所考其幽明。循省初心，有靦面目。故於拜恩之日，少陳有益之言。（《謝除兩職守禮部尚書表》之二）

然獨念愚夫小人，以一言感發，猶能奮身不顧，以遂其言。而軾乃以罪廢之故，不爲一言以負其初心，獨不愧乎？（《與章子厚書》）

忠文公碑固所願托附，但平生本不爲此，中間數公蓋不得已，不欲卒負初心。（《答范純夫》）

當益勵於初心，尚何辭於新命。（《賜新除依前正議大夫守門下侍郎孫固辭免恩命不許？優來章批答二首》）

可見，蘇軾不僅要“守其初心，始終不變”，更要“益勵初心”“砥礪初心”“淬勵初心”，表現出堅貞的情懷與追求。

三、蘇軾“初心”的歷史解讀

如前所述，蘇軾“初心”一詞的使用，基本上都是貶謫黄州之後。黄州是蘇軾人生的重大轉折點，没有黄州，就没有東坡。

簡而言之，烏臺詩案後，蘇軾開始懷疑人生，他到黄州後大量研讀佛經，與衆多僧人往還，表現出濃厚的佛禪意趣。但蘇軾没有忘記他的人生訴求，没有忘記從小所受的教育，没有忘記“國家興亡、匹夫有責”的使命。所以，在黄州，他究心於自己著述，欲了却平生想做但因爲忙碌却無力完成的宏偉著述：“某閑廢無所用心，專治經書，一二年間，欲了却《論語》《書》《易》，舍弟亦了却《春秋》《詩》。雖拙學，自謂頗正古今之誤，粗有益於世，瞑目無憾。”（《與滕達道書》）

佛禪意趣調劑的是蘇軾的情趣，但在其内心深處，却始終珍藏着儒家的淑世情懷，對此，蘇軾有過這樣的自白：“吾儕雖老且窮，而道理貫心肝，忠義填骨髓，直須談笑死生之際。若見僕困窮便相於邑，則與不學道者大不相遠矣……兄雖懷坎壈於時，遇事有可尊主澤民者，便忘軀爲之，禍福得喪，付與造物。”（《與李公擇書》）“道理貫心肝，忠義填骨髓，直須談笑死生之際”，這就是蘇軾的“初心”與“使命”。

要真正理解蘇軾的“初心”與“使命”，我們還應該通過蘇軾的人生實踐去檢視。

1. 堅信理想。蘇軾一生懷揣着强烈的政治抱負，希望“奮厲有當世志”①，一生致力於實現國家富强、人民幸福。

蘇軾深受孔孟“民爲邦本”“民貴君輕”思想的影響，主張仁政愛民。其22歲參加禮部考試，所作《省試刑賞忠厚之至論》，從“愛民”“憂民”出發，主張“廣恩”“慎刑”，集中表達了蘇軾一生堅持以儒家“仁政”思想治國安邦的政治主張。蘇軾認爲：“先王知天下之善不勝賞，而爵禄不足以勸也，知天下之惡不勝刑，而刀鋸不足以裁也，是故疑則舉而歸之於仁，以君子長者之道待天下，使天下相率而歸於君子長者之道，故曰忠厚之至也。”（蘇軾《省試刑賞忠厚之至論》）什麽是“仁”，就是愛與愛人。仁愛之道就是忠厚之道，就是爲官待民之道。蘇軾甚至認爲，“天下者，非君有也，天下使君主之耳”（蘇軾《御試制科策并問》）。以此爲認識基點，蘇軾對百姓始終充滿愛憐，一生愛民恤民的能聲與善政俯拾皆是。

蘇軾的一生起起伏伏，遭遇了諸多的不幸，受到了不公正待遇，面對複雜的政治形勢，即使無回天之力，也不敢輕言退隱。在第一次離開中央請求外任通判杭州時，蘇軾曾給弟弟蘇轍表達過這樣的心聲：“眼看時事力難勝，貪戀君恩退未能。”（《初到杭州寄子由二絶》之一）儘管時事複雜，甚感力不從心，但忠君報國的“初心”始終不曾忘却。

蘇軾敬仰陶淵明，特别是在人生的低谷階段，他很想學陶淵明歸隱田園，在黄州時，他曾在《江城子》中這樣説：

> 夢中了了醉中醒。衹淵明，是前生。走遍人間，依舊却躬耕。昨夜東坡春雨足，烏鵲喜，報新晴。//雪堂西畔暗泉鳴。北山傾，小溪横。南望亭丘，孤秀聳曾城。都是斜川當日境，吾老矣，寄餘齡。

儘管蘇軾自認爲陶淵明是他的前身，但是，他跟陶淵明根本不同的是，他有强烈的忠君

---

① （宋）蘇轍，陳宏天、高秀芳點校：《亡兄子瞻端明墓志銘》，《蘇轍集·欒城後集》卷二十二，中華書局，1990年版，第1117頁。

愛國思想，有難以割捨的儒家淑世情懷，有不能忘却的經世濟民的政治理想。所以，儘管他一生坎壈，但始終堅信自己的理想。蘇軾自嘲的“問汝平生功業，黄州惠州儋州”，從坎壈一生而不墜青雲之志的角度言，確乎其允當！

2. 堅持正道。蘇軾是通過讀書仕進這條大道改變自己的人生的。他始終秉持獨立不倚的原則，堅持正道，磊落光明。在王安石主政期間，他對新法變革多持否定立場，在地方任上，他敢於直面現實，對有違社稷民生的變革，他以各種理由予以阻止。後來司馬光主政，盡變新法，蘇軾通過廣泛的基層實踐，對新法中部分改革取得的實效有親身的感受，所以，反對司馬光極端化的做法。這樣一來，新黨、舊黨都對蘇軾不滿。誠如蘇軾自己在奏狀中所説的那樣：“是時王安石新得政，變易法度，臣若少加附會，進用可必。自惟遠人，蒙二帝非常之知，不忍欺天負心，欲具論安石所爲不可施行狀，以裨萬一。”（《杭州召還乞郡狀》）在《與楊元素書》中，蘇軾這樣評價自己獨立不倚的性格與原則：“昔之君子，惟荆（指荆國公王安石）是師；今之君子，惟温（指温國公司馬光）是隨。所隨不同，其爲隨一也。老弟（指自己）與温相知至深，始終無間，然多不隨耳。”

由於對新法持反對態度，新法成員對蘇軾十分痛恨，以致尋機想陷害蘇軾。王安石的姻親、御史知雜事謝景温就“首出死力”（蘇軾《杭州召還乞郡狀》），無中生有地誣奏蘇軾，説蘇軾在扶父親蘇洵靈柩返鄉時，利用官船販賣私鹽，從中非法牟利。於是，“遂下諸路體量追捕當時梢工篙手等，考掠取證”，但以“實無其事，故鍛煉不成而止”（蘇軾《杭州召還乞郡狀》）。自此之後蘇軾的反對派再也不敢拿“貪”字來責難蘇軾，由此也可以反觀蘇軾正直正派的品行與操守。

蘇軾在地方任職時間長於在中央任職。在地方爲官，蘇軾敢於堅持原則，敢於向一切惡勢力宣戰。

元祐七年（1092）正月，蘇軾由潁州改知揚州。二月到任。三月，通過調研，他就想整頓揚州的不良社會風氣。歷史上，洛陽牡丹名冠天下。錢惟演做洛陽留守時，置驛站，把牡丹馳送宫廷。蘇軾對此很反感，認爲：“洛花有識，鄙之。此宫妾愛君之意也。”揚州芍藥也十分有名，蔡京做揚州太守時，也仿洛陽做萬花會，用花十萬多枝。蘇軾剛到揚州，認爲這種追逐形式，“既困諸邑，吏緣爲奸”[①] 的事，必須堅决及時制止，於是，首先向這種不正之風開刀，果斷叫停萬花會。

元祐八年（1093）十月，蘇軾到定州任，發現定州近歲軍政不嚴，邊備小弛，比如，“甲仗庫子軍人張全，一年之間，持仗入庫，前後盗銅鑼十二面，監官明知，并不申舉。又有帳設什物庫子軍人田平等，二年之間，盗帳設什物八百餘件，銀二百五十餘兩，恣意典賣。軍城寨人户采斫禁山，開耕爲田，公然起税，住坐者一百八十餘家。城中有開櫃坊人百餘户，明出牌牓，召軍民賭博”。因此之故，致法令不行，禁軍日有逃亡，聚爲盗賊，民不

① （宋）蘇軾撰：《仇池筆記》卷上，華東師范大學出版社，1983年版，第209頁。

安居。爲此，蘇軾大膽整飭軍政，懲治貪官污吏，“張全、田平等皆以付獄按治。侵斫禁山人逐次舉覺，依法勘斷張德等九人。其多年侵耕已成永業者，別作擘劃處置，申樞密院次，開櫃坊人出榜，召人告捉。有王京等四十家，陳首改業，其餘并走出州界。軍民自此稍知有朝廷法令，逃軍衰少，賊盗亦稀”（蘇軾《乞降度牒修定州禁軍營房狀》）。定州軍政與社會面貌爲之一新。

元祐四年（1089）三月，蘇軾再次到杭州履職。蘇軾一到杭州，就遇到了一起聚衆鬧事事件。起因是，近年來，杭州民間以“輕疏糊藥紬絹”。官吏想選收好絹，但一些“奸猾人户及攬納人遞相扇和，不納好絹。致使官吏無由揀擇，期限既迫，不免受納。歲歲如此，習以成風”。蘇軾想革除此弊。結果顔章、顔益煽動兩百餘人入州衙喧訴。蘇軾一邊以理喻遣，一邊打探奸凶之人。最後，逮捕了顔章、顔益。第二天，州民就不敢再交這種“輕疏糊藥紬絹”，也不敢再聚衆喧鬧了。蘇軾通過察訪得知，“顔章、顔益係第一等豪户顔巽之子。巽先充書手，因受贓虚消税賦，刺配本州牢城，尋即用幸計構胥吏、醫人，托患放停，又爲詐將産業重迭當出官鹽，刺配滁州牢城，依前托患放停歸鄉。父子奸凶，衆所畏惡。下獄之日，閭里稱快”。爲此，蘇軾對他們做出如下判決：“顔章、顔益，家傳凶狡，氣蓋鄉閭。故能奮臂一呼，從者數百。欲以摇動長吏，脅制監官。蠹害之深，難從常法。已刺配本州牢城去訖。”同時，蘇軾還“以散行曉示鄉村城郭人户，今後更不得織造輕疏糊藥紬絹，以備納官。庶幾明年全革此弊”（《奏爲法外刺配罪人待罪狀》）。蘇軾嚴懲邪惡，維護正道，彰顯爲官者的浩然正氣，令人肅然起敬。

蘇軾堅持正道的風節氣度，令後世景仰。誠如《宋史·蘇軾傳》最後一段所發的議論：“弱冠，父子兄弟至京師，一日而聲名赫然，動於四方。既而登上第，擢詞科，入掌書命，出典方州。器識之閎偉，議論之卓犖，文章之雄雋，政事之精明，四者皆能以特立之志爲之主，而以邁往之氣輔之。故意之所向，言足以達其有猷，行足以遂其有爲。至於禍患之來，節義足以固其有守，皆志與氣所爲也。仁宗初讀軾、轍制策，退而喜曰：‘朕今日爲子孫得兩宰相矣。’神宗尤愛其文，宫中讀之，膳進忘食，稱爲天下奇才。二君皆有以知軾，而軾卒不得大用。一歐陽修先識之，其名遂與之齊，豈非軾之所長不可掩抑者，天下之至公也，相不相有命焉，嗚呼！軾不得相，又豈非幸歟？或謂：‘軾稍自韜戢，雖不獲柄用，亦當免禍。’雖然，假令軾以是而易其所爲，尚得爲軾哉？”[①] 此真爲識言！“至於禍患之來，節義足以固其有守”，不就是蘇軾堅持正道的具體體現嗎？也正因爲蘇軾没有討好權貴，不“易其所爲”，蘇軾纔是令萬世景仰的“天下之至公”。如果蘇軾諂媚權貴，隨風摇曳，他“尚得爲軾哉”！

3. 堅守愛心。蘇軾一生愛民之心，根深蒂固，幾乎是他到哪裏，其愛心就播撒到哪裏。比如，蘇軾26歲初仕鳳翔，就爲百姓做了三件大好事，一是改“衙前之役”，減衙前之害；

① （元）脱脱等撰：《宋史》卷三百三十八，中華書局，1999年版，第8651頁。

二是提出“以官榷與民”的主張，以“救一時之急，解朝夕之患”；三是免除積欠，消滅囚禁之冤屈者，由此贏得鳳翔百姓擁戴。

熙寧七年（1074）十二月，蘇軾到密州上任剛剛二十餘天，通過調研就發現這裏的蝗灾十分嚴重：“民以蒿蔓裹蝗蟲而瘞之道左，累累相望者，二百餘里，捕殺之數，聞於官者幾三萬斛。然吏皆言蝗不爲灾，甚者或言爲民除草。使蝗果爲民除草，民將祝而來之，豈忍殺乎？軾近在錢塘，見飛蝗自西北來，聲亂浙江之濤，上翳日月，下掩草木，遇其所落，彌望蕭然。此京東餘波及淮浙者耳，而京東獨言蝗不爲灾，將以誰欺乎？”面對如此嚴重的灾情，當時一些地方官吏，爲了討好朝廷，居然説“蝗不爲灾”，甚至還説蝗蟲可以“爲民除草”。蘇軾反問道，如果蝗蟲真有這樣的除草作用，那百姓何苦要去滅殺它呢？顯然這是胡言亂語。蘇軾上書丞相韓絳，希望他“少信其言，特與量蠲秋税，或與倚閣青苗錢”（《上韓丞相論灾傷手實書》）。此外，在這篇奏文中，蘇軾還論“方田均税之患”，又請京東、河北免榷鹽（《上韓丞相論灾傷手實書》）。同年，蘇軾再上奏狀，縱論河北、京東盜賊爲害，乞體量放税、免税（《論河北京東盜賊狀》）。當時由於連年饑荒，很多窮人無力撫養孩子，忍痛丢棄孩子的事情屢屢發生。蘇軾看到這種情況後，便安排官府收養這些被丢棄的孩子，然後再將這些棄兒交給那些没有子女的百姓收養，同時，將官府平常作應急用的“勸誘米”，拿出一部分作爲收養棄兒的專項補助。他采取的辦法是，誰家收養棄兒，誰家每月就可以得到定量的補助。這樣，棄兒有人收養，窮苦百姓的生活也得到改善[①]。

密州雩泉在州城南二十里的常山。這裏因爲濱海多風，溝渠難以儲水，因此經常鬧旱灾。於是，百姓經常到這裏求雨，每求必應，由於有常德於民，故名“常山”。熙寧八年（1075）密州春夏旱，蘇軾心急如焚，便到常山求雨，非常靈驗，且發現有一眼泉水。他就在泉上鑿石爲井，築亭其上。古人謂“籲嗟求雨”曰“雩”，故取名“雩泉”。蘇軾有《雩泉記》載之：“熙寧八年春夏旱，軾再禱焉，皆應如響。乃新其廟。廟門之西南十五步，有泉汪洋折旋如車輪，清凉滑甘，冬夏若一，餘流溢去，達於山下。兹山之所以能常其德，出雲爲雨，以信於斯民者，意其在此。而號稱不立，除治不嚴，農民易之。乃琢石爲井，其深七尺，廣三之二。作亭於其上，而名之曰雩泉。古者謂籲嗟而求雨曰雩。今民籲嗟其所不獲，而呻吟其所疾痛，亦多矣。吏有能聞而哀之，答其所求，如常山雩泉之可信而恃者乎！軾以是愧於神，乃作《籲嗟》之詩，以遺東武之民，使歌以祀神而勉吏云。”蘇軾的公僕意識與爲民情懷，於此《雩泉記》，可以洞見。

蘇軾的仁政愛民情懷并非簡單的同情、援助，而是充滿了智慧的“創意”。如元祐五年（1090），蘇軾在杭州任上，目睹西湖水中多葑（淤泥），有必廢之漸，有五不可廢之憂，於是奏乞利用賑灾餘緡并特别撥款，修浚被稱爲杭州之眉目的西湖。蘇軾招募饑民，興功開西

① 參見蘇軾《與朱鄂州書》云：“軾向在密州，遇饑年，民多棄子，因盤量勸誘米，得出剩數百石别儲之，專以收養棄兒，月給六斗。比期年，養者與兒，皆有父母之愛，遂不失所，所活亦數千人。”

湖，包括疏浚茅山、鹽橋二河，將葑泥築成八百八十丈長的長堤，把“内湖”與“外湖”連結起來，使這一工程充分發揮了航運、灌溉、飲水、環保、休閑娛樂等功能，同時也讓“數千人得食其力以度此凶歲”（蘇軾《杭州乞度牒開西湖狀》及《申三省起請開湖六條狀》）。這是一項深得人心的民心工程，是一個造福子孫後代的偉大工程，也是一舉數得的“創意”工程（以工代賑，讓饑民自食其力，有臉面地獲得酬勞，兩全其美），因而也成爲中國歷史上各級地方官實施仁政惠民、科學治城的典范。

因爲蘇軾人生所到之處，皆有能聲善政，故在民間，老百姓對蘇軾懷有深刻的崇敬心情，這從一個側面映照出蘇軾爲民情懷的社會“温度”與時代“高度”。據文獻記載，蘇軾在杭州，民間“家有畫像，飲食必祝。又作生祠以報”①。元符三年（1100），蘇軾離儋北還時，儋州人“争致贍遺”，相送於舟次（《與歐陽晦夫二首》之二）而北上船隻抵達常州，當地百姓又於運河兩岸，人頭攢動，争睹蘇軾風采：

李僘言：東坡自海外歸毗陵，病暑，著小冠，披半臂，坐船中。夾運河岸，千萬人隨觀之。東坡顧坐客曰：“莫看殺軾否?”其爲人愛慕如此②。

《清波雜志》在上述之後還有這樣一行文字：“則素知彼民愛慕，坡亦眷眷此地而不忘。强伯屍而祝之之意出此。”③

熙寧年間，蘇軾通判杭州，因爲新法帶來的不便，百姓有不少人因此鋌而走險，僅兩浙一帶因違反鹽法而獲罪的，一年就近兩萬人。蘇軾在《上文侍中論榷鹽書》中這樣寫道：“軾在餘杭時，見兩浙之民以犯鹽得罪者，一歲至萬七千人而莫能止。奸民以兵仗護送，吏士不敢近者，常以數百人爲輩，特不爲他盜，故上下通知，而不以聞耳。”因爲違法亂記的人多，蘇軾常常忙於各種獄决，没法休息：“君不見，錢塘游宦客，朝推囚，暮决獄，不因人唤何時休。”（《和蔡準郎中見邀游西湖三首》）這種没完没了的法律事務，甚至讓蘇軾的除夕之夜也不能回家團聚：

除日當早歸，官事乃見留。
執筆對之泣，哀此繫中囚。
小人營餱糧，墮網不知羞。
我亦戀薄禄，因循失歸休。
不須論賢愚，均是爲食謀。
誰能暫縱遣，閔默愧前修。（《熙寧中，軾通守此郡。除夜，直都廳，囚繫皆滿，日暮不得返舍，因題一詩於壁，今二十年矣。衰病之餘，復忝郡寄，再經除夜，庭事蕭然，三圄皆空。蓋同僚之力，非拙朽所致，因和前篇呈公濟、子侔二通守》之前詩）

---

① （元）脱脱等撰：《宋史》卷三百三十八《蘇軾傳》，中華書局，1999年版，第8647頁。
② （宋）邵博撰：《邵氏聞見後録》卷二十，中華書局，1983年版，第160頁。
③ （宋）周煇撰，劉永翔校注：《清波雜志校注》卷三，中華書局，1994年版，第122頁。

蘇軾愛憐獄中囚犯，説他們是爲了養家糊口，而自己也是貪戀着朝廷的薄禄而不得自由。在蘇軾看來，自己和這些囚禁之人都是因爲“爲食謀”而失去自由。由此來看，甚覺羞愧。特别是在萬家團圓的日子，自己不能將這些囚犯放歸，更有一種負疚感。從這一點可以看到蘇軾内心深處根深蒂固的民本思想，其愛民恤民的情懷，令人景仰。

蘇軾還特别關注、關心、關愛弱勢群體，多做雪中送炭之事，少盡錦上添花之舉。費袞的《梁溪漫志》還記載了一件令人感佩的蘇軾軼事：

> 建中靖國元年，東坡自儋北歸，卜居陽羨，陽羨士大夫猶畏而不敢與之游，獨士人邵民瞻從學於坡，坡亦喜其人，時時相與杖策過長橋，訪山水爲樂。邵爲坡買一宅，爲錢五百緡，坡傾囊僅能償之。卜吉入新第。既得日矣，夜與邵步月，偶至一村落，聞婦人哭聲極哀，坡徙倚聽之，曰：“异哉，何其悲也！”豈有大難割之愛，觸於其心歟？吾將問之。遂與邵推扉而入，則一老嫗，見坡泣自若。坡問嫗，何爲哀傷至是？嫗曰：“吾家有一居，相傳百年，保守不敢動，以至於我。而吾子不肖，遂舉以售諸人。吾今日遷徙來此，百年舊居，一旦訣别，寧不痛心？此吾之所以泣也。”坡亦爲之愴然，問其故居所在，則坡以五百緡所得者也。坡因再三慰撫，徐謂之曰：“嫗之舊居，乃吾所售也。不必深悲，今當以是屋還嫗。”即命取屋券，對嫗焚之；呼其子，命翌日迎母還舊第，竟不索其直。坡自是遂還毗陵，不復買宅，而借顧塘橋孫氏居暫憩焉。是歲七月，坡竟殁於借居。前輩所爲類如此，而世多不知，獨吾州傳其事云。①

蘇軾偉大的人格，於此洞見，千載之下，仍然光芒照人。

元祐四年（1089），蘇軾到杭州任。時杭州地區大旱，饑疫并作，蘇軾請於朝，免本路上供米三之一，復得賜度僧牒，易米以救饑者。明年春，又減價糶常平米，多作饘粥藥劑，遣使挾醫分坊治病，活者甚衆。蘇軾説：“杭，水陸之會，疫死比他處常多。”於是，“裒羨緡得二千，復發橐中黄金五十兩，以作病坊，稍畜錢糧待之”②。面對疫情，蘇軾果斷建立公共病坊——安樂坊，爲減少疫情傳播和病死亡率，做出了重要貢獻。依我們今人的眼光審視之，其重大的社會意義與歷史貢獻，確實值得頌揚！

元祐七年（1092）正月，蘇軾移知揚州。在從潁州到揚州的路上，蘇軾看到麻麥如雲，一派豐收景象。可是，當他“屏去吏卒，親入村落，訪問父老”，没想到父老却一臉的憂色。蘇軾大惑不解。父老告訴他：“豐年不如凶年。天灾流行，民雖乏食，縮衣節口，猶可以生。若豐年舉催積欠，胥徒在門，枷棒在身，則人户求死不得。”説罷，父老流泪，蘇軾也“不覺流涕”。到了城裏，蘇軾看到多有流民。官吏告訴他：“以夏麥既熟，舉催積欠，故流民不敢歸鄉。”蘇軾憤然感嘆道：“臣聞之孔子曰：‘苛政猛於虎。’昔常不信其言，以今觀之，殆

---

① （宋）費袞撰：《梁溪漫志》卷四“東坡卜居陽羨”條，《宋元筆記小説大觀》（三），上海古籍出版社，2001年版，第3379頁。

② （元）脱脱等撰：《宋史》卷三百三十八《蘇軾傳》，中華書局，1999年版，第8646頁。

有甚者。水旱殺人，百倍於虎，而人畏催欠，乃甚於水旱。”蘇軾掐指一算，“每州催欠吏卒不下五百人，以天下言之，是常有二十餘萬虎狼，散在民間，百姓何由安生，朝廷仁政何由得成乎”?（蘇軾《論積欠六事并乞檢會應詔四事一處行下狀》）由此，蘇軾對揚州百姓積欠之事耿耿於懷，請求朝廷停止摧欠，“使久困之民，稍知一飽之樂……與天下疲民，一洗瘡痏”（蘇軾《再論積欠六事四事劄子》）。

惠州乃廣州通衢之邑，却被東江所隔，交通甚是不便。紹聖三年（1096），蘇軾在惠州，在表兄程正輔的幫助下，合力在惠州東門外的大江上建一座橋，造福百姓。惠州還有西湖，又名豐湖。湖上原有一道長橋，已經毁壞，也需要修繕。在修橋的過程中，蘇軾捐出了自己的犀帶，還動員弟婦史氏捐出朝廷所賜的數千金錢，以助經費。這兩道橋在各方面的關心配合下，經過半年多的施工，於紹聖三年六月落成了，分别取名爲東新橋和西新橋。此外，在惠州，蘇軾還曾推廣秧馬（木製插秧機），意在減輕農民插秧的勞苦。又介紹四川的水力碓磨，促進生産發展。還力助博羅大火灾的善後事宜。

4. 堅定責任。蘇軾秉持爲官一任，造福一方的原則，堅定履行自己的職責，絶不拖延塞責，更無委過於人。其使命意識與擔當精神，令人尊重。比如，熙寧十年（1077）二月，蘇軾改知徐州，七月十七日，黄河在澶州曹村埽决口，八月二十一日，洪水直淹徐州城下，到九月二十一日，城下水深達二丈八尺九寸，水高於城中平地有至一丈九寸者。蘇軾看到被捲入洪水急流中的男女老幼蔽川而下，便“使習水者浮舟檝，載糗餌以濟之，得脱者無數”①。蘇軾看到城内一些富豪大賈怕死偷生，紛紛争出避水，他反而愈加增强了與城民共存亡的决心。他率軍民持畚鍤以出，築起東南長堤，使水不及城，“民心乃安”。蘇軾不僅勸禁卒盡力，且在危急情况下，“廬於城上，過家不入”，日夜指揮吏民，分堵而守，築長堤九百八十四丈，又發公廪，濟困窮，經過七十餘天的奮戰，終於戰勝洪濤，保全了全城人民的生命財産。爲此，舉城吏民擺宴歡慶，載歌載舞。神宗皇帝也特予嘉獎。在拯救徐州城的抗洪鬥争中，蘇軾自始至終，以“已坐迂疎來此地，分將勞苦送生涯”（蘇軾《有言郡東北荆山下，可以溝畎積水，因與吴正字、王户曹同往相視，以地多亂石，不果。還，游聖女山，山有石室如墓而無棺槨，或云宋司馬桓魋墓。二子有詩，次其韻，二首》之一）砥礪自己。可以説，這兩句話準確地寫出了他當時抗洪救灾時的心境。正因爲蘇軾爲徐州人民做了實實在在的大好事，所以，徐州人非常感謝他。當他調離徐州時，徐州人民扶老攜幼爲其送行。父老鄉親拉著他的馬轡繩，流着泪水爲他祝壽説：“洗盞拜馬前，請壽使君公：前年無使君，魚鱉化兒童。”而蘇軾則很謙卑，感嘆道：“水來非吾過，去亦非吾功。”（蘇軾《罷徐州，往南京，馬上走筆寄子由五首》之二）

作爲地方官，不僅要有處理疑難繁重問題的膽略，還要有發現問題和解决問題的智慧與謀略。蘇軾每到任一職，一定是恪盡職守。比如元祐六年（1091）八月，蘇軾到潁州任職。

---

① （宋）蘇轍，陳宏天、高秀芳點校：《蘇轍集・欒城集》卷十七《黄樓賦并叙》，中華書局，1990年版，第335頁。

九月，陳州知州李承之、府界提刑羅適、都水監所差官及本路提刑、轉運司就到一同到潁州，要與蘇軾商議開建八丈溝的事。蘇軾以剛到潁州，情況不了解爲由，拒絶了，提出待他瞭解具體情況之後，再作商議。蘇軾查閲資料得知，“胡宗愈、羅適、崔公度、李承之以爲可開，曾肇、陸佃、朱勃以爲不可開，然皆不曾差壕寨用水平打量，見地形的實高下丈尺，是致臆度利害，口争勝負，久而不决”。原來，大家都是僅憑頭腦中的想象臆斷，没有實際的測量，所以，彼此争議不絶，但誰都説服不了誰。蘇軾有感於此，决定要科學决策，不能拍腦袋行事。於是，“選差教練使史昱等，令管押壕寨，自蔡口至淮上，計會本州逐縣官吏，子細打量，每二十五步立一竿，每竿用水平量見高下尺寸，凡五千八百一十一竿，然後地面高下，溝身深淺，淮之漲水高低，溝之下口有無壅遏，可得而見”。通過這樣的實地測量，蘇軾發現問題了。原來淮水水位很高，比新溝幾乎要高出一丈。如果鑿黄堆，淮水就會倒流，不但不能解决陳州的水患，還會給潁州造成嚴重水患。經過充分的調研，蘇軾理直氣壯地指出：“臣今來到任已兩月，體問得潁州境内諸水，但遇淮水漲溢。潁河下口壅遏不得通，則皆横流爲害，下冒田廬，上逼城郭，曆旬彌月，不減尺寸。但淮水朝落，則潁河暮退，數日之間，千溝百港，一時收縮。以此驗之，若淮水不漲，則一潁河泄之足矣。若淮不免漲，則雖複旁開百溝，亦須下入於淮，淮水一漲，百溝皆壅，無益於事，而況一八丈溝乎？”由於蘇軾的責任擔當與科學施政，避免了這場“起夫十八萬人，用錢米三十七萬貫石，開溝之後，又别奪萬壽等三縣農民産業，不知凡幾千百頃，又别破人夫錢米以興陂塘”（蘇軾《申省論八丈溝利害二首》之二）的政績工程。

如果説有官職在身，履職盡責是天經地義，那麽，被貶謫竄逐，無權無勢之時，是否就可以不用關心民衆疾苦和社會進步呢？蘇軾用他的行爲告訴了我們，他依然堅守了一份揮之不去的使命感與責任感。

紹聖四年（1097），蘇軾被貶謫到了更加遥遠的海南。在海南，蘇軾一邊艱難地適應環境，謀求生存下來的各種辦法，一邊不忘爲國爲民的“初心”與“使命”，克服各種意想不到的困難，大力傳播中原文化，嘔心培育地方才俊。蘇軾剛到儋耳，軍使張中便不計蘇軾身份，禮之如上賓，“别飾官舍”，與其論文長叙，飲酒賦詩。受其影響，郡中才俊如黎子雲兄弟、符林、王霄等當地讀書人，還有遠從數百里、數千里之外慕名相從的年輕人，如潮州的吴子野、瓊州的姜唐佐等人就漸次聚集在蘇軾周圍，形成一個論文講學的知識分子小團體。後來又取《漢書•揚雄傳》“載酒問字”典故，興建“載酒堂”用於講學。在此基礎上，蘇軾多方宣傳，四處勸學，大力宣導教學之風。

在儋州，蘇軾除課堂教學、授徒誦讀外，還十分關心儋耳地區的風土人情。他親自采松制墨，籌措書籍，研究當地物産、氣候、醫藥、衛生，直至作物品種、名勝古迹。他熱情寫詩作文，勸説黎漢之間平等相待，和睦共處，宣傳破除迷信思想，讚美祖國邊疆綺麗風光。他勸農開墾荒地，多植稻穀；移植中原優良品種、推廣先進耕作方法。他開鑿井泉，改變當地飲用河塘污水的不衛生習慣；他還研究當地物産花木、親嘗百草，製成藥劑并從大陸托來貴重藥物散給群衆，以提高當地人民的健康水準。他還宣傳破除迷信、改變陋習，反對殺牛祭鬼、燒香拜佛，規勸儋耳父老改變“坐男使女”的土風俗①。

蘇軾在海南化育生民的事迹和文學創作成就成爲海南社會進步和文化發展的寶貴史料和永遠的精神財富，他們認爲，“儋耳爲漢武帝元鼎六年置郡，閱漢魏六朝至唐及五代，文化未開。北宋蘇文忠公來瓊，居儋四年，以詩書禮樂之教轉移其風俗，變化其人心”，使儋州地區“書聲琅琅，弦歌四起”，成爲當時海南文化的中心②。

縱觀蘇軾的一生，無論是暢達之時，還是困厄之時，他心中始終裝着君主國家和黎民百姓，所到一地，真正造福一方，爲國爲民，鞠躬盡瘁，死而後已。這種初心，不因自己的窮與達，而輕易改變，也不類常人所謂的“達則兼濟天下，窮則獨善其身”的識時務，而是真正的“守其初心，始終不變”，所以，贏得廣泛尊重。這是蘇軾的價值所在，也是魅力所在。

的確，蘇軾的一生，真可謂“守其初心，始終不變”。有人説，蘇軾的官越做越小，蘇軾貶謫的地點越來越遠。但這種人生的“不幸”與磨難，絲毫不減其偉大的人格與人性之美。何以見得？因爲人在順境有權之時，做一些善事、好事，是比較簡單，也是十分容易的。但在逆境、失意、無權無勢甚至貶謫竄逐的時候，還關心天下蒼生，還盡其所能造福黎民百姓，這就衹有高尚偉大的人才能做到。

蘇軾從海南回到大陸之後，在《自題金山畫像》中曾這樣評價自己：“心似已灰之木，身如不繫之舟。問汝平生功業，黄州惠州儋州。”這并非蘇軾的簡單自嘲。從蘇軾貶謫人生的經歷來看，確乎是其人生的真實寫照。當然，蘇軾在爲官期間的衆多杰出貢獻，那自然是宏偉的。

由此來看，蘇軾無論是順境還是逆境，心中都始終裝着百姓，裝着國家，所以，蘇軾的“初心”，是全天下一切有良知、有責任、有情懷之人共同的“初心”；蘇軾的“使命”，是中國古代所有賢士大夫共同的“使命”。蘇軾無疑是他們中的“翹楚”。

四、蘇軾“初心”的歷史回響

承載了蘇軾“守其初心”宏願的《杭州召還乞郡狀》這篇文章在歷史上曾有廣泛影響，衆多史書和文選争相選録轉載，如《續資治通鑒長編》《通鑒記事本末》《歷代名臣奏議》《唐宋八大家文鈔》《文章辨體匯選》等。有的直接在文中引用蘇軾各類“初心”的表述，如：

① 以上參見蘇軾《和陶勸農六首》《蒼耳録》《與程全父書》《書柳子厚牛賦後》《書杜子美詩》等篇。

② 《重修儋州志叙》，轉引自朱玉書撰：《蘇東坡在海南島》附録《蘇軾與儋縣文化》，廣東人民出版社，2006年版，第197—206頁。

今聖明御極，萬物維新，秉忠猶以野服散號，守其初心，深所未安，宜與正其衣冠，崇以顯秩。①

天道至善，即以其善賦之下民，故人之生，無有不善。其或有不善者，皆因内蔽於私欲，外染於汙習。至不能守其初心，遂悖乎天矣。②

聖恩愈厚，兢惕倍深，敢不益勵初心，夙夜匪懈，以仰副皇上委任之至意。③

天地之恩愈切，悚惶之念，自今以後，惟有益勵初心，奮勉辦事，斷不敢始勤終怠有負。④

臣敢不堅持晚節，益勵初心，竭犬馬之微勞，答乾坤之大德。⑤

某敢不鏤銘新德，砥礪初心，竭駑鈍之馳驅，報鴻龐之覆育。⑥

某雖少服父兄師友之訓，不敢自棄，而頑鈍疎拙，學不加進，每懷愧惕，恐卒負其初心，方將求針砭鐫磨於四方師友，冀獲開發，以免罪戾。⑦

而蘇軾"守其初心，始終不變"的精神品質，更令後世景仰。誠如陸游在跋東坡帖時所發的感嘆："公不以一身禍福，易其憂國之心，千載之下，生氣凛然，忠臣烈士所當取法也。"⑧

也如宋孝宗趙眘對蘇軾的讚嘆："忠言讜論，立朝大節，一時廷臣無出其右，負其豪氣，志在行其所學，放浪嶺海，文不少衰，力斡造化，元氣淋漓，窮理盡性，貫通天人，山川風雲，草木華實，千匯萬狀，可喜可愕，有感於中，一寓之於文，雄視百代，自作一家，渾涵光芒，至是而大成矣。朕萬機餘暇，紬繹詩書，他人之文，或得或失，多所取捨。至於軾所著，讀之終日，亹亹忘倦，常寘左右，以爲矜式，信可謂一代文章之宗也歟！"⑨

現在眉山三蘇祠，在其進門庭院兩側，立有兩塊大石，上面刻有蘇軾的兩句名言：

守其初心，始終不變。

功廢於貪，行成於廉。

這濃縮的左右各八個大字，可以説是蘇軾光彩人生最真實、最生動、最有價值的寫照。

要之，蘇軾無論身處順境還是逆境，都堅守自己爲國爲民的"初心"，踐行經世濟民的"使命"，具體表現爲他始終堅信理想、堅持正道、堅守愛心和堅定責任。蘇軾的"初心"，

---

① （元）蘇天爵撰：《元名臣事略》卷七《太保劉文正公》，文淵閣《四庫全書》本。

② 《國朝宫史》卷三十二，文淵閣《四庫全書》本。

③ 《世宗憲宗帝朱批諭旨》卷二十九下，文淵閣《四庫全書》本。

④ 《世宗憲宗帝朱批諭旨》卷七十九，文淵閣《四庫全書》本。

⑤ （明）王恕撰：《王端毅奏議》卷二《改南京户部左侍郎謝恩奏狀》，文淵閣《四庫全書》本。

⑥ （宋）李曾伯撰：《可齋雜稿》卷九《謝督相》，文淵閣《四庫全書》本。

⑦ （宋）陸九淵撰：《陸九淵集》卷二十三《白鹿洞書院講義》，中華書局，1980年版，第275頁。

⑧ 錢仲聯、馬亞中主編：陸游《跋東坡帖》，《渭南文集校注》卷二十九，浙江古籍出版社，2016年版，第248頁。

⑨ 《經進東坡文集事略》卷首，《四部叢刊》初編本。

是全天下一切有良知、有責任、有情懷之人共同的“初心”；蘇軾的“使命”，也是中國古代所有賢士大夫共同的“使命”。蘇軾的“初心”與“使命”，讓他“生氣凜然”，光彩照人，不負世界“千年英雄”的美名。

作者單位：西華大學地方文化資源保護與開發研究中心

從蘇軾寓黄書信中窺其寓黄時期的矛盾心態

曹闓川

内容提要：蘇軾貶黄四年又兩個月（元豐三年二月至元豐七年四月）。在這個長江邊上荒僻小城中，除了因在人生逆境而創作出大量輝煌詩篇文章之外，他也留下了許多與朋友往來的尺牘。這些尺牘反映了他當時“憂讒畏禍而又勇於爲義”“失落傷感而又率真曠達”的矛盾心理，是研究其寓黄心態及情感的重要資料。

關鍵詞：蘇軾；書信；寓黄心態；率真；勇於爲義

從孔凡禮校點的《蘇軾佚文彙編》和《蘇軾文集》中，可知蘇軾書信共計 1600 餘首，其中尺牘 1500 多首，啓 108 首，書 41 首，數量巨大。而在謫居黄州期間蘇軾總共與朋友往來了 311 首書信，幾占其整個尺牘數量的五分之一。本文擬以蘇軾寓黄時期的書信爲窗口，從而透視蘇軾寓黄時期的生活和心理狀態。

一、寓黄時期的書信概況

（一）以尺牘爲主的文體

尺牘代指書信，最早出現在《漢書》。《漢書》記載：“漢遣單于書，以尺一牘，辭曰，皇帝敬問匈奴大單于無恙。”① 此處尺牘應指漢代的詔書。而《説文解字》中講：“版，書版也。”② 因爲當時紙還没有被發明，所以所用書寫的是竹版或者木版，而“尺一牘”即是指

① （漢）班固：《漢書》卷九十四《匈奴傳第六十四》，鼎文書局，1986 年版，第 3760 頁。
② （漢）許慎，（宋）徐鉉校訂：《説文解字》，中華書局，1999 年版，第 143 頁。

一尺一寸的木版便是尺牘了。

最初，尺牘既是指具備公文性質上呈給皇帝的檔，同樣也可以指私人之間的往來信件，《漢書・游俠傳》中講陳遵之事，説其“與人竹版，主皆藏去以爲榮”① 便是指私人信件。

而到了宋代，尺牘則主要指人與人之間相互交流信息、互相溝通的私人書信了，内容形式也不斷地完善，從而成爲了一種格式規范、語言得體、立意明確的文體了。尺牘的内容更加趨向於日常生活，用詞更加口語化，格式上則在稱謂、行款、封緘、紙墨等方面有了固定的規范，而一份完整的尺牘則要具備九個部分：具禮（即敬語，如蘇軾信中的“某啓”“辱書”等）、稱謂、題稱、前介（書信的開頭，如禮節性的問候）、本事（信件的中心内容，寫人、寫事不一）、祝頌（祝福語、禮節語，如“酷暑，萬祈保練”② 表示關懷之情）、結束（補充説明寫信緣由，如“近偶觀書，嘆其事頗與朱康叔同相似，因書以遺之”）、日期（寫信時間，如“元豐三年九月二十五日記”）及署押，幾類於現代書信的規范。

在蘇軾謫居黄州的時期，他改變了“烏臺詩案”前多用詩歌和奏章等其他文體來表達自己思想感情和政治觀念的習慣，轉而使用多寫給親朋故交、格式更爲靈活、隨心發言且内容較爲零散的尺牘來與朋友親人傳情達意。這固然是因爲當時所處的特定的時代環境及政治環境所限的，但也跟尺牘這類書信體固有的特點有關。周作人就曾對尺牘進行過比較深入的討論，他認爲：

> 日記與尺牘是文學中特有趣味的東西，因爲比别的文章更鮮明的變現出作者的個性。詩文小説戲曲都是做給第三者看的，所以藝術雖然更加精煉，也就多一點做作的痕迹。信劄衹是寫給第二個人的，日記則是寫給自己看的（寫了日記預備將來石印出書的算作例外），自然更真實自然了。③

蘇軾謫居黄州這一時期的尺牘既是他爲了躲避政治高壓而采取的避禍方式，同時也是因爲尺牘固有的不類奏、章、啓、表等衹言其事的僵硬板直而能抒“真實自然”感情的特點了。兼之蘇軾本人正是心懷赤誠、情感豐富、豁達自然、真率超脱之人，於裹於外，尺牘自然成爲了寓黄時期蘇軾書信文體的不二之選了。

寓居黄州的蘇軾選擇了尺牘，尺牘也無愧於慘遭貶謫的蘇軾，蘇軾在黄州所寫給親朋故交的尺牘同樣也成爲了蘇軾明耀後世的添彩之光，誠如周作人所講，“‘古人尺牘不入本集，李漢編昌黎集，劉禹錫編河東集，俱無之。自歐蘇黄李，以及方秋崖盧柳南趙清曠，始有專本。’（按：此處所引乃桂未穀跋《顔氏家藏尺牘》）所以講起蘇東坡黄山谷，而以文章情思論，的確也是這兩家算最好，别人都有點趕不上”。④

---

① （漢）班固著，（唐）顔師古注：《漢書》卷九十二《游俠傳》陳遵條，中華書局，1975年版，第3711頁。

② （宋）蘇軾著，孔凡禮點校：《與朱康思二十首（之四）》，孔凡禮點校：《蘇軾文集》，中華書局，1986年版，第1785頁。

③ 周作人：《日記與尺牘》，岳麓書社，1987年版，第11頁。

④ 周作人：《關於尺牘》，鐘叔河編《周作人文類編・本色》，湖南文藝出版社，1998年版，第217頁。

（二）寓黄時期的書信篇目匯總

蘇軾謫居黄州期間，與他有書信往來的多爲其親戚長輩及朋友，親戚長輩如蘇子平（《答蘇子平先輩二首》）、文叔（《與文叔先輩二首》）等，朋友如滕達道（《與滕達道六十八首》其四至四十六）、王定國（《與王定國四十一首》其一至二十）等。此外還有一些僧人，如佛印（《與佛印十二首》）、言上人（《與言上人一首》）等，他們都有相關的書信往來。具體統而録之如下：

蘇軾謫居黄州書信汇總表

《黄州上文潞公書》	《答舒堯文二首》其二	《答吴子野七首》其一至其六
《與章子厚參政書二首》	《答畢仲舉二首》其一	《與吴秀才三首》其一
《答李瑞叔書》	《答杜子師二首》其一	《與沈睿達二首》
《與司馬温公五首》其三	《與程懷立六首》其一	《與吴君采二首》
《答范蜀公十一首》其二至其五	《與陳大夫八首》	《與高夢得一首》
《與李公擇十七首》其八至十五	《與江惇禮五首》	《與夢亨之一首》
《與文郎一首》	《與幾宣義一首》	《與程彝仲六首》其五
《與滕達道六十八首》其十至四十六	《與任德翁二首》其一	《與歐陽晦夫二首》其一
《與蘇子榮二首》	《與陳朝請二首》	《與杜道源二首》
《與王定國四十一首》其一至二十	《與石幼安一首》	《與杜孟堅三首》
《答秦太虚七首》其四至其五	《與趙晦之四首》	與岩老一首
《與陳季常十六首》其一至十四	《與真州四首》	《與杜幾先一首》
《答李方叔十七首》其一至其四	《與上官彝三首》	《與朱康叔二十首》
《與潘彦明十首》其一	《答刁景純二首》	《與錢世雄一首》
《與王元直二首》其一	《與王佐才二首》	《與王慶源十三道》其四至其五
《與王文甫二首》其一	《與徐得之十四首》其一至十二	《與蒲傳正一首》
《與章質夫三首》	《答賈耕雲四首》	《與巢元修一首》
《與章子厚兩首》	《答李通叔四首》	《與樂推官一首》
《與蹇授之六首》	《與彦正判官一首》	《與李廷評一首》
《與楊元素十七首》其一至其九	《與吴將秀才二首》	《與子安兄七乎》其一
《與楊康功三首》其一至其二	《答蘇子平先輩二首》	《與子明史一首》
《與李昭玘一首》	《與文叔先輩二首》	《與子由弟十首》其一至其四
《與蔡景繁十四首》	《與李先輩一首》	《與千之侄二首》
《與劉器之二首》其一	《與徐十二一首》	《黄州與人五首》
《與胡道師四首》	《與圓通禪師四首》	《與無擇老師一首》
《與參寥子二十一首》其二至其五	《與寶月大師五首》其三至其五	《與大别才老三首》
《與佛印十二首》	《答開元明座主九首》其一至其七	《代夫人與福應真大師一首》

（筆者據孔凡禮所點校的中華書局之1986年版《蘇軾文集》所整理）

二、蘇軾寓黄時期矛盾心態

從蘇軾寓黄時期的書信來看，蘇軾在寓黄時期的心態是複雜的、矛盾的。一方面，他

“吸收了儒家執著現實的一面，揚棄了其追求功利的一面；吸收了道家通脱曠達、追求心靈自由的一面，揚棄了懶散無爲的一面；吸收了佛教感悟人生、追求心靈超脱的一面，揚棄了否定人生的一面”[①]。因而“在精神領域蘇軾永遠是富翁”[②]。而另一方面，政治環境的波譎、危及生命的牢獄之灾、貶謫途中的困苦處境加之自身的病疾（如腹瀉、眼疾、痔疾等）等使得他在謫居黄州期間的心態呈現出比較矛盾和複雜的狀態，既憂讒畏禍又勇於爲義，既失落傷感又率真曠達。

（一）憂讒畏禍與勇於爲義

蘇軾寓黄期間寫下了311首尺牘，多數都是寫給與蘇軾有深厚情誼的親人朋友的，情感真摯，内容真實，不粉飾、不美化，是窺析和研究蘇軾貶謫黄州時期心理狀態和思想情感的重要資料。

元豐二年（1079年）七月，蘇軾被新黨御史李定、何正臣等人以其《湖中謝上表》及詩文中相關詞句彈劾，認爲他“譏訕先朝”，八月被押赴御史臺獄，即爲“烏臺詩案”。十二月二十九日，經多方營救，蘇軾免了殺身之禍，責受檢校尚書水部員外郎，充黄州團練副使，本州安置，不得簽署公事。“烏臺詩案”是蘇軾人生中的重大轉捩點，蘇軾遭受了人生中最大的落差，從名滿天下的士大夫淪爲遭受監視的階下囚，這對他的影響是巨大的。因詩致禍，遭貶黄州，在蘇軾精神層面産生了巨大的震動，他在湖州押解至京城的路上曾試圖縱身江流，也曾想過在監獄之中飲毒自盡。而最後得以保全性命而降職黄州，詩人的心中仍有餘悸，他貶至黄州之後，除了至親好友之外，他幾乎斷絶了與外界的其他書信往來，“黄當江路，過往不覺，語言之間，人情難測，不若稱病不見爲良計”[③]。由於閉門謝客又無甚詩文傳出，甚至都有他已然亡故的傳聞：“杜門謝客，而傳者遂云物故。”[④] 對於此類傳聞，蘇軾自己也感到無可奈何：“平生所得毀譽，殆皆此類也。”[⑤]

他小心翼翼，謹言慎行，唯恐出言不慎，授人以把柄從而招致禍端，甚至連累親故，“自惟罪廢之人，動輒累人”[⑥]。即使黄州知州徐君猷對他友善有加，但是由於自身政治處境的險惡和身份的敏感，他在給徐君猷的書信中仍然不忘特别交代和指出：“勿以示人”“看訖，便火之”[⑦]，害怕“出口落筆，爲見者所箋注”[⑧]“好事者巧以醞釀，便生出無窮事也”[⑨]。他因“畏禍”而閉門謝客，也因自己本來就是禍從“文”出，因而也聲明放棄自己最爲喜歡的文學創作：“某自得罪，不復作詩文，公所知也。不惟筆硯荒廢，實爲多難畏人，雖知無

① 冷成金：《蘇軾的哲學觀與文藝觀》，學苑出版社，2004年版，第208頁。
② 王水照、崔銘：《蘇軾傳》，天津人民出版社，2000年版，第396頁。
③ （宋）蘇軾著，孔凡禮點校：《與滕達道六十八首》其二十，《蘇軾文集》，中華書局，1986年版，第1114頁。
④ （宋）蘇軾著，孔凡禮點校：《答范蜀公十一首》其三，《蘇軾文集》，中華書局，1986年版，第1098頁。
⑤ （宋）蘇軾著，孔凡禮點校：《答范蜀公十一首》其二，《蘇軾文集》，中華書局，1986年版，第1098頁。
⑥ （宋）蘇軾著，孔凡禮點校：《與千之侄二首》其一，《蘇軾文集》，中華書局，1986年版，第1278頁。
⑦ （宋）蘇軾著，孔凡禮點校：《與李公擇十七首》其一《蘇軾文集》，中華書局，1986年版，第1120頁。
⑧ （宋）蘇軾著，孔凡禮點校：《黄州與人五首》其三，《蘇軾文集》，中華書局，1986年版，第1282頁。
⑨ （宋）蘇軾著，孔凡禮點校：《與陳朝請二首》其二，《蘇軾文集》，中華書局，1986年版，第1215頁。

所寄意，然好事者不肯見置，開口得罪，不如且已，不惟自守如此，亦願已之。”① 他擔心自己身邊的朋友也會有跟自己同樣的遭遇，也經常勸告親近的親友少做詩文，以免招致禍端。

統觀蘇軾貶謫黄州時期，“烏臺詩案”的恐怖陰影在他的心頭并没有散去，因而“憂讒畏禍”的心理一直貫穿於他謫居黄州時期的始終，甚至蔓延到其遷謫惠州、儋州等地。他小心翼翼，唯恐禍從己出，甚至不敢作詩寫文，這正是變幻莫測及黨争頻繁的政治生態給他帶來的巨大高壓而産生的結果。

然而另一方面，即使自身處境堪憂，在野爲囚，蘇軾始終秉持著作爲一名儒家士大夫積極入世、仁民愛物的準則，勇於爲義。他關注朝政民生，以補救時弊、療愈民瘼爲己任，即使在“烏臺詩案”中九死一生而監禁黄州，也堅持如初：

元豐三年（1080）二月，蘇軾剛至黄州貶所。在秋天的時節，時任右諫議大夫、參知政事的章惇收到了蘇軾的一封信，信中却并未涉及到蘇軾自身的貶謫之苦，而是爲了當年與程棐的約定，因而他不避禍而上書章惇豁免程棐的弟弟程岳，認爲其有緝捕大才，并且建議赦免之後，“或與一名目牙校、鎮將之類，付京東監驅使緝捕，其才用當複過於棐也”②。

元豐四年（1081）四月，由於西夏發生宫廷政變，宋神宗聞之大喜，不加細緻謀劃而以五路大軍進攻西夏。蘇軾聞訊之後，心中憂慮，在寫給安州知州藤元發的信中他説道：“西事得其詳乎？雖廢棄，未忘爲國家慮也。此的信，可示其略乎？”③ 隨後，心憂國家大事的蘇軾又以騰元發的名義上書神宗，認爲“同舟而遇風，則吴越相救，如左右手。今秉常雖爲母族所篡，以意度之，其世家大族，亦未肯俯首連臂爲此族用也。今乃合而爲一，堅壁清野以抗王師，如左右手。此正同舟遇風之勢也，法當緩之”④。而事實正如蘇軾所料，西夏在大敵當前團結抗敵，宋軍慘敗。

謫居黄州期間，聽聞鄂州鄉野有此陋習：“岳鄂間田野小人，例祗養二男一女，過此輒殺之，尤諱養女，以故民間少女，多鰥夫。初生，輒以冷水浸殺，其父母亦不忍，率常閉目背面，以手按之水盆中，咿嚶良久乃死。”蘇軾遂寫信給鄂州知州朱壽昌，對這件事情提出自己的建議：

> 準律，故殺子孫，徒二年。此長吏所得按舉。願公明以告諸邑令佐，使召諸保證，告以法律，諭以禍福，約必以行，使歸轉以相語。仍録條粉壁以曉示，且立賞召人告官，賞錢以犯人及鄰保家財充，若客户則及其地主。婦人懷孕，經涉數月，鄰保地主，無不知者。若後殺之，其勢足相舉，覺容而不告，使出賞固宜。若依律行遣數人，此風便革。公更使令佐，各以致誘諭地主豪户，若實貧甚不能舉子者，薄有以賙之。人非木

① （宋）蘇軾著，孔凡禮點校：《與沈睿達二首》其二，《蘇軾文集》，中華書局，1986 年版，第 1233 頁。
② （宋）蘇軾著，孔凡禮點校：《與章子厚參政書》其二，《蘇軾文集》，中華書局，1986 年版，第 1413 頁。
③ （宋）蘇軾著，孔凡禮點校：《與滕達道書》其二十，《蘇軾文集》，中華書局，1986 年版，第 1481 頁。
④ （宋）蘇軾著，孔凡禮點校：《代騰甫論西夏書》，《蘇軾文集》，中華書局，1986 年版，第 1053—1054 頁。

石，亦必樂從。但得初生數日不殺，後雖勸之使殺，亦不肯矣。自今以往，緣公而得活者，豈可勝計哉？[①]

後來蘇軾還不避受人攻訐的風險而親自力行，"率黄人之富者，歲出十千，如願過此者，亦聽。使耕者掌之，多買米布絹絮，使安國寺僧繼蓮書其出入。訪閭里田野有貧甚不舉子者，輒少遺之"。蘇軾身體力行，作爲表率"雖貧，亦當出十千"[②]。

同是在黄州時，鄂州知州朱壽昌仰慕蘇軾才華，與其友善。一次，鄂州江夏縣縣令因一項政務未能處理妥當，朱壽昌欲予以重罰。蘇軾深知基層官吏的難處，因而在聽聞這件事情之後，在給朱壽昌的一封信中便提及此事，順便爲之求情："今日偶讀國史，見杜羔一事，頗與公相類。嗟嘆不足，故書以奉寄，然幸勿示人，恐有嫌者。江令乃爾，深可罪。然猶望公憐其才短不逮而已。屢有干瀆，蒙不怪，幸甚！幸甚！"[③]

蘇軾因"烏臺詩案"而"杜門謝客""畏文""畏禍"，變幻詭譎的政治風波讓他變得謹慎有加；然而作爲一個具有時代風范和高度責任感的文人士大夫，他又發揮了自己仁民愛物、關懷國家民生的儒者情懷，使之甘冒爲人攻訐之風險，勇於爲義，甚至身體力行，正如宋人費衮在《梁溪漫志》中所讚嘆的那樣："凡此等事，多涉官政，亦易指爲恩怨，而坡奮然行之而不疑，其勇於爲義如此！"[④] 從而呈現出了其黄州時期的第一種矛盾心態——即憂讒畏禍與勇於爲義的對立衝突。

（二）失落傷感與率真曠達

蘇軾於元豐三年（1080）大年初一帶着長子蘇邁從京城出發，於元豐三年二月一日抵達謫居地黄州。從名滿天下的士大夫忽而成爲流徙貶謫的階下囚，他的心理落差是可想而知的。

再者，黄州在當時地處偏僻，與中原相隔甚遠，加之大江在側，交通極其不便。所處之地的荒遠，於大多數好友的信息斷絶，讓詩人無可奈何地發出"黄州真在井底，杳不聞鄉國消息"[⑤] 的嘆息，兼之自身處境的敏感危險讓這位以文名世的詩人感受到了一種不可名狀的失落與傷感。他在與文彦博的信中這樣寫道：

但顧平生所存，名義至重，不知今日所犯，爲已見絶於聖賢，不得復爲君子乎？[⑥]（《黄州上文潞公書》）

在此信中，蘇軾甚至都開始覺得自己是否已經"見絶於聖人""不復爲君子"，對自己的

① （宋）蘇軾著，孔凡禮點校：《與周鄂州書》，《蘇軾文集》，中華書局，1986 年版，第 1416－1417 頁。
② （宋）蘇軾著，孔凡禮點校：《黄鄂之風》，《蘇軾文集》，中華書局，1986 年版，第 2316 頁。
③ （宋）蘇軾著，孔凡禮點校：《與朱康叔書》其十八，《蘇軾文集》，中華書局，1986 年版，第 1791－1792 頁。
④ 張友仕：《惠州西湖志》，廣東高等教育出版社，1989 年版，第 553 頁。
⑤ （宋）蘇軾著，孔凡禮點校：《與王元直二首》其一，《蘇軾文集》，中華書局，1986 年版，第 1161 頁。
⑥ （宋）蘇軾著，孔凡禮點校：《黄州上潞文公書》，《蘇軾文集》，中華書局，1986 年版，第 1086 頁。

身份感到迷茫，不知何處歸屬，可見“烏臺詩案”對蘇軾的打擊是何其巨大，他的内心是何等的憂凄傷感。而從另一封他寫給好友蔡景繁的尺牘中同樣也能窺見蘇軾内心中的那種失落傷感的情緒與心態：

自聞車馬出使，私幸得托迹部中，欲少布區區，又念以重罪廢斥，不敢復自比數於士友間，但愧縮而已。[①]（《與蔡景繁十四首》）

此信中，蘇軾認爲自己“不敢復自比數於士友間”，也是因爲獲罪遭貶後産生的對自己身份的迷惑和懷疑，他遭受貶謫之後，因爲怕再遭饞人構陷，遂不復與外界多有聯絡，甚至有“傳者遂云物故”的事情發生，他心中的無奈與悲愴是難以言表的。不僅僅是在黄州、惠州，在紹聖四年他被責授瓊州别駕、移昌化軍安置時，蘇軾更是對這種貶謫之感傷心態進行了直接的抒發和悲嘆：“某垂老投荒，無復生還之望。昨與長子邁絶，已處置後事矣”[②]，貶謫黄州是蘇軾一生中最初的也是較爲嚴重的一次挫折，他少年得志、中進士、爲文壇領袖歐陽修賞識、爲宋仁宗所誇讚，名滿天下却於此時慘遭貶謫，江河直下，他内心的傷感零落實是不言而喻了。

除了在精神層面的高壓，蘇軾謫居黄州時期的困頓生活同樣導致了他心態上的失落感傷。作爲逐臣的蘇軾俸禄遠不能供養偌大一家子，因而他初到黄州無甚居所，因而衹得寓居黄州定惠院，同寺院僧侣一同吃住。隨後又舉家遷往林皋亭江邊的驛館，由於没有固定的收入，生活依舊十分艱難，蘇軾詩中這樣形容當時的處境：“全家占江驛，絶境天爲破，饑貧相乘除，未見可吊賀。”（《遷居林皋亭》）捉襟見肘的生活困境同樣在他給秦觀的書信中可以窺見一二：“初到黄，廩入既絶，人口不少，私甚憂之。但痛至節儉，日用不得過百五十。”[③] 元豐二年四月，蘇軾家中儲蓄匱盡，無以度日，幸好好友馬正卿幫忙，爲他求得黄州東門外土地數十畝，蘇軾帶領家僮開墾種地，這纔解决了一家的温飽。除了經濟方面的巨大壓力，在謫居黄州時期，蘇軾的身體也出現了一些狀况。他在寫給不同友人的尺牘上都有所提及：“春夏以來，目病幾百日，今尚苦目疾”[④]（《與陳朝請二首》），“拙疾，乍到不諳風土所致”[⑤]（《與朱鄂州書》），“今歲暑寒十倍常年。兩晝夜不止者十餘日”[⑥]（《與李方叔書十七首》）。身體上的疾苦加上謫居處境的窘迫、政治高壓的陰鬱使得寓黄時期的蘇軾呈現出失落傷感的一面。

而另一方面，即使身處重大挫折之中，但是蘇軾依舊秉持著自己曠達樂觀及率真的特

① （宋）蘇軾著，孔凡禮點校：《與蔡景繁十一首》其一，《蘇軾文集》，中華書局，1986年版，第1193頁。
② （宋）蘇軾著，孔凡禮點校：《與王敏仲》其十六，《蘇軾文集》，中華書局，1986年版，第1695頁。
③ （宋）蘇軾著，孔凡禮點校：《答秦太虛七首》其四，《蘇軾文集》，中華書局，1986年版，第1137頁。
④ （宋）蘇軾著，孔凡禮點校：《與陳朝請二首》，《蘇軾文集》，中華書局，1986年版，第1215頁。
⑤ （宋）蘇軾著，孔凡禮點校：《與朱鄂州書》，《蘇軾文集》，中華書局，1986年版，第1086頁。
⑥ （宋）蘇軾著，孔凡禮點校：《與李方叔書十七首》，《蘇軾文集》，中華書局，1986年版，第1156頁。

質，他是“一個不可救藥的樂天派”[①]。

蘇軾率真曠達的思想來源於對儒釋道三家思想的有意調和。作爲宋代士大夫的典型代表，儒家思想自然是占據了蘇軾思想的主導位置，他强調“聖人一於仁”[②]“先王謹於禮”[③]“論道經邦”[④]，因而他是以儒家濟世救民、致君堯舜的抱負爲理想準繩的。但於此同時，蘇軾又廣泛吸收了老莊的哲學思想和釋家的佛老思想，認爲“儒釋不謀而同”[⑤]“莊子蓋助孔子者”[⑥]，道家通脱曠達、追求心靈自由的一面，佛家的感悟人生、追求心靈超脱的一面被他完美的與儒家的進取創造精神融合在一起，因而造就了蘇軾率真曠達的心態，對是非、榮辱、得失的超越。正如王水照先生所言：“保持一己真率的個性，追求無飾的自然人格，是蘇軾人生觀、文學觀構成的核心”[⑦]，而這中率真曠達的自然心態，也可從蘇軾黄州時期的書信中得到明證：

在馬正卿的幫助下，蘇軾在東坡過起了“作陂種稻”的鄉野生活，即使農活煩勞，但是蘇軾苦中作樂，在寫給友人李公擇的信件中他説道：“某見在東坡，作陂種稻，勞苦之中。亦苦之中。亦自有樂事。”[⑧] 而在寫給王定國的信件中，他談及自己耕種的近况與打算，不見困苦之意：“近日方得雨，日夜墾闢，欲作麥，雖勞苦却亦有味。”[⑨]

此外，由於無俸禄來源，蘇軾家庭拮据，但生性率真曠達的他并不以此爲諱，反而將自己在日常生活中總結出的節儉“法門”同好友在信中分享：

某頓首。知治行窘用不易。僕行年五十，始知作活。大要是慳爾，而文以美名，謂之儉素。然吾儕爲人，則不類俗人，真可謂淡而有味者。又《詩》云：“不戢不難，受福不那。”口體之欲，何窮之有，每加節儉，亦是惜福延壽之道。此似鄙吝，且出於不得已。然自謂長策，不敢獨用，故獻之左右。住京師，尤宜用此策也。一笑！一笑![⑩]

蘇軾煞有其事地給朋友介紹這樣的“節儉之法”，信末“一笑！一笑!”的畫面如在眼前，而這也正是困頓生活中的樂觀寫照。此外，他在給章惇的信中也分享了自己躬耕生活中的一些小樂子，將他的天真曠達心態展現無遺：

某啓。僕居東坡，作陂種稻，有田五十畝，身耕妻蠶，聊以卒歲。昨日一牛病幾死，牛醫不識其狀，而老妻識之，曰：“此牛發痘斑瘡也，法當以青蒿粥啖之。”用其言

---

① 林語堂：《蘇東坡傳》，遠景出版事業有限公司，1992年版，第2頁。
② （宋）蘇軾著，孔凡禮點校：《書義》，《蘇軾文集》，中華書局，1986年版，第168頁。
③ （宋）蘇軾著，孔凡禮點校：《論語義》，《蘇軾文集》，中華書局，1986年版，第175頁。
④ （宋）蘇軾著，孔凡禮點校：《策略》其二，《蘇軾文集》，中華書局，1986年版，第229頁。
⑤ （宋）蘇軾著，孔凡禮點校：《南華長老題名記》，《蘇軾文集》，中華書局，1986年版，第393頁。
⑥ （宋）蘇軾著，孔凡禮點校：《莊子祠堂記》，《蘇軾文集》，中華書局，1986年版，第374頁。
⑦ 王水照：《蘇軾研究》，河北教育出版社，1999年版，第54頁。
⑧ （宋）蘇軾著，孔凡禮點校：《與李公擇十七首》其九，《蘇軾文集》，中華書局，1986年版，第1121頁。
⑨ （宋）蘇軾著，孔凡禮點校：《與王定國四十一首》其十三，《蘇軾文集》，中華書局，1986年版，第1131頁。
⑩ （宋）蘇軾著，孔凡禮點校：《與李公擇》其十，《蘇軾文集》，中華書局，1986年版，第1449—1450頁。

而效。勿謂僕謫居以後，一向便作村舍翁。老妻猶解接黑牡丹也。言此，發公千里一笑。[①]

在寫給吴君采的書信中，蘇軾又給老朋友分享了自己“釀私酒”的樂事：

近日黄州捕私酒甚急，犯者門户，立木以表之。臨臯之東有犯者，獨不立木，怪之，以問酒友，曰：“爲賢者諱。”吾何嘗爲此，但作蜜酒爾。[②]

煞有介事的陳述和隱含其中的詼諧打趣，“但作蜜酒爾”的拙稚辯駁讓人能够窺見蘇軾率真樂觀的幽默，令人莞爾。

而除了生活中的小事，蘇軾更將目光投射到了黄州的大自然中。一方面，黄州地處偏遠，荒僻瘴鬱，讓蘇軾謫居心態變得低落感傷；另一方面，當蘇軾以其樂觀之眼洞穿這個長江之濱的小城時，其間的美麗景色自然也就被統攝詩人的眼簾了。蘇軾率真曠達的天性讓他在淒凉之地發現了黄州的自然之美，而黄州的自然之美又在某種程度上撫慰了一個謫居士大夫的内心，助推其率真曠達之心的持續外放，這自然可以從蘇軾在黄州期間與朋友來往的書信中得到顯明的印證，他在寫給秦觀的書信中這樣寫道：

所居對岸武昌，山水佳絶。有蜀人王生在邑中，往往爲風濤所隔，不能即歸，則王生能爲殺雞炊黍，至數日不厭。又有潘生者，作酒店樊口，棹小舟徑至店下，村酒亦自醇釅。柑橘椑柿極多，大芋長尺餘，不減蜀中。外縣米斗二十，有水路可致。羊肉如北方，豬、牛、獐、鹿如土，魚、蟹不論錢。岐亭監酒胡定之，載書萬卷隨行，喜借人看。黄州曹官數人，皆家善庖饌，喜作會。太虚視此數事，吾事豈不既濟矣乎！欲與太虚言者無窮，但紙盡耳。展讀至此，想見掀髯一笑也。[③]

黄州山水風光秀麗、民風淳樸耿直、有酒有肉而物資豐沛、又能讀自己想讀的書，這樣的生活對於蘇軾來講已然是心滿意足、“掀髯一笑”了。

即使黄州距離自己親人故鄉天遥地遠，但是蘇軾率真而樂觀曠達的性子同樣讓他找到了辦法排解思鄉思親之苦，他在寫給友人黄子豐的信件中説：“林臯亭下不數十步，便是大江，其半是峨眉雪水，吾飲食沐浴皆取焉，何必歸鄉哉！江山風月，本無常主，閑者便是主人。聞范子豐新第園池，與此孰勝？所以不如君子，上無兩税及助役錢爾。”[④] 他覺得自己所飲所用之水恰是自己家鄉峨眉雪水所化，這已經足以讓他感受到一種慰藉了，他甚至還用諧謔且調侃的語氣地寫出“無兩税及助役錢”之語，可見他内心的率真、曠達。

---

① （宋）蘇軾著，孔凡禮點校：《與章子厚》其一，《蘇軾文集》，中華書局，1986年版，第1639頁。
② （宋）蘇軾著，孔凡禮點校：《與吴君采》其二，《蘇軾文集》，中華書局，1986年版，第1749頁。
③ （宋）蘇軾著，孔凡禮點校：《答秦太虚》其四，《蘇軾文集》，中華書局，1986年版，第1536頁。
④ （宋）蘇軾著，孔凡禮點校：《與范子豐八首》其八，孔凡禮點校：《蘇軾文集》，中華書局，1986年版，第1101頁。

在寫給參寥子的書信中他同樣寫到了黄州的名勝古迹給自己帶來的視覺享受，“所居去江無十步，獨與兒子邁棹小舟至赤壁，西望武昌。山谷喬木蒼然，雲濤際天，因録以寄参寥”①。蘇軾來到黄州，是遭貶之身，戴罪之身，但黄州又以雄奇風光撫慰了這位遭受打擊的詩人，他因而又對黄州産生了極其深厚的感情，并在寫給趙晦之的信中説道：“某謫居即久，安土忘懷，一如本是黄州人，元不出仕而已。”② 他以黄州人自居，對家鄉的思念和謫居生活的困頓便得到了慰藉。而這樣隨緣自適、自得樂懷的曠達之句在他隨後的貶謫旅程中同樣也能見到，如貶至惠州，他寫下了“元是惠州人，累舉不第”③ 用以自慰，貶謫至儋州，他寫下了“九死南荒吾不恨，兹游奇絶冠平生”④ 平復自身，他在逆境之中這種自我調節的能力，這種率真達觀的態度讓他能够在艱難的處境中超脱出來，將生命托付於造物，使心靈澄澈而自由，從而能够苦中作樂，沉澱苦痛。

蘇軾謫居黄州，與親友的消息斷絶和不能爲文，謫居生活的困頓乃至自身因水土不服等原因産生的病痛，兼之自己精神層面遭受的巨大打擊而對自身身份歸屬的迷茫等讓他在黄州時期的心態呈現出了失落感傷的一面；而另一方面，自身對佛道思想的融合吸收而産生的處世態度，真率自然而“不外飾”⑤ 的率真秉性以及黄州的自然山水讓他又能够從困頓的生活中尋找到一些樂趣所在，從而愈療自己，即使在殘酷的政治鬥争打擊下還能够保有自己那一份天真。在這樣的處境下，寓黄時期的蘇軾便又呈現出了失落感傷與率真曠達交織的矛盾心態。

結　語

趙樹功先生認爲蘇軾的尺牘“上至軍國大事、治亂興衰，下至閑情逸致、生活瑣事，凡有宋一代風雲，自己一生遭際、感慨，多有反映”⑥，這樣的觀點是十分準確的。蘇軾寓黄期間，寫下了 311 首與朋友們來往的尺牘，情真意切，真實地展現出了自己寓黄時期的心態。可以説，蘇軾在寓黄時期的心態是複雜的，也是矛盾的，是隨着寄寓生活的改變而發生相對改變的。統而言之，在寓黄時期的蘇軾是謹小慎微的又是勇於爲義的，是失落傷感的而又是率真曠達的。而形成這種複雜心態的原因既有主觀的，也有客觀的。

---

① （宋）蘇軾著，孔凡禮點校：《與參寥子三十首》其五，《蘇軾文集》，中華書局，1986 年版，第 1288 頁。

② （宋）蘇軾著，孔凡禮點校：《與趙晦之四首》其三，《蘇軾文集》，中華書局，1986 年版，第 1216 頁。

③ （宋）蘇軾著，孔凡禮點校：《與程正輔》其一，《蘇軾文集》，中華書局，1986 年版，第 2488 頁。

④ （宋）蘇軾著，孔凡禮點校：《六月二十日夜渡海》，王文誥、唐雲志編《蘇軾詩集》，珠海出版社，1996 年版，第 1999 頁。

⑤ （宋）蘇洵著，曾棗莊、金成禮注：《名二子説》，《嘉祐集箋注》，上海古籍出版社，1993 年版，第 415 頁。

⑥ 趙樹功：《中國尺牘文學史》，河北人民出版社，1999 年版，第 262 頁。

主觀上，蘇軾堅持“養身以道，治心以釋，治世以儒”的處事哲學與態度，儒家積極進取的創造精神是他一生堅守的底綫，他祛除儒家追名逐利的一面，發揚儒家注重經世致用、注重現實社會的一面，從而樂觀曠達、充滿了對社會的責任感；他還吸收道家追求心靈自在的一面，摒棄其不作爲的一面，從而“隨緣自娱”“隨緣委命”；他發揚了佛門講究心靈超脱的一面，揚棄了其注重來生否定現實人生的一面，從而變得圓融通達。因而在遇到人生順境時，他能够堅持理想，積極進取，這樣儒家精神就占據了他思想上的主導地位。而一旦身處逆境，他又能够自我排解與超脱，歸心佛老，静坐沉思，這樣佛道思想又能够發揮功用，讓他能够無視苦難而隨緣自得，呈現出率真曠達的一面來。客觀上，殘酷莫測的政治環境、謫居黄州時的困頓拮据、到黄州之後的病痛折磨兼之蘇軾本人的心理落差及遭受的巨大心理打擊等，最終使得蘇軾寓黄時期形成了複雜矛盾的心態，即“憂讒畏禍而又勇於爲義”并存、“失落傷感而又率真曠達”并存的心態。

作者單位：西華大學文學與新聞傳播學院

蜀中名人

李白對董仲舒思想的積極繼承與詩性表達

張思齊

内容提要：李白思想的總體價值取向乃是儒道并舉，以道爲表而以儒爲裏的。李白是與杜甫并列的偉大詩人，他留下了詩歌約千篇。我們讀李白詩當須讀出其内在的意涵。詩無達詁是一個著名的詩學命題，它指由於讀詩人的具體情況不同而產生的理解上的差异。與詩無達詁相對立的是另一個命題：詩有定值。這個詩學命題尤其值得我們注意。詩有定值是由詩歌本身的内容所決定的詩篇的存在與流傳的價值。李白留下了許多論及儒生的詩篇。在李白嘲諷俗儒的背後潛藏着他對董仲舒這位大儒的傾慕，而這種傾慕來源於李白對董仲舒《春秋繁露》一書的熟讀、記憶和運用。李白對董仲舒《春秋繁露》一書在歷史發展觀、民族進步觀、經濟振興觀、日常生活觀和積極人生觀諸方面，都進行了詩性的言説。

關鍵詞：詩人李白；哲人仲舒；思想繼承；關係研究

一、價值總取向

唐帝國在其極盛之時，其意識形態政策開明而包容性强，不僅自先秦諸子百家以來的中國思想學術得到了長足的發展，而且外來的思想學術也得到了較好的吸收。李白（701—762）是盛唐時期的偉大詩人。他的思想是盛唐時代的一面鏡子，反映了當時主流意識形態。唐代是道儒釋三教并舉的時代。在李白的思想中，既有儒學思想、道學思想、佛學思想，甚至還有一部分縱横家的思想。

就李白現存詩文作品而觀之，道學思想表現得最充分，佛學思想在其次，縱横家的思想亦時或有之。人們研究李白的詩文，最先撲入眼簾的是李白的道學思想，因此研究李白道學思想的論著也就最多。以較多的篇幅來剖析李白道學思想的代表性專著主要有四種。第一種是李長之著《道教徒的詩人李白及其痛苦》，由商務印書館於 1941 年在重慶初版。遼寧教育出版社於 1998 年重印了此書。三聯書店在 2003 年將此書再版時，將書名減少了一個字，改稱《道教徒詩人李白及其痛苦》。此書要言不煩，帶有評傳的性質。其中，評論遠多於記事。第二種是郭沫若著《李白與杜甫》，由人民文學出版社於 1971 年在北京出版。全書 420 頁，以一半的篇幅論述李白。由於此書出版於“文化大革命”期間，而當時出版的書籍非常少，因而影響極大。郭沫若著《李白與杜甫》一書帶有時代的印記。儘管如此，平心而論，郭沫若著《李白與杜甫》亦多精粹之言。第三種是郁賢皓、張啓超著《謫仙詩豪李白》，由上海人民出版社於 1986 年在上海出版。“這是一本關於李白生平傳記的嚴謹的學術性普及讀物……并附録李白生平大事年表。”[①]（第 336 頁）郁賢皓、張啓超著《謫仙詩豪李白》一書，考證精確，材料豐富，以深入淺出的筆法，勾勒了李白思想的形成和演變過程。第四種是周勳初著《李白評傳》，由南京大學出版社於 2011 年在南京出版。周勳初著《李白評傳》35 萬字，第四章“李白的思想”共有四節，第一節“李白與道家”。周勳初從人生態度、道家哲學和神仙思想三個方面論述了李白的道學思想。

李白信奉儒學，這是歷代李白研究家公認的。《李太白集注》卷三一李華《故翰林學士李君墓志并序》：“嗚呼，姑熟東南，青山北址，有唐高士李白之墓。嗚呼哀哉！夫仁以安物，公其懋焉；義以濟難，公其志焉；識以辯理，公其博焉；文以宣志，公其懿焉。宜其上爲王師，下爲伯友。年六十有二，不偶，賦《臨終歌》而卒。悲夫！聖以立德，賢以立言，道以恒世，言以經俗。雖曰死矣，吾不謂其亡矣也。有子曰伯禽、天然，長能持，幼能辯，數梯公之德，必將大其名也已矣。銘曰：立德謂聖，立言謂賢。嗟君之道，奇於人而侔於天。哀哉！”[②]（第 557 頁）李華（約 715—774），唐趙郡贊皇（今屬河北）人，字遐叔，開元進士。李華爲一代文宗，所作《吊古戰場文》爲唐代古文名篇，流傳甚廣，它熔辭賦與文章於一爐。李華作《含元殿賦》，其序 218 字，其賦 2896 字，共計 3114 字（均不計標點），爲唐代第一長賦，也是我國古代最長的賦作，它結構精密而氣勢磅礴。李華本人是大儒，他主張尊經、載道。李華《故翰林學士李君墓志并序》揭示了李白思想的基本品質。李白講仁，而仁是儒家提倡的一種道德觀念，其核心是人與人相親相愛。孔子和孟子對仁都有論述。義，合理，合宜，這是儒家提倡的行爲準則。博學多聞，廣泛地學習，增加知識，從而更好地服務於社會。博學多聞，這是儒家對讀書人的基本要求，孔子對此有明確的論述。文以宣志，這是“詩言志”説的拓展。爲王師，通過給帝王當老師，由帝王去實現自己的政治

① 郁賢皓主編：《李白大辭典》，廣西教育出版社，1995 年版，第 336 頁。
② （唐）李白撰，（清）王琦注：《李太白集注》，上海古籍出版社，1992 年版，第 557 頁。

抱負。爲王師，這是儒生的理想。爲伯友，結識志趣相投的朋友。君臣、父子、夫妻、兄弟、朋友這五種倫理關係，合稱五倫，亦稱五常。伯友、兄長和朋友。伯友爲儒家的倫理道德的重要内容。《左傳・襄公二十四年》："太上有立德，其次有立功，其次有立言，雖久不廢，此之謂不朽。"① 立德、立功、立言，這是儒家追求的人生價值的實現路徑，謂之三不朽。儒家主張的三不朽，李白占據了兩項。由此而觀之，李白的確信奉儒家的思想。

毫無疑問，李白信奉儒學。儘管大家都認識到了這一點，然而已有的研究尚且不充分，而且，許多李白研究者對其儒學思想僅僅是提及而已，許多李白研究者對李白的儒學思想缺少系統深入的論述。這是因爲，儒學是中國古代知識分子思想的基本色彩，而道學則是中國古代知識分子思想的别樣色彩。别樣色彩容易抓人眼球，基本色彩反而容易被忽略。這就是古代的讀書人常常稱爲"儒生"而不見有稱爲"道生"者之緣故。筆者認爲，儒學是李白思想的底色。更有趣的是，李白的儒學思想還與董仲舒（前 179—前 104）的儒學思想有多方面的聯繫。

二、詩無達詁説

讀詩當讀出詩的内在意涵。

李白留下了千餘首詩和六十餘篇文章。詩歌是李白文學創作的主體部分。那麽，我們應該如何來理解李白的詩歌呢？對於詩歌的理解，歷來有"詩無達詁"一説。此説出自董仲舒《春秋繁露・精華第五》：

> 難晉事者曰："春秋之法，未逾年之君稱子，蓋人心之正也，至里克殺奚齊，避此正辭，而稱君之子，何也？"曰："所聞'《詩》無達詁，《易》無達占，《春秋》無達辭。從變從義，而一以奉人。仁人録其同姓之禍，固宜异操。晉，《春秋》之同姓也，驪姬一謀，而三君死之，天下之所共痛也，本其所爲爲之者，蔽於所欲得位，而不見其難也。《春秋》疾其所蔽，故去其正辭，徒言君之子而已。若謂奚齊曰：'嘻嘻！爲大國君之子，富貴足矣，何必以兄之位爲欲居之，以至此乎云爾！'録所痛之辭也。故痛之中有痛，無罪而受其死者，申生、奚齊、卓子是也；惡之中有惡者，已立之，已殺之，不得如他臣之弑君，齊公子商人是也。故晉禍痛而齊禍重，《春秋》傷痛而敦重，是以奪晉子繼位之辭，與齊子成君之號，詳見之也。"②

① （春秋）左丘明著，蔣驥騁標點：《左傳》，岳麓書社，1988 年版，第 226 頁。
② 張世亮、鍾兆鵬、周桂鈿譯注：《春秋繁露》，中華書局，2012 年版，第 97 頁。

《春秋》僖公九年，發生了一個大事件，晋國大臣里克殺了晋獻公之子奚齊。責問這件事的人説：按照春秋的法則，即位不足一年的新君，應當稱之爲“子”，爲的是端正人心。里克殺了奚齊，《春秋》却不稱之爲“子”，而稱之爲“君之子”，這是爲什麽呢？董仲舒講了一番話來回答這個問題，其中提到了“詩無達詁”。需要注意的是，這裏的“詩”應當加上書名號而作《詩》，因爲它是與《易》和《春秋》并列的。由此可知，所謂“詩無達詁”并非指一切的詩歌，而是特指《詩經》中的詩篇。之所以有“詩無達詁”一説，乃是因爲在戰國時期人們在交際場合有斷章取義地引用《詩經》的習慣。晋杜預《春秋經傳集解》卷十八襄公二十八年：“慶舍之士謂盧蒲癸曰：男女辨姓。子不辟宗，何也？曰：宗不余辟，余獨焉辟之？賦詩斷章，余取所求焉，惡識宗？”[①] 慶封的家臣質問盧蒲葵説：男女結婚要分辨是否同宗，近親不得結婚。爲什麽您却不避同宗呢？盧蒲葵回答説：同宗不避我，我幹嘛要避同宗呢？這就好比賦詩的人斷章取義一樣，我取自己所需要的就是了。杜預注：“言已苟欲有求於慶氏，不能復顧禮。譬如賦詩者，取其一章而已。”[②] 杜預的注釋告訴我們，當時的人們賦詩，斷章取義的情形很普遍。其實，不僅賦詩的時候人們斷章取義，在引詩的時候，斷章取義的情形更加嚴重。《詩經》在古代有廣泛的應用，包括歌詩、引詩、賦詩等。歌詩，歌唱詩篇。引詩，引用詩篇。賦詩，與誦詩相通，即朗誦或吟誦詩篇。《詩經》中的許多詩篇是根據實際情况的需要來創作的，但是人們在應用那些詩篇的時候，往往有很大的隨意性。《詩經》中的作品，大都分爲若干章。不過，歌詩、引詩和賦詩的人，往往衹及於其中的某一章乃至一兩句。而且《詩經》裏的詩篇有許多比喻和象徵，這就爲人們斷章取義地應用它們造成了很大的方便。

不僅士人和官員斷章取義，孔子和孟子也有這樣的情形。朱彝尊《經義考》卷二九七：“[顧璘] 又曰：孔孟所引詩書，多斷章取義，不拘拘於章句。蓋義理乃其精微，文辭特糟粕耳。至宋儒泥章句立主意，雖於文字之際有所發明，卒使六經之旨拘牽執滯，而無曲暢旁通之趣。實訓詁之學爲之害也。”[③] 由此可知，斷章取義并非一概不對。有的時候，特别是在把握一部作品要義的時候，斷章取義有其合理的一面。兹以《德道經》爲例。《道德經》八十一章，它有多種版本。人們常見的《道德經》，只有各章的次第數字而没有章名，因而人們引用的時候寫作“《道德經》第 x 章”。章名，亦即各章的標題。《道德經》本無章名，人們在學習的過程中，爲了指稱方便，根據各章的主旨而歸納出了章名。《道德經》的章名，有兩個系統，一是四字章名，一是二字章名。四字章名，大多取自《道德經》的文本，即采用現成的語句。比如，《道德經》一章云：“道可道，非常道；名可名，非常名。無名天地之始，有名萬物之母。”[④]《道德經》一章的章名“天地之始”，就是截取經文的一部分而來的。

---

① 中華書局編輯部編：《漢魏古注十三經》，中華書局，1998 年版，第 278 頁。

② 同上。

③ （清）朱彝尊撰：《經義考》，中華書局，1998 年版，第 1526 頁。

④ （魏）王弼注，樓宇烈校釋：《老子道德經注》，中華書局，2011 年版，第 2 頁。

截取部分經文，這顯然是斷章取義。又如，《道德經》二十四章云："企者不立，跨者不行，自見者不明，自是者不彰，自伐者無功，自衿者不長。"[①]《道德經》二十四章的章名"自是不彰"，就是截取地第四句而再加以縮合的產物。截取部分經文而再加以縮合，這是典型的斷章取義。詩無達詁，究其實質，乃是由於讀詩人所處的具體情况不同而産生的理解上的差异，這種差异具有個性特徵。

不過，事情還有另一面，筆者將之歸納爲一句話：詩有定值。朱彝尊《經義考》卷九九："《左傳》載列國聘享，賦《詩》固多斷章取義，然其太不倫者，亦以來譏誚。"[②] 在《左傳》一書中記載了各國官員在外交場合即景生情、各取所需、斷章取義吟誦《詩經》語句的情形。其中，不乏弄巧成拙的例子。由此而觀之，斷章取義有一定的危害。《詩》誠然無達詁，任何其他的文本亦無達詁。所謂一千個人閱讀莎士比亞的劇本《哈姆雷特》，就有一千個哈姆雷特的形象，此非虚言。所謂説不盡的莎士比亞，就是這個意思。儘管如此，詩有定值，這也是我們必須注意的。詩有定值，這是由詩歌本身的内容所决定詩篇的存在與流傳的客觀價值，這種定值是評價各種個性化的理解差异的最終標準。

綜合以上種種考量，我們提倡從多種角度來閱讀李白的詩歌，尤其注重李白詩篇中的具體内容。

三、歷史發展觀

在歷史發展觀上，李白繼承和發展了董仲舒的觀點。《春秋繁露·楚莊王第一》：

> 春秋分十二世以爲三等：有見、有聞、有傳聞。有見三世，有聞四世，有傳聞五世。故哀、定、昭，君子之所見也，襄、成、文、宣，君子之所聞也，僖、閔、莊、桓、隱，君子之所傳聞也。所見六十一年，所聞八十五年，所傳聞九十六年。於所見，微其辭，於所聞，痛其禍，於傳聞，殺其恩，與情俱也。[③]

三世説是歷史著作的撰寫原則。歷史著作的撰寫范圍，按其可信度來説可分爲三等，它們是所見世、所聞世、傳聞世。史學家親身經歷的事件，其可信度最高。史學家從親歷者那裏了解到的事件，其可信度較低。至於他人轉述的事件，其可信度顯然最低。三世説本來是公羊學家爲了論證大一統的合理性而創立的學説。董仲舒發展了三世説，并進而提出了他自己主張的三統説。

三統説，其要義是每個朝代都有一統，它受之於天。舊王朝違背歷史潮流而被抛棄，新王朝承應天命以替代舊王朝。以三代爲例，夏代以寅月（農曆正月）朔日的平旦時分爲歲首，叫建寅，以黑色爲上色，稱爲黑統，或曰人統。商代以丑月（農曆十二月）的朔日雞鳴時分爲歲首，叫建丑，以白色爲上色，稱爲白統，或曰地統。周代以子月（農曆十一月）的

① （魏）王弼注，樓宇烈校釋：《老子道德經注》，中華書局，2011年版，第62頁。
② （清）朱彝尊撰：《經義考》，中華書局，1998年版，第541頁。
③ 張世亮、鍾兆鵬、周桂鈿譯注：《春秋繁露》，中華書局，2012年版，第10頁。

朔日夜半時分爲歲首，叫建子，以赤色爲上色，稱爲赤統，或曰天統。

三統説，又名三正説。三正説的"正"，有兩種讀音。其一，"正"讀平聲，即"正月"的"正"。正月，農曆年的第一個月。正日，農曆的正月初一。正旦，即正日。正朔，一年之始，即一年的第一天。三正，即夏正、殷（商）正、周正的合稱。正月是每年農曆的頭一個月，一元更始，萬象更新，新的取代舊的。在以上用例中，"正"都念平聲。其二，"正"讀去聲，即"正確"的"正"。這是因爲，三正昭示了人、地、天的正道。正軌，正常的法度，正常的途徑。正色，純正的顔色，古代以青、黄、赤、白、黑爲正色，以區别於兩種顔色相雜而成的間色。正道，正確的道理。在以上用例中"正"都念去聲。周以後至百世，必須用夏正（以農曆正月爲歲首），大體上仍然按照這個順序循環往復，但是需要因時制宜，在制度上做出適當的改革。在清朝末年，康有爲發揮了三統説，把它作爲變法維新的理論依據之一。李白繼承和發展了董仲舒歷史觀，《李太白集注》卷二《古風五十九首》其三十：

> 玄風變太古，道喪無時還。擾擾季葉人，雞鳴趨四關。但識金馬門，誰知蓬萊山？白首死羅綺，笑歌無休閑。緑酒哂丹液，青娥凋素顔。大儒揮金椎，琢之詩禮間。蒼蒼三株樹，冥目焉能攀？①

李白《古風五十九首》其三十是詩人感時憂世之作。李白認爲，上古時期那淳樸的風氣雖然美好，但是社會畢竟在發展變化。大儒應該揮動手中的金椎，敦促人們口吐金玉良言，而不要含珠不語，庶幾在詩歌和禮俗上有所建樹。對於此詩，從前的理解多以"大儒"爲譏諷的對象，本人於兹提出新説，以備一格。順便指出，雖然董仲舒是儒家，但是他曾正面地論述過神仙。《春秋繁露・五行順逆第六十》："土者夏中，成熟百種，君之官，循宫室之制，謹夫婦之别，加親戚之恩，恩及於土，則五穀成而嘉禾興，恩及倮蟲，則百姓親附，城郭充實，賢聖皆頡，仙人降。"②（第507頁）董仲舒是漢武帝的"智囊團"中最重要的人物之一，漢武帝時期的許多施政策略都是董仲舒提出來的。董仲舒以儒學爲正統，但是他也肯定了民間流行的神仙信仰對於社會的積極作用。在漢武帝時期，人們相信天下大治的時候神仙會從天上降臨到人間。在道教典籍中，有《漢武帝内傳》及其續篇《漢武帝外傳》，均收入《道藏》洞真部記傳類。前者記述漢武帝求仙的故事，後者記述與漢武帝有關的人士的神异故事。

李白不僅在詩歌中繼承和發展了董仲舒的歷史觀，而且還在文章中直接言及"三正"，《李太白集注》卷二九《比干碑》云：

> 太宗文皇帝既一海内，明君臣之義。貞觀十九年征島夷，師次殷墟，乃詔贈少師比干爲太師，謚曰忠烈公。遣大臣持節吊祭，申命郡縣封墓、葺祠、置守冢，以少牢時

---

① （唐）李白撰，（清）王琦注：《李太白集注》，上海古籍出版社，1992年版，第50頁。

② 張世亮、鍾兆鵬、周桂鈿譯注：《春秋繁露》，中華書局，2012年版，第507頁。

享，著於甲令，刻於金石。故比干之忠益彰，臣子得述其志。昔商王受毒痡於四海，悖於三正，肆厥淫虐，下罔敢諍。於是微子去之，箕子囚之，而公獨死之。①

這是李白追憶歷史大事件而撰寫的一篇碑文。曾經有人懷疑《比干碑》的作者是李翰，現在刊行的多種李白詩文集之編者仍然認爲，這篇文章作者是李白。《綱鑒易知録》卷四四唐記太宗："乙巳，十九年（645），春正月，帝發洛陽。封比干墓（封，聚土也。比干墓，或説在今河南汲縣城北）。詔謚殷太師比干曰忠烈，命所司封其墓，春秋祠以少牢（羊曰少牢），給五户灑掃。"② 唐太宗於貞觀十九年（645）東征島夷，獲勝後班師回朝路過殷墟時，曾在那裏休整部隊。島夷，泛指東海和南海一帶的島嶼居民。島夷人即臺灣土著先民。比干爲千古忠臣。唐太宗爲了匡正人心，特地下詔，追贈比干爲太師。比干，又稱王子比干、干叔。比干是商紂王的諸父，擔任少師。商紂王淫亂暴虐，微子啓和箕子屢屢進諫，但是商紂王不聽。後來，微子啓逃亡，箕子裝瘋爲奴。比干再度直言進諫，被商紂王剖心而死。商朝滅亡，究其根本原因，乃是商紂王違背了三正，破壞了天地人的正統。"三正説"是董仲舒"三統説"的直接來源，故而不少學人將董仲舒的歷史觀稱爲"三統三正説"。

四、民族進步觀

在民族觀上，李白繼承和發展了董仲舒的觀點。《春秋繁露·竹林第三》：

春秋之常辭也，不予夷狄，而予中國爲禮，至邲之戰，偏然反之，何也？曰：春秋無通辭，從變而移，今晉變而爲夷狄，楚變而爲君子，故移其辭以從其事。夫莊王之舍鄭，有可貴之美，晉人不知其善，而欲擊之，所救已解，如挑與之戰，此無善善之心，而輕救民之意也，是以賤之，而不使得與賢者爲禮。……③

有人問：按照《春秋》的書法亦即歷史著作撰寫法，通常不給予夷狄禮遇，而衹給中原的華夏族禮遇，不過，到記載邲之戰時，却反過來了，這是爲什麽呢？董仲舒回答説：《春秋》没有固定不變的措辭，書法根據需要而變化。邲之戰，晉國的行爲與夷狄一樣無耻，相比之下，楚國的做法却像彬彬有禮的君子，所以《春秋》的作者孔子就改變了措辭來記載這件事情。楚莊王放棄了占領鄭國，他有可貴的美德。晉國不懂得其美善，居然想去攻打楚國。鄭國已經解圍了，晉國却要去挑戰楚國。這就違背了以善待善的本意了。因此，《春秋》

① （唐）李白撰，（清）王琦注：《李太白集注》，上海古籍出版社，1992年版，第522頁。
② （清）吴承權等輯，施意周點校：《綱鑒易知録》，中華書局，1960年版，第1177頁。
③ 張世亮、鍾兆鵬、周桂鈿譯注：《春秋繁露》，中華書局，2012年版，第47頁。

輕視晋國，不讓它與賢者一樣受到禮遇。夷狄，統稱除華夏族以外的四方各族。所謂東夷、南蠻、西戎、北狄，統稱夷狄。邲，地名，在今河南鄭州東。魯宣公十二年（前597）楚軍與晋軍會戰於邲，晋軍大敗，楚軍大勝，從此楚莊王成爲霸主。《春秋》記載此事如下："夏，六月，乙卯。晋荀林父帥師及楚子戰於邲，晋師敗績。"① 荀林父，春秋時晋國正卿，姓荀，名林父，字伯，卒謚桓。荀林父，又作荀伯、中行桓子、中行伯，以上均爲尊稱。晋景公三年（前597，即魯宣公十二年），楚莊王圍鄭，三月後，鄭請降。荀林父率領三軍救鄭，當他們來到黄河邊的時候，聽説鄭已降楚，本欲還軍。然而其中軍不聽令，并率先渡河。荀林父無奈，衹好率領全軍渡河，他們行軍到邲，與楚軍會戰。晋軍慘敗而往回逃，這些敗兵争搶船隻渡河，自相殘殺，船中手指可掬。《春秋》記載此事時，言及荀林父而没有使用尊稱，而直呼其名，這意味着不給予他禮遇。董仲舒《竹林篇》主張"從變而移"，這是一種進步的民族觀。夷狄中的某一國進步了，就給予禮遇，對之如華夏一般，彬彬有禮；中原的某一諸侯國退步了，就不再給予它禮遇，而鄙視之如同夷狄。

李白繼承和發展了董仲舒的民族進步觀，并且對之做了詩意的表達，《李太白集注》卷三《行行且游獵篇》：

> 邊城兒，生年不讀一字書，但將游獵誇輕趫。胡馬秋肥宜白草，騎來躡影何矜驕！金鞭拂雪揮鳴鞘，半酣呼鷹出遠郊。弓彎滿月不虚發，雙鶬迸落連飛髇。海邊觀者皆辟易，猛氣英風振沙磧。儒生不及游俠人，白首下帷復何益？②

天寶十一載（752），李白在北上途中游覽了廣平郡的邯鄲、臨洺、清漳等地。十月，李白抵達幽州，他産生了立功邊疆的思想，於是在邊地練習騎馬射箭。李白十分好學，當他目睹邊城健兒騎射的時候，心中頗多感慨，於是寫下了這首詩。這一年李白五十二歲，壯心未泯，報國心切。就在這一年，當他發現安禄山的野心之後，曾經登上黄金臺（又稱金臺、燕臺，位於今河北易縣境内易水岸上）大哭一場。隋朝末年李白的祖先遷居西域，李白在西域的碎葉城出生。碎葉城位於中亞細亞巴爾喀什湖的南岸，故址在今吉爾吉斯坦托克馬克附近。碎葉在當時屬於唐帝國安西都護府管轄，屬於唐朝的邊疆地區。安西都護府的居民，大部分是胡人，李白在他們中間長大，自然瞭解他們。大約在李白五歲的時候，他家從西域遷回内地，在綿州昌隆縣（今四川省江油市）定居下來。四川有許多少數民族，李白對他們有很深的瞭解。

中華民族自古以來就是一個大家庭，李白對於少數民族十分敬重，李白《行行且游獵篇》就是一篇頌揚少數民族的詩歌。我國的少數民族，尤其是所謂西戎、北狄和東夷，亦即居住在我國西部、西北部、北部和東北部一帶的少數民族，自古以來就善於騎射。這是因

① 中華書局編輯部編：《漢魏古注十三經》，中華書局，1998年版，第196頁。
② （唐）李白撰，（清）王琦注：《李太白集注》，上海古籍出版社，1992年版，第73頁。

爲，那些地方多高原和草原，瀚海和沙漠，地勢十分開闊，便於戰馬馳騁。西戎、北狄和東夷，屬於所謂胡人的大范圍。胡服騎射，概括了他們的民族特徵。居住在中原的漢民族，本來穿着長袍，他們善於耕田，却不善於騎馬。漢民族後來改穿短裝，習弓馬，就是向胡人學來的。在李白的心中，夷狄并不落後，而是十分優秀，令他肅然起敬。李白説：儒生不及游俠人，白首下帷復何益？這兩句詩表現了李白的理想，他不想做一介無用的書生，他覺得終生皓首窮經没有多大的意思。他想身着戎裝，騎馬殺敵，馳騁疆場，報效祖國。

民族進步觀，這是董仲舒最重要的思想之一。《春秋繁露·楚莊王第一》也論述了董仲舒的民族進步觀，其要義如下：華夏和夷狄的區分，應當以經濟文化的發展程度爲標準，而不是以居住的地域爲標準，更不能以種族上的人類體質學方面差异爲標準。韓愈《原道》："孔子之作《春秋》也，諸侯用夷禮，則夷之；進於中國，則中國之。"[①]（第121頁）孔子作《春秋》寓有深意：諸侯如實行夷狄的禮俗，那麽是夷狄；如實行中國的禮俗，那麽就視之爲中國人。韓愈的話較好地概括了董仲舒民族進步觀。《宋文鑒》卷一一四孫復《答張洞書》："至於終始仁義，不叛不雜者，惟董仲舒、揚雄、王通、韓愈而已。"[②] 孫復（992—1057），字明復，號富春，晋州平陽人，居泰山聚徒講學，世稱泰山先生。孫復認爲，在孔子和孟子之後，衹有董仲舒、揚雄、王通、韓愈纔算得上建構道統的人物。韓愈著《原道》以闡明儒學的根本精神，韓愈對董仲舒民族進步觀的歸納切中肯綮。

董仲舒的民族進步觀在李白的詩歌中多次得到回應。民族進步的反面是民族倒退，而民族倒退的極致是民族分裂。李白熱愛祖國，他堅決反對民族分裂。《李太白集注》卷十一《贈武十七諤并序》：

> 門人武諤，深於義者也。質木沉悍，慕要離之風；潛釣川海，不數數於世間事。聞中原作難，西來訪余。余愛子伯禽在魯，許將冒胡兵以致之。酒酣感激，援筆而贈。
>
> 馬如一匹練，明日過吴門。乃是要離客，西來欲報恩。笑開燕匕首，拂拭竟無言。狄犬吠清洛，天津成塞垣。愛子隔東魯，空悲斷腸猿。林回棄白璧，千里阻同奔。君爲我致之，輕齎涉淮原。精誠合天道，不愧遠游魂。[③]

此詩作於至德元載（756）春，李白時年五十六歲。當時安史之亂已經爆發，李白因躲避戰亂而來到東南，他的兒子伯禽却仍然留在淪陷區東魯。武諤是李白的門人，他决心冒險去接回伯禽。李白感動，作此詩相贈。李白在《贈武十七諤并序》中，讚揚了武諤的勇敢，譴責了少數民族中的民族分裂主義者。"狄犬吠清洛，天津成塞垣"，李白用"狄犬"來指稱安史亂軍，説他們在洛水一帶狂吠，竟然把内地的天津橋變成了邊關的城牆。從這裏可以看出，李白反對民族分裂、維護國家統一的鮮明立場。

---

① （唐）韓愈著，錢仲聯、馬茂元校點：《韓愈全集》，上海古籍出版社，1997年版，第121頁。

② （宋）吕祖謙編：《宋文鑒》，吉林出版集團有限責任公司，2005年版，第539頁。

③ （唐）李白撰，（清）王琦注：《李太白集注》，上海古籍出版社，1992年版，第216頁。

五、經濟振興觀

在經濟方面，李白繼承和發展了董仲舒的觀點。董仲舒《春秋繁露·度制第二十七》:

> 凡衣裳之生也，爲蓋形暖身也。然而染五彩、飾文章者，非以爲益肌膚血氣之情也，將以貴貴尊賢，而明别上下之倫，使教亟行，使化易成，爲治爲之也。若去其度制，使人人從其欲，快其意，以逐無窮，是大亂人倫而靡斯財用也。失文采所遂生之意矣。上下之倫不别，其勢不能相治，故苦亂也；嗜欲之物無限，其數不能相足，故苦貧也。今欲以亂爲治，以貧爲富，非反之制度不可。古者天子衣文，諸侯不以燕，大夫衣禄，士不以燕，庶人衣縵，此其大略也。①

以上引文僅是《度制篇》的末段。這裏談到了服飾制度。人類需要衣裳，最初的目的不外禦寒和遮羞兩途。由於穿在外面，故而衣裳具有展示穿着者身份的功能。隨着社會的發展，衣裳發展爲衣服和裝飾兩部分而統稱爲服飾。裝飾部分包括冠帶、髮飾、鞋靴、雜珮等，并日漸複雜化。服飾的顏色和樣式可以標示吏民的品級、職業和地位，因而歷代朝廷對於服飾都有嚴格而煩瑣的規定。以漢代的情形而論，天子一直穿有文采的衣服；諸侯僅在祭祀時方可穿有文采的衣服，而其他時候則不可；大夫穿有邊緣裝飾的衣服；士人僅在祭祀時方可穿有邊緣裝飾的衣服，而其他時候則不可；平民終生衹能穿無花紋無圖案的衣服。

董仲舒的經濟思想在《度制篇》中得到了集中的表達。或許有人不解，在一篇專門論述經濟思想的文章中，爲何董仲舒要大談特談服飾問題呢？原來董仲舒深層次的經濟思想正好隱含在《度制篇》的特殊結構之中。《度制篇》包含四段。“孔子曰不患貧而患不均……是世之所以難治也。”這是第一段，論述貧富懸殊的根源。“孔子曰君子不盡利以遺民……乃天理也。”這是第二段，論述官員與民争利的危害。“凡百亂之源……此之謂也。”這是第三段，論述等級制度的必要性。第四段即末段，講服飾問題。

《度制篇》一本作《調均篇》，從表面看董仲舒用了四分之三的篇幅來論述均調的重要性，指出均調的途徑是，建立一套制度來限制“君子”將利益撈取净盡，以便給老百姓留下一些活下去的生活資料和生産資料。董仲舒《度制篇》以論述服飾問題結尾。這是爲什麼呢？這豈不是本末倒置嗎？這豈不是畫蛇添足嗎？當然都不是的，董仲舒善著文章，他字斟句酌，惜墨如金。這是因爲，服飾體現的是一個穩定的社會秩序，而這種社會秩序是以生産力的發展爲保障的。一般説來，生産力越發達，服飾越豐富。《度制篇》的特殊結構表明，

---

① 張世亮、鍾兆鵬、周桂鈿譯注:《春秋繁露》，中華書局，2012 年版，第 290 頁。

董仲舒的經濟思想，其核心是振興經濟以維持社會的穩定。維穩固然是目標，但是其前提還是振興經濟。“‘調均’并不等於平均主義。”[①] 質言之，董仲舒那博大精深的經濟思想可以歸結爲經濟振興觀。《漢書》卷五六《董仲舒傳》：“陰陽調而風雨時，群生和而萬民殖，五穀熟而草木茂，天地之間被潤澤而大豐美，四海之内聞盛德而皆徠臣，諸福之物，可致之祥，莫不畢至，而王道終矣。”（第 563 頁）董仲舒所期望的不僅是穩定的社會秩序，他還期望漢帝國的經濟得到振興。大約從六朝時期起，便有了“地氣東移”説。所謂地氣東移，究其實質是我國的經濟重心向東南部的轉移。從六朝起，江南有了越來越多的號稱衣冠繁盛的市鎮。楚楚衣冠彰顯服飾文化的發達，市容繁盛的基礎是發達的農業、手工業、服務業和商業。在我國，北方服飾尚簡樸，南方服飾尚繁華。這種差别至今依然存在。在東南沿海一帶，在深圳等特區，人們的服飾大多趨於華麗。這是爲什麼呢？這是因爲，那裏是改革開放的前沿，那裏的經濟一直在振翅騰飛。

李白的經濟思想流露在他的不少詩篇中，比如《李太白集注》卷六《少年行》：

君不見淮南少年游俠客，白日球獵夜擁擲。呼盧百萬終不惜，報仇千里如咫尺。少年游俠好經過，渾身裝束皆綺羅。蕙蘭相隨喧妓女，風光去處滿笙歌。驕矜自言不可有，俠士堂中養來久。好鞍好馬乞與人，十千五千旋沽酒。赤心用盡爲知己，黄金不惜栽桃李。桃李栽來幾度春，一回花落一回新。府縣盡爲門下客，王侯皆是平交人。男兒百年且樂命，何須徇書受貧病？男兒百年且榮身，何須徇節甘風塵？衣冠半是征戰士，窮儒浪作林泉民。遮莫枝根長百丈，不如當代多還往。遮莫姻親連帝城，不如當身自簪纓。看取富貴眼前者，何用悠悠身後名？[②]

李白《少年行》（君不見淮南少年游俠客）是一首結構特殊的詩篇，其特殊之處在於語句的多寡，與所欲表達的思想，在比例上很不均衡。李白青年時期曾經游歷淮南，其間寫了三首《少年行》，具體年份不詳，《文苑英華》卷一九四將它們編在一起，此爲第一首。全詩共 30 句，前面 22 句爲第一部分，描寫游俠少年的豪爽。游俠少年的最大特點是不惜黄金，他們揮金如土，爲的是滿足自己的心意。這與古羅馬極盛時期的貴族子弟衹争朝夕（carpediem）類似。賀拉斯描寫道：Carpediem. Quamminiumcredulapostero![③] 意思是説：行事但須抓今天，少去相信那明天！（拙譯）李白《少年行》第一部分以兩個設問句結束，問的是：男兒百年究竟應當怎樣度過？後面 8 句爲第二部分，表達自己的態度：願做戰士，不做窮儒。窮儒、酸儒、迂儒、腐儒、陋儒、寒儒……這一連串的語詞，都帶有諷刺性。做一名儒生本來是好事情，不過，一旦窮、酸、迂、腐、陋、寒，那就不好了。那麼，爲什麼有不少的儒生終生不發達，竟然陷入窮、酸、迂、腐、陋、寒的境地呢？歸根結底還是因爲他們

① 張世亮、鐘兆鵬、周桂鈿譯注：《春秋繁露》，中華書局，2012 年版，第 284 頁。

② （唐）李白撰，（清）王琦注：《李太白集注》，上海古籍出版社，1992 年版，第 139 頁。

③ Jon R. Stone, ed. *The Routledge Dictionary of Latin Quotations*. New York: Routledge, 2005. p14.

没有把經濟問題解决好。試想，一介儒生而處於窮、酸、迂、腐、陋、寒的境地，又怎麼能够把學問做好呢？學問做不好，一介儒生又拿什麼去報效國家服務社會呢？窮、酸、迂、腐、陋、寒之儒生，不僅難於有社會貢獻，就連自己的妻子兒女也受其拖累。那是多麼對不起自己也對不起家人啊！李白不是窮、酸、迂、腐、陋、寒之儒生，他是一位一往無前的征戰士。李白有一套振興自己家庭經濟的辦法。李白的一生過得瀟灑。

六、日常生活觀

在日常生活觀方面，李白繼承和發展了董仲舒的觀點。《春秋繁露・身之養重於義第三十一》：

> 天之生人也，使人生義與利。利以養其體，義以養其心。心不得義，不能樂；體不得利，不能安。義者、心之養也；利者，體之養也。體莫貴於心，故養莫重於義。義之養生人大於利。奚以知之？今人大有義而甚無利，雖貧與賤，尚榮其行以自好，而樂生，原憲、曾、閔之屬是也。人甚有利而大無義，雖甚富，則羞辱大惡，惡深，禍患重，非立死其罪者，即旋傷殃憂爾，莫能以樂生而終其身，刑戮夭折之民是也。夫人有義者，雖貧能自樂也；而大無義者，雖富莫能自存。吾以此實義之養生人，大於利而厚於財也。①

董仲舒《身之養重於義篇》論述義與利的關係。義與利二者不可或缺。利是用來供給身體所需、使身體長大成長的，義是用來滋養人心、使之平静和順的。董仲舒説：利以養其體，義以養其心。在這裏，“其”是所有格代詞，指“人的”。泛稱的“人”即人類、人的全體。董仲舒對義利關係的看法適用於全人類，它是放之四海而皆準的理論。今日我們常説的三觀，指的是世界觀、人生觀和價值觀。世界觀是人們對世界的總的根本的看法。由於人們的社會地位不同，觀察問題的角度不同，因而形成了不同的世界觀。世界觀決定人生觀，而人生觀決定價值觀。在三觀之中，世界觀主要通過理論學習來確立，同時它也接受日常生活的檢驗。人生觀和價值觀主要通過日常生活來樹立，同時它們也離不開理論的指導。概言之，正確的三觀都離不開日常生活這樣一個實踐環節。人們對日常生活的認識和看法就是日常生活觀。人們的日常生活離不開各種利益，而各種利益是否值得去經營和追求，最終還得看它們是否公正合宜。公正合宜，在基督教神學中稱爲“公義”（justice），在董仲舒的語彙中稱爲“義”。“利”和“義”構成一組對偶范疇。

① 張世亮、鍾兆鵬、周桂鈿譯注：《春秋繁露》，中華書局，2012 年版，第 330 頁。

那麽，應當如何對待義利的關係呢？對此，董仲舒提出了一個命題：明道正誼不計功利。這一命題的出處是《漢書》卷五六《董仲舒傳》，其中有："夫仁人者，正其誼不謀其利，明其道不計其功。"① 明道正誼不計功利，這是董仲舒對孔子義利觀的發展。孔子的三位學生把義利關係處理得最好，他們是原憲（字子思）、曾参（字子輿）、閔損（字子騫）。在董仲舒生活的那個時代，漢帝國經濟發達，城市繁榮，國勢富强。大致上説，在經濟發展的時候，謀利的機會也比較多，人們容易受到利益的吸引。《春秋繁露・天道施第八十二》："利者，盗之本也，"② 意志薄弱者往往以非法的手段謀取利益，其行徑如同强盗。一個人的意志究竟是强固還是薄弱，這取決於他心中"義"的觀念是否牢固。《春秋繁露・玉英第四》："凡人之性，莫不善義，然而不能義者，利敗之也。"③ 董仲舒是一位偉大的教化家，他認爲人性本善，人本慕義。以此之故，董仲舒提倡培養人的羞耻心。

在現實生活中，惟有堅持心中的義，方可從容應對利害交織、紛紜迷亂的一切。董仲舒的義利觀在李白的詩歌中有所反映。《李太白集注》卷十九《答王十二寒夜獨酌有懷》：

昨夜吴中雪，子猷佳興發。萬里浮雲卷碧山，青天中道流孤月。孤月滄浪河漢清，北斗錯落長庚明。懷余對酒夜霜白，玉床金井水峥嶸。人生飄忽百年内，且須酣暢萬古情。君不能狸膏金距學鬥雞，坐令鼻息吹虹霓。君不能學哥舒，横行青海夜帶刀，西屠石堡取紫袍。吟詩作賦北窗裏，萬言不直一杯水。世人聞此皆掉頭，有如東風射馬耳。魚目亦笑我，請與明月同。驊騮拳跼不能食，蹇驢得志鳴春風。《折楊》《黄花》合流俗，晋君聽琴枉《清角》。巴人誰肯和《陽春》？楚地由來賤奇璞。黄金散盡交不成，白首爲儒身被輕。一談一笑失顔色，蒼蠅貝錦喧謗聲。曾參豈是殺人者？讒言三及慈母驚。與君論心握君手，榮辱於余亦何有！孔聖猶聞傷鳳麟，董龍更是何雞狗？一生傲岸苦不諧，恩疏媒勞志多乖。嚴陵高揖漢天子，何必長劍拄頤事玉階。達亦不足貴，窮亦不足悲。韓信羞將絳灌比，禰衡耻逐屠沽兒。君不見李北海，英風豪氣今何在？君不見裴尚書，土墳三尺蒿棘居。少年早欲五湖去，見此彌將鐘鼎疏。④

此詩作於天寶八載（749）冬，李白時年四十九歲。詩題下原注：再入吴中。由此可知李白當時在今江蘇省蘇州一帶生活。王十二，李白的朋友，他作了一首詩《寒夜獨酌有懷》寄贈李白。李白讀後心潮澎湃，於是寫下此詩作答。李白《答王十二寒夜獨酌有懷》詩是347言（不含標題和標點）51句的大篇。李白《答王十二寒夜獨酌有懷》詩，將錯綜時空的叙事手法，發揮到了極致。全詩可劃分爲四節。前10句爲第一節。李白通過描寫雪夜的景色而引發人生的感慨：人生飄忽百年内，且須酣暢萬古情。第11—19句共9句爲第二節。

① （漢）班固撰：《漢書》，中華書局，2007年版，第570頁。
② 張世亮、鍾兆鵬、周桂鈿譯注：《春秋繁露》，中華書局，2012年版，第654頁。
③ 同上，第75頁。
④ （唐）李白撰，（清）王琦注：《李太白集注》，上海古籍出版社，1992年版，第352頁。

李白通過兩次言“君不能”而告誡王十二：鬥鷄取寵難，建軍功更難。第 20—33 句共 14 句爲第三節。李白通過兩次言“君不見”而描寫了自己的困境：黄金散盡交不成，白首爲儒身被輕。李白遭謗受讒，仕途困頓。第 34—51 句共 18 句爲第四節。李白通過列舉史實而抒發了他對不合理現實的憤慨：孔子生於亂世而不爲世用，前秦奸相董榮以佞進幸，韓信功大但結局悲慘，北海太守李邕和刑部尚書裴敦複被奸相李林甫杖殺。儘管如此，李白對生活仍未喪失信心，他與朋友王十二共勉：與君論心握君手，榮辱於余亦何有！論心，他們心中有義。握手，他們手拉手朝前走。達亦不足貴，窮亦不足悲。只要心中守望着義，那麼就能够堅韌地活下去。講完這一番話後，李白的心復歸於平静。試比較《約伯記》13：18 所云：“我已陳明我的案，知道自己有義。”（第 486 頁）李白此時的心境，與聖經《約伯記》中的主人公約伯，非常相似。

七、積極人生觀

董仲舒認爲，治國之道和治身之道相通，《春秋繁露・通國身第二十二》：

> 氣之清者爲精，人之清者爲賢。治身者以積精爲寶，治國者以積賢爲道。身以心爲本，國以君爲主。精積於其本，則血氣相承受；賢積於其主，則上下相制使。血氣相承受，則形體無所苦；上下相制使，則百官各得其所。形體無所苦，然後身可得而安也；百官各得其所，然後國可得而守也。夫欲致精者，必虚静其形；欲致賢者，必卑謙其身。形静志虚者，精氣之所趣也；謙尊自卑者，仁賢之所事也。故治身者，務執虚静以致精；治國者，務盡卑謙以致賢。能致精，則合明而壽；能致賢，則德澤洽而國太平。①

董仲舒主張通國身，即國與身共治。通國身，它之所以成立，乃是因爲在國家與身體之間有相似之處。身體承載生命，生命寓於身體之中。因爲身體是生命的承載物，所以在道教典籍中有大量的養生類著作。養生，顧名思義，就是保養生命。然而，生命是一種奇妙的存在。人們可以感受到生命，却難於捫及（拉：tangere，英：touch）生命。可以捫及的（tangible）是生命的承載物亦即身體。因此，各種養生術，其本質是體操。儘管如此，養生術與體操畢竟有分别。西方的體操側重肢體的運動，而道教的養生術不僅注重肢體的運動（比如五禽戲），還有一套繁複的産生體液、運送體液、保存體液、使用體液的具體操作（比如内丹）。此外，還有比體液的操作更微妙的養氣和養神，它們也有一套具體的操作方法。

① 張世亮、鍾兆鵬、周桂鈿譯注：《春秋繁露》，中華書局，2012 年版，第 220 頁。

一般的道家大都講究治身，積極的道家主張身國共治。一般的儒家大都主張入世，即以積極的姿態投身於國家的治理。讀書做官，這是儒生們入世最直接的途徑。董仲舒是大儒，他的國家治理主張遠比一般的士人來得高明。董仲舒主張“通國身”亦即“國身共治”。董仲舒將“國”放在“身”的前面，這是他與道家的根本區別。在董仲舒看來，治國遠比治身更重要。儘管如此，調理一己之身體也并非無關緊要的事。這是因爲，治身的方法可以用作治國的參照。我們常説“國家機器”，國家猶如一部龐大的機器，它是可以捫及的。人的身體猶如一部精密的機器，它也是可以捫及的。可捫及性（tangibility）是物質的基本特徵。氣（materialforce）是物質性的力量，氣是物質存在的一種樣態。董仲舒説：氣之清者爲精，人之清者爲賢。莎士比亞説：人是“宇宙的精華！萬物的靈長！”[①] 董仲舒説：治身者以積精爲實，治國者以積賢爲道。道家在治身的時候重視儲精，董仲舒和老子都明白爲國家儲備人才。在“通國身”這個命題中，“身”并不是類比，而是方法論。由此而觀之，董仲舒是精通道學并掌握了道法的大儒。

董仲舒的一生是積極有爲的一生。董仲舒曾任博士、江都相和膠西王相。他的政治主張爲漢武帝采納，推行全國。《漢書》卷五六《董仲舒傳》：“董仲舒有王佐之才，雖伊吕亡以加，管晏之屬，伯者之佐，殆不及也。”[②] 董仲舒有大才，并且得以展示其才。這得益於他終生秉持積極人生論。董仲舒年老歸鄉之後，仍然關心國家大事。每當大臣們在大政方針上争議不决，朝廷就派人去請教他，而他總是以明確的主張和具體的辦法來回復朝廷。《周易・象傳上・乾》：“天行健，君子以自强不息。”[③] 董仲舒完美地做到了。

主張人生積極有爲，在這一點上李白完全繼承了董仲舒的觀點。《李太白集注》卷七《悲歌行》：

> 悲來乎，悲來乎！主人有酒且莫斟，聽我一曲悲來吟。悲來不吟還不笑，天下無人知我心。君有數斗酒，我有三尺琴。琴鳴酒樂兩相得，一杯不啻千鈞金。悲來乎，悲來乎！天雖長，地雖久，金玉滿堂應不守。富貴百年能幾何？死生一度人皆有。孤猿坐啼墳上月，且須一盡杯中酒。悲來乎，悲來乎！鳳凰不至河無圖，微子去之箕子奴。漢帝不憶李將軍，楚王放却屈大夫。悲來乎，悲來乎！秦家李斯早追悔，虚名撥向身之外。范子何曾愛五湖，功成名遂身自退。劍是一夫用，書能知姓名。惠施不肯干萬乘，卜式未必窮一經。還須黑頭取方伯，莫謾白首爲儒生。[④]

李白《悲歌行》作於其晚年。在這首詩中積聚了李白的人生體驗。治國者以積賢爲道。董仲舒這樣説，最高的治國者，亦即封建社會裏的皇帝，却未必這樣做，或未必能够做得

---

① 人民文學出版社編：《莎士比亞全集》第九册，人民文學出版社，1978年版，第49頁。
② （漢）班固撰：《漢書》，中華書局，2007年版，第571頁
③ 蘇勇點校：《易經》，北京大學出版社，1989年版，第52頁。
④ （唐）李白撰，（清）王琦注：《李太白集注》，上海古籍出版社，1992年版，第163頁。

到。賢，賢士，即道德高潔而又有才能的人。李白一生都在努力，他想使自己成爲賢士，對社會有益，對國家有用，對自己心安，能够抒展胸臆，實現人生的價值。以積聚賢士爲道，這是治國者應有的人才觀。然而，應有未必等於實有。實際的情況是賢士往往處於荒誕的處境中。李白在《悲歌行》四次呼喊：悲來乎，悲來乎！這四個“悲來乎”迭句，將全詩劃分爲四節。第一節中的警句是：悲來不吟還不笑，天下無人知我心。當真正的悲哀襲上心頭的時候，一個人是説不盡其中的滋味也笑不出聲來的。這是因爲没有人理解他。第二節中警句是：富貴百年能幾何？死生一度人皆有。人生到世界上之後總是要死的，誰都想不朽。想不朽，難。在以上兩節詩中李白寫自己。第三節描寫前代賢士的悲慘遭遇。賢臣微子被逐，賢臣箕子不得已裝瘋，戰功赫赫的李廣終生未得到爵位，屈原因忠貞而遭流放。第四節繼續描寫前代賢士的悲慘遭遇。秦國丞相李斯被夷三族，范蠡輔助越王勾踐成就霸業後不得不離開越國而泛舟五湖。不過，李白找到了兩個榜樣。一是惠施，他有經國之才，但是不肯受王權。一是卜式，他不習文章，但是努力報效國家。最後，李白告誡年輕人：要趁年輕當大官展大才，莫做一輩子白頭書生。天寶十四載（755），李白五十五歲。那年十一月，安史之亂（755—763）爆發了。皇帝寵愛的安禄山和史思明發動了叛亂。這是李白親身經歷的最爲荒誕的事情。安史之亂以後，唐帝國盛極而衰。李白卒於寶應元年（762）十一月。那時，安史之亂尚未徹底平定。除了早年風光過一陣子之外，李白終其一生都没有得到重用。李白身處悲涼之境，却大談人生事業，主張積極有爲。這不是矛盾麽？其實，這并不矛盾。李白的言説方式使我們想到了法國哲學家加繆（Albert Camus，1913—1960）。是他給了我們勇氣，在荒誕的世界中做自己的孤膽英雄！

總之，董仲舒是一位成功的政治家，他實現了自己的社會理想。由於時代環境和個人性格的局限，李白没有實現自己的社會理想。儘管如此，李白對董仲舒還是有繼承，有發展的，而且李白還對董仲舒的思想做出了絶妙的富有詩意的表達。李白在申説董仲舒的主張時，采用的是間接性的、具象性的言説方式。儘管李白的董子言説是詩性的、婉曲的，然而却是本質的、切中肯綮的。

作者單位：武漢大學文學院

李白的謫仙情結及自我神仙意識①

鄭家治

内容提要：李白少年時即確立了修道揚名以博取高位而經世立功再功成身退煉丹成仙的人生理想，因此他出川時即萌生了謫仙情結，此後則長期迷戀修道煉丹與游仙成仙，且由謫仙情結逐漸發展演變爲自我神仙意識，此思想雖有起伏，但至臨終也未消失。李白的謫仙情結、自我神仙意識與其書劍情結、自我英偉意識既相矛盾又相統一，爲其儒道并重的主要表現，對其飄逸豪放詩風的形成有極大的影響，值得進行深入系統的研究。

關鍵詞：李白；儒道并重；謫仙情結；自我神仙意識；煉丹成仙

分析李白數量空前的一百四十多首（篇）有關道家道教的詩文，可知他少年時即確立了修道揚名以博取高位而經世立功再功成身退煉丹成仙的人生理想及其實現道路，出川時即萌生了謫仙情結，此後逐漸發展演變爲濃厚的自我神仙意識，至臨終也未消失。對此，前人的有關論述不少，但仍然值得進行深入系統的研究。

一、李白的謫仙之號與謫仙情結

謫仙之説是我國古代神仙信仰的產物。古代的神是先天存在的，是各民族文化中所共有的；仙也叫仙人，是由人經過修煉之後獲得長生不死和種種神通轉變而成，後世常常并稱“神仙”。由於戰國秦漢時的方士對仙境之美妙進行了令人神往的描繪，於是秦始皇、漢武帝

① 本文爲四川省社會科學重點研究基地李白文化研究中心一般項目“李白儒釋道思想研究”（編號 LB21—B01）成果。

等都花大力氣尋找神仙世界，希望自己也能够成仙。傳説神仙關注人間社會，有時會降臨人間干預人事，而人有困難時則會向神仙祈求，人經過修煉達到某種境界之後也可以上升到仙界中去；反之，神仙在仙界犯有過錯時也可能被謫罰，因此就有謫仙之稱。

傳説中最早的謫仙是漢代劉安，葛洪《神仙傳》記載劉安是在天上被謫罰的仙人。其次是東方朔。《列仙傳》載：東方朔在吴中做塾師數十年，漢武帝時拜爲侍郎；至昭帝時，他時而進忠言，時而作戲語，衆人不解他的旨意；至宣帝時他將官帽放在官舍，隨風飄然而去，“後見於會稽，賣藥五湖，智者疑其歲星精也”[①]。《風俗通義》説：“俗言東方朔太白星精，黄帝時爲風后，堯時爲務成子，周時爲老聃，在越爲范蠡，在齊爲鴟夷子皮，言其神聖能興王霸之業，變化無常。”[②]《西京雜記》載有他巧諫武帝勿殺乳母，因此他成了具有謀臣、政治顧問和道德導師特徵的“帝王師”。在衆多志怪小説中，他已經被描述成了著名神仙，不過在南北朝以前他却未被稱爲謫仙。謫仙一詞最早出現在署名西漢劉向的《列仙傳》中：“瑕丘仲者……北方人謂之謫仙人焉。”[③] 南北朝時期正史記載有兩例謫仙。一例是《魏書·釋老志·寇謙之傳》載成公興以神通异能屢屢輔佐寇謙之，是一個因失火而被貶爲寇謙之弟子的謫仙。另一位是《南齊書》所載的姓蔡的謫仙，他在“山中養鼠數十頭，呼來即來，遣去便去。言語狂易。時謂之‘謫仙’”[④]。可知早期謫仙頗有神通，有半人半神的特點。

至盛唐，李白被人稱作謫仙，且此後“謫仙”成了李白的專號。李白被稱爲謫仙源自他的詩文。李白少年時即立志修道煉丹成仙，開元十三年出川時在江陵拜見道教宗師司馬承禎，對方稱他“有仙風道骨，可與神游八極之表”[⑤]，其謫仙情結自此萌芽。但李白在其詩中最早稱譽的謫仙是東方朔。天寶二年（742）李白的《玉壺吟》説：“世人不識東方朔，大隱金門是謫仙。”詩歌讚揚東方朔是謫仙，也明顯含有自許的意思。李白自許東方朔既來自《史記》《漢書》的記載，如《漢書》載被武帝召見時上書自誇：“年十三學書，三冬文史足用。十五學擊劍。十六學《詩》《書》，誦二十二萬言。十九學孫、吴兵法，戰陣之具，鉦鼓之教，亦誦二十二萬言”，“年二十二，長九尺三寸，目若懸珠，齒若編貝，勇若孟賁，捷若慶忌，廉若鮑叔，信若尾生”[⑥]。李白後來自薦書如《代壽山答孟少府移文書》《上安州裴長史書》《與韓荆州書》都與東方朔的上書頗爲近似。也來自後來有關的傳説，即東方朔半人半仙，時人時仙，爲仙時逍遥快樂，爲人時學問廣博，時充帝王之師。

李白自稱謫仙人始自天寶六載，其《答湖州迦葉司馬問白是何人》説：“青蓮居士謫仙

---

① （漢）劉向：《列仙傳》卷下《東方朔》，四庫全書文淵閣本。

② （漢）應劭：《風俗通義·正失第二·東方朔》。

③ （漢）葛洪：《神仙傳》卷四《瑕丘仲》，四庫全書文淵閣本。

④ （南朝梁）蕭子顯：《南齊書·高逸傳·杜京産》，二十四史百衲本。

⑤ （唐）李白：《大鵬賦并序》，安旗《李白全集編年注釋》，巴蜀書社，1990年版，第184頁。此後引自同書只在文中注明年代，不另注。

⑥ （漢）班固：《漢書·東方朔傳》，二十四史百衲本。

人，酒肆藏名三十春。”當年游會稽時有《對酒憶賀監二首并序》，其序言說：“太子賓客賀公，於長安紫極宫一見余，呼余爲‘謫仙人’，因解金龜换酒爲樂。”詩歌説：“四明有狂客，風流賀季真。長安一相見，呼我謫仙人。”追憶天寶二年春供奉翰林之初，年過八旬的賀知章在道教紫極宫見到李白而當即讚嘆他爲謫仙人。考察這個記載，可知當時會面者衹有賀知章與李白二人，其他還可能有賀知章的隨從一二人。因此這個“號爲謫仙”之事流傳得不廣，甚至就没有流傳出來。到四年後的天寶六載李白纔補記此事，且在《荅湖州迦葉司馬問白是何人》第一次自稱爲謫仙人，但當時没有傳播出去。

天寶十三載（754）五月李白與魏萬游金陵，臨别以編輯詩文集托付魏，同時的《送王屋山人魏萬還王屋》説：“仙人東方生，浩蕩弄雲海。沛然乘天游，獨往失所在。”刻畫讚揚的仙人還是東方朔。但魏萬在同時的《金陵酬李翰林謫仙子》詩題中則將李白稱爲謫仙，詩中也説：“謫仙游梁園，愛子在鄒魯。”[①] 這當是他人第一次稱李白爲謫仙。次年冬李白在《金陵與諸賢送權十一序》再次回憶賀知章當年稱他爲謫仙：“吾稀風廣成，蕩漾浮世，素受寶訣，爲三十六帝之外臣。即四明逸老賀知章呼余爲謫仙人，蓋實録耳。而嘗采姹女於江華，收河車於清溪，與天水權昭夷，服勤爐火之業久矣。”上元二年（761），魏萬在《李翰林集序》向外公布了李白在何處被稱爲謫仙之事。自李白被賀知章稱爲謫仙到此時20年間，與李白有交集交情的著名詩人，如孟浩然、王昌齡、王維，以及張九齡、裴迪、崔顥、李頎、儲光羲、賈至、岑參與其崇拜者任華等都不曾稱李白爲謫仙。這説明下列可能：一是李白自知年已八十的賀知章酒席間的一句戲語戲稱當不得真，不宜廣爲傳播，因此20年間謫仙之説傳得不廣，以至於大家都不知道；二是可能諸多著名詩人知道謫仙之説，但却不大認可，因此其詩文中没有提到；三是可能衹在道教中傳播，詩人們都不知道。另外，天寶三載他與杜甫、高適作梁宋之游與其後在齊魯携杜甫游覽拜見道教人士時，他似乎也没有給杜、高二人提起謫仙之事。以李白的個性，他應該對高、杜二人提起。魏萬的《李翰林集序》公布此事一年之後，杜甫纔在其《寄李十二白二十韻》説：“昔年有狂客，號爾謫仙人。”[②] 這是與李白同時或者稍後著名詩人第一次在詩歌中稱李白是謫仙人，也是唯一的一次。不過這兩句詩當是直接來自李白《對酒憶賀監二首》之一前四句，應該是杜甫接到李白的詩歌之後寫的。杜甫詩歌接下來兩句“筆落驚風雨，詩成泣鬼神”則補充説明李白不是所謂謫仙人，而是詩仙，即詩歌寫得超級好的人，後面三十六句也没有一句承認與誇讚李白是所謂謫仙。

據此可以推知，李陽冰寶應元年（762）冬的《草堂集序》當來自魏顥上元二年（761）的《李翰林集序》，而唐末孟棨（875年進士）的《本事詩·高逸》則來自魏顥的《李翰林集序》與李陽冰的《草堂集序》。魏顥的《李翰林集序》説：“白久居峨眉，與丹丘因持盈法師達，白亦因之入翰林，名動京師，《大鵬賦》時家藏一本。故賓客賀公奇白風骨，呼爲謫

① （唐）魏萬：《金陵酬李翰林謫仙子》，《全唐詩》，中華書局，1960年版，第2905頁。
② （清）楊倫箋注：《杜詩鏡銓》，上海古籍出版社，1980年版，第281頁。

仙子，由是朝廷作歌數百篇。”李陽冰《草堂集序》說：“又與賀知章、崔宗之等自爲八仙之游，謂公謫仙人，朝列賦謫仙之歌，凡數百首，多言公之不得意。”范傳正（794 年進士）的《唐左拾遺翰林學士李公新墓碑并序》說：“在長安時，秘書監賀知章號公爲謫仙人。吟公《烏棲曲》云：‘此可以哭鬼神矣。’”不過孟棨的《本事詩》作爲小説家言，便根據想象補充了不少細節，因爲紫極宫不能飲酒，所以李白與賀知章相會之地就被改成了逆旅：“李太白初自蜀至京師，舍於逆旅。賀監知章聞其名，首訪之。既奇其姿，復請所爲文。出《蜀道難》以示之。讀未竟，稱嘆者數四，號爲謫仙，解金龜換酒，與傾盡醉。”[①] 《唐摭言》載：“知章覽《蜀道難》一篇，揚眉謂之曰：‘公非人世之人，可不是太白星精耶！’”[②] 由謫仙變成了太白星精，與東方朔是太白星精被謫人間如出一轍。此後新舊唐書都來自魏顥、李陽冰，不過因爲是史書而有所簡化而已。

綜而言之，謫仙之説來源於漢代，至六朝即有謫仙之名，但都與神奇怪誕有關，流傳不遠。李白的謫仙情結萌芽於開元十三年出川拜見司馬承禎之時，天寶元年冬或次年春（742—743）年過八旬的賀知章在長安見到李白時稱其爲謫仙，但却没有傳揚開來。今存李白自稱爲謫仙最早的記載來自天寶六載（747）李白的《答湖州迦葉司馬問白是何人》《對酒憶賀監二首并序》，同時代人最早稱譽李白爲謫仙的是魏萬天寶十三載（754）的《金陵酬李翰林謫仙子》，上元二年（761）魏萬在《李翰林集序》中對外公布了李白被稱爲謫仙之事。次年杜甫在《寄李十二白二十韻》中化用李白《對酒憶賀監二首》詩句而說：“昔年有狂客，號爾謫仙人。”至中唐白居易纔在《讀李杜詩集因題卷後》再一次提到謫仙：“暮年逋客恨，浮世謫仙悲。”[③] 唐韓愈《石鼓歌》說：“少陵無人謫仙死，才薄將奈石鼓何！”[④] 宋代稱李白爲謫仙者也不多，明代則成爲風氣，之後則延續到現當代。

二、李白的自我神仙意識及其表現

李白的謫仙情結萌芽之同時其自我神仙意識也隨之產生，具體表現在他的有關道家道教的詩文之中，尤其是游仙詩之中。游仙詩產生於秦漢時期，魏晋時期不僅道人創作游仙詩，文人亦相繼創作，其題材不出游仙、咏仙和慕仙三大類。三曹父子開始大量寫慕仙一類的游仙詩，詩中其他寄托很少。阮籍的游仙詩寄托懷抱，成就較高，其《咏懷詩》82 章中有接近 40 章涉及游仙，往往抒發對人生的不滿，表明其退隱自處而不願與當權者合作的政治態

① 丁福保：《歷代詩話續編》，中華書局，1983 年版，第 14 頁。
② （唐）王定保：《唐摭言》007－12b，四庫全書文淵閣本。
③ 《全唐詩》，中華書局，1960 年版，第 4875 頁。
④ 同上，第 3811 頁。

度，實際上是政治抒情詩的一種。東晋郭璞嚮往神仙之説，詩中所寫仙景新鮮而具體，詩中主角多是棲於山林的隱士，且多自叙及抒發苦悶與不滿，對後代影響很大。唐代游仙詩仍然在延續與發展，盛唐時期名道吴筠有《游仙二十四首》，晚唐的曹唐有七律《大游仙詩》17首、七絶《小游仙詩》98首，數量可稱最多，但其《小游仙詩》98首是組詩，其内容、主題、風格都相似，衹能視作一組詩歌。就曹唐詩歌題材之多樣化，思想之複雜深厚，與藝術風格之獨特鮮明，都不能望李白之項背。《瀛奎律髓》評曹唐“專借古仙會聚離别之事，以寓寫情之妙”①，屬於借游仙寫男女之情之作，衹不過不大狎邪而已。

李白標題爲《游仙》的詩歌并不多，但涉及仙道的詩歌却很多，其中有大量表現其謫仙情結及自我神仙意識者。因爲這些詩歌情感豐富，藴意深厚複雜，文辭優美，意象瑰奇，藝術性很强，因此其成就與影響之大可稱空前絶後。李白現存有關道家道教的詩文144首(篇)，使用不同的道家道教典故與辭彙有760個以上。這760個典故辭彙中包括道家156個，神話與神仙道教者604個。下面選取其中133首以題目類别來進行簡要論列分析，以考察李白謫仙情結及自我神仙意識的發展演變。

(一) 登臨游覽寫景感懷類

李白此類詩歌共約31首。李白登臨游覽寫景詩歌屬於廣義的山水詩，是其詩歌的重要類别之一，也是優秀作品最多的類别之一，其中不少詩歌與道家道教有關，尤其是與神仙有關，即李白所登臨游覽之地往往爲道教名山，是道士道友修道煉丹成仙之地或者傳爲神仙所居之地，因此他所感之懷便必然與道家道教有關，自然也多與神仙有關。詩中既表現詩人的謫仙情結，更表現其自我神仙意識，比如想象或者幻想在山中修道甚至飛升成仙過神仙生活，以及表現其經世立功不成轉而隱居修道成仙的矛盾心情。

蜀中時期此類詩歌衹有開元十二年的《登峨眉山》。詩歌先讚美峨眉山是仙山，所謂“蜀國多仙山，峨眉邈難匹”，接着寫他在峨眉山修道煉丹的情景。詩中的主人公李白亦仙亦人，飄逸瀟灑，自由快樂，他既習練神仙之術，即所謂“錦囊術”，又有神仙的容顔，所謂“煙容如在顔”，還立下了神仙之志，即嚮往白日飛升，所謂“倘逢騎羊子，携手凌白日”，自我神仙意識初步具備，至少也已經萌芽。

出川至被詔長安前有《望廬山瀑布二首》之一、《游泰山六首》等。開元十八年《登太白峰》中間三聯“太白與我語，爲我開天關。願乘泠風去，直出浮雲間。舉手可近月，前行若無山”羡慕成仙，想象自己有成仙之能，而且似乎已經成仙。天寶元年的《游泰山六首》是詩人待詔翰林前最後一組登臨游覽詩歌。泰山是中國道教的發源地與道教名山之一，也是著名仙山，詩人去游覽本來就是奔着神仙與追求成仙去的，因此其一前四句總起寫景之後便開始游仙，主要寫玉女與見到玉女的感受。其二先寫在天門山頂遇見了飛仙，接着寫讀仙書。其三寫與仙童的交流。其四寫在山上修道煉丹而且自覺成了神仙，所謂“清齋三千日，

① 方回：《瀛奎律髓》卷四十八《仙子送劉阮出洞》評語，文淵閣四庫全書本。

裂素寫道經。吟誦有所得，衆神衛我形。雲行信長風，颯若羽翼生”，與希望成仙，所謂“安得不死藥，高飛向蓬瀛”。其五寫緬懷“去無雲中迹”的“鶴上仙”，與仙山景色，最後寫遇到仙人而立志修仙，所謂“終當遇安期，於此煉玉液”。其六在寫過游覽情形之後再寫群仙夜娱的情形，結果是“明晨坐相失，但見五雲飛”，求仙成仙成了美夢。全詩記游并讚美泰山，亦真亦幻，亦人亦仙，構成了一個耐人尋味的審美境界。其中多有游仙之想與游仙之行，用了許多神仙及道教典故，不時顯露出詩人日漸濃烈的自我仙人意識。

供奉翰林及隱居前期有《月下獨酌四首》《下途歸石門舊居》等 9 首。天寶六載的《焦山望松寥山》寫嚮往成仙，所謂“安得五彩虹，駕天作長橋。仙人如愛我，舉手來相招”。

奔亡東南及隱居後期有《避地司空原言懷》《落日憶山中》等 9 首。至德二載的《避地司空原言懷》先表現經世不成的憤懣，最後寫他在山中修道煉丹，所謂“傾家事金鼎，年貌可長新。所願得此道，終然保清真。弄景奔日馭，攀星戲河津。一隨王喬去，長年玉天賓”。乾元二年的《憶秋浦桃花舊游時竄夜郎》亦寫嚮往煉丹成仙，所謂“三載夜郎還，於兹煉金骨”。上元元年的《望黄鶴山》前二句虛寫黄鶴山的傳説，所謂“頗聞列仙人，於此學飛術”，此後則渲染仙人飛升之後的荒凉景象，實際暗寓成仙之説不可信，與他對修道成仙的失望，所謂“一朝向蓬海，千載空石室。金灶生煙埃，玉潭秘清謐。地古遺草木，庭寒老芝術”。

（二）贈酬送人一類詩文

這類詩文約 79 首（篇），包括送給世俗之人與送給道友、道士等道教人物兩類。

送給官員、士子等世俗人的詩歌約 38 首（篇）。這類詩歌除了記述表現與對方交往的情況與友誼之外，既向人抒發自己經世立功不成轉而歸隱修道的内心矛盾，也向對方誇耀或者宣示自己修道煉丹的成就與體悟，有時還規勸對方也如自己一樣修道成仙。

這類詩文被詔長安前較少，有《上安州李長史書》《留别嵩山王司馬》等 6 首（篇）。開元十九年的《留别嵩山王司馬》寫經世立功與功成身退的矛盾，所謂“願一佐明主，功成還舊林”，“鳥愛碧山遠，魚游滄海深”。後來他在天寶十載的《憶舊游寄譙郡元參軍》第二段曾追憶當年偕元演同游漢東郡與漢東太守及著名道士胡紫陽交流游樂之情事，這對詩人此後訪道拜師，而後修道煉丹都産生了很大的影響，同時也記録了唐代神仙道教的繁盛，以及唐代官員多結交道人與修道的情況，因此他便在安陸白兆山桃花岩長期隱居修道煉丹，且開元二十一年有《安陸白兆山桃花岩寄劉侍御綰》記録其事兼抒發其安心修道的心境，所謂“雲卧三十年，好閑復愛仙。蓬壺雖冥絶，鸞鶴心悠然。歸來桃花岩，得憩雲窗眠”，“獨此林下意，杳無區中緣。永辭霜臺客，千載方來旋”。

供奉翰林及隱居前期較多，有《金門答蘇秀才》《答杜秀才五松山見贈》等 22 首。天寶二年的《金門答蘇秀才》表現他猶豫於經世立功與歸隱煉丹成仙之間，所謂“我留在金門，君去卧丹壑。未果三山期，遥欣一丘樂。玄珠寄象罔，赤水非寥廓。願狎東海鷗，共營西山藥。棲岩君寂滅，處世餘龍蠖”。天寶十四載的《涇溪南藍山下有落星潭可以卜築余泊舟石上寄何判官昌浩》勸告友人趁此脱身歸隱林下，與他一起隱居藍山，實則煉丹學道，暗則明哲保身，所謂“恨君阻歡游，使我自驚惕。所期俱卜築，結茅煉金液”。

奔亡東南及隱居後期有《經亂後將避地剡中留贈崔宣城》《送李青歸華陽川》等10首，較前一個時期大大減少。至德元載的《經亂後將避地剡中留贈崔宣城》後半先寫剡中的美景，進而勸崔令與自己一起隱居學道，所謂“獨散萬古意，閑垂一溪釣。猿近天上啼，人移月邊棹。無以墨綬苦，來求丹砂要。華髮長折腰，將貽陶公誚”。上元元年的《廬山謡寄盧侍御虚舟》開始時説他對經世立功已經灰心喪氣，因此便嚮往游覽與休閑，所謂“我本楚狂人，鳳歌笑孔丘。手持緑玉杖，朝别黄鶴樓。五岳尋仙不辭遠，一生好入名山游”。在描繪廬山美景之後進而産生了尋仙訪道思想，希望超脱現實，以求解决内心的矛盾：不僅“早服還丹無世情，琴心三疊道初成”，還“遥見仙人彩雲裏，手把芙蓉朝玉京”，最終則“先期汗漫九垓上，願接盧敖游太清”。這就不是所謂謫仙，而是瀟灑自由的真神仙。當年的《江西送友人之羅浮》則表明了他欲回故鄉峨眉歸隱煉丹的意願，所謂“爾去之羅浮，我還憩峨眉。中闊道萬里，霞月遥相思。如尋楚狂子，瓊樹有芳枝”。

送給名道與一般道友、道士等道教人物的詩文共有41首（篇）。這一類詩歌不僅數量較前一類多，而且所藴含的道家道教思想更濃：既抒發經世立功不成轉而歸隱修道的内在矛盾，也記載描寫修道煉丹的情形，表現自己修道煉丹有成的喜悦與不成的遺憾，同時還多誇讚羡慕對方修道煉丹有成。這些都是詩人自我神仙意識的集中表現與修煉神仙的記録，也是其仙道詩歌的主體與核心。

被詔長安前有《玉真仙人詞》《秋日煉藥院鑷白髮贈元六兄林宗》等共11首。詩歌所贈送描繪或主要涉及者包括玉真仙人、隨州紫陽先生、元丹丘等高級或者頂級名道，以及嵩山焦煉師、天臺楊山人等名道。首先是玉真仙人。詩人於開元十八年第一次入京干謁，在司馬承禎、元丹丘等人的推薦下，欲以道術及詩文見知於玉真仙人等人，進而得到推薦以獲取高位。玉真仙人是詩人入京見到的第一個名道與皇族重要成員，因此詩人有《玉真仙人詞》。詩歌把玉真公主想象并描寫成一位美麗飄逸瀟灑自由神通廣大的女神仙，希望拜見她，所謂“玉真之仙人，時往太華峰。清晨鳴天鼓，飆欻騰雙龍。弄電不輟手，行雲本無蹤。幾時入少室，王母應相逢”。其次是與李白關係極好的天下名道元丹丘。本期計有給元丹丘的詩歌五首，足見二人交往之深、感情之好與思想之投契，表現爲同游同居飲酒拜友論道修道采藥煉丹及感慨時事，親密勝過弟兄。再次是胡紫陽先生。胡紫陽爲天師李含光的弟子，唐玄宗天寶初年被徵召爲西京太微宫使。開元年間，經元丹丘推薦，李白和好友元演到隨州拜訪了胡紫陽。胡紫陽對於李白、元演到來十分高興，當晚便熱情地在餐霞樓爲他們接風洗塵，漢東太守也來作陪，李白開元十九年有《冬夜於隨州紫陽先生餐霞樓送煙子元演隱仙城山序》記録其事表現其情。李白向胡紫陽請教了很多，且因此而堅定了走修道揚名以經世立功的人生道路的决心，還學到了修道煉丹的秘訣。當年其《題隨州紫陽先生壁》將胡紫陽想象描繪成亦人亦仙的名道：“復聞紫陽客，早署丹臺名。喘息餐妙氣，步虚吟真聲。道與古仙合，心將元化并……終願惠金液，提携凌太清。”

還有一個嵩山焦煉師特别值得注意。煉師即舊時對懂得“養生”“煉丹”之法的道士的尊稱，起初多指修習上清法者，後來便泛稱修煉丹法達到高深境界的道士。這位焦煉師很有名。盛唐早於李白一代的詩人李頎（690—751）有《寄焦煉師》，與李白同時的王昌齡（698—757）有《謁焦煉師》。兩首詩裏的焦煉師應該是一個人。李頎詩中的焦煉師頗爲神奇，他得道已經百歲，當時年齡應該在120歲以上，孤身一人在孤峰頂上燒丹。王昌齡詩中的焦煉師則是一個得道的高齡道士，在嵩山中峰石堂裏修道與傳授藥物，其神奇性大大減退。王維（699—761）有《贈焦道士》，又有《贈東岳焦煉師》，詩中的焦道士與東岳焦煉師可能是一個人，也可能不是，至於其與李頎、王昌齡、李白詩中的焦煉師不是一個人的可能性很大，但也有嵩山焦煉師有時到泰山去煉丹宣道且自稱“千歲餘，五岳遍曾居”的可能。晚於李白二十年的錢起（722—780）也有《省中春暮酬嵩陽焦道士見招》。此焦道士有可能是李頎、王昌齡、李白詩中的焦煉師，也可能不是，甚至有可能是一個前焦煉師的冒名者。據李白《贈嵩山焦煉師》前面的序言，此焦煉師與李頎、王昌齡所寫的焦煉師很可能是一個人，其相同點有三：一是都在嵩山修煉，而且都叫焦煉師；二是都高壽，李頎詩中的焦煉師120歲以上，王昌齡詩中的焦煉師也應該是高壽，李白詩中的焦煉師則更爲高壽，以至達二百多歲；三是都修道煉丹，李頎詩中的焦煉師是燒丹，王昌齡詩中的焦煉師是采藥授藥賣藥，李白詩中的焦煉師則近乎神仙了。從李白詩歌序言的“世或傳其入東海，登蓬萊，竟莫能測其往也”，可知王維詩中的焦道士與東岳焦煉師有可能就是嵩山的焦煉師。李白詩歌中的焦煉師居住在嵩山太室、少室之中，如神仙或者乾脆就是神仙，所謂“二室凌青天，三花含紫煙。中有蓬海客，宛疑麻姑仙”；行爲高潔，道學高深，所謂“道在喧莫染，迹高想已綿。時餐金鵝蕊，屢讀青苔篇”；已經是來去迅速如飛的神仙，所謂“八極恣游憩，九垓長周旋。下瓢酌潁水，舞鶴來伊川。還歸空山上，獨拂秋霞眠”；他還在繼續修煉，且其神態高雅，風度瀟灑，所謂“蘿月掛朝鏡，松風鳴夜弦。潛光隱嵩岳，煉魄棲雲幄。霓裳何飄飖，鳳吹轉綿邈”；因此詩人願意向其習練神仙之術，所謂“願同西王母，下顧東方朔。紫書倘可傳，銘骨誓相學”。李頎、王昌齡及錢起詩中的焦煉師應該是男性，他們都見過這位焦煉師，至少王昌齡見過，因爲他詩歌的題目是《謁焦煉師》。但李白詩中的却是女性，或者李白完全來自傳聞，所謂“聞風有寄，灑翰遥贈”。李白詩歌與序言中的焦煉師的神奇性、神仙特點大大超過了李頎、王昌齡、錢起的詩歌，也遠遠超過了王維的詩歌。換言之，李白詩中的焦煉師就是他想象中或者幻想中亦人亦仙的高人或者神仙，就是他自己的化身：他自己就在那樣的環境中修煉，就修成了如此高潔的行爲與高深的道學，就已經是來去迅速如飛的活神仙，其神態是如此的高雅，風度是如此的瀟灑，法術是如此的高超。簡言之，焦煉師是李白謫仙情結及自我神仙意識的反映。當時有些煉師確實修煉有成，包括精神修養與身體鍛煉，以及法術修煉，甚至還有魔術、幻術，讓人覺得他已經亦人亦仙，甚至已經成了神仙。於是就有不少托名者、冒充者，進而中岳、東岳都有焦煉師，過去與現在也有長壽數百年的焦煉師，如此焦煉師便成了一個歷時性與共時性相兼的系列，一個近乎神仙的存在。

就整個道教人士來説，可分爲三個層次：最高層次，是以老莊學説與老莊思想來提高自身的精神修養與人生境界，高蹈自由而隱居出世，但却又不忘記關懷社會與他人，且兼及養身；其次，是由老莊無爲而治延伸到養生與追求長壽；最下，是采藥煉丹追求長生，進而發展爲以道術幻術甚至騙術來惑人斂財。最高層次者是道家學者與高人，最下者是低劣的道士或者術士。從顔真卿稱司馬承禎爲煉師來説，司馬承禎也會煉丹等道術，不過他却不以道術來進獻朝廷與皇帝。《新唐書》本傳載其“師事潘師正，傳辟穀導引術，無不通”，但睿宗召其入宫問陰陽術數之事，他却對曰：“爲道日損，損之又損，以至於無爲。夫心目所知見者，每損之尚不能已，况攻乎异端而增其智慮哉!”簡言之，對朝廷講政治講治國安民，使用道家學説，而絶不使用與炫耀法術等旁門左道。下劣者則不然。宋徽宗時道士郭京在金兵圍城之際聲稱可以撒豆成兵以退敵，《宋史 · 孫傅傳》與《宋史 · 欽宗本記》有頗爲詳細的記載。宋徽宗、欽宗君臣昏庸之極，而妖道郭京如此妄誕也極爲可惡，其與司馬承禎等名道及普通道士的區别可謂大矣。

供奉翰林及隱居前期有《駕去温泉宫後贈楊山人》《金陵與諸賢送權十一序》等 28 首，足見當時詩人自我神仙意識已經飆升到頂峰。本期交往的名道有賀知章，有《送賀監歸四明應制》；有元丹丘，有詩三首；有紫陽先生，李白給這位英年早逝道行高深的名道寫了一篇碑文；其餘有楊山人、王山人、蔡山人、范山人、王屋山人魏萬，以及紫閣隱者、參寥子、方士趙叟、女道士褚三清等頗爲有名的道士道友，還有煉丹的崔明府、應四子舉的于十八、迷戀佛道的湖州迦葉司馬、通道贈五色裘的殷明佐、助李白煉丹的權十一等官員士人中的好道者。這些詩歌記載了兩件大事：一是如前面所述，李白自天寶六載開始在《答湖州迦葉司馬問白是何人》《對酒憶賀監并序》與《送王屋山人魏萬還王屋》《金陵與諸賢送權十一序》等詩文中宣示自己是謫仙，其謫仙情結自此正式形成，自我神仙意識也達到高峰甚至頂峰。二是完整地記述描繪他修道采藥煉丹與受道籙而入籍成爲高級道士的全過程。這在中國著名詩人中無疑是第一人。記録表現他修道煉丹全過程的詩歌有天寶三載的《題雍丘崔明府丹灶》與《草創大還贈柳官迪》。七律《題雍丘崔明府丹灶》是虚寫：崔明府爲政忘却俗務，但却迷醉於道教的服藥求仙，幹的是壘灶煉丹，想的是服藥成仙，他既掌握了先師的煉丹秘訣，且相信一定能煉成，最終則能煉成三日成仙的九轉金丹。詩歌寫崔明府誇崔明府，實際上是在寫自己誇自己。《草創大還贈柳官迪》則是以長達 40 句的古體來實寫煉丹過程，包括搗料、入爐、鼓風、掌握火候等關鍵步驟都有生動形象的記述與描寫，還寫煉丹的秘訣與心得。造真籙受道籙的全過程記録在其後的《訪道安陵遇蓋寰爲予造真籙臨别留贈》《奉餞高尊師如貴道士傳道籙畢歸北海》之中。前一首寫造真籙，其中前十六句描述蓋寰道士的神通及在山東的影響，所謂“安陵蓋夫子，十歲與天通。懸河與微言，談論安可窮。能令二千石，撫背驚神聰……學道北海仙，傳書蕊珠宫。丹田了玉闕，白日思雲空”。後十六句先寫蓋寰爲自己草真籙的作用，所謂“爲我草真籙，天人慚妙工。七元洞豁落，八角輝星虹。三灾蕩璿璣，蛟龍翼微躬。舉手謝天地，虚無齊始終”，接着批判世人追求名利的虛無下場，所謂“下笑世上士，沉魂北羅酆。昔日萬乘墳，今成一科蓬”。後一首説：“道隱不可見，靈書藏洞天。吾師四萬劫，歷世遞相傳。别杖留青竹，行歌躡紫煙。離心無遠近，長在玉京懸。”對傳道籙的高如貴尊師高深的道行表示無限崇敬，對其傳道籙表示感謝，發誓一定要修道成仙。

奔亡東南及隱居後期則衹有《送内尋廬山女道士李騰空二首》，足見詩人的自我神仙意識較前大大消退。上元二年（761）春末李白曾陪同妻子爲尋找廬山女道士李騰空時興之所至，隨感而發寫下了這兩首詩歌。郭沫若認爲李白此時“已年逾六十，因過分失意而迅速衰老，對於道教的迷信已逐漸破除。然而宗氏則愈益醉心隱逸，看來他們兩人可能是在那時作了情投意合的最後訣别”①。

（三）無題類游仙詩歌與游仙古題

這類詩歌共約23首。其中無題類游仙詩17首，包括《古風》《感興》《擬古》《感遇》《雜詩》。其中《感興》8首爲隨時隨物有感而發，主題複雜；《擬古》12首爲舊瓶裝新酒之作，主題也頗爲複雜；《感遇》4首通過運用神話傳説和歷史典故，抒發了作者對於韶華易逝、歲月難留的感慨。而《古風》59首寫作時間上前後跨度很長，内容與思想更爲複雜，李白一生有書劍情結及濃厚的自我英偉意識，同時又有謫仙情結及濃郁的自我神仙意識，且二者始終相互矛盾，《古風》就是表現這種矛盾的典范，因此詩歌中必然表現功成身退與修道煉丹成仙一類道家思想與神仙道教思想，有不少游仙詩或者游仙成分。

這類詩歌被詔長安前衹有一首，即天寶元年游覽泰山時的《古風》之七：“五鶴西北來，飛飛凌太清。仙人緑雲上，自道安期名。兩兩白玉童，雙吹紫鸞笙。去影忽不見，回風送天聲。我欲一問之，飄然若流星。願餐金光草，壽與天齊傾。”詩中李白在想象或者幻想中見到了神仙安期生在一雙白玉童的伴隨下瀟灑飄逸地跨鶴而來。詩人欲問詢請教，而對方却飄然而去，因此他衹能發願采藥煉丹以便將來飛升成仙。詩歌中詩人見到了活神仙，且仙與人接觸，既是詩人的想象或者幻想，也是詩人自我神仙意識的形象表現。

供奉翰林及隱居前期這類詩歌最多，一共14首。包括以下幾類：一是想象或者幻想自己成仙或者與神仙交往一類游仙、羡仙之作。有天寶三載供奉翰林游覽太白山時的《古風》之五、同年《古風》之二十、天寶四載《擬古》之十。二是應高人召邀而修道煉丹求仙之作。如天寶三載《感興》之五、天寶四載《古風》之四十一、天寶六載《古風》之十七、天寶九載《感遇》之一、天寶十三載《古風》之四。三是表現對神仙的懷疑幻滅甚至反對煉丹求仙之作。如天寶四載《擬古》之三，同年《擬古》之八，天寶六載《古風》之四十八。四是表現道家張揚自我富貴浮雲之作。如天寶四載《古風》之九，同年《擬古》之九，天寶十二載《古風》之十三。

① 郭沫若：《李白與杜甫》，人民文學出版社，1972年版，第32頁。

奔亡東南及隱居後期衹有 2 首。其中至德元載寫於南奔途中的《古風》十九："西上蓮花山，迢迢見明星。素手把芙蓉，虛步躡太清。霓裳曳廣帶，飄拂升天行。邀我登雲臺，高揖衛叔卿。恍恍與之去，駕鴻凌紫冥。"後面則由游仙而回到安史之亂的現實之中，表明詩人自我神仙意識的消退。難以編年的《雜詩》說："白日與明月，晝夜尚不閑。况爾悠悠人，安得久世間。傳聞海水上，乃有蓬萊山。玉樹生緑葉，靈仙每登攀。一食駐玄髮，再食留紅顔。吾欲從此去，去之無時還。"這首游仙詩前四句感嘆人生易老，作鋪墊，後八句描寫傳説中蓬萊仙島長生不老之樹，表達遁迹人世、遠游仙境的人生理想。

游仙古題 5 首全是游仙詩。其中被詔長安前有《白毫子歌》《鳳笙篇》，供奉翰林及隱居前期有《飛龍引二首》，奔亡東南及隱居後期有《古有所思》。白毫子是傳説中的漢隱士，淮南小山成員之一，淮南王劉安門客，後世傳説爲神仙，因此李白的《白毫子歌》就是神仙歌。《鳳笙篇》原爲樂府《鳳吹笙曲》，也是游仙詩。《飛龍引》寫飛龍口銜河圖的神話故事，也是游仙詩。《有所思》是漢代愛情詩歌，李白將其改造成《古有所思》，主要寫求仙不得的惆悵與悲傷，表現理想抱負不得實現，壯志豪情不得抒展的情懷。

無題類游仙詩歌與游仙古題是詩人自我神仙意識的集中表現，尤其是其中想象或者幻想自己成仙以及與神仙交往一類游仙、羨仙之作和應高人召邀而修道煉丹求仙之作，再加上游仙古題五首與被詔長安前的《古風》之七，共有 15 首之多。這些詩歌一是數量多，二是篇幅長，在盛唐詩人中首屈一指。這些詩歌和記述描繪修道采藥煉丹與造真籙受道籙而成爲入籍高級道士的詩歌一起構成了李白自我神仙意識的核心。

三、李白自我神仙意識的産生發展演變及評價

綜合上面有關論述所勾勒的李白的謫仙情結及自我神仙意識的産生發展演變軌迹，可以看出李白的思想總體上是儒道并重，因此其謫仙情結及自我神仙意識與書劍情結及自我英偉意識同時萌芽，所謂"莫怪無心戀清境，已將書劍許明時"。其青少年時代就確定的人生道路是以修道揚名爲手段來博取高位以經世立功，之後則功成身退再修道煉丹成仙。因此修道既是其人生的起點，也是其人生的終點，既是其實現人生價值的手段，也是其人生價值的終極目的。它與經世立功爲帝王師相輔相成，即修道揚名之目的在獲取高位以經世立功，反之，獲取高位以經世立功又成了修道煉丹成仙的前提或者手段，如此則修道煉丹成仙又是目的甚至是終極目的，因此二者是相互促進的。

但是其修道煉丹成仙與經世立功，或者謫仙情結及自我神仙意識與書劍情結及自我英偉意識二者又是相互矛盾的，因爲前者出世，後者入世經世，因此二者之間便會呈現出互爲消長進退起伏的狀况。縱向簡言之，李白少時儒道并重，但因爲他不能或者不願走科舉入仕的

道路，因此其道家道教思想便呈現出明顯的上升趨勢，而儒家思想則反之。至出川時司馬承禎讚揚他有仙風道骨，其謫仙情結開始萌芽，此後其謫仙情結及自我神仙意識便不斷發展。到他以“素蓄道義”而被召入京供奉翰林，初步實現了他修道揚名博取官位的理想。翰林供奉期間，他的經世立功思想迅速上升，而道教思想則有所下降。但供奉翰林時其經世才能不能發揮，經世理想也不能實現，且一年半之後即被放還，其經世理想突然破滅。因此他既失望又憤懣，便轉而專事修道煉丹，且入籍而成了全國名道，其謫仙情結及自我神仙意識都上升到頂峰，可以説詩人此時已經沉溺於神仙道教之中，其煉丹修道與自我神仙意識都達到了頂峰。因此他在天寶六載明確宣示自己是謫仙，即《答湖州迦葉司馬問白是何人》所謂“青蓮居士謫仙人，酒肆藏名三十春”。同時其游仙之作也進入噴發階段，既有應仙人召邀而修道煉丹求仙之作，也有想象或者幻想自己成仙以及與神仙交往一類游仙、羨仙之作，此類作品共計 10 首之多，占詩人純粹游仙詩的三分之二。這些詩歌不能説沒有其他的寓意與寄托，但確實很少很淡，基本上是純粹的游仙詩，沉溺於神仙夢境或者幻覺中而不能醒悟與解脱，與前面的《游泰山六首》亦人亦仙，最終從神仙想象與幻覺中脱離出來有很大的不同，也不能解釋成浪漫主義的想象，而應該是詩人想象與夢境、幻覺相結合的産物。所謂幻覺，是指沒有相應的客觀刺激時所出現的知覺體驗，是一種主觀體驗，主體的感受與知覺相似。幻覺可以出現在高燒、癲癇等疾病的狀態下，也可以出現在一些异常心理的狀態下。在這種心理狀態下，人放棄了基於客觀真實的觀念，而以自我的心理狀態爲反應的對象，把它們當成了外部刺激的特徵。幻覺能通過暗示方式産生，如沉溺於宗教狂熱的人聲稱見到了“觀音菩薩”等，并不一定有病理意義。反之其書劍情結及自我英偉意識則下降到低谷。此後，他在各地游覽修道煉丹游仙。至天寶十載，因爲煉丹修仙不成，其書劍情結及自我英偉意識則又逐漸上升，其後便有北上幽燕欲從軍與入京獻策之舉。至安史之亂爆發，其經世思想與書劍情結及自我英偉意識則迅速飆升到頂峰，其表現便是在一年多時間裏自許頂級英雄偉人 21 人次，包括連續自許謝安、張良各六次，要“爲君談笑静胡沙”；反之，則其謫仙情結及自我神仙意識則迅速下降至谷底。受永王李璘案牽連下獄，而出獄之後李白的經世思想與書劍情結及自我英偉意識仍然在高位延續，其謫仙情結及自我神仙意識則在低位徘徊。之所以如此，其原因：一是此前數年煉丹成仙却不成，有幾分覺醒；二在其煉丹修道成仙的前提是功成，此時功未成，而人生又已經進入暮年，因此必須做最後一搏以取得功名，其後再“身退”而修道煉丹成仙。

綜合考察李白的詩文，可知他不是普通道士，也不是司馬承禎、吴筠、胡紫陽一類的高級道士，而是既有謫仙情結及自我神仙意識，同時又有書劍情結及自我英偉意識的志士與大詩人。他由早期信仰道家思想與功成身退，同時以修道揚名爲進身道路，進而在實踐中逐漸相信道教的養生與養身之術，再在如胡紫陽、焦煉師、蓋寰、高如貴一類長於服食煉丹等類道術的道士之巨大影響之下，不僅産生了謫仙情結，而且還上升發展爲濃郁的自我神仙意識。在這些詩歌中，詩人既應高人仙人的召邀而修道煉丹求仙，與神仙進行交流，進而則想象或者幻想自己已經飛升成仙或者與神仙交往，此時此刻他不僅是謫仙，而且乾脆就是神仙，是瀟灑自由、飄逸風流而又神通廣大的活神仙或者神仙。不過李白自我神仙意識中的神仙既不是漢魏以來衹有奇能异術的神仙，也不是普通的呼風喚雨、撒豆成兵多法術的神仙，更不是後世掌握利器法寶神功威猛的法力型神仙，而是近乎謝安、諸葛亮、張良、姜尚、魯仲連及東方朔等有大智慧大本領的帝王師或股肱之臣似的神仙，是與其經世立功而成的帝王師或者股肱之臣近似的出身高貴、本事高超、見識高明、言行高雅的神仙。從這個意義上講，李白的自我神仙意識與其自我英偉意識又是相輔相成的，即他入世經世則有書劍情結及自我英偉意識，要成爲英雄偉人，而出世則有謫仙情結及自我神仙意識，要成爲神仙，在他的潛意識中神仙就是英雄偉人，英雄偉人就是神仙，都出身高貴、本領高超、見識高明、言行高雅、瀟灑自由、飄逸風流，二者可以互换與互替。

至於後世認可李白是謫仙，且逐漸廣泛流傳，以至謫仙成了李白的專稱，其關鍵既在於李白少好神仙與游仙，本人富有仙才、仙姿、仙氣，且傳説其出身與名字也有仙氣，更在於李白詩歌中多表現仙道思想與生活的優秀作品，尤其是風格飄逸瀟灑的游仙詩，以至他在謫仙情結的基礎上進而有濃烈的自我神仙意識。可以説古代著名詩人中就謫仙情結及自我神仙意識的程度來講，李白絶對是第一，稱爲空前絶後也一點都不誇張。

結　語

李白的謫仙情結及自我神仙意識之所以産生，既有主觀原因：一在他天生有道士及神仙的思想與風度氣質，即司馬承禎所謂仙風道骨；二在他的人生道路以修道煉丹爲起點與終點。也有客觀原因：一是唐代思想文化儒釋道相兼共融互補的大環境；二是當時入仕爲官有借修道揚名以博取高位的終南捷徑。主觀客觀結合，因此李白便有經世而成帝王師與修道成仙兩個理想。不過這兩個理想都絶無實現的可能，因此他一生既處於修道揚名、博取高位以經世立功、功成身退而後修道成仙的循環之中，也處於希望、失望、再希望、再失望的循環之中，希望使其奮起，失望則使其消沉與憤懣。表現在詩歌中，退隱修道使其恬淡平静瀟灑自在，風格以飄逸瀟灑爲主；而博取高位以經世立功則使其昂奮陽剛豪壯，風格則豪放瑰偉，且二者既相互轉化又相互影響，即表現其謫仙情結及自我神仙意識的詩歌多飄逸而不失豪放，而表現其書劍情結及自我英偉意識的詩歌則多豪放而不失飄逸。

作者單位：西華大學文學與新聞傳播學院

《李杜評釋》與久保天隨的李杜觀*

蘇　德

内容提要：日本漢學家久保天隨被譽爲歷經明治、大正、昭和的三代詩翁，有漢詩集《秋碧吟廬詩抄》傳世。他不僅擅長寫詩，還擅長評釋唐詩，有《唐詩選新釋》《白氏評釋》《李太白詩集》等評釋著作流傳。本文以久保天隨的《李杜評釋》爲中心，從評點形式、評點内容等方面探討久保天隨對李杜詩歌的評釋特點及其李杜觀。特點有四：一、通俗化譯注，譯文漢字部分均用假名標注。二、史逸相濟，饒有趣味。三、釋字、解義、釋典與按語相結合，推陳出新。四、詩評博采各家經典評語，尤其是近代名家評述，兼抒己論。久保天隨論李杜，認爲二人“瑜亮共生”，同尊并論，千古不朽。

關鍵詞：久保天隨；李杜評釋；評釋特點；李杜觀

久保天隨有《秋碧吟廬詩抄》《關西游草》《閩中游草》《澎湖游草》《琉球游草》等詩集傳世，被譽爲歷經明治、大正、昭和的三代詩翁，又以元曲研究——《支那戲曲研究》獲得東京帝國大學博士學位。因此，在中國文學方面，他的戲曲和漢詩的成就屢被提及。與此相比，他對中國古典詩歌的譯注和評釋方面的成就則較少受到關注，本文圍繞久保的《李杜評釋》一書，以圖探析久保天隨對李杜詩歌的評釋特點及其獨到的李杜觀。

* 本文是四川省社會科學重點研究基地——杜甫研究中心資助項目“近代日本學者的杜甫認識——以《李杜評釋》與《中國文學大綱・杜甫卷》爲據”（編號：DFY 202114ZD）的階段性成果。

一、久保天隨及其《李杜評釋》

（一）久保天隨生平與著述

久保天隨（1875—1934），本名久保得二，字士奇、長野，號天隨、春琴、默龍，別號大狂、兜城山人，又自署"秋碧吟廬主人"，日本東京市人，畢業於東京帝國大學漢學科，是日本著名的漢學家、歷史學家。曾與大町桂月（1869—1925，日本著名詩人、歌人、隨筆家、評論家）、田岡嶺雲（1870—1912，日本著名漢學家、思想家、作家、評論家）、笹川臨風（1870—1949，日本著名歷史學家、評論家、俳人）等人交往甚密。大正四年（1915）開始，先後任日本遞信省囑托、陸軍經理學校囑托、大禮記録編纂委員會囑托、宫内省圖書寮囑托及圖書寮編修官等。久保天隨漢學根柢深厚，書畫皆通，曾對中國儒家經典"四書五經"及《三國演義》等古典小説進行日文譯解，對中國古典戲曲也頗有研究。昭和二年（1927）十一月，久保以元曲研究獲頒東京帝國大學博士學位。次年，其博士論文《中國戲曲研究》由弘道館刊行。昭和四年（1929），他受聘爲當時的"臺北帝國大學"（臺灣大學前身）文政學部東洋文學講座教授，在臺灣講學達 5 年之久，神田喜一郎爲其助教。1934 年久保病逝於臺北，是爲數不多的受聘於臺灣大學并終老臺灣的日本著名學者。在任東洋文學講座教授期間，久保集結居住在臺北的日籍漢詩人，共同創設南雅詩社，進行漢詩創作，集成《南雅集》，在當時的臺灣地區頗有影響。

久保學於赤門，精通漢學，因患有口吃，不擅交際，在其研究所畢業後的二十年間，没有定職，以著書爲業，一生著述多達一百七十餘種，有《柳宗元》《韓退之》《莊子新釋》《老子新釋》《列子新釋》等評釋著作流傳於世，被時人稱讚"赤門最精漢學者之一"[①]。其《中國文學史》《中國戲曲研究》《日本儒學史》《日本漢學史》等著作亦曾引起中國學界廣泛關注。因此，日本近代詩人、評論家大町桂月認爲"漢詩文的評釋，以及中國文學的研究，舍天隨其誰哉"[②]。久保還善寫漢詩，"其多産且諸體兼長，其他日本詩人無人能及"[③]。日本漢文學家豬口篤志認爲當時除國分青厓（1857—1944，日本著名漢詩人）、岩溪裳川（1855—1943，日本著名詩人、漢學家）外，久保詩才堪稱第一。此外，據魯迅的學生、日本學者增田涉在《魯迅的印象》一文中回憶："魯迅曾評價'日本的漢詩人中，久保天隨的作品是很好的'。"[④] 黄得時曾將其師久保天隨的生平著述分爲四類：記行、隨筆和評論；中

---

① ［日］荒木省三：《公開狀》，鳴皋書院，1902 年版，第 13 頁。原日文，拙譯。本文所引日文材料，如未注明所據譯文，均自拙譯，下不出注。

② ［日］久松潛一編：《明治文學全集》（41），築摩書房，1971 年版，第 378—381 頁。

③ 黄得時：《久保天隨博士小傳》，《中國中世文學研究》（2），1962 年版，第 52 頁。

④ ［日］增田涉著，鐘敬文譯：《魯迅的印象》，湖南人民出版社，1980 年版，第 37 頁。

國古典文學評釋與注釋；學術著作；漢詩[①]。《李杜評釋》便是久保“中國古典文學評釋與注釋”中的代表作。

（二）《李杜評釋》及其評釋特點

《李杜評釋》成書於明治四十一年（1908）十二月，東京隆文館刊行，屬《中國文學評釋叢書》第二卷。該書分扉頁、目録和正文三個部分，并無序言和凡例，扉頁與正文第一頁均有朱文“帝國圖書館藏”方章。《李杜評釋》共計評釋李、杜二人詩歌60首，其中李白34首，杜甫26首。所評釋詩歌目録如下：

李白詩34首	《古風》四首、《遠别離》《蜀道難》《梁甫吟》《烏夜啼》《烏棲曲》《將進酒》《長相思》《行路難》三首，《關山月》《長干行》《子夜吴歌》《襄陽歌》《横江詞》《峨眉山月歌》《聞王昌齡左遷龍標尉遥有此寄》《夢游天姥吟留别》《黄鶴樓送孟浩然之廣陵》《宣州謝朓樓餞别校書叔雲》《游洞庭湖》《望廬山瀑布》《望天門山》《上三峽》《早發白帝城》《秋下荆門》《蘇臺覽古》《山中與幽人對酌》《與史郎中欽聽黄鶴樓上吹笛》《長門怨》
杜甫詩26首	《悲陳陶》《悲青阪》《北征》《江畔獨步尋花》《贈花卿》《登樓》《諸將》五首、《秋興》八首、《咏懷古迹》《絶句》《短歌行》《江南逢李龜年》《昔游》《壯游》《登岳陽樓》

全文評釋用日文寫成（李杜詩歌原文除外），文中出現的漢字幾乎均標注平假名，通俗易懂。從内容來看，全書可分爲前後兩部分。前一部分評釋李白生平與其詩歌（正文1—139頁），後一部分評釋杜甫生平與其詩歌（正文140—273頁）。每首詩後均分列“釋字—解義—詩評”三欄，間有劉克莊、仇兆鼇、《唐宋詩醇》等諸家詩論，再結合自家觀點對李杜詩加以闡釋和討論。對於李杜二人生平的評釋，久保主要參考《新唐書》《舊唐書》《唐才子傳》等歷史文獻與評傳資料，兼濟民間傳聞與個人考論，讀來饒有趣味。

書中，久保首先依據歷史文獻和民間傳聞對李杜二人的生平展開評釋。比如講到李白天寶元年（742）經賀知章引薦，拜見唐玄宗的故事，其記叙内容與《新唐書·李白傳》的記載幾無差异：

> 天寶初，南入會稽，與吴筠善，筠被召，故白亦至長安。往見賀知章，知章見其文，嘆曰：“子，謫仙人也。”言於玄宗，召見金鑾殿。[②]

但是久保并不是一味參考史料，還引釋《唐詩記事》和其他民間傳聞軼事。如文中講李白應聲續詩的故事几乎全文摘录自《唐詩記事》卷一八引《彰明逸事》：

> 聞唐李太白本邑人，微時募縣小吏，入令卧内，嘗驅牛經堂下，令妻怒，將加詰責。太白亟以詩謝云：“素面倚欄鉤，嬌聲出外頭。若非是織女，何必問牽牛。”令驚

① 參見黄得時《久保天隨博士小傳》，《中國中世文學研究》（2），1962年版，第48—53頁。

② （宋）歐陽修、宋祁：《新唐書》卷二二，中華書局，1975年版，第5762—5763頁。

异，不問，稍親，招引侍研席。令一日賦山火詩，思軋不屬，太白從傍綴其下句。令詩云："野火燒山去，人歸火不歸。"太白繼云："焰隨紅日去，烟逐暮雲飛。"令慚止。頃之，從令觀漲，有女子溺死江上，令復苦吟，太白輒應聲繼之。令詩云："二八誰家女，漂來倚岸蘆。鳥窺眉上翠，魚弄口旁珠。"太白繼云："緑鬢隨波散，紅顔逐浪無。因何逢伍相，應是想秋胡。"令滋不悦。太白恐，棄去，隱居戴天大匡山。①

此外，對於學界争論的問題，久保在評釋時，先數陳各家學説，再抒發個人觀點。如講到李杜之死，久保數陳各類逸史傳聞之説，直言"俗傳固不足信也"②。他在第二部分評釋杜甫詩歌時也進行了闡述，認爲這衹是人們爲了凸顯李杜性情之不凡而增添的虚幻傳説。關於李杜二人杜甫的死因，歷來就有諸多争議，但是據正史記載，二人之死皆與酒肉有關。對此，久保雖然没有進行深入的探討，但他對産生多種説法成因，道出了實質："兩人性格迥异，須臾之間，渾然不識此般虚幻傳説，又爲一奇耳。"

其次，此書爲久保爲闡釋李杜詩歌而著，故而久保進行詩歌評釋時，采用原詩＋釋字＋解義＋詩評的形式，標注平假名，力求通俗。所以在釋字、解義中經常對日本讀者難以理解的典故加以闡釋，推陳出新。如在評釋李白《古風·大雅久不作》時，對於"大雅"的闡述，不但在"釋字"有"鄭玄《毛詩箋》云""雅有大小，乃政有小大之故"等語句，且而後以自我觀點言明大雅小雅之别，曰："此爲最普遍之説法，妥帖來説，(大小雅之别) 實由音節如何而辨之，大雅之雅，近乎於頌，小雅之雅，近乎於風。"此觀點在當時的日本學界較爲新穎。又在李白《古風》五首後專解"詩經"二字，并評《古風》曰："此詩專述時事，其軌與杜之史詩自行一致。"將李白《古風》與杜甫詩歌的寫史性質相提并論。

而在詩評方面，久保更多的則是旁徵博引地引用多種中國古代詩話評論。其參考的主要詩話有：

(宋) 洪慧《冷齋夜話》、(宋) 蔡條《金玉詩話》、(宋) 范温《潛溪詩眼》、(宋) 魏泰《臨漢隱居詩話》、(宋) 葉夢得《石林詩話》、(宋) 唐子西《讀書志》、(南宋) 嚴羽《滄浪詩話》、(南宋) 劉克莊《後村詩話》、(南宋) 劉辰翁《劉辰翁批點三唐人詩集》、(元) 楊載《詩法家數》、(元) 蕭士贇《分類補注李太白詩》、(元) 趙汸《東山存稿》、(明) 胡應麟《詩藪》、(明) 徐增《而庵詩話》、(明) 王嗣奭《杜臆》、(明) 楊慎《升庵詩話》、(明) 周珽《唐詩選脉會通評林》、(明) 陳繼儒《佘山詩話》、(清) 王士禎《漁洋詩話》、(清) 黄生《杜詩説》、(清) 仇兆鼇《杜詩詳注》、(清) 沈德潛《唐詩别裁》、(清) 乾隆御批《唐宋詩醇》等。

久保博采諸家經典評論，博覽古今，評釋兼濟，間抒己見，對少數較難理解的語義加自

---

① (宋) 計有功：《唐詩記事》，中華書局，1965年版，第271頁。

② ［日］久保天隨：《李杜評釋》，隆文館，1908年版，第16頁。本文凡引久保評釋李杜語句，均引自此書，下文不一一出注。

己的按語，見解獨到。比如對李白《横江詞》的評釋，久保在詩評的第一句即“按”曰：梁簡文帝《烏棲曲》中有“采菱渡頭擬黄河，郎今欲渡奈風波”一句，而太白此詩後半句則全然轉用簡文帝句。

再比如對杜甫頗爲日本人所崇拜的《北征》詩評，則摘引蘇軾、范温、李因篤等多家評論，最後以乾隆御批的《唐宋詩醇》作爲總評：

蘇軾曰：“《北征》詩，識君臣大體。忠義之氣，與秋色争高，可貴也。”①

范温曰：“孫莘②老嘗謂：老杜《北征》詩勝退之《南山》詩。王平甫以謂《南山》詩勝《北征》，終不能相服。時山谷尚少，乃曰：‘若論工巧，則《北征》不及《南山》；若書一代之事，以與《國風》《雅》《頌》相爲表裏，則《北征》不可無，而《南山》雖不作，未害也。’二公之論遂定。”③

李因篤曰：“其才則海涵地負，其力則排山倒岳，有極尊嚴處，有極瑣細處，繁則如千門萬户之象，簡則有急弦促柱之悲，元河南謂其具一代興亡，與《風》《雅》《頌》相表裏。可謂知言。”④

《唐宋詩醇》曰：“以排天斡地之力，行屬詞比事之法，具備萬物，横絶太空，前無古人，後無來者，自有五言，不得不以此爲大文字也。……（中略）……嚴羽謂李、杜之詩如金雞擘海，香象渡河，下視郊、島輩，有類蟲吟草間者，豈不然哉！‘憶昨’一段，立言有體。若元禮，雖有活國之功，終傷人臣之義，甫但稱其忠烈，而行誅之權歸諸明皇，尤爲得體。”⑤

對於以上諸家詩論，久保認爲“其中最爲詳細者，當屬乾隆御批之《唐宋詩醇》”。而久保本人則評杜甫《北征》曰：“此詩爲《杜甫集》中桂冠之作，堪稱古今之絶唱。”

再比如，久保評李白《望廬山瀑布》詩“後十四字尤爲精彩”，并將其後的徐凝所作《廬山瀑布》與之比較，稱爲絶代巨觀：

後十四字，尤見精彩。其後之徐凝⑥有長古《廬山瀑布》一篇，其中“今古長如白練飛，一條界破青山色”一句。因得白居易讚賞，賽詩得勝。蓋居易曾登慈恩寺，上浮

① （宋）釋惠洪撰：《冷齋夜話》，中華書局，1985年版，第10頁。

② 按：原文作“韋”字，或因繁體“韋”與“莘”形近，抄録之誤也，今據改。孫莘老，名孫覺，北宋文學家、詞人。見《宋史・孫覺傳》。

③ 陳伯海主編，孫菊園、劉初棠副主編：《唐詩匯評》增訂本，上海古籍出版社，2015年版，第1453頁。

④ 同上。

⑤ 同上，第1454頁。

⑥ 按：徐凝，生卒年不詳，唐代詩人，浙江睦州分水人，與白居易、元稹同時而稍晚。元和間（806—820）有詩名。

圖，稱與章八元[①]無异，杜甫、高適、岑參之題壁五古，旗鼓相當，無愧爲絶代巨觀。

久保天隨的《李杜評釋》從李杜生平到李杜詩歌的釋字、解義、詩評，譯注與釋典相結合，爲日本讀者瞭解李杜其人其詩、瞭解中國古典詩歌做出了不可小覷的貢獻。其評釋特點有四：一、通俗化譯注，譯文漢字部分均標注平假名。二、史逸相濟，饒有趣味。三、釋字、解義、釋典與按語相結合，推陳出新。四、詩評博采各家經典評語，旁徵博引，古今并論，兼抒己見，見解獨到。

二、久保天隨的李杜觀

（一）尊杜抑李的傳統

自唐代元稹《唐故工部員外郎杜君墓系銘并序》一文提出“（子美）盡得古人之體勢，而兼今人之所獨專矣。……則詩人以來，未有如子美者。……則李尚不能窺杜甫之藩籬，况其堂奥乎”[②] 以來，“李杜優劣”之論歷來爲人所争論，尊杜抑李者，有白居易、王安石、蘇軾、錢易、黄徹、李攀龍等人；尊李抑杜者，有歐陽修、祝允明、李贄、楊升庵等人；而李杜并尊者鮮有之，僅韓愈、杜牧、皮日休、朱諫等人。總體來説，自宋以來，“尊杜抑李”之説似乎一直占據着主導地位。而“李杜并重”纔是近三十多年以來大多數學者的共識[③]。正如羅宗强先生的《李杜論略·李杜優劣論之歷史回顧》中所説：“在歷史檢驗面前，任何揚此抑彼的論斷，都顯得無足輕重，任何貶抑李、杜的言論，都無法改變李、杜在中國土地上的固有地位。”[④] 關於“李杜優劣”問題在國内的情况，莫道才、張超在《杜甫研究學刊》2016 年第 3 期發表的《走出李杜優劣論的怪圈——李杜優劣之争研究評述》一文有詳細的介紹，此處不再贅述。與我們相鄰的日本國，對於所謂“李杜優劣”之論的認知有着與中國相似的發展歷程：幾乎也是以“尊杜抑李”爲主導。

早在鐮倉幕府時期（1185—1333），五山禪僧們論及李白和杜甫，經常以“李杜”二字連用出現。馬東歌先生在《日本漢詩溯源比較研究》中説：“在日本，對於李杜，一開始就是并稱的，且并之爲‘李杜’。”[⑤] 禪僧虎關師煉（1278—1346）《濟北詩話》載曰：“夫人有

---

① 按：章八元，生卒年不詳，唐代詩人，字虞賢，桐廬縣常樂鄉章邑里（今横村鎮）人。曾在長安慈恩寺浮圖前留有《題慈恩寺塔》詩一首：“十層突兀在虚空，四十門開面面風。却怪鳥飛平地上，自驚人語半天中。回梯暗踏如穿洞，絶頂初攀似出籠。落日鳳城佳氣合，滿城春樹雨濛濛。”後元稹、白居易到寺游覽，見其題作，吟咏良久，説：“不意嚴維出此高弟，名下果無虚士也。”

② （唐）元稹著，周相録校注：《元稹集校注》，上海古籍出版社，2011 年版，第 1361 頁。

③ 莫道才、張超：《走出李杜優劣論的怪圈——李杜優劣之争研究評述》，《杜甫研究學刊》2016 年第 3 期，第 55 頁。

④ 羅宗强：《李杜論》，内蒙古人民出版社，1980 年版，第 4 頁。

⑤ 馬歌東：《日本漢詩溯源比較研究》，商務印書館，2011 年版，第 102 頁。

上才焉，有下才焉。李杜者，上才也。”[①] 中岩圓月（1300－1375）《偶看杜詩有感而作》曰：“久廢成野趣，早凉讀杜詩。”[②] 并且他還在與中國文人交往的詩《贈張學士并序》中寫道：“夢中得句參李杜，郊島寒瘦何足云。”[③]

儘管以虎關師煉爲代表的五山禪僧此時已經出現了“李杜”并舉的發端，但實際情況還是尊杜者居多。這是因爲，爲尋求幕府統治者的支持與庇佑，鐮倉時期的禪院多爲官寺，禪僧們也多與幕府交往密切，享受着優厚的待遇。受此影響，他們一方面推崇杜甫“致君堯舜上，再使風俗淳”“每飯不忘君”的儒家思想，一方面又追捧平淡自然、自得理趣的宋詩。而李白飄逸灑脱、狂放不羈的詩風顯然不太符合大和民族追求“幽閑”與“古雅”的性格特點。

正是因爲尊杜，也促成了他們讀杜、學杜的傳統。中岩圓月就有《效老杜戲作俳諧體》傳世，其《金陵懷古》更是被岡田正之認爲有沉雄悲壯、俯仰低迴之致，是私淑杜詩之作[④]。萬里集九在他的《梅花無盡藏》中有《春翁以白河之黄精一盆見惠》詩曰：“舌頭風味誰能識，子美詩中注脚多。”[⑤] 另外，他還有《謝人惠夜合花》詩曰：“杜陵集見合昏多，今日一枝初結盟。以後空房有何恨，共花眠去共花驚。”[⑥] 又在他的《春澤文選六十卷，朱墨功畢，跋卷末》曰：“夫文則杜少陵之家學，示其子示曰：熟精文選理，莫覓彩衣輕。”[⑦] 義堂周信則在其《空華集・盆中天棘并序》中開篇就説道：“天棘知名老杜詩，一叢今見引青絲。”[⑧] 他的《空華集》卷十八中論及杜甫及其詩時如是説：“余嘗讀老杜詩，感其方安史喪亂之際，不失君臣忠義之節，至若‘文章一小技，於道未爲尊’，是余感之深者也。”[⑨] 中岩圓月曾爲其好友義堂周信的《空華集》作序曰：“友人信義堂，禪文偕通，餘力學詩。風騷以後作者，商參而究之，最於老杜、老坡二集讀之稔焉。”[⑩] 日本近世漢詩人石川丈山在詩書方面均頗有建樹，曾受到提倡“文秦漢，詩盛唐”的荻生徂萊的讚賞，更是被朝鮮使節稱之爲“日本李杜”。

此後的數百年間，日本漢詩人尊杜者不勝枚舉，如惟忠通恕、伊藤仁齋、新井白石、室鳩巢、柳川滄州、服部南郭、守屋峨眉、横谷藍水、後藤松陰、賴山陽、齋藤拙堂、大槻磐溪、村上佛山、小野湖山、秋月天放、龜谷省軒、岩溪裳川、山根立庵、中村敬宇、飯家西湖等人；而尊李者則相對較少，僅如山根南溟、秋山玉山、上柳四明、皆川淇園、藪孤山、伊形靈雨、龜田鵬齋、青山佩弦齋、菊池溪琴等人。

---

① ［日］虎關師煉：《濟北詩話》，馬歌東編著《日本詩話二十種》上册，暨南大學出版社，2014年版，第9—10頁。
② ［日］上村觀光：《五山文學》全集四，思文閣，1992年版，第13頁。
③ ［日］中岩圓月：《東海一漚集》卷二，東京大學出版會，1970年版，第323頁。
④ 陳福康：《日本漢文學史》，上海外語教育出版社，2011年版，第298頁。
⑤ ［日］萬里集九：《梅花無盡藏》第二卷，故（#左木中礻右已#）原芳楚納本，寫本，不分頁。
⑥ ［日］玉村竹二：《五山文學》新集六，東京大學出版會，1972年版，第656頁。
⑦ 同上，第994頁。
⑧ ［日］上村觀光：《五山文學》全集四，思文閣，1992年版，第58頁。
⑨ 鄭清茂：《中國文學在日本》，純文學出版社，1981年版，第216頁。
⑩ 同上，第169頁。

但是也有少部分日本漢詩人，尊杜并非完全抑李，尊李也并非完全抑杜，他們往往兼師李杜之所長。北村澤吉認爲中岩圓月之詩："全以盛唐爲准，用力於長篇。其五古效法太白，能得其輪廓。其七古學少陵，得其氣息。七律亦近於少陵。"① 廣瀨淡窗亦於《賴子成評予詩卷見貽，賦此寄謝》後半篇中直言："濟南矜高華，公安尚新奇。蘧廬宜一宿，芻狗豈再施。三唐獨不朽，李杜有余師。"② 久保天隨就是爲數不多的李杜"同尊并論"者之一。

（二）久保天隨的李杜同尊并論

久保的對中國古典文學的研究本身就持公平客觀的態度，其《支那文學史》云："所有的藝術，以形式與内容的調諧最爲上乘。……所有的藝術作品都是一個時代的共同思想與個人性情相結合的產物……我所進行的研究在遵照文學的根本規則的基礎上盡可能簡易明晰，力求在對於作家作品上，既有精確的文學理論依據，又有公平的批判態度。"③ 可以看出，久保在秉持客觀公正的研究態度的同時，既强調文學作品形式與内容的調諧，又主張運用文學理論對作家共同的時代思想和個人性情的簡明辨析。久保的李杜觀主要集中在他的漢詩創作和《李杜評釋》中。相較而言，久保的漢詩創作中論李杜之處較爲零散，而《李杜評釋》中的論述則相對集中。

從久保的漢詩創作來看，其尊杜亦尊李，可謂李杜并舉，久保也因此李杜兼師。其詩集《秋碧吟廬詩鈔・甲簽》中有《用杜少陵〈游何將軍山林十首〉韻》一首，在《秋碧吟廬詩鈔・乙簽》中有《西井松濤（倉吉）七十壽詞集杜四句》，又在《秋碧吟廬詩鈔・丙簽》中有題李白圖像詩文《雪蕉圖》曰："唱到白髮三千丈，幾人果入青蓮室。"④ 久保在臺灣期間的《登鼓山》詩中有"猿猱愁躋攀……既忘畏途艱"⑤ 句，很明顯是由太白"猿猱欲度愁攀援……畏塗巉岩不可攀"詩句化用而來。他的《將游一岐對馬旋經山陽東上臨發抒懷》詩中"萬里飄零詩思盡，一官潦倒歲華催"⑥ 一句與杜甫《登高》中的"萬里悲秋常作客，百年多病獨登臺"句亦有异曲同工之妙。除此之外，久保的《山南城址》《北郭園憶鄭祉亭》《首裹王城》（均爲律詩）等詩都具有少陵古律之餘韻，其《霧社早櫻花》《通梁古榕歌》《鷺江口看日出》（均爲歌行體）等詩又具有太白飄脱之遺風。久保對於李杜的推崇和摹習，可見一斑。因此，久保的中國友人董康爲其《秋碧吟廬詩鈔・丁箋》撰序曰："覺（久保）歌行似太白，律詩近少陵，樂府可奪鐵崖之一席。"⑦

《李杜評釋》一書中，久保評釋李白詩歌 34 首，其中歌行詩 18 首，約占評釋白詩總數的 53%；評釋杜甫詩 26 首，其中律詩 15 首，約占評釋杜詩總數的 58%。從他評釋的李杜

---

① 陳福康：《日本漢文學史》，上海外語教育出版社，2011 年版，第 302 頁。

② ［日］廣瀨淡窗著，張宇超譯：《廣瀨淡窗漢詩集》，《泮池學人叢書》，上海大學出版社，2018 年版，第 12 頁。

③ ［日］久保天隨：《中國文學史》，日本人文出版社，1903 年版，第 5 頁。

④ ［日］久保天隨：《秋碧吟廬詩鈔》丙簽，寫本，不分頁。

⑤ ［日］久保天隨：《登鼓山》，《東華》1931 年第 40 期，第 5 版面。

⑥ ［日］久保天隨：《將游臺岐對馬旋經山陽東上臨發抒懷》，《東華》1934 年第 71 期，第 4 版面。

⑦ 董康著，王君南整理：《董康東游日記》，河北教育出版社，2000 年版，第 135 頁。同頁有"挽杏生代書《天隨詩草序》畢，仲常約至大學赤門前佛蘭西酒館晚餐。九時半，走别天隨，天隨贈七律一首"句。

二人歌行和律詩數量來看，久保似乎的確對太白的歌行和少陵的律詩情有獨鍾。由此可見，董康所謂“（久保）歌行似太白，律詩近少陵”不無道理。《李杜評釋》不僅向日本讀者評譯、釋讀了李杜的生平與詩歌，也集中體現了久保天隨的李杜觀。久保認爲：李杜二人同尊并論，千古不朽。

首先，久保梳理了“李杜優劣論”之發展歷程：在韓愈之前，李白與杜甫幾乎就已經齊名而論，與李杜同時期的任華就同尊李杜。韓愈在其作品中也多次提到李杜并尊，并説此前二人之地位“未嘗稍有軒輊”。而至元白，纔有“揚杜抑李”之説，元稹稱“李尚不能窺杜甫之藩籬”，白居易稱“（杜詩）盡工盡善，又過於李焉”。唐代以後，“北宋諸公皆奉杜爲正宗”。久保認爲，元白二人所論有失公允，曰：“公平的論者，深知在李杜二家之間設置優劣之區分，屬愚蠢之行爲。”對於元白這種“揚杜抑李”的極端觀點，久保曰：“對物之兩級，論及上下，孰愛孰惡，不外乎在各人之嗜好。”

其次，久保承認李白具有“一片仙骨”，性格豪放，在世時就是一位極受追捧的人。稱“其才，亦實天授，心急功名之際，或感述家國之興亡，其吟咏之作，多在天然、在風月草木、在神仙虛無，故以氣韻取勝，肆意縱橫，却又不期而至……是中國首位正統的詩人。”然而，與李白不同的是，杜甫抱定“致君堯舜上，再使古風淳”的儒家思想，以詩寫史，終其一生，久保自身也推崇這種思想。關於後世對李杜二人的尊抑，久保認爲，“中國本土的評論家大都以儒家理論來規范文學”。在儒家文化占據主流地位的封建時期，相比於李白，杜甫的詩風自然更容易受到統治者以及廣大知識分子的推崇，由此也就容易理解北宋諸公何以奉杜甫爲正宗了。

除此之外，久保天隨的從學經歷以及時代思潮也是其同尊李杜的潛在情由。明治末期，日本漢詩壇日漸衰微，爲挽回這種窘迫的局面，森槐南等人於 1904 年創設隨鷗吟社，發行月刊《隨鷗集》，久保亦參與其中。久保漢詩初無具體師承，後在隨鷗吟社期間，久保受教於森槐南，又與槐南弟子野口寧齋（别號唐宋皆師閣主人）等人交往密切，因此其詩風亦近於森氏。到 1920 年代，久保甚至還在大東文化學院長期講授與森槐南同名的課程“作詩法”①。森氏精於戲曲與詞，但也甚愛唐詩，有《唐詩選評譯》《杜詩講義》《中國詩學概説》等著作傳世。受森氏影響，久保著《唐詩選新釋》《李杜評釋》《李太白詩集》，不無可能。值得一提的是，久保編釋的《李太白詩集》一書，形式與《李杜評釋》如出一轍，每首詩後均分列“字義——題義——詩意——餘論”四欄，間有楊齊賢、王琦、《唐宋詩醇》等諸家詩論，結合自家觀點對白詩加以闡釋和討論。日人寺尾剛認爲該書“是一部對二十年代以後的現代日本李白研究産生巨大影響的力作”②。另外，在西風東漸的歷史背景下，作爲赤門

---

① 參見［日］三浦葉《明治漢文學史》，汲古書院，1998 年版，第 62、78 頁。又見神田喜一郎著，程鬱綴等譯《日本填詞史話》，北京大學出版社，2000 年版，第 711 頁。

② ［日］寺尾剛、張采民：《日本的李白研究簡介》，《中國李白研究（一九九零年 • 上）——中國李白學會第二屆年會紀事》，1989 年，第 247 頁。

文士的久保天隨和田岡嶺雲、笹川臨風等人提倡“東洋學風”，田岡嶺雲《漢學復興論》一文認爲，漢學是“東洋文明”的象徵，就像歐洲復興中世記之古學一樣，復興漢學才能促使“啓發吾人而開新發明之端緒”[①]。漢詩是漢學的重要組成部分，復興漢學必然要復興漢詩。有了此等輿論思想的撑持，對於中國詩壇上里程碑式的人物——李白與杜甫，久保自然是極力推崇的。漢詩的復興不僅在於漢詩的創作，還在於漢詩的研究，因而久保除了漢詩創作，其《漢詩評釋》（1903）、《唐詩選評譯》（1908）、《白氏評釋》（1911）、《李太白詩集》（1928）等著作更是躍居當時日本漢詩研究的前沿，因此後人評久保“志在振風雅，終身竟不移”[②] 毫不爲過。

久保認爲李杜二人“瑜亮共生”，同尊并論，千古不朽。他們各有所長，各得其所，并不能顧此失彼地以某一個方面去評論詩人之長短。况且李杜二人在世時就交往密切，相互推崇。古代偉大的詩人有着海闊天空的雅量，能真誠地包容和讚美他人的長處。後世的詩人們論詩，往往欣賞與自己所作相近的風格而貶抑與自己相遠的，因此所論未必公允。或尊或抑，或并尊，諸種論調與批評者所處的時代背景、思想觀念、個人主張等方面都有着密切的關係。

結　語

久保天隨的《李杜評釋》從李杜生平到李杜詩歌、釋字、解義，譯注與釋典相結合，爲日本讀者瞭解李杜、瞭解中國古典詩歌做出了不可小覷的貢獻。詩評部分博采諸家經典評語，旁徵博引，對李杜詩歌進行評述，中日兼濟，古今并論，間抒己見，見解獨到。至於學界廣泛争論的“李杜優劣論”，自元稹提出“太白不能窺杜甫之藩籬，况其堂奥乎”以來，其後的白居易、蘇軾、韓愈等人也對此發表過看法。或尊杜抑李，或尊李抑杜，或李杜并尊，諸種論調與批評者所處的時代背景、思想觀念、個人主張等有着密切關係。總體來看，久保天隨論李杜，分析李杜二人的生平與詩作，結合史書、民間傳聞軼事和古今前人的研究成果，秉持客觀的學術態度，基本上做到就人論人、就詩論詩，認爲李杜二人“瑜亮并生”，同尊并論，千古不朽。久保觀點新穎，見解獨到，爲近代日本學界更爲深刻地瞭解、研究李杜詩學拓展了空間，具有較高的學術價值。

作者單位：四川師范大學文學院、四川城市職業學院教育學院

① 參見［日］田岡佐代治《漢學復興論》，《帝國文學》第2卷第1號“論説”欄，1896年1月10日版。
② ［日］篠原柳洲：《悼久保天隨博士》，《東華》1934年第72期，第18—19頁。

張栻静江府治績述略

任仁仁

内容提要：文章結合神道碑、往還書札等存世文獻，梳理了張栻在廣西的施政情況。在淳熙二年至淳熙五年主政静江府期間，張栻不但解决了静江府財税虧空問題，同時還减免當地百姓税賦，又在此基礎上建成一支訓練有素的地方武裝以鞏固邊防并最終肅清境内匪患。此外，他還特别注重勸導地方風化，興建學校，造福一方百姓。

關鍵詞：張栻；廣西；静江；賦税；軍政

宋代廣西雖地處西南邊陲，但其地位却十分特殊："宋有天下，四方萬里罔不臣，規模法制加詳於前代。景祐二年，詔桂州兼廣南西路兵馬鈐轄。後十七年，又詔兼經略安撫。於是始得顓制一路，地望隆重。其後復建大都督府之號。而紹興初，遂以静江易其州，選帥滋不輕。合一路所領，郡二十有五，其外則羈縻之州七十有二，又其外則諸小蕃羅殿、自杞、特磨、白衣之屬環之，又其外則交趾、大理等國屬焉。其地南入於海，去帥所治，水陸幾四千餘里，其所控禦，亦可謂雄且劇矣。"① 張栻在淳熙元年（1174）"詔除舊職，知静江府，經略安撫廣南西路"②，淳熙二年（1175）二月二十四日到任③，淳熙五年（1178）改知江陵府。在廣西期間，張栻主要處理當地賦税、軍政及横山買馬等政務，并平定境内盗賊，興建學校，勸導當地風俗教化。因學界尚無專文討論張栻在廣西的施政情況，本文依據存世文獻以探析張栻主政静江府之治績。

---

① （宋）張栻：《新刊南軒先生文集》（以下簡稱《南軒集》）卷一一《静江府廳壁題名記》，載張栻撰，楊世文點校：《張栻集》，中華書局，2015年版，第925—926頁。

② （宋）朱熹：《晦庵先生朱文公文集》（以下簡稱《晦庵文集》）卷八九《右文殿修撰張公神道碑》，載朱杰人、嚴佐之、劉永翔主編：《朱子全書》，上海古籍出版社、安徽教育出版社，2002年版，第4136頁。

③ 胡宗懋：《張宣公年譜》，載《北京圖書館珍藏年譜叢刊》第31册，北京圖書館出版社，1999年版，第267頁。

一

早在隆興二年（1164），汪應辰就在給張栻的信中述及治理廣西的困難所在："廣西之寇，久未平定，蓋所以致寇者非一也。説者以爲百姓凋弊日甚，而官吏貪殘無已，連年荒歉，餓殍滿路，而州縣不肯檢放租税，官兵俸給數月不支，而帥守、監司，争獻羨餘。其他政事，大抵類此。"[①] 汪應辰將廣西當地的困境大致勾勒而出：百姓困窘，州縣不肯減輕百姓租税，官兵糧餉不足，帥司、監司爲自身政績癡迷於争取"羨餘"即向朝廷上繳的雜費，使得本來就貧弱的廣西地區雪上加霜。這些積弊在張栻到任後依然存在："然其土素瘠，多荒茅篁竹，風氣异於北，民之生理甚艱，是以賦入寡少，郡縣亦例以迫束。而又并邊非止一面，蠻夷之性不常，赤子龍蛇，交致其恩威，乃克無事，故其任責常重。"[②] 由此觀之，廣西一路的賦税、邊患、風化諸方面都不易處理，這些積弊正是張栻上任後所要面對的棘手問題。

因當時廣西"土曠民貧，常賦入不支出"[③]，舊例諸州可以借用轉運使所掌管的經費來運賣食鹽，其經營所得盈餘，諸州可分得十分之四，如此既可解决州郡的財政困難同時又不必向百姓額外徵收賦税。但乾道四年（1168）復行官般法[④]，此後州郡的鹽息被奪去一半，導致地方的經濟困難，并引發各地哄抬鹽價的弊端。張栻上任後經過一番調查，即上奏朝廷請求分給州郡鹽息中的十分之三，同時利用兼攝漕司的機會"出其所積緡錢四十萬而中分之，一以爲諸倉買鹽之本，一以爲諸州運鹽之費"[⑤]。此外，張栻在淳熙二年（1175）八月上奏：

> 諸郡賦入甚寡用度不足。近年復行般賣鹽，此誠良法，然官般之法雖行而諸郡之窘猶故，蓋以此路諸州全仰于漕司，漕司發鹽使之自運，除本脚之外其息固有限，而就其息之中以十分爲率，漕收其八，諸州僅得其二。逐州所得既微，是致無力盡行般運，而漕司據已撥之數，責八分之息以爲寄椿，則其窮匱何時而已。幸有僅能般到者，高價抑買，豈保其無欲。乞委本司及提刑鄭丙、漕臣趙善政公共將一路財賦，通融斟酌爲久遠之計，既于漕計不乏，又使一路州郡有以支吾，見行鹽法不致弊壞。[⑥]

---

① （宋）汪應辰：《與張敬夫書》（伏承僕射相公再正台席），載任仁仁、顧宏義：《張栻師友門人往還書札彙編》，中華書局，2018年版，第129—130頁。案，本文所引書信爲示區别，於書札題名下加該書之首句，加括弧以爲區分。

② （宋）張栻：《南軒集》卷一一《静江府廳壁題名記》，載《張栻集》，第926頁。

③ （宋）朱熹：《晦庵文集》卷八九《右文殿修撰張公神道碑》，第4136頁。

④ （宋）王象之：《輿地記勝》卷一〇三《静江府》，中華書局，1992年影印版，第3176頁。

⑤ （宋）朱熹：《晦庵文集》卷八九《右文殿修撰張公神道碑》，第4136頁。

⑥ （元）佚名撰，汪聖鐸點校：《宋史全文》卷二六上"淳熙二年八月甲戌"條，中華書局，2016年版，第2166頁。

張栻建言帥司與憲司、漕司協同處理一路財賦事務，得到批准後，張栻得以從根源上解决静江府的財税問題。張栻此時的同僚兩人：憲司鄭丙，字少融，福州長樂人；漕司趙善政，字養民，《南軒集》卷四四有《祭趙養民運使》。據周必大《吏部尚書鄭公丙神道碑》："閩部鹽筴壞，上雅信公，徙本路轉運副使。……淳熙四年召爲吏部郎中，逾月兼中書門下省檢正諸房公事。"[①] 知淳熙三年（1176）鄭丙徙福建轉運副使。又加之漕司趙善政去世，張栻得以兼攝兩臺，正爲他謀劃一路財税提供了機遇：

> 近日鄭憲既行，趙漕物故，兩臺俱闕官，不免兼攝，事緒叢委。……又向來會議財賦事，正緣所見异趣者，不肯商量，計司虛實，終未知其底裏，今得以考究無遺，始知异趣者前日誠有掊聚爲羡獻意，坐視諸州困極，恬莫之恤，深可嘆息。[②]

張栻終於查明導致州郡財政困難的原因："始知异趣者前日誠有掊聚爲羡獻意，坐視諸州困極"，即"异趣者"企圖在聚斂之後將財税上繳朝廷，以謀求個人政績。張栻曾向朱熹坦陳："若非今次攝漕事，則亦無由料理得也。"[③] 在政績與百姓疾苦之間，張栻顯然更在乎後者。經過張栻的一番努力，最終取得公私兩利的局面："今静江措置頗有倫緒，不抑賣，不增價，公私皆便之，鹽價反賤於客鈔之時。若諸州俱能如此，則當不至爲害。但諸州漕司撥得息少，彼無以自足，則增抑之事從此而生，故某有前日論奏。後來漕司蔽護，不肯增給。近頗得要領，已再言之，恐可遂也。大抵此路窮薄，祖宗時全仰外路應副，今每歲反應副外路。"[④] 張栻的諸多舉措扭轉了廣西長期依靠外路支援的財政困境。此時廣西一路財税不但實現自給自足，每年還能支援外路，這顯然是張栻治理廣西的驕人政績。

張栻在變革廣西的財税體制的同時，爲保障這一制度能够得到有效運行，"奏請立法，自今漕司有多取諸州，輒行抑賣，悉以違制議罪。其敢以資燕飲、供饋餉者，仍坐贓論。詔皆從之"[⑤]。即規定漕司不得再侵占州郡財政，并設法懲罰挪用州郡經費者，從而保證州郡財政得以自給。此外張栻還奏請减免部分州縣税賦。《輿地記勝》云："又張栻奏静江所管十縣内陽朔、荔浦、修仁三縣减税米四分以寬民力，計錢一千七百貫，米三千五百石。"[⑥] 另据《嶺外代答》載："厥後張南軒爲帥，乃請于朝，以三分鹽息予諸州，而免諸州民户苗米每一石取二斗之耗。"[⑦] 張栻的這些舉措無疑减輕了當地百姓的負擔。

---

① （宋）周必大：《平園續稿》卷二五《吏部尚書鄭公丙神道碑》，載《宋集珍本叢刊》第51册《廬陵周益國文忠公集》卷六五，綫裝書局，2004年版，第635頁。

② （宋）張栻：《南軒集》卷一九《寄劉共甫樞密》（某承乏遠藩），載《張栻集》，第1044—1045頁。

③ （宋）張栻：《南軒集》卷二四《答朱元晦》（某性粗安常），載《張栻集》，第1120頁。

④ （宋）張栻：《南軒集》卷二三《答朱元晦》（某黽勉于此），載《張栻集》，第1106頁。

⑤ （宋）朱熹：《晦庵文集》卷八九《右文殿修撰張公神道碑》，第4136頁。

⑥ （宋）王象之：《輿地記勝》卷一〇三《静江府》，第3176—3177頁。

⑦ （宋）周去非著，楊武泉校注：《嶺外代答校注》卷五《財計門》，中華書局，1999年版，第180頁

二

在紓解州郡財政困難的同時，張栻又苦心謀劃鞏固邊防。其時静江府的邊備鬆弛，他在與門人曾撙的信中提及："某二十四日到郡，適當記綱解弛之餘，未免一一整頓。今條目粗定，當以身先之。財計空虚，亦頗得端倪。數月之後，民力可寬。邊防尤所寒心，方别爲規模，以壯中權之勢。約束邊郡，務先自治以服遠人。盜賊紛然，初無賞格，亦已明立示信，當有爲效力者。"① 因廣西地處西南邊陲，周邊諸族"俗尚仇殺，喜侵掠，間亦入塞爲暴。而州兵皆脆弱慵惰，又乏糧賜，死亡輒不復補，鄉落保伍亦名存而實廢"②。

對於鞏固静江邊防，張栻認爲要先從内部開始整頓，"務先自治以服遠人"。張栻在另一封給曾撙的信中指出："諸司向來相與不以誠而以術，府中遇諸縣亦然，今先務立信，上下似亦頗相應也。"③ 諸司、静江府、郡縣之間以誠相待，樹立信用，各級官府之間首先建立信任，爲合力解決各種積弊建立基礎。爲維護境内治安，張栻還向頗具擒制盜賊經驗的吴儆商量對策。吴儆答書建議："昨日面奉誨飭，令某條具擒制盜賊事件。某初尉明之鄞縣，後宰饒之安仁，皆盜賊之淵藪，固嘗折肱於此。若盜之發，捕之無他奇計，但重其賞罰而行之以必信，無不獲者。然盜已發而捕獲，不若未發而爲之備，蓋兵固有先聲而後實者。"④ 吴儆的意見"重其賞罰而行之以必信"正與張栻致曾撙信中所述思路相一致。

此後張栻開始編訓武裝："簡閲州兵，汰冗補闕，籍諸州黥卒伉健者以爲效用，合親兵摧鋒等軍，日習而月按之。悉禁它役，視諸州猶有不足於糧賜若凡戈甲之費者，更斥漕司鹽本羨錢以佐之，申嚴保伍之令而信其賞罰。"⑤ 在裁汰冗餘、精選士兵的同時，張栻用漕司販鹽所得盈餘補充軍費，并厲行保伍之法。

除訓練士兵以外，張栻還特别留意"擇將"，不拘一格招攬可用之人。他曾專門致信時在建康的劉珙，請求他協助將滕瑞妻兒送往桂林，使其一家團聚：

> 前知光州滕瑞編管在此，其人乃是滕樞族人，比歲自山東來歸正，粗勇習兵事，可以在軍中任使，而虞丞相用之過當，畀以郡符，此豈其才哉？其所以速今日顛隮者，實虞使之然也。然東北人流落，爲可憐憫。其孥累尚留江上，在此極悽悽然。今爲差兵校

---

① （宋）張栻：《南軒集》卷二八《與曾節夫撫幹》（某二十四日到郡），載《張栻集》，第1189頁。

② （宋）朱熹：《晦庵文集》卷八九《右文殿修撰張公神道碑》，第4136頁。

③ （宋）張栻：《南軒集》卷二八《與曾節夫撫幹》（某到官已半月），載《張栻集》，第1192頁。

④ （宋）吴儆：《竹洲集》卷八《與南軒論盜賊書》（昨日面奉誨飭），上海古籍出版社影印文淵閣《四庫全書》本，1987年版，第247—248頁。另參（宋）吴儆《竹洲文集》卷八，《宋集珍本叢刊》第46册，綫裝書局，2004年版，第537頁。

⑤ （宋）朱熹：《晦庵文集》卷八九《右文殿修撰張公神道碑》，第4137頁。

前往般取，欲望鈞慈頤旨，應副一客舟津致其來，俾其骨肉得以團聚謀生，恩賜甚大。其人雖愚，异日可備顔，得荷戟之用，伏乞鈞察。[①]

爲了組建一支訓練有素的武裝，張栻用心搜羅可用之將才，這正是提高部隊戰鬥力的關鍵所在。他對劉珙談及“獨患難得好將官”[②]，爲此張栻起用了編管在桂林的滕瑞，并專門派人去建康迎其家眷，使其安心效力，足見張栻對這支軍隊的苦心經營。此外，張栻還拔擢發配在静江的沙世堅，朱熹《與林擇之書》（近因便兵附狀）云：“却恐歸正官及牢城中有可募者，但得有心膽事藝者，勿問其所從來可也。向見帥唤得商榮者在彼，後來看得如何？沙世堅者，本亦衹是此流，欽夫拔之徒隸之中，使捕小賊，輒有功。至李接之亂，遂收其用耳。”[③] 可見張栻爲靖邊安民，不拘一格提拔人才。沙世堅日後在廣西一帶成爲重要的靖邊將領：“紹熙初，廣西帥以本路副總管沙世堅素有韜略，累立邊功，爲群蠻所畏服，嘗破蒙光，漸示以威信。光漸不敢寇邊者累年。”[④]

但周必大在爲鄭丙所撰神道碑中指出起用沙世堅者爲鄭丙：“歸正官沙世堅素武勇，坐贓決配静江。部有劇賊未獲，公諭世堅立功贖過，世堅馘渠魁以獻。公爲奏，稍復其官，後平李接，以總管守宜州，一路賴之。”[⑤] 由上文可知，張栻爲編訓軍隊付出諸多努力，起用滕瑞、沙世堅等人當是他的主張。具體起用沙世堅的時間應在鄭丙調離廣西前，此事應是張栻和時掌憲司的鄭丙合議後的結果。推知起用沙世堅是由張栻提議，同時鄭丙也表示同意，前引朱熹給林用中（字擇之）的信也能説明這一問題。經過張栻的一番經營，終於打造出一支保境安民的生力軍，使得廣西“境内正清，方外柔服，幕府無南鄉之慮矣”[⑥]。

在主政静江一年後，張栻不但一舉解決静江府的財政虧空，還編訓成一支訓練有素的地方武裝，肅清了境内匪患。他向曾揆談道：

某承乏亦且一載矣，佩“心誠求之”之訓，味“哀矜勿喜”之言，黽勉之不暇，所幸去歲一稔，嶺民謂數年所無，而積年狡盗，悉就擒剿，人情頗安。惟是區區不敢苟目前，爲之久遠之慮，日夜在懷。保伍法先行于静江，境内極得其效。非惟弭盗，亦且息訟。因漸教以相親睦扶持之意，繼復推之一路，有數州者能料理有方，今又得朝廷斟酌降下，尤幸事也。静江財賦適承空乏之餘，初交割時，府中借經司、漕司緡錢共計四十萬，經司亦坐是費力。一年之間，痛節浮冗，謹密滲漏，今幸支吾，兼支還兩司錢十餘萬緡。去冬米賤，亦頗收糴爲備，幾二萬碩。惟招軍治甲，不敢惜費，所收拾强壯刺將

① （宋）張栻：《南軒集》卷一九《寄劉共甫樞密》（某少意冒稟鈞聽），載《張栻集》，第1045—1046頁。

② （宋）張栻：《南軒集》卷一九《寄劉共甫樞密》（某效職于此），載《張栻集》，第1044頁。

③ （宋）朱熹：《晦庵文集》卷二七《與林擇之書》（近因便兵附狀），第1188頁。

④ （元）脱脱等：《宋史》卷四九五《蠻夷三》，中華書局，1977年版，第14214頁。

⑤ （宋）周必大：《平園續稿》卷二五《吏部尚書鄭公丙神道碑》，載《宋集珍本叢刊》第51册《廬陵周益國文忠公集》卷六五，第635頁。

⑥ （宋）朱熹：《晦庵文集》卷八九《右文殿修撰張公神道碑》，第4137頁。

兵效用者已近五百輩，部勒教閲，合摧鋒及效用并帳前親兵千二百餘人，頗成軍伍。蓋此路控扼非一，此爲急務也。①

從張栻信中不難讀出他對這一年辛勞的欣慰之情。在地方財税方面，交割時静江府積欠經司、漕司共四十萬緡，經過張栻的一番整頓，一年後静江府財賦不但實現自給自足，還有餘力償還兩司十餘萬緡。在軍政治安方面，張栻招軍治甲，編訓成一支一千二百餘人的地方武裝，同時力行保伍之法，使得境内“非惟弭盗，亦且息訟”。

三

除整理財税與編訓武裝外，張栻還曾收到宋孝宗御筆，令其處理買馬一事：

(軾)[栻]比領御筆理會買馬事，既而(軾)[栻]奏聞，又御筆批下“依奏依奏”。往返自更遞共不廿日，荷上不棄外，應之如響，(軾)[栻]凡有所見，其敢不自竭，况敢自有疏外耶？②

針對宋廷無馬可買的現象，張栻認爲這是地方官府一貫欺詐邊地諸部族所致。因具體辦事官吏常常克扣本應交給各部落的鹽銀，以致各部族喪失對宋廷的信任。地方官吏對各部族不能以誠相待，羅殿等部族自然也不願與官府來往，甚或對官府抱有敵意。張栻《寄劉共甫樞密》(某效職于此)云：

諸蠻一以信義待之，如買馬一事，舊弊革去凡數十事。最害是鹽銀輒虧其輕重，彼顧豈不曉？吾所得幾何，而所喪者丘山。帥司先利夫出剩銀之得，受此利啗，而其下官吏悉從而刻减乾没。今先罷出剩銀，正名以率之，而嚴法以核之，必使輕重悉以實，毋得少罔之。招馬官先以此意出塞喻蠻落。舊來馬至，二月末方有來者，而羅殿又四年不來市，正以吏侵牟之之故。今方中冬，數日前邕州已申羅殿將馬千七百匹近塞矣，益知忠信之可行，而在我者誠當自檢也。素荷教誨愛念，輒以及之。自惟孤迹，蒙上使令於此，一日不敢不盡一日之心力，其它非所能計。③

由於多年來對周邊部族不講信用，正所謂“所得幾何，所喪者丘山”導致宋廷無馬可

① (宋)張栻：《與曾節夫撫幹》(某承乏亦且一載矣)，載任仁仁、顧宏義：《張栻師友門人往還書札彙編》，中華書局，2018年版，第177頁。

② (宋)張栻：《致某人書》，載《張栻師友門人往還書札彙編》，第94—95頁。另見《六藝之一録》卷三九四，《式古堂書畫匯考》卷一二，《珊瑚網》卷六。

③ (宋)張栻：《寄劉共甫樞密》(某效職于此)，載《張栻師友門人往還書札彙編》，第57頁。

買。張栻首先革除積弊并派人聯絡各部族，向他們宣告買馬新政，逐步取得其信任，最終“由是諸蠻感悦，争以其善馬來，歲額率常先期以辦，而馬無滯留，人知愛惜，遂無復死道路者”[①]，從而一舉解決多年積弊。

張栻還十分關注并勸導一方風化。淳熙二年三月即發布《勸俗文》[②]，以規范當地風俗。淳熙二年六月即在静江府學建成三先生祠堂[③]，朱熹稱其“所爲郡必葺其學，於静江又特盛。暇日召諸生告語不倦，民以事至廷中者，亦必隨事教戒，而於孝弟忠信、睦婣任恤之意尤孜孜焉。猶慮其未徧也，則又刻文以開曉之。至於喪葬嫁娶之法，風土習俗之弊，亦列其事以爲戒。命閭井各推耆宿，使爲鄉老，授之夏楚，使以所下條教訓厲其子弟，不變，然後言之有司而加法刑焉。在廣西，刑獄使者陸濟之子棄家爲浮屠，聞父死，不奔喪。爲移諸路，俾執拘以付其家。官吏有犯名教者，皆斥遣之，甚或奏劾抵罪。尤惡世俗鬼神老佛之説，所至必屏絶之。蓋所毁淫祠前後以百數，而獨於社稷山川、古先聖賢之奉爲兢兢，雖法令所無，亦以義起。其水旱禱祠，無不應也”[④]。可見他在廣西爲興建學校、教導諸生、改善當地教化傾注了大量心血。因張栻在静江府治績顯著，“上聞公治行，且未嘗叙年勞，乃詔特轉承事郎、進直寶文閣再任”[⑤]，這正是對他主政廣西的特別肯定[⑥]。

四

淳熙五年（1178），張栻“除秘閣修撰、荆湖北路轉運副使，改知江陵府，安撫本路”[⑦]。據《張宣公年譜》知，淳熙四年（1177）八月張栻夫人宇文氏去世，其子張焯護喪歸葬長沙。次年張焯亦病卒[⑧]。吕祖謙《與陳同甫書》（專價）云：“欽夫近喪子，得書極無況，力請出廣，遂有鄂漕之命，亦且得歸也。”[⑨] 老友吕祖謙的這封書信道出了張栻請求調離廣西的苦衷：張栻的夫人、愛子先後辭世，他因此急於離開這片傷心之地。雖然主政廣西期間張栻取得了不俗治績，但過度操勞及妻兒的辭世無疑給他的身心健康以沉重打擊，在調離廣西後一年半左右，張栻即於淳熙七年（1180）春二月在湖北江陵任上溘然長逝。

---

① （宋）朱熹：《晦庵文集》卷八九《右文殿修撰張公神道碑》，第 4137 頁。
② 胡宗楙：《張宣公年譜》，第 268 頁。
③ （宋）張栻：《南軒集》卷一〇《三先生祠記》，載《張栻集》，第 917 頁。
④ （宋）朱熹：《晦庵文集》卷八九《右文殿修撰張公神道碑》，第 4139－4140 頁。
⑤ （宋）朱熹：《晦庵文集》卷八九《右文殿修撰張公神道碑》，第 4137 頁。
⑥ 參見任仁仁《張栻與宋孝宗的關係探微》，《湖南大學學報》（社會科學版）2021 年第 3 期。
⑦ （宋）朱熹：《晦庵文集》卷八九《右文殿修撰張公神道碑》，第 4137 頁。
⑧ 胡宗楙：《張宣公年譜》，第 281 頁、第 287 頁。
⑨ （宋）吕祖謙：《東萊集》拾遺卷一《與陳同甫書》，載《吕祖謙全集》，浙江古籍出版社，2008 年版，第 705 頁。

《宋史 • 張栻傳》稱張栻有“公輔之望”①。作爲一位地方大員，張栻心懷百姓又頗具幹才。朱熹稱其：“蓋公爲人坦蕩明白，表裏洞然，詣理既精，通道又篤，其樂於聞過而勇於徙義，則又奮厲明决，無豪發滯吝意。”② 對百姓而言，張栻這樣的地方官可遇而不可求，在他去世後“柩出江陵，老稚挽車號慟，數十里不絶。訃聞，上亦深爲嗟悼。四方賢士大夫往往出涕相吊，而静江之人哭之尤哀”③。

作者單位：慕尼黑大學漢學系

① （元）脱脱等：《宋史》卷四二九《張栻傳》，第 12775 頁。
② （宋）朱熹：《晦庵文集》卷八九《右文殿修撰張公神道碑》，第 4139 頁。
③ 同上。

魏了翁對宋代蜀學的貢獻與影響

黄劍華

内容提要：魏了翁是南宋中後期四川的一位著名學者，從政頗有作爲，在教書講學培養人才方面也聲望卓著。他創建了鶴山書院，精研理學融會貫通，對傳統的儒家學説提出了許多創新見解，特别是對蜀學的發展做出了杰出的貢獻，并對後世産生了深遠的影響。魏了翁的著述頗多，迄今閃耀著哲學思辨的光彩。我們記念魏了翁，深入研討魏了翁的學問成就與貢獻，有利於繼承和弘揚中華民族優秀的傳統歷史文化，也有益於名人故里的文化建設。

關鍵詞：魏了翁；程朱理學；鶴山書院；儒教發展；宋代蜀學

一、魏了翁的經歷與治學

魏了翁（1178－1237），是南宋時期四川的一位著名學者，自幼便深受儒教文化的熏陶，博覽群書融會貫通，創辦了鶴山書院，精研學問教書育人，擅長詩賦文章，特别在理學方面造詣高深，提出了許多創新見解，對四川宋代蜀學的發展做出了杰出的貢獻，并對後世産生了深遠的影響。

據《宋史·儒林傳》記載，魏了翁是四川蒲江人，“年數歲，從諸兄入學，儼如成人，少長，英悟絶出，日誦千餘言，過目不再覽，鄉里稱爲神童。年十五著韓愈論，抑揚頓挫，有作者風。慶元五年登進士第”①。魏了翁年青的時候就考取了進士，步入仕途之後，歷任

① 參見《宋史》卷四三七《儒林傳》，清代武英殿本《二十五史》第8册，上海古籍出版社、上海書店影印出版，1986年版，第6642頁。

知漢州、眉州，擢潼川府路提點刑獄，知遂寧府、瀘州府、潼川府，嘉定十五年召爲兵部郎中，寶慶元年貶官至靖州，紹定五年任爲潼川路安撫使、知瀘州，端平元年爲禮部尚書，并任端明殿學士等職，嘉熙元年（1237）病逝於蘇州，享年六十，獲贈太師、秦國公，謚號“文靖”，并詔賜第宅於蘇州南宫坊（現書院巷）。在南宋中後期外患内憂的時代背景下，魏了翁爲官從政數十年還是頗有政績的，宋理宗的封賜便表達了對他才幹與政績的肯定。魏了翁屬於進士出身，典型的學者從政，雖然在仕途上頗有作爲，但他的貢獻與影響主要還是在學問上。

魏了翁的一生，六十年的經歷剛好一個甲子，不算長也不算短。在宋代儒林的一些著名學者中，邵雍（1011—1077）活了67歲，周敦頤（1017—1073）活了57歲，張載（1020—1077）活了58歲，程顥（1032—1085）活了54歲，程頤（1033—1107）比較長壽活了75歲，朱熹（1130—1200）活了71歲，張栻（1133—1180）只活了48歲，陸九淵（1139—1193）活了55歲，葉適（1150—1223）也比較長壽活了74歲，真德秀（1178—1235）活了58歲。魏了翁生活在南宋中後期，晚於邵雍、二程至朱熹、葉適等諸多前賢，而和真德秀同時代。魏了翁與真德秀都勤於治學，造詣精深，教書育人，影響很大。後代學者常將魏了翁稱爲鶴山學派，而將真德秀稱爲真氏西山學派。比較而言，如果説真德秀是繼朱熹之後的理學正宗傳人，那麽魏了翁對理學的繼承則有着更多的創新發展，并促使了宋代蜀學的興盛。魏了翁與真德秀兩人都在確立南宋中後期理學正統地位的過程中發揮了重大作用，并因此而享有盛名。黄宗羲評價説：“鶴山（魏了翁）之卓犖，非西山（真德秀）之依門傍户所能及”，認爲“兩家學術雖同出於考亭（朱熹），而鶴山識力横絶，真所謂卓犖觀群書者；西山則倚門傍户，不敢自出一頭地，蓋墨守之而已”①。後世的其他學者對魏了翁的評價也很高，如清代官修的《四庫全書總目》中就認爲：“南宋之衰，學派變爲門户，詩派變爲江湖，魏了翁容與其間，獨以窮經學古，自爲一家。所著作詩文極富……了翁年十五時，爲韓愈論，抑揚頓挫，已有作者之風，其天姿本自絶异。故中年以後，覃思經術，造詣益深。所作醇正有法，而紆徐宕折，出乎自然。絶不染江湖游士叫囂狂誕之風，亦不染講學諸儒空疏拘腐之病。在南宋中葉，可謂翛然於流俗外矣。”② 後人的這些評價，對魏了翁可謂推崇備至。清雍正二年（1724），魏了翁得以配享孔廟，充分肯定了他在儒學領域的地位。魏了翁去世後就葬在了蘇州，其墓址位於楓橋鎮高景山金盆塢，1960年被列爲吴縣文物保護單位，1995年因所在地劃入蘇州市區，改爲蘇州市文物保護單位。

魏了翁在治學方面的成就與貢獻，主要是體現在兩個方面，一是繼承和發展了宋代理學，二是爲宋代蜀學的發展與弘揚做出了重要貢獻。我們知道，自從漢武帝時“罷黜百家，獨尊儒術”，儒家學説便成了歷朝尊崇和奉行的準則，一直在主流社會的思想領域占據着正

---

① 黄宗羲：《宋元學案》卷八十一《西山真氏學案》。

② （清）永瑢等撰：《四庫全書總目》下册，中華書局，1965年版，第1391頁。

統與主導地位。到了宋代，由周敦頤、張載、邵雍、二程等學者創立了新儒學，學界稱之爲理學，又稱爲心性儒學。到了南宋時期，朱熹又創造性地發展了二程的學説，形成了程朱理學體系。從漢代以來的儒家傳統觀念來看，崛起於宋代的"理學"是個新概念，當時又稱義理之學或道學。儒家思想具有相容與發展的特性，宋代理學的主要特點就是將儒家的社會、民族及倫理道德和個人生命信仰理念，構成更加完整的概念化和系統化的哲學及信仰體系，并使其邏輯化、心性化、抽象化和真理化。這使得理學具有極强的自主意識，形成了理高於勢，道統高於治統的政治道德概念。理學這套系統的政治理念與倫理道德主張，爲抑制君權提供了理論支持，也使得倫理道德更加邏輯化抽象化系統化，取代了粗糙的"天命"觀，堪稱是中國哲學思想的一次飛越發展。從傳統的建國施政角度來講，宋朝開國以來便奉行"以儒立國"的國策，宋代的政治家與思想家們都提出過"致太平"的主張，理學家們則提出了更爲系統的見解，希望用理想秩序奠定永恒的精神基礎。張載有句名言，説要"爲天地立心，爲生民立命，爲往聖繼絶學，爲萬世開太平"[①]，便精煉地表達了理學所强調的理念。張載等人希望通過道德自覺達到理想人格的建樹，從而强化了中華民族注重氣節和德操、注重社會責任與歷史使命的文化性格，對當時和後世的學人都具有很强的精神感召力，其積極意義是顯而易見的。宋末文天祥大義凛然，危難之際寫下了"人生自古誰無死？留取丹心照汗青"[②] 的千古名句，就充分顯示了宋代理學宣揚的人格精神，可謂震鑠古今，令人稱嘆。後來顧炎武在明清改朝换代之際慷慨疾呼"天下興亡，匹夫有責"[③]，也展現了理學精神價值與道德理想對後世的深遠影響。

魏了翁讀書講學和爲官從政的時候，正是宋代理學廣爲傳播之際。理學興起於北宋，到了南宋中期，理學思潮空前繁榮，涌現了許多著名學者，形成了各自的理學流派。理學流派的競相崛起，諸位理學大師的相互辯難，使得理學成爲了當時學者們的主流思潮，而不同的見解與辯論也更加深入與激烈了。從思想史發展的角度看，當時最爲重要的理學流派，主要有朱熹理學（或稱道學）和陸九淵心學兩大家。朱陸兩家的區别主要在於思想見識方面的差异：朱熹以理爲最高原則，以"窮理"（即認識天理）爲主要目的；陸九淵則以心爲最高原則，以内求於心爲最終目的。朱陸兩家由此在治學方法上也各有注重，有所不同：朱熹主張格物窮理，泛觀博覽；陸九淵則强調發明本心，簡易自得。魏了翁就出生和生活在這樣的時代背景下，自幼便深受傳統儒家學説與宋代理學的影響。魏了翁因爲家中藏書多，又終生嗜好讀書，常年手不釋卷，正是這種博覽群書的特點，加上魏了翁的悟性極高又善於思考和喜歡深入探究，從而形成了他集衆家之長而又自成一體的思想特點。在四川籍的前輩學者中，與朱熹同時代的張栻，也是一位很有名的學者，對魏了翁也有較大的影響。張栻曾主管岳麓

① 張載：《語録中》，《張子語録》。

② 文天祥：《過零丁洋》，《文山先生全集》。

③ 這句名言，語義出自顧炎武《日知録·正始》，而語句出自梁啓超《飲冰室文集》。參見（清）顧炎武《日知録集釋》（黄汝成集釋）卷十三《正始》，岳麓書社，1994年版，第471頁。參見梁啓超《飲冰室合集》文集之三十三《痛定罪言·三》。

書院教事，聚徒講學，從學者達數千人，初步奠定了湖湘學派規模，聲名極一時之盛。張栻曾與朱熹辯論理學，與吕祖謙相互論學，三人齊名，時稱“東南三賢”，被稱譽爲“乾道間東萊吕伯恭（吕祖謙）、新安朱元晦（朱熹）及荆州（張栻）鼎立，爲一世學者宗師”①。張栻在理學思想方面，上承二程，主張格物致知，知行互發，并提出了“心主性情”的觀點；在教育觀念上，反對學校成爲科舉的附庸，主張“傳道濟民”，以儒家的政治倫理去教育和培養修齊治平的人才。張栻傳授的弟子數量相當可觀，其中尤其以湘蜀學人居多，黄宗羲在《宋元學案》中稱宋代理學中“湖湘學最盛”，由此可知張栻在南宋中後期的巨大名望。張栻去世較早，他的蜀中弟子回蜀講學，對蜀地的年輕士人影響很大，不僅擴大了理學在蜀地的傳播，也促使了宋代蜀學的繁榮。正如黄宗羲《宋元學案》中所述，“南軒之教遂大行於蜀中”。魏了翁早年就接受了張栻的理學主張，然後又明顯接受了朱熹的道學觀念。在魏了翁的早期思想上，可以説張栻與朱熹是對他影響最大的兩位前輩理學大師了。但魏了翁并未拘泥於此，隨着閱讀與學問的增長，魏了翁又吸取了陸九淵的心學以及葉適的功利學等，并加以融會貫通，從而形成了融諸家之長并提出創新見解的治學特色。他先是接受張栻與朱熹的思想，後又將朱學與陸學結合，逐步轉到以心學爲主的立場上。我們閱讀魏了翁的著述文章，可以明顯地看出魏了翁的理學思想具有折衷朱陸并逐漸向心學發展的特點。與張拭、朱熹之學相比，魏了翁的心學傾向更爲明顯，其事功色彩也更爲濃厚。在一定意義上也可以説，魏了翁是在繼承張栻的理學觀念與朱熹的義理要旨基礎上，又吸取了陸九淵的心學之長，從而形成了自己獨具特色的理學思想，堪稱是經過深化提煉後的創新發展。魏了翁的貢獻，就在於適應了時代的需要，使宋代理學的發展走上了一條融合心、理，既以心本論爲主，又保留朱學義理精神的道路，開啓并推進了理學發展的新趨向。

魏了翁致力於理學的繼承與創新發展，不僅在治學方面身體力行卓有建樹，而且在朝政方面也提出了很多重要建議。爲宋代幾位著名前輩理學家請謚，便是魏了翁不遺餘力去做的一件事情。嘉定八年（1215），魏了翁見南宋理學家朱熹、張栻均已賜謚，遂上疏朝廷，奏請爲周敦頤、張載、程顥、程頤請謚。《宋史·儒林傳》記載説，魏了翁“嘉定四年擢潼川路提點刑獄公事，八年兼提舉常平等事，遷轉運判官。戢吏奸，詢民瘼，舉刺不避權右，風采肅然。上疏乞與周敦頤、張載、程顥、程頤賜爵定謚，示學者趨向。朝論韙之。如其請”②。在魏了翁的奏請下，後來朝廷特賜周敦頤謚元、程顥謚純、程頤謚正，後又特賜張載謚明，但未同意將四人從祀於孔廟。在當時來講，魏了翁能够力排衆議，敢於上疏，將四位理學創始人特賜謚號，確實是辦了一件很有見識的大事。這不僅提高了理學的聲望與地位，也促進了理學在政治思想與教育領域的發展，魏了翁在這方面無疑發揮了積極的作用。

① 參見《陳亮集》卷二十一，中華書局，1974年版，第322頁。

② 參見《宋史》卷四三七《儒林傳》，清代武英殿本《二十五史》第8册，上海古籍出版社、上海書店影印出版，1986年版，第6643頁。

二、魏了翁創辦鶴山書院

中國的書院大約興起於唐代，唐玄宗開元年間已有集賢殿書院等，其職能主要是搜集、收藏圖書。民間一些私人閑居讀書的地方，也稱之爲書院，主要用來和同仁與友人研討學問，并向弟子們傳授知識，進行講學活動。到了宋代，各地書院普遍增多，研學講課與授徒讀書之風漸盛，書院的教育功能與管理制度漸趨完善。四川的書院出現比較早，據説蜀漢時就有“果山書院在（順慶）府城北五里，蜀漢譙周建”①，唐代貞元年間遂寧縣有張九宗書院，宋代巴州建有丹梯書院等。據《四川通志》記載，宋元明清時期的巴蜀地區，各州縣大都興辦有書院，比如成都有錦江書院，新都有龍門書院，郫縣有岷陽書院，灌縣有岷江書院，等等，這些書院既有官辦又有民辦，各地還有義學和義塾，説明了在地方教育領域，書院與義塾的數量甚多，已蔚然成風②。

魏了翁進入仕途之後，除了勤於政務多有作爲，創辦書院教書育人也是他熱心去做的一件重要事情。魏了翁較早創建的書院是在知瀘州期間修築的“師生之館”，稱爲穆清書院。據史料記載，魏了翁前後兩次知瀘州，第一次是在嘉定十一年（1218）春天上任，幾個月後其母病故，魏了翁隨即辭官回鄉守制盡孝。到了紹定六年（1233）春天，魏了翁第二次知瀘州，到端平元年（1234）十月才離任。《宋史·儒林傳》説他在任期間治城郭、修武備、復社倉、創義冢、除積弊、興學校，百廢俱舉，政績斐然。特别是興辦學校培養人才，是魏了翁尤其重視并傾力去做的一件事情。“了翁以化善俗爲治首……簡拔俊秀，朔望詣學宫，親爲講説，誘掖指授，行鄉飲酒禮，以示教化。增貢士員，以振文風。復蓄頤堰，築江鄉館。利民之事，知無不爲。士論大服，俗爲之變，治行彰聞。”③ 魏了翁撰寫的《瀘州重修學記》中記述説，“瀘舊有孔子廟……慶曆四年詔州縣興學，爰始除舍以贏生徒。元祐五年徙廟學於州南”；“某起家守瀘……念廟、學不可混也，更建東西亭，築師生之館於外”④。由此可知宋代瀘州的孔廟、州學，以及魏了翁創辦師生之館的大致情況。魏了翁在瀘州創建的師生之館，後人又將其稱爲穆清書院與鶴山書院，如《輿地記勝》稱其爲“清穆堂”⑤，又如清朝嘉慶年間撰修的《四川通志》説“瀘州直隸州，鶴山書院在瀘州治學宫前，舊在瀘州治

---

① （明）李賢等撰：《大明一統志》卷六十八《順慶府》，三秦出版社，1990年版，第1066頁。

② （清）常明、楊芳燦等纂修：《四川通志》第4册，巴蜀書社，1984年版，第2599—2621頁。

③ 參見《宋史》卷四三七“儒林傳”，清代武英殿本《二十五史》第8册，上海古籍出版社、上海書店影印出版，1986年版，第6643頁。

④ 參見《鶴山集》卷四十五。

⑤ 參見《輿地記勝》卷一五三《瀘州》。

南，宋開禧中知州魏了翁建”①。民國《瀘縣志》對此做了訂正，説“紹定五年，魏了翁以潼川路安撫司知瀘州，既除孔子廟舍以贏生徒，復謂廟、學不可混，更築師生之館，附祀鄉先生尹吉甫於其中，即舊傳穆清書院也。後廢爲祠——穆清祠”。至“乾隆十四年，知州劉辰駿正名鶴山書院”②。可知瀘州的鶴山書院，是後人所名，并非魏了翁創建師生之館的初名。

魏了翁最早創建的鶴山書院，其實是在邛州蒲江縣境内。蒲江是魏了翁的家鄉，在他爲父親選擇墓地的時候，也選擇了鶴山書院的地址。據《宋史·儒林傳》記述，魏了翁丁父憂，“築室白鶴山下”③。魏了翁與友人通信中也談及書院之事，“即其地成室，是爲今白鶴書院”。在他撰寫的《書鶴山書院始末》一文中，也説“先廬枕山與古白鶴岡阜屬連”，“頗愛面前限支一峰，欲即之而不得，則除剪其荆棘，蒙犯虺蜴，聚足而上，則其地平袤，衡廣二百尺，縱數里……遂卜室貯書其上，與朋友共焉”④。由此可知，魏了翁在家鄉蒲江創建的書院，其地點是在白鶴山的限支峰上面，最初是因地取名，稱爲白鶴書院。而鶴山是魏了翁的字型大小，所以又被人稱爲了鶴山書院。譬如當時的著名學者葉適和魏了翁常有書信往來，得知此事後，就寫了《魏華甫鶴山書院》詩，以讚譽魏了翁創建的鶴山書院。古人喜歡用地名或名人字型大小，來命名或稱呼書齋、書房、書院、山房等，也是比較常見的，本是情理中事。魏了翁建築鶴山書院的目的就是爲了就近爲其父守墓，同時也便於讀書講學。蒲江鶴山書院的創建，大致始於宋寧宗嘉定二年，建成於嘉定三年（1210）春。初建時就地取材格局較小，後來因爲四方來學者衆多，又加以擴建增廣，增添了較多的堂室閣廊，取名“立齋”“書舫”“尊經”“事心”等雅稱，藏書十萬卷，由此可見鶴山書院規模的宏大，在當時四川乃至全國的書院中都是相當可觀的。魏了翁在鶴山書院閑居的時間并不長，便又被朝廷徵召赴任，相繼爲漢州（今廣漢）知州、眉州（今眉山）知州，此後又在潼川路、遂寧府、瀘州等地任職。宋理宗即位親政後，魏了翁入朝爲官，任爲禮部尚書、端明殿學士，於端平二年（1235）奉命督視江淮京湖軍馬，當時正值蒙古軍犯境，且戰事失利，宋理宗面贈魏了翁一首御筆書寫的唐人嚴武詩：“昨夜秋風入漢關，朔雲邊月滿西山，更催飛將追驕虜，莫遣沙場匹馬還”，及“鶴山書院”四個大字，并贈金帶鞍馬，又命宰相等重臣設宴餞行。《宋史·儒林傳》説宋理宗很重視魏了翁的才幹，曾“面賜御書唐人嚴武詩，及鶴山書院四大字”⑤，記述的便正是這件事情。從史料記載的時間看，此事應該是魏了翁五十多歲功成名就之時獲得的殊榮。由於有宋朝皇帝的賜字，魏了翁和他的弟子們將其作爲御書院額⑥，

---

① （清）常明、楊芳燦等纂修：《四川通志》第4册，巴蜀書社，1984年版，第2618頁。

② 民國《瀘縣志·教育志》。參見胡昭曦著《四川書院史》，巴蜀書社，2000年版，第14頁。

③ 參見《宋史》卷四三七“儒林傳”，清代武英殿本《二十五史》第8册，上海古籍出版社、上海書店影印出版，1986年版，第6642頁。

④ 參見魏了翁《鶴山集》卷九十二《贈王彦正》，《鶴山集》卷四十一《書鶴山書院始末》。

⑤ 參見《宋史》卷四三七“儒林傳”，清代武英殿本《二十五史》第8册，上海古籍出版社、上海書店影印出版，1986年版，第6643頁。

⑥ 參見《鶴山集》卷六十五《跋御書鶴山書院四大字》。

自然擴大了鶴山書院的名氣和影響，成了天下皆曉的著名書院。

據《四川通史》記載："鶴山書院在邛州治南，舊在城西五里白鶴山下，宋魏了翁講學地。理宗皇帝表爲鶴山書院，魏了翁撰御書跋，歷代因之。今爲鶴山書臺。明正德十三年，巡撫御史盧雍暨知州吴祥建公祠於城西善政街，額曰鶴山書院講堂，東曰崇正，西曰企賢，廷儀撰記。嘉靖九年，署州朱倫重修，安磐撰記。後爲巡司行館，移書院於城西土司寓。萬曆三十二年，知州牛大緯通書院行館爲一，重建鶴山書院，容五百人，提學校士駐此。今考棚，即其地也。"[①] 通過地方志書的記載，可知鶴山書院在後世的影響，確實是比較大的。但這裏所言書院的地點可能并不準確，當地學者根據出土的墓志銘結合文獻記載考證，鶴山書院的具體位置，是在邛州蒲江縣限支山上（今名玉芝山，在蒲江縣城東南 10 公里的鶴山鎮櫻桃村境内）[②]。胡昭曦先生對宋代四川書院做過深入研究，也指出"這是把宋代蒲江的鶴山書院當成了邛州州治在宋代有鶴山書院"，通過對文獻史料的梳理與考證，"可見對鶴山書院的'舊址'多有含糊。綜合以上記載，還没有足够依據認定宋代在臨邛有鶴山書院"[③]。由此可知，魏了翁創建的鶴山書院，其準確位置應在蒲江縣境内，其他説法則可能是附會而已。所謂邛州的鶴山書院，應是後人所建，利用了魏了翁的名氣罷了。值得提到的是，魏了翁貶居湖南靖州的時候，也建造了一個書院，亦名爲鶴山書院，這應該是沿用了原來的書院之名。既然鶴山書院已經名揚天下，也就没有必要另起他名了。魏了翁後代定居蘇州，在蘇州也設有鶴山書院，繼承了魏了翁的家學傳統[④]。魏了翁的門生弟子們後來稱爲鶴山學派，也與鶴山書院這個響亮的名號有關。

宋代文人創建書院的目的，主要是爲了讀書與講學。魏了翁在家鄉擇地選址創建鶴山書院，其用意也正在於此，一方面爲了就近爲其父守墓，另一方面則是爲了聚友讀書和講學授徒。魏了翁與友人通信中就談及此意，在他撰寫的《書鶴山書院始末》中曾詳細記述了自己建書院的經過，稱自己是"窮鄉晚進"之人，雖然通過了科舉，步入了官場，但過去所學未能盡信，因丁憂奏請免官回鄉，得以退居而聚友，在書院藏修息游，與諸位友人學者誦讀儒學經典，研討理學，由此而自得其樂。他進而闡述自己辦書院的目的，不是爲了記覽文詞以獲取功名利禄，而是爲了傳播"先王之遺言"，隨事省察，以求不失善良之本性和人的初心，"尚不虚築室、貯書之意也"。由此可知魏了翁築室藏書的初心，以及創建書院授徒講學之目的。鶴山書院落成之時，正值邛州學子準備參加秋試却没有講習之所，於是魏了翁把他們作爲書院的第一批學生，召來鶴山書院講課授學。由春至秋，在書院學習半年後，這批學生參加了省試，"其秋試於有司，士自首選而下，拔十而得八，書室俄空焉，人競傳爲美談"[⑤]。鶴山書院的名氣一下就傳了出去，成了蜀中年輕學子的嚮往之地，此後負笈從學者，絡繹不

---

① （清）常明、楊芳燦等纂修：《四川通志》第 4 册，巴蜀書社，1984 年版，第 2617—2618 頁。

② 龍騰：《蒲江出土明奉直大夫孫禮墓志銘》，《四川文物》1998 年第 6 期，第 66 頁

③ 胡昭曦著：《四川書院史》，巴蜀書社，2000 年版，第 18—19、82 頁。

④ 虞集著：《道園學古録》卷七《鶴山書院記》。參見胡昭曦著《四川書院史》，巴蜀書社，2000 年版，第 81 頁。

⑤ 魏了翁著：《鶴山集》卷四十一《書鶴山書院始末》。參見胡昭曦著《四川書院史》，巴蜀書社，2000 年版，第 30 頁。

絶。據《宋史·儒林傳》記述，魏了翁丁父憂，“築室白鶴山下”，“開門授徒，士争負笈從之，由是蜀人盡知義理之學”。後來魏了翁貶居靖州時，爲了便於讀書和講學，亦建鶴山書院，“了翁至靖州，湖湘江浙之士，不遠千里，負笈從學。乃著九經要義百卷，訂定精密，先儒所未有”[①]。魏了翁講學，着重用義理思想教授門徒，他針對“慶元學禁”導致的種種流弊，反對學子單純追求狹隘的功利，抨擊學風猥劣、士風敗壞等弊病，以繼承和發揚理學爲己任，這些都充分體現了魏了翁的教育思想。正如有的學者所認爲，魏了翁的教育思想在教育史上占有重要地位，直至今天也仍具有重要的現代價值[②]。

魏了翁的私人藏書很多，與葉夢得并稱爲南宋著名藏書家。他自稱“余無他嗜，惟書癖殆不可醫，臨安人陳思多爲余收攬”。據史料記載，魏了翁先後收藏的各類書籍大約有10萬卷之多，其規模之宏富，確實令人讚嘆。當時的各個書院也喜歡藏書，而鶴山書院的藏書規模顯然是最多的，居宋代各大書院之首。藏書的目的是爲了閱讀，自然也方便了研究學問。魏了翁在鶴山書院著書立説，授徒傳道，宣揚理學，“由是蜀人盡知義理之學”；同時也培養了衆多人才，確立了理學之鶴山學派，爲發展宋代新儒學和巴蜀學術做出了突出貢獻。

三、關於蜀學的興起與特色，以及魏了翁對宋代蜀學的貢獻

關於蜀學的稱法，應該是一種具有地域特色的學術流派，主要是由巴蜀地區的歷代文人學者們創立并發展起來的。有人認爲，廣義的蜀學是指巴蜀地區自古迄今的以儒爲主、會通三教的學術文化，其中包含着豐富的思辨哲學；認爲蜀學萌芽於先秦，至漢初而比肩於齊魯，傳承於蜀漢兩晋南北朝隋唐五代，繁盛於兩宋，流傳於元明清，至近現代而復盛，蜀學是中華學術文化的重要組成部分[③]。這當然是頗有見地和言之成理的一個歸納了。其實，蜀學并非是一個空泛的概念，它既有歷史發展的脉絡可循，又有豐富的内容組成，更有自成一體的鮮明特色。蜀學的特色，不僅表現在思維方式上的多樣化，也體現在思想與文風上的與衆不同。蜀人好學，善辯，在思維上喜歡探究奥秘提出新見，在文風上追求華麗完美。蜀人在學術上，也有追求創新的習慣，既喜歡挑剔各家不足，又愛好包容衆家之長，進而形成自己的學説和觀點，在很多方面都顯示出標新立异的特點。古代蜀地的文化名人，大都學富五車才高八斗，既擅長哲學的思辨，又富有文學的才華，而且特别喜歡將諸多學問融爲一體，在知識方面常顯示出百科全書式的特點，在見識上常常獨具一格。平心静氣而論，蜀學的這

① 《宋史》卷四三七“儒林傳”，清代武英殿本《二十五史》第8册，上海古籍出版社、上海書店影印出版，1986年版，第6642—6643頁。

② 蔡方鹿：《魏了翁思想的現代價值》，《四川師范大學學報》2011年第2期。

③ 蔡方鹿等：《巴蜀哲學的特點、歷史地位和影響》，《四川大學學報》2012年第4期。

些特色，以及古代蜀地諸多文化名人這種獨特的性格，都是骨子裏的東西，而并非表像。在一定意義上也可以説，這與蜀地的歷史人文經濟發展，以及較爲獨特的地理環境，顯然都有着較爲密切的關係。

我們知道，古代四川雖然地處内陸，經濟與文化却并不封閉。早在商周時期，地處長江上游成都平原和四川盆地的古蜀國已經有了燦爛的青銅文化，春秋戰國時期蜀地的農業文明也很發達。秦并巴蜀之後，加速了巴蜀與華夏的融合，同時也爲巴蜀地域文化的發展提供了新的契機。到了西漢初期，蜀地興辦學校，重視文化教育，走在了全國的前列，因此而涌現出了許多文化名人，這個時候的蜀中文學與學術都空前活躍，呈現出繁星燦爛的情景。蜀學作爲學術流派而興起，并展示出鮮明的特色，正是從西漢初期開始的，由此而拉開了蜀學繁榮發展的序幕。説到漢初蜀地的教育，蜀郡太守文翁是一位功不可没的重要人物，常璩《華陽國志・蜀志》説“翁乃立學，選吏子弟就學，遣雋士張叔等十八人東詣博士受七經，還以教授。學徒鱗萃，蜀學比於齊魯。巴、漢亦立文學。孝景帝嘉之，令天下郡國皆立文學，因翁倡其教，蜀爲之始也”①。值得重視的是，常璩在文中明確地提出了“蜀學”的概念，當然是有充足理由的。《漢書・地理志》也記載説：“文翁爲蜀守，教民讀書法令，未能篤信道德，反而好文刺譏，貴慕權勢。及司馬相如游宦京師諸侯，以文辭顯於世，鄉黨慕循其迹。後有王褒、嚴遵、揚雄之徒，文章冠天下。”② 文翁在蜀地興辦學校，首創地方官學，派遣生員東受七經，還教吏民，使得華夏的儒學與學術文化流傳入蜀，培養了一批優秀的文人學子，確實是一件影響深遠的事情。在當時蜀地涌現的著名人才中，司馬相如、揚雄、嚴君平等人都是非常杰出的人物，他們對漢代蜀學流派的形成，都做出了重要貢獻。

蜀學興起於漢代，首先是文學方面的成就與影響。司馬相如是當之無愧的首席代表，他撰寫的文章辭賦，洋洋灑灑，蔚然大觀，不僅傳誦於當時，而且流傳甚廣，對蜀地後來文學人才的大量涌現，影響極大，使“好文學，重辭章”，成了蜀地一個悠久的傳統。王世貞《藝苑卮言》卷二稱讚司馬相如“長卿之賦，賦之聖也”。魯迅《漢文學史綱要》中説“武帝時文人，賦莫如司馬相如，文莫如司馬遷”，稱司馬相如的辭賦“不師故轍，自攄妙才，廣博閎麗，卓絶漢代”③。司馬相如在漢賦方面的杰出成就，可謂是漢代的一座豐碑，不僅得盛名於當時，也對後世産生了深遠的影響。正因爲如此，司馬相如纔被稱譽爲漢代的賦聖。正是由於司馬相如文章辭賦的巨大影響，促使了漢代其他文人對漢賦的踊躍創作，從而蔚然成風，在兩漢時期形成了一個絢麗多彩的文學景觀，在中國文學史上譜寫了精彩的篇章。

其次是哲學方面的貢獻，也展示了漢代蜀學的重要影響，揚雄的文章著述便堪稱是這方面的杰出代表。揚雄略晚於司馬相如，也是漢代蜀地的大文豪，被稱爲“西道孔子”。當時的桓譚著《新論》，記載説：“張子侯曰，揚子云，西道孔子也，乃貧如此。吾應曰，子云亦

① （晋）常璩撰，劉琳校注：《華陽國志校注》，巴蜀書社，1984年版，第214頁。

② （東漢）班固撰：《漢書》，中華書局，1962年版，第1645頁。

③ 《魯迅全集》第9册《漢文學史綱要》，人民文學出版社，1981年版，第396、416、418頁。

東道孔子也。昔仲尼豈獨是魯孔子，亦齊楚聖人也。”桓譚的意思是説，揚雄不僅是“西道孔子”，同時也是“東道孔子”，具有全國性的影響，認爲揚雄“才智開通，能入聖道，卓絶於衆，漢興以來，未有此人也”，堅信其著作必傳於世[①]。揚雄做學問，也獨闢蹊徑，先後撰寫了《法言》《太玄》《訓纂篇》《州箴》《方言》等著作。揚雄撰寫的《法言》，是仿《論語》而寫的政論性著作；《太玄》則是一部哲學著作，融儒道爲一體，對天、地、人三位一體的宇宙做出了他的理解和解釋。《太玄》雖仿《周易》，但二者思維方式不同，《周易》的世界圖式是采用陰陽二分法展開的，《太玄》則是采用天、地、人三才三分法來叙述天下九州大一統的思想，對事物的對立和統一以及事物的多元複雜性都做出了很好的解釋，書中還特别强調了多元一體的思維模式，堪稱是最早主張和諧文化的代表之作。總之，揚雄在哲學領域建構起了以“玄”爲本的哲學體系，既借鑒吸收了老莊之學，又不失儒家立場，以孟子後繼者自居，堅持儒家的倫理思想，并采用了道家的處世哲學。蜀地還有嚴君平等人，在道德學問方面造詣深奥，都是著名的高士。嚴君平著有《老子指歸》，又稱之爲《道德真經指歸》和《道德指歸論》，這不是注重詞語考證和詞語新解的注釋書，而是掌握了老子思想精髓以後的自我發揮之作，此書流傳甚廣，特别是在南北朝和隋唐時期影響很大。

總而言之，以司馬相如、揚雄、嚴君平等人爲代表的蜀地文豪，他們的文章詞賦與哲學思想都影響甚大，稱譽當世，流芳百代，具有比較明顯的蜀地風格，在思想體系與文風特色方面都自成一體，可以説是形成了蜀學流派。正如常璩《華陽國志·蜀志》所説，“故司馬相如耀文上京，揚子云齊聖廣淵，嚴君平經德秉哲，王子淵才高名雋……得意之徒恂恂焉”[②]。蒙文通先生認爲，“蜀人尚持其文章雜漫之學，以與朔、洛并驅”[③]，也是指蜀學流派的形成，與尹洛、吴越之學具有不同的特點，可謂由來已久。從漢代開始，蜀地由此而形成了一種濃厚的文化風氣，不僅惠及當時，潤澤了諸多的文人學子，而且對後世的傳承與影響也是非常深遠的。蒙文通先生希望蜀中之士應該闡發自己的鄉土之學，以濟道術之窮，使蜀學傳統得以弘揚，確實是很有道理的。

宋代是蜀學繁榮發展的又一個重要時期，繼承了漢代以來的蜀學流派特點，并增添了許多新的流光溢彩的内容。宋代蜀學最顯著的特點，也同樣表現在文學上和哲學上，都有杰出的代表性人物，大多成就非凡稱譽於當世，并對後世産生了巨大的影響。宋代蜀學豐富多彩的内容，不僅表現在詞賦文章上，如眉山蘇氏父子的著述華章，特别是以蘇東坡爲代表的蜀中文豪創作的詩詞文章就名震天下影響深遠；同時也展現在理學的創新傳播上，張栻與魏了翁便是傳播理學和促使理學創新發展的佼佼者，堪稱是宋代蜀學史上的杰出人物。如果説北宋時期蘇東坡等人燦爛的文學成就擴大了蜀學的影響，那麽南宋時期的蜀學主流，則主要是

① 參見《全後漢文》卷十五，（清）嚴可均校輯《全上古三代秦漢三國六朝文》第1册，中華書局影印出版，1958年版，第544、551頁。參見（宋）李昉等撰《太平御覽》，中華書局影印出版，1960年版，第1991、第2709頁。

② （晋）常璩撰，劉琳校注：《華陽國志校注》，巴蜀書社，1984年版，第221頁。

③ 蒙文通著：《議蜀學》，《蒙文通文集第三卷·經史抉原》，巴蜀書社，1995年版，第102頁。

在理學方面的創新發展了。

魏了翁是繼張栻之後宋代蜀學最重要的人物，他繼承并發展了張栻、朱熹的思想，而傾向於心學，預示着理學及整個學術發展的新趨向，并在確立理學正統地位的過程中發揮了重要作用。魏了翁的學識非常淵博，既有深邃的思想，又有獨到的見識，在哲學觀念與理論方面多有創新卓爾不凡。他創建了鶴山書院，培養了衆多的門生弟子，形成了鶴山學派，推動了理學的創新發展，也爲宋代蜀學的興旺做出了重要貢獻。關於魏了翁的思想内涵以及他在理論方面的建樹，前人贊評和當今學者們已經深入探討的比較多了，本文限於篇幅，這裏衹是簡單概述，就不再詳細分析和展開討論了。總而言之，魏了翁的思想和作爲，不僅在理學領域占有非常重要的地位，而且在蜀學發展史上譜寫了新的重要篇章，兩方面都堪稱卓越。

魏了翁的著述頗多，《宋史·儒林傳》和《四川通志》說他“所著有《鶴山集》《九經要義》《周易集義》《易舉隅》《周禮井田圖説》《古今考》《經史雜抄》《師友雅言》”等①。後人整理刻印傳世的著述，主要有《鶴山全集》《九經要義》《鶴山長短句》等。魏了翁的這些著述，具有很高的學術價值，迄今閃耀着哲學思辨的光彩，使人讚嘆，也令人敬重。我們記念魏了翁，研討魏了翁的學問成就與貢獻，對繼承和弘揚中華民族優秀的傳統歷史文化，以及很好地宣傳和建設名人故里，都是有積極意義的。

以上所述，都是個人淺見。敬請學界師友們批評指正。

作者單位：四川省文物考古研究院

① 《宋史》卷四三七《儒林傳》，清代武英殿本《二十五史》第 8 册，上海古籍出版社、上海書店影印出版，1986 年版，第 6643 頁。參見（清）常明、楊芳燦等纂修：《四川通志》第 7 册，巴蜀書社，1984 年版，第 4557 頁。

從劉沅到劉咸炘——雙江劉氏家族略述

施 維

内容提要：本文以劉沅爲中心，上溯遠祖劉朝弼凡六代，下至劉伯穀凡四代，記述了劉氏家族共兩百餘年的學術文化傳承史，對劉沅所著《槐軒全書》、劉咸炘所著《推十書》，以及他們所創立的槐軒學説和推十學説做了簡略的梳理，并就掌握的資料對兩書的刻印和版本情況做了説明。

關鍵詞：劉沅；劉咸炘；劉氏家族；家族傳承

一

明末清初，從湖北麻城孝感鄉遷居四川的劉氏家族耕讀不輟，人才輩出，并在清中後期和民國時期産生了兩位文化巨人：一代大儒劉沅和天才學者劉咸炘。他們所撰著的《槐軒全書》和《推十書》以及所創立的槐軒學説和推十學説，對近現代學術文化影響廣泛而深遠，成爲中華文化學術史上的兩大瑰寶。

同舊時學術家族形成和壯大的情況相似，槐軒學和推十學的産生，具有深厚的家族背景及良好的學術環境。以劉沅爲中心，上溯至遠祖劉朝弼，凡六代；下及於玄孫劉伯穀，凡四代，劉氏家族的學術文化傳承前後歷時兩百餘年。

劉氏"遠祖（劉）朝弼（字棐忱，爲麻城廪生）避亂入蜀，隱於峨眉"。自"始祖後庵（劉坤）乃卜宅於温邑董邨，繼遷於雙流雲棲里。世傳易學，謂程子言易道在蜀……并非易之要旨”[①]。祖父劉漢鼎，字君謨，著《易藴發明》，謂“先天後天，止一太極，理氣象數，釋之萬端，括之渾然。其語至精，惜不復睹全書矣”[②]。父親劉汝欽，字敬五，“精易學，洞澈性理，謂……伏羲主乾南坤北，文王主離南坎北，即先天後天所由分；且《連山》首艮，《歸藏》首坤，艮止坤藏之義，即《大學》止至善、《中庸》致中和之學”[③]。劉汝欽壯年曾爲岳鍾琪“專辦糧秣”，爲人“倜儻不羈，好善而不吝於貲”[④]，故嘉慶之師朱珪贊其爲“豪杰之士”[⑤]。逝世後，禮部尚書紀昀親撰《敬五公墓志銘》。其著今存《玉皇尊經注》三卷、《玉皇寶懺注》一卷[⑥]。母親向宜人（1739－1810），幼喜《周易》，長通詩書。“聞父兄讀《周易》……喜曰：不讀他書，此書豈可不讀乎？”“藹藹温温，同室皆敬愛之。”[⑦] 兄長劉濖，字芳皋，乾隆五十九年（1794）舉於鄉，嘉慶元年（1796）與劉沅一同參加會試，中進士，先入翰林，後由庶吉士改任工部屯田司主事，遷刑部河南司、陝西司主政[⑧]，官終廣西郁林州知州。劉沅關於先後天的理論發明和匯通元典的治學特色與家族傳承有關。

二

乾隆三十三年（1768），劉沅（1768—1855，字止唐，一字訥如，號清陽、碧霞）出生在四川雙流縣雲棲里（今彭鎮羊坪村）。在他 88 年的人生中，致力於追尋儒家元典基本精神，發明先後天學説，闡三教精微而歸本於儒，所著《槐軒全書》見識超邁，體系完備，影響深遠，“具有很高的研究價值，實爲中華傳統文化尚待開發的寶藏”[⑨]。

光緒三十一年（1905）劉沅逝世後五十年，四川總督臣錫良根據四川在籍紳士翰林院編修伍肇齡、胡峻、庶吉士顔楷等的呈文，向清廷請求爲劉沅立傳獲得批准。劉沅成爲劉氏家族被清國史館立傳的第一人。

劉沅所著《槐軒全書》以匯通儒釋道三教爲其特色之一，但他“幼承禮訓，蜚聲黌序，早登拔萃之科”[⑩]，走的是儒家科舉的路綫，受到的是正統的儒家教育。劉沅少年成名，17 歲（乾隆五十年）考中雙流縣庠生第一名，20 歲（乾隆五十三年）選拔爲明經，21 歲（乾

① 劉芬：《清陽先生傳》，《槐軒概述》，上海科學技術文獻出版社，2015 年版，第 132 頁。
② 劉沅：《劉氏族譜》，道光二十七年刻本，成都市雙流區檔案館藏，第 24 頁。
③ 劉沅：《十三經恒解》卷之十《國史館本傳》，巴蜀書社，2016 年版，第 255 頁。
④ 劉芬：《清處士劉止唐先生墓志銘》，《槐軒概述》，上海科學技術文獻出版社，2015 年版，第 130 頁。
⑤ 劉沅：《劉氏族譜》，道光二十七年刻本，成都市雙流區檔案館藏，第 35 頁。
⑥ 劉芬：《槐軒概述》，上海科學技術文獻出版社，2015 年版，第 1－2 頁。
⑦ 劉沅：《劉氏族譜》，道光二十七年刻本，成都市雙流區檔案館藏，第 39、42 頁。
⑧ 同上，第 44 頁。
⑨ 段渝：《一代大儒劉沅及其〈槐軒全書〉》，《槐軒全書》，巴蜀書社，2006 年版，第 7 頁。
⑩ 劉沅：《十三經恒解》卷之十《錫良奏摺》，巴蜀書社，2016 年版，第 253 頁。

隆五十四年）選拔爲貢生，24歲（乾隆五十七年）由拔貢中試舉人。但是，在他25歲（乾隆五十八年）、27歲（乾隆六十年）、28歲（嘉慶元年）時，却“三試春官，薦而不售”[①]。三次參加會試失利不久，劉沅與道家結緣。

劉沅29歲陪考中進士的兄長劉濖北上進京途中，在陝西紫柏山留侯廟偶遇静一道人，“談修養之道”，并以吕純陽注《道德經》相贈。劉沅“訝其與吾儒同”，發現道家與儒家對修身之道的認識頗有相通之處。30歲在雙流彭家場遇到了人生中十分重要的“明師”——“野雲老人”李果圓。劉沅向李果圓“求示延年之方”，後者以“人生自有長生藥……返而求諸身心可也”答之，教之以“存神養氣”“存心養性”“仁者壽，大德必壽”之理，劉沅豁然開朗，乃“拜而受教，荏苒八年”[②]。劉沅自述從30歲到38歲，跟隨“野雲老人”李果圓學道，但是後來學者對劉沅學道的地域及時間却有不同説法。臺灣學者蕭天石（1908－1986）説：

（劉沅）大挑湖北天門縣知縣不赴，歸而隱居青城山八年，從李八百游，虔修丹道，一意爐火。……道成，出而講學於成都，并迎親侍養，聲譽卓著，遠近多稱“川西夫子”而不稱其名。[③]

南懷瑾（1924－2008）與蕭天石的看法大致相同：

乾嘉間，西蜀雙流有劉沅（字止唐）者出，初以博學鴻儒，不獵功名，歸而學道，相使得老子親傳，居山八年而道成。[④]

首先，蕭天石把劉沅跟隨“野雲老人”學道的時間定在辭任湖北天門縣知縣之後（實際上劉沅并没有接受任命，詳下），這時劉沅已經58歲，與劉沅在《自叙示子》中所説抵牾。其次，蕭天石與南懷瑾都把學道的地點放在山中，也與劉沅科考失利以後的實際生活狀況、軌迹不協。筆者就此請教劉伯穀先生，他認爲，當時劉濖已去北京就職，劉沅獨自侍養母親，不可能長期離家。與野雲老人“荏苒八年”者，大致應該在彭鎮周圍，并非“居山八年”。所以，蕭天石與南懷瑾關於劉沅修道山中的説法，值得商榷。

三次參加會試失利之後，劉沅念母老家貧，遂無意仕途，先後在雲棲里和南門三巷子（劉沅39歲時奉母命遷居成都南門三巷子，後稱淳化街）潛心治學，教授弟子，侍養母親。一方面，以實踐人倫、修身復性爲治學目的，試圖恢復孔孟之道的本來面貌，追索儒家元典的精髓所在，“撰述《四書》《易》《書》《詩》《春秋》《三禮》恒解、《孝經直解》《古本大學

① 劉沅：《自叙示子》，《槐軒全書》，巴蜀書社，2006年版，第3473頁。
② 同上，第3473－3474頁。
③ 蕭天石：《劉止唐與四川劉門道》，《道海玄微》，華夏出版社，2007年版，第514頁。
④ 南懷瑾：《禪海蠡測》，復旦大學出版社，2007年版，第269頁。

質言》《史存》《槐軒約言》《雜著》《拾餘四種》《子問》《又問》《俗言》《正訛》諸書傳後"[①]。劉沅以畢生之力建立了對儒家經典的恒解體系，從文本和義理兩個方面糾正宋儒對儒家元典的篡改和誤解（如認爲程朱改《大學》"親民"爲新民，解"格物"爲"半日讀書，半日静坐"等，違背了元典的本義），這是他對傳統經學的重大貢獻。另一方面，他跟隨野雲老人學習道家學術與功法（劉門静養功，由掌門傳授給入門弟子），爲匯通三教打下了堅實的基礎。劉沅三十七歲以後，即開始爲道教經書作序：

> 三十七歲，初秋，先生序《太上感應篇》，序合刻《道善約編》（即《太上感應篇》《文昌大洞仙經》、舊題呂洞賓《道德經解》）。……桂月望日序《太乙救苦經》。
>
> 三十八歲，先生仲春序《詩經恒解》，五月中浣序《土皇經》，序重刊《道德經解》（舊題呂祖注）。
>
> 三十九歲，先生陽月望日序《三元火官經》，孟秋上浣序《火車破膽經》。
>
> 四十歲，先生五月下浣撰《大洞仙經》凡例，重陽日序《玉樞寶經》，初秋上浣序《南北鬥經》，陽月序《金剛經》。
>
> 四十一歲，先生正月十三日序《東岳經》。
>
> 四十三歲，（嘉慶十五年）中夏二十二日先生母向宜人卒。先生暮春下浣序《大洞仙經》。[②]

清道光元年（1821），劉沅五十四歲整理《法言會纂》時，"有感於道教科儀半多鄙誕，特貫以儒道正統删訂增補而定稿"[③]。體現了劉沅融儒於道、儒道互補、以儒家正統"訂補"道教科儀的學派特色。對劉沅融合儒釋道三家的治學特色，蕭天石先生曾有如下評介：

雙流在成都縣南，以左思《蜀都賦》"帶二川之雙流"而得名。山水清秀，民情淳樸，地靈人杰，代有才人，止唐先生則爲川中近三百餘年來特立獨行、博通三家之大儒。其學既直探洙泗心傳，復深得玄門秘鑰，融道入儒，援儒説道；復會通禪佛，并涉密乘，博學多方，雖較龐雜，然以其能障百川而東之，匯萬流於一海，故最後仍歸本於儒，不失孔門矩矱。以其一生行事及其等身著作之内容性質而言，則稱之爲道化儒家可，稱之爲儒化道家亦可。其内養與修持方法，則又純用道家金丹宗手眼，而略帶少分藏密色彩。故自創"劉門"以後，則又純屬道家人物，不但門弟子遍西蜀，且有浸浸乎遍及西南各省與大江南北之勢，而尤以閩浙爲盛；學術界人士，不少以得游其門庭，爲高尚其事也。

劉沅先生頭角峥嶸，穎悟异常人，讀書過目不忘，尤以徹入玄微，獨得新致……因才而教，各乘口訣，未至其境界，絶不躐等以授，傾囊以傳也。講學規模，以儒家爲本；功夫修

---

① 劉芬：《清處士劉止唐先生墓志銘》，《槐軒概述》，上海科學技術文獻出版社，2015 年版，第 130 頁。

② 謝添：《劉沅先生年譜》，《槐軒概述》，上海科學技術文獻出版社，2015 年版，第 138—139 頁。

③ 同上，第 141 頁。

煉，以道家爲本，不奉佛氏，亦不抵排，間舉揚之以助傳心，期融會三家而貫通之。[①]

蕭天石先生對劉沅一生成就的評價是較爲公允和精到的。

劉沅弟子似乎分爲兩途，以儒家爲本的槐軒學派，弟子多爲文人學者；以道家爲宗的“劉門”，弟子多爲修習功夫的各階層人士。做這樣大致的區别，是想説明，劉沅遍及各地的弟子并非都是文人學者。但是，劉沅對儒家經典的講論，“劉門”弟子多傳而習之，其文化素養較高，這也是“劉門”儒道融合的特色和盛極一時的内因吧。

道光六年（1826），時年58歲的劉沅因“學行可風”被“選授湖北天門縣知縣”，後“改授國子監典簿”[②]。赴任不久，劉沅就請假歸鄉，繼續其“立德”與“立言”的不朽事業。劉沅之兄劉濖（1766—1837）在京爲官後，曾多次來信勸道劉沅北上謀取功名。劉沅回答説：

顯揚之事，兄已遂矣；犬馬之養，願得身任之。[③]

這應該是“至性純厚，内行篤誠”[④]的劉沅對未來人生的重要選擇，這一選擇，使四川在清代中後期産生了“一位成功的教育家、一位圓融儒釋道三教的通儒、一位將治國之術與立身之道結合起來的思想家”[⑤]。同時，劉沅所著《槐軒全書》也成爲“以今文經學爲特徵的清代蜀學發展新階段的標志性文獻”[⑥]，成爲中國古代文獻中罕見之闡三教精微而歸本於儒并形成較爲完備學術體系的哲學巨著。

回到家鄉的劉沅躬行孝道，扶困救急：

母向氏遘疾困瘁，沅求索醫藥，不遠千里，齋戒請禱，朝夕弗遑。母病尋愈。其事親敬養兼隆，克諭於道。兄弟之間，力行仁讓。兄没，撫猶子如己出。姪婦孀居無子，急爲立嗣，飲食教誨，勞怨不辭。宗族鄉里，助其昏嫁喪葬者，不一而足。[⑦]

同時，劉沅對儒家經典的編纂，對子弟、學生的培養不曾懈怠，并樂在其中：

編纂群經，歷耄年而不倦；楷模多士，育英俊以成材。允足標示夫儒風，宜荷褒揚之令典。[⑧]

當日永天高，與諸生問難於槐蔭之下，熏風徐來，白雲在户，不知天壤間何勞爲生也！……是以授受之暇，補注經義，四子六經，集久裒然成集，而又爲《史存》，以著

① 蕭天石：《劉止唐與四川劉門道》，《道海玄微》，華夏出版社，2007年版，第514—515頁。
② 劉沅：《十三經恒解》卷之十《錫良奏摺》，巴蜀書社，2016年版，第253頁。
③ 劉沅：《十三經恒解》卷之十《國史館本傳》，巴蜀書社，2016年版，第255頁。
④ 劉沅：《十三經恒解》卷之十《錫良奏摺》，巴蜀書社，2016年版，第253頁。
⑤ 譚繼和：《十三經恒解·總叙》，《十三經恒解》卷之一《總叙》，巴蜀書社，2016年版，第2頁。
⑥ 同上，第2頁。
⑦ 劉沅：《十三經恒解》卷之十《國史館本傳》，巴蜀書社，2016年版，第255頁。
⑧ 劉沅：《十三經恒解》卷之十《錫良奏摺》，巴蜀書社，2016年版，第253頁。

勸戒。雖敝帚自享，不敢問諸高明，而耳目未衰，忘其老至……兒子輩幼，不知愚之樂也。[①]

劉沅主張，治學要聯繫實際生活，周知民情，在社會生活中處理好五倫關係，由後天返還先天，恢復人美好純善的天性，從而實現“士農工商皆可爲賢聖人”的目標[②]。劉沅一生培養了衆多優秀人才：

平日栽成後進，循循善誘，著弟子籍者，前後以千數；成進士、登賢書者百餘人，明經貢士三百餘人；薰沐善良，得爲孝子悌弟、賢名播鄉閭者，指不勝屈。[③]

劉沅在教育上的巨大成就，是因爲他所追求的“聖學”是建立在對社會發展現狀深刻而睿智的洞察上的，是與社會實踐、民生民彝、五倫五常緊密結合的與時俱進的致用之學，由此他被譽爲“塾師之雄”和“川西夫子”，這是“槐軒學説”影響廣泛而深遠、被“轉相傳習”的重要原因[④]。

三

父作子述，開枝散葉，蔚爲大觀。良好的家族環境、深厚的家學淵源、博采多方的宏達胸襟、求索本源的執着堅守，使劉沅開創了槐軒學派；而其子孫、學生不曾間斷的學術傳承和發揚，使槐軒學派綿延兩百餘年，影響及於海外。

劉沅“幼羸善病，自孩提至弱冠，頻死者數矣”[⑤]。轉折出現在拜師野雲後。劉沅晚年感慨説：“回思平生，辛苦備嘗，幾如再世，使不遇野雲，早歸大暮。”[⑥] 辭别野雲後，劉沅“乃亦勵修……惴惴不敢或苟”[⑦]，不但學問精進，而且“神明焕發，睟然盎然”[⑧] 身體也日益康健，“六十後連舉八男，皆能傳其學”[⑨]：

長子崧雲（又名松文），咸豐二年（1852）舉人……椅文，拔貢，小京官，同治庚午（1870）舉人；桂文，光緒丁丑（1877）進士，歷官編修、御史、梧州府知府；棟

① 劉沅：《槐軒雜著》，《槐軒全書》，巴蜀書社，2006 年版，第 3350 頁。
② 劉沅：《家言》，《槐軒全書》，巴蜀書社，2006 年版，第 2654 頁。
③ 劉沅：《十三經恒解》卷之十《國史館本傳》，巴蜀書社，2016 年版，第 256 頁。
④ 同上，第 256 頁。
⑤ 劉沅：《自叙示子》，《槐軒全書》，巴蜀書社，2006 年版，第 3473 頁。
⑥ 同上，第 3474 頁。
⑦ 同上。
⑧ 劉芬：《清處士劉止唐先生墓志銘》，《槐軒概述》，上海科學技術文獻出版社，2015 年版，第 130 頁。
⑨ 劉沅：《十三經恒解》卷之十《國史館本傳》，巴蜀書社，2016 年版，第 256 頁。

文，順慶府訓道；根文、檍文，生員；孫咸榮，拔貢；咸焌，舉人；咸燿、咸燡，俱生員。[①]

第四子劉桂文光緒三年（1877）考中進士以後“曾任監察御史，以清廉正直聞名”，與“戊戌六君子”之劉光第、楊鋭和“晚清第一詞人”趙熙交誼甚篤。劉桂文之子劉咸榮（1857—1949），字豫波，光緒二十三年（1897）拔貢，博通經史，講學雙流桂馨書院、成都尊經書院。劉咸榮在四川省高等學堂中學部（今石室中學）任學監并執教國文期間，李劼人、郭沫若、周太玄、王光祈、魏時珍等皆從其學，而被趙樸初先生尊爲“當代第一比丘尼”的佛教大德隆蓮法師（俗名游永康）時從劉咸榮學習詩詞創作和蘭石水墨畫。劉咸榮堂弟劉咸焌[②]，字仲韜，1915年在叔父劉根文所辦十二學堂基礎上，創辦明善書塾，1918年更名爲尚友書塾，將槐軒學説發揚光大，培養了大批人才[③]。

除了子孫人才輩出，劉沅“一生教學近六十年，學生達數千人之多”[④]，弟子遍布西南和東南地區。其中，大弟子内閣中書劉芬（？—1894），字芸圃，在劉沅去世後成爲傳播槐軒學説的關鍵人物。劉芬對槐軒學派的兩大貢獻，一是設教於成都純化街延慶寺繼續傳播槐軒學説，劉沅的八個兒子因爲年幼，皆“從學劉芬”[⑤]；二是傳槐軒之學於福建人林鴻年（1805—1885）。林氏爲道光十六年（1836）狀元，道光十八年（1838）任琉球國正使，官至雲南布政使，歸隱後任福建正誼書院山長，陳寶琛（1848—1935）、林紓（1852—1924）、陳衍（1856—1937）等皆出其門。後來林鴻年把槐軒學説傳入福建，影響遍及東南地區，劉沅從此被稱爲“川西夫子”：

> 咸豐中，侯官林鴻年爲雲南布政使，至蜀，得沅書，讀之驚喜，求問。時沅已死，因受業於沅弟子内閣中書劉芬，盡購其書去。及罷官歸，遂以其學轉相傳習，閩人稱沅爲川西夫子云。[⑥]

與劉芬齊名的槐軒著名弟子劉鴻典（1809－1884）、李思棟（1814－1884）、孫廷槐（生卒年不詳），其下又各有弟子數百、數千不等，分别在四川各地傳授槐軒學説。孫廷槐“刊行槐軒著述”，稱爲樂善堂藏板[⑦]。此外，被尊爲“醫林聖手”“薑附先生”的槐軒著名弟子鄭欽安（1804－1901），亦因師從劉沅習文學醫而卓然成家，成爲近代傷寒學派代表人物、中醫“火神派”鼻祖。鄭欽安傳衣缽於入室弟子盧鑄之，後者創立中醫“扶陽學派”，并著

---

① 劉沅：《十三經恒解》卷之十《國史館本傳》，巴蜀書社，2016年版，第256頁。
② 劉咸焌，本爲劉沅第四子劉桂文之子，後過繼給劉沅第七子劉檍文爲子，故稱“堂弟”。
③ 李恕豪：《净宗大德昌臻法師的一生》，巴蜀書社，2018年版，第38—40頁。
④ 同上，第37頁。
⑤ 劉芬：《槐軒概述》，上海科學技術文獻出版社，2015年版，第78頁。
⑥ 劉沅：《十三經恒解》卷之十《國史館本傳》，巴蜀書社，2016年版，第256頁。
⑦ 劉芬：《槐軒概述》，上海科學技術文獻出版社，2015年版，第77—80頁。

《鄭欽安先生醫書集注》《本經藥物闡述》《盧氏臨症實驗録》等傳於世[①]。

劉芬之後，始由劉沅長子劉松文主理劉門事務，不久由第六子劉梖文（1842—1914）接任。劉梖文，字子維，著《聖餘醫案》四卷、《婦訓》一卷[②]，“繼槐軒講學，門徒益衆，爲蜀人所敬重”[③]。劉梖文創辦并主持了尚友書塾的前身十二學堂和主要刻印槐軒著作的守經堂（劉家同治年間開辦的豫誠堂、光緒年間開辦的守經堂、民國初年劉咸焌創辦的扶經堂、民國中期劉咸炘創辦的推十書局，成爲刻印槐軒學派著作的主要出版機構，被稱爲“三堂一書局”）。之後，劉沅之孫劉咸焌、劉咸燡（字晦愚，1876—1947）相繼主持槐軒學派，劉咸焌創辦尚友書塾，任塾長。“教學課程和書塾章程則完全由劉咸炘（劉咸焌從弟）制定，分幼學、少學兩班，學生數百人。後又設研究班，從少學中考取成績優异者肄業。”[④] 尚友書塾分層級培養學生，講學與研究并重，初具近代大學教育雛形，“有《尚友書塾季報》刊行，造就了不少國學人才”[⑤]。當代净宗大德昌臻法師（俗名張耀樞，1917—2009），十二歲進入尚友書塾，得到了劉咸炘、李惠生先生的精心指導，槐軒學説成爲他一生“品德修養和思想理念的重要來源”之一[⑥]。

四

劉芬、劉梖文、劉咸榮、劉咸焌、劉咸燡在槐軒學派的傳承與發展中繼往開來，成爲劉沅與劉咸炘兩個文化巨人之間承前啓後的關鍵人物。

在家族良好的學術氛圍影響下，在劉梖文、劉咸榮、劉咸焌的悉心指導下，被蒙文通稱爲“一代之雄，數百年來一人而已”的天才學者劉咸炘脱穎而出，大放异彩。劉咸炘“一生篤學精思，明統知類，志在由博趨約，以合御分”，所著《推十書》“是其所撰哲學綱旨、諸子學、史志學、文藝學、校讎目録學及其他雜著之總集”[⑦]，“承續了中華人文風教的傳統而踵事增華”[⑧]，與《槐軒全書》一起成爲中華文化學術史上的兩大瑰寶，在近現代學術界引起了巨大反響。

民國著名思想家、新儒學代表人物梁漱溟説：“余至成都，唯欲至武侯祠及鑒泉先生讀

① 盧崇漢主編：《盧火神扶陽醫學文獻菁華集成》卷一，上海科學技術文獻出版社，2012年版，第1—4頁。
② 劉芬：《槐軒概述》，上海科學技術文獻出版社，2015年版，第144頁。
③ 蕭萐父：《推十書·前言》，《推十書》甲輯壹，上海科學技術文獻出版社，2009年版，第1頁。
④ 劉伯穀、朱炳先：《劉咸炘先生傳略》，《推十書》壬葵合集三，上海科學技術文獻出版社，2009年版，第1165頁。
⑤ 同上。
⑥ 李恕豪：《净宗大德昌臻法師的一生》，巴蜀書社，2018年版，第40—41頁。
⑦ 蕭萐父：《推十書·前言》，《推十書》甲輯壹，上海科學技術文獻出版社，2009年版，第1頁。
⑧ 同上，第9頁。

書處。"[①] 被梁漱溟如此推崇的"鑒泉先生"，就是劉沅之孫、劉梖文之子，爲張瀾親臨禮聘方出任成都大學教授的劉咸炘。

劉咸炘（1896－1932），字鑒泉，號宥齋，成都雙流人。"五六歲時，先後從其父和從兄咸榮學習。九歲時，更加篤學好問，日讀書達數十册。1914 年，其父卒，乃就從兄劉咸焌受業，始究古文之格調并詳究班固的《漢書》，後又研讀章實齋之《文史通義》，於是益知著作體例綜合之原。"[②] 其治學繼踵槐軒而"私淑"章氏（章實齋），秉要知變，推十合一，縱覽四部，横通中西，以"爲前人整其散亂，爲後人開其途徑"爲己任（《推十書·系年録·宥齋自述》）。在其"彗星般短暫明亮的一生中，給人類留下了 475 卷之多的著作 231 種"[③]。

劉咸炘在哲學、諸子學、史志學、文藝學、校讎目録學等方面取得巨大成就的同時，對道學的研究也做出了重要貢獻。蒙文通曾評價説："蜀究道家言者，余知唯劉鑒泉先生……劉著《道教徵略》，精深博大。"[④] 劉咸炘先後撰寫了《誦老私記》《莊子釋滯》《道教徵略》《邵堯夫學説》《全真教論》《祀天師科儀》《老孔授受考》《概聞録》《道家史觀説》《老徒裔》等道學論著，把考證與論析相結合，見解獨到而精闢，"這些研究成果反映了作者探索道學的深邃認識……爲中華道學研究做出了重要貢獻"[⑤]。四川大學文科杰出教授詹石窗先生在《劉咸炘先生的道學研究》一文中，對劉咸炘先生道學研究的基本情況、主要特點進行全面深入的闡述後，指出了劉咸炘先生道學研究的主要貢獻與歷史地位：

第一，融會貫通，梳理了中華道學傳承的頭緒。劉咸炘《學變圖贊》，刊載了中華學術傳承的世系表……劉咸炘的圖表與説明最爲突出的一點是將老子置於首位，表明他是主張先"老"而後"孔"的……這使我們可以比較明了地認知道學的歷史脉絡。

由於把道家文化置於中華學術的整體中予以觀照，劉咸炘的論述也就頗有見地，不時有智慧的閃光。

第二，探賾索隱，開闢了道學研究的廣闊前景。

歷代疏解《莊子》的成果不可不謂多，不過，就其本義來説依然令人迷茫。……有鑒於此，劉咸炘先生注重從三個方面審度前人關於注疏《莊子》的諸多論著，他説："吾讀是書，以名理懸度，頗有所得，因記成册，或足以補近人之不及乎。亦有疏通大旨，引證他書，間抒己意，以駁作者，并録存之。至於校勘訓詁，偶有所見，則記於本書。"這説明，劉咸炘先生讀《莊子》并非衹是讀其原文，而且閱覽了大量的前人注疏之作，并且順手進行校勘。從其隨手記録的文字看，劉咸炘先生的目光是相當敏鋭的，例如他讀《齊物論》，於篇首題記稱："此篇初明萬物之自然，因明彼我之皆是，故曰齊物。後人多誤認爲破是非，宋以來人遂讀爲齊世之物論，不知所齊者非論也。雙遣兩忘之乃佛家所主，不與道家相混，自來以

① 施維：《推十書·編輯緣起及整理説明》，《推十書》甲輯壹，上海科學技術文獻出版社，2009 年版，第 13 頁。
② 劉伯穀、朱炳先：《劉咸炘先生傳略》，《推十書》壬葵合集三，上海科學技術文獻出版社，2009 年版，第 1165 頁。
③ 龐樸：《一分爲二，二合爲三——淺介劉咸炘的哲學方法論》，《中國社會科學》，2003 年第 11 期。
④ 蒙文通：《古學甄微》，《蒙文通文集》卷一，巴蜀書社，1987 年版，第 677 頁。
⑤ 詹石窗：《道教徵略·前言》，上海科學技術文獻出版社，2010 年版，第 4 頁。

佛義言道書者皆誤。佛家主空，一切俱不要，道家主大，一切俱要，根本大异，豈可强同乎?”……劉咸炘先生認爲，有無雙遣兩忘的思維方式是佛教的，用此等思維方式來解讀道家是根本性的路徑錯誤。這是很值得我們認真思考的。至於他把“佛教主空”與“道家主大”進行的對比，也使人能够一目了然地抓住兩教的主要思想特徵。像這樣的論述在劉咸炘的道學研究著作中幾乎隨處可見，所以讀他的書，真是可以大開眼界的。

劉咸炘先生能够在道學領域做出重要貢獻，其原因是多方面的。除了他的家學和個人天賦之外，很重要的一點是他秉承了中國學術的目録版本學傳統。他的論述可以説處處閃爍着這方面的智慧。例如關於《鶡冠子》一書的構成問題，他在引述《漢書・藝文志》關於鶡冠子身份之後，即列出了各篇篇名，爾後查證《七略》，再徵引韓愈、柳宗元、王闓運、胡應麟、沈欽韓、陸佃等諸人的言説，從而彰顯篇目的變更情況。對《文子》一書的辨析也是如此，他先後查找了《七略》《漢書・藝文志》《别録》等，爾後將之與《淮南子》相對照，如此梳理，使讀者可以比較清楚地看出其來龍去脉。從此類記録中，我們可以發現劉咸炘先生讀書的基本方法，就是從目録版本入手，再查相關的論述，然後進行内容考辨。因爲他精於傳統的圖書編目架構，按照經史子集順序，有步驟地閲覽，所以他的記録儘管衹是一時所感所思，但集合起來就構成了龐大體系。

20世紀衆多學術大家如張爾田、陳寅恪、梁漱溟、蒙文通、吴芳吉、唐君毅、蕭萐父、蕭天石、李學勤、劉大鈞、龐樸、項楚、詹石窗等均對劉咸炘的才氣學識推崇備至，這是不可多見的文化景觀。其中，蕭萐父先生在《推十書・前言》中對劉咸炘的成長過程、學術成就做了如下評介：

> 清光緒丙申（1896）冬，鑒泉生於成都“儒林第”祖宅，於止唐孫輩最爲年幼，也最爲聰穎。家學熏陶，五歲能屬文，九歲能自學，日翻書數十册。稍長，就學於家塾，習古文，讀四史。得章學誠《文史通義》而細研之，曉然於治學方法與著述體例，遂終身私淑章氏。[①]

鑒泉先生學隱於成都……淡泊寧静，知之者希。《推十書》雖曾陸續刊印，見者亦少。然真知之者，無不嘆美。浙江張孟劬見而贊之曰：“目光四射，如珠走盤，自成一家之學者也。”廣西梁漱溟……偶得先生《外書》，贊曰：“讀之驚喜，以爲未嘗有。”……修水陳寅恪抗日時期至成都，四處訪求先生著作，認爲先生乃四川最有成就的學者。鹽亭蒙文通與先生爲知交，贊其“博學篤志”，“搜討之勤，是固言中國學術史者一絶大貢獻也”。（《評〈學史散篇〉》）又在《四川方志序》中總評先生之學行曰：“其識已駸駸度驊騮前，爲一代之雄，數百年來一人而已!”[②] 鑒泉先生之學，淵源有自。首先，他受熏於家學，屢稱引祖考槐軒

---

① 蕭萐父：《推十書・前言》，《推十書》甲輯壹，上海科學技術文獻出版社，2009年版，第1頁。

② 同上，第8頁。

遺説，但絶非拘守局限，而朗然自白："槐軒明先天而略於後天……故槐軒言同，吾言异；槐軒言一，吾言兩；槐軒言先天，吾言後天；槐軒言本，吾言末。"繼志述事，别有開拓。其次，他特重鄉土風教，盛讚蜀學傳統，但旨在推陳以出新[①]。

劉沅《槐軒全書》和劉咸炘《推十書》前後輝映，對於近現代學術研究産生了重要影響，以他們爲代表的"槐軒學""推十學"亦成爲極具影響的蜀學學術門派，至今仍是獨具價值的學術文化資源。

五

《槐軒全書》收録了劉沅不同時期的重要著作，《槐軒全書——又問》所謂"子注四子六經多年，好事者刊印流布頗多"[②] 者，應指他生前著作單獨刻印的情况，其中前文所述弟子孫廷槐"樂善堂藏板"所刻或許屬於此類。到了晚年，劉沅對自已主要著作的撰寫順序、成書和修訂情况做了説明：

> 愚既注四子六經恒解，又爲《雜著》（後稱《槐軒雜著》）、《拾餘四種》及他議論，凡聖人之遺，有關人心風俗者，皆爲辨正，亦略備矣……時年八十有四。[③]
>
> 學與年而俱進，義與閱而彌精。愚曩年因先儒誤解聖人太多，故爲之補注。羸多疾，恐填溝壑，是以汲汲成書。今天假之年，已近九十。内而心性，外而倫物，識力頗增，自非昔可比……惜乎耄矣，當改正者猶多，僅能就四子書加詳正而已，餘俟後賢爲之。[④]

劉沅八十歲以後，陸續訂正修改了自已歷年對儒家經典所作的部分"恒解"，這些著作被稱爲"晚年定本"，據西充鮮于氏特園藏本，有《大學恒解》《中庸恒解》《論語恒解》《孟子恒解》《詩經恒解》《書經恒解》《禮記恒解》《春秋恒解》等八種。

劉沅生前，《槐軒全書》的基本框架"亦略備矣"，同治年間開辦的劉氏堂號豫誠堂，雕版刻印了劉沅的大部分著作，稱爲"豫誠堂藏版"。但以《槐軒全書》之名首次刊行，則是在他去世 50 年後，由劉芬、劉梖文以劉家公款創辦的守經堂於光緒三十一年完成的。守經堂刻本借用了部分豫誠堂老版，成爲了《槐軒全書》的最早版本。除光緒守經堂本之外，尚有劉咸焌扶經堂民國十六年重校本，與守經堂本一樣，收書均爲二十三種，一百七十八卷，

① 蕭萐父：《推十書·前言》，《推十書》甲輯壹，上海科學技術文獻出版社，2009 年版，第 2 頁。
② 劉沅：《又問》，《槐軒全書》，巴蜀書社，2006 年版，第 3926 頁。
③ 同上。
④ 同上。

一百零七册，稱爲致福樓重刊本。劉氏堂號所刻之外，《續修四庫全書》亦收編了“四書”“五經”、《恒解》等部分著作。在諸版本之中，由劉梖文弟子、民盟創始人之一的鮮英（1885—1968，字特生，西充縣太平鄉鮮家溝人。特園爲鮮宅，位於重慶嘉陵江南岸上清寺旁）所刻西充鮮于氏特園藏本爲《槐軒全書》較爲完善、完整的版本，刊行於中華民國二十年至二十三年，凡 22 種、177 卷、106 册。此本由止唐公之孫劉鑒泉先生親自校刊，字大體美、疏密有度，書品較佳。

20 世紀 80 年代以後，《槐軒全書》各種版本大部分散佚①，而《推十書》自 1926 年開始由推十書局陸續刊刻，到 1937 年前後僅刊刻 69 種，後停刻，除少數學者如蒙文通等能得見一二外，未刊手稿幾乎與世隔絶，使學者失去了系統研究“槐軒學”“推十學”的完整資料②。全面收集、整理《槐軒全書》和《推十書》以及繼續傳播弘揚“槐軒學”“推十學”的重任落在了劉咸炘長子劉伯穀先生的肩上。從 1991 年起，劉伯穀先生在槐軒門人的幫助下，於 2003 年左右完成了對《槐軒全書》西充鮮于氏特園藏本的收集、整理工作③，并在這個版本基礎上增補了劉沅《性命微言》（守經堂本）、《醫理大概約説》（稿本）等文獻，該整理增補本於 2006 年由巴蜀書社出版；在其弟劉器仲、劉叔固的協助下，至 2005 年基本完成整理、鈔寫、標點《推十書》未刊手稿的工作④。《推十書》（增補全本）分爲已刊本和未刊本兩個部分，於 2009 年由上海科學技術文獻出版社出版。

其間，李誠先生力主申報教育部重點基地重大專案獲批，并與段渝先生分别主編《槐軒全書》和《推十書》，對兩書的付梓助益甚大。其後，譚繼和先生以數年之力，組織完成了《十三經恒解》（箋解本）的整理工作。以上三君及其他參與整理者，皆爲劉氏文獻整理之功臣，謹記於此。在整理、編輯《推十書》（增補全本）的過程中，劉伯穀先生指出：

> 先君著述，大率根據自己讀書所得，先爲劄記。又每閲一書，即於書眉副頁批校評識，短者數言，多者數十百言，朱墨燦然，已具綱領，繼乃修補成篇或又删并綜貫以成各種著述。嘗謂：“將來尚需按學之統類，删繁就簡，納支入幹，化諸小種爲數大部。”《推十全書總目》係先君没後，其門人根據所存遺稿編成。其中所列稿本除少數佚亡外，有的早已合并，并付刊刻，如《莊子釋滯補》已入《莊子釋滯》，《學變圖贊》已入《子疏》，《理文别録》已入《淺書續録》，《詩初學》已入《風骨集》，《陽明先生傳習録摘》已入《先河録》，《小説撰論》改爲《小説裁論》已入《校讎述林》等。未刊稿中，此次整理，敬按先君批注，將一部分稿件合并，如《金元史緒記》《宋史雜記》附《宋史豫記》後，《校讎餘論》并入《校讎叢録》，《推十談藝》并入《文説林》，《子篇撰要》并入《子史篇録》，《詩系附抄》并入《詩評綜》，《詞概》并入《詞學肆言》等。因此，增

---

① 段渝：《一代大儒劉沅及其〈槐軒全書〉》，《槐軒全書》，巴蜀書社，2006 年版，第 16 頁。
② 施維：《推十書·編輯緣起及整理説明》，《推十書》甲輯壹，上海科學技術文獻出版社，2009 年版，第 15—16 頁。
③ 段渝：《一代大儒劉沅及其〈槐軒全書〉》，《槐軒全書》，巴蜀書社，2006 年版，第 16 頁。
④ 施維：《推十書·編輯緣起及整理説明》，《推十書》甲輯壹，上海科學技術文獻出版社，2009 年版，第 15—16 頁。

補本書目與《推十全書總目》不全一致。又此次整理之未刊稿，其中部分屬未定之稿，凡稿中出現空頁、空行疑俟尚須增潤者，謹統以空行間之。①

劉伯穀先生對《推十書》（增補全本）近六百萬字的整理，基本反映了劉咸炘遺著的全貌和體例，除少量文章和著作手稿遺失外，使《推十書》（增補全本）成爲目前較爲完整的版本，功莫大焉。

劉伯穀（1929—），名恒藝，字伯穀。幼年就讀尚友書塾，傳習"槐軒""推十"之學，長則秉承家風，教書爲業。20世紀80年代開始，作爲"槐軒學""推十學"的傳承者，劉伯穀先生在整理《槐軒全書》《推十書》的同時，常常接待國内外前來問學的學者和門人，又應槐軒門人及愛好者所請，不辭高齡，擔負起在各地講解"槐軒學""推十學"的重任。在講學、游學、答疑中，無不推己及人，始終以傳播槐軒闡釋之儒家元典精髓和做人之道爲重，影響遍及國内和歐美，爲人所尊仰。

劉伯穀先生承繼了槐軒"以儒道正統删訂增補"道教科儀，融儒於道的傳統。以前劉門每年都要舉辦大小九次極具儒家特色的法會活動，俗稱"法言壇"，其中，有上元會、佛祖會、中元會、九皇會等。現在每年中元節，在劉伯穀先生的支持和參與下，都會在什邡舉辦中元會。通過每年的"法言壇"，劉伯穀先生借用道家科儀，傳授儒家的做人之道，通過給在世的父母禮斗，給過世的先人超薦，正人心，厚風俗，提倡孝道精神，傳播傳統文化敬天法祖的信仰，實現儒家"慎終追遠，民德歸厚"的目標。

2009至2011年，劉伯穀先生以劉沅所著《大學恒解》《中庸恒解》的基本觀點爲據，爲門人系統講解這兩部經典，2015至2018年由劉馳、劉鏞晋、劉鎰晋、石華鋒、明甫等家人和門人整理成《祖述槐軒——劉伯穀先生講大學中庸》一書。劉伯穀先生此書分爲《古本大學》講稿和《中庸》講稿兩個部分，非常具體地闡述了槐軒的先後天學説和理氣學説，指出并糾正了程朱理學對儒家元典的誤解，爲讀者準確理解儒家元典字義、文義和主旨，提供了不可多得的珍貴教材。《祖述槐軒——劉伯穀先生講大學中庸》在2019年出版後次年，入選"中國好書"2020年3月榜單。

《槐軒全書》（增補本）自2006年出版、《推十書》（增補全本）自2009年出版，已十餘年矣。爲了滿足讀者和學術文化界對槐軒著作的需求，巴蜀書社擬於今年重印，本次付梓又整理、補充、完善了相關文獻。

《槐軒全書》原增補本中《周官恒解》卷二之《地官司徒序官》西充鮮于氏特園藏本原缺，本次再版，以至福樓重刊本整理排版後補之。又據劉澤來孫劉馳先生推薦，經劉伯穀先生同意，明甫先生聯繫槐軒門人龍鐵根先生，將其珍藏的《槐軒雜著外編》增補於後。《槐軒雜著》，初刻於道光辛丑年，共一百五十三篇。至咸豐壬子年重定再刻，較初刻本有所增删，共一百六十八篇。劉鑒泉先生於1925年因"古子書有内外篇、文集有内外集"例，將

① 施維：《推十書·編輯緣起及整理説明》，《推十書》甲輯壹，上海科學技術文獻出版社，2009年版，第15—16頁。

《槐軒雜著》未收的劉沅詩文，“凡雜書隨筆之成首尾者悉録”①，親自編定了《槐軒雜著外編》四卷，凡一百一十四篇。此書由槐軒門人楊世賢出資，由扶經堂於1928年刊。該版本至今已極爲稀見，訪求不易，故龍先生之奉獻、明甫兄之奔走，嘉慧學林多矣。又原增補本中《蒙訓》鮮本缺，以守經堂本補，本次整理亦以龍先生所提供之鮮本完善之。

《推十書》（增補全本）之重印，則以上海科學技術文獻出版社2009年版掃描本整理，重新編輯，影印出版。

筆者早年有幸師從於劉伯穀先生，然性浮躁，學無所成，2005年始協助劉伯穀先生完成《槐軒全書》《推十書》的整理出版工作，受益良多。在兩書再版之時，謹就所見文獻，粗加疏理，對以劉沅、劉咸炘爲代表的劉氏家族的學術傳承和版本情况説明如上，敬請專家學者不吝賜教。本文得到了劉伯穀先生的指導，劉馳先生和門人明甫先生也提出了很好的修改意見，在此，謹向他們致以崇高的敬意和衷心的謝忱。

作者單位：巴蜀書社

① 劉咸炘：《槐軒雜著外篇·序》，民國戊辰扶經堂刻本，第5頁。

清代蜀中著名詩人張問彤初探

胡傳淮

内容提要：清代蜀中遂寧張氏家族是一支興盛時間長達兩百年左右，在政治上和文學上都有重要影響的大家望族，人稱“清代四川第一家”。張氏家族中著名詩人張問安、張問陶、張問彤，合稱“遂寧三張”。張問彤（1768—1832），字受之，號飲杜，張鵬翮弟張鵬翼玄孫，張問陶從弟，少負雋才，乾隆五十七年（1792）四川鄉試解元；嘉慶元年（1796）薦孝廉方正，補什邡教諭，日以講學爲事。晚授山西和順縣知縣，山西巡撫欲留其在省垣以備顧問，以知州升用，未果，病卒。撰有《飲杜詩集》《飲杜文集》。本文對張問彤生平、詩文做了初步考述。

關鍵詞：清代詩文；巴蜀文學；張問彤；遂寧三張；飲杜詩集

清代蜀中遂寧張氏家族是一支興盛時間長達兩百年左右，在政治上和文學上都有重要影響的大家望族，人稱“清代四川第一家”。張氏家族中著名詩人張問安、張問陶、張問彤，合稱“遂寧三張”。《巴蜀文化大典》中“遂寧三張”辭條載：“清代遂寧詩人張問安、張問陶兄弟與從弟張問彤三人的合稱。三人中以張問陶成就爲最，問安次之，問彤又次之。”今張問陶存詩3500餘首，張問安800餘首，張問彤200餘首。學術界對張問陶研究甚多，張問安次之，而張問彤研究尚處於空白，連一篇像樣的論文也没有，故今特對其人其文做一簡介，抛磚引玉，以期引起人們重視。

一、張問彤生平

張問彤（1768—1832），字受之，一字錫功，號飲杜，四川遂寧人，張鵬翮弟張鵬翼玄孫，與張問安、張問陶爲從兄弟，合稱“遂寧三張”。張問彤少負雋才，乾隆五十七年（1792）四川鄉試解元；嘉慶元年（1796）薦孝廉方正，補什邡教諭，日以講學爲事。晚授山西和順縣知縣，山西巡撫欲留其在省垣以備顧問，以知州升用，未果，病卒。

清代學者李星根《張受之先生傳》：

受之先生，名問彤，字受之，文端公弟、定遠將軍之元孫，與亥白、船山爲三從兄弟。時有唱酬，然獨以少陵爲主，故自名其集曰《飲杜》。其精到處，雖起子美九京，亦無以易。而不專一長。又好爲古文詞，兼冥心理學。船山分校春闈，先生屢以回避，不與試。歸與邑令涂琴舫、徐香垞談聲音文字之學，二公皆名翰林也。後以孝廉方正召廷試入等。賜六品冠帶，補什邡教諭。人咸爲先生屈，以先生壬子（1792）發解，即應銓縣令也，顧不介意，日孳孳以講學爲事。其于古文言分合起伏之法特詳。生平不多作，作亦不多存。其深於詩、古文者歟？晚授和順縣知縣，撫軍多其爲儒，恒留省垣以備訪問。久之赴任，而疾革矣。子五人，冢君知簡最知名。

李星根曰：“愚讀先生《音泭序》，而知先生于古學深也。竊以爲韻切之學，莫先審音，音既誤矣，而韻何由定乎？又以爲五方音，各有得失。而必以吴音爲無誤者，殆失之。而先生之不以爲得，謙已至。從而矯變者，未必盡宜變也，惜不及論之耳。徐氏《音泭》之作，舉古人所慣用之部，居而盡易以木部，而云以便後學。竊嘗思之殆，所謂暗以重暗者歟。”

張問彤子張知簡（1810—1855），字子敬，號疑園，同治恩貢（監生），工詩善文。卒葬遂寧北門外玉堂山。

張問彤事迹載清人李星根《受之先生傳》、孫桐生《國朝全蜀詩鈔》、光緒《遂寧縣志》、民國《遂寧縣志》等文獻。

二、張問彤詩文

張問彤善詩文，爲清代蜀中著名詩人。清代學者孫桐生《國朝全蜀詩鈔》卷三十三載：“受之少負雋才，舉鄉試第一，士論推重。七上春官不第，以薦孝廉方正，得官廣文，未展其才，人頗惜之。佳句如‘春静人來少，庭閑鳥下雙’‘地寒晴養麥，天暖雨肥魚’‘偶因沽酒知魚價，恰爲鋤花破蘚斑’‘夢裏還家兵世界，病中愁日閏支干’‘心肝不死憂家國，詩句無靈愧弟兄’，俱新雅。”其《秋懷》詩中，有一首懷船山云：“閑官秋氣味，十載奉京師。狂得時人駡，詩從外國知。車螯肥入市，霜菊傲當籬。嗜酒無錢甚，惟應句益奇。”張問彤著作有《飲杜詩集》《飲杜文集》兩種。《飲杜詩集》分上、下兩卷，收詩200餘首，有清道光四年（1824）刊刻本，在蓬萊鎮（今四川大英縣治）刊印，詩集有王檢（四川瀘州人，進士、官至山東按察使）所作叙，叙中稱："飲杜與船山爲從兄弟，于詩亦不辨軾轍。船山天才踔厲，價重雞林；飲杜胚胎老杜，得骨得神，世鮮知者。船山狂從人駡，飲杜恂謹若處子，雖妻孥，不見惰容，故其爲詩，矩度謹嚴而筆力恣肆，氣息淵醇雅，不愧古作者。兹歘留餘署，勸鋟其稿以未携行篋，辭爰抒數語，俾刻諸名山，傳之奕世，而余亦得附名簡端，莫非厚幸，并以見飲杜與船山固旗鼓相當、未易軒輊云。"四川大學圖書館有藏。《飲杜文集》爲清道光五年（1825）刊刻本，譚言藹（四川安岳人，翰林、官至御史）作序，稱問彤"解元張飲杜徵君，少受知于張鶴坪（潼川知府張松孫）太守，同其子愚亭（張智瑩）交處，切劘深摯，齠齔馳聲，及春闈再躓，船山贈行詩有'歸趁窮愁好著書'句，其期許可知矣。後鶴坪移守洛中，先生與偕，交游益廣，見聞益多。時文外刻期會課，古文策論及各體詩古，靡不賅洽，故發爲文章，胎息兩漢，出入唐宋元明諸大家，兼取衆長，莫名一體。人但以名解元重先生，非知先生者也。晚以涂琴舫（遂寧知縣涂鴻儀）明府薦徵孝廉方正，非其本願。然于此見先生之原本至性，有真性情，而後有真學問、真文章也。憶余纂修省志，服闋赴都供職，薦以自代，而堅辭不就，其高節尤難數覯云。"遂寧市圖書館有藏。

張問彤《武關記事》云：

> 亂山影裏馬蹄多，騎士横挑馬上戈。
> 一戰定知能破賊，將軍不渡武關河。

武關，即武休關，原屬陝西省鳳縣，今爲陝西省留壩地，係戰國時秦之南關，是川陝蜀道重要的關隘，又是自古兵家必争之地。詩人來到武關，恰逢戰亂多事之秋，統治者正在調兵遣將，進行征伐。詩人用這首七絶，描寫當時所見所感。

首句寫武關兵荒馬亂。山用"亂"字，十分傳神，可以是山影凌亂，也可以是人影幢幢，也可以是刀光劍影，或許幾者兼而是之。總之一"亂"一"影"，給人以緊張、危險的氣氛。次句寫士兵，横挑馬上戈，雄赳赳、氣昂昂，躍武揚威。這句表面上是對戰士武勇精神的讚美，然而實際上是一群驕兵的形象，他們趾高氣揚，不可一世，預示戰敗的徵兆。首兩句先聞其聲，後見其人，極有層次。三句承第二句，爲想象之詞。既然如此"武勇"，自然"戰能破賊"，"定知"乃揣測之詞，結果是否如此，那還不一定。"將軍不渡武關河"，則是第三句的結果，既然戰士一定能破賊，那麽自然就不必勞動將軍了。但這也反映了軍隊的另一個重大問題，將士苦樂不均，士兵在前方浴血奮戰，而將領却在後方享福。這就是清代中葉的社會現實。三四句一氣貫注，反諷有力。

張問彤生活的嘉慶時期，正是轟動鄂豫川陝的白蓮教大起義和清朝官軍激戰時期，當時鎮壓白蓮教起義之諸將，驕奢淫逸，屢戰屢敗，正如張問陶所云："猶勝驕淫諸將吏，移營終歲避鋒鋩。"（《寶雞題壁》）張問陶是正面揭露和批判，而張問彤是反面諷刺，二人達到殊途同歸的目的。

張問彤《安居鄉》云：

山根牧養石根漁，北馬南船總不如。
堪笑太平書劍客，匆匆一飯過安居。

安居鄉：即今遂寧市安居區。這是一首即景言事抒懷的七言絶句，寫於1790至1792年之間，作者前往成都參加鄉試之時，而安居則爲其必經之道。作者少負雋才，乾隆五十七年（1792）舉四川鄉試解元。而其間乾隆五十五年（1790）張問陶已中進士，這無疑對張問彤是一極大鼓舞。這從詩中“北馬南船”一語即可窺其一斑。山根牧養石根漁：一下子展示在人們眼前的是一幅魚躍糧豐、馬壯羊肥的豐收圖景，暗切安居（樂業）。北馬南船總不如：而“北馬南船”本指不同區域的兩種交通工具：北方人喜馬，南方人喜船。然在此處却借指旅途奔波，求取功名。有張問陶詩爲證：一是張問陶於乾隆五十一年（1786）二十三歲時回成都參加鄉試，先車後船沿長江而上，歷時八個月，行程萬餘里，幾爲强盜刀下之鬼，有《初歸遂寧作》首句云“北馬南船笑此身，歸來已是廿年人”；二是張問陶於乾隆五十四年（1789）二十六歲時，在己酉《人日偶作》中寫道：“南船北馬僅（極）饑疲，皮骨空存病不支。總爲噉名（求功名）親筆墨，未能知命亂蓍龜。”由此可見其義。整個張氏家族自其先祖張萬入川始，到“問”字輩後生，先後已有四十餘人在明清兩朝做官，算是世宦之家了。通過科舉進入仕途，這對張家後人已顯現出極大的誘惑力和鼓動性。“漁樵耕讀”雖有其安居樂業、怡然自得的一面，“北馬南船”也有其旅途困頓、艱難進取的一面，但在作者的心目中前者畢竟“總不如”（怎麼都比不上）後者。他畢竟是“定遠將軍”張鵬翼的後裔呀！堪笑太平書劍客，匆匆一飯過安居：可笑？笑誰？在作者看來，也許是他的“匆匆一飯”令别人感到可笑；也許，他爲自己的行徑——匆匆而來，匆匆而去——感到可笑。但他并未改變走向青雲路的目標，“一飯”而過安居去了！飯，名詞用作動詞，即吃飯。“太平”，此時正值乾隆盛世後期，衹有“太平”當可“安居”。“書劍客”指作者既能文，又能武，其高祖張鵬翼曾以軍功封“定遠將軍”，而張氏文風素盛，張問彤在平輩中亦屬姣姣者，“四川解元”張氏僅其一人而已！

這首詩，作者一開始以比興的手法寫了所見所感，筆端指向一個特定的環境——安居鄉，然後通過自身行爲的描述，透露出了遠大的情懷——居安而不“安居”。詩中既有濃郁的生活氣息，又有堅定果敢的志趣情操、鮮明可觸的人物特質，真可謂言近而意遠也。

張問彤《閔家坡》云：

才俯危關百尺雄，蜀山歷盡向秦中。
又從鳥道披雲去，不到青天路不通。

閔家坡位於陝西省漢中市寧强縣。這首詩寫于作者從四川進京科考，途經閔家坡時。詩人于乾隆五十七年（1792）中舉。舊時例制，中舉後方能參加京師會試。因此，張問彤於舉鄉試第一後，曾七次進京參加會試。這首詩就寫在鄉試（1792）後的赴京師會試旅途中。那時出川進京驛道，須經梓潼送險亭而入南棧道，再經北棧道，由陳倉出棧。而閔家坡便在這條驛道之上，位於今廣元市朝天區與漢中寧强縣之間，爲寧强縣所轄。

前兩句：以其行程先後，先説蜀道之難。雄、危，言其高峻、陡峭。歷盡：走完。句意：剛剛從高處鳥瞰，衹見山勢陡峭險峻，關隘壁立高聳。我翻山越嶺，好不容易纔走完了那艱難的蜀道，來到這陝西境内。

後兩句：再説秦地之險，"鳥道"極言其險，"披雲"極言其高，一個"又"字表示繼續着旅程的艱難、曲折。"青天"，本指藍色天空，此指科舉成名做官，一語雙關。句意：先前以爲，走完了蜀地險峻的山峰，來到這陝西境内或許會好一些。然而誰知，這裏的山岩更加險峻陡峭，恐怕衹有鳥兒纔能飛過去。但一想到這些年來，爲搏取功名歷盡千辛萬苦，而始終未能如願。已經走到了今天這一步，如不能戰勝這脚下的崎嶇道路能行嗎？於是，便又奮起勇氣攀雲撥霧向前走去：一定得達到自己的遠大目標！"不……不……"一個雙重否定句的運用，大有不達目的誓不甘休的豪情。

"閔家坡"，就是詩人遇到的最艱難的進取障礙之一，同時又是詩人激發豪情、難以忘却的思想火花的迸發地——"不到青天路不通"。這樣一來，以作爲秦蜀中間站的《閔家坡》爲題，就再恰切不過了。全詩以寫景叙事爲主，末句抒情緊扣眼前之景恰切自然，極具震撼人心的力量。副詞"纔""又"的恰當使用，層次感更覺分明。通篇語言樸實，意境轉换一目瞭然。

張問彤《劍州柏樹》云：

衡空三百里，一色鬱青蒼。世代焉能辨，經過得未嘗。
蟠根驚竄蟒，弱幹識棲凰。抱石珠凝緑，流脂玉切黄。
十圍才博大，千尺氣軒昂。不雨猶浮翠，疑晴亦作霜。
卑枝堪大厦，密葉詎終藏。世自需梁木，才寧老道旁。

劍州，即今劍閣。這是一首五言排律，作於清乾隆五十九年冬。當時問彤由蜀中往京城參加會試，途經劍門一帶，望森森古柏夾道，遮天蔽日，有感於自己滿腹經綸而兩求功名不得，於是托物言志，寫下了這首詩。

本詩共十六句，可分爲四個層次，每四句爲一個層次。一至四句爲第一層次，描繪劍州柏林。夾道古柏，連綿三百里，凌天蔽日，一派鬱鬱葱葱。這些柏樹各栽種於什麼朝代已無法分辨，别的地方從未見到如此規模巨大的古柏林。五至八句爲第二層次，描繪柏林的蟠根、弱幹、抱石和流脂。樹根盤盤曲曲，使人驚懼，以爲是飛竄的巨蟒；樹枝纖細，可以看見上面棲息的珍禽；衆樹環抱的卵石凝緑聚翠；樹幹上流出的柏脂晶瑩淺黄。九至十二句爲第三層次，描繪樹圍、樹高、樹冠和樹皮。樹粗十圍，就像胸懷寬廣的大人才；樹高千尺，就像氣宇軒昂的偉丈夫。天未下雨而樹冠青緑，就像飄浮在空中的翠雲；大好晴日而樹皮泛白，使人懷疑是天降寒霜。十三至十六句爲第四層次，抒發胸中的憤懣。小樹都能充當建設高樓大厦的材料，那密密的樹葉豈能長久地把它掩藏？時代本來就渴求棟樑之才擔當重任，我本當世雋才，難道還會老死于路旁？本詩托物劍州古柏，言人才終將爲世所用之志。

本詩之妙，首爲物我合一藝術境界的創造。如果把前三層次看作一個電影鏡頭，那麽它由三個分鏡頭組成。第一層次是第一分鏡頭，是大全景，整體描繪古柏連天葱鬱；第二層次是第二分鏡頭，它有蟠根、弱幹、抱石和流脂四個特寫，具體描繪古柏；第三個層次是第三分鏡頭，是近景，從樹圍、樹高、樹冠和樹皮四個方面描繪古柏的胸懷、氣度和意志，實際是將古柏人格化。至此，古柏的形象似乎是十分鮮明突出了。其實，問彤是以古柏自況："十圍""千尺"二句，不正是描寫他自己的寬廣胸懷和軒昂氣度？"不雨"疑晴二句不正是展現自己雖經磨難而毫不衰減的意志？這時，古柏和問彤的形象同時幻化，融合成一個嶄新的藝術形象，而"世自需梁木，才寧老道旁"的心聲也隨之迸發而出。這樣，本詩藝術境界的創造終於大功告成。

本詩之妙，其次在用字的精當。僅以第五至八句爲例，用"蟠"和"蟒"二字描寫柏根的盤曲粗大，又用一"竄"字將静景化爲動景。第六句雖衹描繪了"弱幹"上的一"棲鳳"，但讀者已於無聲處聞聽衆鳥争鳴，有形又有聲。第七八句，用"抱"和"流"二字分别將"石"和"脂"由静態化爲動態，用"珠"和"玉"二字分别描繪"石"和"脂"的形態，用"凝緑"和"切黄"分别點染"抱石"和"流脂"的色彩。這樣，古柏的形象就栩栩如生了。

張問彤《雨後曉發新樂》云：

> 小雨先晨歇，平郊散馬行。
> 煙光和霧濕，沙影奪雲晴。
> 垂柳鶯千樹，新泥燕一城。
> 不堪殘夢醒，昨夜是離情。

張問彤少負雋才，二十多歲，就中四川鄉試解元，可是後來"七上春官不第"，可見仕途之坎坷。新樂屬河北省，離北京不遠，爲入京必經之路。這首五律寫曉發新樂的羈愁旅況。

首聯點題。夜晚下了一場小雨，早晨起來，已經雨過天晴，於是詩人打點行裝，在河北平原新樂郊外按轡縱馬徐行。這聯雖是叙事，却暗含愁情，雨歇即行，道路是多麽艱辛，散馬而行，不急於趕路，對功名是多麽厭倦。

中間兩聯描寫郊行所見。樹落炊煙、清晨霞光、樹影婆娑、白雲舒卷、垂柳千樹、草長鶯飛、一城春燕泥翩飛，這一切籠照在淡淡的霧靄之中，和着濕潤的空氣，多麽清新、多麽美麗、多麽悦目、多麽賞心。詩人對春天清晨的熱愛，早把一切不快與惆悵置諸腦後。

尾聯又回到剪不斷、理還亂的愁情描寫之中。昨夜在旅店裏做了一個夢，夢中離别家鄉，離别親人，既淒惻，又纏綿，不忍别，又不得不别，夢中淒苦，醒後更令人難堪。這兩句把詩人的情感推向高峰，既與中間四句對比，又與開頭兩句照應，把他那種複雜難以言傳的心緒曲曲道來，感人至深。

張問彤工詩，亦善文。其《青雲橋記》云：

邑西五十里許，地名“石堰坎”，舊有橋跨灘上，不數年而圮。蓋在乾隆初間，雲水源龍頭山麓，當盛雨時，山溪浮漲，與溝澮之盈溢者相奔注也。顧地當要衝，行旅日不絶，無論望洋興嘆，即水泉涸竭，而坎窩滑澾，過者咸歌行路難焉。先輩謀複之，而終未果也。

歲丙子冬，秦君文炳、王君德馨，乃約諸同志募衆資，鳩工庀石落成。屬記于余，以爲事之興廢，存乎人而已矣。方橋之既圮也，有追尋往迹于斷石亂流，殘碑荒梗，而不知建自何時者。今諸君慨然懷利濟之忱，倡於衆而不居其功，久於役而不辭其瘁，雖制不必上應列宿，而鼇背穹窿。然工部所云“褰裳不涉”，往來通者，復將於是乎泳。豈非有志者事竟成哉。

是役也，肇于丁丑春，越戊寅夾鐘月而竣，計費凡八百餘金云。

張問彤《建修旗山書院碑記》云：

學爲教化之原，鄉賓賢能之本。三物六行，爲率衆以明倫；殷序周庠，特因時而立教，此所以子輿氏望諸五十里之滕，而卿大夫設于六十屬之職也。鎬京鐘鼓，于樂無方；凫峰藻芹，言來斯頌。然而圜橋觀聽，非俊選莫與其榮；泮水邁從，豈小大畢分其樂。是以禮經有黨庠之目。鄭人爲鄉校之游，稽古足徵，于斯爲盛。

吾邑惟書台之麓，自昔開都講之堂，規制未宏，容留蓋寡。方今人才濟濟，文治蒸蒸，山居場市之地，或路隔百里而遥，田膏土沃之方，或素有奇贏之積，莫不遠卜郊坰，創興義學，俾邑中人士得附近以安絃；鄉達先生各因材而樂育。用是龍翔、安溪，接武于井里；桂香、鑒亭，分建于朔南。從游日衆，成就惟多，遠近觀矚，鄰邑共羡。

旗山書院者，地據河東之勝，近聯附郭之郊，蓋肇基最先，而程工獨後。原其所自，厥有由來。迨及今兹更歷多故，昔在康熙辛未（1691），先光禄公嘗於廣濟壩捐地若干畝，建宇數楹，擬擇師以誨來學。其時兵燹之後，地僻民稀，負笈未遑，擔簦無幾，士人因之以祈年報賽，遂爲廟祀田租之基。繼因棘子壩有劉秀榮捐業，乃移建於兹土。殿閣崇宏，祠宇焕彩，先，州司馬成一公，更竪兩廊爲東西學舍，雖則延師課士，而書窗并於僧寺，未得爲堂廡之全，且以其地屬他姓遺留。歷年既久，而祀神祈福，人咸視爲給孤之園，叩鼓鳴鐘，無復有誦聲之作。於是，招僧焚獻，鳩據鵲巢，以土地之高腴，供緇流之浪蕩，代傳數世，累負千金。不惟文昌之會成立，亦且天公之神弗寺，僧徒敗壞，靡可罄言。及至衣缽之綠無存，香火之裔遽斬，首事悉心經理，代爲償債收租，屢費不貲，始就清剔。然而創興學校，嘖有煩言。或謂古刹之贏餘，無關勸學；或謂布施之故址，仍欲舍僧。不知前人固有深意，立學豈出無因。乃至進牘訟廷，争端以起，賢明剖斷，平允爲昭。邑候鄧雲川先生三分其所入租賦，以一分供神祠祀事，二分作師生膏火，雇看司而典守。既無損於香燈，經首領以持籌，兼可資乎誦讀。輿情允協，部署咸宜。遂由此而延師，猶未逮乎啓宇。乃者邑貢生雷君時行。義重急公，聞而興起，不辭多費，爲士民先。始捐二百四十緡，命匠庀材，則書院所由建也。繼捐一千三百貫，置畝收賦，則膏火所由增也。雷君倡首，士民樂輸；集腋成裘，奂輪具美。卜地天公廟側，爲堂五楹，前列回廳，左右聯以書舍，并具文案几榻之屬。垣牆周迎，宏敞維新。净几明窗，成千秋之美舉，上棟下宇，備多士之藏修。於是前人創學之意，始克底於有成。

是役也，起工于道光戊子（1828），告成於己丑（1829），計費千餘金。地畝歲入若干貫，以爲延聘之用，考課之需，固有餘無不足也。書院距城五里許，爲縣境之東，與桂香、龍翔等各以其方相輝映。涪水環流，旂山挺峙，平原沃壤，秀毓人文。鼓歌弦誦之餘，必有應科第勳名而興起者，余於多士有厚望焉。

張問彤《創建龍翔書院碑記》云：

事之近而可緩、切而非迂者，其惟鄉學乎？古之教者，黨有庠，術有序。孟子曰："謹庠序之教，申之以孝弟之義。"故鄭人欲毁鄉校，子産不可，豈徒以其議執政之善否，足以改而行之哉！夫亦以其切於而效之遠也。蓋其爲教也，專之詩、書、禮、樂以執其業，設之三物六行以興其行，觀之禜酺讀法以使知奉神臨民之意，而又射以示尚德，飲以示養老事長。而及其成也。則以禮，禮賓之，即終其身不出乎一鄉一曲之間；而其所學，則古先聖王之道，國家當世之法，淑身善世之宜，無不備也。是故其材之成，則天下有所賴；而其未成，亦不失爲醇謹寡過之士，而于人心風俗無所敗壞也。何也？邪説詭异之説，未嘗陷溺，則不敢爲佛、老、莊、列、申、韓、蘇、張之術也。孝友、睦姻、任恤之訓，未嘗暫忘，則不敢得罪于父兄、師長、宗族、鄉閭也。久服於講肄歌咏之勞，則不忍捨而征逐於飲食游戲也。熟睹夫耦進、升降、坐立、出入之儀，則不樂爲倨傲惰慢而以禮法爲困苦也。嗚呼！以是爲教，以是爲學，則亦庶乎其可矣！

邑西三十里，有山曰"龍頭"，地與横山寺相近。其間賢父兄慮子弟之失其教也，而買黄氏之居，創爲書院；復買其田六十餘畝，以爲延師之需。余之始至也，每以風雨、穿窬爲慮，既而補苴罅漏，差次施工。逾年，銀理齋翁始募建大門，竪立坊匾，土牆悉易以石。費錢二百餘千，不足之數，己力肩之。中間余改館書台，諸君乃得以厚其蓋覆，治其階除，其旁之垣牆，後之山脚，皆選石層叠之，堅整厚實，可歷久遠。更補東偏之缺。蓋始自甲戌（1814），迄于甲申（1824），而規模備矣。初，鄉人之創爲是役也，以屬之理齋昆伸及鄭君書、王君景運、吴君東望等十人，而始終十年之間未嘗推誘、懈怠。用觀有成，則理齋之力也。田租歲可百數十千，修脯歲計百千，米一石有餘，則以爲修補校課之地。

余前後主講凡六年，理齋因屬序于余。余維鄉學之所以成就人才者，不异于國也。而其用則尤切。今之所謂書院者，大可慨矣。名師、宿儒，既不可多得，而其大者類以養位高望重之人；其次，非在上薦引即其守令之所受請求者也。夫位望尊，則不以訓誨爲賢薦引；專請求力，則不必以學行爲重。且當郡邑之中，凡耳濡目染，無非末俗囂陵之習，而從游者，又每各挾其意而後至，務傳道、受業、解惑者，蓋無幾矣。鄉學則不然其事者也；子弟者，必其材可冀其成立者也。地處偏僻，故耳目清而無市井之習，道不遠涉，故往來便而無曠廢之功。至於子弟之勤惰，功課之疏密，其父兄皆足以助其師之所不逮，故其用尤切也。吾邑惟書台書院，玆諸公以是倡，將和之者徧於閭里，而家有絃、户有誦。人心之正、風俗之美、人才之盛，未必非諸君有以基之於始也。其地發脉龍頭，因目爲“龍翔書院”，而述其巔末云。

龍翔書院，在今遂寧市安居區橫山鎮。

張問彤一生，雖官運不亨通，但始終問學不倦。他崇拜杜甫，學詩專主杜甫，習其沉鬱頓挫之詩風。他的詩集取名《飲杜詩集》，足見其詩學主張。張問彤詩歌雖不及張問陶知名，但也自有特色，可讀之作亦不少。他是清代蜀中遂寧張氏家族中涌現出來的一位卓有成就才子、學者和詩人。

作者單位：四川省蓬溪縣政協

巴蜀文獻

李調元集外佚詩文輯録

郭　齊

内容提要：李調元詩文除已結集者而外，尚有大量散落於群籍之中，未經系統搜集整理。本文爲近年遍查群書、廣泛搜羅所得，凡調元集外佚詩90首，佚文130篇公諸於世，以供李調元研究者愛好者參考。

關鍵詞：李調元；佚詩文；蜀學

李調元晚年曾親手將其詩文編定爲《童山詩集》四十二卷、《童山文集》二十卷、但這遠不是他的全部作品，尚有《蠢翁詞》二卷、《童山文集補遺》一卷、《童山續集》一卷、《看雲樓集》二十二卷、《粵東皇華集》四卷、《五代花月》一卷、《游峨詩草》一卷、《童山選集》十二卷，以及《聽秋樓詩集》①《走街吟》《出口小艸》《東巡扈從集》《大匏山房集》《考功集》《涴壁吟删稿》等②。除最後的七種外，其他尚存。其中《蠢翁詞》、《童山文集補遺》、《五代花月》（含詩23首）均爲《童山詩集》《童山文集》所未收，《看雲樓集》《粵東皇華集》《游峨詩草》《童山選集》中二集所未收之詩分别爲420首、105首、27首、40首。除了這些結集的作品外，尚有不少集外詩文散見於群籍中，如《雨村詩話》《清脾録》《出口程記》《東華筆話集》《韓客巾衍集》《燕行録全集》《粵東古學觀海集》《函海》所刻各書序跋及各種方志等，迄今未做過系統搜集整理。兹將近年遍查群書、廣羅所得公諸於世，以供李調元研究者愛好者參考。凡已結集刊行而《童山詩集》《童山文集》所未收者將另行整理，

① （清）湯大奎《炙硯瑣談》卷下云："羅江李羹堂調元觀察詩才敏贍，著有《聽秋樓詩集》，縱横跌宕，見賞於錢香樹尚書。"乾隆五十七年趙懷玉亦有生齋刻本。

② 參見韓東：《李調元集外書札考釋》引李調元與柳琴書，《寧波大學學報》2016年第1期。

不在此列。需要説明的是，部分詩文原無標題，筆者據内容擬加，以便載録。

宿元聖宫

寺當火後花仍放，山入春來草自榮。惟有大椿枯卧後，更無消息望重生。《出口程記》，美國國會圖書館藏乾隆四十九年刊《函海》第二十集

題禪堂山水畫

細雨勾留駐此間，禪堂心與白雲閒。輿州中外朝陽洞，試問何如畫春山。《出口程記》，美國國會圖書館藏乾隆四十九年刊《函海》第二十集

題朝陽洞

怪石嶙峋下，朝陽洞共傳。門高常見日，樹密不遮天。卧佛鬚眉古，飛仙羽扇還。年深人罕到，時有磬聲圓。《出口程記》，美國國會圖書館藏乾隆四十九年刊《函海》第二十集

毛金大嶺

曲折峰頭下，濃雲撥不開。却從平地看，始覺自天來。花滿千山雪，泉奔萬壑雷。非言同叱馭，馬首正東回。《出口程記》，美國國會圖書館藏乾隆四十九年刊《函海》第二十集

贈别柳琴

有客飛來過海車，玄談天外乍逢初。自言不學張津老，絳帕蒙頭讀道書。幾何主人，公自號也。喜天文勾股之學，故云耳。

長衫廣袖九街喧，避慍多蒙暫駐軒。他日寄書傳小阮，有詩付雁與吾看。

天寒風勁撲窗紗，住客論心細煮茶。日暮旼懷留不得，惟將明月托天涯。（朝鮮）李德懋《清脾録》卷二《李雨村》，朝鮮舊鈔本

黄鶴樓

徒聞帝子騎黄鵠，不見仙人跨白羊。（朝鮮）李德懋《清脾録》卷二《李雨村》，朝鮮舊鈔本

漢口遠眺

禰衡才子當衰崔顥詞，漢人壓盛唐。（朝鮮）李德懋《清脾録》卷二《李雨村》，朝鮮舊鈔本

奉和芷塘

乾坤老客花光裏，今古來人柳影中。

蟻垤種菰棚滴翠，蜂糧搗藥杵颺塵。

獻書莫似妄男子，作賦便同無是公。（朝鮮）李德懋《清脾録》卷二《李雨村》，朝鮮舊鈔本

辛卯北上題河南清化鎮壁

人家團蘆色，客路盡蘆聲。（清）李調元著，詹杭倫校正：《雨村詩話校正》十六卷

本卷一，第 53 頁，成都：巴蜀書社，2006 年。

和胡尚書訪張三丰

屢宿祥符緣有定，誤書成化過誰分？（清）李調元著，詹杭倫校正：《雨村詩話校正》十六卷本卷三，第 106 頁，成都：巴蜀書社，2006 年。

紅蓼小集即席分韻得三字

懷人冬正孟，愛客徑開三。有婿玉初琢，諸君青出藍。傲霜吾即菊，唤霧爾懷柑。各出驚人句，平生此最耽。（清）李調元著，詹杭倫校正：《雨村詩話校正》十六卷本卷四，第 111 頁，成都：巴蜀書社，2006 年。

哭程文恭相國

星隕臺階月又朦，老成一去滿朝空。存心寬恕王丞相，秉性威嚴魏弱翁。獨掌權衡將十載，佐襄燮理比三公。如何湛露方濃日，遽駕雲旗颭朔風。

玉堂珥筆侍楓宸，摛藻群推格律新。五岳談經多拆角，九重幾諫少批鱗。并無袒護分朋黨，衹有孤忠諒鬼神。主眷始終公第一，丹青千古炳麒麟。

憶昔初除吏屬官，幾曾風月敢私幹。却因謝朓驚人句，便把阿蒙刮目看。恩荷三熏方拂拭，心驚六法入糾彈。累公争救終無益，感到憐才欲報難。

幸有恩光出自天，戴盆回憶尚潸然。雀巢空繞日三匝，鶯谷旋邀歲九遷。靈雨衹今歸故里，慈雲何日哭新阡。衹悲言行空千古，羊傅無兒失載編。（清）李調元著，詹杭倫校正：《雨村詩話校正》十六卷本卷四，第 114 頁，成都：巴蜀書社，2006 年。

題衛真人元嵩墓

跨鸞乘鶴總無憑，雞犬紛紛想上騰。畢竟仙家都有墓，誰言白日盡飛升。（清）李調元著，詹杭倫校正：《雨村詩話校正》十六卷本卷五，第 138 頁，成都：巴蜀書社，2006 年。又見（嘉慶）《什邡縣志》卷四十八之二。

贈僧玉池

詩僧久不見，零句哀成編。賈島何曾没，參寥不獨傳。活人囊有藥，救世橐無錢。誰似婆心好，長齋壽佛前。（清）李調元著，詹杭倫校正：《雨村詩話校正》十六卷本卷六，第 155 頁，成都：巴蜀書社，2006 年。

戲贈月上人

釋戒從來不娶婆，梅花妻子菊花娥。昨宵獨抱焦桐卧，梅菊明朝醋意多。（清）李調元著，詹杭倫校正：《雨村詩話校正》十六卷本卷六，第 156 頁，成都：巴蜀書社，2006 年。

題贈月上人

跛僧見客不袈裟，伸紙要余寫《法華》。借問書成將哪贈，僧人亦复有親家。（清）李調元著，詹杭倫校正：《雨村詩話校正》十六卷本卷六，第 156 頁，成都：巴蜀書社，2006 年。

西湖

畫船日泊斷橋灣，偷得春光也學閑。幾度笙歌人散後，夕陽依舊滿前山。（清）李調元著，詹杭倫校正：《雨村詩話校正》十六卷本卷六，第156頁，成都：巴蜀書社，2006年。

與諸人登樓集韻詩

登樓憐歲晚，閉户老江村。蜂去花無朵，螢飛草有根。雷聲喧瀑響，月影澹梅魂。誰訪長齋叟，酣談伴暮昏。（清）李調元著，詹杭倫校正：《雨村詩話校正》十六卷本卷六，第158頁，成都：巴蜀書社，2006年。

贈路生

白鶴先生烏角巾，欠伸驚見异鄉賓。誰知烏帽高裘客，即是紅綾啖餅人。（清）李調元著，詹杭倫校正：《雨村詩話校正》十六卷本卷八，第194頁，成都：巴蜀書社，2006年。

哭袁清恪公

清德名門柱石材，一朝星隕共嗟哀。舉朝盡訝長城壞，故吏尤悲泰岳隤。曾薦禰衡雲漢上，能教李白夜郎回。從今不作燃灰夢，世更何人解愛才。（清）李調元著，詹杭倫校正：《雨村詩話校正》十六卷本卷九，第211頁，成都：巴蜀書社，2006年。

贈祝芷塘馬

我有川駒子，銀針世未聞。同心蒙見顧，回首惜離群。鼻噗三冬雪，蹄輕萬丈雲。知君無所換，空自謝殷勤。（清）李調元著，詹杭倫校正：《雨村詩話校正》十六卷本卷九，第217頁，成都：巴蜀書社，2006年。

題美人乳子玩猫圖

何處一佳人，開懷乳其子。忽聞猫一聲，春心知動矣。（清）李調元著，詹杭倫校正：《雨村詩話校正》十六卷本卷九，第225頁，成都：巴蜀書社，2006年。

山僧澆牡丹

老而躭詠終成癖，僧解澆花亦近淫。（清）李調元著，詹杭倫校正：《雨村詩話校正》十六卷本卷九，第227頁，成都：巴蜀書社，2006年。

月夜聽兆祥笛

長安年少客，生長本天津。牛字譜初按，三聲翻更新。最宜深院裏，却憶倚樓人。無限梨園客，俱推技絶倫。（清）李調元著，詹杭倫校正：《雨村詩話校正》十六卷本卷九，第227頁，成都：巴蜀書社，2006年。

詠影戲

繪革全憑兩手能，一人高唱衆人應。人生總是風中燭，何必争光一盞燈。（清）李調元著，詹杭倫校正：《雨村詩話校正》十六卷本卷十，第241頁，成都：巴蜀書社，2006年。

哭婿

文能壽世空邀薦，才可匡時未設施。（清）李調元著，詹杭倫校正：《雨村詩話校正》十六卷本卷十，第244頁，成都：巴蜀書社，2006年。

迎孫補山先生

聞道卿雲再降川，也隨竹杖拜輿前。路旁望見霜髯戟，盡是憂民百慮煎。（清）李調元著，詹杭倫校正：《雨村詩話校正》十六卷本卷十，第248頁，成都：巴蜀書社，2006年。

彭術士饋鹹魚

盛意誰能及老彭，術同膠鬲饋余烹。老來妄想真堪笑，尚捧乾魚嘗放生。（清）李調元著，詹杭倫校正：《雨村詩話校正》十六卷本卷十三，第300頁，成都：巴蜀書社，2006年。

戲題寇解元事

五千科舉竟無名，四望求援絶救兵。窮措誤攀官婦轎，武衙直達考文棚。豈知榜上頭名客，便是輿前目送卿。年少解元誰及汝，珠簾錦帳拜門生。（清）李調元著，詹杭倫校正：《雨村詩話校正》十六卷本卷十四，第321頁，成都：巴蜀書社，2006年。

戲題薌圃婢

哀向吼聲求柳氏，可容瘙癢倩麻姑。（清）李調元著，詹杭倫校正：《雨村詩話校正》十六卷本卷十五，第336頁，成都：巴蜀書社，2006年。

謝王心齋贈花盆

六個宣窑送到門，衰年長怕受人恩。祇愁老樹生來醜，不慣瓷盆慣瓦盆。（清）李調元著，詹杭倫校正：《雨村詩話校正》十六卷本卷十五，第336頁，成都：巴蜀書社，2006年。

以字相生體作

少水沙即露，是土堤方成。（清）李調元著，詹杭倫校正：《雨村詩話校正》十六卷本卷十五，第339頁，成都：巴蜀書社，2006年。

題通志

但聞瓜芋可分甘，不棄藤嘗已屬憨。若使疇區俱并食，地皮卷盡不爲貪。（清）李調元著，詹杭倫校正：《雨村詩話校正》十六卷本卷十五，第353頁，成都：巴蜀書社，2006年。

題粤東古學觀海集

蚌胎蛇握總難求，鐵網珊瑚豈盡收。却喜文瀾都壯闊，還期學海納群流。雲濤翻處龍紋動，星宿探時貝影浮。解道鮫人珠是泣，燃犀深戒照潛幽。督學使者偶筆。《粤東古學觀海集》卷首，日本國會圖書館藏拾芥園刻本。

幾何再訪

筆談字字沁人心，鴨緑江無此意深。别後故人如見憶，雁書應有自雞林。（朝鮮）

柳德恭《并世集》卷一，見林中基編《燕行録全集》第60册，第82頁，轉引自孫衛國《朝鮮〈韓客巾衍集〉之西傳清朝及其影響》，北京大學韓國學研究中心《韓國學論文集》2007年第1期第40頁。

懷幾何子

三韓雖异國，四海本同家。相遇非雍齒，知音是伯牙。（朝鮮）柳德恭《并世集》卷一，見林中基編《燕行録全集》第60册，第82頁，轉引自孫衛國《朝鮮〈韓客巾衍集〉之西傳清朝及其影響》，北京大學韓國學研究中心《韓國學論文集》2007年第1期第40頁。

宿羅真觀

洞臺司命府，公遠静修廬。刺史觀之後，元宗度月初。隱身衣角見，跌足隻鞋餘。墨水逢中使，丹山寄素書。當歸宜轉駕，芝草俟迴車。分礪怪槷。自緣明主棄，不是故人疏。舊本神仙窟，今爲佛子居。靈瓜心沁入，銀杏指真如。接引非雕琢，觀音費綺疏。奇花猶蓓蕾，古木半邱墟。嘆息僧牢落，齋無儋石儲。四川省德陽市北羅真觀殿壁所刻，轉引自劉期文《羅真觀發現李調元親筆詩碑》，《四川文物》一九八七年第三期。

重宿羅真觀

又拂衣塵到霍山，冬冬晚鼓叩禪關。置身五色雲峰上，要看龍車夜往還。但過名山便可禪，何須面壁苦煎熬。山巔盤石今猶在，笑我公然佛頂眠。

大清乾隆五十五年歲次庚戌十二月二十一日，賜進士出身、誥授中憲大夫、欽命提督廣東學政、吏部員外郎兼翰林院編修、分巡直隸通永道本州人李調元題。同行寂慧、住持智堂、徒侄禪悦立。刻工河南沈晴。四川省德陽市北羅真觀殿壁所刻，轉引自劉期文《羅真觀發現李調元親筆詩碑》，《四川文物》一九八七年第三期。

即席口占

四月含桃熟，依依悵别筵。江南蓴菜長，燕北柳條牽。舊仰飛凫舄，新投飲馬錢。縣名真不忝，清德有誰先。（清）湯大奎《炙硯瑣談》卷下，乾隆五十七年趙懷玉亦有生齋刻本

游觀音岩

何年霹靂擊鐵壁，混沌乾坤忽中裂。風雨號呼山爲摇，普陀飛賜一靈石。從此文運吾家開，聯翩三鳳齊飛來。天荒畢竟須天破，五丁終不如五雷。（清）李桂林纂修（嘉慶）《羅江縣志》卷三十六，清嘉慶二十年修同治四年重印本

游古潺亭

不盡雙江水，潺潺日夜流。地遺王霸迹，天入古今愁。兩過喧魚嘴，雲開見鹿頭。倚欄無限意，燈火起城樓。

科第争龍脉，英雄笑鳳坡。山高長落石，江轉聚成沱。月上松翻鶴，秋閑籠養鵝。羽衣何處去，竟夕自婆娑。（清）李桂林纂修（嘉慶）《羅江縣志》卷三十六，清嘉慶二

十年修同治四年重印本

宿雲龍寺

天氣初寒不可支，雲龍深處與誰期。梅腮茗熟僧歸後，松磴碁殘客去時。一盞孤燈遲月上，千山落木見星稀。夜來更覺禪林静，細讀王維一卷詩。（清）李桂林纂修（嘉慶）《羅江縣志》卷三十六，清嘉慶二十年修同治四年重印本

醒園

雖設柴門總未開，畏人相過損莓苔。蛩因除草籬邊訴，鳥解看花竹裏來。但使此心空萬象，不嫌低首吸千杯。祇愁大厦支難穩，木壞多由泰岳頽。

大觀臺向翠微開，半畝新塘長碧苔。汲水帶雲歸屋内，隔山送雨過江來。原無惡客妨詩興，任有愁懷付酒杯。萬古虚名竟何益，年光莫使日摧頽。

懷抱時時亦暫開，静中生意是蒼苔。栟櫚葉戰風聲至，荳蔻梢低雨點來。盡日思移陶侃甓，何年能醉葛洪杯。逍遥物外非難事，但恐家聲漸就頽。（清）李桂林纂修（嘉慶）《羅江縣志》卷三十六，清嘉慶二十年修同治四年重印本

初秋宿醒園二首

高臺接空翠，暑氣入新秋。漲落石初出，山高泉自流。几牀山鳥污，紙筆野猿偷。爲問趨朝客，何如此地游。

路轉千峰上，亭臨萬木低。看花隨蝶遠，穿竹聽禽迷。地已人天隔，年來物我齊。不知業漁者，何羡武陵谿。（清）李桂林纂修（嘉慶）《羅江縣志》卷三十六，清嘉慶二十年修同治四年重印本

和祝芷塘宿醒園十首韻

憶昨金山驛，銷魂似灞橋。獨歸聽夜雨，相望隔雲霄。仍對烏犍侣，難爲白鶴招。今宵燈送喜，萬里素書遥。

開緘鯨掉尾，瘦字逼波清。已列班中鷺，猶思谷口鶯。交寧甘似醴，詩却和於羹。此夕渾忘寐，持吟徹曉行。

疴抱年來久，逢迎總强支。原非揚子宅，誰問習家池。鋤草憐蟲訴，移花許蝶知。自經君染翰，景色競紛披。

三秋纔謝菊，二月又飛花。忽漫逢江雁，因嗟赴壑蛇。十詩寧易得，千盞不難賒。天意憐孤寂，風吹過我家。

人到晨星後，天教積霧開。諸昆非軾轍，座主是歐梅。一夕成佳話，千秋此偶來。但看携手處，三徑未生苔。

留客斟清聖，烹茶瀉碧泉。更長眠未穩，語短意殊綿。香漬雲垂紙，燈明夜博錢。顛狂聲不細，一日遍三川。

高軒來過處，草木有清香。衣帶巴江暈，牀分楚簟凉。詩緣聽雨作，書借看雲藏。尚喜顔皆舊，毋須嘆老蒼。

吾家潺水曲，柴屋正臨池。天使回旄節，主人方擁篲。門窺野客，送榼遣諸兒。却悔分張日，車塵失計隨。

并馬送君去，清江水蹙雲。山川供别賦，風雨助論文。棧閣程空望，綿州路早分。當時腸最斷，歸緒泪紛紛。

寫罷驚牋寄，茫茫奈若何。劍南鴻字少，輦下故人多。難忘青燈伴，慚賡《白雪歌》。至今明月夜，猶夢使星過。（清）李桂林纂修（嘉慶）《羅江縣志》卷三十六，清嘉慶二十年修同治四年重印本。又見（光緒）《羅江縣志》卷七。

題贈道童來遂

道家好清净，掃地實無瑕。童子能烹茗，山人愛瀹茶。來鋤岩上草，去摘水邊花。遂使諸花備，一担帶回家。（清）余天鵬續修，陳嘉銹續纂（嘉慶）《安縣志》卷三十一，清同治二年刻本。又見（民國）《安縣志》卷五十九。

大安山九峰精舍

名山真足鎮安州，古刹嵯峨最上頭。一逕松杉當户擁，九峰煙藹極天浮。茫如行脚隨僧定，細有幽泉繞砌流。好事主人能醉客，籃輿欲返又遲留。（民國）夏時行修，劉公旭纂（民國）《安縣志》卷五十九，民國二十七年石印本

謁留侯廟

仙風昨夜至，吹我入雲影。扶摇散林木，縹緲上青冥。手摘諸星碎，懷納明月炯。翻身出叢谷，遂下萬丈嶺。高臺俯澄潭，未墮真一倖。古洞不可測，頑石壓人頂。昔有黄石公，於此習清景。留侯亦明哲，急流退何猛。遂令武陵源，大道任馳騁。我欲從赤松，却嫌未幽静。

聞紫柏山頂有峨嵋老衲，獨坐丈室數十年，蛇虎皆馴，今九十有六矣。惜不得其名字，乃作頌古十絶句，屬鳳令寄之。丙子歲四月七日，棧中留壩驛燈下成。（清）賀仲瑊修，蔣湘南纂（道光）《留壩廳志・留壩廳足徵録》卷二，清道光二十二年刻本

題高白雲先生樹畊堂詩卷

正始久微缺，騷人起哀怨。我蜀揚馬流，卓爲風雅冠。青蓮映千春，眉山極萬變。繼自虞楊還，漸先古文憲。大江日東之，岷山自天半。秀色倘不磨，定有人餐噉。吾師起金堂，雄才近罕見。早歲屬承明，氣壓金閨彦。秋旻羅象星，萬彙赴烹鍊。道大識者希，遂使譏鵬鷃。錦江開石室，賤子侍講案。獨使登後堂，投經喜肉串。竊從删述餘，頗許參也貫。邇來事鞅掌，顛髮嗟已半。風塵疲繭絲，筆力愈道健。仍復還冰廳，時聞盈耳亂。夜闌猶擊缽，旁及絲竹按。大雅接古音，誰謂前賢遠。反覆味太羹，吁嗟莫能贊。（清）謝惟杰修，黄烈纂（嘉慶）《金堂縣志》卷二，清嘉慶十六年刻本

大木戍

曉投大木戍，陂陀何骫骳。藤蘿胸老樹，山骨帶石子。人行雲氣中，馬蹴深澗底。風聲蹙走雷，雪落峰載晷。參錯出層嵐，漸露小村市。回望劍門關，且冥古車軌。（清）

黎學錦修，史觀纂（道光）《保寧府志》卷五十七，清道光二十三年刻本

游竇圖山踵先大夫韻

岌立三峰雲際開，天橋不必數天臺。人間儘有坦平路，誰向靈山頂上來。

三朵芙蓉開向天，鐘聲風送白雲邊。平生不學希夷卧，祇借高僧榻暫眠。（清）鄧存詠纂修（道光）《龍安府志·龍安府輿地志目録》，清道光二十二年刻本。又見（清）武丕文修，歐培槐纂（光緒）《江油縣志》卷二十四，清光緒二十九年刻本

太白祠

繩牀寂坐非求佛，仕路奔馳不爲貧。疑是前生多夙契，與君相見又相親。（清）何慶恩修，李朝棟增纂（同治）《彰明縣志》卷五十七，清同治十三年刻本。又見（光緒）《江油縣志》卷二十四

振衣亭

粤東半皆熱，何須熱水池。獨我來春仲，宜人盛夏時。二巾疑火洸，一室似爐炊。浴罷披襟去，循牆覓小詩。

振衣亭上望，物色萃僧家。地結丹鉛氣，天横紫翠霞。煤凝山外石，錦翦苑中花。何以酬清興，吟消一椀茶。（清）章鴻修，崔翼周纂（道光）《重修電白縣志》卷十六，清道光五年刊本。又見（光緒）《高州府志》卷十一，（光緒）《重修電白縣志》卷二十五

宿新津訪葉丹叢上舍

薄暮行裝問宿來，隔籬初訪授經臺。人從玉壘曾相見，天教新津此重迴。煮茗清談神不倦，挑燈對坐意無猜。更聞仙地花紅好，明歲還期覓種栽。（清）陳霽學、鄭安仁纂修（道光）《新津縣志》卷三十九，清道光十九年增刻本

謁縣署韓文公祠小憩兩松亭

公昔宰此縣，風流稱至今。讀書定何處，空傳松桂林。我欲訪其迹，山雨來飄侵。衙齋有祠廟，展拜令人欽。當年手植樹，今日皆峭椮。亭空鳥雀散，時復聞鳴琴。何必登高山，即此清人心。雅懷繼高躅，逸韻慚微吟。白雲自千古，可望不可尋。（民國）黄瓚修，朱汝珍纂（民國）《陽山縣志》卷二，民國二十七年鉛印本

石鐘岩二首

石洞别有天，幽邃人不到。不因火炬滅，恐有虬龍照。

古洞清泠泠，鐘乳垂至地。莫敲石鐘聲，恐有飛仙至。（民國）黄瓚修，朱汝珍纂（民國）《陽山縣志》卷十七，民國二十七年鉛印本

甲辰修學記事

頽壁繞流泉，林巒拱百雉。巋然夫子堂，在昔曾搆此。數爲淮漲浸，更丁烽煙燬。坎離互爲灾，吉卜河朔徙。建未經百春，而爲風雨圮。遥溯甲辰年，亦復遷於是。甲辰今再逢，狂瀾疇與砥。扶厦振人文，偉哉曹夫子。講道來須江，一席分僮水。睹兹黍離

離，徘徊急欲理。集腋未成裘，痌瘝曷能已。大手藉循良，費不累厥里。頻支月俸錢，朝夕勞鳩庀。幾經冒暑寒，省視罔停晷。廢者於焉興，創者於焉始。畫棟勢崢嶸，雕甍斗牛指。虛檐映朝暾，宏麗增霞綺。舊宫頓改觀，新亭壯仰止。甃街通聖域，往來履青紫。俎豆列輝煌，百務稱備美。魯侯德明明，鸞聲戾止喜。春風靄絳帳，化雨滋桃李。吾人自得師，大道不終否。應見兆三鱣，匪但同伯起。直與蜀文翁，奕世留青史。（民國）戴仁修，錢崇威纂（民國）《重修沭陽縣志》卷十四，民國間鈔本

羅漢洞

飽聞此洞深無底，入夜何辭秉燭游。鐘乳倒懸如可斵，直須割取載千牛。（民國）王佐修，黄尚毅纂（民國）《綿竹縣志·禮樂志》，民國九年刻本

送别蜀州何愚廬

與君貰酒話蹉跎，把手旗亭共醉歌。天下已嗟知己少，人間衹見别離多。江帆細雨過滄海，水驛斜風泊運河。霜鬢老親如會面，問今白髪更如何。家君作宦滄州道所必經（民國）謝汝霖修，羅元黼纂（民國）《崇慶縣志·江原文徵》，民國十五年鉛印本

龍口山

諸水如龍游，曲折赴龍口。雷霆争蕩微，濤聲怒相吼。人從春上行，乍豈鱗鬣舞。殘碑鎮其項，垂楊自終古。時有采樵人，長歌入林藪。（民國）陳邦倬修，田樹勛纂（民國）《崇寧縣志》卷四，民國十四年刻本

紅頭嶺

仙竈於今不讓人。（民國）鍾喜焯修，江瑨纂（民國）《石城縣志》卷二，民國二十年鉛印本

贈際微上人

書法得懷素一體，吟髭多長公二分。（民國）林志茂修，汪金相纂（民國）《簡陽縣志》卷五，民國十六年鉛印本

寄魏山人精泉詩

信是山居白樂天，坡間明月石間泉。雪花夜滿蟾光活，玉乳朝吞道氣全。尚有亭臺慚魏野，喜迎詩句學青蓮。近來忘却西湖小，佳話同歸縣乘傳。（民國）蒲殿欽修，崔映棠纂（民國）《綿陽縣志》卷一，民國二十一年刻本

再游浮山

浮山□名地，一月兩停鞭。庵内僧頭白，庭中客講玄。喜無村漢氣，尚不老婆禪。昭覺傳衣在，拚將醉眼穿。（民國）夏時行修，劉公旭纂（民國）《安縣志》卷五十九，民國二十七年石印本

與人乞梨樹

庭前楷木緑成陰，缺買哀家果滿林。最喜門生偏解事，論園相贈不須金。（清）李桂林纂修（嘉慶）《羅江縣志》卷三十五，清嘉慶二十年修，同治四年重印本

贈玉池和尚

蜀中從未見詩僧，臨濟宗支得上乘。一自玉池來蜀後，燃藜佳句遍川稱。（清）鄧存詠纂修（道光）《龍安府志·人物志目録》，清道光二十二年刻本。又見（光緒）《江油縣志》卷二十三。

留贈僧玉池

殿閣崔巍癸歲西，□體藻棁映榱題。自携瓶鉢來衡岳，獨結茅廬傍蜀溪。（清）武丕文修，歐培槐纂（光緒）《江油縣志》卷二十三，清光緒二十九年刻本

與柳琴書一

天若然，在公除以前之可謀會私寓，但談之不暢。可擬以十日後初八日一會，不知貴駕當在京否？弟齋宿在吏部署中，同在内城内，不謁見每爲悵之。而以余今日猶在宅者，皆偶一歸食也。大半雖每日午間必在宅，不敢他往。若十日之約負約，則明日一早尊處先遣貴奴子在外，愚當使小奴來約一日，或本日，或另日也。再，有敝友姓鐵者，人甚道，名士也，之欲見先生，不知可否？舍弟已爲其老師祝公請去作西席教其子弟，不在宅矣，來字當使知之。并候晚安，不宣。李調元拜狀。《東華筆話集》，轉引自韓東《李調元集外書札考釋》，《寧波大學學報》（人文科學版）2016年第1期。

與柳琴書二

離絶以來，恍若有失，蓋君去而僕之魂也陡之去矣。悵矣心飛，宵則發夢，神一夕而九飛，腸一日而九迴，是誠楚巫之所不能禳，妻奴力言所不能勸也。回思春正譏語串服，敷衽論心，曾幾何時，而梧桐一葉落矣。自分一海之隔，長此阻絶。不聘函書遠辱，僅間三月，捧之又不能狂喜望外也。今日起居若何？善爲調攝。書中所言乃俱一一遵教，足下自可放心。忽得四君子手書及詩，坐令一室之中如與四人談笑高論，煮茗論文，豈千古一快事耶。然非足下之羽翼士林不至此，此皆足下赤誠待人，故四君子者信足下之深，而兼以信僕。罣罣之思，信非□□，此誠赤情之照驗也。僕與令侄書所以有“非异地之友之難，而友之至誠爲難”也。思足下而不見，見桂同如見足下，如見足下在敝宅相聚之時。此一日之别於歲月，此恨何時止也。秋陽太劇，此時納凉，能對者何人？每一思之，神又入夢矣。舍弟墨莊在祝編修處教其子，祝公已往福建典試之去矣，明公刻板之事俱俟緩辦。祈祺兩照，不宣。七月初四，李調元。《東華筆話集》，轉引自韓東《李調元集外書札考釋》，《寧波大學學報》（人文科學版）2016年第1期。

與柳琴書三

再，東詩文有歷代選本或諸帖，當乞賜惠一二爲囑。明春又有使來，佇望手教及諸君子之詩也。外有奉懷足下古詩一首，乞賜和，明歲人來，當賜一書爲盼。

再，僕詩集除《看雲樓集》二十二卷已刻外，尚有《走街吟》《出口小艸》《東巡扈從集》《大匏山房集》《考功集》俱寄他處俟刻，篋中尚有《涴壁吟删稿》，今寄之。中多塗乙，然尚可觀。與懋官、楚亭、惠風、洛瑞同看，乞爲批削。此書余選輯者，近已

發刻，共計二十卷。此先刻成之二卷寄來，送令侄冷庵先生一閲。徐俟刻成全部，再寄可也。并請諸君一評騭之。小女元卿丙申十月二十九日生。《東華筆話集》，轉引自韓東《李調元集外書札考釋》，《寧波大學學報》（人文科學版）2016年第1期。

答樸齊家書

刻詩之舉，已與彈素言之，彈素兢兢以見怪爲懼，而足下來書有云"不知者雖使之見，亦不見也"，此言似較彈素更進一解。（朝鮮）樸齊家：《貞蕤集》卷四，轉引自金柄珉《〈韓客巾衍集〉與清代文人李調元潘庭筠的文學批評》，《外國文學》2001年第6期。

韓客巾衍集序

今年春正，偶以心疾，閉門攝静，謝絶來客，不窺户外者十有五日，又懶不作詩，遂無一事，每日暮卧，聞轢轢之車聲，人語喧闐，大都皆都人士女踏歌鬧哦，争看火樹星樹來也，愈思避之。偶有剥啄聲，啓之，則一秀士豐神朗潤，眉如長松，眼爛爛若岩下電，頭戴笠子，衣道衣，不似中國人。問之，則目瞪然，不解一語。因以筆代言，始知爲朝鮮來中國賀聖天子元朝副使禮曹判書徐浩修所差幕官，來求詩集，姓柳名琴，字彈素，而别號幾何主人者也。爲言向於書肆中見余《皇華集》，竊慕著述當不止此，故以來。余驟聞之驚，既而喜。驚則以其衣冠言貌迥异中華，若不可近；喜則喜我聖天子文教遠被，雖屬國亦好文詞，而竊嘆箕疇麥秀之遺風猶有存也。所愧者鄙人懶不讀書，雖間有所著，亦如蟬鳴蟲咽，應時序耳。然亦過而不留，不知何以獲播於東國諸君子之耳也。延談之餘，因探懷出其巾衍集，則爲李懋官、柳冷齋、朴芝亭、李薑山四家之詩，而爲彈素所選訂者，乞余批定。余既細閲之，而乃益嘆旹學之未亡也。夫詩之失古久矣。唐人之作，其聲中正和平，去漢魏未遠。迨宋元而降，而粗厲噍殺之音起，好濫者淫，燕女者溺，趨數者煩，敖辟者喬。由是被之聲，高者硍，下者肆，陂者散而險者斂，侈者筰而弇者，均未可以道古也。有明諸人自言不讀秦以後書，稍稍振起矣，而優孟之誚所不免焉。今觀四家之旹沈雄者其才，鏗鏘者其節，渾浩者其氣，鄭重者其詞，有一類乎前之所譏者乎？彈素好奇之士也，酷嗜琴書，尤精於天文勾股之學，其於旹應鄙而不爲。而觀其所選訂如此，其學文之宏深，有非可管窺而蠡測者矣。因以向之所著《看雲樓集》付之，以不辜其求，而并評騭四家之詩，以重其請，亦春正來破煩悶療心疾之一佳話也。然則此序即以爲自序亦可。乾隆四十二年歲在丁酉元夕後一日，賜進士出身、吏部考功司員外郎、前翰林院庶吉士、甲午科廣東副主考西蜀李調元雨村書。（朝鮮）柳琴編《韓客巾衍集》卷首，朝鮮舊抄本。見周斌主編《朝鮮漢詩文全集》第二輯第五册第583頁，成都：四川大學出版社，2015年。

薑山集跋

《薑山集》諸體皆工，而尤嫻五古，原本陶謝，而時汎觴於儲孟之間，詩品爲最高矣。"落日不逢人，長歇白石澗"，此人此品，安得旦暮遇之。劍南李調元半峰評。（朝鮮）柳琴編《韓客巾衍集・薑山集》卷末，朝鮮舊抄本。見周斌主編《朝鮮漢詩文全集》第二輯第五册第622頁，成都：四川大學出版社，2015年。

歆商樓集跋

《歆商樓集》才氣縱横，富於書卷，如入五都之市，珍奇海錯，無物不有。加以天姿勝人，緞練成奇，故足令觀者眩目。此真東國之鳳也。羅江李調元剪雲評。（朝鮮）柳琴編《韓客巾衍集・歆商樓集》卷末，朝鮮舊抄本。見周斌主編《朝鮮漢詩文全集》第二輯第五册第603頁，成都：四川大學出版社，2015年。

青莊館集跋

《青莊館集》造句堅老，立格渾成，隨意排鋪而無俗艷，在四家中尚推老手。西蜀李調元雨村評。（朝鮮）柳琴編《韓客巾衍集・青莊館集》卷末，朝鮮舊抄本。見周斌主編《朝鮮漢詩文全集》第二輯第五册第594頁，成都：四川大學出版社，2015年。

明農初稿跋

《明農初稿》工於七律，夢得香山其鼻祖也，而嵚崎歷落之氣則似過之，無不及焉。劍南李調元二橋評。（朝鮮）柳琴編《韓客巾衍集・明農初稿》卷末，朝鮮舊抄本。見周斌主編《朝鮮漢詩文全集》第二輯第五册第612頁，成都：四川大學出版社，2015年。

粵東古學觀海集序

古之人有能而爲大夫，必曰登高能賦。賦者，古詩之流也。孫卿子孔子門徒，而始以瑰麗之體演理窟之奥。屈宋承雅頌之遺音，蔓衍其詞，即以代諷諫，夫豈謂詩賦乃辭章末技，僅以敷陳其事，畢乃事乎。唐世重進士科，而拔萃之士莫不以善詩賦鳴。然則詩賦之作，豈儉腹而不達道者之所能爲？夫唯宏覽博物而詞源乃得沛然而不竭，亦唯學有端委而後不至曲終而奏雅。我朝館選，必試以詩賦，此物此志也。予于歲科兩試試先經古，其厚望諸生，豈僅時藝擅長已哉。至於諸經解義，久有頒行者，藏在黌序，尤非曲臺虎觀之講授所可擬。諸生晨暮誦習，果其通於經，自能邃於古，道固無已致矣。韓子云："人不通古今，馬牛而襟裾。"諸生其各奮力焉可。今隨先後所得，各判數首，爲諸生式。其曰《觀海》者，蓋深嘉粵文日盛之意云爾。乾隆四十三年又六月，督學使者羅江李調元雨村書。《粵東古學觀海集》卷首，日本國會圖書館藏拾芥園刻本。

袁子才詩選序

《詩》之爲教，達政事，使四方，似非優游林下者所從事。然竟有朝移及久著，印綬不久佩，而嘯傲一生，獨以"詩員外"鳴如袁君者。袁君杭人也，少年便督巍科，入詞館，出宰名邑，合計之不十年，即築室於江南之隨園以居，若營菟裘而老焉者。人□之，飄飄若神仙中人。袁君性佚宕，不受羈束，其所居又六朝金粉之餘，芸窗插架萬卷，商周鼎彝，唐宋書畫，駢羅几榻，任其采英而咀華。故其爲詩纖縣奇麗，慨慷抑揚，不可以一格限其才思。嗟乎！以袁君之才之富，乃不使之達於（政事），使于四方，而僅見之于詩，其造物者之專慶其□而救，使之窮而後工耶？雖然，袁君不窮，詩亦能工，而何爲至是？豈天之愛之，故使優游林下，抒寫其懷抱耶？是天也，予不得而知之。憶予幼年隨先大夫官游兩浙，便嗜其聲律之妙，迄今猶移我情。予東西南北之人也，行笈所貯無多，始擇其舊日所詠嘆者彙成一編，雕以梨棗，不敢矜閟，願與天下之愛袁君之詩者共賞之。乾隆庚子春正，粤東督學使者巴西李調元撰并書。（清）張懷泩《四家選集·小倉選集》卷首，乾隆中綿州李氏萬卷樓刊，嘉慶十四年李鼎元重校印本

唐堯春詩集序

學西崑體，《落花》云："滿目蒼涼起暮烟，閑庭空潤倍凄然。珠圍翠繞無多日，粉碎香消又一年。夢斷梨雲驚幻蝶，魂歸薤露怨啼鵑。枝頭枉結同心約，撩亂春情總夙緣。""蕭條風雨惱黄昏，斜捲珠簾獨掩門。玉笛吹傷遷客意，驪歌驚散美人魂。香辭紙帳心初冷，影謝銅缾膽不温。夜月溶溶愁更絶，闌干倚遍懶開尊。"《初夏道中》："牛背横吹短笛風，山陰流翠雨空濛。圍棋賭墅狂何劇，涉彴尋花興不窮。細路秧侵新漲緑，疎籬繭煑暮燈紅。田家止客娱雞黍，一笑仙源咫尺通。"《牛頭山》："何處碾山雷怒集，銀濤噴薄酣戰急。深林奇鬼瞰行人，古樹杈枒當道立。蕭蕭落木捲地來，腸斷元猿清晝泣。驕馬躊躇慘不前，朔風吹雨山城溼。"《朝天關》："門聽奔雷百折灘，崚嶒峭閣俯江干。戍旗落日關山迴，鈴鐸西風草樹寒。烟外帆檣通廣漢，雲中宫闕望長安。題詩莫漫愁孤絶，千古魂消蜀道難。"《寧羌州雨雪》："回首家山望不真，瀟瀟風雨伴行人。青驄苦耐閉金勒，紅友相邀踏玉塵。劍閣雲沉迷旅雁，嘉陵水淺凍文鱗。驚開古驛梅花好，誰折寒香寄早春。"瑰麗雄奇，不徒以色澤争艷也。（清）王培荀《聽雨樓隨筆》卷二，道光二十五年刻本

古音複字序

考簡紹芳《年譜序》，升庵年三十七謫戍滇南，諸所撰述，計晚年爲多，然而單騎萬里，笥篋蕩如，枵腹白戰，疑其無能爲役。今觀所撰《古音複字》五卷，指呼六籍，鎔液百家，在前人韻書中别樹一幟，雖獺祭者無以逾其博也，先生殆可謂奇字師乎。昔揚雄識奇字，而不能識一忠字，宋人嘗用是譏之。先生議大禮，受廷杖，斃而復甦者再矣。而白首滇雲，怡情著述，没世無所於悔，眎子雲所守孰愈？顧第即其所著書論之，亦可謂後世之子雲矣。童山李調元序。《古音複字》卷首，美國國會圖書館藏乾隆四十九年刊《函海》第十四集

譚苑醍醐後序

余求升庵書至急，乃命人於近代叢書中遍迹之，從姚安陶珽所纂《説郛》之第八十卷中得《譚苑醍醐》一册，所記雜論僅九條，書葉三四番而止，余固决知其非全書，故心逾怏怏焉。越數日，余弟墨莊檢討從京邸緘寄一册，其封哀然。開視之，則《譚苑醍醐》也。中分卷九，所記不下數是百條，視《説郛》所載，悉翅十倍過之。卷首有先生手書序文，雖紙墨黯然，似百餘年物，而篇幅完整，乃如手未觸者。亟令書人并日鈔

就，逐加校閲，見其中有雜出於《丹鉛雜録》《藝林伐山》及《經説》《詩品》所已載者，凡若干條。竊思《藝林伐山》與《經説》《詩品》爲孫居相、焦竑等所校刊，或者博采見聞，裒輯成編，擇之不精，遂令與本書相複，此無足异。獨怪《丹鉛雜録》係先生手訂之書，在余家藏弆且數十年，而其文互見若是，豈果先生當時隨筆撰述，卷帙繁多，遂彼此不復記憶歟？余欲盡存之，則嫌有重出之虞；欲竟去之，則又恐絓漏缺略，致使後人疑非全書。熟籌至再，乃舉重出者汰其文而仍存其目，下注“已見某書”等字，以便翻閲者舉手得之，卷數一因其舊。如此庶於原書本來面目纖悉畢具，洵善本，亦足本也。書成，因述所以得此書與所以校之書者如此，以見表章古人之難，蓋亦特具苦衷云。童山李調元謹識。《譚苑醍醐》卷首，美國國會圖書館藏乾隆四十九年刊《函海》第十三集。又見（清）周中孚《鄭堂讀書記》卷五十五。

古今同姓名録序

馬端臨《文獻通考》述晁氏云：《古今同姓名録》，梁元帝撰，纂類歷代同姓名人成書一卷，唐陸善徑續增廣之。齊梁間，士大夫之俗喜徵事，以爲其學淺深之候，梁武帝與沈約徵栗事是也。類書之起，當在此時，故以此録爲首。考陳氏《直齋書録解題》及焦氏《經籍志》《千頃唐書目》皆不載，蓋其軼久矣。今漢書倉得足本，并元葉森之補合爲一卷，其徵事也博而宏，其纂事也簡而諸，故應首爲藝林之珍賞云爾。羅江李調元童山序。（梁）元帝《古今同姓名録》卷首，美國國會圖書館藏乾隆四十九年刊《函海》第一集。又見《萬卷精華樓藏書記》卷九十八上。

心要經序

《心要經》者，諸佛真言神咒也。《楞嚴》云，佛與佛自相解了，非是餘聖所能通達。但誦持之，能滅大過，速登聖位。又云，神咒是諸佛密印，佛佛相傳，不通他解。賢首《般若疏》云，咒是諸佛秘密之法，非因位所解。但當誦持，不須强釋。又遠公《涅槃疎》云，真言未必專是天竺人語，翻譯者不解，是以不翻。唐釋《心要經》一卷，又名《密圓通心要》，金河寺沙門道　所譯，語多不解。然切於衆生解難除病，故從釋藏刊以行世。李調元雨村序。（唐）釋道厩譯《心要經》卷首，清乾隆中綿州李氏萬卷樓刊，嘉慶十四年李鼎元重校印本

芻言序

宋崔子敦禮《芻言》三卷，上卷言政，中卷言行，下卷言學，蓋皆平生閲歷世務，確有心得之言，與李邦獻《省心雜言》皆學人座右之銘所必需，子書中之儒家也。世鮮刊本，因校行之。其曰《芻言》者，先生自序云言語簡樸，不知緣飾，其蕘之謂乎，故以名書。羅江李調元雨村撰。（宋）崔敦禮《芻言》卷首，美國國會圖書館藏乾隆四十九年刊《函海》第五集

珍席放談序

凡小説家之書之足補史文之闕者，如宋高晦叟《珍席放談》是也。晦叟名貫無所

考，然所記上自太祖，下止拘宗，則崇寧以後九也。此書《宋史·藝文志》不載，惟《文淵閣書目》有一册，世無傳本。間嘗讀之，于朝廷典章制度、沿革損益及士大夫言行可爲法鑒者隨所聞見，分條載録，如王旦之友悌，吕夷簡之識度，富弼之避嫌，皆本傳所未詳。雖于安石多爲回護，是非軒輊，往往不能持平，然一代掌故，藉以考核，固史家之日用勃闌也，故曰足補史文之闕。羅江李調元。（宋）高晦叟《珍席放談》卷首，美國國會圖書館藏乾隆四十九年刊《函海》第六集

山水純全集序

《山水純全集》，宋韓拙撰，原本一篇，今佚其一。拙本宣和問畫院中人，其所論多主于格律，不以點染爲工，逸情適性，超然筆墨之外者概未之及，所謂自成一家言也。羅江李調元雨村撰。（宋）韓拙《山水純全集》卷首，美國國會圖書館藏乾隆四十九年刊《函海》第四集

常談序

《常談》一書，大抵皆評隲史事，而間及于考證，宋新安吴箕所作也。箕字嗣之，乾道五年進士，授仁和縣主簿，歷知當塗縣，爲趙汝愚所重。《宋史》不爲立傳，僅見于《徽州志》，稱箕在臨，與陸九淵游，相與講明義理，蓋深有得于金谿之學。間嘗以此書與九淵文集互勘，如論漢高討項羽之新城老人及曹參之用黄老術旨，往往相合。觀尤袤與箕同時，而所輯《遂初堂書目》已列《常談》之名，則當時即珍重其書可知矣。《宋史·藝文志》載《常談》一卷，久軼不傳。今書一百餘條，完本也。箕所著見《徽志》尚有《聽訶類稿》十二册，亦軼，爲可惜云。羅江李調元撰。（宋）吴箕《常談》卷首，美國國會圖書館藏乾隆四十九年刊《函海》第五集

建炎筆録序

朱勝非《秀水間居録》云，趙鼎起於白屋，有鄙樸之狀。一旦得志，驟爲驕侈，以臨安相府爲不可居，别置大堂，環植花竹，日爇爔香數十斤，使煙篆四合，謂之香雲。李心傳引之《舊聞證誤》中，不一置辨，固疑其有潮詞。是以不旋踵而怨誹叢集，幸以身免，辨誣之録，遑足恤乎。然考史，鼎嘗與修《哲宗實録》，其間辨宣仁之冤誣，正裕陵之配享，忠心直筆，識者韙之。且即是編所記，當乘輿播遷之餘，諸所疏議，動合事機。其奏釋張浚等事，委曲開導，有古大臣風烈，正未可以勝非一人之議而少之也。童山李調元雨村識。（宋）趙鼎《建炎筆録》卷下，清乾隆中綿州李氏萬卷樓刊，嘉慶十四年李鼎元重校印本。又見《萬卷精華樓藏書記》卷九十四。

諸蕃志序

宋趙汝适爲福建提舉市舶時，撰《諸蕃志》一卷，雜記蕃國名物，疏釋最詳，與今世所見聞無小异。趙蓋從目睹之餘得其名狀，不徒作紙上談也。予視學嶺海，嘗携此卷，逐加勘訂，嘆其歷歷不爽。此足見古人著作之精，而後之游目其間者，亦不無多識之助云。童山李調元雨村序。（宋）趙汝适《諸蕃志》卷下，美國國會圖書館藏乾隆四

十九年刊《函海》第九集

古音附録序

余從曹習庵侍講借得升庵《古音附録》一卷，的係先生在滇時弟子董難、李元陽等所校刊，其爲手訂之書無疑也。中間脱簡一，知原裝時已遺失之，故闕頁以俟補録。中如“太”之通作“闥”，“蠘”之得爲“幾”，“州”之音作“尻”，其説已見於《萟林伐山》中，兹亦不更指出。蓋彼則雜記見聞，此則專於取韻，体例攸殊，無不可并行不悖耳。童山李調元書。（明）楊慎《古音附録》卷首，美國國會圖書館藏乾隆四十九年刊《函海》第十四集。又見（道光）《新都縣志》卷十六。

古音駢字序

昌黎有言，作文必先識字，予謂識字之難甚於文也。蝌蚪變爲篆隸，篆隸變爲俗書，愈趨愈簡，取便臨文，至有不識古字爲何物者，往往以古今通用之字稍自博雅者出之。後人目不經見，遂乃色然而駭，少所見必多所怪也。先生有慨於此，博采群書，旁及鐘鼎銘識，於其字之相通而互用者，作爲《古音駢字》四卷，以補《説文》《玉篇》之闕。推類求之，有功後學不淺。昔先生補注《山海經》，於“雔山”條下注云：“雔古字，後人改刻作鶕，此等古字宜存之。”甚矣，今人之妄也。《駢字》之作，殆即所以存之者乎。童山李調元序。（明）楊慎《古音駢字》卷一，美國國會圖書館藏乾隆四十九年刊《函海》第十四集。又見《萬卷精華樓藏書記》卷十九，（道光）《新都縣志》卷十六。

古音略例序

天地有自然之文章，即有自然之聲韻。故六經中多韻語，不獨《詩》爲然也。第古今風土异宜，出語發聲，有遲速清濁輕重之差，是以古韻容有不合於今者。自沈約創爲《四聲韻譜》，後人率改古韻以就沈韻。如《詩》與《楚辭》，韻之祖也。反以沈韻而改《詩》與《楚辭》，尊今卑古，謬妄孰甚？升庵力排衆論，而恐其説之無徵，因摘取經子志書韻語，分爲舉略、辨誤、變例、正誤、葉音諸目，名之曰《古音韻略》。偶有辯駁，皆足讋服前人。循是以求，則可以探古人聲韻之元，而不爲後起之説所愚者，未必不由於此云。童山李調元序。（明）楊慎《古音略例》卷首，美國國會圖書館藏乾隆四十九年刊《函海》第十四集。又見《萬卷精華樓藏書記》卷十九，（道光）《新都縣志》卷十六。

舊聞證誤序

宋代史學，自司馬君實而外，吾蜀李氏最稱杰出。李燾仁父撰《續通鑒長編》五百二十卷、《舉要》六十卷，李心傳微之作《建炎以來繫年要録》二百卷，陳振孫稱其與巽岩《長編》相續。余皆有家藏寫本，以卷帙浩繁，無力營辦，故尚未付梓。兹刻其《舊聞證誤》四卷，在微之撰述中，不過沙界微塵，而辯駁詳明，根據鑿鑿。如蘇叔黨赴倅真定，抗賊以死，非卷中表出，如將無知之者。朱勝非《秀水閑居録》載李綱私藏過於國帑，自奉泰侈，及以私貨贓張浚之行，非具知人論世之識，逐加辨正，遂令賢者蒙垢不淺。欲不謂之良史才，得乎？蓋其淵源有自，而又兼才學識之長，故所作過人如此耳。童山李調元序。《舊聞證誤》卷首，美國國會圖書館藏乾隆四十九年刊《函海》第六集

建炎以來朝野雜記序

吾蜀之以史學擅長於宋者首推二李，一丹棱李燾簡公燾，字子真，號巽岩，官至敷文閣直學士，撰《續資治通鑒長編》者也。一井研李心傳，字伯微，一字微之，號秀岩，官至禮部侍郎，撰《建炎以來繫年要録》及《朝野雜記》者也。二公俱諳悉朝章典故，顧《長編》《要録》皆史家編年體，卷帙浩繁，而《朝野雜記》一書取南渡以後事迹，分門編類，尤爲詳核。卷共四十，甲集二十卷，分上德、郊廟、典禮、制作、朝事、時事、故事、雜事、官制、取士、財賦、兵馬、邊防十三門，乙集二十卷，少郊廟門，而末卷别出邊事，亦十三門。每門各分子目，雖以傳記爲名，其體例實同《會要》，蓋與《繫年要録》互相經緯者也。甲集成於嘉泰二年，乙集成於嘉定九年。書前各自有序，序作書顛末，其用心可謂勤苦矣。《論語》云賢者識其大者，不賢者識其小者。是書於高、孝、光、寧四朝禮樂刑政之大以及職官科舉之繁無不該具，首尾完贍，多有馬端臨《文獻通考》、章俊卿《山堂考索》所未載者，故《通考》稱爲南渡以來野史之最詳。王士禎《居易録》亦謂大綱細目粲然悉備，爲史家之巨擘，良非虚也。有此書，而凡記南宋諸小説家視之若培塿矣。文獻賴以徵，軼事賴以存，可不謂賢者乎。此本得之五柳居陶賈，乃錢塘吴城校本，考證頗細。亦間有失檢，以愚見補之，居然善本矣。考是書在宋有成都辛氏刊本，并冠以《國史》本傳，今惟寫本僅存。又張端義《貴耳三集序》稱心傳告以《朝野雜記》丁、戊二集將成，則是書尚不止甲、乙二集，而《書録解題》及《宋史》本傳均未之及，殆以晚年所輯，書雖成而未出，故世不得見乎。觀其初心，即以天干記卷數，亦可謂勇於著述者矣。綿州羅江李調元贊庵甫撰。《建炎以來朝野雜記》卷首，美國國會圖書館藏乾隆四十九年刊《函海》第七集

州縣提提綱序

州縣爲親民之官，所謂知州、知縣者，欲其周知一州一縣之事，視四境如一家，視百姓如一體，勤求吏治，念念與民生休戚相關，責綦重也。若或藉忝專城，恣行威福，快意遂志，爲所欲爲，則豈朝廷所以建官牧民之至意哉。余隨先大夫宦轍，在直有年，閭閻利病，頗能周悉。今蒙天子特達知遇，監司此土，夙夜兢惕，首以潔己奉公、察吏安民爲務。猶恐積久生玩，弗事講求，因亟取篋中所藏宋人《州縣提綱》四卷付之剞劂，實堪與《洗冤録》《未信編》共垂不朽者，而世或未之見焉。雖古今事勢未必盡同，而於防奸摘弊之道言之頗爲詳備。首卷推本省身正己數十事，尤爲知要，誠良有司座右之一助也。有州縣責者公餘手此一卷，悉心體察，以無負國家委寄之重，异日共登循良之績，區區之心所願與諸君子共勉之焉。至吴澄序此書，謂是前修所著而不繫其名，楊

士奇等編《文淵書目》，定以爲宋陳襄作，始息聚訟之訛。且烏知所謂前修者非即陳襄之字也哉，予故定以爲襄作云爾。賜進士出身、中憲大夫、直隸分巡通永道李調元鶴洲序。《州縣提綱》卷首，美國國會圖書館藏乾隆四十九年刊《函海》第六集

鶴山筆録序

按《唐宋叢書》曾刻了翁《經外雜鈔》二卷，此纔十分之三，大假相類而互有异同。古人於説部往往歷年成書各種而後并歸一，此當是初本也。雨村李調元序。《鶴山筆録》卷首，美國國會圖書館藏乾隆四十九年刊《函海》第六集

樂府侍兒小名録序

洪少蓬有《侍兒小名録》一卷，王叵有《補侍兒小名録》一卷，温豫有《續補侍兒小名録》一卷，張邦基有《侍兒小名録拾遺》一卷，而散見於樂府諸名家詞中，古人獨未收拾。思裁月鏤雲，翠紅刻羽，柳腰櫻口，皆出自换羽移宫之場，此中不少玉環玉奴，略而不采，誠闕恨事也。因暇日閲詞，檢點諸家《小名録》所未有者備録之，共得一百四人，名曰《樂府侍兒小名録》，亦發幽之一端也，是爲序。羅江李調元雨村甫撰。《樂府侍兒小名録》卷首，美國國會圖書館藏乾隆四十九年刊《函海》第二十集

骨董志序

以書生尠見而顧游百寶之市，與富商大賈矜賞鑒之精，勢必不能。然而書册所載，可考而知，則或有富商大賈所不能盡者。古人以博物歸儒者，洵非誣也。余素無金玉之玩，徒以久宦京都，再至領海，足迹半天下，凡夫珠玉犀象，可珍可玩之物，得之耳聞者固多，目見者亦復不少。居恒無事，即爲之記其名稱，考其出産。既又參之谷應泰《博物要覽》中，采輯成卷，予説與谷半焉。書成，無以名也。每嘗聞人之稱寶器者必曰骨董，恐其臆説無稽。一日，讀韓駒詩有云“莫言老衲籃無底，勝取江南骨董歸”，又昔人以魚肉諸物和羹而食，謂之骨董羹，然後知二字之典而確也，因即是以名之。雨村李調元序。《骨董志》卷首，美國國會圖書館藏乾隆四十九年刊《函海》第十九集。又見（清）谷應泰《博物要覽》卷一。

史説序

《史説》者，余讀《史記》及《漢書》而纂其大要，考其异同，録之以便觀覽者也。間亦泛濫諸史，而《史記》爲本，《漢書》次之。間嘗以《麟經》之後，《史記》便爲鼻祖。以與《漢書》皆去古未遠，事俱可徵，有典有則，足爲史家之例，非如後世諸史，既非一人之手，則所見异，所聞异，未足爲一字不易也。故曰《史説》云爾。羅江李調元秔塘甫撰。《史説》卷首，美國國會圖書館藏乾隆四十九年刊《函海》第十九集

奇字名序

揚雄多識奇字，好事者咸載酒問焉。嗣是升庵又有《奇字韻》之纂，蜀人好奇，其性然與。然余謂升庵主於輯韻，則凡有韻者皆在所收，其取徑博而成書易，非奇之奇者也。予嘗嚴立程限，博稽載籍，自天文地理、鳥獸蟲魚以及草木花果之屬，凡其字之奇

而名之不恒經見者，依類録之，以著於篇，得卷十二，分門八十有三，亦可謂光怪陸離，無奇不搜矣。昔人云開卷有益，掩卷茫然。若兹之所輯，率皆經生家目所未睹，將毋開卷而亦茫然乎。至其音義有無，一仍原書之舊，不加臆説，以聽好奇者之自爲考辨焉。童山李調元序。**《奇字名》卷首，美國國會圖書館藏乾隆四十九年刊《函海》第十八集**

奇字名又序

天地之間，一物必有一名。名者日用之常，不必其奇也。自蒼頡作字，天爲雨粟而奇生焉。揚雄識奇字，而好事者載酒以問，故名有奇者，不可不考也。間嘗博覽字書，擇其名之奇者，按天文、地志、人物分十二門，略加考證，使好奇字者便于翻閲，亦嗜古者之資糧也。若謂步趨子云，則醉翁之意不在酒。羅江李調元雨村撰。**《奇字名》卷首，美國國會圖書館藏乾隆四十九年刊《函海》第十八集**

然犀志序

水族之適用惟魚，而魚之類不一。江淮河漢之魚尚可約指，而海中之魚之衆，則尤瑣屑而難名。余視學粤東，遍至其地，如廣、惠、潮、高、雷、廉、瓊，半皆濱海，以故供食饌者惟魚爲先。而其中奇奇怪怪，令人瞠目而不下箸者指不勝屈。以是博采方言，按諸山海地志，一一精細備載。每得一物，即志其形狀，考其出處。即非魚類，如介蟲之屬，亦附於魚之族。日久所得，裒然成編。以其皆鱗介之物，故以“然犀”名之，聊以遮掛一漏萬之譏，非如温嶠之必欲照見幽潛也。余曾有《南越筆記》，靡不收入，而又别爲此編者，以粤中之魚較多他處也云爾。己亥冬十月，羅江李調元雨村撰。**李調元《然犀志》卷首，美國國會圖書館藏乾隆四十九年刊《函海》第十八集**

左傳官名考序

《春秋經》理大物博，《左氏傳》之義藴不見其有加，而類例之多，又有積千百人尋繹之不盡者。是以作《左傳》地名録者，嚴彭祖、裴秀、杜預、楊湜、張洽、鄭樵、杜瑛、楊慎諸人是也。作《左傳》名臣傳者，姚咨是也。作《左氏》人名考者，劉城是也。而考焦氏《經籍志》，又有《春秋宗族名氏譜》《春秋名字异同録》等書。竊疑春秋職官其名稱之見於《左傳》者不一而足，雖當諸侯去籍之餘，而去古猶近，或不無千百什一之存焉。歷稽書目，未之前聞，則嘗嘆用心之密，亦不能無所遺焉。遂於公餘之暇，取《左氏傳》温習一過，凡遇各國官名，分别書之，并附載注疏：之説於下。與《周官》參校之，略可見侯國之參錯焉。其有國异而官同者兩存之，以仍各國之舊云。卍齋李調元序。**李調元《左傳官名考》卷首，美國國會圖書館藏乾隆四十九年刊《函海》第十七集**

方言藻序

《方言藻》者，古今詩詞中所用之方言也。方言不可以言文，而文非方言，則又不能曲折以盡意，故不知方言者不可以言文也。然而人之有文也，又非必求方言以實之也，往往有無聲之韻、至俗之詞，自然流露於吐屬之間，若有字，若無字，若可解，若不可解，文與義兩有所不居，而未嘗不曲折以盡其意，天籟自鳴，人所共曉。如是者謂之方言也可，即謂之文言也亦可。予少讀唐宋人詩，間有一二字索解不得者，執義理以求之，則愈固而不通。及沉潛而玩其意，反覆而熟其詞，又若必得此一二字而後快，且欲稍更易焉而不得者。其足以發欲言之故而寫難解之情，蓋莫妙於此，此所謂自然流露於吐屬之外者乎。夫乃知善爲文者無不可達之意，無不可盡之言也。揚子《方言》炳於世矣，而兹復從詩詞中求所謂方言藻者，何也？方者鄙俗之謂，方言而適於文之用，則謂之藻也固宜。因於暇日摘而彙之，使人知昔人詞章雖雜之里巷鄙俚之言，亦未嘗無所本也。至若白樂天之老嫗皆解，元裕之所謂語言通眷屬者，則其功力純至，妙合自然，又非可執一二方言求之也。童山李調元序。**李調元《方言藻》卷首，美國國會圖書館藏乾隆四十九年刊《函海》第二十集**

春秋三傳比序

説《春秋》者類以《左氏》爲之證，而參以《公》《穀》二家。彼其因事以屬詞，緣詞以命例，事同則詞同，詞同則命例宜無不同。然而正變相錯，權衡互异。若繼弑一也，或書即位，或不書即位。記元一也，或書王正月，或不書王正月，或單書春王而不書正月。伐國一也，或名，或不名，或爵，或不爵。專將帥師一也，或去其公子，或不去公子。乃三家各就其詞而爲之説，求之《春秋》之本文，皆無有也。考班固《藝文志》云，仲尼傷杞宋之亡徵，以魯周公之國，禮文備物，與左丘明共觀《史記》而作《春秋》。信斯言也，則傳與經有輔車之倚，其事與詞無不可信，而何有於《公》《穀》二家乎？乃漢初鼎列於學官，而《左》猶後出，後人又有浮誇之議焉，則亦不得崇《左》而黜《公》《穀》矣。今其文中互异之處班班可比，而去聖既遠，靡所適從，則惟有摘録於篇，不加論斷，以自附於闕疑之後而已。童山李調元序。**李調元《春秋三傳比》卷首，美國國會圖書館藏乾隆四十九年刊《函海》第十七集**

金石存序

金石何爲而仿也？古人於豐功偉績、嘉言懿行托諸竹帛，猶謂未足，於是選吉金擇樂石，而勒之，而鑄之。然則世之嗜好夫金石者莫先於是矣。繼有風雅之士濡紙揩墨，搨其文字而讀之，而摹之。有金石而有嗜好，嗜好隨金石而起，又未有或之先者矣。予讀歐陽公《集古録》、趙明誠《金石録》暨近時《金石文字記》諸書，手一編不忍去。遇摩崖獵碣、鐘鼎銘欵墟墓間物，無不殫心竭力，拾得片楮隻字以爲快。郃陽人來，不惜傾囊而購，甚而索之僧寮道院，乞諸友朋之笥篋。予之嗜好金石誠不讓古人，而予之癖金石之名亦藉藉騰好事之口矣。丁酉，予在京都琉璃廠書肆買得抄本一册，不録書名，亦無編書人姓名，亟校行之。乙巳年歸田後，陝西臬王蘭泉先生諱昶者始以書來告曰，此書名《金石存》，乃吾鄉博學宏詞趙公諱搢所著，鈍根老人其别號也。因亟以書名歸之，而余之癖亦可借以少慰也夫。綿州李調元東湖撰。**（清）趙搢《金石存》卷首，**

美國國會圖書館藏乾隆四十九年刊《函海》第二十三集

謝華啓秀序

陸士衡《文賦》云“謝朝華於已披，啓夕秀於未振”，以示作者選言於宏富之路，含咀英華，不落剿腐，即韓退之所云“惟陳言之務去”也。然非讀書萬卷，取精用宏，烏足以語於此哉。升庵先生雜采經子中語，加之鎔冶陶鑄成文，著爲二字三字以及八字之目，名曰《謝華啓秀》，洵考古者之寶山也。考《潮采遺書總目》云，國朝高士奇於内庫廢籍中得隋杜公瞻所著《編珠》一卷，嘆爲奇逸，因急取唐杜鄂之《歲華記麗》及先生此書并鎸以行於世，夫亦可謂欣賞之至矣。高本余未及見，今所刊者焦竑校本也，或較爲完善云。童山李調元雨村序。《謝華啓秀》卷首，美國國會圖書館藏乾隆四十九年刊《函海》第十二集。又見（明）張奉書修，張懷泗纂（道光）《新都縣志》卷十六。

升庵詞品序

詞者詩之餘，宋元詩人無不工詞者，明初亦然。李獻吉譚詩，倡爲新論，謂唐以後書可勿讀，唐以後事可勿使，學者群焉信之，束宋元詩弗觀，而詞亦在所不道。焦氏編《經籍志》，二氏百家采輯靡遺，獨置樂府不録，宜工者之寥寥也。升庵先生逸才絶代，繪古雕今，以風人之筆寫才子之思，倚聲按拍，必能與宋元人争勝。而傳本絶少，豈風氣使然與？抑以工詞者必害詩而顧棄捐弗顧與？今觀其所著《詞品》五卷，辨晰源流，搜羅散佚，凡曲名所由始，流品所自分，罔不瞭然大備，一洗《花莽》《草堂》之剿習。此非工於詞者而能之乎？即其詩集中所載《沅江》《羅甸》諸曲，雖未可以詞名，而含宫咀商，駸駸乎大小絃迭奏而不失其倫焉。於此見先生手著之書其佚而不傳者更多也。童山李調元序。《升庵詞品》卷首，美國國會圖書館藏乾隆四十九年刊《函海》第十五集。又見（明）張奉書修，張懷泗纂（道光）《新都縣志》卷十六。

墨池瑣録題識

按《潮采遺書總目》載宋正字朱長文撰《墨池編》，分字學、筆法、雜議等八門。楊慎著《墨池瑣録》，雜論書帖所録成説與己説各半，若以此少先生者。今朱書不見於世，未知其所謂成説者即朱正字之云乎，亦别有所本乎。先生著述等身，未嘗拾人牙慧。即其論定之書，如《書畫神品》《法帖神品目》《書品》三種，余現鎸《法帖神品》入集中，不問古人有是作也。其二種雖尚未購得，然嘗以先生自序《書品》之文考之，所云“鍾嶸作《詩品》品以三，虞肩吾作《書品》品以九”，夫已有所作而不嫌與古人同名，知必有以异乎古所云矣。假其偶有蹈襲，則豈肯大書其目，以俟後人之明徵其短乎。遺書之云，斷不足信。予懼今之狎視此書也，故力爲之辨。童山李調元雨村識。《墨池瑣録》卷首，美國國會圖書館藏乾隆四十九年刊《函海》第十六集

墨池瑣録序

余嘗於新都趙氏獲睹升庵在滇寄楊夫人家書，不知真僞，其字體半倣子昂而近弱。今讀《墨池瑣録》所論書法具抑顔魯公、米芾而推趙孟頫爲得晋人法，則其景行可知

矣。蓋學焉而得其性之所近，未可以是爲訾病也。向在同年汪鹿園家見原本四卷，今二卷，蓋焦竑所并云。羅江李調元雨村撰。《墨池瑣録》卷首，美國國會圖書館藏乾隆四十九年刊《函海》第十六集。又見（明）張奉書修，張懷泗纂（道光）《新都縣志》卷十六。

書畫神品目序

李嗣真論右軍書《太史箴》《樂毅論》其體正直，有忠臣烈士之象。《告誓文》《曹娥碑》其容憔翠，有孝子順孫之象。《逍遥篇》《孤雁賦》有抱素拔俗之象，皆見義以成字，非一得以獨妍，所謂品也。夫以一指一筆之用而隨時變易，雖作者不自知其所以然，得不謂之神品可乎？退之嘗目右軍爲俗書，右軍且然，况在漢秦以上者哉。先生之作爲此者，以見夫人誼力所至，不可强爲，并非徒神奇其説以炫人也。童山李調元序。《書畫神品目》卷首，美國國會圖書館藏乾隆四十九年刊《函海》第十六集。又見（明）張奉書修，張懷泗纂（道光）《新都縣志》卷十六。

名畫神品目序

人物本不相習，而精能之至，遂造神奇。僚之丸，秋之奕，養由基之矢皆是也。畫亦何獨不然？人有竊顧凱之畫者，完其厨以示之。凱之自云，此畫通神，飛去矣。是雖虎頭癡語，亦有理趣可味。蓋物有形必有神，古今畫者皆曰傳神。畫至神，盡乎技矣。黄休復《益州名畫記》以逸品居神、妙、能之上，宋徽宗則以神、逸、妙、能爲次，以神足以兼逸，逸或不能盡神也。然則先生論畫，舉神品而獨遺逸、妙、能，其亦不無見與。童山李調元序。《名畫神品目》卷首，美國國會圖書館藏乾隆四十九年刊《函海》第十六集。又見（明）張奉書修，張懷泗纂（道光）《新都縣志》卷十六。

金石古文跋

楊用修《金石古文》十四卷，刻於明嘉靖年，有永嘉省庵孫昭序。按升庵是編釋《禹碑》《石鼓》及秦漢諸刻，收羅最富。然其中有因訛傳誤，不可不爲訂正者。如以《史晨碑》之夫子冢爲大子家，魯公冢爲魯公家，此承洪适《隸釋》之訛也。以《張遷碑》之籌策爲蕭何，承都穆之訛也。今碑刻具在，可驗。又如《韓敕碑陰》升庵頗譏《隸釋》之誤，今考漢碑文，與《隸釋》所載本相合，而碑之兩側尚有題名，适固失載，升庵偶未之考也。至於五鳳墳壇居攝諸刻皆存夫子廟，係漢碑之近古者，俱不録，則又不無遺漏。調生雖晚，不敢以胡應麟輩爲戒而遂附之，一辭莫贊也。羅江李調元童山跋。《金石古文》卷末，美國國會圖書館藏乾隆四十九年刊《函海》第十六集。又見（明）張奉書修，張懷泗纂（道光）《新都縣志》卷十六。

古文韻語序

升庵雜采古占繇銘識贊祝之詞，爲《古文韻語》一卷，引證博而音釋詳，好古者争先快睹。於以見昔人重文，而用韻之書，自六經而外，亦時見於他説也。然其間亦有不可强通者，則當略韻而取其文焉。或曰韻風度也，韻語與雅言訓同，亦通。童山李調元雨村序。《古文韻語》卷首，美國國會圖書館藏乾隆四十九年刊《函海》第十六集。又見（明）張奉書修，張懷泃纂（道光）《新都縣志》卷十六。

古今諺序

《古今諺》及《古今風謡》，乃升庵先生在滇采集諸書諺語以嬉目遣懷，非著書也。其孫刻之，焦氏因之，遂有單行本。其書本始於黄帝，考其首三條，則焦氏所附録先生論諺語而後人添入壓卷者也，今仍之。按賈子引黄帝語，乃《巾几銘》《孔甲盤盂》書也，不可謂之諺。意者先生謂諺語所由起，故以之弁首乎。羅江李調元雨村撰。《古今諺》卷首，美國國會圖書館藏乾隆四十九年刊《函海》第十六集。又見（明）張奉書修，張懷泃纂（道光）《新都縣志》卷十六。

古今風謡序

人感於心而有言，猶風動物而有聲。故《詩》曰："風詩，所以存鑒戒備觀省也。"又曰："風，風也，上以風化下，下以風刺上，主文而譎諫，有諷勸之義焉，故亦曰風。"然則謡亦古詩之流亞與，若有爲而發，又若無爲而言，休咎之徵，事後畢驗。惜其多出自婦孺之口，詞不雅馴，且其談祅祥太悉，少温柔敦厚之意，故不曰詩而曰謡。然其感於風，則一也。先生之作爲此者，蓋以見正祥妖孽之興，其由有自，而昔人所謂詩讖之説，其亦有所本云。童山李調元序。《古今風謡》卷首，美國國會圖書館藏乾隆四十九年刊《函海》第十六集

俗言序

有聲則有字，有字則有形，有形則可措之而成語，書之而成文。雅俗雖殊，其中於六書之用一也。先生博取傳載中通俗之言，無他意義可稽而爲人之所習，不加察者，一一詮釋，俾覽者怡然解而涣然釋，是可謂讀書得間者乎。或曰，既以爲俗言矣，而今人率不之道者，何也？曰，言語之用，視風土爲轉移。以南北人之殊，而語音遂至有不可曉者，况古今之遼遠哉。余近亦有《方言藻》之作，雜取詩人習用之語編綴成篇。雖猶先生之志乎，而疏注之精，引據之博，視先生覺瞠乎後矣。童山李調元雨村序。《俗言》卷首，美國國會圖書館藏乾隆四十九年刊《函海》第十六集

俗言跋

《俗言》一卷，乃考訂俗語之原本經傳者，又記各書所載方言，注其出處。而《浙采遺書目録》云未詳撰人姓氏。今按焦竑所刻《升庵外集》有《俗言》相同，因附刻於後。《俗言》一本作《俗語》，未詳孰是。羅江李調元童山書。《俗言》卷末，美國國會圖書館藏乾隆四十九年刊《函海》第十六集。又見（明）張奉書修，張懷泃纂（道光）《新都縣志》卷十六。

麗情集又序

《麗情集》一卷，《㕦集》一卷，皆升庵采取古之名媛故事，間加考証而成者也。以緣情而靡麗，故名之。按此書世無傳本，得之丁小山。疑古今麗人尚多所纂，必不止

此。然别無他本可校，姑存之，以備一種。羅江李調元雨村撰。《麗情集》卷首，美國國會圖書館藏乾隆四十九年刊《函海》第十六集。又見（明）張奉書修，張懷泃纂（道光）《新都縣志》卷十六。

麗情集序

宋晁昭德《郡齋讀書志》，宋張君房唐英編古今情感事，爲《麗情集》二十卷。今其書不傳，惟升庵有《麗情集》及《庤集》各一卷，意即補張唐之所未備者，散見於先生各説部詩話中。今合并梓行，庶可以歸當日之全面目云。羅江李調元雨村序。《麗情集》卷首，美國國會圖書館藏乾隆四十九年刊《函海》第十六集

墐户録序

《墐户録》，《千頃堂書目》及《經籍志》俱作一卷，而《説郛》所載纔三葉。今於丁小山處得寫本一卷，較向所見幾五倍矣，足本也。是書所載多名物訓詁詩詞雜事，足資考証，因校行之。墐户者，取《詩》“塞向墐户”，蓋記其著書之歲月也。羅江李調元贊庵撰。《墐户録》卷首，美國國會圖書館藏乾隆四十九年刊《函海》第十六集。又見（明）張奉書修，張懷泃纂（道光）《新都縣志》卷十六。

雲南山川志序

《九邱》者，九州之志也。他如周處之《九州風土記》、宗懍之《荆楚歲時記》，隨所聞見，編綴成書，俾後之覽者得以詳焉。先生謫居滇南，徜徉自適，隨所登涉，作爲《雲南山川志》一卷，金馬碧雞，瞭如指掌矣。按先生在滇，著有《滇程記》《滇候記》二書，今皆失傳。蓋其淪落於荒凉毒癘之區，無可聊賴，寄情文研以自娱其志，亦可悲矣。然其書之存者，將令人膾炙於勿衰，則又未必非不幸中之幸也。童山李童元雨村序。《雲南山川志》卷首，美國國會圖書館藏乾隆四十九年刊《函海》第十六集。又見（明）張奉書修，張懷泃纂（道光）《新都縣志》卷十七。

丹鉛雜録序

吴郡顧其志作《攬茝微言》，具載升庵以“丹鉛”名録之義，謂中古犯罪者以丹書其罪，魏律緣坐爲工樂雜户者，皆用赤紙爲籍，以鉛爲卷軸。升庵名在赤籍，故寄意於此。然則是書之作，其在先生入滇以後乎。觀其名可想其志矣。考先生著書目録中以“丹鉛”命名者凡十種，有《丹鉛録》《總録》《要録》《摘録》《閏録》《餘録》《續録》《别録》《贅録》等名，而《丹鉛雜録》人多未之見。所見《説郛》則寥寥數頁而已。余家舊有《雜録》十卷，其書不名一體，大率皆記注文字，筆之於篇，故曰雜也。獨恨焦竑《升庵外集》之刻意在表章升庵而擇之不精，遂至以《雜録》之半闌入《字學》中。不知所謂《字學》者，皆升庵韻書，如《轉注》《古音》之類，非可以《雜録》混之也。余故取家藏本急刊之，以正焦氏之譌，而并摭“丹鉛”命名之意於簡端。童山李調元序。《丹鉛雜録》卷首，美國國會圖書館藏乾隆四十九年刊《函海》第十二集。又見（明）張奉書修，張懷泃纂（道光）《新都縣志》卷十七。

玉名詁序

古“玉”字無點，秦人作隸，謂與帝王字易混，故加點以別之。至寫作偏旁，則仍去點而從王，從其朔也。郭忠恕云，今人作字，飛禽便當著鳥，水族即應安魚，譏夫不明字義而專任偏旁者也。夫飛禽之從鳥，水族之從魚，類也，而魚爲何魚，鳥爲何鳥，制字者各有名義所在。而概以魚鳥統之，則曷不舉羽蟲三百六十而統名曰鳥，鱗蟲三百六十而統名曰魚？古人豈若此之陋耶。知王之爲玉，而不辨其名稱，不悉其器用，其與安魚而知爲水族，著鳥而知爲飛禽者何以异耶。升庵先生有慨於此，而作《玉名詁》以示，意曰字必有物，物必有義。凡夫有名可稱，有文可記者，皆可作如是觀也。至其引徵博而記注詳，則自讀書考古中來，非可襲而取也。雨村李調元序。《玉名詁》集首，美國國會圖書館藏乾隆四十九年刊《函海》第十六集。又見（明）張奉書修，張懷洵纂（道光）《新都縣志》卷十七。

玉名詁跋

《玉名詁》一卷，見於元陶九成《説郛》，每條并列。考《升庵集》，則貫而成文，非另一書也。因陶氏已刻入《説郛》，故附刻，另爲一種。童山李調元書。《玉名詁》集首，美國國會圖書館藏乾隆四十九年刊《函海》第十六集

梓里舊聞序

羅江縣舊無志，乾隆九年，邑令秀水沈公潛延余先君石亭公纂修。時兵燹初定，并無書籍可考，急於卒役，不及細訪前代名家著述。今百餘年來，本朝文教光昌，大開《四庫全書》，重修《永樂大典》，於是内府秘藏幾乎家有其書矣，此縣志之所宜亟亟也。調元自歸田以來，杜門讀書，念日月之已逝，恐文獻之無徵，若不繼前志而補前缺，恐一旦填溝壑，咎將誰歸？爰取先君所纂舊志，遍加考訂。又復於登山臨水之餘，坐小輿，携胥吏，由本州五邑，山巔水涯，凡有半碣殘碑，自明以上者，莫不手自摹搨。家故有萬卷樓，又復獺祭漁獵，夜以繼日，互相校讐。并取州邑舊志，去其無徵，摘其可據。歷三寒暑，以成此書。其每條俱載原書之名，用朱竹垞《日下舊聞》例也。其所采金石文，具照式繪圖於旁。其門則分沿革、城池、縣署、名宦、各署、城内、東鄉、南鄉、西鄉、北鄉、人物、節孝、道釋、技術、土産，共十五門，獨不編藝文一門，俱附見於名勝古迹之後，以便查閲，皆低一格。其拙作詩文，亦間録於後。至調元偶有考證，則低三格附按焉。共十卷，名曰《梓里舊聞》，俟後之賢大夫他年纂修古綿總志，備芻蕘之一采也。光緒本：此書原名《梓里舊聞》，因裁縣改州，不言縣志。今因復設羅江，故仍曰縣志。其但言稿而不言撰者，蓋欲俟諸賢大夫他年纂修古綿總志，備芻蕘之一采也。嘉慶七年九月重陽前一日，雨村老人李調元。時年七十。（清）李桂林纂修（嘉慶）《羅江縣志》卷首，清嘉慶二十年修同治四年重印本。又見《萬卷精華樓藏書記》卷四十七。

反離騷序

《反離騷》一卷，漢揚雄所作。《離騷》一經，發於忠正，爲百代詞章之祖。淮南王

安始爲之傳，班固、賈逵、王逸又爲之章句。厥後晁昭德《讀書志》所載吏部公又有《續離騷》《變離騷》諸書。獨揚雄以奇逸之才因時發憤，作《反離騷》，其英辯藻思，閎麗演迤，直與《離騷經》并傳不朽。自朱子附入《離騷》，而後世罕見單行刊本。因急爲付梓，以廣其傳云。羅江李調元雨村序。（漢）揚雄《反離騷》卷首，美國國會圖書館藏乾隆四十九年刊《函海》第一集

翼莊序

晋郭象注《莊子》，人言郭注得莊妙處。果然，若文如海之疏、尹吉甫、王元澤之注遠不逮矣。而世又謂向秀所爲，象竊取之，或未必然。然要足以羽翼《莊子》，故曹元叔擇其玄而又玄者爲八十一章，名曰《翼莊》。惜世無善本，因力爲讎校，以付梓焉。童山李調元鶴洲序。《翼莊》卷首，美國國會圖書館藏乾隆四十九年刊《函海》第一集

緝古算經跋

按《唐書·選舉志》，制科之目，明算居一，其定制云：凡算學，《孫子》《五曹》共限一歲，《九章》《海島》共三歲，《張邱建》《夏侯陽》各一歲，《周髀》《五經算》共一歲，《綴術》四歲，《緝古》三歲，《記遺》《三等數》皆兼習之。竊惟數學爲六藝之一，唐以取士，共十經。《周髀》舊有刊本，餘則世有不能舉其名者。調半生求之，近得唐太史丞王孝通所著《緝古算經》一卷，係元豐七年秘書省刊板，字書端楷，雕鏤精工，真稀世之寶也。每卷後有秘書省官銜姓名一幅，又一幅宰輔大臣，自司馬相公而下，俱列名於後，用見當時鄭重若此。因欲刊以公世，但焉得《海島》《五經算》《綴術》三種，竟成完璧，并刻流布，俾數學不絶於世，所深願也。綿州李調元雨村謹識。《緝古算經》卷末，美國國會圖書館藏乾隆四十九年刊《函海》第二集

主客圖序

唐張爲撰《詩人主客圖》一卷，所謂主者，白居易、孟雲卿、李益、鮑溶、孟郊、武元衡皆有標目，餘有升堂、入室、及門之殊，皆所謂客也。宋人詩派之説實本於此。求之前代，亦如梁參軍鍾嶸分古今作者爲三品，名曰《詩品》，上品十一人，中品三十九人，下品六十九人之例。然彼捃拾閎富，論者稱其精當無遺。兹則落落，僅此數人，於唐代詩人中未及十分之三四。即所引詩人之詩，亦非其集中之杰出者。或第就其耳目所及而次第之，故不繁稱博引也。余喜其名之舊，前人有引以入詩歌者，且是本與陳振孫《書録解題》所記符合，故刻以公世之聞其名而未見其書者。童山李調元序。《主客圖》卷首，美國國會圖書館藏乾隆四十九年刊《函海》第二集

續孟子題識

《續孟子》三卷，唐林慎思撰。慎思字虔中，自號伸蒙子，咸通中人。以《孟子》七篇非軻自著，而弟子共記其言，不能盡軻意，因傳其説，演而續之。其書互見於《新唐書·藝文志》、鄭樵《通志》、馬端臨《經籍志》、《宋史·藝文志》、《崇文書目》、陳振孫《直齋書録解題》、王應麟《玉海》、焦竑《經籍志》、胡應麟《少室山房筆叢》。宋

咸淳中，裔孫元復曾爲校梓，莆田劉希仁序。朱彝尊《經義考》擬經十二，今存。是書得之太史周永年書倉家，首尾完善，足本也。按黄虞稷《周在浚徵刻唐宋秘本書目》云，慎思閩之長樂人，唐水部郎中。黄巢寇長安，不受僞命，死之，惜新舊《唐書》俱不爲立傳云。綿州李調元雨村識。《續孟子》卷首，美國國會圖書館藏乾隆四十九年刊《函海》第二集

伸蒙子跋

《伸蒙子》三卷，唐水部郎中長樂林慎思虔中撰。上卷《槐里辨》三篇，中卷《澤國記》三篇，下卷《時喻》二篇。書成，筮得《蒙》之《觀》，因以名，有咸通六年自序。其書互見於《新唐書•藝文志》、鄭夾漈《通志》、陳振孫《直齋書録解題》。今從周書倉借書園抄得之。其書中有峃嶑洳澧𥓓砨弬畋枷䅽甗毜等字，各有解説，謂不忘山水，方事弓甲，起家於耒，自隱於陶之意，有《通鑑考注》可證云。綿州李調元贊庵識。《伸蒙子》卷末，美國國會圖書館藏乾隆四十九年刊《函海》第二集

易傳燈跋

《易傳燈》四卷，從《四庫書録》得副本，弁首有寶祐丁巳徐子東序，但稱先君寶慶間作《周易大義》，繼作《衍義》《續心傳燈》。而遍考陳振孫《直齋書録解題》及朱竹垞《經義考》《千頃堂書目》，既稱富矣，俱未著録，信乎古人著作之多佚也。珠光劍氣，不肯久沉，得之不啻卿星卿雲，急梓以公同好，但稱徐氏，仿闕文之例云。綿州李調元跋。《易傳燈》卷首，美國國會圖書館藏乾隆四十九年刊《函海》第三集

敷文鄭氏書説題識

《書》自孔子刊定，所存僅百篇，帝王之規范悉備。不幸火於秦，傳注於漢，而堯、舜、禹、湯、文、武傳授之奥旨與夫皋、益、伊、傅、周、召警戒之微機，雖老師宿儒皓首窮經，枝詞蔓説汗牛充棟，曾不能彷彿其萬一而無所考證。至於今千有餘歲，然心本同然，理不終泯。自伊洛諸先生力尋墜緒，遠紹正學，而敷文鄭公得其傳焉，探聖賢之心於千載之下，識孔子之意於百篇之中。雖不章解句釋，而抽關啓鑰，發精微之藴，深功極至，要皆諸儒議論之所未及，亦可謂深於《書》者歟。學者於此優游玩味之，則思過半矣。綿州李調元識。《敷文鄭氏書説》卷首，美國國會圖書館藏乾隆四十九年刊《函海》第三集

古文尚書證訛序

《尚書》古今文之説聚訟紛紛，王文憲作《書疑》，章如愚作《書辨》，若於古今文兩有所不居者。晦翁傳注幾遍六經，獨謂《尚書》多錯簡脱文，難可强通，是以命門人蔡沈注之，取便經生而已。夫古文自安國作傳，以巫蠱事不得上聞，故未嘗列於學官。至唐孝明時，不喜古文，改從今文，而古文遂絶。惟梅賾分《舜典》於《堯典》之中，其篇名固可考而知耳。今文出伏羲口授，大司農北海鄭康成爲之作注，説者謂是其徒歐陽、張生之徒雜記所聞，未必即當時本書。而鄭注固其最初者也。前人以書文出之口

授，不無訛舛，其説最爲切當。然載籍徵引，可考而知。即鄭注亦多有與他書异同之處，因加案以析之，竊附校書之末。至其義藴閎深，則有不敢强爲置喙者。敢諗高明詳加論辯。童山李調元序。《古文尚書證訛》卷首，美國國會圖書館藏乾隆四十九年刊《函海》第三集

蘇氏演義序

蘇鶚字德祥，秦之武功人。唐光烈二年進士，作《蘇氏演義》一編，陳振孫稱其考究書傳，正訂名物，辨訛正誤，有益見聞，尤梁溪以家藏本刻之。今尤本傳布絶少，予數求之不得。忽從友人處借得鈔本，因急爲梓行。童山李調元序。《蘇氏演義》卷首，美國國會圖書館藏乾隆四十九年刊《函海》第三集

程氏考古編序

《考古編》者，宋程大昌所雜論經義异同及記傳謬誤而作也。大昌字泰之，休寧人，紹興二十一年進士，歷官權吏部尚書，出知泉州，以龍圖閣直學士致仕，卒謚文簡，事載《宋史》本傳。大昌深於經術，學問湛深，於諸經皆有論説，於易學尤精。所著有《易原》一書，苦思力索，四年而成，其學力可知矣。此書於各經皆反覆推闡，務明大義。如論刑官之象魏、張掖之鮮水，以及《荀子》子弓之非馯背、漢章懷太子之注段熲，皆確有典據，非泛爲摭拾，與鄭樵輩之横議相去不知幾何。其於洪邁之《容齋隨筆》固不相亞也。大昌所著尚有《演繁露》十六卷、《續》六卷，已有刊本。惟是本互相傳寫，故先校行云。羅江李調元雨村撰。《程氏考古編》卷首，美國國會圖書館藏乾隆四十九年刊《函海》第三集

烏臺詩案序

《烏臺詩案》一册，宋陳振孫《直齋書録解題》作《烏臺詩話》十二卷，蜀人朋九萬録東坡下御史獄公案，附以初舉發章疏及謫官後表章書啓詩詞等而成之者。今所得宋本合爲一册，不分卷次。案《百川書志》載《烏臺詩案》一卷，云宋祠部員外郎、直史館、知湖州遭時群小構成詩禍拘禁之卷案也。據此，則是書流傳有二本。此本遇“朝旨”等字俱擡頭，其爲宋人足本無疑。謫官後文乃後人附益之耳。蓋此爲《百川書志》所見之本，非《直齋書録解題》所見之本也。綿州李調元雨村識。《烏臺詩案》卷首，美國國會圖書館藏乾隆四十九年刊《函海》第四集

藏海詩話序

詩盡於唐，而唐人無所謂詩話之目也。歷考書目，有“詩格”“詩式”“詩評”等名。自宋歐陽氏作《詩話》一卷，司馬光有《續詩話》一卷，其自序云：“歐公文章聲名雖不可及，然記事一也，故續之。”此外蘇軾、劉攽、陳師道、葉夢得俱有傳本，洵屬度人津筏。其書世多有之，余從友人處藉得宋人吴可《藏海詩話》一卷，諸所論列皆唐宋人詩而不及漢魏，且多近體而鮮及樂府、歌行，固於此道中僅涉藩籬者。然其所言皆中竅會，初非若茫無所見之徒誇摭拾也。因爲序而刊之，以附歐、馬諸賢之後。童上

李調元序。《藏海詩話》卷首，美國國會圖書館藏乾隆四十九年刊《函海》第四集

月波洞中記跋

按以上九篇，原序稱老子題於太白月波洞壁，唐任逍遥得之，因以爲名，其説荒誕不足辨。然其論相人之術頗精，詞亦近古，且九篇之末有"宋政和九年潘時竦校正"題跋一行，則此書在宋以前祇此一卷。今所得寫本分二卷，以比九篇爲上卷，而下卷詞多冗雜鄙俚，其爲後之術家所附益無疑，殊爲亂古。故祇録爲一卷，餘俟有力時再續刊爲附録可也。原序赤烏，吴孫權年號也。雨村李調元跋。《月波洞中記》卷末，美國國會圖書館藏乾隆四十九年刊《函海》第四集

顱顖經序

《顱顖經》二卷，考之歷代史志，自《唐書·藝文志》以上皆無此名。至《宋·藝文志》始有《師巫顱顖經》二卷著於録。今檢此書前有序文一篇，稱王母金文黄帝得之昇天秘藏金匱，名曰《内經》，百姓莫可見之。後穆王賢士師巫於崆峒山得而釋之云云。其所言師巫與《宋志》合，當即此本。王砅《素問注》第七卷内有"師氏藏之"一語可證。其名"顱顖"者，按首骨曰顱，□蓋曰顖，殆因小兒初生，顱顖未合，證治各别，故取以名其書。首論脉候至數之法，小兒與大人不同。次論受病之本與治療之術，皆極中肯綮，要言不繁。次論火丹證治，分别十五名目，皆他書所未嘗見。其論雜症，亦多秘方，非後世俗醫所可及。蓋必别有師承，故能精晰如此。《宋史·方技傳》載乙妃以《顱顖經》著名，至京師視長公主疾，授翰林醫學。錢乙小兒科冠絶一代，而其源實出於此，亦可知其由來者遠矣。舊目釐爲二卷，今梓以行，俾不至無傳於後焉。雨村李調元序。《顱顖經》卷首，美國國會圖書館藏乾隆四十九年刊《函海》第四集

翼玄跋

宋張行成所著《翼玄》十二卷，明揚子云《太玄》之學，今恭避廟諱，作《翼元》。李心傳云，臨邛張子饒名行成，乾道間爲兵部郎中，蓋以字行也。先生精於《易》，而尤妙於《玄》。了翁所稱七書不盡傳者，予家有其五，而《翼玄》世尤未見。今先刊行，以廣惠士林云。綿州李調元跋。《翼玄》卷首，美國國會圖書館藏乾隆四十九年刊《函海》第五集

江淮异人録題識

録中載道流俠客術士之類凡二十五人，與陳振孫《書録解題》所記小异。雖其迹涉不經，儒者或不之道，而理之所無，事或有之。且其記載質直，能以文言道俗事，亦足窺作者一斑云。雨村李調元識。《江淮异人録》卷首，美國國會圖書館藏乾隆四十九年刊《函海》第六集

青溪弄兵録序

青溪者，今浙江淳安縣也。宋屬睦州，字當作"青"，作"清"者誤也。書記宣和中方臘寇睦州事，爲宋王彌大所輯，分前後二篇，前篇采之方勺《泊宅編》，彼編采之

《續會要》第二百文十三卷《出師門》中，自識稱"嘉泰元年夏在金陵時，命表姪陳知新摘録，以備參考"，蓋哀合舊文，非自撰也。彌大字約父，爵里未詳。曹溶《學海類編》又摘勺《宅編》方臘事，改題《青溪寇軌》，則踵彌大之故智，不足觀矣。羅江李調元。《青溪弄兵録》卷首，美國國會圖書館藏乾隆四十九年刊《函海》第六集

省心雜言跋

《省心雜言》一卷，宋直敷文閣懷州李邦獻撰。邦獻爲太宰邦彦之弟，南渡後歷位通顯，而史闕其傳。是書在宋有臨安刊本，題爲林逋著，或又以爲尹焞所撰。至宋濂跋其書，則謂逋固未嘗著書，焞亦因和靖之號偶同而誤，皆非其實。而王佖所編《朱子語録續類》内有《省心録》，乃沈道原作文之，必有所據，當定爲沈本。陶氏刊《説郛》一書，所存者僅寥寥數條，亦署林和靖作，衆説紛紜，迄莫能定。今全本共二百餘條，蓋依宋時槧本録入。前有祁寬、鄭望之、沈濬、汪應辰、王大寶五序，後有馬藻、項安世、樂章三跋，并有邦獻孫岐岡及四世孫景初跋三首，皆謂此書邦獻所作。岐岡且言曾見手藁，而辨世所稱林逋之非。其言出于李氏子孫，自屬不誣。而王安禮爲沈道原作墓志，具列所著《詩傳》《論語解》等書，并無《省心雜言》之名。宋濂遽因《朱子語録》而定爲沈作，蓋亦考之未審也。其書切近要質，而能該於范世勵俗之道，頗有發明。謹釐正舛誤，定爲李氏之書，而考證其异同如此。李調元雨村跋。《省心雜言》卷首，乾隆末李氏萬卷樓刊，道光五年李朝夔增修《函海》第十一函

燕魏雜記序

昔人嘗論説部書唐不如漢，宋不如唐。後人視宋猶視漢唐也，蓋非徒計較文字之工拙，亦以去古近而記注必真，故其傳可久耳。吕忠穆頤浩當建炎復辟之時，賢勞盡瘁，載在史乘。左宣教郎臧梓爲撰《勤王記》一卷行世，忠穆亦嘗著有《答客問》等書，鮮有傳本。余獨得其《燕魏雜記》一卷，所論皆燕魏間事，或者當時馳驅王事，馬足所經，隨筆記録，如余嶸之《使燕録》，范成大之《攬轡録》之類。亦間有談及王安石諸人事者，俱關事實，固鑿然可傳也矣。童山李調元序。《燕魏雜記》卷首，美國國會圖書館藏乾隆四十九年刊《函海》第九集

龍洲集序

《龍洲集》非《斜川集》也。客曰：如是，則序《龍洲》足矣。而又言《斜川》，何也？曰：一以正書賈之僞本，一以存叔黨之集名也。《斜川集》十卷，見《文獻考》，世無傳本。王漁洋《香祖筆記》稱，康熙乙酉，有書賈來益都之顔神鎮，携《斜川集》，僅二册，價至二百金有奇。惜未得見之，今不可知。此本染紙作古色，補鎸烏絲，假鎸虞山汲古閣毛晋印章，世皆信爲《斜川》真集久矣，不辨其僞矣。考晁説之作《蘇過墓志》，過卒于宣和五年。此集中所稱乃嘉泰、開禧年號，且周必大、姜堯章、韓侂胄俱南渡後人，過何從見之？其乖剌不辨而知也。客曰：然則何人集也？曰：此宋劉過改之集也。書賈因過同名，冒題爲《斜川》以漁利也。然則何以不竟題《龍洲》而言《斜

川》，何也？曰：余蜀人也，所以辨《斜川》之集名。且皆宋人文集也，讀者衹作《龍洲集》讀之足矣。余于是有深感也。文忠之裔，至求其真集而不得，所謂“雖無老成人，尚有典型”也。故附録王明清《揮麈後録》于左，以見宣和五年卒之真，而并校天下之刊本、抄本，其皆僞本云。羅江李調元。**《龍洲集》卷首，美國國會圖書館藏乾隆四十九年刊《函海》第九集**

日聞録序

元李翀《日聞録》一卷，雜記聞見，多所正定。其書不專一時一事而言，蓋亦隨筆記載者，故曰日聞也。第其名不見於志目録書中，豈以卷帙之少而遺之與？余於書肆中購得明人寫本，因爲校刊之，期不没前人之用心焉爾。卍齋李調元序。**《日聞録》卷首，美國國會圖書館藏乾隆四十九年刊《函海》第十集**

吴中舊事序

《吴中舊事》一卷，元陸友仁撰。友仁字輔之，吴郡人。此書蓋記其鄉之軼聞舊迹，以補地志之闕者，其體例則小説家流也。其中如辨吴會、吴下之名及陸贄墓、張籍宅、和令坊、高彪碑之類，皆足以資考證。又如記陳長方、潘兑事，記朱勔事，亦足以資法戒。其他如范純佑、慕容嵓卿事，頗爲不經，李璋事亦頗猥瑣。然古人雜記之書類多如是，不足爲友仁訾也。惟所載《鹿苑臺銘記》云“永和七年，陸璣建碑，王羲之書”，則二人時代邈不相及，殊失之于不考耳。友仁嘗著《研北雜志》一書，久行于世，惟此書傳本絶稀。自序稱參記舊聞一百餘事，今所存衹九十三條，且字句時有譌脱，謹于其可考者各校正之，存備説部之一種，固愈于他小説之荒唐悠謬，不軌于理者焉。綿州童山李調元雨村識。**《吴中舊事》卷首，美國國會圖書館藏乾隆四十九年刊《函海》第九集**

升庵經説題識

按：《升庵經説》，《千頃堂書目》作八卷，注云：“一本作六卷。”今焦竑刊本作十四卷，多至倍餘，蓋皆後人抄逸，而此獨完善，洵足本也。先生雄才博雅，精於考證，爲有明一代之冠。余刻諸説郛書，遇蜀人尤加意搜羅，梓而行之，使讀者得以暢睹其全，知胡應麟輩之《正楊》爲蚍蜉之撼大樹也。童山李調元雨村識。**《升庵經説》卷首，美國國會圖書館藏乾隆四十九年刊《函海》第十一集。又見（明）張奉書修，張懷洵纂（道光）《新都縣志》卷十六。**

均藻序

先生韻書，予所梓行凡數種，《哲匠金桴》《古音駢字》《古音複字》各五卷，博奥淹雅，不相假借而自成一書，觀海者固已望洋嘆矣。乃復有《均藻》四卷，奇文綺語沓至紛來，如讀人間未見之書。而其引徵宏富，焜燿心目，又如入寶山者之應接不暇也。此才可斗石計耶？故并鐫之，以見先生之才之大。童山李調元序。**《均藻》卷首，美國國會圖書館藏乾隆四十九年刊《函海》第十三集**

哲匠金桴序

《哲匠金桴》抉艷詞林，搜奇筆海，上遡《邱》《索》緯書，旁及釋老小説，凡可入韻語者，靡不羅括殆盡。在先生著述中雖沙界之一漚，實泛詩濤者之仙槎也。向有焦竑刊本，原序謂得自先生手録，復加釐正，最稱善本。惜傳布不廣，學者恨之。予從周書倉太史齋頭獲見焦本，因亟借刊之，以廣其傳。童山李調元序。《哲匠金桴》卷首，美國國會圖書館藏乾隆四十九年刊《函海》第十三集

希姓録序

予讀朱竹垞《翰林年譜》，見翰林十六七歲時，王廷宰鹿柴歷舉數十古人名屬之對，對皆工整。王曰："此人必以詩名世，取材博矣。"蓋讀書記事迹較易，記姓名較難。嘗見人談往事始終臚列，獨至不能舉其姓名爲恨。所謂博聞强記者，安在也。兹閲先生《希姓録》一編，姓率隱僻，人亦不少概見，非如昔人所云暗中摸索而自知者。惜不令好古者與上下其議論，其服膺又當何如也。童山李調元序。《希姓録》卷首，美國國會圖書館藏乾隆四十九年刊《函海》第十四集

升庵詩話序

昔人於書非徒誦説之而已，將必以心之所欲言、口之所能達者筆之於册，流連覽觀，以示弗諼，久之而所得裒然焉，取精用宏，直此之故。明自正、嘉以來，言詩者一本嚴羽、楊士宏、高棅之説，以唐爲宗，以初卷爲正始正音，中晚爲步武，遺響斤斤，權格調之高低，必一於唐而後快。甚或取詩之先後乎唐者，皆庋閣勿觀。嗚乎！亦思唐人果讀何書，使何事，而遂以成一代之作者已乎。升庵先生作詩不名一體，言詩不專一代，兼收并蓄，待用無遺，而説者或以繁縟靡麗少之。韓退之不云乎，"惟古於文必己出，降而不能乃剽賊"。試觀先生之詩，有不自己出者乎？先生之論詩，有不自己出者乎？知其自己出而猶以是譏之，是猶責衣之文繡者曰"爾何不爲裋褐之不完"也，責食之膏粱者曰"爾何不爲藜藿之不充"也，其亦惑之甚矣。按何宇度《益部談資》載先生《詩話》四卷、《補遺》二卷。予得焦竑足本十卷，蓋皆先生心之所欲白而口之所能言也。讀者謂先生言人之詩也可，即謂先生自言其詩也亦可。童山李調元序。《升庵詩話》卷首，美國國會圖書館藏乾隆四十九年刊《函海》第十五集

升庵詩話補遺跋

考千頃堂《升庵詩話》四卷，《補遺》二卷，前得焦竑刊本，共十二卷，係合先生《詩話》彙刻以便觀覽，故爲足本。後得《詩話補遺》二卷，乃先生自訂本，所校者門生曹命、楊達是，其中多有焦氏所遺漏，因急補刻。其爲焦氏所并入者，則因次標注于下，庶前後兩集本來面目皆見。綿州李調元跋。《升庵詩話補遺》卷首，美國國會圖書館藏乾隆四十九年刊《函海》第十五集

异魚圖贊序

范正叔《遯齋閒覽》云："海中异物不知名者，人大抵以狀名之。"此升□《异魚圖

贊》所由作也。先生博學多聞，山經地志，無書不窺。故其贊异魚也，怪怪奇奇，一收之宏深肅括之筆，可謂富矣。然觀卷首一條，引元儒南充范無隱説："《莊子》云'北溟有魚，其名鯤'，此寓言也。以至小爲至大，便是滑稽之開端。後人不得其言詮，郭象之玄奥沉思亦誤，况司馬彪輩乎？後世禪宗衲子却得其意，故有'龜毛兔角，石女懷胎'，'一口汲盡西江水，新羅日午打三更'之偈，亦可信以爲實耶？余嘗謂天地乃一大戲場，堯、舜爲古今大净。千載而下，不得其解者，皆矮人觀場也"。據此，則所謂异魚亦非盡實矣。然則此書其殆先生有感而作乎。明末安縣胡世安有《异魚圖贊補》三卷、《閏集》一卷，復有《箋》四卷，采注可謂博矣，余爲之刊行。噫！如世安者，不得解而必求解，亦可謂矮人觀場矣。羅江李調元雨村撰。**《异魚圖贊》卷首，美國國會圖書館藏乾隆四十九年刊《函海》第十六集**

易古文序

東京荀、劉、馬、鄭皆傳費氏易學，王弼最後出，亦祖費氏。乃歐公見王氏易學，遂謂孔子古經已亡。試思劉向以中古文《易經》校施、孟、梁、邱經，或脱"无咎悔亡"四字，惟費氏經與古文同，然則古經何嘗亡哉。按唐郭京撰《周易舉正》，稱京家藏王弼手鈔《周易》本及石經，校正一百三十五處、二百七十三字。如《涣》之繇"利涉大川"以下有"利貞"字，而象詞無之，則增入；《漸》之繇"如女貞吉"下無"也"字，而象詞有之，遂削去。彼蓋以繇與象相証，有闕漏處，可推而知，故托言如此耳，實非别有確證也。余從講《易》之餘，多集古本，互相考質，其有文字异同之處，隨時筆記，久且裒然，因栞之，以與博古君子共焉。童山李調元序。**《易古文》卷首，美國國會圖書館藏乾隆四十九年刊《函海》第十七集**

醒園録跋

升庵之刻，寔先大夫意也。先大夫石亭公每爲調言，蜀之以博學聞者無過新都，著書之富，獨有千古。惜多散軼，除世所傳文集及《丹鉛總録》而外，無一見者。壬申官浙，曾向天一閣借鈔數本，今亦缺略。戊寅歸蜀，買書一船，而新都集尚未得其全。此後簿書鞅掌，恨不能搜其全集，俟有力時爲之一刊，誠快事也。汝曹志之。調受命唯謹。自通籍後，得以遍交江浙翰苑名流，因時加訪求，得四十七種如左，先刊以行，所以竟先大夫未竟之緒也。殫心竭力，雖未盡獲全搜，亦可見豹一斑矣。余髮如此種種，回憶趨庭詩禮，毫無一得，所云善繼善述者安在乎。然髦而好學，古人所稱。行將歸老醒園，時携一篋以自益，亦收桑榆之一策也。以意始於先大夫，因以先大夫手著《醒園録》二卷附刻於升庵四十種之後。非敢云并傳不朽也，亦借以存手澤云爾。醒園者，先大夫之别業也。男調元恭跋。**《醒園録》卷末，美國國會圖書館藏乾隆四十九年刊《函海》第十七集**

尚書古字辨异序

余家有日本山井鼎、講官物觀所著《七經孟子考》寫本，文中有《尚書古字》一册，大抵見采之金石隸篆各書有關于《尚書》者，纂而集之，分篇摘録，并注今文于下，誠异本也。余復據各書互相校訂，庶以補各字書之未備云。羅江李調元。《尚書古字辨异》卷首，美國國會圖書館藏乾隆四十九年刊《函海》第十七集

童山詩音説序

《詩》之音韻，自漢許氏《説文》而外，魏晋以來有之。陸氏《釋文》，窮經者所不能外也。其於諸傳注之外，博采前人音義，殆無遺賸。如《詩》則毛、鄭既或异讀，又兼取申、王、韓諸家以及徐邈、沈重之音，可謂精備。故後來爲字韻者莫不本之，如《集韻》《韻會》等書是也。嘗曰古人韻緩，不須改字，誠讀《詩》之要旨也。捨此而更爲异讀，不知何本矣。朱子遵毛、鄭之舊而不用《釋文》，何哉？夫三百篇，今人詩詞之祖也。經内有習見字而傳、注别解者，《釋文》音切及吴棫《韻補》可考也。嘗讀《詩》音切以及葉韻，有心不安者，未敢附會，輒不揣固陋，摘其音讀之誤，每篇略舉數端。至于俗字相沿，經史互异，亦概及焉。曰《詩音説》，以其要于《詩》之音韻爲多也。羅江李調元。《童山詩音説》卷首，美國國會圖書館藏乾隆四十九年刊《函海》第十七集

春秋左傳會要序

《左傳》，傳也，而列於經，故漢儒專治之。自漢以來，人手一卷，亦既自謂握靈蛇珠矣，然而鮮有能盡其藴者。杜元凱號稱"《左》癖"，亦不過句梳而字櫛之，俾讀者曉然易解。而其中義藴之閎、包含之富，則亦不能無遺焉。余於是書原未嘗有所窺測，第自束髮受書，即已肄業及之，止欲借以爲帖括助。而習熟既久，偶能綜貫，隨以己見書之於册。比從書簏中檢得馬氏《事緯》，適協余心，因再加釐訂而别爲一書焉。若謂余有所會心而居然得其要領也，則豈敢。雨村李調元序。《春秋左傳會要》卷首，美國國會圖書館藏乾隆四十九年刊《函海》第十七集

周禮摘箋序

鄭康成注《周禮》一書，最爲典核，而凡注中於經文□本□□□字，則注未之詳。蓋先生之意實以某字當從某字□。今□□其經文互异字，摘加箋注，有志於古者所宜盡心也。羅江李調元雨村撰。《周禮摘箋》卷首，美國國會圖書館藏乾隆四十九年刊《函海》第十七集

月令氣候圖説序

《月令》載於《吕覽》，大都記候之書，不過《周官》中一事耳。然千百年民咸用之，誠不以人廢言也。唐李林甫譏吕氏纂輯舊儀，以孟春日在營室，有拘恒檢，無適變通，乃更定節候，亂其篇次，增益其文。顧以天氣上騰、地氣下降爲一候，閉塞而成冬爲一候，此固弄麞杖杜之故智，不足當通人之一笑者。竊以巢居知風，穴居知雨，將雨而魚噞，將風而鵲下，雞知將旦，鶴知夜半。微物何知，尚關占候，况乎天時之寒暖，民事之先後，與夫鳥獸草木之凋榮，尤大彰明較著，雖農夫野老類能言之而能知之者

乎。自唐以後，言《月令》者無慮數十百家，卒皆駁李氏而從不韋之舊，亦間有發抒己見，有所廣益者。予暇即會萃其意，删繁薙蕪，衷以鄙見而爲之説，并冠《中星氣候圖》於首。則凡陰陽消長，景物移易，星辰出入，無不可按圖而知之，或於是書之舊不無小補云。又按錢氏輒著《月令説》，謂《月令》於劉向《别録》屬《明堂陰陽記》，則是篇本古明堂遺制，吕氏從而録之。而蔡邕、王肅、張華皆言是周公作，或必有據云。童山李調元序。《月令氣候圖説》卷首，美國國會圖書館藏乾隆四十九年刊《函海》第十七集

官話序

官何以話也？曰，話居官之事也。其事有三，一曰等威之事，同一階級而稱謂之間有昔大而今小，昔小而今大者。二曰刀筆之事，同一批飭而文移之例有宜上而不宜下，宜下而不宜上者。三曰法令之事，同一條例而刑名之煩，有有其名而無其實、有其實而無其名者。蓋今之官所有之事皆昔之官所有之事也，援古證今，窮源溯流，故曰《官話》，非越人秦言，齊人楚咻之謂也。士人服古入官，豈入官而反不知服古歟？《論語》云，仕而優則學，學而優則仕。爲官者苟能奉此一編，觸目警心，隨時體察，則即以爲居官之指南亦無不可。蜀李調元童山撰。《官話》卷首，美國國會圖書館藏乾隆四十九年刊《函海》第十九集

東海小志序

余備員通永，與盛京接壤之山海關即海之東海也，每因幹至其地，見物産饒裕，多關内所不數數覯者，因略志數種，以備博物之君子采擇焉。非海物也，而冠之海，海壤之交也。羅江李調元。《東海小志》卷首，美國國會圖書館藏乾隆四十九年刊《函海》第十九集

出口程記序

乾隆四十六年辛丑四月初三日酉刻，接制軍檄，委熱審熱河所屬之承德府七州縣本年秋讞，即襆被於初四日黎明自通州啓行。竊惟熱河旗民交處，地方遼闊，周環二千五百餘里，向未設有州縣，惟置理事同知通判管轄。乾隆四十三年，奉旨改六廳爲六州縣，改熱河同知爲承德府知府以統之。其六廳，一曰喀喇河屯，今改灤平縣；一月八溝，今改平泉州；一曰塔子溝，今改建昌縣；一曰三座塔，今改朝陽縣；一曰烏蘭哈達，今改赤峰縣；一曰四旗廳，即土城子，今改豐寧縣。向例，各道秋讞，俱解省審勘。熱河所屬以途遠，解囚爲難，每年由臬司詳請隣近口北道親詣各州縣審録。已委永觀察保，以避嫌，委霸昌祥觀察肅。又以護送兵差，改委通永道代之。秋審大典，覆勘者，所以慎重民命，恐有冤抑。而六州縣山川風俗向所未經，非因公不易至其地。用是夙夜匪懈，不遑安息。秋讞之餘，所有道里風土，隨日記載，亦觀俗之一端也。以在古北口外，故曰《出口程記》。乾隆四十六年四月二十四日，雨村記。《出口程記》卷首，美國國會圖書館藏乾隆四十九年刊《函海》第二十集

南越筆記序

舉□□□□以談天，語辨而失於誣；指壚剽沙堨以言地，辭强而背於理。載筆者間收之水經國志，聊存一時應對之捷，其去多識之學水火也。夫自虞帝明庶物，孔門講格致，而後之儒者遂不厭詳悉，舉凡峙流夭喬、翾飛喙息之儔，無不欲各盡其情實而自成一家言。如嵇含之《南方草木狀》、范成大之《桂海虞衡志》，以曁《嶺表録异》等篇，大抵皆足補《禹貢》厥包實竹筍之名，《職方》其畜爲鳥獸之异。其爲五嶺九溪，搜奇矜异，洵哉不少遺漏。遠游者誇奥博，土著者務精覈，後之人縱有聞見，又何加焉。雖然，時有古今，則物亦有顯晦。今即以東粤論，如甌邏巴之入市獻琛，前古所無；南越王之桂蠹火樹，於今未有。即此以推，固不可以泥於前古，或志或不志矣。予自甲午典試粤東，惜所游覽僅五羊城而止，雖欲徵之前賢所記而未逮也。歲次丁酉之冬，復來視學，此古太史輶軒采訪之職也，遂得遍歷全省諸郡縣，可以測北極之出地以占時變，可以乘破浪之長風以窮海隅，可以審扶荔之不宜於北土，可以徵靈羽之獨鍾於丹穴。幽渺而至五行符瑞所不及載，載而莫闡其理者，亦可以徵信而核實。疇見昔人著述，詫爲怪怪奇奇、驚心眩目者，至是又不覺知其或失則誣，或當於理，而因爲之棄取焉，且因爲之上下草木鳥獸，各繫其類焉。書成，計一十有六卷。敢曰《爾雅》注魚蟲，壯夫不爲也，亦聊以廣篋中之見聞爾。綿州李調元雨村撰。《南越筆記》卷首，美國國會圖書館藏乾隆四十九年刊《函海》第二十二集

通俗編序

予前在南海，曾輯《制義科瑣記》刊行。制義科者，今之鄉會兩闈也。我朝於科舉最重，得人最盛，場屋佳話，士林每津津樂道之。因於獺祭之下，采其稍涉新异者，彙爲前編，以資麈談。而於制義設官取名沿革之制，尚未詳備也。因備檢案牘，續爲此編。舉漢唐以來，損益廢興，畫如列眉。于俚俗之言，亦歷歷稽之載籍而不爽，後之博雅者知所考焉。夫制義之設也，所以代先聖立言，非以取士也。而士之所以進身，非制義科無由焉。誠使身列儒林者循其名必覈其實，則由士希賢，由賢希聖，庶幾不負乎設科之美意也夫。綿州李調元童山甫撰。《通俗編》卷首，清乾隆綿州李氏萬卷樓刻，道光五年李朝夔校補本《函海》第二十八函上

雨村詩話序

古人詩話類多摘句，以備采取。唐宋而降，指不勝屈矣。余非敢然也，但自念生平于詩有酷嗜，而以日以月，總覺前此之非。古人云："醫三折肱爲良醫。"不知于此道究何如也。積習未忘，嘗以爲詩法不出乎諸大家，每于同人多諄諄論辯。今擇摘可以爲法者，略舉一二以課兒，與俗殊酸鹹，在所不計也。因所論皆詩，故亦曰《詩話》云。羅江李調元鶴洲識。《雨村詩話》卷首，美國國會圖書館藏乾隆四十九年刊《函海》第二十集

唾餘新拾序

世有蕘僮竈妾所常及而學士大夫或未肄業及之者，所謂方言也。揚子之方言，又非

今之方言矣。五方風土各异，古今謡諺不同。而欲以揚子之方言一今之方言，譬之欲陸亦用舟而水亦用車也，相懸不啻霄壤矣。予家多先人藏書，罷官以來，寂無一事，乃就目前常言所及，一一徵之載籍，雖一字一句，必博采廣搜，溯厥由來，引用書目幾及千卷，每條各用按語以識之。因采綴既多，所拾蕘僮竈妾之方言又皆舊書之所常及而未備者，而予復拾而論之，故名曰《唾餘新拾》，使學士大夫披覽及之，亦可以省其宿讀而恍然矣，不亦方言之一大注疏乎。宋嚴滄浪答吴景先書云："僕之詩話是自家鑿破此片田地，非拾人涕唾得來者。"予之成此所也，知不免滄浪之誚也。綿州李調元童山撰。**《唾餘新拾》卷首，美國國會圖書館藏乾隆四十九年刊《函海》第二十集**

唾餘總拾序

天下之事物無窮，而理則一理也者，所以一天下之萬事萬物也。古今之書汗牛充棟，而天下之事物莫不備其中。今之人讀書而不得其要，每遇一事一物，瞪然而不知其原，豈非朱子所謂儒者之耻乎。夫今人之事皆古人所已有之事也，今人之言皆古人所已有之言也。特非躁心人所能鑽故紙而得解耳。余居山有日，躁心化矣。家有億書樓，多江浙大老家寫本，牙籤插架，不啻萬萬卷，皆余游宦以來所輦載而歸者。置之樓中，每於風雨晦明之餘，焚香坐擁，隨以手觸，遇有半解，輒以筆録加之考證，遂成卷帙，於以有《新拾》《續拾》《補拾》諸名。細閲之，皆唾餘也。分之雖各爲一編，合之即共成一編，故又名曰《唾餘總拾》云。羅江李調元雨村撰。**《唾餘新拾》卷首，美國國會圖書館藏乾隆四十九年刊《函海》第二十集**

唾餘續拾序

揚子云曰："觀書者譬如觀山及水，升東岳而知衆山之峛崺也，况介丘乎。浮滄海而知江河之惡沱也，况枯澤乎。棄常珍而嗜乎异饌者，惡睹其識味也。委大聖而好乎諸子者，惡睹其識道也。"信哉斯言也，然獨不言多聞則守之以約，多見則守之以卓乎？寡聞則無約也，寡見則無卓也。故曰君子之道有四，易簡而易用也，要而易守也，約而易見也，法而易言也。夫所謂易用易守，易見易言者，人生日用常行之道也。事不越目前，言常在唇間，而白首窮經，或有不能舉其名、求其本者矣。不嘗异饌，安知常珍之美也。不探諸子，安知大聖之道也。夫古人之言皆古人之唾餘也，而十三經二十二史諸子百家之書，則若碗若盂若壺若甕若盎也。唾涕無盡，一器盛焉。萬卷無盡，一理包焉。理非他，道也。道也者，不可須臾離也。欲知道所在，不外格物。物格而天下之道在矣。此余唾餘之所由拾也。事不越目前，言常在唇間，而搜列衆書，有如獺祭，每啓一緘，必嘗其味。日事咀嚼，而後知常珍之多在散寄也。日事校讐，而後知大道之多在眉睫也。約分門類而不列其目，以其續於《新拾》，故曰《續》。夫奇山僻水，馬遷或有未游矣。河源星海，張騫或有未到矣。譬如指山一簣，指井一泉，而曰天下之道在是，豈理也哉。余猶願夫藏書者之錫我百朋，以飽鄙人之欲也。韓退之云"寶唾拾未盡"，是則余之所最歉然者乎。蜀羅江李調元童山撰。**《唾餘續拾》卷首，美國國會圖書館藏**

乾隆四十九年刊《函海》第二十集

唾餘補拾序

予家有補過亭，先大夫之廬也。前有雙桂，當年手植。每八月之交，馥馥生香，微風一動，金粟滿地。歸田以來，閉户讀書其中，獺祭之餘，每有所得，以筆記之，皆輯家庭間事，亦唾餘也。故於《新拾》《續拾》之後，繼以《補拾》。補之云者，以亭名補過而得也。歲月如流，回思髫年詩禮趨庭時，忽忽若前日，而仍一事無成，恫恫乎深慮墜先人之緒也。氣質未化，見識未周，五十年來，動輒得咎。老而好學，或可補其萬一乎。昔人云進思盡忠，退思補過，補之時義大矣哉。羅江李調元雨村撰。《唾餘補拾》卷首，美國國會圖書館藏乾隆四十九年刊《函海》第二十集

諸家藏畫簿序

張彦遠云，識書人多識畫。自古蓄聚寶玩之家多矣。非其人，則近代亦朽蠹；得其地，則遠古亦完全。夫金生於山，珠産於泉，取之不已，爲天下用。圖畫既久，耗佚將盡，名人藝士，不復更生，顧不惜哉。如前所云，古今同慨。予嘗論古來論畫之書甚夥，如《繪圖寶鑒》《唐賢畫譜》《宣和畫譜》《圖畫見聞録》《益州名畫記》及《畫史》諸書，率皆言鑒識，言閲玩，言裝褫，暨作者之名氏，品流之高低，而於收藏家卷軸之繁富，或未暇以詳焉。閲歲更久，縑素無存，將有欲考其名目不得者。予間從卞永譽《式古堂畫彙考》中摘取公私藏本目録，彙爲十卷，不加論列，顔之曰《諸家藏畫簿》云。昔之好事者有言，每獲一卷、遇一幅，則孜孜綴葺，雖貸衣减食，爲之不厭。妻子僮僕咸笑之，以謂作爲無益。夫斷縑片紙皆古人精神所寄，其嗜之也宜也。若予，并非有斷縑片紙之介乎其前，而鰓鰓焉較量於存佚不可知之數，惟恐卷軸之舛誤，記載之失實，宵分燃燭，擁書不倦，好事孰甚焉。雖然，天下將必有諒予心者，雖人之笑之奚辭。童山李調元序。《諸家藏畫簿》卷首，美國國會圖書館藏乾隆四十九年刊《函海》第十九集

卍齋瑣録序

卍字不入經傳，惟釋藏中有之。釋家謂佛再世生，胸前隱起卍字文，後人始識此字。宣城梅氏不入《字彙》，自錢塘吴任臣作《元音統韻》，末卷始行補入，然後人臨文用之者絶鮮。五代和凝始入詩云“卐字闌干菊半開”，而苑咸詩亦有“蓮花卍字總由天”句。近見朝鮮人《村居》詩有“卐字柴門宛古文”之語，心喜之，每作書齋，輒作卐字窗櫺，障以碧紗，爲其宛似古文而因以名齋也。夫古文之失真也久矣，自蝌蚪、篆、籀遞變而爲隸、草、行、楷，去古逾遠，字學日離，俗書贗筆，漸有魯豕魚亥之舛。而《切韻》自見、溪、群、疑、端、透、定、泥字母而下，又復紛紛聚訟，各執一家，究之於古文之道未有定論也。夫古人雖遠，而古人之字書、韻書具在，可考而知也。三代而後，漢許氏《説文》最爲近古。余於稽籍之餘，每有疑字，輒本《説文》各書以訂近時之舛，隨得隨録，劄記辯論，庶使古文可復，俗字可正。此余所爲居卐字窗櫺，所不

禁望古而興嘆也。昔蒼頡造字，自一而十，而百，而千，而萬，多至不可記極。今據愚論，但以㐀名，不免挂漏。然事始于一而成于㐀，以㐀統古，所以補《匡繆正俗》之未備也。故以卍之名吾齋者名吾書。童山李調元序。**《卍齋瑣録》卷首，美國國會圖書館藏乾隆四十九年刊《函海》第十八集**

字録序

吾蜀最博者有二人焉，前則漢之揚子雲，後則明之楊升庵，千載相望，固已鴻文炳日月矣。而余獨愛其小學訓詁尤精，故言字學者不極之揚不奇，言韻學者不極之楊不典。二人著書非一，《方言》其瀚海也，《轉注》其津梁也。後有作者，蔑以加矣。但有必須考證者，則千慮一得，前人所不訾也。余論字説，向有《楊字□》一卷，已問世矣。兹復有《揚字録》一卷，門人陳如璐録，合而行之，遂允其請，并名曰《字録》。言字不言韻者，言字而韻在其中也。按揚、楊本兩姓，子雲自序云揚别爲一族，周宣王子尚父封揚侯，因氏。升庵亦謂楊出宏農天水，故冠以楊楊云。羅江李調元雨村撰。**《字録》卷首，美國國會圖書館藏乾隆四十九年刊《函海》第十八集**

淡墨録序

《淡墨録》者，所記皆本朝甲乙兩榜諸名臣之言行也。余舊有《人物總志》百卷，篇帙浩繁，故先摘其要者以問世。大抵皆翰苑之名言，科場之條例，兼徵軼事，并述奇聞。自國初起，每科俱按題名碑録，科分前後。而康熙己未、乾隆丙辰兩舉博學鴻詞，得人尤盛，亦并逐一搜羅，詳爲考釋。編成，共得十六卷。《禮曰》："史載筆，士載言。"余非敢然也。聖人有言，賢者識其大者，不賢者識其小者。遭逢聖世，賢良輩出，多千載罕見之曠典，未有之奇逢，不有記録，何由窺其原委，悉其廣大？夫是故老將至而猶不忘記載也。夫述而不作，雖聖人且然，況下焉者乎。故此編欽遵綸書，謹依功令，抽中秘之書，采故老之傳，不但備詞林典故，聊以續《玉堂嘉話》云爾。則閲者以此爲言行録也可，以此爲則例編也可。至淡墨書榜，不知始自何時。或云，唐李程應舉時遇天榜吏，問登第人姓，則有李和，無李程。倉皇求之，乃用淡墨筆添"王"字於"和"字之下，果得第。後遂相因，凡榜書人名，俱用淡墨，遂成故事。又《賈公談録》，唐李紳侍郎知貢舉，夜放榜，書未畢，書吏忽得暴疾，因更呼一善書吏代。吏方醉，磨墨鹵莽，一榜字或濃或淡，反致其妍。二者未知孰是云。乾隆乙卯初冬上浣，綿州雨村居士李調元撰。**《淡墨録》卷首，清乾隆綿州李氏萬卷樓刻，道光五年李朝夔校補本《函海》第三十二函**

井蛙雜記序

《井蛙雜記》者，蜀中歷代瑣事軼文，李子輯之而别爲此書也。蜀自獻賊之亂，書籍殘燬，青羊一刼，衣冠塗地。承平之後，雖綴拾遺文，纂修省志，賴有當代諸公，而搜覓珊瑚，鐵網難盡。又或傳聞互錯，不免溷淆。因不揣固陋，思拾遺而補綴之，而苦無載籍可考。自癸酉余省視大人於浙東，一舸南下，始獲遍游名山大壑，身所經歷，凡有古迹牌版，無不手摹而録之。既而先人以薄俸購書萬卷，載以歸來，又從而一一考核。繼復奔馳南北，一官京師，又數十年。每逢明窗獺祭之下，未嘗不手自抄寫，今褒然成帙矣。其間或得之舊志，或得之新聞，或得之山經石室，或得之小説稗官，要皆有關於華陽之典故，文獻之考徵，事多爲正史所不載，以及案頭所未數見者，輒爲一集，不分鴻荒而上，耳目之前，玉屑金沙，奇奇怪怪，皆入野史叢編。因隨時記録，故無次第。非敢謂賅悉無遺，足以訂前人之闕也，亦聊以供麈尾之閑譚而已。其曰《井蛙》云者，恐渺見寡聞，妄自著述，以蹈子陽井底之誚耳。乾隆三十四年歲次己丑孟冬月，羅江李調元雨村撰。《井蛙雜記》卷首，美國國會圖書館藏乾隆四十九年刊《函海》第二十一集

尾蔗叢談序

世有怪乎，吾不得而知也。世無怪乎，吾亦不得而知也。但自《齊諧》志怪而後，好异者每津津樂道之，因而《搜神》《廣异》之書紛紛錯出。至《太平廣記》，而牛鬼蛇神千形億貌，可謂幻中之幻矣。近世山左蒲生又有《聊齋志异》書，以驚奇絶艷之筆寫迷離惝怳之神，詞清而意遠，事駭而文新，幾乎淹貫百家，前無古人矣。然皆鑿空造意，無實可徵，考古者所弗貴焉。予生平宦游所歷，足迹幾遍天下，所至之處輒訪問山川、風土、人物，采其事之异平常談并近在耳目之前，爲古人所未志者，輒隨筆記載，以爲麈談之資。其始自何人，出自何地，要取其有據，不取其無稽。即以此爲續《齊諧》之書，亦無不可乎。昔人謂蔗自尾倒嘗，漸入佳境，讀此書者亦可知其味矣。羅江李調元雨村序。《尾蔗叢談》卷首，美國國會圖書館藏乾隆四十九年刊《函海》第十八集

讐林冗筆序

經史而外，百家著述門分户别，或言天文術數，縱横名法，兵家雜技，遂有儒家、墨家、道家之目，名類至賾，號稱諸子。梁庾仲容作《子鈔》三十卷，唐馬氏總本其意，省作三卷。以庾氏之書與當世所傳多未合，故概從裁汰。今從邵太史得舊本，細加讐校，隨筆記載，裒然成集，名之曰《讐林冗筆》。日事丹鉛，煩神費墨，頗亦自笑其冗。然習氣未除，樂此不疲，亦或見諒於他日。至於辨學術之醇雜，考授受之源流，及章句之紕謬舛錯，務使覽者瞭然，則又居然考古筌蹄也。韓退之不云乎，荀與楊也，擇焉而不精，語焉而不詳。夫荀與楊，子氏之最初者，而退之之言如是，况其下焉者乎。綿州童山李調元序。《讐林冗筆》卷首，美國國會圖書館藏乾隆四十九年刊《函海》第十八集

粤風序

百粤軫翼楚分，雖僻處南陲，然而江山所鍾，流風所激，多有倣屈宋遺風，拾其芳華者焉。第戰國以前弗與中國通，秦始皇并百粤之地，以爲桂林象郡，其時者僅編户之民耳。而雕題鑿齒之倫，負固者猶故也。潯州介兩粤之間，其居民之外，惟猺人服化最

早。至獞人之出，自元至正始也。狼人之戌，自明宏治始也。當其閉迹巉岩，老死與民不相往來，似尚不知也秦者。其不化於今之流俗可知也。歌始劉三妹，見於孫桂芳傳，其事頗誕，存而不論可也。余嘗兩至粤矣，潯江俗尚摸魚歌，聞而繹之，曰此《風》之餘也。適友人以吴淇伯所輯《粤歌》四種見投，其詞奥而古，益信深山窮谷之中抱瑾握瑜之餘波猶在也。遂總勒四卷，解釋其詞，顔曰《粤風》。古人云，騷者楚《風》之餘也。粤近於楚，而楚無《風》。《風》者，所以備三百篇之遺乎。綿州李調元書。《粤風》卷首，**美國國會圖書館藏乾隆四十九年刊《函海》第十八集**

彙音序

《記》有之，字，孳也，言其孳息無窮也。天地之生，形立而聲隨之，故六書之本在象形，而其用在諧聲。自假借之法行，而音韻相生，其道乃彌出而不匱矣。經術興，小學廢，縉紳先生有不誤蹲鴟而解讀雌霓者，曾有幾人？字一也，音則隨所用而爲之變。若執此字以讀彼音，則音義俱失，甚且誤以押韻而不覺者，雖在通人不免焉。余暇日輒取韻書之一字而音韻相借者，分别録之。久而成卷，非止供拈吟之用，亦使初學者知所考焉。雨村李調元序。《彙音》卷首，**美國國會圖書館藏乾隆四十九年刊《函海》第二十三集**

六書分毫序

六書之中，象形居其一。竊以所謂形者，即字之點畫形象，昭然於楮墨之間，不必深求古人象物製字之源也。自字變而楷，古體已失，而鐘王等以善楷名家者，又各逞筆資，任意增减。沿習既久，筆畫多訛，遂至弄麞伏獵，貽笑士林，未必非俗書階厲之也。唐顔元孫作《干禄字書》，令其姪真卿書之，勒石吴興，爲世所寶。蜀中亦嘗摹刻一本，藏今潼川府學文廟中。搨者既多，漸以漶漫。分辨正、通、俗三體，以《干禄》名者，以其取便臨文，爲應舉者所資也。惜其文不廣，中多絓漏。余庚寅間以喪家居，家之弟子咸來問字，余教以欲作文必先識字。因時摘其舛誤，爲之辨正，遂推類以及其餘，作《六書分毫》一册。亦分三等，止便家塾，未嘗以示人也。兹因有《函海》之刻，附著於編，以諗幼學。雨村李調元序。《六書分毫》卷首，**美國國會圖書館藏乾隆四十九年刊《函海》第二十三集**

通詁序

書何以《通詁》名？詁《史通》所難通之語也。史以括記傳，通以包編年，例倣《爾雅》，義取《釋名》。立言必簡而該，隨手便閲。疏注必雅而典，觸目不煩。好學者或偶而失之，善忘者可俯而拾也。篇分二十，卷釐上下，雖小學要必歸於適用，彙大成正不在乎冗繁。摘之正史之中，幾於散錢無串；廣之别乘之外，實已毫髮無餘。易曉者略焉，原非罣一漏萬；艱澁者盡矣，何妨舉一反三。是爲序。綿州李調元李山鏌。《通詁》卷首，**美國國會圖書館藏乾隆四十九年刊《函海》第二十三集**

蜀雅序

今之論人文者，皆以爲取材必於鄧林，視鳥必於藪澤，固已。然而閬風玄圃不藉高於坧埡，懸黎結緑不假觀於瓊珉。何者？拘井谷之隘，不知辰極之高也。澄秋毫之視，不見寥天之濶也。吾蜀詩亦然。自漢唐以來，百家騰躍，指不勝屈。最著者如漢司馬相如、揚雄，唐李白、陳子昂，宋蘇洵父子，元虞集，明楊慎，作爲文章，類皆沉博絶麗，雄視百代，構深瑋之風，立騷壇之表，洵古今來文雅之淵藪也。殘膏餘馥，不知沾丐後人幾許。而賤目貴耳者顧謂今不如古，方隅之别也，豈不悖乎。慨自明末獻賊之亂，衣冠文物半委青羊。我朝定鼎休息，百餘年來，英才蔚起，而岷峨之氣又磅礴而鬱積之，故往往轢古切今，不少鴻章巨製，軒翥奮飛，和聲以鳴。太平之盛，而以巴爲嬥，多不入采風之聽，則是鍾期亡而伯牙之絃絶，獿人歿而匠氏之斤輟，非作之難，知之難也。若不爲之網羅而表張之，有不泯於荒烟蔓草者幾何。余束髮授書來，即矢此志，廣搜遠采，靡不收録，披沙揀金，閲有歲時，彙爲一册，統名曰《蜀雅》。大半理不空綺，清麗居宗，句不賈奇，渾潤爲上。登大雅而刊淫哇，此中具費苦心也。雖丹幃接蔭，醜姿可翳，朱漆錯塗，枯木或隱，然而出汙泥者要皆寶光劍氣，譬之止水之修鱗必現，名之美者實必歸也。司馬、揚雄之徒去今未遠，風雅之道豈遂墜乎。若夫覽此篇者存町畛之分，索吹毛之垢，則所謂播塵埃於白珪，生瘡痏於玉肌者，亦聽之而已，吾安能以人人之性情爲我之性情哉。是爲序。乾隆四十六年歲次辛丑孟冬月，羅江李調元雨村。

尚有所輯《全蜀詩話》，分代編纂，此書亦間采之，嗣出就正。《蜀雅》卷首，**美國國會圖書館藏乾隆四十九年刊《函海》第二十一集**

東原録序

《東原録》，宋龔鼎臣所撰也，多考論訓詁，亦兼及雜事。其説經多出新意，如謂《書》本無百篇，孔子存《甘誓》，欲以見父子相傳之義；存《盤庚》，欲以爲遷都之戒，頗不可訓。然如解《易》之鼎金鉉即《儀禮》之鼎扃，解《禮記》“升中於天”爲《左傳》“民受天地之中以生”之“中”。其餘引證各子史注之誤，皆確有考據。惟所稱邵元學士家作三代木主不更畫影，蓋非古禮，甚謬。以上下文義推之，當作“蓋用古禮”，傳寫之誤，必非舊文也。鼎臣字輔之，鄆州須城人，景祐元年進士，歷官諫議大夫，京東東路安撫使，知青州，改大中大夫，提舉亳州大清宫，以政議大夫致仕，事迹具《宋史》。羅江李調元雨村撰。《東原録》卷首，**美國國會圖書館藏乾隆四十九年刊《函海》第九集**

黑水辨

按古今地輿諸書，惟顧氏《讀史方輿記要》最爲荒謬無徵。如引黑水在羅江西北，自安縣南流入，下流會於漢州之綿水，而以五代時董璋破西川兵事爲證。不知綿水與雒水并趨而下，合爲渝水，即巴水也，何曾回到漢州，再往下流？又不知漢州何處飛來黑水，此非大謬乎？夫《禹貢》所謂“華陽黑水惟梁州”，所包甚大，以在華山之陽，華山屬雍州，古者封域合梁於雍是也。黑水出漳臘潘州界，今屬夷地，是爲岷江之始水，自汶山下過，猶河水之遶崑崙也。又一派入滇而出金沙江，流入馬湖江，與汶水合。今之敘瀘界，瀘即黑也。諸葛亮所云“五月渡瀘”即此也。所謂四川者，即岷、瀘、雒、巴四水也。岷水自綿州而下，瀘水自雅州而下，雒水自漢州而下，巴水自重慶而下。是黑水與四水久已各入四支，趨入于海矣，安得在羅江小邑之間尚徘徊來往穿插哉。顧氏又引叠溪營城西北有黑水，即古翼水，源出梁州生番東，亦南由茂至安入羅。蓋見水黑，即稱黑水，皆黑水之小者也。水黑約有四，一《漢志》，符縣有水出犍爲南廣縣符關山，北入江，此符縣黑水也。又黑水出漢中南鄭縣北山，諸葛亮牋云“朝發南鄭，暮宿黑水”，此南鄭黑水也。三黑水出羌中南。《通典》，扶州尚安縣有黑水，此尚安黑水也。四崇慶州西北有黑水。《元一統志》云源出常樂山，石皆黑，此崇慶黑水也，皆非梁州黑水。《行水金鑒》：韓汝節謂梁州别自有黑水，從夷地分流，千古卓識。而顧氏區區指其一爲梁州黑水，誤矣。**（清）李桂林纂修（嘉慶）《羅江縣志》卷三十四，清嘉慶二十年修同治四年重印本。又見（嘉慶）《四川通志》卷二十，（同治）《直隸綿州志》卷五十五，（光緒）《羅江縣志》卷五，（同治）《直隸綿州志》卷六。**

舊志删誤

按舊志，西山觀設有羅隱木牌，不知始于何人。蓋羅隱曾有《魏城逢故人》詩，疑其亦游于羅，故祀之。又因查不出搢紳以羅江爲雒城始于何代，遂引《羅江東集》中有《雒城作》一首，其詩云：“大鹵旌旗出洛濱，此中烟月似埃塵。更無樓閣尋行處，祇有山川識舊人。早得鑄金誇范蠡，旋聞垂釣哭平津。舊游難得時難遇，迴首空城百草春。”觀其詞意，蓋客寓洛陽作也。古洛、雒通用，故曰洛濱，與羅江蕞爾小縣全不相合。且此時五代分争，十國各霸，前後兩蜀爲王、孟所據，吴越王獨守正朔，終身稱王，故江東暫依之，何曾有脚迹入蜀中來？羅人殆如楊公周冕欲修金雁橋，而先與漢州争雒城也。善乎，劉甲《人物志序》曰：“唐以前，凡稱涪城，即今綿州也。凡稱雒城，即今漢州也。”如使雒城爲羅江，則朱子《綱目》於建安十七年冬十二月大書曰劉備進據涪城，不應又于十八年夏五月復書曰進圍雒城矣。羅江去雒城七十里，白馬關龐靖侯之墓，安知非中流矢後歸葬于此乎。羅江爲涪分邑之地，當時不過村鎮驛站往來之所，并未立有主名。自改設羅江縣後，遂無古名可稱。搢紳出于京都琉璃廠書賈多係妄爲，全不足據，遂强安“雒城”二字，以至仕宦者俱遵用之。此誤之又誤者也，故不可不删。又大霍山乃羅璝隱居之所，今人多誤爲羅公遠，則又走入唐明皇月宫去矣。然仙家事本屬荒誕，可以不辨。至此事，則讀書人明而易見者也，不得不全删之，以免貽誤後人，冒認雒城爲羅江之號，而并不必引羅江東詩人以爲我羅江光寵也。然則羅江古名當何稱乎？曰，潺亭、萬安皆可稱也，何必區區與漢州争雒城也。**（清）李桂林纂修（嘉慶）《羅江縣志》卷三十四，清嘉慶二十年修同治四年重印本。又見（光緒）《羅江縣志》卷十。**

文昌帝君辨

帝君廟在梓州梓潼縣，本梓潼神也。舊記云，神本張亞子，仕晋戰死而廟存。唐明皇狩蜀，神迎於馹馬橋，追命左丞相。僖宗播遷亦有助，封濟須王。咸平中，益卒爲亂，王師討之。忽有人蹈曰："梓潼神遣我來。"九月二十日城陷，果克。四年，州以壯聞，故命追封英顯王，俱見《事物記原》。宋理宗景定五年三月二十九日，封神父聖武孝德忠仁王。宋度宗咸淳五年月日，加封神父顯慶慈佑仁裕令德王，神母昭德積慶慈淑恭慧妃。《清河内傳》元累封輔元開化文昌司禄宏仁帝君。萬曆《總志》左司獨孤氏七月十五日生，因斬邛州蜃功，累封八字王。今掌文昌左班，封廣佑嘉應昌澤孚惠王。右司李斌八月十五日生，以破苻堅功，累朝加封八字王。今掌文昌右班，加封英惠忠烈翼濟正佑王。《清河内傳》梓潼文昌君從者曰天聾地啞，蓋不欲人之聰明用盡，故假聾啞以寓意。夫天地豈可以聾啞哉。王逵《蠡海録》元仁宗延祐三年七月日，加封輔元開化文昌司禄宏仁帝君，主者施行。敕曰："上天眷命，皇帝聖旨：維明有禮樂，惟幽有鬼神，妙顯微之一貫；在天爲星辰，在地爲河岳，形功用於兩間。矧能陰隲於大猷，必有對揚之懋典。蜀七曲山文昌梓潼帝君光分張宿，友咏周詩。相予泰運，則以忠孝而左右乎斯民；柄我坤文，則以科名而選造乎多士。每禦救於灾患，彰感召於勸懲。貢舉之令再頒，考察之籍先定。賁飾雖加於涣汗，徽稱未究於朕心。於戲！予欲人才輩出，爾丕炳江漢之靈；予欲文治昭宣，爾濬發奎壁之府。庶臻嘉貺，以答寵光。"道經云，二月初三，是日文昌帝君誕。《翰墨大全》原無名氏。二月初三帝君生辰疏云："北極建卯，方新三月之杓；西蜀生辰，誕應五雲之瑞。瑶池啓宴，寶閟騰歡。恭惟帝君名震梓潼，職嚴桂籍。銀鈎鐵畫，盡入神出聖之能；玉句金章，致泣鬼驚人之妙。輔佐元天之主，闡揚《周易》之靈。某仰獻凶觥，俯陳燕賀。億千萬綿延之壽，切切長存；九十四變化之身，如如不動。"按唐孫樵有《祭梓潼文》，李商隱有《張亞子廟》詩，莫或言其主文。按仁和翟灝《通俗編》云，《北夢瑣言》，梓潼縣張蛋子神乃五丁拔蛇之所也，或云嶲州張生所養之蛇，因而立祠，時人謂爲亞子，其神甚靈。《十國春秋·僞蜀記》：梓潼縣祠蛇神，曰張惡子，世子元膺，被誅之夕，司祝者忽夢爲惡子所責，言我久淹成都，今始方歸，何祠宇荒穢若是，由是蜀人傳元膺爲廟蛇之精。依其説，則其神不足輕重可知。後人不知，乃援《詩》"張仲孝友"爲張亞轉世，以爲十世爲大夫，鄙誕至此。愚謂文昌非張亞，亦非張仲，蓋蜀文翁也。蜀治，文翁遣相如東授七經，於是蜀俗比於齊魯，宜立祠堂云云。調元按圖志，神姓張，諱亞子，其先越嶲人，因報母仇，徒居劍州之七曲山。仕晋戰没，人爲立廟。姚萇伐蜀，至梓潼嶺，見一神人，謂之曰："君早還秦，秦無主，其在君乎。"萇請其姓名，曰張亞子也。後東據秦稱帝，因立張相公廟，嗣代顯聖，故由濟順王加封至英顯王。至元順宗延祐三年七月，乃加封輔元開化文昌司禄宏仁帝君。文昌本天上六星，在北斗魁前，爲天之六府，其六曰司禄，道家謂上帝命梓潼神掌文昌府事及人間禄籍，故以文昌司禄封之，而天下學校亦皆立祠以奉之。此時誥册爵號非謂即祠文昌星也。因元仁宗加封文昌司禄，人遂以文昌稱之，而京都及天下俱額曰文昌宫，其實即晋之張亞子也。十七世張仲轉世，自屬後人附會。睹歷代封號并無張仲名可知。而翟顥不詳考正書神自後秦建張相公廟及歷代封爵，但就因文昌文字，遂妄臆爲文翁，可謂闢空杜撰，游談無根矣。至引蛇精事，殊不知古惡蚩二字通用，因《爾雅》跌蚩爲蛇，江淮人爲蚩子，遂疑爲蛇，尤爲妄誕不經，不得不爲之辨。（清）符永培纂修（嘉慶）《梁山縣志》卷三，清光緒二十年重刊本。又見（光緒）《梁山縣志》卷三。

城隍祭祀考

城隍之祀，宋以來遍天下，或賜廟額，或頒封爵，或遷就附會，隨指一人以爲神之姓名。如都城隍爲蕭何，鎮江、慶元、寧國、太平、華亭、蕪湖等郡邑皆以爲記信龍，且贛、兖、瑞、吉、建昌、臨江、南康皆以爲灌嬰是也。城隍有京都城隍，各處府州縣城隍，都城隍廟在元爲佑聖王靈應廟，刑部街。按《元史》，天曆二年，加封爲護國保寧王，夫人爲護國保寧王妃。至於生辰，《玉匣記》言五月十一日爲都城隍聖誕。按元劉應李《翰墨大全·神祠門·慶賀疏語》於各神俱言生辰，而於城隍直云五月二十八日慶賀，并不言生辰，亦非十一日，豈與都城隍异日乎？抑二十八爲俗沿慶賀之期乎？其二十八日慶賀疏語云："是餘二日，即更建午之書；雲燦五雲，喜遇生申之旦。歡聲載路，和氣滿城。恭惟城隍土主乃武乃文，作威作神。呼吸須臾之雨露，叱咤俄頃之雷霆。佐漢有功，四百載綿延社稷；配天無極，億萬年帶礪山河。赫赫厥靈，洋洋如在。某等素喜蒙恩之久，幸逢震夙之初，壽永基圖，願藉椿靈而爲壽；封褒忠惠，更看芝檢之增封。"繹其詞，亦皆祝嘏壽之意也。所云佐漢者，亦或沿俗傳蕭相國歟。本朝《會典》，順治八年八月二十七日祭城隍之神，是亦未言及生辰也。今民間以五月二十八日爲生辰，殆習俗之相沿也。考明洪武元年加各城隍以封爵，興王之地封爲王，其餘府爲鑒察司民威靈公，秩正二品。州爲鑒察司民靈佑候，秩正三品。縣爲鑒察司民顯佑伯，秩正四品。造木主塑像，其章服府封公者九旒九章，各州縣封伯者七旒七章，命翰林撰制文頒之，制詞有"神司淑慝，爲天降祥，亦必受天之命"之語。三年正祀典，詔各處府州縣城隍稱某府某州某縣城隍之神，以祭山川之明日致祭，禮同社稷。十四年，制以城隍合祭於山川之壇，蓋以五岳四鎮、四瀆四海一例也。祭與山川同壇，而祀則崇之貌廟者，事以人道也。嘉靖九年，罷山川從祀，以仲秋祭旗纛日祭之。國朝仍以城隍全合祭於山川壇祀，畢置神主於廟。凡府州縣官涖任，必先齊宿，城隍廟謂之宿，三朔望行香，祈禱水旱，必先牒告於廟而後禱於壇。（清）符永培纂修（嘉慶）《梁山縣志》卷三，清光緒二十年重刊本。又見（光緒）《梁山縣志》卷三。

評楊爽詩

楊爽，山東濟南名士也，有《春愁》云：世無知爾方爲貴，地有容吾不算貧。書帶新生窗外草，瓶花自護雨中春。長將曉露論前事，祇作風鐙看此身。好客孟公思往昔，愛山靈運竟何人。讀之想見胸無一事，筆有千卷，今《高士傳》中人也。（民國）毛承霖纂修（民國）《續修歷城縣志》卷五十三，民國十五年鉛印本。

觀音岩重修大殿記

觀音岩本名白石岩，在北縣三十里之康家壩，前此未有觀音之名也。乾隆辛酉秋，驟雨淋漓，山崩石裂，雷轟電擊，忽從霹靂光中而觀音石像出焉。是月，先君石亭公即中鄉試三十六名。附近居隣皆以爲神，遂以名岩。遠近禱者有求輒應，以是通都大邑輻輳而來。而每逢二月十九日爲觀音誕辰，乞靈報賽者畢聚，此日爲之酬神演劇，其會之大，幾與二月初三七曲山梓潼會等，蓋綿州之第一禪林也。顧岩逼巨石，硝壁插天，建殿不易。從前開山和尚祥喜嵌岩建置大殿，添設東廊。閱既久，飛瓦墮落，殿頗捐壞。今年七月，天雨連綿，山水陡發，岩爲崩裂，遂將大殿壓倒兩間，而東廊亦傾圮其半。道姑趙復坤念無以妥神居也，爲之惻然，思重修之，再建五皇樓於三層之上，而力薄不逮，不無望於天下之施主，爲之請序於余以倡之。余思觀音之神起於南海，顯於西蜀，化七十又二之身，無不普照，遍三千有奇之國，共荷慈悲。而獨顯靈於吾土，此尤居民之太幸也。求福者神無不報之矣，而顧使神居不妥，可乎？乾隆五十二年冬月上浣記。**（清）李調元纂修（光緒）《羅江縣志》卷七，《函海》本**

石鐘岩題記

乾隆戊戌夏六月，督學使者巴西李調元偕友人丁傅、王金輅、弟譚元艤舟游龍岩之勝，日暮乃去。長子朝礎侍行。**（民國）黄瓚修，朱汝珍纂（民國）《陽山縣志》卷十七，民國二十七年鉛印本**

張獻忠降生記

李祖惠言，延安府膚施縣有林生者，縣之柳樹澗人，家貧苦讀，試輒不利，舌耕于金明驛之東士橋，遺妻守舍，紡績自給。塾去家兩舍，一日歸省，未至家，天已昏黑，愁雲密布。少頃，大雨如繩，遂避雨于道旁古廟中。廟三楹，牆垣倒壞，無住持。中有神像一座，金衣剥落。神前有破香案，亦欹斜將圮。意待雨少霽即行，而飛霖愈猛，雷電交作。遥望村火，點點簷外，泥深三尺，跬步難行。無如何，遂坐于香案下假寐。忽見兩廊人夫喧闐，騶子奔馳，洒掃堦道。旁有大厨，豕羊羅列，宰夫數十百人，鸞刀縷切。堂上燈燭輝煌，龍文鳳綺，供設甚盛。中一人緋衣，平天冠，似王者規模，指點手下安排几桌，結綵張筵。旁列鼓樂，似人間地方官伺應上司狀。探馬卒絡繹不絶，鬧擾之聲、爆火之光徹内徹外。少焉，忽有飛報者云煞星下界矣。緋衣人即踉蹌趨出門外，祗候甚恭。林生亦從稠人中遥望見雲端冉冉一簇人馬擁乘輿飛奔而下，兩旁皆仙娥嫚婇，環夾左右，笙簫縹緲，響遏行雲。漸漸前導至前，緋衣人又疾趨數武，至道旁拱立，貌益恭。乘輿忽墮廟外喝駐，輿中走出一人，赤髮藍面，目齒獠牙，狰獰甚。即大步入，緋衣者謹隨後。至大廳，赤髮人直上座，略不叙賓主禮。緋衣參揖後，即趨側席陪坐。赤髮人坐定，即拍桌呼曰飯來飯來，莫誤我事。緋衣人即呼階下數十青衣舁餐盤而上，珍羞羅陳，大率皆人間未有。其隨來人衆俱有供給在兩廊下。一時鼓樂齊鳴，歌舞畢備。饌畢，又青衣數十争上徹席。緋衣避席，拱立言曰："今日星君下界，雖奉上帝敕旨，亦萬民劫數。但職忝東岳，以好生爲心。伏乞十分中暫留殘喘三分，則庇德非淺。”言訖，又復恭聽。赤髪者初聞若怒，既見上下俱款洽隆至，有赧色。徵頷首而起，大步出門外，隨者皆擁護。緋衣人仍送出旁候，乘輿一片光明，望之，投己村中而没。林生牽從緋衣侍者密問之：“此何人?”答曰：“汝學生也。”一驚而醒，則身猶在香案下，東方已白，簷溜漸稀，雨已晴矣。視廟榜，乃東岳也。遂躑步歸至家，妻啓户出迎。林生見桌上盛喜雞子一盒，問之，妻答曰，昨晚比鄰張嫂誕子所送也。林生异之。後五歲，張翁送其子入塾從讀，改名獻忠，年餘不能記一字。翁游，使牧牛，又無賴，往往從群兒撲戲矣。長漸爲狗偷，充本縣快手。不數年，爲流賊。林生老猶在焉。(清)鄭澍若輯《虞初續志》卷九，咸豐小嫏嬛山館刻本

自傳

調元字羹堂，號雨村。十八歲補諸生，即隨先君浙江秀水任讀書，因在籍食俸。大司寇錢香樹先生家居金陀坊，時至衙署，先君呼出拜見，以素所作詩文請質。先生驚曰：“公子殆非蜀人，乃吾浙人也。可受業吾門，吾當教之。然吾門生多大老，汝遥以吾兒少寇汝誠爲師，而呼余爲太老師可也。”自是在金陀坊受業。一日見先生，命諸公子擬作召試詩題《春蠶作繭》，先生命同作。調元得一聯云“不梭還自織，非彈却成圓”。先生閲之大喜，曰：“此名句，也當爲諸卷之首。”又復批於卷曰：“憶昔十年前，侍上於乾清宫，元宵聯句，上思如涌泉，言言珠玉。僕得一聯云：‘風團謝家絮，霜點洞庭橙’。一時王公大臣俱推僕爲五字長城，固不敢當。今見足下圓字一聯，與前事堪應證也。他年成進士，入翰林，聲名雀起，予企望之。”從此以詩學受知於先生春風中盡丁丑一年。明年戊寅，隨先君以艱回蜀，從此不獲侍左右，然至今未嘗忘也。又受知於提學洗馬史公，屢試第一，謂諸生曰：“吾在蜀三年，今始見一個秀才也。”即日送入錦江書院肄業。中己卯鄉試第五名，辛巳，由落卷取中内閣中書，補國子監學録。癸未會試，中第二名進士。殿試第二甲第十一名，改庶吉士。散館，授吏部主事。考差第一，充廣東副主考。回，昇考功員外郎。丙申，以議稿塗押，爲同司所回，舒爲先入所中，填入浮躁。引見，蒙上詢及軍機，傳吏部堂官明白回奏。尚書武進相國程文恭公以畫稿塗押對，上曰：“司官有不安於心者，向例原准不畫押，如何便填大計?”程曰：“是。”上問居官何如，奏曰：“辦事勇往。”遂奉旨，著仍以員外郎用，即日到任。未幾，員外尚未補缺，即命提督廣東學政。三年任满回京，即授直隸通永道。召見勤政殿，上曰：“汝乃朕提拔之人也。非朕乾剛獨斷，倘在明朝，汝能免權臣之害乎？汝須謹記朕言。”在部數月，上嘗從容謂相國程文恭及侍郎袁清悋曰：“李調元能與舒、阿争稿，頗有骨氣。但性子不好，須令改之。”乃終不自悛，在道任甫二年，又因參永平府爲府所傷，遂罷職，遣發伊犂。以母老贖罪，不作出山想。後上問弟鼎元：“李調元是汝何人?”蓋聖恩猶在念也。然時和方當國，游其門者成群，豫知冰山必敗，不肯復謀補官，遂毅然而歸。豈知家居十八年，冰山始敗，可以報國，而吾亦老矣。以邊省之

人，而受高廟特達之知如此其重，誠爲千古罕有。終不能勉力向上，每一念及，惟有泪涔涔而已。聊書於此，以示後世子孫，世世以報國爲念，無令我長抱終天之恨也。（光緒）《羅江縣志》卷九，《函海》本

李鼎元傳

李鼎元字墨莊，由廩生中庚寅鄉試。戊戌會試，殿試第三甲第一名進士，改庶吉士。散館，授翰林院檢討，改授内閣中書。己未八月十九日，命李鼎元至琉球國，偕正使太湖趙文楷充册封天使，賜正一品，麟蟒服。庚申過海，辛酉春回朝復命，昇宗人府主事。（光緒）《羅江縣志》卷九，《函海》本

李驥元傳

李驥元字其德，號凫塘，羅江人。生不好弄，天性愛書。甫四五歲，見群童入塾，即跟隨不回。父香如尋歸，問之，則曰："我亦欲讀。"父曰："汝能識字乎？"對曰："先生教彼認書，我從旁聽之，十已記其八矣。"試之果然，父奇之，遂留自課。南村有龍神堂，在大溝北，中有文昌宫，每年二月初三日誕會演劇，闔村士女無不聚觀，弟獨絶迹不出。父憐其體弱，恐勞瘁成疾，誆令出觀。不得已隨去，隔溝而望，仍挾一書，且看且讀。及父至劇場回，視之，則已回塾矣，人皆以爲异。時戊寅，余隨先君自秀水丁祖妣艱歸，先君命余在環翠軒課弟譚元，而香如叔亦令鼎、驥兩弟從學舉業。惟弟年幼苦讀，未弱冠而文已如成人然。是年，值羅江彙童滿，擬縣覆居首。未幾榜發，則見驥一人回。問之，哽咽不言，泪如雨下，乃知首覆無名。因慰之曰："觀汝志氣如此，必不久居人下也。"次年，即由縣、州、院連取三案首入庠。學憲南滙吴冲之愛其文，深器之。弟初名繼，公親筆改爲驥，曰："汝千里駒也，勉之。"自是歲科屢試第一。丁酉，遂入選拔，中鄉試第五名經魁。余時亦提學廣東，聞之，喜曰："此可繼先君及余之故步也。"次年戊戌，又聞弟鼎元中進士，以三甲第一名改庶吉士，又喜曰："此可繼余館選之故步也。"是科弟雖未第，而鼎授館，得檢討，家聲由是日起，人皆榮之。余曰："未也，須得編修，乃慰我心耳。必得者，其在驥弟乎。"又三年，余由廣東學政任滿回京，補授直隸通永道，因接二弟在署。甲辰會試，余與鼎住内城，看榜，見四川進士額止二名，弟與巴縣張錦與焉。一時榜下，譁然曰："皆讀書種子也，我輩不第，可無恨矣。"殿試二甲，改庶吉士。後三年散館，竟得編修，于是三翰林之名噪天下。大總裁兵部尚書獻縣記曉嵐先生謂諸王公曰："吾今科所取皆讀書人，而首推者實雨村之弟驥元也。"吾昔皆二甲，未得編修，今不缺矣。成吾志者，子也。時香如叔亦自山東泰安令弟婦兄何人麟署聞信，回京，相見於通，歡燕竟日。余時亦將歸里，臘月初五爲余誕辰，弟曾作詩二首祝壽餞行，送至葫蘆頭，各灑泪而别。丁未，兩弟丁叔父艱，始得回里相見。然一自楚北來，一自粤西來，雖喪費稍支，而萬里千山，風塵碌碌，已苦不可勝言矣。居半年，惟與父老閑話桑麻，絶口不談温室樹。生平不喜應酬，在京亦不多赴燕會。來川典試，編修温汝适順德人，爲會試同年榜。後道過羅江見訪，已行至祠

堂，蓋欲兼觀醒園也。弟既不迎迓，亦不備餐。温悵然而去，弟聞之，若不知也。服闋至京，此後遂與弟不復相見矣。次年，適值乙卯科，各省鄉試考差得頭等，蒙恩差與太常寺卿施朝幹充山東副主考。回京復命，召對稱旨，問家世甚悉，天顔大喜。未幾，即陞左春坊左中允，蓋超陞也。人皆以爲簡在帝心，不日將大用，王公及掌院等交相薦舉。戊午大考，雖照例仍改編修，每逢站班，常被顧問，尤爲成親王所器賞。是年二月二十三日，奉特旨，派入上書房行走。除夕，蒙上賞賜貂皮等節物。己未年五月初三，忽得咯血之疾。始猶勉强上朝，因誤服凉藥，遂至不起。蓋弟一生讀書之心血至此而盡，雖身列清華，而骨體已枯，故臨死而猶不自知也。弟工於小楷，每以趙子昂爲法。作文簡古似韓柳，尤工於詩，立意學蘇。數年前，曾以《鳧塘稿》托余婿張玉溪寄余求序，其詩亟爲少司寇王蘭泉先生所賞。序成，寄墨莊爲刊行，不知刊成否。弟天性孝友，兄弟和睦，從不問家人生産，故至今同居無間。童氏、張氏生有二子，長子五歲，次二歲，俱於弟卒後一年夭殤，竟無子，其存惟張氏所生一女而已。弟生於乾隆乙亥年七月初二日寅時，卒於嘉慶四年己未九月二十十日寅時，年四十有五。贊：

昔王沂公夫歸積德無子，每夜禱天，願賜一愛讀書子。後夢神人送一子，謂曰："今以曾參爲汝子。"後生兒，遂名曾。今弟之好讀，毋亦天所賜歟？雖非三元宰相，而馳名翰苑，幾二十年，疊膺帝眷，可謂深矣。乃年止中壽，没竟無子，亦又何哉。豈天能生之而不能成之歟？抑其禀氣之厚薄有以使之然歟？嗚呼！天道無知，真無知矣。兄調元撰。（清）李調元纂修（光緒）《羅江縣志》卷九，《函海》本。又見（嘉慶）《羅江縣志》卷三十六。

謝子夂傳

子夂者，謝公登朝之長子也。生有至性，聰穎過人。不數齡即失恃，幼從先大夫石亭公游，沉潛味道，一切俗見不擾胸中。繼母陳復王四男，常膜視公。公事之翼翼然，色養兼至，無浮偏心。塾中歸省時，拜謁先祖畢，即入寢叩見慈親，侍立肅然，不命之坐不敢坐，不命之退不敢退也。繼母陳見所生四子將成人，即以數頃田産析而爲二，以一析爲五，四子得四，公得一，其一仍佃耕種。收穫時，田中平分，命佃運至家，堆積廳事閑，廠中軒聚壁立，殼早輕浮者皆溜下，乃以筐篋酌分溜下者，先與公，餘乃與四子。登朝公常笑其巧，陳亦不之怪。故日後瓜分田産屋宇大都若是，子夂公悉安之。公最愛諸弟，聚處常序次坐，必勗以禮節。諸弟亦最愛公，儐籩飲酒之餘，常誡妯娌姑姪等勿稍非議詬誶，傷伯兄心。乾隆九年冬，公入泮，先大夫書送"矯首雲衢"匾額，携予同往拜賀，客悉登筵。時先大夫指子夂公告諸客曰："此吾門之閔損也。"諸客皆以此言爲榮。次年，即食餼。後先大夫將仕江浙，函丈談經，常謂門弟子曰："守吾道而不失者，周望也。吾輩錫此名，今真不愧其名矣。汝輩皆宜效之。"明年，先大夫赴任，子夂公乃負書篋歸，修書齋十餘間教子弟。其中遠近聞風從游者百餘人，齋隘不能容，乃復拓修數十間，日與學侶切劘道義。嘗儆學侶曰："學乃淑身淑世之資，非第爲科名利禄計也。”故從子从公游者率皆敦品勵學，净厥塵氛。即族中卑幼來塾請業，亦必小學撫授，正其始基。當是時，子从公家亦富足，來學者衹許贄束脩，不議館穀之豐厚。但惜屢薦不售，甲辰始貢於鄉，年已六旬餘。每當黄昏黎明館課畢，必歸家數刻。學徒詢諸族人，始知爲繼太夫人定省也，識者以爲難。於戲！繼太夫人邇時年近八旬矣，所生四子析居分爨，家富務繁，擾擾婚嫁。而年近八旬之生母養體養志，悉委諸白髮之長兄，此亦繼太夫人之始念不及者。戊申冬，公選忠州學正，赴任至省垣，忽聞五弟喀血卒，公即歸。葬畢，人皆勸之任，公曰：“恐壞家政也。”其生平沉潛味道，全性不移類如此。公名周望，字子从，號釣溪。從先大夫游時，吾始束髮，受四子書，同學者十餘年，故知公最悉。兹因過公家，適公長君文俊彙修家乘，因爲梗概其行誼，載諸譜中，以俟觀風者得所采擇焉。（清）馬傳業修，劉正慧纂（同治）《續修羅江縣志》卷二十四《藝文》，清同治四年刊本

記張鶴峰先生

□於古學，北天文、醫卜、律吕諸書靡不究極精微，而尤以立行爲先務。年二十應舉子試，不第，遂絶意進取，以謀生徒爲業。暇則布衫芒□，徜徉山水間，隨意而歌，不事雕琢，故詩多近元貞子、嚴滄浪一派。（清）常明修，楊芳燦纂（嘉慶）《四川通志》卷二十，清嘉慶二十一年木刻本

丁光宇墓銘

賜進士出身、欽點翰林院庶吉士、誥授中憲大夫、分巡直隸通永道、欽命提督廣東學政、吏部員外郎、兼翰林院編修、甲午科欽差廣東副主考、綿州同學社弟李調元頓首題銘曰：涪城間氣，挺生偉人。惟我五兄，出類超群。少同筆硯，老共水濱。年臻大耋，忽聞飛昇。謹題墓額，永作貞珉。（民國）林志茂纂修（民國）《三台縣志》卷九，民國二十年鉛印本

作者单位：四川大學古籍整理研究所

陳希曾督學川晋奏摺彙輯

許雋超　劉旭展

内容提要：陳希曾抵四川學政任，嘉慶六年九月卸任。督學四川期間，陳希曾矢公矢慎，深受蜀士敬佩愛戴。本文以整理《陳希曾集》之便，將陳希曾督學四川、山西奏摺彙爲一處，凡總30篇，以供陳希曾研究者參考。

關鍵詞：陳希曾；督學四川；督學山西；奏摺；彙輯

陳希曾（1766～1817），字集正、雪香，號鍾溪，江西新城（今黎川縣）人。乾隆五十四年以第一名舉於鄉，五十八年一甲三名進士及第，由翰林院編修，仕至刑部侍郎。事具陳用光《太乙舟文集》卷八《從兄子鍾溪侍郎墓志銘》文。

江西新城陳氏，是清代著名的科舉家族。作爲朝廷大員，陳希曾留心政務，辦事勤慎，督學四川、山西，公正取士，獎掖寒儒。作爲文人，陳希曾也有詩文集傳世，士林聲望頗高。

嘉慶三年十一月，陳希曾抵四川學政任，嘉慶六年九月卸任。督學四川期間，陳希曾矢公矢慎，深受蜀士敬佩愛戴。如光緒《越嶲廳全志》載，陳希曾“督學四川，教士以明體達用爲要。仿先儒經義治事之意，捐廉購《大學衍義》及《衍義補》諸書，散給蜀士，勉以躬行實踐，成就者多”。同治《直隸緜州志》載，陳希曾“任四川學政，學有本原，宅心正大，以正人心，厚風俗爲急務。……時值川匪未靖，士遭兵燹後，强半貧困，振作維艱，赴試者寥落。遒隨時訪聞，助以資斧，俾努力名場，勿致裹足，寒畯悉沐其惠。……凡經郡縣書院，必親詣講席訓課，或書籍缺少，即以己所讀愜心當理，有關名教者，酌留數部或數十卷，藉廣士識。膏火不足，輒捐廉補助之。以地方辦軍需急，乃減免供帳，號舍有坍塌處，出俸修理，不煩有司。力約束胥吏，嚴整有法，在蜀三年，弊絶風清，士人賴以成就者居多。數十年來，猶圭臬奉之未艾”。今以整理《陳希曾集》之便，將陳希曾督學四川、山西奏摺彙爲一處，供同道采擇。

奏爲典試貴州事竣進京復命事

貴州正考官臣陳希曾、貴州副考官臣吴烜跪奏，爲恭復恩命事。

竊臣等奉命典試貴州，遵限由京馳赴貴州，於八月初六日入闈，將各房薦卷公同悉心校閲，於九月初二日揭曉，即由貴州起程進京。理合具摺，趨赴宫門，叩謝天恩，恭復恩命，伏乞睿鑒。謹奏。乾隆六十年十一月二十四日。**中國第一歷史檔案館藏宫中硃批奏摺**

奏爲奉旨授四川學政謝恩事

新授四川學政右春坊右贊善臣陳希曾跪奏，爲恭謝天恩事。

八月初七日本報到京，内閣奉上諭："四川學政著陳希曾去。欽此。"竊臣江右庸愚，毫無知識，由癸丑科一甲三名進士授職編修，本年大考二等，蒙恩昇授贊善，疊膺寵渥，屢典文衡，兹復蒙恩命視學川省。伏念士習爲風化所基，學政有訓飭之責，以臣疎陋，深懼弗克稱職，惟有矢慎矢勤，以期仰副高厚鴻施於萬一。所有感激下忱，理合趨赴行在，叩謝天恩，恭請聖訓，伏祈皇上睿鑒謹奏。嘉慶三年八月十二日。**中國第一歷史檔案館藏宫中硃批奏摺**

奏報到任接印日期事

四川學政臣陳希曾跪奏，爲恭報微臣接印日期，叩謝天恩事。

竊臣仰蒙恩命，視學蜀中，於趨赴行在，恭聆聖訓後，即日束裝就道。兹於十一月十五日行抵成都，准前任學臣李棻，將學政關防并文卷、書籍，移交到臣。臣隨恭設香案，望闕叩頭，祗領任事。

伏念臣江右庸愚，學識譾陋，由乾隆癸丑科一甲三名進士，備員詞館，涓埃未効。疊邀簡命，典試雲南、貴州。本年大考二等，蒙恩擢授贊善。兹復仰荷温綸，簡放四川學政，隆施稠疊，感激難名。臣惟有恪遵聖諭，諸事實心辦理，矢公矢慎，以期稍報高厚鴻慈於萬一。所有微臣到任日期，除恭疏題報外，理合繕摺具奏，伏祈皇上睿鑒。

再，臣經過山西、陝西地方，沿途雨水調匀，麥苗暢茂。及抵川境，小春極爲青葱，民情亦極寧貼，合并陳明。謹奏。嘉慶三年十一月十五日。嘉慶帝硃批："覽奏俱悉。"**中國第一歷史檔案館藏宫中硃批奏摺**

奏爲補授翰林院侍講謝恩事

四川學政臣陳希曾跪奏，爲恭謝天恩事。

本年七月十一日，准督臣勒保咨開，准吏部咨文選司案呈，嘉慶四年五月二十七日奉旨："陳希曾補授翰林院侍講。欽此。"欽遵轉行到臣。臣隨恭設香案，望闕叩頭祗謝訖。

伏念臣江右庸愚，由乾隆五十八年一甲進士，備職詞垣，屢司文柄。嘉慶三年二月，大考二等，蒙恩陞補右春坊右贊善。旋邀簡用，視學來川，未效涓埃，時滋兢惕。

本月初間，接奉諭旨，轉補左贊善。玆復仰荷温綸，擢授侍講，沐隆施之稠疊，屢進秩於清華。聞命自天，悚惶無地；受恩益重，報稱綦難。臣惟有矢公矢慎，倍加勤奮，以期仰報我皇上高厚生成於萬一。所有微臣感激下忱，理合繕摺具奏，叩謝天恩，伏乞皇上睿鑒。謹奏。嘉慶四年七月十三日。嘉慶帝硃批："矢公較士，而正人心，厚風俗，尤爲要務。正教光昌，邪自消滅。汝其勉旃。"中國第一歷史檔案館藏宫中硃批奏摺

奏爲敬陳本年開考成都府等情形事

四川學政臣陳希曾跪奏，爲敬陳考試情形，仰祈聖鑒事。

竊臣於本年四月開考成都府屬，即接試附棚之松潘廳、資州、茂州、綿州四屬生童。臣悉心校閲，隨時加意防閑，并飭地方官嚴密稽查，剔除弊竇。間有冒籍岐考，及懷挾文字之童生，即發交提調，照例辦理。至各屬文風，不無優絀，臣擇其理明詞達者録之，并諄切告諭，務以清真雅正爲宗。

伏惟我皇上崇儒重道，嘉惠士林，御書聖集大成扁額，頒發直省各州縣學宫，一體懸掛。臣於奬賞各屬生童時，敬繹綸言，宣揚德意，俾士子咸知感奮。臣仍嚴飭各教官，實心訓迪，認真約束，務期士習文風蒸蒸日上，以仰副我皇上振興學校，誕敷文教之至意。所有考試情形，理合繕摺奏聞，伏乞皇上睿鑒訓示。

再，臣考試成都，合屬文、武生童，均極安静。省城一帶雨水調匀，秋收可卜豐稔。臣於拜摺後，即日出棚，按試嘉定及敘州、瀘州、重慶各屬，合并陳明。謹奏。嘉慶四年七月十三日。嘉慶帝硃批："川省軍務情形，亦應奏報。"中國第一歷史檔案館藏宫中硃批奏摺

奏爲敬陳歲試嘉定等屬情形及保寧等屬現辦軍需擬請暫緩考試事

四川學政臣陳希曾跪奏，爲敬陳歲試各屬情形，及現辦軍需之各府州應請暫緩考試緣由，恭摺奏聞事。

竊臣去年開考成都府屬，及附棚之松潘廳、資州、綿州、茂州，業將考試情形，奏蒙聖鑒在案。臣自出棚後，照例先考嘉定、敘州、瀘州、重慶，次及忠州、夔州等處。本應順道按考達州、保寧、順慶、潼川、龍安等屬，緣該府州等先後稟稱境内被賊滋擾，難以辦考試，是以臣於夔州事竣後，即赴寧遠、雅州、邛州等處，次第考試。以上各屬生童，尚俱安守場規，并無招摇撞騙等弊。間有尋常夾帶亂號之人，即發交提調，隨時懲治。臣每於奬賞發落之時，面諭各士子，務須端正心術，期歸淳樸。所取文藝，均以清真雅正爲宗，以期仰副聖主正人心而厚風俗之至意。

玆於本月十二日回省，適查潼川所屬賊蹤已遠，士子均經歸業。臣現擬即日前往該府按考，計算試畢旋省，録送遺才，正可無誤。至保寧、順慶、達州等處，軍務尚未完竣；龍安一屬，亦因賊匪竄擾，署督臣勒保現在帶兵剿捕，地方官不能分身辦考。以上三府一州，應請俟科試時，歲、科并考。其順慶、保寧二府，上届未經科試，達州一屬，上届歲、科俱未舉行，應俟臣科試按臨時，再行分别補試。

再，臣經過川東、川南各州縣，本年春夏之間，雨水調匀，麥收豐稔，刻下田禾長發，民情寧謐如常，合并陳明。所有臣歲試各屬情形，及現辦軍需之各府州暫緩考試緣由，理合恭摺具奏，伏乞皇上睿鑒。謹奏。嘉慶五年五月十五日。嘉慶帝硃批："知道了。汝既不言軍務賊情，朕亦不問，但汝自問於心，應陳奏否?"中國第一歷史檔案館藏宫中硃批奏摺

奏爲按考嘉定等屬及敬陳舉行選拔録取情形事

四川學政臣陳希曾跪奏，爲科試成都府屬事竣，按考嘉、瀘一帶，敬陳舉行選拔緣由，恭摺奏聞事。

竊臣自録送文、武兩闈遺才之後，即開考成都府屬生童，并附試松潘廳、綿州、資州、茂州四屬，悉心校閲，擇其文理明通者，照額録取。仍於獎賞發落之時，惟以端士習，正文體，諄切告諭，諸生各知自愛，尚無懷挾代倩等弊。現在業經事竣，即定於本月初六日出棚，按考嘉定、叙州、瀘州等屬。伏查本年舉行選拔，查照定例，府學二名，州、縣學各一名，寧缺毋濫，久經遵行在案。兹川省成都、重慶、保寧、順慶、叙州五府，向俱照例擬選二名，惟夔州、龍安、嘉定、潼川四府，上届俱止擬選一名，自係循繹例意，寧缺毋濫。惟臣於歲試之時，留心體察，如嘉定、潼川二府文風較盛，府學中堪膺選拔者，似不止一人。

兹届舉行選拔之年，應否查照府學定例擬選二名，抑或仍舊擬選一名，曾經臣咨請部示，接准部覆，應由臣具奏請旨，再行辦理。臣又詳細歷查上届成案，如順慶、叙州兩府，例選二名，自乾隆十八年以後，止選一名。夔州、龍安兩府，歷次擬選一名，而於乾隆六年以前，亦有選拔二名者。嘉定、潼川兩府，自設學以後，俱止擬選一名，又與府學二名之例不符。因思選拔貢生，十二年始一舉行，考核固宜慎重，而諸生屬望尤殷。如果該府學士子，堪膺是選者，不止一人，祇因拘泥上届名數，轉於定例有缺，似不足以爲士林鼓勵。

現除夔州一府已經試竣，應考人數較少，仍止選拔一名外。其順慶、叙州、龍安、嘉定、潼川等府，如届期并無多餘佳卷，自當仍循上届之例，不敢稍濫。如實有文理優長，可以兼收并取者，自應照例擬選二名，在額數并不加增，辦理庶歸畫一。是否可以量予録取，以示樂育人材之處，相應據實陳明，恭候聖慈訓示。

再，臣前將新設之天全州學、秀山縣學咨部，各擬選拔一名，雖係相沿舊案，但究係未經准設貢額，僅止前任學臣咨部覆准之案，率行考拔辦理，實屬錯誤。遵蒙恩旨免其議處，洵爲逾格施仁，愧悚之餘，下忱萬分感激。所有現在出棚按試各屬，及聲明選拔緣由，理合恭摺具奏，伏乞皇上睿鑒。謹奏。嘉慶五年十一月初四日。嘉慶帝硃批："總期選拔得人，不在多一名少一名，秉公辦之。"中國第一歷史檔案館藏宫中硃批奏摺

奏爲四川學政任滿抵京謝恩復命事

翰林院侍讀臣陳希曾跪奏，爲恭復恩命事。

竊臣仰蒙皇上天恩，於嘉慶三年視學四川，於本年九月任滿，遵例俟新任學臣到省，交代回京。所有報滿事宜，業經恭疏具題外，今到京趨赴宫門，叩謝天恩，爲此謹奏。嘉慶六年十二月初九日。**中國第一歷史檔案館藏宫中硃批奏摺**

奏爲敬陳開考汾州等府屬情形事

山西學政臣陳希曾跪奏，爲敬陳考試情形，仰祈聖鑒事。

竊臣於十一月初間出省，按試汾州府屬，臣先期飭知署知府葉汝芝、汾陽縣知縣吴邦治，遍行出示，嚴禁招摇撞騙、鎗手頂替等弊。臣抵汾後，嚴密查察，加意防閑。點名之時，督同提調官逐細搜檢。封門之後，率同教官親自巡查，間有夾帶、亂號者，臣隨案發交提調官，照例懲治。其餘生童均知安静守法，尚無别項弊竇。查汾州府屬八州縣，臣悉心校閲，汾陽、介休、平遥三縣文風較優，孝義、臨縣、寧鄉等縣次之，石樓、永寧等州縣又次之。臣就各該處之優劣，分别甲乙取中如額。惟生童詩句，尚未能一律諧葉，臣於到任後細校，通省觀風，試卷平仄，均多未曉，不獨汾郡爲然，緣晋人語音重濁，限於風土所致。臣將詩中錯誤之處，向生童等一一辨論，并令將《字典》《韻府》諸書隨時講求，庶可不致舛誤。

其考武生童，照例會同營員校閲，將馬箭、步箭與各項技勇，逐一比較，務期選拔良材，以備干城之選。臣又思士爲四民之首，民風之良莠，視士習之淳漓，臣於考竣獎賞，向諸生等愷切面諭。考文者，當潛心舉業，閉户讀書；考武者，當練習技能，兼明大義。斷不可把持鄉曲、欺壓愚民，及包攬錢糧、教唆詞訟等事。其中善良之士，自必遵循；好事之徒，亦俾儆懼。庶士習日見敦厖，則民風益增樸茂矣。臣現已試竣回省，所有開考汾州府屬情形，謹繕摺奏聞，伏乞皇上睿鑒訓示謹奏。嘉慶九年十二月十四日。嘉慶帝硃批："正人心、厚風俗爲教養之本。勉之。"**中國第一歷史檔案館藏宫中硃批奏摺**

奏爲本年往試沁州等屬情形事

山西學政臣陳希曾跪奏，爲奏報考試太原、潞、澤等處情形仰祈聖鑒事。

竊臣上年冬間，按考汾州府屬情形，業經奏蒙聖鑒。臣於本年正月底，往試沁州，次及潞安、澤州兩府，回省後接試太原府。及照例調考忻州一屬内，如陽曲、榆次、文水、定襄、長治、鳳臺、陽城等縣，文風較優。太谷、清源、長子、壺關、高平等處次之，具餘文藝俱屬中平。臣每場飭委提調，督率教官嚴密稽查，生童均甚安静，尚無鎗替歧冒等弊。臣近讀諭旨："朕培養士子，至優且渥，原望其束身自愛，鍵户讀書，并當勸化閭里，愚民知所觀法，方不愧四民之首等因。"臣敬繹綸言，恪承聖訓，於發落生童時，宣揚德化，諄切開導，示以德行爲本，文辭爲末。士子果皆圭璧，持躬廉隅勵行，則士習益醇，民氣自厚，庶以仰副我皇上教誨成全，有加無已之至意。

至各屬舉報品行端方之優生，臣詳慎察核，面加奬賞，間有不安本分者，或由臣訪聞，或由地方官詳報。臣隨案懲辦，分别斥革戒飭。臣仍通飭合省教官，嚴行約束，不得稍事姑容，以期學校振興風俗樸茂。臣擬於秋初出省，按考平陽、蒲州一帶，所有現在考試情形，謹繕摺具奏，伏乞皇上睿鑒訓示。謹奏。嘉慶十年六月十七日。嘉慶帝硃批："正士習爲本。勉之。"中國第一歷史檔案館藏宫中硃批奏摺

奏爲蒙恩加級謝恩事

山西學政臣陳希曾跪奏，爲恭謝天恩事。

竊臣接准吏部劄開實録館，四十年書成，具題議敘一本，奉旨："陳希曾著加二級。欽此。"臣敬惟高宗純皇帝聖德神功，超軼萬代，我皇上繼述孔殷，孝思維則。自開館纂辦實録以來，總裁諸臣督同各纂修官，稟承睿裁，虔恭將事。臣在館數載，分年編輯，載筆時虞罣漏，撫衷惟切慚惶。兹以四十年書成，仰蒙聖恩優加甄敘，愧之涓埃之效渥，邀高厚之施稠疊，上荷乎鴻慈，感悚莫名於蟻悃。所有微臣感激下忱，謹繕摺具奏，叩謝天恩，伏乞皇上睿鑒。謹奏。嘉慶十年六月十七日。嘉慶帝硃批："知道了。"中國第一歷史檔案館藏宫中硃批奏摺

奏爲奉旨補授詹事府詹事謝恩事

山西學政臣陳希曾跪奏，爲恭謝天恩事。

嘉慶十年七月十五日，臣於平定州考棚接閲邸報，奉旨："陳希曾補授詹事府詹事。欽此。"竊臣學謝窮經，質慚通藝，忝躋膴仕，躐踐華資。幸文章可得而聞，知天地莫名其大。與賡歌而颺拜，韻和咸韶；勉載筆以編排，恩加階級。身依香案，近光繪日月之華；化溥膠庠，銜命衍河汾之澤。報稱難期萬一，鏤銘倍切尋常，兹復申命温綸，晋增顯秩，蓬瀛可望。頭銜領坊局之班，雨露親承；掌故艷清華之品，寵榮逾分。感奮交并，矧蒙不次之遷，尤荷非常之眷。實遭逢之至幸，豈夢寐所敢期？臣惟有益勵操修，勤思職業，膺服訓言，以端士習，力敦本行，以飭官箴，冀稍效夫涓埃，庶仰酬夫高厚。所有微臣感激下忱，謹繕摺具奏，叩謝天恩，伏乞皇上睿鑒。謹奏。嘉慶十年七月十六日。嘉慶帝硃批："知道了。"中國第一歷史檔案館藏宫中硃批奏摺

奏爲奉旨補授内閣學士兼禮部侍郎謝恩事

山西學政臣陳希曾跪奏，爲恭謝天恩事。

本月十二日，接閲邸報，奉旨："陳希曾補授内閣學士兼禮部侍郎。欽此。"竊臣姿同駑駕，器等樗材，亹勤職於文章，願植基於學識，憶昨賡颺舜陛，瞻儲材勵品之題；追兹銜校堯封，凛厚俗正心之訓。日承誨育，未效涓埃，方愧悚之叢滋，洊寵榮之疊沛。清班領袖，甫越級而蒙恩；紫禁冠裳，又晋階而拜命。維直閣乃儒紳之殊遇，而貳卿即侍從之初基。手詔重頒，頭銜再换，叨兼顯秩，倖躐華資。鈴索風聲，輪忱於萬年枝上；絲綸天語，視草於五色雲中。實夢寐所未期，荷眷垂之獨厚。草木先春而承大澤，鏤銘倍切，尋常膠庠，布化以答鴻施，報稱勉圖萬一。所有微臣感激下忱，謹繕摺叩謝天恩，伏乞皇上睿鑒訓示。謹奏。嘉慶十年十二月十三日。嘉慶帝硃批："知道了。"中國第一歷史檔案館藏宫中硃批奏摺

奏爲詞林典故書成奉旨加級謝恩事

山西學政臣陳希曾跪奏，爲恭謝天恩事。

嘉慶十一年三月二十二日，臣於解州考棚，接准吏部文開《詞林典故》書成，具題議敘一本。奉旨："陳希曾著加一級。欽此。"竊臣幸際昌期，渥膺寵遇，侍西清而載筆，入東觀以紬書。憶排仙仗於蓬瀛，六十載勳華繼美；忝和元音於韶濩，卅八人賡拜叨陪。詔增璧府之新函，特志玉堂之嘉話。昭代聿稽夫典故，微臣曾與乎編摩緬徽，猷睿旨之重光，較宛委嫏嬛而增富；方勤牋草旋，賦皇華問河岳以掄才，繞觚稜而縈夢，側聞琳琅寶笈，弁冕天章。軼唐宋元明之舊制，而焕乎有文萃。陳李洪周之遺書，而燦然大備，獎微勞於筆乘。予優叙於詞壇，臣俯愧疎蕪，感承嘉賚。挂名文字，銘心邀階級之加；奉教君師，翹首仰門牆之峻。所有微臣感激下忱，謹繕摺具奏，叩謝天恩，伏乞皇上睿鑒。謹奏。嘉慶十一年三月二十四日。嘉慶帝硃批："覽。"**中國第一歷史檔案館藏宫中硃批奏摺**

奏爲由大同接辦科試次及寧武等屬并省城糧價微貴事

再，臣於秋間歲試大同府屬，即循例由大同接辦科試。次及寧武、代州等處，冬間考試澤州、潞安兩府。臣惟以守本分，明大義諄切戒諭，生童等均尚安静畏法。臣現考沁州，俟竣事後回省封印，至潞、澤等屬，入冬雪澤霑足，糧價中平，民情極爲寧貼。惟聞省城一帶，因關北今歲收成稍歉，商販稀疏，以致糧價微覺昂貴，謹附片奏聞。嘉慶十一年十二月初九日。嘉慶帝硃批："覽。"**中國第一歷史檔案館藏宫中硃批奏摺**

奏爲遵旨查訪通省官吏聲名密陳事

山西學政臣陳希曾跪奏，爲奏聞事。

竊臣前歲抵任時，摺内奉到硃批："通省官吏之聲名賢否，隨時密奏。欽此。"臣跪讀之下，仰見皇上勤求治理，兼聽并觀之至意。臣前因初到山右，見聞恐未真確，不敢冒昧入奏。今在晋已閲兩載，於出棚接見地方官時，留心體察，并密加詢訪，如雁平道趙文楷，謹厚安詳，持躬儉約，操守極爲可信，不媿方面大員。潞安府知府張曾獻，老成歷鍊，悃愊無華。蒲州府知府特通阿，辦事認真，小心細密，該府等倡率屬吏，俱能留心民瘼。汾陽縣知縣吴邦治，才優守潔，聽斷公平，汾陽爲山西第一難治之區，該令在任已逾八年，辦理裕如，民心甚爲悦服。以上數員俱係循聲素著，毫不沾染外官習氣，臣謹遵諭旨，據實上聞，以備采擇。餘俱循分供職，知遵功令，倘有簠簋不飭，劣迹昭著者，臣一有所見，即當奏聞，不敢扶同諱飾。

至晋省錢糧，各州縣解交藩庫時，兼有巡撫衙門批迴書吏，無從舞弊。且係年清年款，各州縣尚無侵虧情事。再，鹽務招商一節，已有五十餘家分認引地，於明年掣配行銷，可期無誤。現聞撫藩諸臣，督同河東道劉大觀妥定章程，革除一切弊竇，惟是向來辦理鹽務地方官視爲利藪，層層朘削，以致病商虧課。查承辦鹽務之商人，大半係河東所屬，臣明年開印後，按試河東各府州，如不肖州縣有復蹈故轍者，臣查訪得實，自當隨時密陳，所有臣訪察官吏情形，謹繕摺具奏，伏乞皇上睿鑒訓示。謹奏。嘉慶十一年十二月初九日。嘉慶帝硃批："覽奏俱悉。"**中國第一歷史檔案館藏宮中硃批奏摺**

奏爲依次科試平陽府等屬及沿途麥田長勢情形事

再，臣二月間科試平陽府，循例調考絳、霍、隰三州，旋即馳赴解州，亦循例調考蒲州府屬。現順道按試汾州府，約五月初旬可以回省接考太原。臣惟公慎自矢，兢兢以立品勵行，爲諸生勗，生童尚知守法自愛，不滋弊端。昨臣由解至汾，沿途麥田秀苗可愛，交夏後各處甘霖疊沛，目下正當吐穗結實之時，更喜晴霽和暖，收成定卜豐登，民情均爲慶悦，謹附片奏聞。嘉慶十二年四月十九日。嘉慶帝硃批："覽。"**中國第一歷史檔案館藏宮中硃批奏摺**

奏報科考山西平陽府解州等地完竣并報沿途苗情事

再，臣二月間科試平陽府，循例調考絳、霍、隰三州，旋即馳赴解州，亦循例調考蒲州府屬。現順道科試汾州府，約於五月初旬可以回省，接考太原。臣惟公慎自矢，兢兢以立品勵行，爲諸生勗，生童尚知守法自愛，不滋弊端。昨臣由解至汾，沿途麥田秀苗可愛，交夏後各處甘霖疊沛，目下正当吐穗結實之時，更喜晴霽和暖，收成完卜豐登，民情均爲慶悦。謹附片奏聞。嘉慶十二年四月二十六日。奉硃批："覽。欽此。"**中國第一歷史檔案館藏宮中硃批奏摺**

奏爲收到吏部憑科書吏指控司務華文瑛等匿名揭帖事

臣陳希曾跪奏，爲奏聞事。

本月二十四日亥刻，臣隔壁居住之户部司員劉敏家人，於門首拾得知會一件，封面填寫投交臣處，臣當即拆閱，係吏部憑科書吏，指控司務華文瑛、宗鵬翥等匿名揭帖一紙。

臣查司務華文瑛、宗鵬翥，向俱兼司行走。去歲十二月，奉有捐班資淺之員，毋得派令兼司之旨，臣等當將該二員退出，現在并未兼司。至月選各官，及各項分發人員，於籤掣缺分省分後，按照程途，給予憑限，均係遵例填注。今匿名帖中所控情節，是否挾嫌誣陷，抑或該司務等實有徇情包攬之處，臣應於奏明後，隨同松筠等詳細查詢，儻有情弊，即行恭奏請旨究辦。一面於本衙門書吏中比對筆迹，訪查書寫揭帖之人，及已滿之經承張七，是否逗遛，復充貼寫，一并嚴查，照例懲辦。爲此恭摺具奏，并將揭帖録呈御覽，伏乞皇上睿鑒訓示。謹奏。嘉慶十七年二月二十六日。

文選司謹稟，所有去年求賢科，配籤舞弊，咨送刑部治罪，此係大人整飭吏部，絶書吏之弊端，罪所應得。今有捐納司務廳華文瑛、宗鵬翥，由捐納出身，求謀兼司能辦何事，并非辦公有益。實係因私希圖每月分發各官，從中取利。現在飛過憑科憑數十張，有焦老佛爺亦飛過憑三張，并無分文給發。憑科係簡缺小吏，并無别項出息，只有憑費一項。科房中傋辦紙筆、飯食，零星使費，亦要養贍眷口，若老爺們受情囑托，刻扣書吏已極，書吏今有舞文弄法，格外生枝。今憑科經承許高，苦難言喻，不能進署當差，若托人代畫卯者，老爺們亦要責取。現在憑科役滿，經承張七逗遛在京，承充貼寫，考職府經。去年，因憑漏行，掌印老爺將憑科經承許高屈打二十板，亦被張七所害。今將華老爺、宗老爺取出綽號，稱爲“華包攬”“宗不化錢”，亦係張七編造，并非捏造空言。特求大人詢問許高是否虚實，爲此將充當貼寫苦情，一一呈訴，伏乞大人明日進署時，訓示施行，爲此特訴。**中國第一歷史檔案館藏宫中題本**

奏報到任日期事

江蘇學政臣陳希曾跪奏，爲恭報微臣到任日期，仰祈聖鑒事。

竊臣秋間扈蹕熱河，蒙恩簡放江蘇學政，疊次召見，訓示周詳。臣跪聆之餘，感悚無極，陛辭回京後，遵即束裝起程。兹於十月初二日，行抵常州府無錫縣地方，准前任學臣文寧，移交學政關防前來。臣恭設香案，望闕叩頭祇領，即於初三日赴江陰縣之駐劄衙門，接收文卷、册籍等項，到任視事。

伏念臣江右庸愚，知識淺陋，渥膺寵命，視學大邦。人文爲此淵藪，校衡貴拔真才，士習恐其澆漓，整飭更求實效。臣惟恪遵聖訓，認真辦理，不敢稍有因循，以期仰答高厚鴻慈於萬一。所有微臣到任日期，除循例恭疏題報外，謹繕摺具奏，叩謝天恩，伏祈皇上睿鑒。謹奏。嘉慶十八年十月初四日。嘉慶帝硃批：“正人心，厚風俗爲本。勉之。”**中國第一歷史檔案館藏宫中硃批奏摺**

奏爲奉諭調補刑部右侍郎謝恩事

新授刑部右侍郎臣陳希曾跪奏，爲恭謝天恩事。

本月二十四日，接准吏部咨開，三月十二日奉上諭：“陳希曾著調補刑部右侍郎，即來京供職。欽此。”竊臣江右庸愚，毫無學識，幸屢邀夫誨育，愧未效夫涓埃。臣自上年初冬，抵江蘇學政駐劄之江陰縣衙門，數月以來，北望闕廷，萬分瞻戀。兹奉諭旨調補刑部右侍郎，并命來京供職，臣自念於刑名事件，素未諳練，委任渥荷於九重，悚惶實切於五内，惟有盡心學習，酌理持平冀，以仰副皇上弼教協中之至意。臣現在考試常州府，屬計旬日外可以竣事，一俟新任學臣到署交代，遵即束裝北上，恭復恩命。所有微臣感激下忱，謹繕摺叩謝天恩，伏乞皇上睿鑒。謹奏。嘉慶十九年三月二十五日。嘉慶帝硃批：“覽。”**中國第一歷史檔案館藏宫中硃批奏摺**

奏爲恭報奉旨審辦福建寧化縣民婦遣幼孫徐協宗赴京控徐榮懸謀死徐超宗一案情形事

再，臣等奉命，審辦福建寧化縣民婦徐李氏遣幼孫徐協宗赴京，呈控徐榮懸謀死徐超宗一案。

臣等於上年十二月二十四日，馳抵邵武府提集人証，詳細研鞫僉供。當日尋見徐超宗，屍身狼藉，肉口不齊，確係虎傷。彼時，屍父徐興贊業經認明，至該縣原驗頭骨一具，臣等提到相驗委係幼孩之頭，并非大頭。徐李氏等亦無异説，并據該氏供稱，歷次翻控，均係徐興幅從中主唆。此次徐協宗抱告赴京，亦係徐興幅帶同前往。臣等當即委員迎提徐協宗，并令密訪徐興幅蹤迹。本日，據委員將徐協宗解到，徐興幅未經訪獲，現在徐協宗尚無定供，容臣等悉心研究，再行定擬具奏，理合附片奏聞。嘉慶二十一年正月十二日。嘉慶帝硃批："覽。"中國第一歷史檔案館藏宫中硃批奏摺

奏因病請准開缺事

刑部左侍郎臣陳希曾跪奏，爲夙恙未痊，職司懼曠，籲懇聖恩俯准開缺調理事。

竊臣猥以菲材，備員卿貳，渥荷生成之德，曾無塵露之勞。臣秉質素弱，數載以來染患咳嗽之症，疎於調治，中氣漸虧，近復加以喘，急時覺氣逆上衝。日昨仰蒙矜恤，命醫診視，賞假調理，沐逾格之恩施，實悚感於無既。惟臣自揣受病頗深，醫家僉云肺氣虧損，難以旦夕見效。現在每日嗽喘，動發數次，語言行步，往往不能自如。

竊念趨朝對命，恐愆敬慎之儀，即欲入署辦公，慮多疎忽之處，倘仍戀職，必致辜恩。再四思維，惟有仰求聖慈，准予開缺。俾臣得以上緊覓醫，安心調治。臣年甫五十，精力本不應衰頽，祇緣肺病牽纏，未能速愈，所冀仰仗慈芘，寬以歲月。一俟病體稍痊，即當趨詣宫門，叩求賞給差使，以申犬馬圖報之誠於萬一。所有微臣籲懇開缺緣由，理合繕摺具奏，伏祈皇上睿鑒。謹奏。嘉慶二十一年四月十三日。中國第一歷史檔案館藏宫中硃批奏摺

事奏爲敬陳科試事竣并將順慶達州保寧三屬一律補考

四川學政臣陳希曾跪奏，爲敬陳科試事竣，并將順慶、達州、保寧三屬，一律補考緣由，恭摺奏聞事。

竊臣於上年十月内，曾將開考成都，并附棚之資、綿等屬，業經科試情形，奏蒙聖鑒在案。嗣臣照例按考，先由嘉定、眉州，遞及叙州、瀘州、重慶，次第嚴加扃試。當經擇其文理平通者，録爲科舉，各士子均能恪守場規，并無招摇撞騙等事。維時適據順慶、達州、保寧各府州禀報，所屬地方，均距賊較遠，生童望考情殷，禀請按試前來。臣即由重慶，取道先至順慶，次及達州、保寧。以上各屬，自被賊滋擾以後，學臣未能按臨，各生童有志上進者，咸覺觀摩倍切。

兹届開棚考試，其順慶文、武生童，約有一萬餘人，達州約有三千四百餘人，保寧約有七千五百餘人，臣逐一分場考校，無不踊躍歡欣，洵足以激揚士氣。旋赴潼川、龍安二屬，尅期竣事，即於本月初一日回省，現即趕辦録遺，於秋試可期無誤。所有各屬科試事竣，及補考保、順等屬緣由，理合恭摺具奏，伏乞皇上睿鑒。謹奏。嘉慶六年七月初二日。嘉慶帝硃批："覽奏稍慰。"《宫中檔嘉慶朝奏摺》第九輯

奏報到任接印日期事

山西學政臣陳希曾跪奏，爲恭報微臣到任接印日期，仰祈聖鑒事。

竊臣奉視學山西之命，請訓時，荷蒙天顔温霽，指示周詳。并以臣胞兄希祖簡放河南副考官，天語褒嘉，一門榮寵，受恩深厚，報稱愈難。兹臣於八月初二日抵晋，准前任學臣陳霞蔚，將印信文卷，并科考未經報部各項册檔，移送到臣。臣謹恭設香案，望

闕叩頭，謝恩任事。

伏念臣江右庸愚，學識淺陋，屢膺任使，未効涓埃，沐鴻慈之稠疊，實感激以難名。惟有矢慎矢公，認真衡校，以期仰副高厚隆施於萬一。所有微臣到任日期，除恭疏具題外，謹繕摺奏聞，伏乞皇上睿鑒。再，臣經過直隸各屬，雨水均屬調匀，入晋境後，因雨澤略少，市價稍昂，而民情實爲寧貼，合并陳明。謹奏。嘉慶九年八月初二日。嘉慶帝硃批："實心閲文，培養人才，通省官吏之聲明賢否，隨時密奏。"**中國第一歷史檔案館藏宫中硃批奏摺**

奏報近日川省軍務及沿途地方情形片

再，臣前於按試達州時，適督臣勒保帶兵前赴雲開一帶，旋聞進抵大寧，屢次獲勝，并將李顯必一股剿辦完竣。嗣抵保寧，知所屬廣元、通南境内，尚有餘匪出没，幸人數無多，不致蔓延，府城附近，甚爲寧謐。現在勒保督同鎮臣薛大烈等，於東鄉一路又獲勝仗，疊殲首逆鮮倖先、苟文通，并生擒逆黨多名，軍行順利，蕆功可期迅速。

至臣經過川東、川北地方，本年雨水調匀，高下一律栽插，田禾長發，彌望青葱，民情均各安貼，足慰聖懷。所有近日川省軍務，以及沿途地方情形，理合附片具奏，伏乞皇上睿鑒。謹奏。（嘉慶六年七月初二日）嘉慶帝硃批："覽。"**《宫中檔嘉慶朝奏摺》第九輯**

奏爲敬陳出試蒲州解州二屬及雨水禾苗地方情形事

山西學政臣陳希曾跪奏，爲敬陳蒲、解二屬雨水調匀，春麥秀發，及現在考試情形，恭摺奏聞事。

竊晋省南路各州郡去歲被旱歉收，荷蒙皇上蠲賑兼施，今春復恩加優渥，展賑數月，命各州縣多設粥廠，接濟貧民，具仰聖主惠愛黎元有加無已之至意。臣於二月初旬由省出試蒲州，所經過各州縣城鄉，俱設粥廠數處，每廠就食者約千餘人、二三千人不等。凡男婦老幼，無不歡呼載道，頂感皇仁。即有轉徙在外者，現亦歸籍復業，民情極爲寧謐。

臣蒲州試畢後，本月初間，即按試解州。兩屬雨暘應候，民皆東作，麥穗彌望青葱，收成可卜豐稔。惟聞太原、汾州、平陽等處，雖於月初各得雨數寸，麥苗藉資秀發，但雨澤未能深透，秋禾尚未翻犁播種。撫臣同興現飭各屬設壇虔禱，連朝陰雲四合，惟冀甘霖一律普霑，以上慰聖懷。至臣辦理試事，勉矢公慎，不敢稍生怠忽。蒲、解界連豫、陝，恐有歧冒等弊，臣督令提調官嚴密稽查，并飭教官、廪保認真保結，各生童尚知守法，未滋弊竇。間有夾帶亂號者，臣隨案發交提調官，照例懲治。

蒲、解雖連年歉收，而應考人數仍不減於往日，臣隨時體恤，不令生童有羈留守候之勞，并諄切曉諭，勖其敦品勵行，安分守己，俾士習蒸蒸日上，以仰副聖天子嘉惠士林盛心。所有現在雨生及考試情形，謹繕摺奏聞，伏乞皇上睿鑒訓示。再，臣於拜摺後，即日往試絳州及平陽二屬，合并陳明。謹奏。嘉慶十一年三月二十四日。嘉慶帝硃

批："晋省麥收情形，察明據實具奏。詢之農民，勿問官吏。"中國第一歷史檔案館藏宫中硃批奏摺

奏爲察看晋省南路經過各州縣麥收分數雨水情形事

山西學政臣陳希曾跪奏，爲察看晋省南路各屬麥收情形，遵旨據實具奏，仰祈聖鑒事。

竊臣前於絳州棚次，賫摺家人回晋，跪奉硃批："晋省麥收情形，察明據實具奏，詢之農民，勿問官吏。欽此。"仰見我皇上宵旰勤求，痌瘝在抱之至意。臣頃由平陽試畢旋省，沿途詳加體察，遇有村户庄農，隨時詢問。臨汾、襄陵、太平、洪洞四處，因春間雨澤稀少，麥收仍復荒歉，竟俱不成分數。兹蒙天恩，展賑兩月，窮黎疊沐皇仁，歡聲載道，民情極爲寧謐。至霍州、趙城、靈石三州縣，春雨亦未透足，因有渠水分灌，附近水田麥收，自五六分至六七分不等。其旱田多未播種，收成僅止二三分。平遥、介休、祁縣、徐溝等處，向來種麥本少，且得雨稍遲，收成亦只二三分。所幸交夏以後，各處甘霖疊霈，民間及時翻犁趕種，現在膏粱豆菽，均秀發茂密。臣途中所見，彌望青葱，農民俱極歡忭。

即臨汾、襄陵、太平、洪洞四縣，臣在平陽時，已連次得雨，比聞均各透足，於秋稼大有裨益。惟旬日内陰雨連綿，氣候過凉，恐大田微有妨礙。如即日晴霽，土脉疏暢，秋苗吐穗揚華，益臻堅好，則秋成定卜豐稔，庶以上慰聖懷。所有臣經過各州縣麥收分數，及現在雨水情形，謹據實繕摺奏聞，伏乞皇上睿鑒。謹奏。嘉慶十一年六月初九日。嘉慶帝硃批："覽奏俱悉。"中國第一歷史檔案館藏宫中硃批奏摺

奏爲體察河東各州縣徵收錢糧情形事

山西學政臣陳希曾跪奏，爲體察河東各州縣徵收錢糧情形，恭摺奏聞，仰祈聖鑒事。

竊臣自二月出省，科試平陽府屬，次及解州屬。每因公接見各州縣，多以嚴催錢糧爲目前急務。設法徵收，原爲慎重正供起見。惟是平、蒲、解、絳四府州，連年積歉，非一隅偏灾及一年偶旱可比。前此，荷蒙皇上蠲賑兼施，不惜帑金鉅萬，百姓叨沐恩膏，至優極渥。去歲秋收，幸獲豐稔，而目下新麥尚未登場，現已將緩帶各項錢糧并本年新糧一律開徵。以一季之收成，完積年之逋欠，民力雖不至十分拮据，元氣似難驟復。

臣去春歲試時，該四府州文武生，據教官查明游學他出者計千餘人，較上兩届歲試游學者增至數倍。今科試復業補考僅百餘人，以此類推，則閭閻未能一律復業，略可概見。就臣所知者，如臨汾、洪洞、聞喜等縣，數月來應徵錢糧，俱約十二三萬，小民誼切奉公，本屬無可推諉。即各州縣自顧考成，或傳集糧差，犒賞激勸，或親至四鄉，挨户曉諭，智盡能索，似於緩帶各項錢糧，可以無誤奏銷。

臣伏思民爲邦本，民力稍寬一分，即元氣多固一分。不揣冒昧，請皇上飭下撫臣，

查明該四府州現在情形，除向年被灾稍輕者毋庸置議外，其受灾甚重而目下輸納頗形拮据者，分别酌量將本年新糧遞行展緩。如此稠疊隆施，恩出自上，小民頂感生成，益淪肌浹髓於無既矣。臣無稽核錢糧之責，又未敢與撫、藩諸臣札商入奏，故於徵收款項，實不能分析指陳。惟見聞既確，不敢壅於上聞，是否可采，仰祈聖裁。所有臣察看河東徵收錢糧情形，理合繕摺具奏，伏乞皇上睿鑒訓示。謹奏。嘉慶十二年四月十九日。嘉慶帝硃批："另有旨。"**中國第一歷史檔案館宫中硃批奏摺**

奏爲扃試太原府等屬及通省科考全竣事

山西學政臣陳希曾跪奏，爲通省科試事竣，恭摺奏聞事。

竊臣本年春間，按考河東各府州及汾州府屬，業經節次奏蒙聖鑒。臣回省後，即扃試太原府屬，兼照例調考平定州、遼州、忻州三屬。臣以士子雲集省城，恐滋弊竇，預飭提調官，隨時訪察。每遇試日，臣督同巡場之教官，嚴密稽查，各處生童，均尚安静守分。現在通省科考，俱已告竣。

臣惟經學乃士子根本，而試帖亦揚扢風雅之具，晋人口語重濁，往往沿習土音，失誤平仄。臣歲試時，於《五經》《左傳》中，各擬詩題數十首，派定上下平韻，發交各學傳課，既以驗諸生工夫之勤惰，并可察教官訓迪之能否。嗣臣科試各棚時，諸生應試者，皆各投繳詩卷，臣細加校閲，雖未能一律諧叶，而經旨明白，聲韻妥帖者居多，似於經學、詩學，略有成效。臣定於本月二十後，考録通省遺才，册送鄉試。其歲試咨部之優劣生，俟臣再加考核，照例會同撫臣，秉公辦理。所有科試告竣緣由，謹繕摺具奏，伏乞皇上睿鑒。謹奏。嘉慶十二年七月十二日。嘉慶帝硃批："覽。"**中國第一歷史檔案館藏宫中硃批奏摺**

奏請開缺調理病體事

工部右侍郎臣陳希曾跪奏，爲微臣病體未痊，籲懇聖恩，俯准開缺調理事。

竊臣夏間因痰喘時發，仰荷聖慈賞假調治，不令開缺。嗣復蒙恩調任工部，沐鴻仁之體恤，增螘悃之悚惶。臣自閏月銷假後，入署辦公及恭閲各館書籍，不敢怠惰，勉力支持。惟因脾胃不調，飲食不化，每日早間，漸至痰飲膠粘，仍復咳喘，氣息增促。月來又緣求效太速，過服峻補之劑，喘急逾加，行走費力。

伏念部務緊要，兼有稽查錢法事宜，以臣病軀承乏，恐滋貽悮。又臣氣體素弱，積病之後，醫藥補救，似難收效於旦夕，并不敢以旬月假期，遷延冀倖。再四思維，惟有仰懇皇上天恩，准予開缺，俾臣得安心調養，以期漸次就痊。一俟病體向愈，即當泥首宫門，叩求賞給差使，以圖報效於萬一。所有微臣籲懇開缺緣由，理合繕摺具奏，伏祈皇上睿鑒。謹奏。嘉慶二十一年九月十二日。**國立故宫博物院藏軍機處檔摺件**

作者單位：黑龍江大學

四川省圖書館館藏成都劉氏家族著述經眼録*

馬　旭

内容提要：四川省圖書館藏有成都劉氏家族著述多種，所藏著述中除《槐軒全書》《推十書》是近年來再刊稿，還有大量的劉氏家族著述是清末至民國時期的未刊稿，現將館藏劉氏家族著述稿本做具體介紹，有助於我們瞭解清末民初四川私家刻書版本之全貌，進一步發掘劉氏家學家風。

關鍵詞：劉氏家族著述；刻本；家風

成都劉氏家族，是指從清朝嘉慶年間至民國初期，生活在成都純化街的一個文學家族。一百多年間，劉氏一門連綿三代，授進士二人、舉人四人，産生了以劉澤（1767－1837）、劉沅（1767－1855）、劉桹文（1842－1914）、劉松文（1827－?）、劉咸滎（1857－1949）、劉咸燡（1876－1947）、劉咸焌（1870－1935）、劉咸炘（1896－1932）等爲代表的一批文人學者，其中尤以劉沅、劉咸炘的學術成就最爲顯著。劉氏家族爲文化世家，著述豐富，涵蓋經史子集四部，四川省圖書館藏有劉氏家族著述多種，現以經眼爲實，叙録如下。

一、劉氏家族成員著述叙録

(1) 劉沅著述

劉沅（1767－1855），四川雙流人，字止唐，一字訥如，號清陽居士。《國史館本傳記》

* 本文爲劉氏家族與都江堰（LBY2019－017）課題的階段性成果。

曰："乾隆五十七年，由拔貢中式舉人。道光六年，選授湖北天門縣知縣。安貧樂道，不願外任。改國子監典簿。尋乞假歸，遂隱居教授。博覽群書，過目不忘，人咸服其淹洽。……平日裁成後進，循循善誘。著弟子籍者，前後以千數，成進士、登賢書者百餘人；明經貢士三百餘人，熏沐善良，得爲孝子悌弟、賢名播鄉閭者，指不勝屈。"① 據清《國史館劉沅本傳》所載：劉沅所著書有《周易恒解》六卷，《詩經恒解》六卷，《書經恒解》六卷，《周官恒解》四卷，《禮儀恒解》四卷，《禮記恒解》十卷，《春秋恒解》八卷，《四書恒解》十卷，《大學古本質言》一卷，《孝經直解》一卷，《史存》十六卷，《槐軒文集》四卷，《詩集》二卷，《約言》一卷，《拾餘四種》二卷，又有《蒙訓》《豫誠堂家訓》《保身立命要言》《下學梯航》《子問》《又問》《俗言》等篇。在劉沅去世五十年後，其門人弟子將著作統爲《槐軒全書》刊行，該書在晚清至民國年間先後有三種主要版本行世，其目録和卷數有所不同。

1. 光緒本。《槐軒全書》於清光緒三十一年（1905 年）首次刊行。據北京科學院圖書館藏目録，該本共二十三種，計一百七十八卷，分裝一百零七册，有十函和十四函兩種。

2. 民國三年至三十三年（1914－1944 年）刻本。此次刻本，共二十三種，一百零七册。

3. 西充鮮于氏特園藏本，民國二十年（1931 年）刊行。共二十二種，計一百七十七卷，一百零六册。同光緒本相較，此本少《尋常語》一卷。西充鮮于氏特園藏本爲劉沅之孫、天才學者劉咸炘親校大字本，乃其版本之最優者，書品清晰，版式疏朗，校刊謹嚴。

2006 年四川師范大學巴蜀文化中心，以西充鮮于氏特園藏本爲底本，又綜合光緒本和民國本，影印出版《槐軒全書（增補本)》，較爲全面的收集了劉沅著作，但仍有民國時期出版的單行本未被收録。四川省圖書館館藏劉沅著述主要爲光緒和民國時期的單行本，現將整理如下，著録單行本書名、刊刻年代、版本款式以及序文，這些資料可補充《槐軒全書（增補本)》。

《家言》：清光緒守經堂刻本，一册，該本高 25.1cm，寬 16.4cm，版高 17.2cm，寬 12.5cm，左右雙欄，單魚尾，書耳注明書目"家言"。單葉九行，每行二十二字。首葉序言曰："愚注四子六經，門人復輯爲要語雜著，恒言其義盡矣。因兒輩稚魯尋常，示以淺近語，積久遂已成編，愚老矣。若輩尚友未解者，聊存之以俟其日後覽記，止唐書，時年七十有七。"全書分爲立志、職業、正始、是非、養生五篇，闡述了爲人處世及治家教子的道理。該書僅有此版本爲單行本，後收録在《槐軒全書·拾餘四種》中，有清光緒間致福樓重刊本和巴蜀書社 2006 年影印出版的西充鮮于氏特園藏本。

《俗言》：民國十一年（1922），山西李氏刻本，一册，該本高 26.8cm，寬 16cm，版高 17cm，寬 12.3cm，左右單欄，單魚尾，封面有"俗言"二字，封面有"壬戌八月平遥李氏重刊"字樣。單葉十一行，每行二十一字。有序曰："聖人不以著書立説自名也，或在上，

① （清）劉沅：《周易恒解》卷首《國史館本傳》，《槐軒全書》，巴蜀書社，2006 年版。

或在下，隨其職分所當爲，自修其身，間或著爲語言，訓誘人群，人竟實之，於是乎有典謨、訓誥、易象、詩、書等籍。自羲、農至文、武，聖人之制已全，生民之法已備，孔子更修明折衷之，而曾、思、孟衍其緒，范圍古今，後有作者莫能尚矣。而世儒紛紛著作，欲自成一家，遂使孔孟遺規危乎欲墜。愚無知也，因讀書多年，頗有所見，故詳釋孔孟遺書，名曰《恒解》，以其爲天之常道、地之常經、人人所知能之常事。而兒輩苦其繁也，不得已又爲《子問》《正譌》《下學梯航》《古本大學質言》四端，使其易曉。而卷帙既多，彌增之惑，乃復撮其大要，更爲此編。所以諄諄而不憚詞費者，爲家庭授受計耳，豈敢以問世哉。大雅君子尚其恕之。咸豐四年，歲在甲寅正月止唐書，時年八十有七。”此書主要是用較爲通俗之語講儒家聖人道義，供兒輩門人學習。另《俗言》，清咸豐四年（1854），成都豫誠堂刻本，一册，該本高 25.8cm，寬 15.6cm，版高 19.3cm，寬 13.5cm，左右單欄，單魚尾，封面書“咸豐四年清和俗言豫誠堂藏版”。序言單葉五行，每行十二字，正文單葉九行，每行二十字，且有墨筆圈點，與山西李氏刻本相比，該本行格字數少，版面顯得寬鬆、醒目。

《子問》：清咸豐二年（1852），成都豫誠堂刻本，二册，該本高 26.3cm，寬 17cm，版高 19cm，寬 13.7cm，左右雙欄，單魚尾，封面爲彩色，書“咸豐二年天中日子問豫誠堂藏版”。序言單葉八行，每行十八字，正文單葉九行，每行二十字，有墨筆圈點。有意園珍藏章。另《子問》：清同治二年（1863），平遥李氏刻本，二册，該本高 25.4cm，寬 17.2cm，版高 16.9cm，寬 12.6cm，左右單欄，單魚尾，封面書“子問癸亥春平遥李氏刊”。單葉十一行，每行二十字。其序曰：“道者，天理而已，人獨得之以成人，禽獸則無有也。以道修身，乃求盡其所以爲人之理，故曰遠人不可爲道，以人治人，改而止焉。自羲農至孔、孟，天生聖人，或爲君相，或爲師儒，凡所以養人教人使其不人於禽獸者，禮蓋無不明，而法亦無不備。詩書雖富，惟在力行。言聖人之言，行聖人之行，無愧於人，即無愧於天。反身而求，欲仁即至，有何難企？不意六經既出，傳注日增，人各有見，互相是非，不以聖人之書爲身心倫記切要之功，而一味精奥神奇未有之物，於是中庸之道，康莊化爲荆棘，至今日而道若登天，聖至難學，人人讀聖人之書，不敢存希聖之念，則大非聖人教人之意，上天生人之理矣。愚虚度一生，毫無善狀，惟自幼訓徒，自乾隆丙午迄今六十七年。凡聖人之書，恪遵欽定注疏等意，参以諸家，沉潛誦習，久閲星霜，覺道本至常，愚柔可勉，人人皆有天理，即人人皆可聖賢。雖天下古今事變無窮，然其要不外身心性命之理、日用倫常之道。全知則爲聖賢，得半亦爲君子，背之即爲禽獸。凡异端雜學，悉以此權衡折衷之，不患不能擇别也。子輩幼小，亦或能隨時質問，撮其概以語之。久久忽已成帙，不忍棄也。命書而存之，以俟幼子數人。若輩遂以付梓，恐其持以問世，則重愚罪，門人有知愚志者，爲示其端，俾相戒約。門人曰：是可以并此書矣。因顔曰《子問》而以列於篇首，姑且聽之。咸豐二年，歲在壬子初夏，止唐劉沅書，時年八十有五。”該書以問答形式、通俗之語講儒家道義，主要目的是供子輩學習。

《又問》：清咸豐三年（1853），成都豫誠堂刻本，一册，該本高 25.3cm，寬 16.4cm，版高19.8cm，寬13.5cm，左右雙欄，單魚尾，封面書“咸豐三年陽月又問豫誠堂藏版”。單葉十行，每行二十字。另，民國十二年（1923），平遥李氏刻本，一册，該本高24.1cm，寬15.3cm，版高16.8cm，寬12.5cm，左右單欄，單魚尾，封面書“又問癸亥春平遥李氏刊”。單葉十一行，每行二十字。首葉録：“男：崧雲、椅文、楝文、檍文、椐文、桂文、榥文、果文敬録。崧雲、椅文、桂文等常請問曰：大人著四子、六經恒解、孝經直解，發明聖人，可謂備矣。慮文繁義深，人不能盡覽，又爲《大學古本質言》《正訛》《俗言》《下學梯航》《子問》諸書，綜聖賢義理而言其大要，用心良苦，然經注猶有不釋然者。又經世人情風俗之事，亦黨略微指示，祈憫而教之。大人允諾，積久又復成帙，謹録存以便時常恭閱。崧雲等識。”該本爲劉沅對子輩傳授《十三經恒解》的簡本，以問答形式編録。

《正訛》：咸豐四年（1854），豫誠堂刻本，四册，該本高26.5cm，寬17cm，版高18.6cm，寬14cm，左右雙欄，單魚尾，封面書“咸豐四年清和月鐫正訛豫誠堂藏版”。單葉九行，每行二十一字。另，清同治三年（1864），威遠呂仙岩凝善堂刻本，三册，該本高23.7cm，寬16.2cm，版高19.5cm，寬13.1cm，左右單欄，單魚尾，封面書“同治三年甲子重鐫正訛威邑呂仙岩凝善堂藏版”。前四卷單葉九行，每行二十一字。卷五至卷八單葉九行，每行二十三字。《正訛》是正其宋儒之訛，雖是論宋儒之失，但實際上也吸收宋儒之思想，其主導思想是教人超越程朱學習孔孟，這與乾嘉新理學、修正宋學性道有關。

《槐軒約言》：民國十七年（1928），成都扶經堂刻本，一册，該本高25.2cm，寬17.3cm，版高18cm，寬13.9cm，左右雙欄，單魚尾，封面書“槐軒約言，戊辰夏刊成版存扶經堂”。單葉十行，每行二十字，小字雙行，行十八字。另，同治四年（1865），威遠玉成堂刻本，一册，該本高26.3cm，寬16.4cm，版高19.6cm，寬13.3cm，左右雙欄，單魚尾，封面書“同治乙丑重鐫槐軒約言版存威遠縣呂仙岩玉成堂不取版貲”。自記前又説道説一篇，此篇單葉五行，每行十二字。正文單葉九行，每行二十三字，小字雙行，行二十一字。有成公中學初中界生部之圖書章。（按：成公中學原設在成都市區，是民國期間教育水準較高的一所私立學校，民國二十八年（1939），爲避免日本飛機轟炸，從成都市汪家拐遷至雙流縣通江鄉，遷至雙流後爲當地培養了一大批優秀學生，抗戰結束，1945年遷回成都君平街與石室中學合并。）《約言》自記：“嘉慶甲子門人輯，愚論説爲槐軒要語，今四十九年矣。間一翻閲大都四子、五經恒解中，所有特起詞教簡約耳，因渠等久藏書麓不忍捐棄，仍之而節其繁蕪，顔曰約言，與拾餘四種，留以訓兒輩焉。止唐書，時年八十有五。”

《禮記恒解》：清道光八年（1882），豫誠堂刻本，十册。該本高25cm，寬17cm，版高18.1cm，寬14.2cm。左右雙欄，單魚尾，封面書“晚年定本禮記恒解豫誠堂藏版”。附四川總督錫爲劉沅國史館立傳奏，附國史館本傳。奏摺單葉七行，每行十四字，本傳單葉七行，每行十三字，正文單葉九行，每行二十二字，小字雙行，每行二十一字。另，民國十三年（1924），成都致福樓刻本，十册。該本高27.3cm，寬17.8cm，版高18.5cm，寬13.5cm。左右雙欄，單魚尾，封面書“晚年定本禮記恒解甲子夏六月致福樓重刊”。附國史館本傳。單葉十一行，每行二十四字，小字雙行，每行二十三字。版心有“致福樓”字樣。其序曰：“先儒以《周官》《儀禮》爲經，此經爲注，又因其列學取士，始于荆公，爰多訾議之者。然常考其所言，無非采葺賢聖，雜書見聞，意其精者出於七十子之徒，而其淺者亦秦漢篤學之士，非於道概未有聞而能剽襲爲之者也。書中如《月令》《王制》，作者顯其姓名，其他前人所疑，多由未達文義而遽相詬疵。我朝禮教昌明，欽定義疏，廣大精微，無美不備。於前儒之是非，判然朗然，蓋大聖人建中和而修百度，不似書生空談曲學也。沅譾陋，於禮意毫末未窺，而辛沐休明，積久，微覺有得，竊慮承學者或苦於繁，否則拘晦其旨，爰于誦習之時，隨文詁義，以便參稽。閱年，忽已成帙。以愚困之留，未忍捐棄也，敘而存之，後有作者其或弗嗤爲妄誕也夫。道光八年初夏日雙流劉沅識。”劉沅解經屬於今文經學，他闡釋“禮者，天理、人情也”，天理即是中正之道，按照孔孟中庸之道，天理、人情融爲一體，并不衝突。

《春秋恒解》：清光緒十年（1884），豫誠堂刻本，八册。該本高 26.4cm，寬 16.7cm，版高 19cm，寬 13.6cm，左右雙欄，單魚尾，封面書“晚年定本春秋恒解豫誠堂藏版”，附奏摺，國史館本傳。本傳單葉七行，每行十三字，正文單葉九行，每行二十一字，小字雙行同。其序曰：“是非者，天下之公理也。孔子曰：人之生也直。斯民也，三代指所以直道而行，聖王在上，禮樂明而教化興。所以修身飭記者，無貴賤皆同。即所以立德成名者，捨《大學》無自。唐虞三代，道一風同。雖其主極使然，亦以民之秉彝，好詩懿德。天性之自然，有不容外也。周室既衰，列國之凌亂雖甚，文武之方策猶存。孔子苟得志于時，舉而措之，損益以歸中和，其道則猶是二帝三王之道，其心亦猶是天地生成之心，無他异也。奈當途既鮮知音，而及門或懷疑二。故子常曰：我欲托諸空言，不如見諸行事。蓋事者，人所共知。聖人之行事，又人人天理所咸有。即所行以證而知聖人非空言，亦可知聖人無奇術。此夫子惓惓之衷耳。”劉沅作《春秋恒解》是以“聖人之心求聖人之事”，是以《春秋》爲底本，以“三傳”爲比義，探索其微言大義，其目的仍是經世致用。

《史存》：民國五年（1916），成都致福樓刻本，二十四册。該本高 23.1cm，寬 14.4cm，版高 14.5cm，寬 10.8cm。左右單欄，單魚尾，封面書“史存丙辰冬十月致福樓重刊”。單葉十行，每行十八字，小字雙行，每行二十一字。書根注明書名、册次，版心刻書名、卷次。其序曰：“而門人因史籍太繁，求一簡明便讀之法，不獲固辭，爰取舊史略爲增省，自孔子以迄於漢亡而止。其所以托始孔子者，世無聖人之臣，則雖有聖君，亦難成其功化也。所以絶筆于漢季者，晋宋以下，篡弑相仍，君位忝而治，功何足問也。”劉沅采用司馬光《資治通鑒》和朱熹《資治通鑒綱目》資料，按《春秋》編撰之法作《史存》，其目的是“補昔賢之闕，無失乎中正之義”。

《明良志略》：成都守經堂刻本，一册，該本高 25.3cm，寬 16cm，版高 18.5cm，寬 14cm，左右雙欄，單魚尾，版心刻書名。序文單葉五行，每行十二字，正文單葉九行，每行二十二字。其序曰：“漢昭烈以匹夫而懷匡濟，與關張備歷艱難，始終恩誼。又三顧草廬，結魚水之歡，自耕莘（伊尹）釣渭（姜尚）以來未嘗有此。愚以爲特開亂世明良之局，或且疑焉。”此書是爲表彰劉備、關張兄弟以及諸葛亮等人，而專門寫作的一篇爲漢昭烈廟從祀諸人排列位次的歷史人物傳記。

《下學梯航》：民國成都守經堂刻本，一册。該本高 25.6cm，寬 15.9cm，版高 20.5cm，寬 13.7cm，左右雙欄，單魚尾。單葉七行，每行十六字，有墨筆圈點，正文還有墨筆增字，應是刊刻時掉字、漏字，後由作者增補。封面包貝，書“光緒庚寅重鎸下學梯航守經堂藏版”。《下學梯航》與《俗言》類似，主要是用較爲通俗之語講儒家聖人道義，供兒輩門人學習。

《壎篪集》：民國二十二年（1933），西充鮮氏成都刻本，四册。該本高 28cm，寬 18.2cm，版高 18.5cm，寬 14cm，左右雙欄，單魚尾，版心書卷次、書名、刻工，單葉十行，每行字數不同，小字雙行，行字數不同。封面書“壎篪集鮮於道充題癸酉年八月”，書末有“雙流劉咸炘鑒泉藏書篆”。另，《壎篪集》，清咸豐二年（1852），豫誠堂刻本，四册。該本高 26.3cm，寬 16.1cm，版高 20.3cm，寬 13.6cm，左右雙欄，單魚尾，單葉十行，每行字不同，小字雙行，行字數不同。《壎篪集》，民國十九年（1930），致福樓刻本，四册，該本高 25.3cm，寬 15.7cm，版高 18.5cm，寬 13.8cm，左右雙欄，單魚尾，單葉十行，每行字數不同，小字雙行，行字數不同。三個版本内容一致，但西充鮮于氏本字迹清晰、排版工整，由劉咸炘收藏，應是最好版本。《壎篪集》共十卷，前四卷爲兄劉濖詩，後六卷爲劉沅詩，詩歌按體排列，分别爲五言律詩、七言律詩。

《尋常語》：清宣統三年（1911），劉氏成都槐蔭書局刻本，一册。該本高 25.6cm，寬 16cm，版高 19.4cm，寬 13.6cm，左右雙欄，單魚尾，單葉六行，每行十四字。封面書“宣統三年重鎸尋常語槐蔭書屋藏版”。包括《朱伯廬先生治家格言》《豫誠堂家訓》《保身立命要言》《本源也》《胎教也》《諭教也》《祈雨祈晴戒規》共七篇，主要關於家訓、格言、勸善書等内容。其序曰：“四子、六經，至矣、盡矣，而能讀能解者罕。勸善書、勸世文，不勝屈指矣，亦苦其繁雜。今檢得尋常勸誡語數則，覺淺近明白，無論何人俱可領會。若能遵照力行，亦不患身之不修，德之不建，灾患之不能免。爰刊送以公同人，名之曰《尋常語》。道本中庸，惟其尋常，所以人人可爲。然而至常至奇，所以可通大地，幸勿還而置之，忽而視之，禱切望切，咸豐甲寅年桂月初一日下學等白。”該書未見有單行本傳世，收録在《槐軒全書》中，有清光緒間致福樓重刊本和巴蜀書社 2006 年影印出版的西充鮮于氏特園藏本。

《省抄古文》：清光緒成都守經堂刻本，二册，該本高 26cm，寬 18.1cm，版高 19.3cm，寬 13.2cm，左右雙欄，單魚尾，單葉八行，每行二十五字，小字雙行，每行字不同，大字爲原文著録，小字爲劉沅注釋，有少量眉批。另有民國成都刻本，一册，該本高 25.5cm，寬 16.2cm，版高 18.1cm，寬 14cm，左右雙欄，單魚尾，單葉九行，每行二十一字，小字雙行，每行字同，有開懽私印章。封面書“槐軒評點省抄古文門人抄録乙卯季春并傳門人等復刊版存樂善堂”。該書爲劉沅散文評點本，選《哀江南賦》《小園賦》《逍遥游》《答客難》

《解嘲》《游俠列傳序》《伯夷列傳》《前赤壁賦》八篇文章，由槐軒門人編撰。序曰："吾師止唐先生授讀古今文，隨意指示大意，往往出人意表，然不敢自以爲是也，同人謀刊。先生所指授古文，先生不許，今私擇其已評示者數篇，以省同學抄録之煩，非敢云問世也，識者見之。槐軒門人識。"此書僅有民國刻本，後無再刊，且未收録在《槐軒全書》中，是瞭解劉沅文學觀的重要一手材料。

另，館藏《選拔齒録》三册有劉沅詩歌三首，經檢閱劉沅詩集《壎篪集》，此三首詩歌均未收録，故今録入如下：

《選拔齒録》：三册，書高 25.5cm，寬 15.6cm，版高 19.4cm，寬 13.5cm，綫裝刻書，單魚尾，白口，四周雙邊，單葉九行，每行字數不一。序曰："止唐先生學貫天人，授徒數十年，多所興起，所著《四子》《易書》《詩》《春秋》《三禮恒解》《孝經恒解》《史存》等書，能發前賢所未發，今己酉重逢選拔，先生年八十有二矣，矍鑠如常，同人援鄉會試周甲同年之例，邀先生辱臨，惠然肯來，賦詩四章，成佳話也，不可不識，故今序齒以先生并首詩附後。"

化開周甲又逢春，慚愧青雲隊裏人。得路華騮争蹀躞，知途老馬亦精神。莫言舊雨非新雨，且喜前身即後身。自突陸莊都大有，依然桃李競芳辰。（每明經選拔，愚門人多獲雋，今科又得七人，小門生數人。）

愁問蒙莊大小年，虚名猶説祖生鞭。晨星歷落思前輩，雲鶴逍遥讓後賢。鼓瑟古琴真際會，從龍從虎好因緣。燕毛應笑翻新樣，添個皤翁作散仙。

各場好景似看花，未入桃源路總差。此日風雲新境界，當年雞黍舊人家。漁郎引棹今猶健，老婦綳兒語漫誇。即何洞天天外去，爲看先覓斗牛槎。（愚乾隆王子以選拔叨鄉薦。）

無端糠粃竟居前，賺得黄金駿骨先。回首舊游都鶴化，多情英俊又蟬聯。斜陽更喜明霞擁，序齒誰如玉簡鮮。佳話莫教成笑柄，三科之外老同年。（選拔者以先後兩科爲同年。）

（2）劉咸滎著述録

劉咸滎（1858—1949），字豫波，别號豫叟，劉沅第五孫。幼年時期受其家學影響，專研傳統文化，他曾就讀於尊經書院①，與廖平是同學②。光緒二十三年（1897）貢生，劉咸滎先後在成都府中學堂、四川高等學堂、游學預備學堂、成都大學等校執教。是民國時期成都"五老七賢"③ 之一。終其一生，劉咸滎以師自稱，他所教的學生有王光祈、郭沫若、魏嗣鑾、周太玄、李劼人等。劉咸滎的著作有詩文集、傳奇、隨筆，目前僅有民國刻本，四川省圖書館館藏劉咸滎著述叙録如下，依次著録著作名、刊刻年代、版本款式、序跋。

《静娱園詩存》：光緒三十年（1904），雙流劉氏成都自刻本，一册。該本高 25.4cm，寬

① （清）劉咸滎：《尊經同學集于存古學舍作重九會》，《静娱園詩存》，光緒三十年雙流劉氏成都自刻本。

② （清）劉咸滎：《壽廖君吉平同學》，《静娱園詩存》，光緒三十年雙流劉氏成都自刻本。

③ "五老七賢"是指前清遺老、社會名流、文人士紳等，他們在社會上都有一定的聲譽和影響，而他們因爲學識優長、人望所歸，能成爲督軍諮詢政事的對象。彭福商先生更是定義爲"五老必須是曾于滿清'任國三品文官以上'者，七賢則必爲'功名在翰林以上者'"。

15.5cm，版高 18.3cm，寬 14cm。左右雙欄，單魚尾。封面書“静娱園詩存雙江劉咸滎豫波氏著”。單葉九行，每行二十一字，小字雙行，每行字不同。詩前有多人跋曰：“以風浴咏歸之懷，寫禽魚花木之趣，别有天地非複人間，昔少陵謂神仙中人，不易得恨未生於今日，一見此清超絶俗之才。（温江蕘階）陸務觀之，詩純是閑情逸趣，偶一展卷，即有一種静氣迎人。善學杜甫，匪僅皮與骨，此《劍南詩稿》所以錚佼于宋，泒中而遠，接草堂心法者也。拜讀尊著静娱園，諸詠神游目想夷。然清福仙幾生修不到此，梅花有知當亦羡慕不已，置之宋詩中又以放翁也。（雙江彭蘭芬）静者心多妙，詩人命屬花，故能觸景情生，落筆藻耀，終篇讀竟，鎮日神怡。（郫筒邱東霖）天機活波，格韻清逸，參入用晦卷中，誰辨今昔。（滇南唐鴻學）情生於心，心成于景，故能得景生情，獲讀一過，令人想見林園清逸。（滇南唐鴻昌）”該詩集爲劉咸滎寫景抒情詩，其詩歌具有少陵之心法。

《静娱樓詩草》，宣統元年（1909），成都刻本，二册。該本高 26.3cm，寬 16.5cm，版高 18.8cm，寬 13.6cm。左右雙欄，單魚尾。封面書“宣統已酉六月静娱樓詩草”。單葉九行，每行二十一字。其序曰：“戊申秋，余謀刊詩以資談柄，友人爲余作序。敬謝之曰：子之言傳也，殆諛我也，余則何敢，余則癖于詩有年矣。不欲抗顔古人，聊以游心大運，他何計焉。詩三百篇，箋注分如傳世，固非其始，念注遠其意，又奚能禁使詩人當以爲多事也。若夫太白、長吉、東坡諸賢，廣寒清都與天相樂，其複計人間之有誦其詩者，即再生人事相與誦揚清芬，亦不知其爲已之詩也。又安用傳爲人生數十寒暑，無地不可樂，無時不可樂，貴適其天，而杜老云：名高身後事，回首一傷神。余方以詩爲樂，何傷之。有集即成，因存其意爲簡端。雙流劉咸滎豫波。”

《與人歌》：民國十七年（1928），成都武學官書局排印本，一册。該書是劉咸滎傳奇、詩歌合刊本，第一部分著録劉咸滎傳奇四種：《梅花嶺》《真總統》《斷臂雄》《乞丐奇》。第二部分爲《南北游詩草》。該本高 28.6cm，寬 18.4cm，版高 24.5cm，寬 15.6cm，左右雙欄，單魚尾，單葉十一行，每葉字不同。封面書“與人歌中華民國十七年十一月朔日武學官書局排印”。《傳奇》序曰：“衰朽餘年，無求於世，種花之暇，偶作數曲，以忠孝、節義爲綱，古今中外不能越此范圍，寄之筆墨亦聊以風世耳。雙江劉咸滎著。”（按：《娱園傳奇》是民國晚期較爲典型的復古傳奇創作，具有時代意義，相關討論參見拙文《民國時期川人傳奇雜劇創作典范——劉咸滎〈娱園傳奇〉的時代書寫》。）《南北游詩草序》：“書曰：詩言志，凡人心有所志，口必有所言，口不言而藉詩以言之，此詩之由來舊矣。試一讀古詩源流考卿雲之歌、康衢之謡，鴻蒙甫辟堯舜以生，而詩與人類俱來矣。吾國歷世相嬗代有傳人，舉凡一事一物，如意有所觸，心有所感，即志有所托，無不藉詩以言之。矧夫一車兩馬，僕僕風塵，鐵軌輪舟，一日千里，時而勝境當前型宛在，時而山川險要瞬息經過，或吊古以留戀，或臨流而神往，或登高以放眼，或旅宿以談心，在在皆觸詩懷，處處均堪題咏。杜工部之憂傷世傳詩史，李學士之豪放佳句天成，此固前賢韻事，遺鄉千秋者也。生也晚學，識粗疏少，識之無長，列行五十年軍籍無補，時艱萬里歸來，依然故我愛將生平，詩草三百餘章内摘抄五十餘章，名爲南北詩草，此行東出夔門北入劍閣，歷時數年，往復程途，八萬里歷遍揚子江、黄河兩大流域，雖非遠游，抑亦快事。雪泥鴻爪到處遺蹤；牧笛樵歌聊以自適。用裁短楮，就正高明。如以云詩則吾豈敢以之言志，竊願學焉。中華民國十五年丙寅冬十月，成都樹堅氏鄧璘叙於省門濳廬。”

《娱園隨筆》：民國成都刻本，一册，殘本。該本高 27.3cm，寬 18.6cm，版高 25.4cm，寬 17.3cm。左右雙欄，雙魚尾，單葉十一行，每行二十八字。該本是劉咸滎詩文合集。文多爲筆記散文，亦有與佛教有關的詩文，如《念佛歌》《宿草堂寺聞梵音》等，劉咸滎晚年對佛教頗有研究。

《娱樓雜俎二集》：成都大同印刷公司排印本，一册。該本高 24.4cm，寬 14.6cm，版高 19.1cm，寬 12cm，左右雙欄，單魚尾，單葉十二行，每行字不同，首頁有多人藏書章。該本包括《娱園隨筆》《文存》（《娱樓文存》）《辭存》（《娱樓詩存》）《對聯》（《静娱樓楹聯》）四部，收録劉咸滎部分詩作和文章，是劉咸滎著作總集。

《古史感應録》：民國成都守經堂刻本，一册。該本高 25.5cm，寬 16.1cm，版高 22.2cm，寬 12cm。左右雙欄，單魚尾，單葉十行，每行二十三字。其序曰：“自來史書之成，書其事，書其人，以爲後世勸誡，知其善惡是非，如鏡照人，明而易見。蓋氣機制感，天地自然，古今一致也。兩漢劉子政有言：和氣致祥，乖氣致异。作善自强者，則以爲精確，作惡自便者，則以爲迂腐，人實自害，何害於書。兹本感應之意，略選史事，著爲一書，用其事，改其文，俾知確有明徵，而又意於瞭解，持此一片心，敬告天下，竊欲人之觸目驚心，從善去惡耳，劉咸滎。”此書采《梁書》《漢書》《晋書》《唐書》《宋史》《金史》《遼史》中的傳記編撰而成，通過人物傳記故事來講儒學大義。如摘《梁書・阮孝緒傳》闡釋孝德之光；摘《漢書・嚴延年傳》講殺人者必將自殺；摘《晋書・毛寶傳》講戒殺放生；摘《後漢書・管寧傳》講平易近人，於人不結冤仇，於己不生煩惱。該書最能體現劉咸滎尊崇儒家仁義禮智的思想，該書無今刊本。

《借鏡録》：民國成都守經堂刻本，一册。該本高 26.2cm，寬 17.1cm，版高 19.5cm，高 13.8cm，左右雙欄，單魚尾，單葉十二行，每行二十四字，書末有捐資刊版姓氏。序曰：“近作借鏡録一書，用備講演，亦可存閲。惟是出語深古，則難遍喻，措詞淺俗，又恐説理不明，爲之斟酌其間，使之明而易見，案中夾叙夾議，案後附以論斷，俾講演者，較易發明，庶幾多所稗益爾。豫道人。”目録分列五條：一曰仁，仁者心之良，合愛親愛人愛物而言之。二曰義，義者事之宜，當精心果力，明辨二篤信之。三曰禮，禮者欲之防，無禮則亂，是非邪正之辨，不可不嚴。四曰智，智者識之遠，立德立功立言，能見其大，乃是真聰明。五曰信，信者德之誠，聖人之教，君子之守，學問之成，皆有此始。（按：《借鏡録》應與《古史感應録》爲姊妹篇，均講儒家仁義禮智的道義。）

《醉經詩存》：民國成都明新印刷局排印本，一册。該本高 25.4cm，寬 17.4cm，版高 17.7cm，寬 12.4cm，左右雙欄，單魚尾，單葉十三行，每葉字不同，劉咸滎著，孫鋆晋注。封面書“劉豫波先生著醉經詩存門人李天根敬題”。(按：李天根，華陽人，著有《漢關候文翰故事》。)序言：“有韻無韻，詩文相通，文可入詩，詩可入文，總在各遠體裁，運用入妙，六經論孟大文章，以之入詩，尚覺新練。”此詩集是從《詩》《書》《禮》《易》《樂》《春秋》《論語》《孟子》中集句而成詩，如：燕居深處意從容，誠性存存道在中。孔席有時遠自暖，杏壇化落夢周公。注曰：《論語》：子之燕居。《易經》：誠性存存。《論語》：吾不復夢見周公。

《峨眉游草》：民國二十年（1931），成都刻本，一册。該本高 23.7cm，寬 14.8cm，版高 16.4cm，寬 11.4cm，單魚尾，左右雙欄，單葉十行，小字雙行，每行字不同。封面書“劉豫波先生著峨眉游草受業李天根題”。其序曰：“游山詩謝客至多，然未能忘世。特資以自遣，故其所摹范，有實際無意境，有物態無心情，此繪事之宗工，非文章之極則也。莊生云：高山大林之善於人也，亦神者，不勝。神之時義大矣哉！非氣感心游，玄同物我，不足以通，其機而得其趣。酌其宜，二制其言也。吾師劉豫波先生，隨放翁匹也。遭世俶擾足迹，不出省門垂三十稔。所居老屋右，百年假山、卉木、毛蔚，終日吟哦其下。以意構境，往往爲雁宕普陀人間，刻畫所未及者，唯其有之，是以擬之焉。一日叩門，出其峨眉，游草相示。蓋新自山中來，詩情栩栩，舉雲影天光、奇花怪石，而嚌嚅吐納，極行文之樂，得游山之趣。且以七十四歲老人，杖履安常，猶恐不適。一旦犯暑，行六百里，與名山結文字缘，而與會飆舉。若是或使或尼，莫非有數者，佛氏境爲心果之説，於此得徵驗矣。稿既定，人競索觀，特槧拓行，以命世杰爲之序。蓋最咸獲讀，不無慫恿之力焉，辛未伏日，門人陶世杰謹題。”(按：陶世杰（1900—1984)，四川滎經人，曾受業于劉氏，1922 年畢業于成都大學，抗戰期間任教于華西大學，著名詩人，著有《複丁爐餘録》《儀禮古名今曉》等。)從序文可知劉咸滎著《峨眉游草》當是 1932 年，詩人晚年游峨眉所著，詩集均爲七言律詩，詩歌内容主要是對峨眉景色的描寫。該詩集無再版。

《静娱樓楹聯》：民國成都守經堂刻本，一册。該本高 25.8cm，寬 16.5cm，版高 17.3cm，版寬 12.5cm，左右雙欄，單魚尾，單葉十行，小字雙行，每行字不同。書衣書：“静娱樓楹聯乙卯秋購于成都南門三巷子之守經堂值法幣一角二分。”收録劉咸滎爲蜀中名勝古迹所提楹聯以及爲親朋好友所書挽聯。

《静娱樓詠史詩》：光緒三零年，成都自刻本，一册。該本高 26.8cm，寬 17.5cm，版高 17.6cm，寬 12.5cm，左右雙欄，單魚尾，單葉九行，小字雙行，每行字不同。書後有門人題詞。其序曰：“豫波劉子，余總角交也。少年即共耽吟咏，忽忽二十，余發星星白矣。猶相與談詩，不倦。暇日，過静娱園，見咏史詩二百餘首，無美不備。大凡咏史之詩，無天資則不能清超雋永，無學歷則不能沈執淵深，是篇兼而有之。且其取監于古，忠孝之懷流溢言表，讀史者置之案頭，大可疏瀹性靈，增長節概，洵有功名教之作也。自來講學，家群稱韓潮、蘇海二公之文，直郁龍威秘書，炤燿天地，可謂大矣。而其詩筆縱横，自爾卓絶千古，則作詩一道，固無可厚非也。豫波之詩，久已膾炙人口，爰約同人付梓，以代傳鈔。高明見之，當不以爲阿好云。光緒甲辰春初，繁江吴興儒序。”（按：吴興儒當是吴虞父親之兄弟，吴虞《愛智日記》曰：余初見，則係華陽縣行署之差役，持有傳票，内填：“吴興杰之首子吴幼陵，媳曾氏，吴興儒、劉咸炳速速到案。”吴虞（1872—1949）被胡適稱爲“隻手打孔家店的老英雄”，劉咸滎、劉咸炘是吴虞堂舅，吴、劉二家有姻親關係，故吴興儒稱與劉咸滎關係爲“總角之交”。）

（3）劉咸炘著述録

劉咸炘（1896—1932），字鑒泉，别號宥齋，劉梖文之子，劉沅第二十四孫。劉咸炘是劉氏家族中學術成就最高者，他幼承家學，博通經典，稍後細研《文史通義》，私淑章學誠。著作總爲《推十書》，取“推十合一”之意，該著作不僅在内容上涵覆經、史、子、集四部，而且在思想上融會貫通中西之學，在方法和見解上都有獨到之處。張孟劬稱“目光四射，如球走盤，自成一家之學”[①]。蒙文通謂“其識駸駸度騮驊前，爲一代之雄，數百年來一人而已”[②]。《推十書》在民國時期已陸續出版，以單行本發行。1996年，巴蜀書社影印《推十書》出版，該書將民國時期的單行本匯總，分爲上中下三册，影印本字迹較爲模糊，但比較全面的匯總了劉咸炘的著作，該本發行後引起了劉咸炘研究的第一個高潮。2009年，四川師范大學巴蜀文化研究中心重新整理出版了《推十書》（增補全本），對影印本進行點校和增補，并用横排簡體的方式出版，極大程度的豐富了劉咸炘研究的文獻資料。由於劉氏著作豐厚、涵蓋内容廣，此次點校也有文獻和標點的錯誤。四川省圖書館館藏《推十書》爲民國時期出版的單行本，是96版和09版的底本，文獻資料更爲珍貴和可靠。

《中書》：民國十七年（1928），成都刻本，二册。該本高26.5cm，寬17.3cm，版高17cm，寬12.4cm。左右雙欄，雙魚尾，單葉十一行，每行二十四字，版心處刻書名、篇名和卷次，有墨筆圈點。封面書“中書推十書之一戊辰年孟秋月刊成”，有松魏穀印章。書尾書“發行處成都南門純化街尚友書塾”。其序曰：“《中書》之名，對左、右《書》而言也。《左書》曰知言，《右書》曰論世，如車兩輪，《中書》則其綱旨也。壬戌八月，始集十一篇印行。其目：一、《知言論世》，二、《明統》，三、《本官》，四、《言學》，五、《經教》，六、《左右》，七、《縱横》，八、《故性》《正命》，十、《流風》，十一、《流風餘義》。其後復有《學綱》《一事論》，又糅貫《言學》《經教》而增之爲《認經論》。繼作《醫喻》《廣博約》。丁卯年十二月，乃合而更定之。移《故性》《正命》入《内書》，除《流風餘義》，删合《知言》《論世》及《明統》爲《三術》；修改《左右》《流風》；擴《縱横》爲《同异》。共爲十篇刊之。十二月十二日定劉咸炘自記。”《中書》是《推十書》的總挈綱旨，辨天人之微。

《左書》：民國十八年（1929）。成都刻本，一册。該本高25.5cm，寬16cm，版高16.7cm，寬12.5cm。左右雙欄，雙魚尾，單葉十一行，每行二十五字，版心處刻書名、篇

① （清）劉咸炘：《推十書》，上海科學技術文獻出版社，2009年版，第827頁。
② （清）劉咸炘：《推十書》，上海科學技術文獻出版社，2009年版，第827頁。

名和卷次，有成都市立國蜀館藏書章。封面書“左書推十書之一己巳五月始刊”，書尾書“雙流劉鑒泉所著書刊行目録，總發行所成都純化街尚友書塾推十書經理處。代售處：成都純化街守經堂、成都學道街志古堂、成都總府街成都書局、上海三馬路千傾堂和蟫隱廬”。每册書均有標價，如：中書，全册價銀四角八仙正。左書，第一册價銀三角六仙正。標價書目爲：《中書》《左書》《右書》《内書》《外書》《子疏》《續校讎通義》《史學述林》《校讎述林》《文學述林》《治記緒論》《治史緒論》。《左書》知言，主要是研究諸子學的著作。

《外書》：民國十八年（1929），成都刻本，一册。該本高 25.5cm，寬 15.6cm，版高 16.5cm，寬 12.4cm。左右雙欄，雙魚尾，單葉十一行，每行二十四字，版心處刻書名、篇名和卷次。封面書“推十外書己巳年十二月刻成”。目録有“全書不止此咸刊行數篇”字樣。（按：該本衹刊印外書《退與進》《動與植》篇，2009 年上海科技文獻出版社出版《推十書》（增補全本）增補了《外書》篇目：《稻葉氏二文録評》《横貫縱論》《〈進與退〉後記》《〈動與植〉後記》，2018 年《劉咸炘手稿彙編》又録外書手稿《猿與人》《羅馬與歐洲》《文與野》，故《外書》共有八篇。）書尾有刊行目録、發行所及書價。

《學略八篇》：民國七年（1918），成都排印本，一册。該書高 23.9cm，寬 14.4cm，版高 16.3cm，寬 12cm，左右雙欄，單魚尾，單葉十二行，每行二十八字，小字雙行，每行字不同，版心處刻書名卷次，有墨筆圈點。書衣書“學略八篇（此編本授書塾學生，通人見之幸加糾摘）”。封面書“學略八篇戊午十一月活字擺印”。書末有正誤表。其《學略·序略》曰：“略字有疆略概略二義，吾家子政辨章學術，名曰《七略》，蓋取疆略之義。宋高似孫仿之爲《史略》《子略》《騷略》，又僅概略矣。文詞書技，近世劉融齋熙載《藝概》一書已盡其理。其書章節短簡，語淺而識深，亦以啓導初學，名之曰概。今撰此篇，名曰《學略》，與劉書相配。以評論之體，寓目録之用，俾學者人一門則知一門之概略疆略，而求其致力之由與其應讀之書。抑古今論學之文，何下千萬篇，今之所述，特大略耳。然亦不敢詳，懼來學之眩瞀也。所説大半出於前人，因一氣直説，未能細標出處。竊附言公之旨，且一時成稿，往往知爲舊説而忘出何人，驟無從檢，俟檢出補注之。”《學略》包括《經略》《諸子略》《小學略》《史略》《文詞略》《叢略》《總略》《序略》，是用較爲淺顯的語言、短小的章節講四部。

《三寶書》：民國十二年（1923），成都排印本，一册。該書高 23.8cm，寬 14.4cm，版高 17.6cm，寬 12.1cm，左右雙欄，單魚尾，單葉十三行，每行三十五字，版心處刻書名，墨筆圈點較多。封面書“三寶書癸亥十二月尚友書塾印行”。第十四頁有朱筆眉批：“此節加在前第四頁，前八行以見義也，白下。”（按：此應是劉咸炘對書校對之語。）有孫贊元印，藏書章。書末記：“丙寅仲冬月初五日置。”其序曰：“今之世病深矣，群醫并進，非徒無益，而又害之。皆曰此事無萬應靈丹。靈丹自有，人不察耳。何爲靈丹，《老子》曰：我有三寶，一曰慈，二曰儉，三曰不敢爲天下先。今之所謂緊急問題者，曰家庭，曰經濟。家庭以慈，經濟以儉，而不敢先又治本之總術也。年來有所論述，集爲三篇，各分章段，皆述古訓，非敢云作。固知都陋無狀，言不足重，然區區曝獻之誠，惟望幸察，勿及其煩，留意終覽。倘有可采，尚願普爲勸説。其或謬妄，加糾正焉。癸亥秋末抄成自記。數將幾終，歲且更始，末劫之病，庶有瘳乎。雙流劉咸炘。”《三寶書》包括《家倫》《地材》《反復》三篇，引古訓講家庭、經濟、中西之學。

《推十書類録》：民國二十五年（1936），成都刻本，一册。該本高 24.5cm，寬 14.2cm，版高 17.6cm，寬 12.5cm，左右雙欄，單魚尾，單葉十行，每行字不同。其序曰：“舉心得以授徒，不得不著於紙墨。積久成册，亦或印行。若云著述，謹謝聖明。仿俞蔭甫《春在堂全書》録要之例，自定一目，使諸徒得以類求。凡分七類。甲綱旨。乙知言，子學也。丙論世，史學也。丁校讎。戊文學。均依學綱次第。己授徒書。庚祝史學。已印行者，硃圈點，已寫定者。甲子年定。乙丑年，諸生編《繫年録》，複取此本增定之，并雜作及劄記未定者，亦存其目，爲辛、壬二類。”《推十書類録》所録目録是民國期間已刊行書目，與 2009 年上海科技文獻出版社出版《推十書》（增補全本）相比，後者增加了未刊稿。

《目録學》：民國四川大學排印本，二册。該本高 23.3cm，寬 14.6cm，版高 17.7cm，寬 10.5cm。無魚尾、版心，單葉十一行，每行二十八字。文末附刊誤記，注明發行處爲成都南門純化街尚友書塾。其序曰：“本課名目録學，一名古書校讀法。此二名范圍不同，不能相掩。所謂目録學者，古稱校讎學，以部次書籍爲職，而書本真僞及其名目篇卷亦歸考定。古之爲此者，意在辨章學術，考鏡源流，與西方所謂批評學者相當，中具原理。於校勘异本，是正文字，雖亦相連，而爲末務。其後任著録者，不能具批評之能，并部次之法，亦漸失傳。至宋鄭樵、近世章學誠乃明專家之説。而版本之重，始於明末；校勘之精，盛於乾、嘉。於是目録之中，有專重版本之一支焉。要之，目録學者，所以明書之體性與其歷史者也。”劉咸炘治學，先從校讎目録學入手，着重辨章學術，考鏡源流。《目録學》共十四篇，分爲二編，上編：一著録、二存佚、三真僞、四名目、五篇卷、六部類、七別裁互著、八次第、九解題。下編：十版本、十一校勘、十二格式、十三文字、十四末論。諸篇之文，多裁舊説，己意志在宣傳。

《續校讎通義》：民國十七年（1928），劉氏推十書本，二册，該本高 26.8cm，寬 17.8cm，版高 16.9cm，寬 12.6cm，左右雙欄，雙魚尾，黑口，單葉十一行，每行二十四字。《校讎通義》爲章學誠目録學代表作，明確提出目録任務是“辨章學術，考鏡源流”。劉咸炘自言：“吾之學，《論語》所謂學文也。學文者，知之學也。所知者，事物之理也。所從出者，家學祖考槐軒先生，私淑章實齋先生也。槐軒言道，實齋言器。槐軒之言總於辨先天與後天，實齋之言總於辨統與類。”① 劉咸炘學術私塾章學誠，《續校讎通義》是對章學誠《校讎通義》的補充和完善。該書分上下二册，上册略説七略四部，肯定漢代以來目録學的優良傳統。下册爲《四庫提要總目》糾謬定誤。劉咸炘曰：“乾隆欽定《四庫提要》出，而唐、宋以來目録家糾紛一清，自《隋·志》以來，未嘗有也。其立例分類，實出紀昀一人之

① （清）劉咸炘：《自述》，《推十書》（增補全本），戊輯二，上海科學技術文獻出版社，2009 年版，第 519 頁。

手。紀氏於校讎之學，本未窮竟原委，不明七略、四部大體，徒能於糾紛之中斟酌平妥，使書不至無可歸類例，大小多寡不甚懸殊而已。私家目録利其詳備，咸遵用之，若專門嚴究，則固未爲定論也。張之洞《書目答問》沿用其例，有所損益，頗能救之。今將質定四部門目，以《提要》爲本，糾其舛謬，參以張氏。其他收書之法未置論者，皆可從者也。”

《校讎述林》：民國十七年（1928），成都劉氏推十書本，三册。該本高 25cm，寬 16cm，版高 16.5cm，寬 12.5cm，左右雙欄，雙魚尾，黑口，單葉十一行，每行二十四字，首頁有成都市立圖書館藏書章。書末注：雙流劉鑒泉所著書刊行目録、總發行所、代售處。該書共三卷，包括目録與校勘兩大内容。《經傳定論》《子書原論》《文集衍論》《漢書藝文志略説》《術數書》《農書録》《宋人雜記》《小説裁論》爲目録學知識，《輯軼書糾謬》《續言公》《藝文勢變表》是校勘知識，其目的爲：“以辨章學術、考鏡源流，非深明於道術精微、群言得失之故者，不足與此。後世部次甲乙、記録經史者，代有其人，而求能推闡大義，條别學術异同，使人由委溯源，以想見於墳籍之初者，千百之中，不一十焉。”

《太史公知意》：民國二十年（1931），雙流劉氏推十書成都刻本，二册，該本高 25.4cm，寬 16.1cm，版高 16.7cm，寬 12.4cm，左右雙欄，雙魚尾，黑口，單葉十一行，每行二十三字，首葉有成都市立圖書館藏書章。書末注：雙流劉鑒泉所著書刊行目録、總發行所、代售處。其序曰：“史之質有三：其事、其文、其義。而後之治史者止二法：曰考證、曰評論。考其事、考其文者爲校注，論其事、論其文者爲評點，獨説其義者闕焉。蓋史法之不明久矣。《太史公書》人所共讀，而前人用功最深者，莫如方苞、梁玉繩。方則藉以明其所謂古文義法，梁則藉以考秦、漢前事迹。二人之説義例，較多於他人。然梁氏止知整齊，方則每失鑿幻。蓋考據家本不明史體，而古文家又多求之過深。二人之外，皆視此矣。吾既撰《漢書知意》，復究《太史公書》，亦作《知意》六卷，體與《漢書知意》同，偶涉考證、論事、論文，必與義例有關。是書前人議論甚多，故辯駁加詳，非不知態爲擊難，坐長繁蕪，欲明本義，不得不然耳。至於考證家所舉字句之訛誤，古文家所標章段之神奇，亦不録也。己未年閏七月初稿，己巳年十二月重修，二十三日畢。”此書是劉咸炘史學著作最爲重要之一，四史知意是劉咸炘史學成就之作，書對他人之語多有駁斥，以史家之法、古文家之學來論《史記》之特點。

《漢書知意》：民國二十年（1931），雙流劉氏推十書成都刻本，一册，該本高 25.4cm，寬 16cm，版高 17cm，寬 12.5cm，左右雙欄，雙魚尾，黑口，單葉十一行，每行二十三字，首頁有成都市立圖書館藏書章。書末注：雙流劉鑒泉所著書刊行目録、總發行所、代售處。劉咸炘曰：“譏班之語，必詳載而駁之，非敢甘爲佞臣，誠欲得其本旨，正賴攻錯，啓發愚蒙，益覺前賢未可輕議。叙事關節，乃出自然，非有微旨，穿鑿瑣細，所不敢從。”劉咸炘寫《漢書知意》意在頌漢書之體例，爲班氏遭後世詆謗而辯雪。

（4）劉咸焌著述録

劉咸焌（1870－1935），字仲韜，劉沅第十五孫。劉桂文第三子。光緒二十九年

(1903)，考上舉人。劉咸焌無心於仕途，下第歸來，立志講學。在成都，他先後創辦了明善書塾、尚友書塾、崇德書屋。劉咸焌一生，以育人爲樂，施善爲務。除了創辦學堂，教書育人，他剩餘的時間都花在了慈善事業上。他在成都興辦"樂善""崇善"兩善所，在雙流興辦"與善公所"，新津興辦"廣善公所"，温江興辦"作善公所"①。善所主要用於募捐籌資建立祠堂、學堂，救濟貧困。四川省圖書館藏劉咸焌著述僅有一種：《讀好書齋詩文鈔》，另有《劉仲韜行狀》一文，是劉咸焌兒輩所著，是瞭解劉咸焌生平的一手文獻，後無再版。

《劉仲韜行狀》：劉恒堣等謹狀，民國二十三年（1934），雙流劉氏成都刻本，一册。該本高 26.5cm，寬 15.7cm，單葉六行，每行二十四字。

《讀好書齋詩文鈔》：民國十六年（1927），成都扶經堂刻本，二册。該本高 23.1cm，寬 14.2cm，版高 17.8cm，寬 12.5cm，左右雙欄，單魚尾，單葉十行，每行二十字，有朱筆圈點，書末記：戊子四月初五燈下。（按：所記字當爲劉咸炘所書。）《讀好書齋文鈔》按體分類：論説文七篇，銘四篇，贊二篇，題跋十七篇，序引六篇，書啓六篇，壽言二十一篇，雜記四篇，哀祭九篇，墓志十一篇。《讀好書齋詩鈔》按體分：五古二十首，六言三首，七言二十四首，五律十七首，七律八十首，五絶十三首，七絶九十八首。

二、四川省圖書館館藏劉氏家族著述價值

四川省圖書館館藏劉氏家族著述完整。劉氏家族中學術成就最高者，劉沅、劉咸炘祖孫二人，其著作都已整理再版。劉沅著作《槐軒全書（增補本）》於 2006 年影印出版，檢閲四川省圖書館館藏劉沅著述，發現仍有少部分著述没有被收録到《槐軒全書（增補本）》中，如《古文省鈔》爲劉沅散文評點本，所選文章經典，評點内容豐富，是瞭解劉沅古文觀的最好資料，惜今無再版，且僅有四川省圖書館藏本。劉咸滎著述僅有清末和民國本，其版本零星藏於各高校或市圖書館，四川大學圖書館藏《娱樓雜俎二集》《静娱樓詩存》，上海圖書館藏《娱園傳奇四種》，華東師范大學藏《静娱樓詩史》《静娱樓詩草》。然劉咸滎著述豐厚，作品包括詩文、傳奇、隨筆，四川省圖書館館藏劉咸滎著述最爲完整。四川省圖書館藏劉咸炘《推十書》民國版豐富，2009 年上海科技文獻出版社以四川省圖書館藏版本爲底本，整理出版《推十書（增補全本）》，較爲全面地收録了劉咸炘著述，2018 年四川省圖書館又影印了劉咸炘手稿，基本還原劉咸炘著述全貌，因此，四川省圖書館館藏劉咸炘著述應是全國所有圖書館中最爲全面的一個。據筆者統計，四川省圖書館也是唯一藏有劉咸焌詩文集的圖書館。另，除劉氏家集外，四川省圖書館還藏有大量劉咸炘批點過的書籍，涵蓋經史子集四

① 四川省雙流縣委員會文史資料研究委員會編：《雙流縣文史資料選輯》第 12 輯，1994 年版，第 36 頁。

部，據劉咸炘兒子劉伯穀先生介紹，劉咸炘藏書 23000 册，均在四川省圖書館。

從四川省圖書館館藏劉氏家族著述可考晚清至民國時期四川出版機構狀況。劉氏家族著述藏書主要是私家刻書，也有少量的書坊刻書和書院刻書。四川是中國印刷術發源地之一，自唐朝中後期成都經濟繁榮，文化發達，其盛况有“揚一益二”之稱。此時出版業得到了迅速發展，成爲全國重要出版基地之一，經五代到兩宋，特别是在宋代，四川亦是全國刻書中心之一。清代至民國，四川雕版出版業得到發展，書坊、官署、學院、寺廟、私家刻書盛極一時。四川省圖書館館藏劉氏家族著述版本主要出版機構是私家刻書——“劉氏三堂”即守經堂、扶經堂和推十書局。守經堂在光緒中年由劉梖文和劉氏門人劉芬等人籌集創辦，主要刊刻劉沅著述，也刊印劉咸滎《静娱樓詩集》。扶經堂於 1916 年由劉咸焌創辦，重新校刻大字版《槐軒全書》，刻書用“茂育堂”之名。較之守經堂刻本更善，少訛。推十書局爲專門刻印劉咸炘《推十書》，由 1934 年劉咸炘表侄王首相創辦于成都市純化街延慶寺内。書局將劉咸炘關於經史子集四部之作彙編爲叢書，因將叢書命名爲《推十齋叢書》，刻印劉咸炘著述二百三十五部，四百七十五卷，爲劉咸炘已定稿的十分之七八，另還有未定稿未能整理付梓。2009 年，在劉伯穀和四川師范大學巴蜀中心的共同努力下，根據四川省圖書館館藏劉咸炘書目，整理出版《推十書（增補全本）》，附未定稿。1939 年日機轟炸成都，書局一度停頓，1946 年由尚友書塾恢復推十書局，繼續刊印劉咸炘著述，至 1950 年結束。

從四川省圖書館館藏劉氏家族著述亦可考劉氏家風家學。在劉氏家族著述種類中，經學、史學著作最多，其次是文學。經學是劉氏家族治學之根基，劉沅著《四書恒解》《古本大學質言》《書經恒解》《詩經恒解》《春秋恒解》《孝經恒解》，均被收入《續修四庫全書總目提要》中，劉沅解經當屬今文經學，但又不乏乾嘉學派之考據。劉氏家族家傳易學。其祖父劉漢鼎，字君摸，幼年喪父，“至孝，喜讀《易》，習文武事，於是遂爲瞿上望族”。劉沅記述説，祖父“日以讀《易》爲事……一作《易蘊發明》一書，爲人竊去。嗣欲補輯，而適患毒瘡，遂卒。先君子猶記其一二以訓沅等。有云：‘乾坤坎離，是一是二。乾坤在天地之初，陽健陰順，即是太極之體。乾坤在坎離之後，陽施陰育，即是太極之用。先天後天，止一太極。理、氣、象、數，繹之萬端，括之渾然’其語至精，惜不復見其全書矣”①。至劉沅父親劉汝欽時，劉氏家學已表現出重視《易》學天道性命之理，以先天後天之學會通《四書》《五經》。在劉沅的學術體系中，易學是其根本，劉沅的人生命運也是因易而改變的。他著《周易恒解》稱太極是萬物所從出：“太極莫名其極，即無極，非太極之外别有無極也。太極居乎天地之始，宰乎天地之中，無名象之可圖也，特恐人莫識天地之妙，則爲此圖以見。渾然粹然者，無成虧，無欠缺，萬物莫不共由則曰道，得之於身則曰德，無過無不及則曰中，至真無二則曰誠，生生之理氣所含則曰仁，本諸有生之初，所以承天地而立極則曰性。其它［他］星曆方輿、一切數術皆由此而衍之，隨所會通，莫不有理，然于聖人承天立

① （清）劉沅：《劉氏族譜・君謨公諱漢鼎》，清道光廿七年丁未孟夏刻本，第 54 頁。

極、盡性至命之學爲麟爪矣。"[①] 劉沅將太極看作是萬物的根本，它與道，與德，與中，與誠，與仁相通。聖人之學就是"承天立極、盡性至命"之學。劉沅的學術體系最初是建立在對易的認識之上的。劉咸炘完全傳承了劉沅的易學思想，并且廣泛地運用在自身的學術體系中。

劉咸炘著有《〈易〉易論》和《〈易〉史通言》兩篇文章專研《周易》。他以求簡求合的思想來理解和詮釋《周易》。劉咸炘認爲宇宙之間由大小事物構成，大事物有大的道理，小事物有小的道理，而這些大大小小的道理就是"易"，因此，"易"無處不在，無處不有。化繁爲簡的易學思想成爲劉咸炘學術體系的核心思想。他的著作稱《推十書》，他的學術理想即爲"推十合一"。"推十合一"，源於孔子對士的解釋："孔子曰：'推十合一爲士。'"[②] 劉咸炘將此用於自我的學術構建，其目的在於而能秉要執本，由博返約、一以貫之，執一馭萬。

在劉氏家族著述中，史學著作有：《史存》《明良志略》《太史公知意》《漢書知意》《後漢書知意》《三國志知意》《蜀誦》《雙流足徵録》《史學述林》《借鏡録》《古史感應録》。這些著作有編年體、記傳體的史書，也有史學論著，還有大量考證性文章，《四川説》《四川考》《江沱離堆考》《石犀考》《成都石犀考》《江沱離堆石犀考》《内江外江考》是對蜀地山川地名的考釋；《培修川主宫碑記》《大朗堰記》《雙流聖燈山記》《重修延慶寺碑記》等是對蜀地名勝古迹變遷的記述；《筒車記》《雲碾記》等文則是記載了蜀地民俗，爲地方志資料提供了寶貴文獻。劉氏家族三代還參與嘉慶至民國時期《雙流縣志》的編撰，嘉慶十九年所編縣志，劉沅是受采訪者，劉澤是監造者，其中藝文類收録了劉沅文章《大朗堰記》《雙流聖燈山記》《雲碾記》《筒車記》《内外江考》《陶元慶墓志銘》《處士樊志升墓名》共七篇，另收録其詩《廣都故城》《公孫述墓》《簇錦橋》《欒水橋》《重經板橋》《禪那院古柏》《甘泉里》共八首，是嘉慶本《雙流縣志·藝文志》收録作品最多的作家。另，收録劉汝欽詩一首《自郡歸里》。劉咸滎、劉咸焌二人則參加了光緒《雙流縣志》的纂修。光緒三年所修縣志是以嘉慶本爲藍本，調整了舊志的個别體例，增加了舊志後的歷史事實，正所謂"事迹較舊志真，體制亦較舊志爲肅"[③]，但大體與嘉慶本同。劉氏家族對蜀中史學發展做出了極大貢獻。

從劉氏家族成員詩文集編撰的形式來看，文集均按文體體裁來編排，這源于劉沅《槐軒雜著》的開創。在《槐軒雜著》中，劉沅將文體分爲序、記、考、書四大類，四卷次均按這四種文體來分。《槐軒雜著外編》體例基本與《槐軒雜著》一致，《槐軒雜著外編跋》載："按古子書有内外篇，文集有内外集，或自分爲二，以示重輕，或後人輯拾，别于正本。既不相濫，便無所嫌，自可網羅無遺，何至進退失據？今故合并已删之篇，未刻之稿，一例收

① （清）劉沅：《周易恒解》，《槐軒全書》（增補本），巴蜀書社，2006年版，第1061頁。

② （清）段玉裁注：《説文解字注》，上海古籍出版社，1981年版，第20頁。

③ （清）彭琬纂修，吴特仁增修：《雙流縣》，《光緒續修雙流縣志序》，光緒二十年刻本、1932年补刻本。

録，無所去取。略仿原編次第，都爲雜著、外編。”[1] 可見《槐軒雜著外編》亦是按文體來編排的。劉咸焌《讀好書齋詩文鈔》、劉咸炘《推十文》均按文體編排，且文體種類更加豐富。《讀好書齋詩文鈔》載十種文體，分别是：銘、贊、題跋、序引、壽言、雜記、論、説、哀祭、墓志。《推十書》載：論、説、序、跋、傳、記、碑志、壽頌、雜韻文、雜告語文、募疏、哀誄、書劄，共十三種文體。劉氏家族詩集編撰則均按年代進行編排。關於文集按照文體體裁進行編排，一方面是由於清人對文體的認識越來越重視，古代文體發展到清代種類也逐漸繁多，按照文體來編排文集，從文集體例來講更加清晰明白，具有可查閲性和歸納性。另一方面則體現出劉氏家族家學的傳承。家族詩文集的編撰爲家學傳承提供載體，家族後人往往視家族詩文集爲標榜，在詩文集創作過程中，大都參考先人詩文集之體例和内容。家族詩文集在體例上基本一致，在内容上也有相似之處。家族詩文集的編撰既彰顯了家族文化的優勢又爲家學的傳承提供了保障，使得傳承家族文學成爲家族成員自覺行爲，極大地促進了家族文化建設。

作者單位：中國社會科學院

---

① （清）劉咸炘：《推十文》，《推十書》（增補全本），戊輯，上海科技技術文獻出版社，2009年版，第512頁。

蜀學史料与蜀文化史论

巴蜀文脉“蜀石經”殘石

——兼述捐贈者、書法、書法家及其他

唐　林

内容提要：“蜀石經”堪稱中國早期教科書，而對巴蜀文化結晶的蜀學來講，巴蜀的石經是蜀學的重要載體之一，稱爲巴蜀古代教育的豐碑。由于蜀石經研究較多，發表成果也較爲豐碩，本文側重研究四川博物院藏蜀石經殘石的捐贈者、蜀石經書法、蜀石經的書法家，以及蜀石經鎸工、拓本等鮮爲人知的内容，對于人們進一步了解蜀石經原石、拓本等收藏情况，特别是書法、書法家的情况，提供一些新的資料。

關鍵詞：蜀石經；捐贈者；書法；書法家

蜀石經殘石，六塊，其中五塊爲五代後蜀，一塊爲南宋。分别刻《毛詩》《周易》《尚書》《古文尚書》等文字。殘石石料主要是成都附近灌縣（今都江堰市）青石（還有紅砂石），經琢磨後雙面刊刻。經石呈長方形，其厚度約爲 3 厘米。每塊經石側面刻有序列編號、各經的篇目章次。這六塊蜀石經殘石是巴蜀文化的重要遺存。今藏四川省博物院①。

所謂石經，是指將整部成套之經書刻之于石者，主要有儒家石經、佛教石經（包括摩崖刻經、碑刻佛經、經幢刻經）和道教石經三種。其中儒家石經，是指儒家經典如《易》《書》《詩》《禮》《春秋》等刻之于石者。我國歷代所刻儒家石經僅七種：東漢熹平石經、曹魏正始石經、唐開成石經、孟蜀廣政石經、北宋嘉祐石經、南宋紹興石經、清乾隆石經②。

---

① 雷玲：《四川博物院藏“蜀石經”殘石碑文考》，《博物院》2017 年第 4 期。

② 李志嘉、樊一：《蜀石經述略》，《文獻》1989 年第 2 期，第 209 頁。

蜀石經，或稱“孟蜀石經”“廣政石經”，又稱“石壁九經”“石本九經”“蜀刻十經”“蜀刻十二經”和“石室十三經”等。

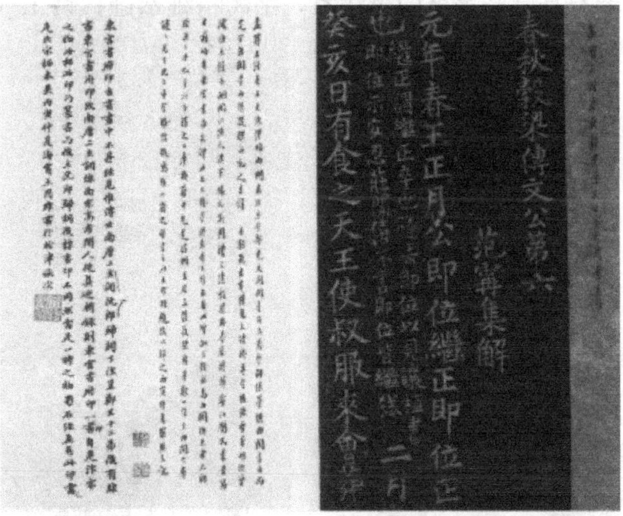

國家圖書館藏《後蜀石經》拓本及題跋、觀款（部分）[2]

當時，“蜀石經”被後蜀立于蜀郡最高學府文翁石室（中國第一所地方官辦學校），即彼時的成都學宫之内，今四川成都石室中學，供學子們研讀摹拓。蜀石經成了宋以後頒行經籍的藍本，頒行全國，并作爲各地官學的教本。自從“蜀石經”被稱爲《石室十三經》後，“十三經”之名遂固定下來，成爲儒家原典的權威稱號和儒家經典文獻的總稱和典范，并以拓本形式影響學界。蜀石經堪稱中國早期教科書，是中國的石經之最[2]，在中國文化史以及巴蜀綿延數千年的文脉中有着極爲重要的影響，被稱爲巴蜀古代教育的豐碑。

與歷代其他六種石經相比，蜀石經有了四個突出的特色。

一是最爲全面，影響深遠。蜀石經是歷代石經中最早鎸刻《孟子》一經的，首次將後世所謂的儒家“十三經”，即《孝經》《論語》《爾雅》《毛詩》《禮記》《儀禮》《周易》《尚書》《周禮》《左傳》《公羊傳》《穀梁傳》《孟子》，全部彙集一堂（今存于西安碑林的“開成石經”雖有《孟子》，但係清代補刻），對儒學“十三經”的正式定形和對儒家經典“文獻典范”的形成有極重要的影響，决定了後來中國儒學經典體系的基本格局。

二是經注并刻、體例嚴整。歷代石經皆無注，惟蜀石經有之，此可謂其最大的特點。蜀石經經文都刊有注釋，并且都有是用正楷書寫，正經大字徑六、七分，注解用小字雙行刊刻，每字占二大字格，分别注于各篇、章、句中，十分清晰醒目，這就爲觀摩閱讀和正確理解經文提供了很大的方便。石經將注文一并列入，這在儒學經典的傳播史上是一個創舉[3]。

三是《蜀石經》爲儒家《十三經》經注齊備的最早的完整輯刻。經注文數達 1414585

① 圖片引自任繼愈主編《中國國家圖書館古籍珍品圖録》，北京图书馆出版社，1999 年版，第 251 頁。
② 黄劍華：《古老的清玩——金石碑刻》，文津出版社，2013 年版，第 48 頁。
③ 段渝：《巴蜀文化史》，四川人民出版社，2012 年版，第 74 頁。

字，“其石千數”（晁公武《石經考异序》），是中國歷代石經中字數最多、歷時最長、體例最備、資料價值最高的一種，也是規模最大的一種[①]。

四是書丹（寫）者都是當時著名的書法家，字體精細恭謹；鎸工（金石家）也是名手，其珠聯璧合，“較開成石經尤爲優美”。

國家圖書館藏蜀石經拓本著名畫家所繪《蜀石經疊圖》[③]

“蜀石經”始刻于孟蜀廣政初（938），其主體工程卒刻于北宋皇祐元年（1049），前後延續 112 年。至徽宗宣和五年（1123），蜀守席貢奏請、轉運使彭慥辦理[③]，補刻《孟子》入石，其間南宋乾道六年（1170）晁公武主持《古文尚書》刻石，最終形成“十三經”的典范[④]，歷時 187 年（李志嘉、樊一）。

將儒家經典鎸刻于石碑這一浩大工程的開啓者是後蜀皇帝孟昶（919—965），推動者、落實者是宰相毋昭裔（生卒年不詳，以捐俸寫經鏤石而聞名）。後蜀政權的崇文興教，包括“勒《石書》九經”（《成都文類》卷二十一），兩人可以説居功至偉。“蜀石經”的鐫刻是中國文教史上的一項壯舉。它出自于一個地方割據政權，這在我國歷史上獨一無二[⑤]。而對巴蜀文化結晶的蜀學來講，巴蜀的石經是蜀學的重要載體之一[⑥]。

由于蜀石經研究較多，發表成果也較爲豐碩，本文側重研究蜀石經殘石的捐贈者、書

① 《開成石經》立石 114 通 228 面、650252 字，《乾隆石經》立石 190 通 380 面、68 萬餘字。引自舒大剛主編《儒學文獻通論下》，福建人民出版社，2012 年版，第 1594 頁。

② 圖片引自任繼愈主編《中國國家圖書館古籍珍品圖録》，北京圖書館出版社，1999 年版，第 250 頁。按：爲此拓本繪圖者，均爲當時著名的畫家，但因係電子版，無法識别此畫爲何人所作。

③ 程蘇東：《蜀石經〈孟子〉刊刻者考辨》，《中國文化研究》2010 年第 1 期。

④ 舒大剛：《儒藏　論衡　經典儒學與大衆儒學》，上海古籍出版社，2018 年版，第 84 頁。

⑤ 伍松喬：《天下古成都》，四川人民出版社，2014 年版，第 217—218 頁。

⑥ 李冬梅：《蜀學淵源：巴蜀的石經、群經總義與經學叢書文獻》，《儒藏論壇》第 10 輯，四川大學出版社，2016 年版，第 237 頁。

法、書法家等鮮爲人知的内容。

一、四川博物院藏蜀石經殘石的捐贈者

迄今爲止，蜀石經殘石今確認者非常稀少。除了四川省博物院所藏六件蜀殘石之外，確認者衹有《儀禮 • 特牲饋食禮》一塊，原藏于重慶市博物館，現藏中國國家博物館。是否還有其他私人有收藏的殘石實物，尚需考證。

中國歷史上的七次大規模刻經，除了唐代的開成石經和清代的乾隆石經還基本保存完好以外，其餘均衹有極少數殘石和拓片存世，因此這些蜀石經實物殘片，彌足珍貴，可謂國寶。從稀有性和影響來講，四川博物院所藏的六塊蜀石經殘石不僅是一級文物，還可稱爲一級中的一級（李鋼）①。

《毛詩》殘石　四川瀘縣黄（羅）希成捐贈②

1.《毛詩》殘石

五代後蜀。紅砂石。雙面刻正書陰文。一面刻《獸頌 • 駉》，存經文大字 59，注文小字 110；另一面刻《周頌 • 桓》和《周頌 • 賚》，存經文大字 51，注文小字 144。該殘石是所藏

① 2020 年 6 月 15 日下午，筆者赴四川福寶美術館參加“同心戰疫　剪繹大愛——喚馬剪紙　戰疫剪紙作品展”，遇四川省博物院文物徵集部李鋼研究員，討論蜀石經殘石，他如是介紹。

② 圖片引自雷玲《四川博物院藏“蜀石經”殘石碑文考》，《博物院》2017 年第 4 期，第 92 頁。

蜀石經殘石中存字數最多者①。

該殘石由黄（羅）希成 1951 年捐贈②。黄希成，又名羅希成，别署海棠花館主。四川瀘縣人。曾供職國民黨軍隊任軍參謀長兼副師長，四川金石名家，甚至有人稱他是四川的羅振玉。1949 年前黄氏曾在成都五世同堂街創建私立希成博物館。其藏品，除了 1949 年前歸原華西大學博物館（四川大學博物館前身）一部分外，其餘部分 1949 年後合并于四川省博物館③。著名史學家顧頡剛 1940 年曾寫《題羅希成先生所藏〈蜀石經毛詩殘石〉》（刊于《上游集》）④。黄希成與張大千交往也頗多，彭州市博物館藏 1937 年張大千爲鍾山隱作《仕女圖》上有黄希成跋。1940 年春張大千爲黄希成繪《仕女圖》⑤。另有一説，1949 年後，他將所藏文物出售給四川省博物館⑥，但不知是否包括此殘石。

《周易・中孚》殘石　重慶江鶴笙家中捐贈⑦

2.《周易・中孚》殘石

五代後蜀，紅砂石。雙面刻正書陰文。一面存經文大字 30，注文小字 53；另一面存經文大字 23，注文小字 60。

該殘石 1951 年江鶴笙（生）家中捐贈。江鶴笙，生卒年不詳，清末民初重慶人。文物收藏家兼書法家，1946 年中華全國美術會重慶分會監事。江鶴笙是民國時期蜀中收藏大家，曾收藏漢代畫像磚⑧。其子江友樵（1926—2002，綽號“瞎畫師”）、其孫江濤（1956—）均是書畫家。

① 本節存文字數均參考雷玲《四川博物院藏“蜀石經”殘石碑文考》，《博物院》2017 年第 4 期。

② 李志嘉、樊一：《蜀石經述略》，《文獻》1989 年第 2 期。胡蔚：《四川博物院古代銘文石刻概述》，《文物春秋》2018 年 S1 期。注：殘石捐贈者姓名主要參考以上兩文。

③ 四川博物院編：《四川地方窑研究論文選》，巴蜀書社，2015 年版，第 90 頁。

④ 顧頡剛、史念海：《中國疆域沿革史》，商務印書館，2017 年版，第 243 頁。

⑤ 劉振宇：《成都新發現之張大千日記考釋》，《藝術史研究》第八期。中山大學出版社，2006 年版。

⑥ 林玉、劉振宇：《張大千揚名秋英會時間考》，《内江師范學院學報》2012 年第 9 期，第 16 頁。

⑦ 圖片引自雷玲《四川博物院藏“蜀石經”殘石碑文考》，《博物院》2017 年第 4 期，第 94 頁。

⑧ 馬昌儀選編：《中國神話學百年文論選（上）》，陝西師范大學出版社，2018 年版，第 242 頁。

3.《周易・履卦》與《周易・否卦》殘石

五代後蜀，紅砂石，雙面刻正書陰文。一面刻《履卦》，有經文大字 41，注文小字 81；另一面刻《否卦》，有經文大字 48，注文小字 36。

1951 年江鶴笙（生）家中捐贈。

4.《尚書・禹貢》殘石

五代後蜀，紅砂石。一面刻正書陰文《禹貢》，存經文大字 26，注文小字 104；另一面無文字。由這件殘石可知，蜀石經雖然大多爲兩面刻石，但亦有例外。

1951 年江鶴笙（生）家中捐贈。

5.《尚書・説命中》與《尚書・君奭》殘石

五代後蜀，紅砂石，雙面刻正書陰文。一面刻《説命中》，有經文大字 26，注文小字 53；另一面刻《君奭》，有經文大字 28，注文小字 55。

該殘石由陳仰之 1951 年捐贈。陳仰之，又名陳達高，四川郫縣（今成都郫都區）人[1]，實爲郫縣犀浦人，他是 1940 年在成都城守大街“四川省圖書館”内籌建“四川博物館”最初的組成人員之一，任秘書組秘書，由四川大學調入，還曾是馮漢驥館長任組長的歷史組的成員。1945 年抗戰勝利前因經費困難，回家（馮漢驥之子馮士美語）[2]。不過，另有一説，陳仰之 1941 年 2 月四川博物館（省館前身）成立時是成都市政府民教幹事（袁曙光語）[3]。其餘情況不詳。

6.《古文尚書・禹貢》與《古文尚書・多士》殘石

南宋晁公武主持所刻石經。紅砂石，雙面刻正書陰文。一面刻古文《禹貢》，存經文 32，無注文；另一面刻古文《多士》，存經文 33 字，無注文。

該殘石由陳仰之（達高）1951 年捐贈。

《古文尚書・禹貢》與《古文尚書・多士》殘石　成都郫縣陳達高（仰之）捐贈

① 王利器：《往日心痕　王利器自述》，山西人民出版社，1997 年版，第 60 頁。
② 馮士美：《先父馮漢驥與四川博物院》，《博物館學刊》第 1 輯，四川人民出版社，2011 年版，第 5 頁。
③ 袁曙光：《略談藏品的保管、整理與研究》，《博物館藏品保管文集》，中華書局，2001 年版，第 335 頁。

這一部分，筆者窮盡力所能及的史料（但資料有限）介紹捐贈者，其目的在于，這些捐贈者爲保留這些巴蜀國寶做出了卓越貢獻，功不可沒。他們雖然鮮爲人知，却理應爲後世記住。

另外，四川省博物院還藏有一塊《毛詩・邶風》殘石，是由四川瀘縣黄希成捐贈，不過，這件殘石不是蜀石經，而是刻成後立于當時的漢魏洛陽城開陽門外洛陽太學所在地的東漢熹平石經。[1] 不在本文研究的范圍。不述。

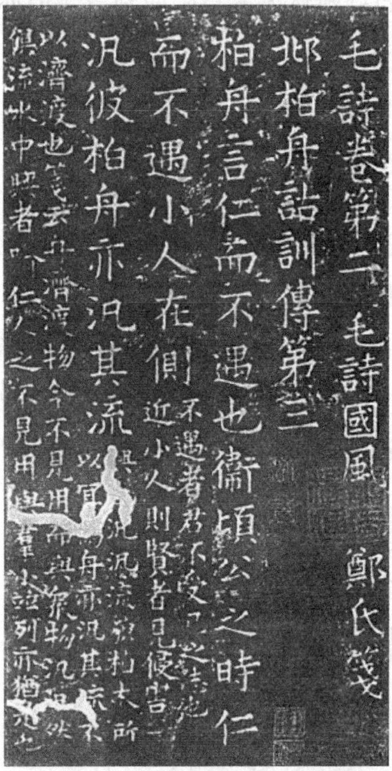

沙孟海[3]《中國書法史圖録》收録的後蜀石經拓本[4]

二、蜀石經書法

關于蜀石經的書法，前人早有定評。宋代洪邁《容齋續筆》謂其"字體亦皆精謹"，"猶有貞觀遺風"，而諸經中，又以《左傳》最爲人稱道。清咸豐間，何紹基（1799—1873）跋宋拓《左傳》第十五卷，曾占一絶："書律深嚴近率更，卷終字數見專精。如何不著誰人筆，

① 胡蔚：《四川博物院古代銘文石刻概述》，《文物春秋》2018 年 S1 期，第 6 頁。
② 沙孟海（1900—1992），書法家、篆刻家，二十世記書壇泰斗。
③ 圖片引自沙孟海編著《中國書法史圖録》第 2 卷，上海人民美術出版社，2000 年版，第 165 頁。

輪與張楊後世名。”又贊其書法“字有歐法，古味殊勝”。同一年代的沈如霖亦説《左傳》“端方精謹，與唐石經如出一手，或當時寫經字體類如此也”。吴敬履、式訓昆季則稱蜀刻“書法謹嚴，筆致遒峻”。這些皆能一語破的，道出蜀石經之精蘊[①]。

上海圖書館藏拓本《蜀石經》書法家錢玷[②]面板題簽[③]

現代學者周萼生總結古人評語，道:“蜀石經係取唐（文宗）大和本爲藍本，故字體與開成石經頗相近，亦類歐、虞，然書法秀整腴勁，確有貞觀遺風，較之開成石經尤爲優美。”[④]

所以有學者指出：就蜀石經的書法造詣而言，現存拓本足可爲後人臨池摹寫，列諸唐碑中無愧，其所表現出的古人嚴謹敬慎的治學態度，亦可以昭來世，爲今人所效法學習[⑤]。

確也如此，《蜀石經》刻石字數達 133 萬餘字，是當時文字最精確，也是唯一刻有注解

① 李志嘉、樊一：《蜀石經述略》，《文獻》1989 年第 2 期，第 213 頁。
② 錢坫（1744—1806），清代書法家。
③ 上海圖書館編：《上海圖書館藏善本碑帖圖志》，上海古籍出版社，2005 年版，第 321 頁。
④ 周萼生：《近代出土的蜀石經殘石》，《文物》1963 年第 7 期。
⑤ 李志嘉、樊一：《蜀石經述略》，第 213 頁。

的儒家經典版本，又兼孟蜀石經書丹的人，都是當時著名的書法家，字體精謹，鐫工也是名手[①]。因此，蜀石經確實稱得上是體例嚴謹，書法俊美，有貞觀遺風，爲文人所鍾愛。

當代書法大師沙孟海將其書法收入《中國書法史圖録》，其事件收入《中國書法大事年表》[②]。

三、蜀石經的書法家

準確講，應該叫蜀石經的書丹者。書丹，碑刻術語，刻石（又包括碑、摩崖、造像、墓志等類型）必須經過的三道工序（撰文、書丹、勒石）之一，指用朱砂直接將文字書寫在碑石上。即書寫者，在這裏我們按今天的説法稱他們爲書法家。

《成都簡史》稱“參加後蜀石經撰寫的諸人都是名滿天下的書法家”[③]，“都是書法名家”[④]。更具體講，蜀石經是“悉選士大夫善書者模丹入石”（宋曾宏父《石刻鋪叙》）。注意“士大夫”一詞。士大夫，封建時代泛指官僚階層，有時也包括還没有做官的讀書人。

1. 張德釗

蜀石經中的《孝經》（4985 字）、《論語》（35368 字）、《爾雅》（未統計字數），由張德钊書寫。

張德昭，五代後蜀人，明代陶宗儀作德昭。張德昭後蜀仕簡州平泉令（陶宗儀《書史會要》卷五“五代”）。五代前後蜀，簡州領三縣，州治當時在陽安縣，即今簡陽簡城鎮绛河北岸，而平泉縣在今簡陽西南草池。其時，張德昭還是將仕郎、殿中侍御史賜绯魚袋[⑤]。將仕郎爲文散官名，九品下[⑥]，在當時和後來地位都不高。

2. 張紹文

蜀石經中的《毛詩》（20 卷，146740 字）、《禮記》（20 卷，196751 字）、《儀禮》（17 卷，16573 字），由張紹文書寫。

張紹文，後蜀將仕郎、秘書省校書郎。其他情况不詳。

---

① 楊偉立：《前蜀後蜀史》，四川省社會科學院出版社，1986 年版，第 232 頁。
② 張天弓編著：《中國書法大事年表》，上海書畫出版社，2012 年版，第 205 頁。
③ 何一民、王毅：《成都簡史》，四川人民出版社，2018 年版，第 206 頁。
④ 楊偉立：《前蜀後蜀史》，四川省社會科學院出版社，1986 年版，第 246 頁。
⑤ 粟品孝：《蜀石經的形成、特色及地位》，《地方文化研究輯刊》第 4 輯，巴蜀書社，2011 年版，第 30 頁。
⑥ 俞鹿年編：《歷代官制概略》，黑龍江人民出版社，1978 年版，第 533 頁。
⑦ 圖片引自雷玲《四川博物院藏“蜀石經”殘石碑文考》，《博物院》2017 年第 4 期，第 93 頁。

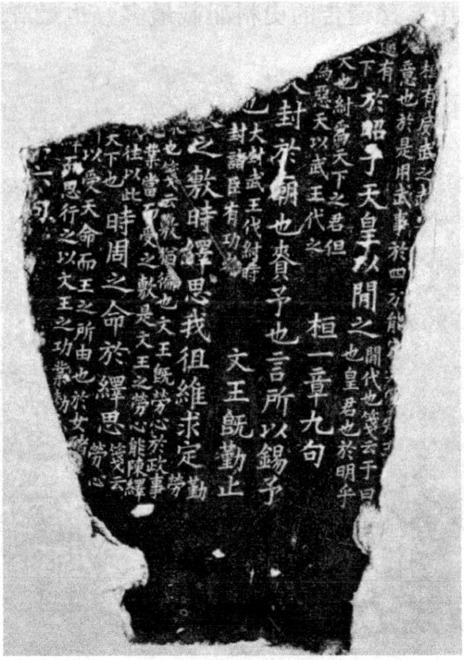

《毛詩》殘石拓片　後蜀張紹文書寫②

3. 楊鈞、孫逢吉

《周易》(10卷，66844字)，由楊鈞、孫逢吉書丹。

楊鈞，後蜀將仕郎、守國子助教。其他情況不詳。

孫逢吉，五代宋初書法家，成都人。朝議郎、守國子《毛詩》博士柱國，檢校石刻經①。精于書法。時"毋昭裔性好藏書，在成都令門生孫逢吉和句中正書寫文選、初學記、白氏六帖，以鏤板行于世"②，"逢吉又曾書成都石本周易"③。宋洪邁《容齋續筆》卷十四載："《舊五代史》……《周易》者，國子博士孫逢吉書……題云，廣政十四年，蓋昶時所鐫，其字體亦皆精謹。兩者并用士人筆劄，猶有貞觀遺風，故不庸俗，可以傳遠。"④ 孫逢吉是著名的《孟蜀石經》主要書人之一。孫逢吉無論書寫石經，還是書寫《文選》《初學記》《白氏六帖》等版刻底稿，都用端莊謹嚴的楷書，有唐人遺風⑤。孫逢吉還著有《職官分記》一書，其中有許多宋徽宗時期書學機構的論述，如"兩朝國子監，掌國子、太學、武學、律學、算學五學之政，于元豐六年，奉旨施行"，即自宋初到宋神宗時期并無書學學校⑥，這些論述對于後世研究中國書學教育的沿革有重要參考價值。

① 《宋史》卷四四一《句中正傳》，中華書局，1985年版。
② 《宋史·西蜀世家》。
③ 《容齋續筆》。
④ 洪邁：《容齋續筆》卷十九《周蜀九經》，上海古籍出版社，1978年版，第387頁。
⑤ 劉元堂：《宋代版刻書法研究》，南京藝術學院博士論文，2012年，第26頁。
⑥ 張典友：《宋代書制論稿》，文物出版社，2012年版，第308頁。

在蜀石經所有的書法家中，孫逢吉的史料記載最多，也最詳細。

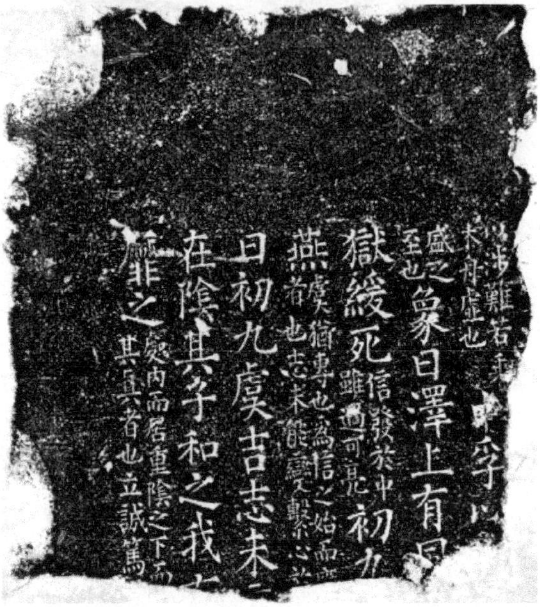

《周易·中孚》殘石拓片　後蜀楊鈞、孫逢吉書寫[③]

4. 周德貞

廣政十四年《尚書》（13卷，81911字），周德貞（《十國春秋》“貞”作“政”）書丹。

周德貞，將仕郎、秘書省校書郎。其他情況不詳。

5. 孫朋吉

廣政十四年《周禮》（12卷，163103字）[②]，由孫朋吉書丹。

孫朋吉，將仕郎、秘書省校書郎。其他情況不詳。

除以上六人外，未著其他書寫人，即《左傳》《公羊傳》《穀梁傳》《孟子》等，均未題所書人姓氏。

四、其他

1. 鎸工

蜀石經各經的鎸工多不清楚，現僅張德超鎸《尚書》，張延族鎸《毛詩》，陳德謙鎸《論

① 圖片引自雷玲《四川博物院藏“蜀石經”殘石碑文考》，《博物院》2017年第4期，第94頁。

② 注：以上經名、卷數、字數均參考雷玲《四川博物院藏“蜀石經”殘石碑文考》一文中的“有關蜀石經鎸刻的資料統計表”。

語》《孝經》，武令升鐫《爾雅》[①]。

2. 拓本

《蜀石經》在南宋時還基本完好，在宋代末年（元初蒙古軍隊入川之亂）就已大量散失，如今尚存的蜀石經刻石僅存殘石八塊，已成國珍[②]。據説有宋拓本，全 96 册，在明萬曆年間内閣大庫還存有全本。現存于世的蜀石經拓本以劉體乾（字健之）曾收藏的蜀石經最備，共約 183 頁，存經注凡 5 萬字左右，現藏中國國家圖書館（原北京圖書館）。

劉體乾（1873—1940），字健之，一作建之，安徽廬江人[③]。1914 年任四川川東道道尹，1916 年官至代理四川省省長（署理四川巡按使，其父親劉秉璋在清代曾官四川總督，治蜀八年，因此父子兩代先後督蜀，傳爲美談）。後即潛心學術，與弟劉體仁、劉體智、劉聲木，均爲著名金石學、史學學者兼收藏家。1918 年，劉體乾因得宋元間拓本《蜀石經》7 册，矜爲至寶，顔其堂額爲“蜀石經閣”（或稱“蜀石經齋”）[④]。這個家族在清末民國非常顯赫，與李鴻章家族有八門姻親[⑤]。劉體乾長于碑版學，亦富收藏，他一生最重要的收藏就是他在四川時期收藏的《宋拓蜀石經周官禮》，這是當時民間流傳的唯一一套宋朝拓本（殘本），屬于海内孤本，非常有名。劉體乾收到此拓本後，嚴加考證，并請名家題識，這些名家包括張之洞、潘祖蔭、李經方、梁章鉅、陳寶琛、徐世昌、林琴南、朱祖謀、陳三立、鄭孝胥、黄秋岳、李國松、何紹基、繆荃孫、吴昌碩、高振霄、嚴修……[⑥]，并在 1926 年將其收藏宋拓《公羊傳》《周禮》等殘本（如京師學務局長彦德從大内檔案整理時曾得《穀梁傳》940 字，著名金石學家羅振玉曾得《穀梁傳》70 餘字，兩人均賣給了劉體乾[⑦]），影印，合爲《蜀石經》八册行世[⑧]。

關于宋拓蜀石經入藏國家圖書館的經過，經歷大致如下。陳清華（1894—1978），字澄中，湖南祁陽人。大收藏家。1949 年移居香港，其珍貴古籍也随之到了香港。1963 年爲籌措資金移居美國，需要轉讓部分珍貴書籍。經周恩來總理特批，時價 25 萬元人民幣，從陳清華的“郇齋”，購回珍貴古籍善本 18 種，碑帖善拓 7 種，凡 25 種 102 册，其中就包括宋拓蜀石經[⑨]。從 1955 年至 2004 年，陳清華郇齋珍貴善本藏書分三批入藏國家圖書館[⑩]。

---

① 粟品孝：《五代（前後蜀）兩宋時期》，四川人民出版社，2011 年版，第 305 頁。

② 譚繼和、段渝等撰：《巴蜀文化圖典》，四川人民出版社，1999 年版，第 230 頁。注：真正確認者僅 7 塊，因爲四川省博物院藏的另一塊殘石是東漢熹平石經。

③ 劉尚恒、鄭玲：《安徽藏書家傳略》，黄山書社，2013 年版，第 114 頁。

④ 舒大剛主編：《儒學文獻通論（下）》，福建人民出版社，2012 年版，第 1594 頁。

⑤ 宋路霞：《細説中國近代家族史書系　細説劉秉璋家族》，上海辭書出版社，2015 年版，第 78 頁。

⑥ 同上，第 80 頁。

⑦ 魯迅：《希望　魯迅散文》，浙江文藝出版社，2014 年版，第 248 頁。

⑧ 粟品孝：《五代（前後蜀）兩宋時期》，四川人民出版社，2011 年版，第 307 頁。

⑨ 丁瑜：《至臻至美的“郇齋”藏書回歸記》，《藝術市場》2004 年第 11 期。

⑩ 李致忠：《昌平集》，上海古籍出版社，2012 年版，第 2—3 頁。

⑪ 吴昌碩（1844—1927），晚清民國時期著名國畫家、書法家、篆刻家，“後海派”代表，杭州西泠印社首任社長。

⑫ 宋路霞：《細説中國近代家族史書系　細説劉秉璋家族》，上海辭書出版社，2015 年版，第 81 頁。

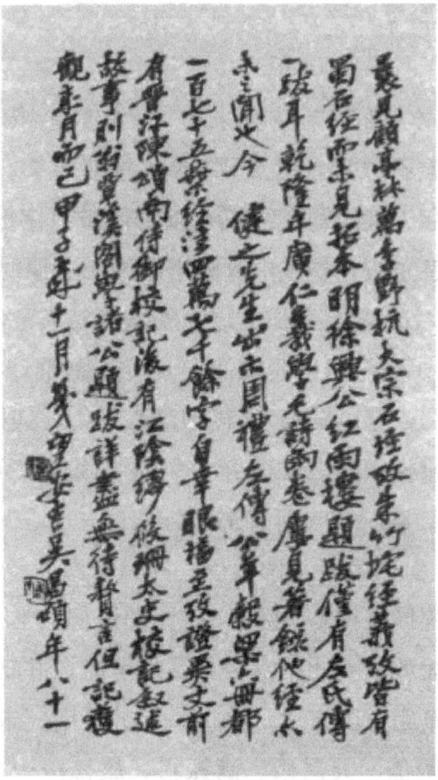

吴昌碩[3]爲劉體乾藏蜀石經拓本題辭[4]

那麽，陳清華宋拓蜀石經與劉體乾藏宋拓蜀石經是一樣的嗎？查，兩人所藏應該是同一宋拓本。據文獻學家李致忠介紹，傳 1965 年周恩來總理曾經親自鑒賞宋拓蜀石經，看到書上有溥儀題識，并詢問版本目録學專家趙萬里有關情况[1]。也就是説書上有溥儀題字。而據史料載，劉體乾收藏了部分拓片，名其居曰“蜀石經齋”，遜帝溥儀曾爲劉手書齋榜，復題“孟蜀石經”四字于簡端[2]。

那麽，劉體乾藏宋拓蜀石經是怎麽到了陳清華（澄中）之手？什麽時間？没有查到相關資料。筆者揣測應該是 1940 年到 1949 年之間，陳清華從劉體乾家族購買的，其時劉體乾已經去世。

國家圖書館藏《蜀石經》爲宋、元拓本這合璧殘本，宋内府、劉體乾、陳清華等遞藏，共九册，其中墨拓本《左傳》《穀梁傳》《周禮》各二册，《公羊傳》一册，清道光間木刻印本《蜀石經》一册，《題跋姓名目録》一册。在《蜀石經·左傳》册頁上鈐有“東宫書府”等宋代内府官印，拓本中分别有翁方綱等數十位鑒藏家題跋、觀款，還有何維樸、林紓、吴昌碩等十數人的繪畫，爲蜀石經的研究提供了寶貴資料。《蜀石經》拓本傳世寥若晨星，能有宋元拓本，又由名家題跋、觀款，可謂至寶也[3]。它是國務院公布的首批《國家珍貴古

① 李致忠：《昌平集》，上海古籍出版社，2012 年版，第 3 頁。

② 朱興和：《現代中國的斯文骨肉　超社逸社詩人群體研究》，上海三聯書店，2014 年版，第 244 頁。

③ 趙海明：《碑帖鑒藏（上）》，天津古籍出版社，2010 年版，第 53 頁。

籍》（2008 年 3 月，名録號爲 00391）[1]，是流傳有緒的國家級重要文物[2]。

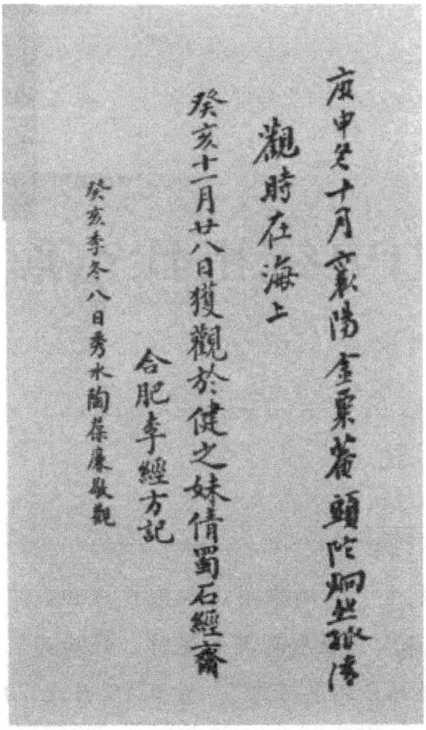

李經方[4]爲劉體乾藏蜀石經拓本題辭[5]

除劉體乾藏蜀石經拓本之外，上海圖書館、國家圖書館還藏有蜀石經的一些殘拓本。

需要説明的是，由于筆者無法看到國家圖書館藏《蜀石經》宋元拓本的原件，或史料使用不當，或知識有限，本文的一些研究可能有誤，祈望方家指教。

作者單位：四川省社會科學院藝術研究中心

---

① 陳紅彦主編：《金石碑拓善本掌故（2）》，上海遠東出版社，2017 年版，第 41 頁。盧芳玉：《存世最佳的“廣政石經”拓本（善本掌故）》，《人民日報》（海外版）2008 年 9 月 22 日。

② 王煒編著：《中國古代碑刻》，中國商業出版社，2015 年版，第 84 頁。

③ 李经方（1855—1934），李鸿章嗣子。歷任出使日本大臣、出使英国大臣、邮傳部左丞等。

④ 圖片引自宋路霞：《細説中國近代家族史書系　細説劉秉璋家族》，上海辭書出版社，2015 年版，第 81 頁。

南宋眉山史繩祖仕宦履績考釋[①]

毛　慧

内容提要：世稱“學齋先生”的南宋眉山人氏史繩祖，有《學齋占畢》四卷存世。因《宋史》無傳，到了清代“四庫”館臣整理其著述時，衹知其里籍郡望等零星信息，《四庫全書總目》還特意指出“其仕履始末不甚可考”。直至20世記70年代中期，隨着史繩祖夫婦墓志在浙江衢州的意外出土，纔得以揭開其真實的身世。但諸多相關研究往往是“雪泥鴻爪”式地掠取各自所需信息碎片，未能對其生平履迹進行深入系統梳理。本文以衢州市博物館藏出土墓志爲基礎，撮取大量的南宋文獻鈎沉引徵，對史繩祖畢生十四次仕履遷轉逐一考釋，發現其不僅在各個階段的地方治理中屢創佳績，而且在南宋抗擊蒙軍的重大事件中做出過不可磨滅的歷史貢獻。

關鍵詞：史繩祖；仕宦履績

據《四庫全書總目》卷一一八“子部雜家二”記載：“繩祖，字慶長，眉山人。受業於魏了翁之門。了翁《鶴山集》中有題史繩祖《孝經》一篇，即其人也。其仕履始末不甚可考。惟陽昉《字溪集》末有其挽詩，結銜稱朝請大夫直焕章閣，主管成都府玉局觀，齊郡史繩祖，蓋奉祠時作。所謂齊郡，其郡望也。”[②]

1974年11月26日，浙江省衢州市原衢縣王家公社瓜園大隊（現屬衢江區浮石街道）農民吴天才在菜園地挖到一座雙穴磚室墓（墓頂早年已被挖去，墓底亦被破壞），出土文物38件，其中國家一級文物7件、國家二級文物16件，是衢州地區古代墓葬出土品質檔次最高等、研究價值最巨大的一批文物精品。後經當地文物部門組織調查清理，收集到20多塊

---

① 本文爲浙江省哲學社會科學規劃課題《南宋史繩祖夫婦合葬墓出土文物研究》（項目編號 21NDJC201YB）階段性成果。

② （清）永瑢、紀昀總撰，四庫全書總目提要編委會整理：《四庫全書總目提要》，海南出版社，1999年版，第620頁。

墓志碎片，經逐一拓片後綴合，終得墓室主人墓志兩件。一爲《史繩祖墓志》：長 86 厘米、寬 67 厘米、厚 4 厘米。青石質，已殘。隸書，刻文 222 行，每行 35 字，共約 720 餘字，部分字迹缺失；一爲《史繩祖妻楊氏壙志》：長 99 厘米、寬 50 厘米、厚 3.5 厘米。青石質，已殘。隸書，刻文 21 行，每行 50 字，共約 971 字，部分字迹漫漶缺失①。

關於史繩祖的出仕，其墓志載："初，以曾祖恩授迪功郎，十四遷而爲朝議大夫。"説明史繩祖并非以科舉登第出仕，而是以其曾祖的恩蔭釋褐。門蔭補官雖非選官正途，却是宋代官員來源的主要渠道。宋代朝廷通行的蔭補規則，皇族宗室，皇后、太后、太皇太后的家族，臺、省官六品以上，其他官五品以上（武官八品以上），都可享受此權力。史繩祖"曾祖彭永"爲"朝議大夫"，官至五品，達到了朝廷門蔭補官的基本條件。"迪功郎"爲"宋徽宗政和六年（1116）改原將仕郎置，爲從九品寄禄官"。在宋代的文職官階中，迪功郎最低，從九品，史繩祖以此開啓跌宕起伏的仕宦之履，經過十四次轉遷而達到"朝議大夫"，躋身南宋時代的中級官僚階層。縱觀史繩祖數十年的履宦生涯，主要可以劃分爲八個時空階段。

第一階段是初出茅廬作州曹。

《史繩祖墓志》有載，"仕歷晋□□綿州録事□軍、城因丞、崇慶軍節度推官"。依宋代官制推測，墓志"綿州録事□軍"所缺之字當爲"參"。"録事參軍"，爲幕職官，或稱州曹官。宋孫逢吉《職官分記》卷四〇《總州牧》："諸府爲司録，諸州爲録事。"宋王益之《職源》："録事參軍，州曹官。……國朝沿唐制，州置録事參軍，然不盡置也。諸府爲司録，諸州爲録事。"《宋史·職官志七·諸曹官》："舊制：録事參軍掌州院庶務，糾諸曹稽違。"《慶元條法事類·官品令》："上、中、下州録參軍事……爲從八品。"②

"綿州"，位於四川盆地西北部，涪江中上游地帶。漢高祖六年（前 201）建置廣漢郡，西魏廢帝元欽二年（553）設置潼州，隋開皇五年（585）改潼州爲綿州。綿州州境"東西三百一里、南北二百六十里"，面積遼闊；又"依山作固，東據天池，西臨涪水，形如北斗，卧龍伏馬"，爲蜀東北之要衝。史繩祖擔任"綿州録事參軍"，主要辦理州院衆務，并有糾察户曹、司理、司法諸曹稽違之責，職位不高，雜務冗繁。

"城因丞"爲何職設？各類文獻竟然無從考出。宋代州級主官有知州、通判、别駕、長史之設，屬官有司馬參軍、録事參軍、司法參軍、司理參軍、户曹參軍、倉曹參軍之設，都没有"城因丞"官職。縣一級倒是有"縣丞"設置，如果把"城因丞"理解爲"城因縣""縣丞"的意思，那就應該有一個"城因縣"的建制存在，但是宋代綿州地區没有"城因縣"的建制，也没有哪一個縣有"城因"的别稱。因此，史繩祖"城因丞"的仕履就無法確解了。

"崇慶軍節度推官"的履地和職名都很清晰。據《中國歷史大辭典》"崇慶軍"條目介

① 衢州市博物館：《衢州墓志碑刻集録》，浙江人民美術出版社，2006 年版，第 47—49 頁。

② 龔延明：《中國歷代職官别名大辭典》，上海辭書出版社，2006 年版，第 472 頁。

紹："南宋紹興十四年（1144）以高宗潛藩，改蜀州爲崇寧軍。治晋原縣（今崇慶縣）。轄境相當今四川崇慶、新津兩縣地。屬成都府路。淳熙四年（1177）升爲府。"① "節度推官"爲"幕職官。唐末五代，節度使屬佐有之，多自辟置。宋改用士人，皆朝廷除授，用爲選人階官。神宗元豐（1078—1085）改制，定爲從八品"②。

"崇慶軍"治所"晋原縣"，歷史非常悠久，原爲漢代所置的"江原縣"；晋朝李雄置漢原郡，并改縣曰漢原，蜀平，改郡爲晋原，縣復故名曰漢原；北周廢郡，改縣曰晋原，故治在今四川崇州市東十里；隋朝，徙置今崇州市治，爲梁州蜀郡；唐朝在晋原縣置蜀州，屬劍南道；五代及兩宋因襲。再看《史繩祖墓志》"仕歷晋□□綿州録事"的"晋"字後遺缺兩個字，是否當爲"原縣"？連綴而成"晋原縣"，或許可爲其後不明就裏的"城因丞"帶來新的解釋契機，也就是説史繩祖很可能曾經擔任過"晋原縣丞"的職位。

"縣丞""録事參軍""節度推官"都是從八品的官階，可見史繩祖在此品級有過多個崗位的磨煉，而且集中在綿州、崇慶等地履職。這一階段具體任職的起訖時間，根據出土的墓志和可查的文獻，雖然無法給出明確的定論，但還是有一些寶貴的綫索可資研判其大概的時間區段。《史繩祖墓志》可以精確斷定其生卒年月，從他八十三歲去世時爲咸淳十年（1274），可推知其生年爲紹熙二年，即 1191 年。按照宋代銓選官吏的"銓格"規定，官員必須年滿二十歲纔能授官，七十歲則要求致仕。不是通過科舉考試及第和特旨的官員，必須在二十五歲以上，纔可以"注官"。而史繩祖是"以曾祖恩授迪功郎"的，這就意味着他至少要在二十五歲以後纔能"注官"，也就是説他最大可能在 1215 年（即宋寧宗嘉定八年）後出仕。同時，宋代官吏考績的"磨勘"制度規定，文官一般要三至五年纔能"磨勘"一次，地方官一般三年更易一次，因此史繩祖任"晋□□綿州録事□軍、城因丞、崇慶軍節度推官"的總時長可能達到十年左右，即在宋寧宗嘉定八年（1215）至宋理宗寶慶元年（1225）。

第二階段是春風得意改京官。

《史繩祖墓志》稱"以舉者詣尚書改京官"，意思是説，通過舉薦者向主管官吏選拔機構"尚書省"推薦，史繩祖得以從"崇慶軍節度推官"改爲"京官"。

"尚書省"的職權是總轄吏、户、禮、兵、刑、工六部二十四司，并主管議定官員謚號、祠祭、受誓戒、在京文武員封贈、注甲發付選人、二十四司人吏遷補等事。按理説，主管官吏銓選的應當是"吏部"，《史繩祖墓志》何以稱"舉者詣尚書"的呢？根據學者研究得知，原來"宋代的官吏管理却有一個奇怪的現象，對於官吏的銓選，經常是吏部并不主管其事。吏部衹是負責一些具體業務事，牽涉到官吏銓選則是吏部南曹、磨勘院、審官院、京朝官差遣院、吏部流内銓、三班院等機構。磨勘院又分磨勘京朝官院和磨勘幕職州、縣官院。元豐改制，將所有銓選職能歸於吏部。銓選實行吏部四選制，以審官東院爲尚書左選，以審官西

---

① 中國歷史大辭典·歷史地理卷編纂編委會：《中國歷史大辭典（歷史地理）》，上海辭書出版社，1996 年版，第 824 頁。

② 張政烺：《中國古代職官大辭典》，河南人民出版社，1990 年版，第 259 頁。

院爲尚書右選"[①]。是故，《史繩祖墓志》所稱"舉者詣尚書"的"尚書"，應當是指"尚書左選"或"尚書右選"。

宋代根據官員的官階，將官員任命分爲三個等級：升朝官、京官和幕職州縣官。在北宋前期，太子中允以上爲升朝官，也就是五品以上的官員爲升朝官，元豐改制前通直郎以上官員爲升朝官。也就是説，升朝官都是中高級官員。京官與歷代所説京官區别很大，并不是説在京城當官就是京官，在北宋前期京官指秘書省著作郎到將作監主簿這一級的官員，元豐改制後，則是指從承務郎到宣德郎這一級别的官員。此類官員都在從九品到從八品之間，屬於級别比較低的文官。幕職州縣官，北宋前期指簽署判官廳公事到縣尉的文官，元豐改制後改爲承旨郎到將仕郎這一級别的官員，也屬於級别比較低的官員。但是真正要像史繩祖這樣從"幕職州縣官"改爲"京官"，却是非常不容易的。

史繩祖能够"以舉者詣尚書改京官"，一方面要依靠其在任"晋□□綿州録事□軍、城因丞、崇慶軍節度推官"期間，工作幹得比較出色，能力水平比較突出；另一方面，則需要其"舉薦者"非常得力，要在官場具有比較深厚的人脉關係或者比較崇高的官德威望。甘當"伯樂"舉薦者，要麼是其直接上司的激賞，要麼是父執師長的揄揚。史繩祖的父親雖有科舉及第的記録，但履職記録不詳，《史繩祖墓志》衹言"考謙光，贈正□□□□□"，基本判定未達顯宦，因此也不太可能結交權臣舉薦兒子。史繩祖任綿州録事參軍或崇慶軍節度推官時期的上司，是否有向朝廷"諫賢"之舉，已無從對證。倒是史繩祖的恩師魏了翁鶴山先生，最有可能做出"舉賢不避親"的慧識。魏了翁（1178－1237），字華父、號鶴山，四川邛州蒲江縣人，南宋著名理學家。歷任國子正、武學博士、試學士院，以阻開邊之議忤韓侂胄，改秘書省正字，出知嘉定府。史彌遠掌權時，力辭召命，後起知漢州、眉州。嘉定四年（1211），擢潼川路提點刑獄，歷知遂寧府、瀘州府、潼川府。嘉定十五年（1222），召爲兵部郎中，累遷秘書監、起居舍人。根據前面的推算，史繩祖任"崇慶軍節度推官"很可能在嘉定年間（1208－1224）末期，這一時期魏了翁身居"兵部郎中、秘書監、起居舍人"等要職，深得朝廷重用，也是皇帝身邊頗爲炙手可熱的人物，他如果將史繩祖"舉詣尚書"，其改任"京官"的命運轉折就非常順理成章了。

"京官"的職位雖然不高，但無論在朝廷"六部二十四司"哪個隸屬崗位任職，都有可能拓寬眼界、增長才幹，甚至結交權貴、攀龍附鳳，天下士子莫不趨之若鶩，年輕的史繩祖自然概莫能外。或許，整個"京官"時期，正是史繩祖畢生履宦最爲春風得意的"年華"。

第三階段是獨當一面治郡縣。

史繩祖結束"京官"生涯，外放主政一方的首站爲"知成都府廣都縣"。廣都是川西平原上歷史悠久的古縣之一，在古蜀國開明王朝時代與新都、成都齊名，并稱"三都"。秦置郡縣，廣都爲蜀郡域；西漢武帝元朔二年（前127）置廣都縣，爲益州之蜀郡所轄；隋仁壽

---

① 曲萬法：《中國歷代官制》，齊魯書社，2013年版，第297頁。

元年（601）因避煬帝楊廣諱，始更廣都縣名爲雙流；龍朔二年（662）由雙流縣析置廣都縣；北宋熙寧五年（1072）廢陵州，以貴平、籍縣爲鎮入廣都縣，及至南宋，廣都仍爲川蜀重鎮。

中國歷來講究“郡縣治則天下安”的統治經驗和政治智慧。史繩祖此任，一則説明朝廷對其壓擔子的政治期望，二則説明吏部詮選還是比較“知人善任”的。自古有謂“蜀道難，難於上青天”，如果讓一名毫無基層經驗的“京官”，到遠離臨安政治中心的“成都府廣都縣”任職，不僅是路途遥遠的問題，甚至可能隱約産生一種“政治流放”的錯覺。但史繩祖不一樣，他是川蜀眉山人，生於斯、長於斯，而且還有綿州、崇慶諸地的州曹仕歷，對這一帶的地理環境、風土人情瞭如指掌，以至於對這些地方的胥吏長短、冗事繁雜都有比較清晰的洞察。因此判斷他的廣都縣令當得是比較得心應手的，而且政績還相當不錯，因爲此後他就升任“通判□□府”。南宋時，一般府州的通判，以“兩任知縣有關升狀”者充任①。史繩祖一任廣都知縣就直接擢升“通判”，足見其前績不凡。

宋代的州府通判，承擔着頗爲重要而特殊的政治使命。南宋通判的職能，繼承北宋之制，既要監察官吏，又要參與州郡的行政管理。通判在宋代文獻中常被稱爲“半刺”“屏星”“别乘”“郡監”等，都是時人對古代監察官的美稱。宋人還稱通判爲“倅”“倅貳”“同判”“同知州”等。“倅”“倅貳”均爲副職之意，而且“倅”在宋代僅限於對通判的稱謂，他官“雖副貳不可用矣”。“倅貳”，“佐守之職，政無不關”。“同判”“同知州”的意思，是與知州同掌一州之政。

因爲墓志原石的破損殘缺，史繩祖“通判□□府”成了一個懸謎。有文物工作者依據緊隨其後的職銜“潼川路轉運司主管文字”，猜測史繩祖所通判之府也爲“潼川”，但難以找到令人信服的佐證。

“潼川路”原爲“梓州路”，北宋咸平四年（1001）分峽路置，爲川峽四路之一，也是南宋時期全國總共十六路之一。治梓州（今三台縣），轄境約當今四川嘉陵江下游，涪江中、下游和沱江中、下游以及筠連縣、合江縣以北以西地區，重和元年（1118）改爲潼川府路。“轉運司”又稱“漕司”，是路一級既有行政職能又有監察職權的監察機構。南宋轉運司因襲北宋之制，設轉運使一員（一般都空缺不配），轉運副使、轉運判官若干人，屬官設主管文字、幹辦官各一員，文臣準備差遣、武臣準備差遣，員數不等②。史繩祖所任的“潼川路轉運司主管文字”，是介於轉運使、轉運副使、轉運判官之下的一名“主管文字”屬官，但此處“主管文字”崗位的職能却完全不是字面表達的意思，其實際職責是“點檢一路財賦”，主要是協助轉運使司的長官，做好計度一路財賦的收入與支出，向中央“上供”，向軍隊運送軍需物資，以及供給本司及州、縣辦公經費等工作。

---

① （宋）黎靖德編，楊繩其、周嫻君校點：《朱子語類》第四卷，岳麓書社，1997年版，第3073頁。

② 苗書梅：《南宋全史》第3册《典章制度（卷上）》，上海古籍出版社，2016年版，第248頁。

經歷過州府通判和轉運司屬官的兩任歷練，史繩祖很快被擢升爲“知州”，成爲總攬一州軍政、行政、財政、司法等各項事務的最高長官。《史繩祖墓志》所稱的“差知封州”，既是朝廷對其履仕升遷的一次重大開恩，也是朝廷對其政治能力的一次重大考驗，可謂“恩威并重”。差遣史繩祖主政的封州，漢爲廣信封陽縣地，梁置成州，隋改封州，唐屬廣州都督府，宋屬廣南東路，領封川、開建兩縣。封州全境“東西一百三十八里、南北二百八十九里”，地廣人稀，據地方文獻記載：“崇寧元年（1102），封州 2779 户 10870 人。元代，封州 2077 户 10742 人。”① 史繩祖大約在南宋紹定（1228－1233）至端平（1234－1236）年間涖州履職，其時估計人口規模也就維持在 2000 多户 1 萬人左右。端平元年（1234）時，南宋全國有“府三十四個，州一百三十三個，軍三十三個，監兩個”②。南宋的州和北宋時期一樣，分上、中、中下、下等幾個等級，一般四萬户以上爲上州，三萬户以上爲中州，不滿兩萬户爲下州。可見“封州”在所有的“下州”，也是明顯偏小的。而且這個地方還非常偏遠，據其《舊志》云：“封州去京師水陸四千五百一十里。”《九域志》載：“廣州西至封州六百一十里。”相對於史繩祖長期生活的川蜀腹地，“封州”更是遥遠的“天涯海角”。史繩祖要單槍匹馬、不遠萬里奔赴南粤，到一個人生地不熟的地方擔綱治理重任，其艱辛艱險是可想而知的。好在此地“其民知義”“民淳訟簡”“茅簷葦户”③，估計不會給知州大人帶來過於劇烈的挑釁或暴亂，總體還是應該比較平穩有序的。當然，在如此偏遠之地任職，其生活實際上是比較清苦的。早在史繩祖“差知封州”之前，詩人鄭剛中就注意到此地官吏清苦的現實了，并作詩《時官多以封州俸薄井邑蕭條爲歎觀如聞而賦之》云：“相逢都説在天涯，禄似蠅頭舍似蝸。畫角樓前皆郭外，虚棚竹上是人家。草深正恐鹿爲虎，日暮漸迷鷗與鴉。老子豈知差別相，高眠飽看荔枝花。”④ 全詩句句寫實，形象生動。“在天涯”極言封州之偏遠，拿的俸禄只有一點蠅頭小利、住的房子好像蝸牛的殼那麼小，可見在封州“居官”之“俸薄”、“居處”之“湫隘”。詩人毫不客氣地將譏諷意味斥之筆端，與其特殊的遭遇有關。鄭剛中（1088－1154），字亨仲，浙江婺州（金華）人，宋高宗紹興二年（1132）進士。前期頗受重用，紹興六年（1136），除樞密院編修官；八年，遷殿中侍御史；十二年，遷川陜宣撫副使兼營田。後因不與奸相秦檜苟合，遭到政治打擊，紹興十七年，“以忤秦檜罷，提舉江州太平興國宫，桂陽居住，徙復州、封州安置”。因爲是朝廷流放的“罪臣”，鄭剛中敢於秉筆直書，若是如史繩祖一般直接的當政者，則會有所忌諱了。鄭剛中另有一首《封州》詩，倒是別有一種特別的愜意，恐怕也是史繩祖在封州期間可以感同身受的，其詩云：“莫道封州是小州，封州雖小客何愁。荔枝受暑色方好，茉莉背風香更幽。得醉便眠尋夢蝶，俗行還立看沙鷗。向非造物曾留意，誰把餘生爲我謀。”⑤

① 封開縣地方志編纂委員會：《封開縣志》，廣東人民出版社，1998 年版，第 150 頁。

② 苗書梅：《南宋全史》第 3 册《典章制度（卷上）》，上海古籍出版社，2016 年版，第 72 頁。

③ （元）劉應李原編，詹友諒改編，郭聲波整理：《大元混一方輿勝覽》，四川大學出版社，2003 年版，第 613 頁。

④ 林兆祥：《唐宋咏粤詩選注》，南方日報出版社，2013 年版，第 248 頁。

⑤ 同上。

結束封州差遣之履，史繩祖重新回到川蜀任職，墓志稱“改知長寧軍，充四川制置司參議官，除潼川□□□□判官，兼提點刑獄公事”。“長寧軍”地處四川省南部，漢屬江陽縣，唐置長寧羈縻州，北宋政和四年（1114）改淯井監置長寧軍，治武寧縣，轄境約今四川省宜賓市周圍的珙縣、高縣、長寧、興文等縣地，屬潼川府路。軍作爲行政區劃是從唐代演變而來的，唐代的軍與軍事有關，宋代的軍變爲地方行政區域。軍一般設立在邊境要塞、山川險僻、寇攘多聚之所，農民武裝起義頻發的地區及户口少而不够設州的地方，并駐扎軍隊，以便控制。與州行政級别相同的軍，其長官知軍的地位低於中上知州，與小州相當，可見史繩祖從封州知州“改知長寧軍”，職權上屬於一次平行調動。

長寧知軍史繩祖，同時還兼任“四川制置司參議官、潼川□□□□判官、提點刑獄公事”等職。今天看起來似乎有點職務繁雜的感覺，實際上當時的主職與兼職之間，還是具有比較嚴謹的邏輯關係和比較科學的權力制衡關係的，總體上是有助於職主有效調度和統籌地方各項軍政事務治理的。以史繩祖兼任的“四川制置司參議官”爲例，就可以比較充分地體現其兼職的合理性與必要性。“制置司”是由若干路組成的跨路級戰區軍政機構，其職能幾乎涵蓋路級“帥（安撫使）、漕（轉運使司）、憲（提點刑獄司）、倉（提舉常平司）”等四司的全部領域，但主要職能是節制所轄區域的兵馬軍事，執掌經畫邊防軍旅及從事征討、捍禦疆土重任。鑒於其重要性，朝廷向來非常重視制置使及其主要屬官的選任工作。南宋紹興二十八年（1158）五月，大臣湯允恭曾向皇上專門啓奏《四川制置司選任事宜》曰：“制置使選任尤重，一司屬官，賴以贊佐。每制置使替移，或赴召命，一司之事，皆在僉廳，官或係選人，而州縣觀望，亦多滅裂。欲望今後成都知府闕，依條令監司兼權外，緣都大茶馬在成都府置司，其制置闕，則差都大茶馬，又闕則差總領兼權。所有制置一司僚屬，除書寫機宜外，其餘朝廷選差，或制置奏辟，皆用京朝官。”① 史繩祖兼任的“參議官”與其他的“參謀官”，是制置使的“左膀右臂”，在指定區域軍事行動中肩負着調遣、指揮乃至直接投身戰鬥的重要使命。史繩祖撰寫的《楊氏壙志》中，就記載了當年其參與的一次抗敵戰事：“淳祐初，余參蜀梱軍事。虜寇江，制置使遁去，諉余以舟師，護帑藏於□州之湖江。賊瞯知，擁萬騎夾岸而逼。衆洶怖欲入山，君曰：四面皆賊，上岸死，不如戰而死也。余壯其言，携君及兒登第一舟，與賊搏，敗之，萬□以全。既而，新梱忌娼，没其功。人或余屈。君曰：全生不辱命，足矣！”

史繩祖此番抵抗的“虜寇”，是指入侵四川的蒙古大軍。根據文獻記載和學者研究梳理可知：南宋端平二年（1235）以後，蒙古軍隊興兵滅宋，派軍隊猛攻四川，取江南先攻蜀，蜀若不守，江浙自摇。1236年攻占了漢中、陽平關，接着大舉入蜀，横掃四川全境，蜀中州縣所存無幾。嘉熙元年（1237），蒙古軍隊又自金州越大巴山，剽掠至“開、達、梁山、忠、萬等州，遠際瞿塘、夔府、巫山之界”，所向無敵，如入無人之境。淳祐元年（1241），

---

① 劉琳、刁忠民、舒大剛校點：《宋會要輯稿》第四册，上海古籍出版社，2014年版，第3163頁。

蒙古軍隊復攻四川，圍成都，此年蒙軍破四川 20 城。在宋蒙争奪四川戰争中，從紹定四年（1231）蒙古軍隊第一次攻入四川起，到 1279 年爲元軍全部占領，四川經歷了 50 年的戰争蹂躪。

身爲長寧軍知軍長官、又身兼四川制置司參議官的史繩祖，在“制置使遁去”的情況下，面對“擁萬騎夾岸而逼”的敵寇，能够率軍與賊殊死拼搏，并最終取得勝利，勇氣可歌可泣，戰績可圈可點。史繩祖在“知長寧軍”期間，到底經歷過多少次戰火襲掠、經受過多少次生死考驗？答案已無從知曉。然以一介書生之氣，要堪此“斬敵衛國”之大任，實屬不易也！

除了堅守軍務以外，史繩祖在此期間還極力推行地方教育事業。四川榮縣文保所至今還珍藏着一塊彌足珍貴的宋代“紹熙府儒學碑”，它忠實地見證和記録了史繩祖當年的教育政績。碑文中有一大段是史繩祖撰寫的跋書，兹恭録如下：

> 臣繩祖向任漕管日，准禮部恭奉御筆，將五臣封爵列之孔庭從祀，仍黜王安石，指揮施行。繩祖尋擬云：“本司照得先正五臣，紹洙泗之絶學，啓關洛之正傳，闡聖道以丕昭，續斯文而弗墜。聖上發揮宸翰，焕飾儒先，錫以號榮，列之從祀，且又削去熙寧誤國之奸臣，示學者之指歸，千載□遇，所當遵奉，惟謹竊慮州縣視爲常程，奉行不虔，擬□備牒諸州守臣，任責督勵郡縣學官，□彩畫□五先生像於孔廟從祀，仍明典削去王安石舊像。又慮年來兵火，州縣學官多不存在，因恐日久必致泯没無考，欲并牒守臣，勒石□□，乃屬縣令、長，於學租上支錢糧，命工勒石，將禮部所奉御筆全文，本□□刻，限十日以墨本申解，以憑稽考，如有□□不處，□應定嚴察，以克制施行。□□上熙朝崇儒，□祀之感。”是時漕臣梁膺已從所擬，遍下儒學矣。後五年，臣繩祖假守淯川，祗詣孔廟，匪從也。列之繪像，抑又弗見之鎸刻。三嘆，作□者視學校爲何等事，而又慢令弗處，不勝誅邪！謹欽勒堅珉，備裁元擬，庶宣昭聖上之鴻猷景，鑠傳之罔極云。淳祐五年八月□日奉議郎知長寧軍兼四川制置使司參議官，權潼川府路□判官，兼提舉學事臣史繩祖拜書稽首謹跋。①

史繩祖此跋寫在“淳祐五年八月□日”，對照前文所題的“淳祐初，余參蜀梱軍事”，説明其任職長寧知軍至少已有五年時間了。跋文結銜稱“奉議郎，知長寧軍，兼四川制置使司參議官，權潼川府路□判官，兼提舉學事”，與《史繩祖墓志》所稱的“改知長寧軍，充四川制置司參議官，除潼川□□□□判官，兼提點刑獄公事”，大體上是一致的，兩相參閲，可以互證其闕。只是最後一項兼職，兩不相同，當以史繩祖本人親撰的“紹熙府儒學碑”爲准。

第四階段是規避權争奉祠觀。

---

① 楊薇薇：《〈宋代紹熙府儒學碑考〉釋文校補》，《綿陽師范學院學報》2014 年第 10 期，第 83－87 頁。

淳祐五年八月以後，史繩祖萌生退意，便“上疏乞祠”，并得到朝廷允許，命其“主管雲臺觀”。這是一個衹拿俸禄不理政事的“虛職”，與其相類似的各種“提舉、提點、判官、管勾、勾當宮觀”，共同形成兩宋官場一道獨特的風景綫——祠禄制度。作爲宋代獨有的官制，“祠禄”的初衷在於“佚老優賢”，以宮觀官之名而享受俸禄，對象是高官重臣，至王安石變法後又以此“處新法之异議者”，任此職以閑置不用，成爲貶官的輔助手段。北宋時期，這種“專職的但却無實際執掌的宮觀官”控制得還比較好，神宗朝祠官總人數也僅100餘而已，只占百官總量的三百分之一不到；南宋時期，祠官呈爆發式增長，高宗朝祠官總人數已逾千人，與三省吏人數相當。南宋士人奉祠的原因非常多，比如引疾乞祠、侍親乞祠、待闕與祠、被罰與祠、政争與祠等，但多數時候，疾病與侍親也不過是全身遠禍的借口，他們的自乞或被罰爲祠官，大多因個人在官場遭遇排擠造成，是政治上失意的結果。

史繩祖這次“上疏乞祠”，表面上看是自己主動的，實際上是遭受權力鬥争“爾虞我詐”的無奈之舉。《楊氏壙志》中，史繩祖在回憶淳祐年間那場驚心動魄的遭遇戰時，不僅毫不客氣地揭露了“制置使”臨陣脱逃的“醜行”，還毫不忌諱地秉筆直書了“新梱”“貪天功爲己有”的“惡意”。或許，這就是史繩祖“上疏乞祠”的直接動因。

根據祠禄制度，一任祠官一般是30個月。史繩祖此番“主管雲臺觀”，可能并没有全格足月奉祠。筆者持否定的揣度，主要是基於兩個方面的考量：一是史繩祖此次奉祠後的新任職務，與其奉祠前的任職具有高度的密切性，如墓志所稱的“除直秘閣潼川運判”，與其之前所任的“除潼川□□□□判官”，實際上是同一個職位，“直秘閣”衹是一個虛表的“貼職”而已。這種“起而復知”的情况，很可能是四川軍政主持者，爲彌補史繩祖與“新梱”之間的政事“裂縫”，而采取的一種緩和之計。因此，這中間所間隔的時間估計不會太長。二是史繩祖復職之後，很快又因與“制梱”之間的不合，再次去職奉祠。《楊氏壙志》有云：“既而，新梱忌娼，没其功。人或余屈。君曰：全生不辱命，足矣！”又云：“會余積忤制梱，君曰：仕不能行志，惟有歸耳！趣裝先余回里中，遂奉崇道祠。”説明這期間的人事交織比較集中，或許也可説明時間的跨度不會太長久。

《楊氏壙志》反復提及四川制置司及其長官事宜，除前段引文中的“新梱”“制梱”外，還有兩處提及“蜀梱”：“淳祐初，余參蜀梱軍事”；“蜀梱□□□，盍捐以養士乎”。“梱”通“閫”，“閫”的本義是“門檻”，特指城門的門檻，借指領兵在外的將帥或將帥指揮的機構，故“蜀梱”當指四川制置司或四川制置使，“新梱”“制梱”當指四川制置使。“宋南渡後，蜀去朝廷萬里，‘三軍之司命，生靈之壽脉，皆係一帥’（吴泳《鶴林集》卷一五），代替中央在四川六十州行使節制大權的安撫制置使的作用，顯得愈益重要。”[①] 據《宋史》卷四一六《余玠傳》載：四川“自寶慶三年至淳祐二年，十六年間，凡授宣撫三人，制置使九人，副四人，或老或暫，或庸或貪，或慘或繆，一或遥領而不至，或開隙而各謀，終無成績。”

---

① 陳世松：《南宋四川歷任制置使》，《西南師范大學學報》（人文社會科學版）1982年第3期，第66頁。

寶慶三年（1227），係蒙古軍初入當時四川階州（今甘肅武都東）的紀年，此後歷任四川制置使都共同面臨對付蒙古軍的應戰問題，迄至余玠就任蜀帥的淳祐二年，他們一直尚未制定出完整的治蜀方案，衹是在淳祐三年（1243）余玠入蜀以後，這個問題纔逐漸在實踐中得以解決。

綜合來看，史繩祖“主管雲臺觀”和“奉崇道祠”，儘管都是他自己主動“上疏乞祠”的，主觀上有退隱的意味，但客觀上與其上司關係不和有着密不可分的聯繫，從其所撰壙志的言語當中，明顯地透露出複雜的無奈之情和諸多的失落之感。

第五階段是衝鋒陷陣抗蒙軍。

結束一段時間的奉祠賦閑生活之後，史繩祖又被朝廷啓用，墓志稱“除直秘閣潼川運判，改大宗正丞□□□□撫司參議官。俄，以秘閣奉崇道祠。召赴行在，未至，除右曹郎中充四川京湖宣撫□使□□□□事”，主要職守是在川蜀各戰略要塞協助主官抗擊蒙軍。史繩祖在《楊氏壙志》中，記録了此間抗擊蒙軍的兩件重要戰事。

一是“嘉定之戰”，《楊氏壙志》載：“□□□□□虜環寇嘉定府，余已入城而君後至，路已不可通，君即入瓦屋山堅坐。或勸其深入夷族中，君曰：賊攻城未克，必不□旁□□□□則吾家已矣，吾何用獨生？聞者壯之。虜敗去如君言。”

嘉定府地處四川省中部偏南地區，漢置南安縣；北周設嘉州，治南安；隋改眉山郡，南安縣改龍游縣；唐復改嘉州，仍治龍游；宋慶元二年（1196）升嘉州爲嘉定府，治龍游，下領“龍游縣、洪雅縣、夾江縣、峨眉縣、犍爲縣、豐遠監”等五縣一監，轄境相當於今四川省樂山、峨眉山、夾江、犍爲、沐川、馬邊等市縣地。由於嘉定戰略地位十分重要，南宋開禧（1205—1207）初又升嘉定府置嘉慶軍節度。明歷史地理學家顧祖禹在《讀史方輿記要·嘉定州》中評價道：“從來由外水而指成都，犍爲、武陽，其必争之道也。”《宋史·牟才子傳》云：“蜀當以嘉、渝、夔三城爲要。”并稱嘉定爲“鎮西之根本”。因此，在長達半個世紀的宋蒙（元）四川之戰中，嘉定成了四川戰區的中堅，堅持抗蒙達40年之久。1236年蒙軍横掃西川，嘉定開始受到蒙軍的侵擾。1238年，蒙軍汪世顯部乘勝定資州，略嘉定、峨眉，進次開州，再次侵犯嘉定。1241年，蒙軍攻破嘉定城，宋軍“陣亡者衆”。1242年，宋理宗與梧州知州趙時學討論四川戰事，問及成都難守時説：“嘉定可守否？”顯然已重視嘉定并把嘉定作爲成都一路的中堅。四川宣慰使余玠入蜀主持四川政事後，開始了築山城、守險要的戰略。由於嘉定城本身形勢險要，故未遷治，衹是從1243年開始加以修浚，强化防禦能力。同年，蒙軍來犯，嘉定守臣程立之固守，擊退了蒙軍。次年5月嘉定城修浚完工後，余玠乘舟溯江而上檢閱軍隊，與部將楊成設謀殺了人呼“夜叉”的利州都統制王夔，軍民莫不稱快。1247年，余玠築紫雲城（在今犍爲縣孝姑鎮紫雲山），開始加强對岷江水道的控制。1251年，宋王朝任命俞興爲成都安撫副使、嘉定府知府。次年，蒙軍總帥汪得臣率軍從成都南下，大舉進攻嘉定，圍城達五十餘日。余玠、俞興、元用等率部“開關夜戰”，大敗汪得臣軍，取得“嘉定大捷”，獲宋王朝嘉獎[①]。從史繩祖描述的戰事狀況及其履職的時間來推算，史繩祖夫婦所經歷的“虜環寇嘉定府”，正是淳祐末年的這次宋軍抗擊蒙軍的“嘉定大捷”。

《史繩祖墓志》所載的“召赴行在”記録，或許與史繩祖參戰“嘉定大捷”有關。靖康之變後，北宋淪亡，被金朝所滅，宋高宗逃往南方建立南宋。爲顯示收復故土的决心，南宋在杭州設立臨安府（意爲臨時安頓之意），稱之爲“行在”，而仍將北宋歷代先帝陵寢所在的東京汴梁城稱爲“京師”。地方官員被“召赴行在”，是一種重要的政治待遇，意味着受到朝廷的重視，可能晋升京朝官，甚至可能受到皇帝的接見，帶來仕履的重大轉機。儘管史繩祖這次未能去成臨安，但隨後即“除右曹郎中充四川京湖宣撫□使□□□□事”，説明還是被重用的。“右曹郎中”，本是宋朝職方、駕部、庫部、都官、比部、司門、屯田、虞部、水部郎中的統稱，北宋神宗元豐（1078－1085）改制，户部分左、右曹，各置郎中分掌有關事務。史繩祖拜官授職“右曹郎中”，達到了“從六品”的品級，但實際職務是“四川京湖宣撫□使□□□□事”，繼續在抗擊蒙軍一綫恪盡守務。

二是“江漢之戰”，《楊氏壙志》載：“後三年，余再叨召命，君始戀墳墓。既而幡然曰：君命也！遂與余□□□□□魏國公以丞相行邊，表余參議軍事。虜自他境竊渡，丞相即日赴敵，人情僁擾。君曰：國祚方隆，相君忠孝，賊且敗□□□□□□□□帥子及婦從行，了無懼意。江漢告成，相入奏，余以賓客從，拜尚書郎，出持江東西庾。”

《史繩祖墓志》有稱“除右曹郎中充四川京湖宣撫□使□□□□事”，《楊氏壙志》又稱“遂與余□□□□□魏國公以丞相行邊，表余參議軍事”。本來可以相互印證的兩通墓志，因爲志石的殘損缺失，不僅使文字變得“支離破碎”，更使相關的人物和事件變得“撲朔迷離”，需要我們從幾個關鍵字眼中去探尋蛛絲馬迹、破解歷史謎題。

抓住兩志中“四川京湖宣撫□使”“丞相行邊”等關鍵字做綜合研判，可以推知當時鎮撫四川、湖南的軍政首腦爲“李曾伯”。《宋史》卷四二〇“李曾伯列傳”云：“（淳祐）九年，以舊職知静江府、廣西經略安撫使，兼廣西轉運使。陳守邊之宜五事。進徽猷閣學士、京湖安撫制置使、知江陵府，兼湖廣總領，兼京湖屯田使，進龍圖閣學士。疏言……詔從之。加端明殿學士兼夔路策應大使。進資政殿學士，制置四川邊面，與執政恩例。尋授四川宣撫使，特賜同進士出身。”

“制置四川邊面，與執政恩例”，就是説宋理宗賜予李曾伯與宰相同等的權力，令其節制四川、湖南、廣西諸地抗擊蒙軍等事宜，即指《楊氏壙志》中所言的“以丞相行邊”。

李曾伯（1198－1268），字長孺，號可齋，是宋理宗時期非常杰出的一名治理邊事、節制軍事的文臣，在南宋後期抗擊蒙軍的長期戰鬥中屢立顯功。《宋史》本傳云其“歷官通判濠州，遷軍器監主簿，添差通判鄂州兼沿江制置副使司主管機宜文字。遷度支郎官，授左司

① 樂山市地方志工作辦公室：《樂山掌故（上）》，新華出版社，2017年版，第14－15頁。

郎官、淮西總領。尋遷右司郎官，太府少卿兼左司郎官，兼敕令所删修官。遷太府卿、淮東制置使兼淮西制置使，詔軍事便宜行之。曾伯疏奏三事：答天心，重地勢，協人謀。又言：‘邊餉貴於廣積，將材貴於素儲，賞與不可以不精，戰士不可以不恤。’又條上淮面舟師之所當戒，湖面險阻之所當治。加華文閣待制，又加寶章閣直學士。進權兵部尚書。”繼川蜀、湖廣節制後，李曾伯又知福州兼福建安撫使；起爲湖南安撫大使兼知潭州，兼節制廣南，移治静江；起知慶元府兼沿海制置使。故紀曉嵐在《四庫全書總目提要》中贊曰：“而曾伯則能以事功顯。由著作郎兩分漕節，七開大閫。通知兵事，所至皆有實績。後官至觀文殿學士，爲南渡以後名臣。”

史繩祖記載的“江漢告成”戰事，李曾伯的詩詞中也有比較詳盡的記叙。其“和幕府賀策應”《水龍吟》詞云：“吾皇神武中興，直須整頓輿圖舊。豈惟天顧，岷峨一角，但西其首。遮護咽喉，扶持氣脉，寧無醫手。有廟謨先定，傍觀何待，留侯躡、魏侯俯。天眷我家仁厚。盛英才、載量車斗。中流孤艇，千鈞一髪，老夫何有。休對秋風，移宫换羽，吟無絶口。看福星，太乙臨梁，此虜自不能久。”上闋描寫的“岷峨一角，但西其首”“遮護咽喉，扶持氣脉”，彰顯了邊事的險要環境和緊張形勢，下闋的神來之筆“此虜自不能久”，一句點睛，表明了抗擊蒙軍的必勝信心。

後來戰事果然取得勝利，李曾伯又以“癸丑二月襄陽得捷，和劉制參韻”賦《水龍吟》一曲：“黄旗吉語飛來，胡兒已落將軍手。吾皇神武，一新城郭，斷謨天授。鐵騎纔臨，琱戈競逐，擊蛇先首。快風驅雨洗，江空谷静，淮淝上、似之否。此事老臣何有。想捷傳、延英方晝。玉顔應笑，金甌堪保，賀聲交口。吾責免夫，吾歸可矣，蕭然一叟。把功名，分付諸公，聊自嘗酒盈斗。”夏承燾先生在《宋詞系》中對此詞有專門釋考：“《宋史》本記：理宗寶祐元年癸丑正月癸卯，元兵渡漢江，屯萬州，入西柳關。高達調將士扼河關上山大戰，至鱉坑石牌港而還。詔高達、程大元、李和各官兩轉。十一月丙子朔詔獎襄陽守將高達。據《可齋續稿》卷四《癸丑作襄陽手奏》，元將窺襄樊者，爲舒穆嚕錫里達嚕噶齊等。正月廿四日，古納圖過漢江，據攻襄陽城，風雨中，宋軍以三千破三萬之敵。”①

李曾伯身爲熱心事功的用世之臣，激賞稼軒翁（辛棄疾）的詩詞風格，自勵“要流芳相期千載，肯區區徒戀片時歡”，不屑作鶯嬌燕昵之語，而喜用慷慨悲壯之調，抒發憂時感世之情。《四庫全書總目提要》評論他“才氣縱横，頗不入格，要亦戛戛异人，不屑拾慧牙後”。如其上詞尾闋所言“把功名，分付諸公，聊自嘗酒盈斗”，是何等的灑脱與豪邁！李曾伯不僅不居功自傲，還敢於在皇上面前爲屬下邀功請賞，所以纔有史繩祖銘記的“江漢告成，相入奏，余以賓客從，拜尚書郎，出持江東西庾”。

第六階段是登堂入部任郎中。

結束了出生入死的地方知軍和制閫幕府生涯，史繩祖也就此告别了他長期生活與戰鬥的

① 吴熊和：《唐宋詞彙評》第4册（兩宋卷），浙江教育出版社，2004年版，第3266頁。

川蜀大地，到了南宋都城杭州履職，官拜“吏部郎中”。吏部在南宋“三省六部”中央職官體系中具有比較重要的地位，主要負責中央和地方各級文武官員的管理工作。元豐改制後，原來掌管銓選中下層文武官員的流内銓、三班院、審官東院、審官西院等被撤銷，它們的職責歸入吏部尚書左右選、侍郎左右選，及司封、司勳、考功司。吏部四選與司封、司勳、考功三司，各設郎中和員外郎一人，郎官分掌其事，而兼總於尚書。吏部四選負責銓選官員的任務非常繁重。吏部尚書左選，主管寄禄官在京朝官和職任非中書除授的文臣；吏部侍郎左選，主管銓選從初任到選人的文臣；吏部尚書右選，主管升朝官以上、職任非樞密院除授的武臣；吏部侍郎右選，主管副尉以上到從義郎之間武臣的考核與獎懲。以上文武官員的選試、注擬、升遷、叙復、蔭補、考課等的政令及其封爵、策勳、賞罰、殿最皆由吏部掌管。司封司掌官封、叙贈、奏蔭、承襲之事，司勳司掌功勳酬勞、審覆賞格之事，考功司掌文武官員的考核和升遷事宜。南宋孝宗隆興元年（1163），司勳與司封合并，以司封郎官兼領。

史繩祖所任的吏部郎中，不知道是吏部“四選”或司封、司勳、考功“三司”中的哪一個具體職位，但“郎中”的地位還是比較顯赫的，因爲在其上職位衹有吏部尚書一人、吏部侍郎兩人，在其下每個“郎中”管轄的吏員少則四十三人、多則八十二人。最主要的是，“郎中”是“四選”“三司”的第一長官，富有最“硬核”的實權。

根據《史繩祖墓志》所載“召入爲尚書吏部郎中。年餘，除直寶章閣提舉江西常平茶鹽”，可知其吏部郎中的任職時間爲一年多。至於其任内的政績，可能是因爲職任使然，主要是“爲他人作嫁衣裳”，鮮有個人功績可言。倒是在其著的《學齋占畢》中，有幾條考證與吏部職事有一點關聯。如《中書繳詞當始於唐人》《唐給事中草制學士不草制》等，涉及朝廷命官任命文書擬制問題；《夷齊泰伯封謚》《改室人爲安人》等，涉及封爵、奏蔭問題。

第七階段是提舉兩江振朝綱。

關於史繩祖“除直寶章閣提舉江西常平茶鹽”，劉克莊《後村先生大全集》卷六十四有《史繩祖直寶章閣江西提舉制》，制曰：“江右今歲，幸而有秋。然郡縣之創殘者未復，田里之凋瘵者未甦。民力窮而糴事方興，吏治偷而饕風尚在。朕於此時，擇常平使者，歌皇華之詩以送之，其任不亦重乎？爾西州之望，覽輝而至。著書翼經學，奏篇切時弊，皆朕之所嘉獎。而白首郎潛，了無躁心。其進延閣之真，爲朕攬轡一行，使江鄉之人，皆曰福星見於翼軫之區。則向之創殘者凋瘵者，可還承平舊觀矣。民之窮者吐氣，吏之饕者革心矣。可。”[①]

人們通常將此類古代官僚任命文書視爲“官樣文章”，并多少帶有一點鄙視的意味，詬其“生硬死板、枯燥乏味”。其實這樣一則短短的任命文書，内在的歷史信息是極其豐富的。一是界定了制舉職階及其轄管的地理空間。“江西提舉”即爲墓志所稱的“提舉江西常平茶鹽”，其間的“江西”，完全不是我們今天的“江西省”的區域概念，而是指“江南西路”，爲南宋全國十六路中的重要一翼。《宋史》卷四十一“地理四”稱：“江南東、西路。建炎元

---

① （宋）劉克莊著，辛更儒校注：《劉克莊集箋校》第七册，中華書局，2011年版，第3042—3043頁。

年，以江寧府、洪州并升帥府，四年，合江東、西爲江南路，以鄂、岳來屬。又置三帥：鄂州路，統鄂岳筠袁虔吉州、南安軍；江西路，統江洪撫信州、興國南康臨江建昌軍；建康府路，統建康府、池饒宣徽太平州、廣德軍。紹興初，復分東西，以建康府、池饒徽宣信撫太平州、廣德建昌軍爲江南東路；以江洪筠袁虔吉州、興國南康臨江南安軍爲江南西路。尋以撫州建昌軍還隸西路，南康還隸東路。置帥於池、江二州。未幾，以二州地僻隘，復還建康府、洪州。"①江南西路治所在洪州（南宋初升爲隆興府，今江西南昌市），轄境相當於今江西省大部和湖北大冶、通山、陽新等縣地。制文中的"江右"亦指"江南西路"。二是指明了當時轄區内民生和吏治狀況。"郡縣之創殘者未復，田里之凋瘵者未甦。民力窮而糴事方興，吏治偷而饕風尚在"，恐怕也是南宋晚期各地普遍不景氣的真實寫照，劉克莊身爲朝官不能寫得太過鋒芒，但其筆下還是透露出"民不聊生"和"吏治腐敗"等種種弊端。三是表明了對史繩祖治學能力和治政水準的充分肯定。"西州之望，覽輝而至"，主要是褒揚其在川蜀治理郡縣以及抗擊蒙軍的政績；"著書翼經學，奏篇切時弊"，主要是揄揚其在"吏部郎中"職任時比較突出的能力水準，而且特别肯定了史繩祖"白首郎潛，了無躁心"的政治品格和淡泊心態，也是非常難能可貴的。四是寄望了很高的政治期許與履職擔當。史繩祖既能獲得"朕之所嘉獎"，理當爲皇上分憂，要"爲朕攬轡一行，使江鄉之人，皆曰福星見於翼軫之區"，并最終達到"向之創殘者凋瘵者，可還承平舊觀矣。民之窮者吐氣，吏之饕者革心矣"的政治目標。劉克莊制文時幾次三番把"皇上"都抬出來了，一方面顯示對史繩祖個人的"皇恩浩蕩"，另一方面亦可窺見朝廷對選任"提舉常平司"主官的重視。

對於史繩祖"提舉江西常平茶鹽"的具體履職時間，李之亮先生有過比較精準的考證："景定三年壬戌（1262）：湯漢《宋史》卷四三八本傳：'以直華文閣、福建運判改知寧國府。還提舉江西常平兼知吉州。移江東運判。'史繩祖《撫州府志》：'史繩祖，景定三年。'《後村先生大全集》卷六四《史繩祖直寶章閣江西提舉制》，景定三年制。""景定四年癸亥（1263）：史繩祖廉弇《撫州府志》：'廉弇。'在史繩祖後一人。"②由此可知，史繩祖"提舉江西常平茶鹽"是在景定三年、四年，其前後任分别是湯漢與廉弇。

史繩祖從"江南西路"常平茶鹽提舉移使"江南東路"，是由馬廷鸞負責起草制文的，其《碧梧玩芳集》卷五《史繩祖升直煥章閣江東提舉制》云："朕詢求民隱，臨遣儒英。乃積乃倉，無復西江之轍涸；爰咨爰度，尚虞東國之杼空。以爾人有典刑，學探淵組。緍十二經以説，仰屋著書；以六百石之官，乘軺刺部。重巽申命。自西徂東。煥乎有文章，仍直寶儲之峻；節之以禮樂，彌增英簜之華。噫！考常平置使之規，驗熙寧設官之意。六條之察，國家之成憲不逾；一分之寬，儒先之格言有味。維予雋老，奚待訓詞。可。"③

馬廷鸞的制文，一方面充分肯定了史繩祖淵博的學識和不凡的吏績，另一方面則着重强

① （元）脱脱等：《宋史》卷四十一，吉林人民出版社，1995年版，第1400—1401頁。

② 李之亮：《宋代路分長官通考（下）》，巴蜀書社，2003年版，第2048頁。

③ 曾棗莊、劉琳：《全宋文》第353册，上海辭書出版社、安徽教育出版社，2006年版，第350—351頁。

調了“常平茶鹽提舉”嚴格的選任標準和重大的責任使命。提舉常平司也稱“倉司”“庾司”或“提舉司”，創置於北宋王安石變法時期。南宋初年，因襲北宋之制，紹興年間，宋高宗將諸路提舉常平司并入茶鹽司，新組建的提舉常平茶鹽司仍簡稱“提舉司”。南宋諸路提舉常平司官員多由宰執堂除，而且一直以來對被選者的德能、勤廉都有嚴格的要求。“南宋提舉常平司官員人選的政治條件更爲具體。第一，要求具有誠實的品質。如紹興六年（1136）五月一日，宋高宗下詔：‘自今諸路提舉茶鹽常平官有闕。’以‘呈實素著之人’充任。第二，要求歷仕中有政績。如淳熙八年（1182）九月十四日，宋孝宗下詔，‘自今諸路提舉官毋得輕授’，‘須履歷有政績之人’充任。第三，要求精明能幹、優於政術。如嘉泰元年（1201）八月十四日，根據臣僚的建議，宋寧宗規定，提舉常平司官員以‘精力强敏，優於政術，一路官吏之所畏懼者’充任。”① 史繩祖從“江西”移使“江東”，説明朝廷對其政治條件和能力水平是滿意的、信任的。

史繩祖兩度掌任的常平司提舉，主要肩負“治荒修廢，振民艱阨”“歲察所部廉能而保任之，若疲軟或犯法，則隨其職事劾奏”之責。其具體事務，一要監察地方官吏，側重按察撫恤作弊、差役不均、賑灾不力等方面的不法行爲；二要主管一路常平義倉，監督州縣按時拘收及盤量常平錢穀，定期點檢常平、義倉，督責州縣及時推行常平法，每年年終向朝廷匯報常平、義倉的收支情况；三要主管賑濟灾民，特别是應對重大灾害，皇帝都會下詔“提舉常平官躬親詣灾傷去處賑灾”，哪怕所轄州縣闊遠，也不得“點檢遲滯”；四要掌管一路户絶、没官等田産，而且要將户絶籍没之田招募人租種，然後將“拘收租課入常平，違者科罪”；五要總領常平免役政務，做好役法、農田水利和保甲等事宜；六要審理經濟訴訟案件，南宋時隨着土地兼并的加劇，不僅土地争訟現象嚴重，而且役法訴訟案件也日益增多，爲了解决案件積壓問題，朝廷常令提舉常平茶鹽司參預審理；七要兼管礦業生産，掌“摘山煮海之利，以佐國用”，尤其是對鹽場的管理，事關國計民生；八要兼領慈善事務。

李之亮先生根據馬廷鸞“景定五年制”史繩祖“江東提舉”文，又按一般履職三年的時限，判定史繩祖於“景定五年甲子（1264）、度宗咸淳元年乙丑（1265）、咸淳二年丙寅（1266）”任“提舉江南東路常平”②。不知是否可確？若果真如此，則史繩祖在“江東”履職後期，已經是一名年逾古稀的老人了，按照七十歲致仕的常規制度，他已經超期五年。

第八階段是委以重任監軍器。

史繩祖致仕前，曾兩次入主軍器監，其墓志載：“召爲軍器監，以言者主管玉局觀。久之，再入爲軍器監。”

軍器監是古代掌製造兵器的機構。秦漢魏晋南北朝一般以少府屬下尚方署、考工署掌軍械製造。北周始設軍器監。隋朝仍以太府寺尚方署掌兵器製造，後又將尚方劃歸少府監。唐

① 苗書梅：《南宋全史》第3册《典章制度（卷上）》，上海古籍出版社，2016年版，第263頁。
② 李之亮：《宋代路分長官通考（下）》，巴蜀書社，2003年版，第2023—2024頁。

朝復設軍器監，專掌兵器製造，正長官爲監一人，正四品上。北宋王安石變法時，特增設軍器監，以圖改變北宋軍兵力不强、軍械不精、難抗外侮的局面。南宋、金均設，元改爲武備監，明以後廢去。

《宋史・職官志》云：元豐官制行，軍器監始置監、少監各一人，丞二人，主簿一人。監掌監督繕治兵器什物，以給軍國之用；少監爲之貳，丞參領之。軍器監所屬有東作坊、西作坊、作坊物料庫、皮角場。南宋時，軍器監職權歸於工部[①]。

在古代文獻中，“軍器監”一詞含有兩種不同的指義：其一是指“掌製造兵器的機構”，其二是指“掌軍器監的長官”，即爲“軍器監監”的省稱。《史繩祖墓志》所載的“召爲軍器監”、“再入爲軍器監”，都是第二種指義。

歷代統治者都非常重視武器的生産與裝備，視“戎器爲戰守要務”。南宋政權長期處於强鄰壓境的生存危機中，對武器裝備更是格外重視。史繩祖能够兩次入主軍器監，亦足見朝廷對其信任與倚重。即便是到了南宋末期，作爲“總内外軍器之政”的“軍器監”，已經失去了其在北宋中後期重置時的榮光與顯耀，甚至已經失去其獨立的地位而轉隸工部總轄，但畢竟還是關係着軍事裝備和國家命運的一個專屬機構，其主官的選任自然不可小觑。

史繩祖入主軍器監之前，在四川有過長期的地方知軍和跨路級軍政機構高級幕佐的履職經歷，對地方軍事裝備、武器生産、庫藏管理等方面，還是相當了解的。李心傳撰《建炎以來朝野雜記》甲集卷十八“四川作院”云：“自休兵之後，有旨：命成都、潼川、遂寧府及嘉、邛、資、渠共七州作院日造甲，興元府、興、閬、成州、大安軍、仙人關六處作院日造神臂弓甲皮甦。其器械山積，今并屬總領所，儲之有軍庫焉。弓弩多至數十萬，箭數百萬枝。”説明南宋時期四川州郡“作院”的軍器生産能力是比較强大的。尤其是史繩祖經歷過一次次抗擊蒙軍入侵的“真刀真槍”實戰，勢必也會暴露出當時軍器生産品質、裝備調撥倉儲等方面存在的弊端，爲其掌監後如何加强和改進軍器工作積累了寶貴的經驗。

根據歷史文獻記載，宋高宗時期，“行在”臨安陸續恢復了原北宋首都開封的御前軍器所、東西作坊、萬全作坊、弓弩院等設置，各類兵器作坊規模相當龐大。《宋史・兵志》“器甲之制”有一段非常簡明的概括：“初，御前軍器監、軍器所萬全軍匠以三千七百爲額。東、西作坊工匠以五千爲額。紹興初，役兵纔千人。久之，增至五千六百餘，又於諸道增二千九百餘，本券外復增給日錢百七十、月米七斗半。於是内庫累歲兵械山積，而諸軍悉除戎器。”宋孝宗、光宗、寧宗時期，隨時局動蕩和權力紛争，軍器監反復易替置换，特别是寧宗晚期，軍器監陷入“大權旁落”的尷尬境地，《宋史・職官五》指出：“嘉定十四年，岳珂獨以軍器監總餉淮東。是後，戎所、作坊已備官於下，宥府、起部并提綱於上，監居其間，事務希簡，特爲儲才之所焉。”[②] 宋理宗時期，因爲蒙（元）戰争的形勢所逼，朝廷對軍器監的

---

① 中華文化通志編委會：《中華文化通志・第四典制度文化・中央職官志》，上海人民出版社，2010年版，第282頁。

② ［元］脱脱等：《宋史》第3册，中華書局，2000年版，第2627頁。

建設有所改觀。但是到了史繩祖執掌軍器監的時候，南宋王朝已經進入“日薄西山”的危局，軍器監的職能大爲削弱、地位急遽下降，史繩祖縱有過人才識，亦無法充分施展抱負，更無力挽濟國厦傾圮之狂瀾。

作者單位：浙江省衢州市博物館

李乾德年譜

馮凌雲

内容提要：南明兵部尚書李乾德身處明末大變局之中，一生經歷了農民起義風暴、明清鼎革和南明内部争鬥，可謂諸多明末官員複雜人生的縮影。以往對李乾德之評價因其謀殺楊展而趨負面，本文將星散的史料穿掇成綫，作年譜一篇，以期較爲客觀地還原其生平事迹。

關鍵詞：李乾德；張獻忠；楊展；年譜

李乾德（1606—1651），字行四，號雨然①，四川順慶府（現南充市）西充縣人，崇禎四年（1631）進士，累官至南明太子太師、兵部尚書、六省經略。他工書法，善畫鷹，少時"負大志，不屑章句，每與朋友燕會，所談皆匡濟大略。性廉介，一切世味嗜好，泊如也"②。著有《雨然集》不分卷、《易易》二卷，均散佚。李乾德歷武昌兵巡道、鄖陽撫治、偏沅巡撫，在湖廣抵禦李自成、張獻忠等農民軍，後以方面大員還蜀與清軍相抗。永曆五年（清順治八年，1651），孫可望遣劉文秀攻蜀，李乾德兵敗被俘，不屈自殺。

李乾德在湖廣任職的三年間，目睹百姓遭官府横徵暴斂、官軍燒殺搶掠之慘狀，憤然上疏崇禎帝，痛陳楚事之壞不在"賊"而在"官"。其在任上竭力堵剿農民軍之餘，留意恢復殘破，采取免徵錢糧等措施減輕人民負擔，與民休養。然而，明朝早已沉疴難起，大勢傾頹，李乾德個人的努力無法挽回明朝滅亡之命運。

李乾德謀殺楊展歷來爲蜀中士人所不齒，"而凡構難之事皆歸咎乾德"③。其私鑄大印，結好地方軍閥，亦被顧誠稱爲"無耻政客"④。然縱觀南明時局，朝廷封官甚濫，四川十羊

---

① 見文末附録《李乾德字號小考》。

② （清）李棠、李昭治，西充縣地方志辦公室點校：（康熙）《西充縣志》卷七，綫裝書局，2017年版，第131頁。

③ （清）徐鼒：《小腆記年附考》卷十四，《中國野史集成續編》第24册，巴蜀書社，2000年版，第771頁。

④ 顧誠：《南明史》，光明日報出版社，2011年版，第454頁。

九牧，封疆大吏徒有虚名，無不依靠地方軍閥勉强立足。軍閥擄掠錢糧、殘害百姓，且相互攻殺，各督撫既無力制止，又一直未就對敵戰略達成一致，蜀中局面遂成“魚爛不可爲”①之勢。李乾德經略川北、恢復全川的戰略構想未得到楊展積極回應，雙方又因文官武臣分權問題齟齬不斷，作爲“慷慨任事，有爲國立功之志”② 的李乾德，勢必與楊展發生嚴重衝突。李氏對待文、武兩系統的矛盾“不度力量時”③，輕率地殺害楊展，致使南明抗清力量遭受巨大損失；其頗爲倚重的袁韜、武大定亦忍而好殺之輩，但詰其爲“無耻政客”，未免失之於疏。自古雖有非名賢魁士不立年譜之説，然李乾德的經歷亦算是明清鼎革之際衆多明朝大臣複雜人生的縮影，權以此文爲年譜一篇，以供參考。

萬曆三十四年丙午（1606） **一歲**

八月初六，生於順慶府西充縣。

《崇禎四年辛未科進士履歷便覽》（以下簡稱《便覽》）：“李乾德雨然……丙午八月初六日生，西充人。”④《明崇禎四年進士題名碑録》：“李乾德，四川順慶府西充縣，民籍。”⑤

李乾德曾祖樸，庠生；祖向春，縣丞；父明舉，庠生。弟昇德、巽德。妻妾：朱氏、陳氏、馮氏。子二人：星、杲。女四人：陳李氏，另三女名不存。（《便覽》、康熙《西充縣志》卷七《李乾德傳》）

天啓七年丁卯（1627） **二十二歲**

參加四川鄉試，列第十九名。（《便覽》）與同年生涪州陳計長相善。

李乾德性廉介、懷大志。邑人漢將軍紀信保劉邦脱滎陽之圍而誑楚身死，高祖稱帝後未有加封，後世多有不平者，乾德不以爲然，謂之死得其所。

鄭達《野史無文》卷九《李乾德傳》：“西充有紀信祠，其廟聯有怨意；乾德入祠，曰：‘前人誤矣。’遂書壁云：‘求仁得仁，求義得義，何怨之有！’”⑥ 按，此事不知在何年，姑繫於其仍在西充之時。

李乾德在鄉時嘗尋訪邑中道教名山高峰山和南岷山，留有詩二首傳世。

《高峰山中》：“兀坐青山不見人，□□爲懼客頻嗔。偶來欲語難迴避，暫起相迎且

① （清）費密：《荒書》，《明末清初史料選刊》，浙江古籍出版社，1985年版，第167頁。

② （明）費經虞輯，（清）費密補：《劍閣芳華集》卷十三《李乾德傳》，四川大學圖書館藏，清鈔本，第五頁。

③ 同上。

④ 《崇禎四年辛未科進士履歷便覽》，寧波天一閣藏，明崇禎致澤齋刻本，第二十七頁。

⑤ （清）孫嘉淦：《續刻太學進士題名碑録》崇禎辛未，清雍正刻本，第十四頁。

⑥ （清）鄭達：《野史無文》，《臺灣文獻史料叢刊》第5輯94册，大通書局，1987年版，第118頁。

自親。饒我野雲尋舊約，間聽好鳥話殘春。李生不作白青眼，青白憑君任等倫。”① 《登南岷山》：“一上南岷頂，蕭然雲岫冷。真人何處是，笑指山前井。”② 按，高峰山原屬西充縣，1952 年劃歸蓬溪縣。

崇禎二年己巳（1629）　**二十四歲**

後金分三路入塞，直逼京師。袁崇煥回援勤王。

崇禎三年庚午（1630）　**二十五歲**

崇禎帝殺袁崇煥。

李自成、張獻忠於陜西起事。

崇禎四年辛未（1631）　**二十六歲**

二月，李乾德抵京參加辛未科會試。鑒於天啓五年（1625）以來的兩次會試組織混亂，弊端叢生，與應試舉子共上《崇禎辛未會試京省舉子公呈》③，建議朝廷恢復舊制并加强考場秩序管理。

乾德列會試第二百六名。（《便覽》）

三月十五日，在建極殿參加殿試。中三甲第六十五名，獲賜同進士出身，撥往户部觀政。其房師（易一房）爲左春坊左庶子兼翰林院侍讀掌坊事楊世芳，同門有復社领袖張溥等二十二人。

《便覽》，談遷《國榷》卷九十一：“（三月）己丑，策貢士吴偉業等三百人於建極殿。”④

李乾德與同門汪國士有交往。

汪國士，桐城人，字君酬，號皖公，崇禎辛未科進士，歷閬縣、揭陽令，户部郎中，山東參議。汪氏有《多病呈李雨然年兄》一詩：“多病微軀强自持，侍兒支扇寫新詩。山人見餉茶方受，僚友相招酒盡辭。群鵲噪檐家信近，一鷄啼樹午煙遲。記綱共笑貧無俸，入市新茄乏買資。”⑤

崇禎六年癸酉（1633）　**二十八歲**

授中書舍人。（《便覽》）

崇禎九年丙子（1636）　**三十一歲**

四月，清太宗皇太極於盛京稱帝，改國號大清，改元崇德。

---

① （明）費經虞輯，（清）費密補：《劍閣芳華集》卷十三，四川大學圖書館藏，清鈔本，第五頁。
② （清）李棠、李昭治：（康熙）《西充縣志》卷十二，西充縣地方志辦公室點校，綫裝書局，2017 年版，第 268 頁。
③ （明）陳龍正：《幾亭全書》卷二十九，《四庫禁毀書叢刊》集部第十二册，北京出版社，1997 年版，第 238—239 頁。
④ （明）談遷：《國榷》第 6 册，張宗祥點校，中華書局，1958 年版，第 5558 頁。
⑤ （清）潘江：《龍眠風雅》，《安徽古籍叢書》第 25 輯《龍眠風雅全編》2，黄山書社，2013 年版，第 918 頁。

七月，清軍入塞，大掠京畿。

九月，李乾德充順天府鄉試同考官。

《便覽》，《國榷》卷九十五："（九年八月一日）改順天鄉試九月。"①

崇禎十一年戊寅（1638）　**三十三歲**

上疏針砭安民廠爆炸事件和蝗、旱災，被罰俸。

《劍閣芳華集》卷十三《李乾德傳》："崇禎十年，乾德爲中書舍人。三月，蝗。五月，安民廠灾。兩上疏，奪俸。"② 按，安民廠爆炸實發生於崇禎十一年六月。同月，南、北直隸，山東、河南發生大旱蝗灾。因之，罰俸之事應在十一年。

崇禎十二年己卯（1639）　**三十四歲**

考選授工部都水司主事，調兵部車駕司主事，旋調職方司。（《便覽》）

十二月，與職方司同僚薦舉地方勇武堪用人員。

《兵部爲薦舉技勇人員發給盤費赴部試用事行稿》："據本司員外郎張若麒、主事李乾德、左懋泰呈稱：'蒙堂諭各舉技勇异常，以備衝鋒之用。謹將素所聞見最真者李日舒、羅膺封、匡乾呈堂。'……崇禎十二年十二月十五日，郎中孫嘉績。"③

崇禎十三年庚辰（1640）　**三十五歲**

正月下旬，明廷指派李乾德等人監督班軍限期完成京城周邊河工。

《爲擬數日内會同踏看西南河工認限事》："……但此係職方司官職掌，擬以本司主事李乾德專領春班，……崇禎十三年正月二十□□□聖旨：'是。李乾德即着自認完限，速奏……'"④

是年夏，任兵部職方司督捕員外郎。

四月，追查汝寧千户所劄付官吴定邦解送班軍、糧銀缺額案。

五月，追查汝寧千户所劄付官翁洪振棄工外逃案。

時明朝綱紀不振，班軍制度瀕臨崩潰。汝寧千户所京操班軍缺額和侵吞班軍糧銀案發後，乾德憤然曰："缺隊侵糧大干法紀，莫此爲甚，若不題參究罪，何以示儆！"⑤

---

① （明）談遷：《國榷》第6册，張宗祥點校，中華書局，1958年版，第5754頁。

② （明）費經虞輯，（清）費密補：《劍閣芳華集》，四川大學圖書館藏，清鈔本，第五頁。

③ 中國第一歷史檔案館、遼寧省檔案館：《中國明朝檔案總匯》第32册，廣西師范大學出版社，2001年版，第403—404、406頁。

④ 中國第一歷史檔案館、遼寧省檔案館：《中國明朝檔案總匯》第33册，廣西師范大學出版社，2001年版，第156—158頁。

⑤ "中央研究院"歷史語言研究所：《明清史料》辛編第5本，中華書局，1987年版，第1008頁。

按，汝寧千户所之事俱見歷史語言研究所《明清史料》辛編第五本，第1005－1006、1008－1011頁。

六月，李乾德離任督捕員外郎。

《兵部爲推選主事朱應熊補督捕員缺事行稿》："炤得本司督捕員缺，業經堂臺將本司主事朱應熊兩次咨會吏部推補，已經月餘，未見具題。……崇禎十三年七月廿七日，郎中張若麒。"[①] 按，李乾德離任後去向不明，朱溶《忠義録》卷二《李乾德楊展傳》稱其"累官兵部郎中"[②]，不可考矣。

崇禎十四年辛巳（1641）　**三十六歲**

二月四日，張獻忠部攻陷襄陽。入楚後，獻忠與革裏眼、左金王、老回回等農民軍聯合，縱橫楚皖豫間。

三月一日，督師楊嗣昌自殺。

李乾德在武昌兵巡道任上。

鄭二陽《獻賊合革足虞剿事》："……况武昌道臣李乾德塘報獻謀合革，鑿鑿有據。"[③] 康熙《漢陽府志》卷十一《壬癸之變》："兵巡道李乾德……"[④]

九月，乾德奉命截剿革、回。

《兵部題行〈湖廣巡撫宋一鶴咨〉稿》："崇禎十四年十一月初二日准湖廣巡撫宋一鶴咨報。内稱：'九月十九日……又檄武昌巡道李乾德移扎羅田，監督截剿重務。職因追躡獻逆，亦馳駐麻城，與巡道聲勢相倚。革、回乃自霍、六徑遁商城。'"[⑤]

崇禎十五年壬午（1642）　**三十七歲**

十二月，李自成、羅汝才部攻襄陽，鄖陽撫治王永祚棄城走，護送襄王、唐王至武昌。

初四，襄陽陷。

十六日，荆州陷。偏沅巡撫陳睿謨護惠王奔岳州。

李乾德在武昌任職期間，常拜訪學者馮雲路，討論交流諸派學説，并與嚴首昇交往。

光緒《黄岡縣志》卷二十一《馮徵君傳》："時賢先後爲楚執政，如徐日久、袁繼

---

① 中國第一歷史檔案館、遼寧省檔案館：《中國明朝檔案總匯》第37册，廣西師范大學出版社，2001年版，第12、14頁。

② （清）朱溶：《忠義録》，高洪均編：《明清遺書五種》，北京圖書館出版社，2006年版，第506頁。

③ （明）鄭二陽：《鄭中丞公益樓集》，《清代詩文集彙編》第10册，上海古籍出版社，2010年版，第183頁。

④ （清）陳國儒、李本固：（康熙）《漢陽府志》，康熙八年刻本（1669），《雜記》第五十三頁。

⑤ "中央研究院"歷史語言研究所：《明清史料》乙編第10本，商務印書館，1936年版，第929頁。

咸……李乾德……諸君子徒步式廬，促膝問道，挽近以來競稱盛概。”[①] 按，馮雲路時居武昌，此事發生於李乾德仍在武昌之時，暫繫於本年。嚴首昇，華容人，字平子，號確齋，明末歲貢，壬午在武昌與乾德交往，後奉職南明弘光朝廷，避黨爭辭職歸隱，暗地從事反清活動。

崇禎十六年癸未（1643）　**三十八歲**

正月初二，李自成陷承天，宋一鶴自殺。

初九，李乾德升右僉都御史、鄖陽撫治。舊撫王永祚坐前月失襄陽被免，以乾德補。彼時農民軍與明軍爭奪楚地甚急，乾德因路阻最終未能赴任。

《國榷》卷九十九：“（十六年正月）甲辰，李乾德爲右僉都御史，提督軍務，撫治鄖陽。”[②] 高斗樞《守鄖記略》：“自壬午冬襄陽陷後，朝廷用李公乾德爲鄖撫，復用郭公景昌，俱以路絶不能入鄖。”[③] 按，彭孫貽《流寇志》卷六稱：“（十五年十二月）己巳初四，襄陽陷……丙子十一，以李乾德撫治鄖陽。”[④] 按，襄陽陷落後僅一周明廷就指定李乾德繼任鄖撫，時間上顯然不可能，故不采信。

三月，李自成陷常德。偏沅巡撫陳睿謨逃遁。

初一，明廷發給李乾德的敕書被清兵焚毀。

《兵部爲江西道御史黄澍請補敕書事》：“……據新推湖廣撫治鄖陽巡撫李乾德長班李桂手本，内稱：‘本年二月十三日，有本院提塘官張鎰表弟何應禎齎本院敕書一道并兵部公文一角，本月二十五日，同桂行至順德府，聞警報急，桂等進入城内，寓天寧寺。……至三月初一日五更，虜破本城，將何應禎殺死，將前敕并前公文盡被焚燬無存。’”[⑤]

初八，李乾德接户部咨文，確認其已被任命爲鄖陽撫治。

《鄖陽撫治李乾德爲到任日期并述見聞事奏本》（以下簡稱《奏本》）：“臣於三月初八日，接吏部咨文一道，爲欽奉聖旨事。奉聖旨：‘是。李乾德升都察院右僉都御史，提督軍務兼撫治鄖陽等處地方……’”[⑥]

---

① （清）戴昌言、劉恭冕：（光緒）《黄岡縣志》，《中國地方志集成》湖北府縣志輯第 18 册，江蘇古籍出版社，2001 年版，第 293—294 頁。

② （明）談遷：《國榷》第 6 册，張宗祥點校，中華書局，1958 年版，第 5959 頁。

③ （明）高斗樞：《守鄖記略》，《中國野史集成續編》第 22 册，巴蜀書社，2000 年版，第 692 頁。

④ （清）彭孫貽：《流寇志》，《明末清初史料選刊》，浙江人民出版社，1983 年版，第 101 頁。

⑤ 明清内閣大庫檔案，臺北“中央研究院”歷史語言研究所藏，登録號：166800。

⑥ 中國第一歷史檔案館，遼寧省檔案館：《中國明朝檔案總匯》第 44 册，廣西師范大學出版社，2001 年版，第 161 頁。

十二日，李乾德接到另一道敕書并接收鄖撫關防等物，暫於武昌就任。

《奏本》："……於本月十二日，（王永祚）差中軍官鄭廉咨送敕諭一道，撫治鄖陽等處關防一顆……臣跪誦'作速到任，不得少稽'之明綸，急擬朝受命而夕就道也，奈荆、襄、承、德盡爲賊踞，鄖處西偏，無路可通，因暫借省署，即於本月十二日到任。"①

十八日，携鄖陽舊僚繞道赴鄖。

《奏本》："……即帶卞文明、劉承業前爲嚮導，於十八日望荆岳進發，相機堵剿，成敗利鈍雖難逆知，然忠憤飲血誓不共戴，臣以之自矢而已。"② 康熙《漢陽府志》卷十一《壬癸之變》："兵巡道李乾德擢鄖陽總制，取路荆岳往赴。"③

是日，至武昌金口，命明軍擒殺李自成在潛江、沔陽所設地方官。

戴笠、吴殳《懷陵流寇始終録》卷十六："（三月）辛亥，鄖撫李乾德舟師次金口。檄游擊余應元擒斬潛、沔僞官上天龍、王臣楚等。"④

十九日，於路途之中上疏赴任情形，痛陳官逼民反，人心向"賊"。李乾德恐民心易勢，不可收拾，請求明廷體恤民生，與民休養。

《奏本》："……然此豈壞於賊哉，壞於兵也！此豈略地攻城惟賊之能哉，窮民内亂之能也！蓋因連年大旱，百姓逃亡，十存四五，僅留皮骨，而官府以糧餉緊急，盡力追呼，將領以虎狼牙爪，無端擄掠，小民痛恨深入骨髓，洶洶思逞，已非一日。賊固明於此也，因其所惡，與之以好，假爲不殺擄，不催科，較士安民，種種愚弄，故所到之處，望風迎順。……臣恐曠日弛久，民與賊附，向背少差，收拾漸難耳。……但細察情形，江北、江南百姓疲苦，每每疾視長上，故今日之計，惟有極意寬恤，與民休養，百凡科派或許量減，正額徵輸隨時緩急，庶乎百姓樂生，地方安堵。"⑤

四月，於岳州破李自成部。

康熙《岳州府志》卷十一："鄖陽治院李乾德至岳州，適闖賊僞防禦使孟長庚、制將軍任光榮兵從水路泊荆河口。劉熙祚、李乾德、防道許國翰率各營水戰禦之，十日三

① 中國第一歷史檔案館，遼寧省檔案館：《中國明朝檔案總匯》第44冊，廣西師范大學出版社，2001年版，第161頁。
② 同上，第162頁。
③ （清）陳國儒、李本固：（康熙）《漢陽府志》，康熙八年刻本（1669），《雜記》第五十三頁。
④ （清）戴笠、吴殳：《懷陵流寇始終録》下册，《玄覽堂叢書續集》，"國立中央圖書館"，1985年版，第197頁。
⑤ （清）陳國儒、李本固：（康熙）《漢陽府志》，康熙八年刻本（1669），《雜記》第五十三頁。

捷。四月十一日……賊遂大敗，因無復窺岳矣。”① 《懷陵流寇始終録》卷十六：“（四月）癸酉（十日），鄖撫李乾德督副將孔全斌、郭天才等擊渡江賊，敗之。”②

李乾德潛授松滋、石首逃難流民旗號，引爲外援，裨助岳州之役。

黎遂球《蓮鬚閣集》卷十八《南海詩序》：“去年（崇禎十六年），李賊渡公安，時松滋、石首數處民陷湖中，不欲從賊者凡四萬有奇。李雨然治院潛授號旗，俾之回應。賊凡三渡三北，斬馘數千，我是以有岳州之捷。”③

是月，明廷催促李乾德即刻到任，嚴防農民軍發動群衆。

《兵部爲着速催湖廣江南巡按劉熙祚議調各兵等事奉旨事行稿》：“兵部爲民與賊合兵勢益孤等事。……崇禎十六年四月二十五日奉聖旨：‘……奏内議調各兵，着作速檄催。其王永祚原敕准繳進，新撫臣仍着速催受事……’”④

五月，遂寧吕大器任江楚應皖總督。

二十九日，張獻忠進占武昌。

六月，李乾德應蒲圻令曾栻之請，檄副總兵何日德率部援蒲。

康熙《湖廣通志》卷二十九《曾栻傳》：“曾栻，字季子，臨川人，由辟舉考授蒲圻令。……癸未春，獻賊破蘄黄，（栻）訓練鄉兵刻意城埤。及六月朔，破會城，遂請援於治院。李乾德檄副總何日德帥所部游擊鮮、傅二弁兵隸之。”⑤

承天巡撫王揚基自武昌奔長沙，衆人苦諫，乃率部返岳協防。

八日，明廷以李乾德爲偏沅巡撫，李乾德受命離岳赴任。王揚基怯，棄城走。

蔡道憲《與某書》：“鄂之初陷，北撫軍揚帆而南，徑入瀟湘。鄖撫軍尚有守岳陽之志，及諸人皆勸北撫軍往岳協守，治撫軍遂卸肩而行。北撫軍鼓楫從之，近萬驕卒携之江干，以小民爲雞豚，供其宰割。”⑥《國榷》卷九十九：“（六月）庚午……李乾德仍右僉都御史，提督偏沅軍務，巡撫湖廣。”⑦ 康熙《岳州府志》卷十一：“李乾德克敵後遷

---

① （清）李遇時、楊柱朝：（康熙）《岳州府志》，康熙二十四年刻本（1685），《戰守》第八頁。

② （清）戴笠、吴殳：《懷陵流寇始終録》下册，《玄覽堂叢書續集》，“國立中央圖書館”，1985年版，第201頁。

③ （明）黎遂球：《蓮鬚閣集》，清道光二十年（1840）詩雪軒刻本，《集序》第六十五頁。

④ 中國第一歷史檔案館、遼寧省檔案館：《中國明朝檔案總匯》第44册，廣西師范大學出版社，2001年版，第325頁。

⑤ （清）王新命、宫夢仁：（康熙）《湖廣通志》，康熙二十三年刻本（1684），《名宦二》第七頁。

⑥ （明）蔡道憲撰，（清）鄧顯鶴輯：《蔡忠烈公遺集》，《四庫未收書輯刊》第5輯26册，北京出版社，2000年版，第248頁。

⑦ （明）談遷：《國榷》第6册，張宗祥點校，中華書局，1958年版，第5980頁。

道黔中赴任。"[1] 按，北撫軍即王揚基，鄖撫軍、治撫軍即李乾德。

八月，張獻忠分兵進擊岳州。李乾德聞警赴岳與總兵孔希貴守城，用計三挫張獻忠大軍，後敗退長沙。

康熙《西充縣志》卷七《李乾德傳》："八月……乾德率總兵孔希貴以兵二萬守城陵磯。盡移岳州居民他避，令軍士詐爲居民，開門迎賊入城。伏發，賊盡死。留四賊割一耳貫箭，縱歸賊營以辱獻忠。獻忠益兵攻之。乾德虛營壘於道旁，林中豎旗幟，伏大砲，積薪其上。獻忠以火攻之，砲發，殺賊甚衆。獻忠益怒，水陸并進。乾德又飭戰艦，中流向賊營，度矢石可及，即止不進。賊連弩射，良久，乾德度賊矢砲且盡，亦水陸并進奮擊，大敗之，三戰皆捷。獻忠乃悉衆二十萬圍岳州，百道俱攻，力盡城破。乾德、希貴俱入長沙。"[2]

初九，清太宗皇太極卒。

二十三日，張獻忠圍長沙。李乾德奉吉王、惠王走衡州。

《流寇志》卷八："甲申廿三，獻忠以二十萬衆犯長沙……李乾德氣沮，偕熙祚、希貴奉吉王、惠王，跳城走衡州，依桂王。"[3]

二十五日，長沙陷。

二十六日，清世祖福臨即位，改明年爲順治元年。

二十九日，劉熙祚護吉、惠、桂三藩奔永州，李乾德分道離衡。

九月，衡州陷，西充張鵬翼以知縣事守衡陽，城破死之。

《明史》卷二百九十四《張鵬翼傳》："張鵬翼，西充人。崇禎中，由選貢生授衡陽知縣。十六年八月，張獻忠逼衡州，巡撫王聚奎、李乾德及監司以下皆遁，士民盡奔竄。鵬翼獨守空城，賊至即陷。脅使降，戟髯詬詈，賊縛而投諸江，妻子赴水死。"[4] 按，八月實爲張獻忠進軍時間，城陷於九月。[5]

是月，荆、襄一帶明軍與地方豪强并起反攻。乾德聞澧州復，提兵欲入楚北，不意張獻忠與老回回修好，澧州又陷，乃止。

《流寇志》卷八："時（九月）襄洛豪杰并起，各保寨以逐賊。……鄉兵復松滋、枝

---

① （清）李遇時、楊柱朝：（康熙）《岳州府志》，康熙二十四年刻本（1685），《戰守》第八頁。

② （清）李棠、李昭治：（康熙）《西充縣志》，西充縣地方志辦公室點校，綫裝書局，2017年版，第131頁。

③ （清）彭孫貽：《流寇志》，《明末清初史料選刊》，浙江人民出版社，1983年版，第120頁。

④ （清）張廷玉：《明史》，中華書局，1974年版，第7538—7539頁。

⑤ 參閱王綱《張獻忠大西軍史》，湖南人民出版社，1987年版，第193頁。

江、澧州。老回回屯荆州，獻忠遣使渡江修好，復與回合。”[①] 顧炎武《明季實録》卷四：“偏撫李乾德聞澧州既復，統兵至溆浦，聞常、澧復陷，即引兵而還。”[②]

十月，李乾德處决張獻忠委任的地方官。

同治《衡陽縣志》卷二《事記》：“十月廿日，寇兵衆棄衡州，從獻忠西犯四川。生員趙之鶴倡義，結僞撫中軍將熊飛，縛僞巡撫及知縣等於府學明倫堂，械送巡撫李乾德，皆磔之。[③]

十一月二十四日，李乾德駐扎沅州。

《國榷》卷九十九：“（十一月）甲寅……巡撫偏沅李乾德、總兵温國珍屯沅州。”[④]

是年冬，李乾德奏報衡州知府鄭逢元堅守轄地之功。逢元後官至尚書、左都御史。

康熙《思州府志》卷八下《鄭公逢元傳》：“偏撫李乾德上其績，授監軍副使。”[⑤]

楚地連遭兵燹，人民生活困苦。是年，乾德出榜免徵錢糧，百姓踊躍擁戴。

《國榷》卷一百：“（十七年正月）丙午……工科給事中彭琯言：‘逆賊犯楚，實由人心惑於三年免租，一民不殺之僞示耳。及見撫臣李乾德懸示免徵，益復踊躍。……’”[⑥]

崇禎十七年甲申（1644）**清順治元年　三十九歲**

正月，李自成在西安建國，國號大順，改元永昌。

爲鼓舞軍民士氣，李乾德假藉古碑散播李自成、張獻忠必敗之讖語。

吴偉業《綏寇記略》卷十二：“十七年正月，沅州、銅仁連界處掘出一古碑。上有字二行，云：‘東也流，西也流，流到天南有盡頭。張也敗，李也敗，敗出一個好世界。’”[⑦]《明季實録》卷四：“偏沅李乾德行檄至縣，言近日蜀山崩出石碑，有云：‘今日流，明日流，流到如今斷了頭。張也敗，李也敗，敗出一個好世界。’”[⑧]

---

① （清）彭孫貽：《流寇志》，《明末清初史料選刊》，浙江人民出版社，1983年版，第123頁。
② （明）顧炎武：《明季實録》，《顧炎武全集》第4册，上海古籍出版社，2011年版，第200頁。
③ （清）羅慶薌、彭玉麟：（同治）《衡陽縣志》，《中國地方志集成》湖南府縣志輯第36册，江蘇古籍出版社，2002年版，第492—493頁。
④ （明）談遷：《國榷》第6册，張宗祥點校，中華書局，1958年版，第6003頁。
⑤ （清）陸世楷、蔣深：（康熙）《思州府志》，《中國地方志集成》貴州府縣志輯第15册，巴蜀書社，2006年版，第583頁。
⑥ （明）談遷：《國榷》第6册，張宗祥點校，中華書局，1958年版，第6016—6017頁。
⑦ （清）吴偉業：《綏寇記略》，《中國野史集成》第29册，巴蜀書社，1993年版，第195頁。
⑧ （明）顧炎武：《明季實録》，《顧炎武全集》第4册，上海古籍出版社，2011年版，第196頁。

是月，明軍復長沙。

二月，李乾德於寶慶府驅逐張獻忠部，在附郭邵陽縣建三忠祠和忠節祠。乾德爲增强地方防禦力量，對能招徠兵士、囤聚糧草者，俱授以武職。

康熙《邵陽縣志》卷七："十七年二月，巡撫偏沅、都御史李乾德至邵，誅渠釋脅，表忠勵節。建三忠祠，以祀殉難知府李振斑、通判何三杰、教諭王紱，并允士民請，建忠節祠，祀壬午殉難知縣鄉官劉孔暉。輿情大愜，軍民始安。"① 道光《寶慶府志》卷一百二十四《宴日升傳》："承允（劉承胤）奉巡撫李乾德命，團練鄉勇。土豪有能募兵聚糧者，給劄所、武職，以資堵禦。"②

先是，李乾德檄衆將復寶慶，張先壁、黄朝宣先登，劉承胤忌之，向乾德進譖。乾德頗倚重承胤，乃厚承胤而薄先壁、朝宣。

王夫之《永曆實録》卷二十六《劉承胤傳》："……故全楚皆陷，唯西南一隅獨全。沅撫李乾德依之以安，甚德承允。……乾德假藉備至，承允遂驕蹇自大，凌轢先壁、朝宣。乾德唯承允意，抑二將。"③

三月，李自成攻占京師，崇禎帝自縊。

是月，李乾德入長沙，堵胤錫迎之。

嘉慶《湖南通志》卷六十："知府堵胤錫入覲還，單車迎乾德入長沙。"④ 堵胤錫《蔡道憲墓志銘》："三月，予復任。"⑤

李乾德上疏爲上年八月守城身死的長沙推官蔡道憲請恤。

周二南《申文》："於崇禎十七年三月十五日，據長沙府鄉官、舉人、貢士、生員等呈前事到。……撫院何（騰蛟）、按院黄（澍）、偏院李（乾德）俱特疏請恤。崇禎十七年五月十三日奉旨：'蔡道憲贈太僕寺少卿……'"⑥ 按，此文另有"聖天子"之語，而"奉旨"之日乃福王監國之時，則此文應作於湖廣官員得知崇禎殉國之前，後輾轉呈南京。推之，乾德上疏亦在三月。

---

① （清）張起鵾、劉應祁：（康熙）《邵陽縣志》，康熙二十三年刻本（1684），《兵記》第二十一頁。

② （清）黄宅中、鄧顯鶴：（道光）《寶慶府志》，《中國地方志集成》湖南府縣志輯第53册，江蘇古籍出版，2002年版，第382頁。

③ （明）王夫之：《永曆實録》，《中國野史集成》第34册，巴蜀書社，1993年版，第313頁。

④ （清）翁元圻、王煦：（嘉慶）《湖南通志》，清刻本，《兵事三》第十二頁。

⑤ （明）蔡道憲撰，（清）鄧顯鶴輯：《蔡忠烈公遺集》，《四庫未收書輯刊》第5輯26册，北京出版社，2000年版，第218頁。

⑥ 同上，第221—222頁。

先是左良玉兵復長沙，大肆殺掠地方，土豪亦假恢復之名趁機作亂。乾德到後，及時恢復殘破，安撫民心。

陶汝鼐《湖南寇事詩》："怪哉湘鄉兵，四三莽田夫。乘間集黨與，駕言恢鄉圖。無乃撫軍誤，輕聽前執殳。擅殺恣剽掠，强食膽氣粗。……幸聞李中丞，補過用撫字。"[①] 康熙《湘鄉縣志》卷十《兵灾》："崇禎十七年甲申春，民大饑，土兵不解，互相仇殺，沅撫李乾德檄知縣周廷瑚、舉人劉象賢設法解散之。"[②]

李乾德對投順張獻忠的官吏史可鏡嚴加拷訊，送南京定讞。

《明季實録》卷四："長沙史可鏡，登戊辰進士。爲工垣長，艱歸被察，扼腕不平。賊到即降，授僞巡撫。賊去，團兵獲之，以獻偏沅。……乃痛杖五十，發沅州詳審。獄具，又杖二十……"[③]《明史》卷二百九十四《張鵬翼傳》："……李乾德復還長沙，執可鏡，加榜掠，械送南都伏法。"[④]

四月，李乾德駐衡州，聞京師陷落，退屯沅州以固偏沅首府。

同治《衡陽縣志》卷二《事記》："李乾德遣援剿參將黄朝宣自寶慶移屯衡州，乾德繼至，聞國變走沅州，朝宣走攸。"[⑤] 按，《堵忠肅公年譜》："四月……聞京師三月十九日之變，痛哭幾絶。"[⑥] 堵胤錫於四月得知北京陷落，李乾德亦應於本月知之。

是月末，清軍進逼，李自成撤離京師。
五月十五日，福王朱由崧在南京稱帝，改明年爲弘光元年。
是年夏，李乾德爲被殺官紳士民請恤。

管紹寧《補恤楚秦徇難許文岐等祭葬贈廕疏》："衡陽縣知縣張鵬翼被執，脅降，罵賊不屈，縛沉中流死。偏沅撫臣李乾德册報，應照身死封疆例，祭一壇減半造葬，仍予贈廕。……續接偏沅撫臣李乾德册報死難諸臣，自方面大僚以至諸生、女流，不下數十人。"[⑦] 按，管紹寧此疏於崇禎十七年十月得到批復。李乾德應在五月福王稱帝之後、

① （明）陶汝鼐：《榮木堂合集》，《四庫禁毁書叢刊》集部 85 册，北京出版社，1997 年版，第 183 頁。
② （清）李玠、葛世封：（康熙）《湘鄉縣志》，《中國地方志集成》湖南府縣志輯第 19 册，江蘇古籍出版社，2002 年版，第 168 頁。
③ （明）顧炎武：《明季實録》，《顧炎武全集》第 4 册，上海古籍出版，社 2011 年版，第 199 頁。
④ （清）張廷玉：《明史》，中華書局，1974 年版，第 7539 頁。
⑤ （清）羅慶薌、彭玉麟：（同治）《衡陽縣志》，《中國地方志集成》湖南府縣志輯第 36 册，江蘇古籍出版社，2002 年版，第 493 頁。
⑥ （清）佚名編，[清] 吴騫整理：《堵忠肅公年譜》，《北京圖書館藏珍本年譜叢刊》第 62 册，北京圖書館出版社，1999 年版，第 445 頁。
⑦ （明）管紹寧：《賜誠堂文集》，《四庫未收書輯刊》第 6 輯 26 册，北京出版社，2000 年版，第 208 頁。

八月自己被免職之前造册上報。

李乾德《雨然初集》成，贈友人嚴首昇觀之。嚴首昇復信爲重振楚事獻策，鼓動李乾德激勵左良玉奮起剿滅義軍。

嚴首昇《瀨園文集》卷九《尺牘•李雨然》："壬午秋，武昌拜别後，遂遭國朝三百年未有之變。執事（指李乾德）方以身繫天下安危，弘濟艱難。昇亦辛苦賊中，焚巢剥膚，家在一舟，深山大澤，莫通音耗。仗執事覆庇，復睹漢官，真再生也。昇庚辰春曾著《平寇》一書，闊疏不切，頃乃窺其要領矣。大約賊巧於用虚，而兵拙於用實，可一言蔽也。賊敢於以虚乘兵之實，而兵怯於以實搗賊之虚，不解何故？今日足辦楚事者，實惟左帥是望。左旋右抽，踟蹰河上，氓之蚩蚩，至有寧逢赤眉之思，此昇所大惑不解者。爲今日計，惟是感動左帥，整旅舉事，則救時第一著也。譬如爲病延醫，至則高坐中堂，不入室問症而議藥焉。豈惟勿藥或且毒之，病者何罪乎？今惟多方作用使醫於藥，則病立起矣。温嶠之動，陶侃或激以義，或迫以勢。而石頭舟發，遽焚歷陽之骨，是所望於執事今日者。……附去新詩二首塵覽，《雨然初集》容細讀報命，兵餘不莊，不罪。"[①] 按，此信顯然寫於甲申之變後、李乾德仍在偏沅任上時，因繫於本處。

八月一日，大順軍馬科部陷四川順慶府。

韓國相《流離外傳》："自成差賊帥馬科統精兵萬餘招撫西蜀，於八月初一日抵順。"[②]

三日，李乾德因任内喪師失地被免職。

顧炎武《聖安記事》卷上："（八月）戊午，罷偏沅巡撫……"[③] 按，《國榷》卷一百二："（七月）庚子……總督川貴改巡撫貴州，巡撫偏沅改總督川貴雲廣，駐荆襄。"[④] 顧炎武謂"罷偏沅巡撫"乃既罷乾德之任，又罷該職。時官職混亂，設罷無常。

十七日，南明以宜賓樊一蘅爲川陝總督。

二十七日，南明以巴縣王應熊爲兵部尚書，總督川湖雲貴軍務，駐遵義。

二十八日，李乾德赴王應熊行營理餉。

李清《南渡録》卷二："（八月）癸未……革原任楚撫王揚基任，聽勘。命沅撫李乾

---

① （明）嚴首昇：《瀨園文集》，清康熙刻本，《尺牘》第二十九—三十頁。

② （民国）李良俊、王荃善：《新修南充縣志》，《中國地方志集成》四川府縣志輯第55册，巴蜀書社，1992年版，第661頁。

③ （明）顧炎武：《聖安記事》，《顧炎武全集》第4册，上海古籍出版社，2011年版，第38頁。

④ （明）談遷：《國榷》第6册，張宗祥點校，中華書局，1958年版，第6130頁。

德戴罪赴督輔王應熊軍前理餉。"[1]

九月四日，南京接獲李乾德免職前所上俘農民軍地方官奏疏。

《南渡録》卷三："（九月己丑）偏沅巡撫李乾德奏獲僞官，旨允獻俘。"[2]

十一月，張獻忠在成都建國，國號大西，改元大順。同月，大西軍占順慶府，李乾德父明舉及親族百餘人被殺。

《流離外傳》："張逆於十一月内差賊頭二千歲等招安順慶。"[3] 康熙《西充縣志》卷七《李乾德傳》："岳州雖破，而獻忠之怨公深矣。後獻忠入蜀破成都，即執公父明舉并闔家親族百餘口，皆斃厥命。"[4]

十二月，南明以馬乾右僉都御史，巡撫四川。

按，文秉《甲乙事案》卷上："十二月，升高斗樞、李乾德、瞿式耜俱右僉都御史，巡撫湖廣、四川、廣西。"[5] 據《南渡録》《明史》，此四川巡撫當爲馬乾，乾於次年三月被革職，因消息梗阻，其自任川撫至永曆元年。

是年，故人陳計長至婺川。時李乾德已知家人被難，謀與計長起兵復蜀，計長却之，乾德遂以家室托付，其一女後嫁計長子。

吴偉業《梅村家藏稿》卷四十九《陳母夏安人墓志銘》："……君（陳計長）挈子姓避賊，自涪走黔之婺縣。同年生西充李乾德雨然者，懷其偏沅巡撫節，間行歸家，亦抵婺，相抱慟哭。李公者，智略士。……聞西充陷，其父被殺，益憤結思報，而與君相知，謀起事以距獻忠。……君出而盛推讓李，嗛言已不足共事者。李亦知其意，不復强，而敬君長者，謀以妻子托之，安人與君參語許諾……其第四子德世爲雨然婿。"[6] 馮甦《見聞隨筆》卷二《李乾德楊展傳》："……退屯黔之婺川，以圖興復。"[7] 按，時西充已爲張獻忠控制，李乾德何以敢懷巡撫符節獨自歸家？乾德永曆元年（1647）仍在婺川，則該處當爲李乾德理餉駐地，吴偉業所言疑誤。此事暫據各方活動情形繫於本年。

---

① （明）李清：《南渡録》，《明末清初史料選刊》，浙江古籍出版社，1988 年版，第 95 頁。
② 同上，第 102 頁。
③ 同上。
④ （清）李棠、李昭治：（康熙）《西充縣志》，西充縣地方志辦公室點校，綫裝書局，2017 年版，第 131 頁。
⑤ （明）文秉：《甲乙事案》，《中國野史集成》第 30 册，巴蜀書社，1993 年版，第 591 頁。
⑥ （清）吴偉業：《梅村家藏稿》，《清代詩文集彙編》第 29 册，上海古籍出版社，2010 年版，第 217 頁。
⑦ （清）馮甦：《見聞隨筆》，《四庫全書存目叢書》史部第 56 册，齊魯書社，1996 年版，第 67 頁。

是年，李乾德幼女出生。

南明弘光元年、隆武元年乙酉（1645）**清順治二年　四十歲**

三月十四日，李乾德議叙加一級。

許重熙《明季甲乙兩年彙略》卷三：“（三月）丁酉……李乾德加一級……”①

二十五日，御史王大捷糾劾李乾德，弘光帝不予追究。

《南渡録》卷五：“（三月戊申）御史王大捷疏糾原任鄖撫陳睿謨、楚撫王聚奎、沅撫李乾德。命寢其奏。旨言：‘睿謨已處，聚奎當荆州失陷時尚未抵任，乾德現理餉。’俱不深求。”② 按，陳睿謨應爲沅撫，李清所記有誤。

五月，清軍陷南京，弘光帝走蕪湖，被執。

李自成於通山九宫山遇襲身亡。

閏六月，唐王朱聿鍵在福州稱帝，改元隆武。

九月，李乾德六弟巽德在西充舉義，奉隆武正朔與清軍相抗，旋敗。

倪在田《續明記事本末》卷十一：“九月，李巽德在西充奉隆武帝號，降將嚴自明敗之。”③

是年，明軍復順慶府，李巽德被明軍所殺。

《流離外傳》：“是時，順城文則一史（覲宸）公，武則爲譙（應瑞）馮（有慶），而兩人聲價自高，兵戎克振。殺姚黄，誅李六（原注：名巽德，即李餉院之弟也），衡甘（良臣）督，拒劉（進忠）督，一年之間傷生不已多乎。”④ 按，譙、馮二人先降獻忠，後叛，爲王應熊所收。順慶乃水路要衝，張獻忠、“摇黄”以及名義上歸附南明的地方割據勢力反復争奪，順慶明軍殺李巽德當爲内訌。

是年，李乾德去職，丁憂。

康熙《西充縣志》卷七《李乾德傳》：“公因家難，解綬守制。”⑤

南明隆武二年丙戌（1646）**清順治三年　四十一歲**

---

① （明）許重熙：《明季甲乙兩年彙略》，《中國野史集成續編》第22册，巴蜀書社，2000年版，第747頁。

② （明）李清：《南渡録》，《明末清初史料選刊》，浙江古籍出版社，1988年版，第253頁。

③ （清）倪在田：《續明記事本末》，清光緒二十九年（1903）育英學社排印本，《四川之亂》第三頁。

④ （民国）李良俊、王荃善：《新修南充縣志》，《中國地方志集成》四川府縣志輯第55册，巴蜀書社，1992年版，第661頁。

⑤ （清）李棠、李昭治：（康熙）《西充縣志》，西充縣地方志辦公室點校，綫裝書局，2017年版，第131頁。

正月，清廷以肅王豪格爲靖遠大將軍，大舉征川。

七月，明將楊展敗張獻忠於彭山。展於江口沉銀地得獻忠貲財頗多，獨雄於川南。

八月，清軍入閩，隆武帝遇害。

十一月，桂王朱由榔於肇慶稱帝，改明年爲永曆元年。

二十八日，清軍與大西軍戰於西充鳳凰山，張獻忠陣亡。

十二月，大西軍餘部在孫可望等率領下突破重慶，王應熊退駐畢節。

南明永曆元年丁亥（1647）**清順治四年　四十二歲**

二月，大西軍進占貴陽。

四月，大西軍攻破昆明。

清軍躡大西軍後入川東。時"摇黄"頭領袁韜已歸順南明，於六月退避婺川。李乾德時任兵部右侍郎兼攝川南，承制撫之。

李國英《爲塘報大獲奇捷事》："……隨後貝子於客歲（順治四年）六月内發兵，前至涪州剿殺。死賊袁韜敗走婺川、綏陽地方……附合僞餉院李乾德……"[1] 温睿臨《南疆逸史》卷二十六《李乾德傳》："會袁韜、武大定自順慶敗而南，乾德承制撫之。是時，永曆帝立於粤中，擢乾德兵部右侍郎兼右僉都御史，巡撫川南。"[2] 按，武大定彼時仍在秦蜀楚邊界活動，乾德所撫僅袁韜，韜亦非自順慶南下。

七月十一日，李占春（李鷂子）、于大海敗清軍於忠州。

八月，王應熊病卒。

九月，李乾德、袁韜復重慶。

《南疆逸史》卷二十六《李乾德傳》："（乾德）察諸將惟韜勇悍可用，説之以就功名，韜亦傾心相附。乃率之攻佛圖關，據重慶。"[3] 計六奇《明季南略》卷十一《朱容藩僭亂本末》："九月，（錢邦芑）檄袁韜復重慶。川北總督李乾德同袁韜兵駐重慶。"[4] 按，李乾德以兵部、都察院銜巡撫地方兼督軍務、糧餉，因其有總督、部院、餉院之稱。南明於蜀封官甚濫，李乾德官職變動頻繁，各史料記載頗有异同，難以考證，本文自此僅按所引開列。

十一月，明宗室朱容藩至重慶。容藩素懷野心，深怨乾德不服己，使李占春與袁韜相攻，欲擒乾德，得脱，乾德一妾一女被執，後歸還。

---

① 中國人民大學歷史系、中國第一歷史檔案館：《清代農民戰爭史資料選編》第一册下，中國人民大學出版社，1984年版，第418—419頁。

② （清）温睿臨：《南疆逸史》，中華書局，1959年版，第189頁。

③ 同上。

④ （清）計六奇：《明季南略》，中華書局，1984年版，第380頁。

《見聞隨筆》卷二《李乾德楊展傳》："朱容藩在夔自以宗室冒稱楚世子、監國、招討副元帥。諸將皆賀，乾德爲之不平。"[①]《明季南略》卷十一《朱容藩僭亂本末》："十一月，容藩率李占春諸營至重慶，會乾德。容藩諷乾德，欲其推戴己。乾德若不解者，而禮復不相下。適冬至行朝賀禮，袁韜本摇黄賊，初受撫，素不知禮，乃與容藩同班拜舞。容藩怒，即命李占春暗襲袁韜，并害李乾德。……及占春兵至，擄乾德舟中，止得一妾一女，不見乾德，乃大驚。"[②]

乾德深結袁韜。時袁韜有銜無印，乾德遂私鑄兵部大印自用，鑄定西將軍印贈韜。

費密《荒書》："時武臣多有關防。而乾德久居袁韜營，韜雖降，有階銜，無印。於是李乾德藏其關防不用，而自鑄兵部大方銀印佩之，稱兵部尚書，鑄定西將軍紅文銀印與袁韜。兩人相得甚歡。"[③]

是年，南明以吕大器爲兵部尚書、少傅，總制西南諸軍事，代王應熊。

南明永曆二年戊子（1648）清順治五年　四十三歲

正月，清廷以李國英爲四川巡撫。

四月，李乾德、袁韜聯絡"摇黄"、武大定、趙榮貴謀恢復川北二府，敗於清軍。

李國英《爲塘報大獲奇捷事》："本年四月……又據摇黄營逃出難民來隨自遂寧逃回，報稱：摇黄會合僞餉院李乾德，暗通趙逆、武賊，攻取順慶、保寧。"[④]

六月，朱容藩僭立行迹昭然，李乾德接四川巡按錢邦芑檄，共聲討之。

《明季南略》卷十一《朱容藩僭亂本末》："錢邦芑乃列其罪，拜書糾劾云：'……隨即傳檄楚督何騰蛟、堵胤錫、川督楊喬然、李乾德及各大鎮，俾共尊朝廷，勿爲叛臣所惑……'"[⑤]《見聞隨筆》卷二《李乾德楊展傳》："乾德遂傳檄聲容藩罪，容藩益窘。"[⑥]

八月，吕大器至涪州平西壩，結交李占春，并面阻朱容藩作亂。

是月，李國英遣使招降楊展，楊展扣清使於營。

李國英《爲恭報前後招撫川南僞鎮將領，躬視投誠，仰慰聖懷事》："先是臣於順治五年八月内，差官田有鳳，賫平西王（吴三桂）、定西將軍（李國翰）令諭，并臣書諭，

① （清）馮甦：《見聞隨筆》，《四庫全書存目叢書》史部第56册，齊魯書社，1996年版，第68頁。

② （清）計六奇：《明季南略》，中華書局，1984年版，第381－382頁。

③ （清）費密：《荒書》，《明末清初史料選刊》，浙江古籍出版社，1985年版，第169頁。

④ 中國人民大學歷史系、中國第一歷史檔案館：《清代農民戰争史資料選編》第一册下，中國人民大學出版社，1984年版，第417頁。

⑤ （清）計六奇：《明季南略》，中華書局，1984年版，第381－382頁。

⑥ （清）馮甦：《見聞隨筆》，《四庫全書存目叢書》史部第56册，齊魯書社，1996年版，第68頁。

前往嘉定招安，一向延留未回。”[①]

是月，吕大器與李乾德、陳計長嘆川中諸將皆不堪大用，蜀事難爲。

《懷陵流寇始終録·甲申剩事》：“（大器）嘆謂乾德及監軍道陳計長曰：‘楊展志大而疏，袁韜、武大定忍而好殺，王祥庸懦，蜀事將何所賴乎！’”[②] 按，諸書僅記大器與乾德言，未及計長，查乾隆《涪州志》，曾英、楊展曾欲聘計長爲監軍。計長久居涪州，此事應繫於乾德未離重慶之時。

是月，吕大器、李乾德、樊一蘅會於嘉定，謀恢復全川，却未能達成一致。會後，李乾德留駐嘉定。

歐陽直《蜀警録》：“戊子，明部院吕大器、李乾德，總督樊一蘅俱至嘉定，會議恢復策，事成築室。一蘅回叙，大器回李鷂子之駐營平西壩，乾德留嘉定。”[③]

九月，楊展納武大定入眉州，屯於青神。時袁韜缺糧，掠民以濟軍食，百姓無以爲繼。李乾德説楊展，展遂納袁韜於犍爲。

沈荀蔚《蜀難叙略》：“大定無所歸，乃遣使詣展求合，而李乾德亦説展以納袁韜，展喜其張大己勢，故皆許之。九月遂移韜於犍爲，而屯大定於青神，資以牛種，結爲兄弟。”[④]

是年暮秋，李乾德自嘉定往叙州暫寓，游覽宜賓石牛寺、七星山，頗懷傷感，遂賦詩、對聯各一，以抒家國之情。

詩《寓懷》：“汶水屏山犍之東，水繞城頭山接空。牛石注霜寒夜月，杯池聚鶴舞秋風。偶來破浪千帆静，最是瞻雲六幕同。無那故鄉人去遠，盡教花竹自成叢。”[⑤] 對聯：“七星山下流水依然，動□國凄凉之感；五子池邊游人安在，興盛朝生聚之思。”[⑥]

十月，明軍内訌。楊展遣子璟新殺瀘州馬應試，與遵義王祥相攻，敗還。

是年，李乾德畫鷹贈川南巡撫范文光，并題詩明志，雄心傲情溢於言表。

《劍閣芳華集》卷十三《李乾德傳》：“常（嘗）畫鷹，書范文光中丞鷹詩云：‘獨立

① 中國人民大學歷史系、中國第一歷史檔案館：《清代農民戰爭史資料選編》第一册下，中國人民大學出版社，1984年版，第445頁。

② （清）戴笠、吴殳：《懷陵流寇始終録》下册，《玄覽堂叢書續集》，“國立中央圖書館”，1985年版，第374頁。

③ （清）歐陽直：《蜀警録》，《中國野史集成》第29册，巴蜀書社，1993年版，第566頁。

④ （清）沈荀蔚：《蜀難叙略》，《中國野史集成》第29册，巴蜀書社，1993年版，第513頁。

⑤ （清）平廷鼎、樊星煒：《宜賓縣志》卷二，第十五頁。何源濬：（康熙）《叙州府志》，康熙刻本。

⑥ （清）平廷鼎、樊星煒：《宜賓縣志》卷二，第十五－十六頁。何源濬：（康熙）《叙州府志》，康熙刻本。

不群凡鳥避，孤懷時灑羽毛蒼。’”①

南明永曆三年己丑（1649）清順治六年　四十四歲

李乾德勸楊展出兵恢復川北，展不許；欲主政，亦罷。展又使人諷乾德用僞印，乾德因其志不行，深恨之，展移乾德屯重慶，不往。“展性驕矜，不假人以權”②，乾德等人亦不甘久居人下，遂生隙。

《忠義録》卷二《李乾德楊展傳》：“展爲人勇有略而性傲，喜人順己，雖厚乾德及韜、大定，卒不肯分以事權。乾德乃與二人圖展，展頗覺，以三人亡能爲，但分散其衆，稍裁其食而已。”③《野史無文》卷九《楊展傳》：“乾德屢諷展經營川北，展不能聽。乾德度展終不能與有爲……”④《野史無文》卷九《李乾德傳》：“乾德初意以兵付展，而有司糧餉自主之。嘉定六縣乃展放兵耕屯，勢不能行。”⑤《荒書》：“乾德始至，欲轄州縣如平時，但令展主兵。久之勢不能行，門庭蕭索，因内與展有隙。……袁韜饑兵多走嘉定，展子璟新收之。韜與展亦有隙。……又鎮雄土司人出劫，展令大定往討之，已而中止。大定疑展不與相信，展未知之也。”⑥《蜀難叙略》：“初李乾德爲韜謀主，展忌之且不禮焉，乾德常怏怏。展又促乾德往鎮重慶，久而不行。韜卒又往往爲璟新所誘，韜與展亦隙矣。又客軍皆窘乏，日負薪鬻於市，主軍皆富厚，每揶揄之，久爲客軍所垂涎，且漸怒。”⑦《蜀警録》：“李乾德稱六省經略，而所用者兵部之印。楊展幕士吴養瑚識其僞。展令詣李諷之……李語塞，數日易關防，然私心恨楊不置矣。”⑧

楊展潛遣使者赴清營議事，李國英得知明軍内部不和，趁機再度招降。

李國英《招楊展書》：“而腹心之害，又在卧榻之側。一林二虎，必奪必争，竊謂麾臺有累卵之危矣。若内斷於心，幡然來歸，我大清必待以不次之位，加以格外之寵，……年前差官田有鳳敬達一函，未見回復，心竊疑之。兹據安綿道塘哨獲遇來使周仕乾、張敏并帶田有鳳稟帖，細詢之，頗能委悉麾臺心事，令不佞神往。”⑨

五月，朱容藩叛攻石砫，川東諸鎮共討。

---

① （明）費經虞輯，（清）費密補：《劍閣芳華集》，四川大學圖書館藏，清鈔本，第五頁。
② （明）顧山貞：《客滇述》，于浩輯《明清史料叢書八種》第八册，北京圖書館出版社，2005年版，第295頁。
③ （清）朱溶：《忠義録》，高洪均編《明清遺書五種》，北京圖書館出版社，2006年版，第507頁。
④ （清）鄭達：《野史無文》，《臺灣文獻史料叢刊》第5輯94册，大通書局，1987年版，第112頁。
⑤ 同上，第118頁。
⑥ （清）費密：《荒書》，《明末清初史料選刊》，浙江古籍出版社，1985年版，第169—170頁。
⑦ （清）沈荀蔚：《蜀難叙略》，《中國野史集成》第29册，巴蜀書社，1993年版，第513—514頁。
⑧ （清）歐陽直：《蜀警録》，《中國野史集成》第29册，巴蜀書社，1993年版，第567頁。
⑨ 中國人民大學歷史系、中國第一歷史檔案館：《清代農民戰爭史資料選編》第一册下，中國人民大學出版社，1984年版，第486—487頁。

六月，楊展部下往攻遂寧、射洪清軍，敗還。

七月，朱容藩兵敗，死之。

李乾德認定楊展有尾大不掉之勢，是月二十六日，與袁、武殺害楊展。

《蜀警録》："李乾德説袁韜曰：'地方錢糧供朝廷之公物也，豈展所私而以布惠於僚友？且展據有西南，終當尾大不掉。公等皆人杰，仰畀於若人耶？'"① 李國英《爲塘報東南僞逆近日情形，仰祈聖鑒事》："七月二十六日，袁韜生日，武大定誘楊展到犍爲縣，與袁韜做生日，席上將楊展殺死……"②《荒書》："七月，楊展至犍爲縣，李乾德、武大定、袁韜共謀害展……"③

八月，袁、武圍嘉定。

樊一蘅責李乾德自毁長城，時乾德以爲得志，方欲謀劃恢復全川，反笑一蘅不能成事。

《忠義録》卷二《李乾德楊展傳》："乾德友人樊一衡（蘅）書責之，曰：'嘉陵、峨眉數百里，不與獻忠之難者，楊將軍力也。公爲大臣，宜尊主順百姓，奈何擅賊之？且公嘗受楊將軍恩，施而不報，反取之杯酒間，於私計遂矣，如上天何？'乾德笑曰：'我欲以權道大成，非腐儒所識。'"④ 按，嘉陵爲嘉定别稱。

是年冬，李占春至嘉定援璟新，未果，全軍還。

《荒書》："……李占春以舟師至嘉定，欲爲兩解之。乾德等不聽而去。"⑤《蜀難叙略》："占春遣舟師救之。甫登岸，韜等以兵迎戰，李卒遂登舟引還。"⑥

十一月，袁、武據嘉定，大掠害民。

南明永曆四年庚寅（1650）**清順治七年　四十五歲**

正月，楊展子璟新投順清廷。

李國英《爲恭報前後招撫川南僞鎮將領，躬視投誠，仰慰聖懷事》："有展子僞總兵楊璟新，同展標僞將等，商同差官田有鳳，悔過投誠，隨差僞副將李嗣績，同有鳳持書前赴保寧歸降，請兵救危剿逆。……於正月十六日接至保寧河下。臣同甲喇章京、按司

① （清）費密：《荒書》，《明末清初史料選刊》，浙江古籍出版社，1985年版，第169頁。

② 中國人民大學歷史系、中國第一歷史檔案館：《清代農民戰争史資料選編》第一册下，中國人民大學出版社，1984年版，第441頁。

③ （清）費密：《荒書》，《明末清初史料選刊》，浙江古籍出版社，1985年版，第169頁。

④ （清）朱溶：《忠義録》，高洪均編《明清遺書五種》，北京圖書館出版社，2006年版，第507頁。

⑤ （清）費密：《荒書》，《明末清初史料選刊》，浙江古籍出版社，1985年版，第170頁。

⑥ （清）沈荀蔚：《蜀難叙略》，《中國野史集成》第29册，巴蜀書社，1993年版，第514頁。

鎮道等官，慰勞入城，遵制剃頭，叩恩畢，旋給袍帽靴襪，安置供應口糧，以示款洽。"①

是月，明將陳邦傅矯旨封孫可望爲秦王。先是永曆議納孫可望等部，擬封可望爲郡王，李乾德援引侯景、朱温故事，上書極力反對。

康熙《西充縣志》卷七《李乾德傳》："獻賊餘黨孫（可望）、劉（文秀）等竄入雲貴，欲借明代名號以召遠邇，議納款永曆。公自思家門之禍不共戴天，又逆料狼子野心終難駕馭，建議力辯。援引梁武之納侯景、唐昭之封朱温，卒受其害，不報孫劉。"②

是年春，吕大器病卒。

九月，孫可望遣將攻略川黔，皮熊降，王祥死之。

孫可望遣使威逼袁、武投降，李乾德力主拒戰，復書指責張獻忠入蜀濫殺，孫可望等不知悔改。

《蜀警録》："孫可望差官至嘉定，稱奉旨聯絡，内有'會獵岷峨'等語。二人猶豫不决。李乾德曰：'此矯詔也，其心未可測。'令武復書，略曰：'自入蠶叢，荆棘塞道，萬里烟絶，一望凄凉。……備詢厥故，始知令先君（張獻忠）之造福於川，蓋功德若此其慘毒也。乃曾不旋踵而令先君身首异處，屍飽饞鴉。可見天之所報，人之所爲，已足昭鑒。公等碌碌，猶尚不悛。欲挾令以欺天，逞前奸之故智，詞多悖謬，意實險深，竊揣中藏，豈以皮、王視我也。尚修鄰好，奉教有期；如云會獵岷峨，則水路可通舟楫，陸路可容車馬，弟惟有叉手瞠目而聽之矣。'"③

李乾德傳檄各地，募兵以禦孫可望。陳計長回書建議乾德收攏人心，謀萬全之策，納有用之人。

陳計長《答總督李雨然書》："仁兄書使自嘉陵來，宣布大檄，時平西壩上用事諸公想望仁兄英略，孰敢不聽？……顧論人心，於漂流板蕩之餘，一呼而烏合數萬，非經教養之後，不過假操戈挾矢，爲護身糊口之計。……間有一二傲岸自用，不受約束，竟不以爲躍冶。而隱忍收之，恐無當於緩急之用也。……今賊行脅令，掩襲良多，較之當日固應什百。雖有袁、武之桓桓赳赳，亦無易視此劇寇，乃爲全策。"④

---

① 中國人民大學歷史系、中國第一歷史檔案館：《清代農民戰爭史資料選編》第一册下，中國人民大學出版社，1984年版，第445—446頁。

② （清）李棠、李昭治：（康熙）《西充縣志》，西充縣地方志辦公室點校，綫裝書局，2017年版，第131頁。

③ （清）歐陽直：《蜀警録》，《中國野史集成》第29册，巴蜀書社，1993年版，第568頁。

④ （清）多澤厚、陳于宣：（乾隆）《涪州志》，《故宫珍本叢刊》第216册，海南出版社，2001年版，第347頁。

是年，南明以李乾德爲兵部尚書、六省經略[①]。乾德欲起兵恢復全川，然囿於無兵，主政有名無實耳。

《荒書》："庚寅，以李乾德爲經略陝、豫、川、湖、雲、貴六省兵部尚書……"[②] 康熙《西充縣志》卷七《李乾德傳》："……特起公爲兵部尚書，駐兵川南，經略六省。由是益感激，倡大義以圖恢復。……以諸葛武鄉、文信國自任。方措置川南，撫軍民爲進取計。"[③]《蜀難敘略》："初乾德之决意謀展也，以爲展死可以得行其志，已以經略主糧餉，而韜與大定主兵。及入嘉定，二人分有其地，乾德僅得荒殘數州縣，而其弟升（昇）德以監察御史駐洪雅，亦空名，甚不愜所望。"[④] 按，傅迪吉《五馬先生紀年》："未幾，楊侯府被惡賊袁韜、武大定所殺。……不久，彼亦假仁假義，照舊招安，亦不爲亂。"[⑤] 嘉慶《四川通志·趙司鉉傳》："兵部尚書李乾德經略六省時，奏補建昌道兵備僉事。"[⑥] 由此可見，李乾德雖主政有名無實，亦采取了不少撫軍安民之策，力求穩定川南形勢。

南明永曆五年辛卯（1651）**清順治八年　四十六歲**

吴三桂賫書招降李乾德，被嚴詞拒絶。

陳聶恒《邊州聞見録》卷十《杨展》："乾德有復吴三桂書，所以責三桂者甚，至三桂怒擲之地，既而憮然曰：'李公膠於大義，如此吾復何言耶！'"[⑦] 按，吴三桂久駐漢中，積極準備收川。順治八年九月初八，清廷命吴三桂提兵入川，與李乾德兵敗相距僅有幾日，若陳聶恒所記確實，則此事應在九月之前，姑繫於本年。

李國英賫書欲招降袁、武。

李國英《招袁韜武大定書》："近聞孫逆漸逼，又復踉蹌西奔。而我朝大兵，刻期入蜀，網羅密布，進退無門，將安逃乎。……何如翻然猛省，率衆來投，轉禍爲福，在此一舉。"[⑧]

孫可望以劉文秀總領兵馬，進攻袁、武。

---

① 錢海岳《南明史·李乾德傳》稱本年李乾德加封太子太師，不知何據。馮甦《見聞隨筆》、邵廷采《西南記事》認爲李乾德在重慶時已晉太子太師。

② （清）費密：《荒書》，《明末清初史料選刊》，浙江古籍出版社，1985年版，第170頁。

③ （清）李棠、李昭治：（康熙）《西充縣志》，西充縣地方志辦公室點校，綫裝書局，2017年版，第131頁。

④ （清）沈荀蔚：《蜀難敘略》，《中國野史集成》第29册，巴蜀書社，1993年版，第514頁。

⑤ （清）傅迪吉：《五馬先生記年》，古洛東《聖教入川記》附録，四川人民出版社，1981年版，第125頁。

⑥ （清）常明、楊芳燦：（嘉慶）《四川通志》卷一百四十五《人物》，嘉慶二十一年（1816）刻本，第三十五頁。

⑦ （清）陳聶恒：《邊州聞見録》，清抄本。

⑧ 中國人民大學歷史系、中國第一歷史檔案館：《清代農民戰爭史資料選編》第一册下，中國人民大學出版社，1984年版，第483頁。

八月，兩軍戰於滎經鹿角壩，武大定戰敗，精鋭盡失。

九月十二日，李乾德携家眷奔仁壽，再敗，女眷皆自縊。時袁韜被執投降，乾德與大定奔茂州，茂州守將朱化龍拒大定入，乾德賫書乃納。

李國英《爲滇賊入寇東南，大肆猖獗，謹摘陳吃緊情形，彙報上聞事》："……武賊大敗，復回嘉定，同袁韜、李乾德撤老營過河，扎大佛寺，於九月十二日起營，望仁壽、資、簡地方逃走等情。……孫賊遂占嘉定，前鋒已到成都，又連夜追趕武賊，徑至仁壽，武賊又敗一陣，止帶殘賊數十騎，同僞李兵部、僞唐太監，望簡州、什邡而去；袁韜被孫賊擒去……朱化龍初間不容武逆入徹底關，有李乾德寫書與朱化龍，方放入關，進茂州城内住……"①《忠義録》卷二《李乾德楊展傳》："乾德挈妻妾走威茂，馬爲亂兵所殺，妻妾不能行，皆縊於樹。乾德致書知縣曰：'余懷忠誼，不保於天，眷屬先没，一樹五骸，望門下收之。'"② 康熙《西充縣志》卷七《李乾德傳》："公知時事不可爲，命妻妾朱氏、陳氏、馮氏暨二女、弟婦劉氏皆自縊，惟與弟昇德、二子曰星、曰杲奔茂州。"③

朱化龍受重賄，綁縛李乾德送孫可望部將白文選。乾德拒絶接受勸降，於叙州月波水驛赴水自殺。

《忠義録》卷二《李乾德楊展傳》："乾德入威茂，威茂人執送文選。文選載詣遵義，乾德嘆曰：'我父爲賊所害，我卒不向賊求生。'投水死。"④ 康熙《西充縣志》卷七《李乾德傳》："賊欲生致公，厚賄鎮帥朱化龍，逼請公出。公决志殉難，潛將二子托孤於其友。旬日不食，不死；服毒，又不死。肩輿至成都，道路迎者，不絶輿言。復到嘉定，渠帥白文選延接以禮，且曰：'若赴貴州，將大用。'公掩耳不聽。舟至月波驛，夜觀天象，嘆曰：'明之氣數盡矣！'時幼女方八歲，自嘉定取至舟中，先推入水，與弟昇德携手，同没於水。後人於月波立祠祀之。"⑤ 費錫璜《吊三忠詩》："尚書沉身月波驛。"⑥

清乾隆四十一年（1776）

清廷以李乾德勝朝靖難殉節大臣，謚忠節。

---

① 中國人民大學歷史系，中國第一歷史檔案館：《清代農民戰爭史資料選編》第一册上，中國人民大學出版社，1984年版，第226—227頁。

② （清）朱溶：《忠義録》，高洪均編《明清遺書五種》，北京圖書館出版社，2006年版，第507頁。

③ （清）李棠、李昭治：（康熙）《西充縣志》，西充縣地方志辦公室點校，綫裝書局，2017年版，第132頁。

④ 中國人民大學歷史系、中國第一歷史檔案館：《清代農民戰爭史資料選編》第一册上，中國人民大學出版社，1984年版，第226—227頁。

⑤ （清）朱溶：《忠義録》，高洪均編《明清遺書五種》，北京圖書館出版社，2006年版，第507頁。

⑥ （清）李棠、李昭治：（康熙）《西充縣志》卷十二，西充縣地方志辦公室點校，綫裝書局，2017年版，第272頁。

附録

李乾德字號小考

費經虞《劍閣芳華集》稱李乾德字行四，號雨然[①]；鄭達《野史無文》稱李乾德字行四，號雨齊[②]；韓國相《流離外傳》亦稱李氏字行四[③]。《野史無文》序言爲費經虞之孫費錫璜所作，其《李乾德傳》大部内容與《劍閣芳華集》雷同，顯是襲自後者。

除上述三種外，其他涉及李乾德字號的史料，均稱其字爲雨然。筆者目力所見，康熙《四川總志》最早明確記載李乾德字雨然。是志刊於康熙十二年（1673），距李乾德去世僅二十餘年，按説應爲可靠，但此書將同爲四川籍崇禎辛未科進士的王范（號慕吉）、宗敦一（號凌霄）的號誤爲字，導致其關於李乾德的記載可信度存疑[④]。康熙《順慶府志》、康熙《叙州府志》、馮甦《見聞隨筆》、邵廷采《西南記事》、温睿臨《南疆逸史》均晚出於康熙《四川總志》，而康熙《西充縣志·李乾德傳》出自知縣仇鳳翙（康熙十年至十九年任）之手，料不早於《四川總志》開局之時。以上史料均非第一手資料，因此，李乾德字雨然之説，并没有確鑿證據。而其他同時期人物，如黎遂球（《南海詩序》）、同榜舉人陳計長（《答總督李雨然書》）、同榜進士吴偉業（《監察御史王君慕吉墓志銘》《陳母夏安人墓志銘》）、同榜進士汪國士（《多病呈李雨然年兄》）、好友嚴首昇（《與李雨然》）均稱呼李乾德爲“雨然”，未審其爲字爲號。《崇禎四年辛未科進士履歷便覽》收録的進士字號混雜，“雨然”雖繫於李乾德名下，亦無從判斷。

回過頭來審視《劍閣芳華集》《流離外傳》，費經虞爲四川新繁人，韓國相爲四川南充人，此二人均經歷明清易代，與李乾德爲同時期人物，韓國相更是李氏同鄉，其説法當有較高可信度。從古人取字號規則和李乾德精於易學的角度來看，“乾德”“行四”“雨然”三者明顯有關聯。據《周易·乾·文言》：“元者，善之長也；亨者，嘉之會也；利者，義之和也；貞者，事之幹也。……君子行此四德者，故曰：乾，元亨利貞。”“乾德”即爲“元亨利貞”四德，則“行四”取自“君子行此四德”。又《周易·乾·彖》：“大哉乾元，萬物資始，乃統天。雲行雨施，品物流形。”李乾德之號“雨然”或出於此。

“行四”通常意指家族兄弟之間排行第四，正因如此，費經虞和韓國相反而不可能將表示排行的“行四”誤爲李乾德之字，“行四”之意可確定出自“君子行此四德”。然而“李行四”在旁人看來就是“李老四”之意，頗爲不雅，所以與李乾德交往之人均避免呼其字，而呼其號“雨然”。明清易代之際，文獻多毁於兵燹，致使後人將“雨然”誤爲乾德之字。至於《忠義録》稱字雨秋[⑤]，《野史無文》稱號雨齊，皆是傳抄之誤。綜合上述分析，李乾德

① （明）費經虞輯，（清）費密補：《劍閣芳華集》卷十三《李乾德傳》，四川大學圖書館藏，清鈔本，第四頁。

② （清）鄭達：《野史無文》卷九，《臺灣文獻史料叢刊》第5輯94册，大通書局，1987年版，第118頁。

③ （民国）李良俊、王荃善：《新修南充縣志》，《中國地方志集成》四川府縣志輯第55册，巴蜀書社，1992年版，第662頁。

④ 相關内容見康熙《四川總志》卷十五《人物》上第五十三頁、第八十六頁，《人物》下第十七頁。

⑤ （清）朱溶：《忠義録》，高洪均編《明清遺書五種》，北京圖書館出版社，2006年版，第506頁。

字行四、號雨然基本可作定論。

蒙四川大學古籍研究所杜春雷博士、臺灣東海大學吕姿儀女士惠賜部分稀見史料，在此致以誠摯感謝。

作者單位：南充市公安局

“臨邛道士鴻都客”及“長生殿”略考

李永庚

内容提要：唐代著名詩人白居易《長恨歌》詩句中的“臨邛”“鴻都”“長生殿”及“臨邛道士”應作何解釋，歷來存在着若干誤解。本文通過大量考證，對“臨邛”是什麽地方、“鴻都”所指爲何處、“臨邛道士”和“鴻都客”指的是誰、“長生殿”七夕盟誓是否是作者虚構的神話等諸多歷史疑問，進行了深入的探索，得出了與衆不同的結論。

關鍵詞：臨邛道士；鴻都客；長生殿；唐代道教

唐代著名詩人白居易《長恨歌》有詩句：“臨邛道士鴻都客，能以精誠致魂魄。爲感君王展轉思，遂教方士殷勤覓。”“七月七日長生殿，夜半無人私語時：在天願作比翼鳥，在地願爲連理枝。天長地久有時盡，此恨綿綿無絶期。”

對詩句中的“臨邛”“鴻都”“長生殿”及“臨邛道士”應作何解釋，歷來存在着若干誤解。

一、“臨邛”是什麽地方？

現一般書中的解釋是：“臨邛，今曰川邛崍縣。鴻都，後漢京城洛陽宫門名，這裹借指唐都長安。”（《唐詩三百首新注》）[①] “臨邛，今四川邛崍縣。鴻都，東漢時京都洛陽有鴻都

① 金性堯注：《唐詩三百首新注》，上海古籍出版社，1980年版，第105頁。

門，設學校和藏書處。這裏借指長安。”（《唐詩選注》）[①] 其他如《中國歷代詩歌選》（林庚、馮沅君主編，人民文學出版社 1964 年版）、《中國歷代文學作品選》（朱東潤主編，上海古籍出版社 1980 年版）等比較權威的書籍，也作如此解釋。

應該說，這裏對“臨邛”的解釋還算不錯，但對“鴻都”的解釋就大有問題了。

關於臨邛，《舊唐書》卷四十一載：

邛州　上隋臨邛郡之依政縣。武德元年，割雅州之依政、臨邛、臨溪、蒲江、火井五縣，置邛州於依政縣。三年，又置安仁縣。顯慶二年，移州治於臨邛。天寶元年，改爲臨邛郡。乾元元年，復爲邛州。舊領縣六，户一萬五千八百八十六，口七萬二千八百五十九。天寶領縣七，户四萬二千一百七，口十九萬三百二十七。在京師西南二千五百一十五里，至東都三千三百七十一里。

臨邛　漢縣，屬蜀郡。邛水，出嚴道邛崍山，入青衣江，故云臨邛。晋於益州唐隆縣置臨邛縣。後魏平蜀，自唐隆移臨邛縣治於漢臨邛縣西，立臨邛郡。隋罷郡，移臨邛縣於今所治。有火井、銅官山也。

依政　秦蒲陽縣。漢臨邛縣。梁置蒲口鎮及邛州。後魏改爲蒲陽郡，置依政縣。隋改爲臨邛郡，治依政。梁、魏邛州，在今縣西南二里，後周移治於今所，後移治於臨邛。

安仁　秦臨邛縣地。武德三年，置安仁縣。貞觀十七年廢。咸亨初，復置。

大邑　咸亨二年，分益州晋原縣置也。

蒲江　漢臨邛縣地。後魏置廣定縣，隋改爲蒲江，南枕蒲水故也。

臨溪　後魏分臨邛縣置也。

火井　漢臨邛縣地。周置火井鎮，隋改鎮爲縣也。[②]

《新唐書》卷四十二載：“邛州臨邛郡。武德元年析雅州置，顯慶二年徙治臨邛。土貢：葛、絲布、酒杓。户四萬二千一百七，口十九萬三百二十七。縣七：……臨邛……依政……安仁。（武德三年析臨邛、依政置。貞觀十七年省，咸亨元年復置。）大邑（咸亨二年析益州之晋原置，有鶴鳴山）……蒲江……臨溪……火井……”[③] 邛崍縣今爲邛崍市（縣級），與都江堰市、崇州市、大邑縣等一起，皆爲成都市郊縣，互相比鄰，唐代皆是道教活動最興盛的地方，所以纔有“臨邛道士”云云。

臨邛域内有邛崍山、岷山。《山海經》載：“崍山，江水出焉。（今在漢嚴道縣南，中江所出有九折坂，出貘似熊。）其陽多黄金，其陰多麋，其木多檀柘也。”[④]《華陽國志》載：

① 中國社會科學院文學研究所古代文學室唐詩選注小組：《唐詩選注》，北京出版社，1983 年版，第 506 頁。

② （後晋）劉昫等：《舊唐書》卷四十一，岳麓書社，1997 年版，第 1029—1030 頁。

③ （宋）歐陽修、宋祁：《新唐書》卷四十二，岳麓書社，1997 年版，第 663 頁。

④ 袁珂：《山海經校譯》，上海古籍出版社，1985 年版，第 133 頁。

“嚴道縣，南有邛崍山，山上凝冰夏結，迴曲九折，王陽去官之所。”《山海經》載：“岷山，江水出焉，東北流注於海，其中多良龜，多鼉　。其上多金玉，其下多白珉，其木多梅、棠，其獸多犀象，多夔牛，其鳥多翰、鷩。”①

可以看出，臨邛正處於西蜀鶴鳴、青城二山一帶區域内。鶴鳴、青城二山，是道教發源地。《三國志》載：張陵“客蜀，學道鵠（鶴）鳴山中，造作道書，以惑百姓”。《華陽國志》亦説：“沛國張陵學道於蜀鶴鳴山，造作道書，自稱太清玄元。”《後漢書》載，當時西蜀成都地區很多人“修黄老，教授門生，上名録者三千餘人”，“好老子，尤善圖緯、天文、曆算”，等等。《淵鑒類涵》引《正一經》説：“陵學道於蜀中鶴鳴山，時蜀中人鬼不分，灾疾競起，感太上老君降正一盟威之法，始分人鬼，置二十四治。”二十四治即二十四個教區，分布在當時的蜀郡、廣漢郡、遂寧郡、犍爲郡、漢中郡等處（即今川西北和陝南一帶），其主要活動范圍在今成都市周圍（陽平治、鹿堂治和鶴鳴山治）。

對臨邛所屬地區的情況，《舊唐書》載：

什邡　漢縣，屬廣漢郡。後周改爲方寧。武德三年，改爲什邡。雍齒侯邑，在縣北四十步。

導江　蜀置都安縣，後周改爲汶山。武德元年，改爲盤龍，尋改爲導江。三年，割屬濛州。州廢，屬益州。舊治灌口城，武德元年，移治導江郡。垂拱二年，來屬。

蜀州　垂拱二年，分益州四縣置。天寶元年，改爲唐安郡。乾元元年，復爲蜀州也。領縣四，户五萬六千五百七十七，口三十九萬六百九十四。至京師三千三百三十二里，至東都三千一百七十二里。

晋原　漢江源地，屬蜀州。李雄立江源郡，晋改爲多融縣，又改爲晋原。鶴鳴山，在西北十里。

青城　漢江源縣地。南齊置齊基縣，後周改爲青城。山在西北三十二里。舊“青”字加水，開元十八年，去“水”爲“青”。

成都府蜀郡。至德二載曰南京，爲府，上元元年罷京。土貢：錦、單絲羅、高杼布、麻、蔗糖、梅煎、生春酒。户十六萬九百五十，口九十二萬八千一百九十九。縣十：……成都……華陽……新都……犀浦……新繁……雙流……廣都……郫……温江……靈池。

彭州濛陽郡。垂拱二年析益州置。土貢：段羅、交梭。户五萬五千九百二十二，口三十五萬七千三百八十七。縣四：……九隴（武德三年以九隴、綿竹、導江置濛州，有葛璝山、濰沅山、陽平山）……導江（本盤龍，武德元年以故汶山置，尋更名。貞觀中曰灌寧，開元中復爲導江。有侍郎堰，其東百丈堰，引江水以溉彭、益田；龍朔中築；又有小堰，長安初築。西有蠶崖關；有岷山、玉壘山……）……唐昌（儀鳳二年析九

① 袁珂：《山海經校譯》，上海古籍出版社，1985年版，第132頁。

隴、導江、郫置。長壽二年曰周昌，神龍元年復故名)，濛陽（儀鳳二年析九隴、什邡、雒置)。

蜀州唐安郡。垂拱二年析益州置。土貢：錦、單絲羅、花紗、紅藍、馬策。户五萬六千五百七十七，口三十九萬六百九十四。縣四：（有府三，曰金堰、廣逢、灌口。）晋原……（有天倉山。）青城……（”青”故作”清”，開元十八年更。有青城山。）唐安……新津。(有稠梗山、本竹山、天社山、主簿山，有鐵。)[①]

至唐代，包括臨邛在内的西蜀地區，道教活動已呈現出十分興隆的境況。《長恨歌》中的主人公楊貴妃，就是一名道教中人。《新唐書》載："（開元）二十八年正月癸巳，(玄宗)幸温泉宫。庚子，至自温泉宫。……十月甲子，幸温泉宫。以壽王妃楊氏爲道士，號太真。"[②]《舊唐書》載："（天寶）四載……秋八月甲辰，册太真妃楊氏爲貴妃。"[③] 唐玄宗度楊氏爲女道士不是偶然爲之：其一，有唐一代道教得以空前發展。道教因所奉始祖與李氏家族同姓，而被推崇備至，獲得了前所未有的發展機會。尤其是玄宗朝對道教尤爲看重。其二，與唐代公主入道成風有關。明人胡震亨認爲："唐初公主多自請出家，與二教（指道教、佛教）人喋近。(李)商隱同時如文安、潯陽、平恩、邵陽、永嘉、永安、義昌、安康諸主，先後丐爲道士，築觀在外。"（《李義山詩集輯評》）在楊妃之前就先後發生過高宗開耀元年"太原王妃之薨也，天后以太平公主爲女官以追福……乃爲立太平觀"（《資治通鑒》卷二百二)[④]，睿宗景雲元年"十二月，上以二女西城、隆昌公主，以資天皇太后之福"（《資治通鑒》卷二百一十)[⑤]，玄宗開元四年"六月，癸亥，上皇崩……以上女萬安公主爲女官，欲以追福"（《資治通鑒》卷二百十一)[⑥]。既然有了這些先例，那麽楊氏以宗室王妃的身份入道也就順理成章了。

二、"鴻都"所指爲何處？

讀白居易以上詩句，一般的習慣，"臨邛道士"和"鴻都客"，似應都是同一個意思纔對，也就是説："道士"和"客"應是指同一個人，"臨邛"和"鴻都"應是指同一個地方才對。這種情况在修辭學上稱爲"同義反復"，也類似於"互文、互體"。著名古代詩詞學者周

---

① （後晋）劉昫等：《舊唐書》，岳麓書社，1997年版，第661—662頁。

② （宋）歐陽修　宋祁：《新唐書》卷五，岳麓書社，1997年版，第77頁。

③ （後晋）劉昫等：《舊唐書》卷九，岳麓書社，1997年版，第128頁。

④ （宋）司馬光：《資治通鑒》卷二百二，中國和平出版社，2004年版，第2378頁。

⑤ （宋）司馬光：《資治通鑒》卷二百一十，中國和平出版社，2004年版，第2495頁。

⑥ （宋）司馬光：《資治通鑒》卷二百十一，中國和平出版社，2004年版，第2516頁。

振甫專文解釋説：互文是兩個詞（比方“秦漢”本來要合在一起説的，如“秦時明月漢時關”，可是爲了音節和字數的限制，要省去一個，於是前面省去個“漢”字，後面省去個“秦”字，解釋時要把兩個詞合起來講。這是詩中的一種特殊結構，是互文見義）。互體是上文的話里會有下文説出的詞在内，下文的話里會有上文説出的詞在内。（《詩詞例話》）[①] 也就是説，“秦時明月”和“漢時關”指的都是秦漢時的明月和關隘。同義反復的修辭手法，即在《長恨歌》中，類似的例子還有，如“漢皇重色思傾國”，“重色”和“思傾國”，都是喜歡美貌女子的意思；“太液芙蓉未央柳”，太液池的芙蓉花，未央宫的柳條，都是説宫中的花草。用不同的字面詞句，指同一個人或事物或一件事情，這是古人詩文中常見的修辭手法，這樣可以使詩句更加靈活多姿，文采更加焕然，避免枯燥單調的毛病，古人是比較熟悉的。

以此推之，“臨邛”和“鴻都”，應似指同一處地方纔對。可是這裏却變成了一爲蜀郡之地，一爲東都洛陽（指京都長安），内容上相距十萬八千里了。翻看古代詩文，很少見到有唐宋以來的作家用“鴻都”來指代唐京都長安的。那麽，“鴻都”正確的解釋或真正的含意應該是什麽呢？既然“臨邛”是指蜀郡臨邛縣，按照“同義反復”的原則，那麽“鴻都”也應是蜀郡臨邛附近的一處地名纔對。但是，成都境内真有一處名叫“鴻都”的地名嗎？

查權威工具書《辭海》，對鴻都的解釋是：“東漢時皇家藏書之所。《後漢書・儒林傳上》：“自辟雍、東觀、蘭臺、石室、宣明、鴻都諸藏典策文章，競共剖散。”[②] 以蘭臺、石室等作爲藏書或教育之地，自古至今，多處可見。成都至今還有以“石室”作爲名稱的學校“石室中學”。但無論是宫門名稱，還是藏書之處，無論如何都和臨邛構不成“同義反復”的關係。

但是，如果對道教文化、特别是唐代道教情況比較熟悉的人來説，這就不是一個難題了。

唐代是道教發展的一個高峰時期，上自皇帝、公主、大臣，下至黎庶百姓，都十分崇奉道教。在道教發祥地的蜀郡成都地區，道教更是十分興盛。就在這道教興盛之地、包括臨邛在内的成都地區，果真就有一座名爲“鴻都”的地方和道觀。據史載，鴻都觀在此地有兩處，一在彭縣（今彭州市），明曹學佺著《蜀中名勝記》：“《志》又云：‘治北五十里白石溝，即漓沅治也（即道教二十四治之一——李注）。上應房宿，治有鴻都觀，下觀名迴響石。’《寰宇記》以漓沅作麗元，云‘范蠡學道於此’。”[③] 一在灌縣（今都江堰市）青城山。《青城山志》載：“鴻都觀遺址在今都江堰市中興鎮三溪村董家坪，地當唐明皇登青城山上皇觀的中途。”[④]《青城山近記》載：“鴻都觀，又名清都觀，在鴻都山，漢晋以來古迹。門外山澗，

① 周振甫：《詩詞例話》，中國青年出版社，1979 年版，第 309—310 頁。
② 辭海編輯委員會：《辭海》（縮印本），上海辭書出版社，1989 年版，第 1079 頁。
③ （明）曹學佺：《蜀中名勝記》，重慶出版社，1984 年版，第 72 頁。
④ 王純五：《青城山志》，四川人民出版社，1984 年版，第 141 頁。

即白雲溪，與上皇觀相直。山水清幽，林壑環繞，静修之士，恒樂居之。唐末杜光庭由長安入青城，頗加修葺，久爲名勝。宋自李順亂後，殿宇傾衰，漸不能振。文潞公鎮蜀日，購築以贈張愈。愈卒，子孫世襲。其讀書樓、煉藥台諸勝，名人題詠尤多，不能備載。至明猶存，迨獻火毁去，方淪爲民居。光庭墓碑，亦堙林中。余於癸未冬日，與王道人搜索明勝，逾山過之，僅朽屋數椽，闃然荒草寒雲之間而已。”①

史籍載，唐時鴻都觀爲青城山一大觀，“此觀宏麗，甲於蜀西”。唐代的人、特别是道教中人，對此觀應是比較了解的。唐宋以後，關於此觀的下落，一説是逐漸湮滅了，今衹存遺址。(《青城山志》)② 一説唐玄宗逃蜀到青城山看望玉真公主後，山中道士即將玉真公主居住的鴻都觀改名爲上皇觀，今存。

彭縣和青城山的鴻都觀，以青城山處最爲著名。多種史籍記載，爲唐玄宗“升天入地”尋找楊貴妃的道士楊通幽，即來自青城山的鴻都觀。《青城山近記》載：唐末著名道士杜光庭隨唐僖宗入蜀後，即住在青城鴻都觀，一直到他去世，後，宋人張愈亦在此隱居，“六詔不起”，“杜門著書”。此觀“至明猶存”，後漸湮没③。

四川師范大學著名教授、學者王文才纂《青城山志》載：“《全唐詩》收杜光庭道觀詩六首，其中仙居觀在繁陽，鴻都、都慶、福唐諸觀，所在不詳，唯此首當屬青城。”④ 這一方面肯定了鴻都觀的存在爲確，另一方面肯定了鴻都觀所在地應爲青城山。更爲確切的是，杜光庭的詩《鴻都觀》至今猶存，全詩如下：

亡吴霸越已功全，深隱雲林始學仙。
鸞鶴自飄三島駕，波濤猶憶五湖船。
雙溪夜月澄寒玉，衆嶺秋空斂翠煙。
也有扁舟歸去興，故鄉東望思悠然。⑤

杜光庭，亦爲道教中著名人物著述甚豐，晚年隱居青城山。《五代史補》載：“杜光庭，長安人，應九經不第。有潘尊師者，道術甚高，光庭素游其門。僖宗幸蜀，觀道門寥落，思得名士主張知。駕還，召潘求其可者。奏曰：臣觀兩街之衆，道聽途説，一時之俊，雖有掌教，恐未合應聖旨。臣於科場中識九經杜光庭，其人性簡氣清，量寬識遠，困於風塵，思脱離名教久矣，以臣思之，非光庭不可。僖宗召問，大悦。遂令披戴，賜紫衣，號廣成先生，馳驛遣之。王建據蜀，待之愈厚，復號爲天師。常以《道德經》著者雖多，未能暢演其旨，因注廣成儀八十卷，識者多之。”《蜀檮杌》載：“光庭字賓聖，京兆杜陵人，寓居處州，方

① 彭襲明：《青城山近記》，岷江書屋，1941 年版，第 10—11 頁。
② 王純五：《青城山志》，四川人民出版社，1984 年版，第 61 頁。
③ 彭襲明：《青城山近記》，岷江書屋，1941 年版，第 18 頁。
④ 王文才：《青城山志》，四川人民出版社，1982 年版，第 32 頁。
⑤ 王純五：《青城山志》，四川人民出版社，1984 年版，第 345 頁。

千稱爲宗廟中寳玉大圭，與鄭雲叟百篇舉，不中，入天台爲道士。僖宗召見，賜紫衣出入禁中。乞游成都，隱青城白雲居。王建以爲傳真天師、崇真館大學士。”《十國春秋·本傳》載：“光庭，縉雲人，事蜀爲金紫光禄大夫，解官居青城山，號登瀛子。”《續博物志》載：“避亂入蜀，稱廣德先生。其説互有同异，要以史爲正。能詩，唐末蜀之詩人，有其名焉；又善書，多煙霞氣，非世俗所能到；而著述尤富云。”

唐宋以來，以青城山清都觀爲題作詩的名人不少，如：

（宋）宋汝爲詩句：

平日慣從山外看，不禁煩惱著山圍。

（宋）勾台符詩句：

松門開碧嶂，玉甃鎖清泉。

（宋）王灌詩句：

天上清都人莫到，山間仙觀又荒凉。
惟余舊浴丹砂井，一酌今猶齒頰香。

（宋）師渾甫詩句：

清都視諸方，事力良不齊。
幽賞豈不勝，門當白雲溪。
劍峰晳罔象，丹井藏虹晛。①

位於鴻都觀對面的上皇觀，唐宋以來，以此爲題作詩的名人也不少，如：

（唐）薛逢詩句：

狂寇窮兵犯帝畿，上皇曾此振戎衣。
門前衛士傳清警，砌下奚官掃翠微。
雲駐壽宫三洞啓，日回仙馭六龍歸。
當時丹鳳銜書處，松柏蒼蒼已合圍。

（唐）章孝標詩句：

煙霞華蓋七星壇，想象先朝駐禁鑾。
輦路已平栽藥地，皇風猶在步虚壇。

---

① 王文才：《青城山志》，四川人民出版社，1982年版，第31頁。

樓臺蜃氣晴蕭索，杉檜龍身老屈蟠。
翻感惠休并李白，劍門空處望長安。

（清）黄雲鵠詩句：

散吏何緣謁上皇，仙山有路近高唐。
雨添崖翠迎眉潤，風逗溪聲引輿長。
萬木陰濃宜避暑，雙杉年久自生香。
暫容領略煙霞趣，爲語同人去莫忙。[①]

此外，《記勝》載："金華宫，去上皇觀不一里許，唐金華、玉真二公主建。前蜀王衍與徐太后同游，避暑宫遺址存焉。"關於青城山金華宫及唐玄宗之妹金華、玉真二公主在青城山修道的事迹，古人亦多有記載，如：

前蜀徐太后《題金華宫》：

再到金華頂，玄都訪道回。
雲披分景像，黛鎖并樓臺。
雨滌前山净，風吹去路開。
翠屏夾流水，何必羡蓬萊。

前蜀徐太妃《繼題金華宫》：

碧煙紅霧撲人衣，宿露蒼苔石徑危。
風巧解吹松上笛，蝶嬌頻采臉邊脂。
同尋僻路思携手，暗指遥山學畫眉。
好把身心清净處，角冠霞帔事希夷。[②]

胡叔豹《玉真公主像》：

棄形如遺但養神，阿兄爛醉梨園春。
人百撼之耳不聞，何物女子乃獨醒。
徑來窮山卧白雲，不見漁陽胡馬塵。[③]

① 王文才：《青城山志》，四川人民出版社，1982年版，第15頁。
② 同上，第40—41頁。
③ 同上，第32—33頁。

沈少南《玉真像》：

割盡齊封奉魯元，更開沁水占名園。
如何帝子空山外，落日騎驢芳草原。①

這些作品都從另一個方面説明了鴻都觀存在的真實性。

再者，白居易《長恨歌》自“臨邛道士鴻都客”一句始，至詩末“此恨綿綿無絶期”，全都説的是臨邛道士“升天入地”，到“海上仙山”爲唐玄宗尋找楊貴妃的故事，整個都是道教行爲，“鴻都”作爲道教宫觀，正好與此相符，前後一致了。

至此，我們可以知道，作爲對道教十分熟悉的白居易，其詩句“臨邛道士鴻都客”，和他同一首詩中的“重色思傾國”“太液芙蓉未央柳”等一樣，確是“同義反復”修辭手法的出色應用，兩個説法指的是同一意思。祇是我們後來的人，一者因爲年代久遠，二者因爲對道教情况缺乏了解，纔對“鴻都”一詞作了誤解和誤釋，以致完全曲解了《長恨歌》詩句的本意。

今人中也有對“鴻都”作了較爲正確的理解和解釋的，如著名學者徐朔方在爲《長生殿》② 作注時，即寫道：“鴻都客，神仙中人，指道士楊通幽。鴻都，仙府。”可能他也意識到把“鴻都”作爲宫門名或藏書處解釋，太過牽强，因此不再把鴻都解釋爲漢洛陽宫門名、指代京都長安了。祇是他還未能説明這“仙府”究竟是何處的“仙府”，未能明確點出這“仙府”其實就是道教聖地青城山上的“鴻都觀”。

讀到這裏，我們就可以知道，“鴻都”并非指的是長安京城，而是指道教聖地青城山上的鴻都觀，“臨邛道士”和“鴻都客”指的也就是同一個人。

三、“臨邛道士”和“鴻都客”指的是誰？

既然“臨邛道士”和“鴻都客”指的就是同一個人，那麼這個人是誰呢？歷史上真有這麼一個人嗎？這涉及《長恨歌》中所描寫内容的真實性如何的判斷。今人一般以爲兩部作品中前半部分（馬嵬事變和楊貴妃縊死）爲實，而後半部分（楊貴妃死而復活，并在蓬萊仙島與唐玄宗互通音信）爲虚，是作者虚構出來的。

然而，唐人也是這麼認爲的嗎？即如今人，也有不少研究者指出，有綫索和證據證明，楊貴妃并未真正死去，而是逃離了馬嵬坡。（關於楊貴妃死而復生及最後歸宿地，本文作者

① 王文才：《青城山志》，四川人民出版社，1982年版，第32頁。
② （清）洪昇：《長生殿》，人民文學出版社，1988年版，第3頁。

另有專文分析。）一些研究者指出，唐代宫闈秘事甚多，詩文作者因事涉本朝，爲前者諱，常用仙境代指，李白、杜甫、白居易、劉禹錫等諸名家和楊貴妃基本是同時代人，較“兩唐書”、《資治通鑒》等正史作者還要早一兩百年，且在朝爲官，與宫廷人士（包括皇室成員）接觸頗多，在掌握史料的時間上，有很大的優越性。更應注意的是，唐代很多人都是道教信奉者，神仙、蓬萊等語，并非虚妄之詞，而是有所指的實地、實人。唐人的觀念和今人的觀念完全是兩回事。

以白居易的經歷爲例。白居易（772—846），字樂天，唐德宗貞元十六年二十九歲時入長安考中進士，三十二歲與元積同授較書郎，唐憲宗元和二年三十六歲時被擢爲翰林學士，次年五月拜左拾遺。元和九年授太子左贊善大夫；元和十年，因替宰相武元衡説話，被貶爲忠州判史、江州司馬。個人經歷坎坷複雜，榮耀和痛苦之情，都曾深刻地經歷過。由於接近皇帝，對宫廷秘事有所了解，且篤信道教（特别是後半生），在北方、南方（蜀、漢等地）都做過官，閲歷十分豐富。《新唐書》卷一百五十二載：“帝（憲宗）嘗稱太宗、玄宗之盛……即詔絳與崔群、錢徽、韋弘景、白居易等搜次君臣成敗五十種，爲連屏，張便坐。帝每閲視，顧左右曰：‘而等宜作意，勿爲如此事。’”① 陳鴻，字大亮，貞元二十一年爲進士，登太常第，曾以 7 年時間修成《大統記始》30 卷。元和元年（806）冬十二月，白居易、陳鴻、王質夫三人同游盩厔（今周至縣）的仙游寺，王質夫要白、陳二人以唐玄宗和楊貴妃的事迹爲題材寫作詩文，這樣便産生了流傳千古的姊妹奇葩《長恨歌》和《長恨（歌）傳》。此時，距馬嵬事變相距僅 50 年，周至至馬嵬亦不過 20 里。《太平廣記》中，就把白居易和老子、張道陵、孫思邈、張果老等著名道教神仙人物一起，列入神仙名録中。

上舉著名學者徐朔方即指出：“鴻都客，神仙中人，指道士楊通幽。”《青城山近記》載：“道士楊通幽（什伍）即爲此觀道士，也即《長恨歌》中的‘臨邛道士’（原在臨邛縣，後到青城山修道，住鴻都觀。）”② 關於楊通幽，《青城山志》轉引《太平廣記・仙傳拾遺》載：“楊通幽，本名什伍，廣漢什邡人。幼遇道士，教以檄召之術，受三皇天文，役命鬼神，無不立應。驅毒癘，剪氛邪，禳水旱，致風雨，是皆能之，而木訥疏傲，不拘於俗。其術數變异，遠近稱之。”③

“臨邛道士”楊通幽應唐玄宗之召，“升天入地”，“上窮碧落下黄泉”，爲唐玄宗尋找楊貴妃，《太平廣記・仙傳拾遺》也有專門的記載：“玄宗幸蜀，自馬嵬之後，屬念貴妃，往往輟食忘寐。近侍之臣，密令求訪方士，冀少安聖慮。或云：‘楊什伍有考召之法。’徵至行朝。上問其事，對曰：‘雖天上地下，冥寞之中，鬼神之内，皆可歷而求之。’上大悦，於内置場，以行其術。”第一天搜尋，没找到，“已於九地之下，鬼神之中，遍加搜訪，不知其所。”第二天搜尋，還是没找到，“九天之上星辰日月之間，虚空杳冥之際，亦遍尋訪而不知

① （宋）歐陽修、宋祁：《新唐書》卷一百五十二，岳麓書社，1997 年版，第 3004 頁。

② 彭襲明：《青城山近記》，岷江書屋，1941 年版，第 27 頁。

③ 王文才：《青城山志》，四川人民出版社，1982 年版，第 87 頁。

其處。”直至第三天，纔在蓬萊仙島上，找到楊貴妃，“於人寰之中，山川岳瀆祠廟之内，十洲三島江海之間，亦遍求訪，莫知其所。後於東海之上，蓬萊之頂，南宫西廡。有群仙所居，上元女仙太真者，即貴妃也”。蓬萊仙島上的楊貴妃對楊通幽説：“我太上侍女，隸上元宫。聖上太陽朱宫真人，偶以宿緣世念，其願頗重，聖上降居於世，我謫於人間，以爲侍衛耳。此後一記，自當相見，願善保聖體，無復意念也。”於是取出開元中唐玄宗賜給楊貴妃的金釵、鈿合各半，以及玉龜子一枚，“寄以爲信”，并且説：“聖上見此，自當醒憶矣。”説完，“流涕而别”。當楊通幽把這些信物交給唐玄宗時，唐玄宗的表現自然是感慨萬千，“潸然良久”。他對楊通幽的評價是：“師升天入地，通幽達冥，真得道神仙之士也。”① 此評價不可謂不高矣。

四、“長生殿”七夕盟誓亦并非作者虚構的神話

白居易《長恨歌》有句：“七月七日長生殿，夜半無人私語時：在天願作比翼鳥，在地願爲連理枝。”楊貴妃與唐玄宗的愛情得到了升華，成爲千古絶唱。

有人指出，“七夕盟誓”衹是詩中臨邛道士的一面之詞，是《長恨歌》《長恨（歌）傳》的作者精心編織的一段神話，不能當作信史來看。

白居易、陳鴻的《長恨歌》《長恨（歌）傳》中的描寫是否屬實？這應該讓史料來説話。

“兩唐書”載，唐玄宗在驪山温泉室建長生殿，“名曰集靈臺，以祀天神”。懷疑者説，皇帝從來没有在夏天到過驪山，驪山温泉衹是避寒之地，因此白詩、陳文中的描繪與事實不符。况且，長生殿是祀神的地方，怎會用來談情説愛呢？

細讀“兩唐書”及《資治通鑒》等史料，可以發現：

一、唐玄宗到驪山温泉宫，確實主要是在冬春寒冷時節，但也有夏天去的時候，《舊唐書》卷九即載：“（天寶）八載夏四月，幸華清宫觀風樓。”②

二、長生殿并非僅衹建在華清宫，在此之前，在長安皇宫内即有長生殿。不要忘了，驪山華清宫是仿照長安百官公署修建的。史載，武則天年老時所寢之宫即爲長生殿，又叫上陽宫之仙居殿或仙居院，或載又爲迎仙宫之集仙殿。唐肅宗寶應元年去世時所居之地，也是長生殿。怎麽能説衹有驪山華清宫纔有長生殿呢？南宫博考證，長安城内的叫飛霜殿長生院，華清宫的叫凝翠殿長生院。又説，長生殿或長生院，是宫中對皇帝寢宫的泛稱，并非專指一宫。

---

① 王文才：《青城山志》，四川人民出版社，1982年版，第87—88頁。

② （後晋）劉昫等：《舊唐書》卷九，岳麓書社，1997年版，第130頁。

三、更爲重要的是，懷疑者不瞭解道教内涵，以爲祀神之處不能用來談情説愛。其實，在道教理論和道教信奉者的觀念中，七月初七乞巧所祀之神，正是月神。月亮與太陽相對，被稱爲“陰精”，月神是女神中之一，一般爲嫦娥。道教女神中的最高位者爲王母，居住在西方崑崙山。楊玉環和唐玄宗皆是道教中人，爲表明兩人心中的愛戀之情，向月神祈禱，正是再自然不過。《長生殿》中所述月神嫦娥幫助楊貴妃與唐玄宗在蓬島相會①，正是符合道教神仙譜系定規的。若是對道教内涵及道教神仙譜系内容不了解，難免會對白詩中“七夕盟誓”和《長生殿》嫦娥出現等情景發出不能理解的疑問了。

除此之外，長生殿還是舉行道教其他重大活動的地方，唐玄宗、楊貴妃進行道教授籙也在此處。唐張祜《集靈臺》一詩寫道：“日光斜照集靈臺，紅樹花迎曉露開。昨夜上皇新授籙，太真含笑入簾來。”② 集靈台即長生殿。《隋書·經籍志》：“道經受道之法，初受五千文籙，次受三洞籙，次受洞玄籙，次受上清籙。籙皆素書，記諸天曹官屬佐吏之名。”

因此，白詩中“七夕盟誓”（包括蓬島相會等）的描寫確是有史實根據的。打開這道門的鑰匙，就是道教所包含的豐富内容。

綜上所述，白居易《長恨歌》所包含的諸多内容，并非完全虚構。從道教文化的角度入手，結合諸多典籍的輔證，就可解開其中的若干奥秘。

作者單位：四川水利職業技術學院

① （清）洪昇：《長生殿》，人民文學出版社，1988年版，第250—257頁。
② 金性堯注：《唐詩三百首新注》，上海古籍出版社，1980年版，第344頁。

靈岩書院師生劄記

施廷俊

内容提要：靈岩書院位於四川成都都江堰市城北靈岩山，民國三十四年（1945），由著名歷史學家李源澄先生創建。當年春，源澄先生請著名書法家謝无量題寫“靈岩書院”牌匾并開始招生，次年春天開辦。第一期學生共有二十餘人，來自四面八方，年齡差异較大，性别、學歷、經歷也各异。書院同時辦有《靈岩學報》和暑期講學班。常年在書院講學的有李源澄、傅平驤、張國銓、曾祥仁等先生；辦學期間，曾來靈岩書院客座講學、暑期講學班講學者有唐君毅、蒙文通、彭雲生、錢穆、朱自清、謝文炳、饒孟侃、賴高翔、周輔成、秦佩珩等當時名滿天下的學者們。爲川西培養了人才，提升了都江堰市的知名度。目前，靈岩書院如歌歲月受到重現，并與都江堰、青城山、伏龍觀、二王廟、奎光塔等一起被確定爲都江堰市的文化地標，以唤起人們對傳統歷史文化的記憶和認同。

關鍵詞：靈岩書院；李源澄；傅平驤；張國銓；曾祥仁

一、靈岩書院

在中國古代，書院是藏書、教學與研究三結合的高等教育機構。書院制度萌芽於唐，完備於宋，廢止於民國末期，歷時一千餘年，對中國社會教育與傳統文化的發展産生了重要的影響。

抗戰時期，馬一浮（1883—1967）先生在樂山烏尤寺創辦“復性書院”，它是在清末“改書院、興學堂”、實行新教育後，借助於人們對新教育弊端的反思、對傳統文化的回溯及當時國學思潮的興起而出現的。

自馬一浮創辦“復性書院”以後，伍非百在南充創建“西山書院”，數十年間，書院教育曾在大陸、香港、臺灣一度興盛，成爲頗具中國特色的一種教育現象。“靈岩書院”就是上述教育現象的産物，其原址在灌邑靈岩寺西側東岳廟，由著名歷史學家李源澄先生創建，時間在民國三十四年（1945）春。

在李源澄先生創辦“靈岩書院”之前，東岳廟曾是清末成都華西壩基督教教會的宣教站口之一，後來成爲辦學基地。民國二十八年（1939）春，他們在東岳廟創辦靈修學院，由著名神學家、神學教育家、解經家賈玉銘先生擔任牧師、住持，并兼理管理、教學事宜，以宣揚科學文化。

賈玉銘（1880—1964）

不久，基督教教會傳教士不容於灌邑“孔門衛道士”和佛教徒。於是，在儒、佛兩教的信徒們攛掇下，當地群衆與靈修學院師生發生糾紛，次年即將靈修學院師生趕走。

此後，東岳廟教學區一直空置。民國三十四年（1945）春，李源澄先生借助靈岩寺住持能清與傳西法師之力在那裏創辦“靈岩書院”，主要講習經、子、史、《文選》，提倡廣泛讀書、自選題目、獨立鑽研，實踐個人自由講學、專心治學、自我重建，以培養合格國學人才理念。

李源澄（1909—1958）

民國三十四年（1945）春，源澄先生請名人謝无量題寫校牌匾額，開始招收學生，次年初夏開學。第一期學生來自四面八方，年齡差异較大，學歷、經歷、性别也各异；按姓氏筆劃爲序，計有：丁季鶴、王家祐、王德宗、李守之、李知勉（培華）（女）、李紹修、李源委（端深）、汪克永、屈仲樵、張小谷、張正愷、唐至中（女）、蒙默、傅□□、傅全波（女）、廖定芳、錢松偉、藍見龍、鍾元靈、鍾博約等二十餘人。書院同時辦有《靈岩學報》和暑期講學班。

據考，當年，李源澄先生負責書院日常事務、外交斡旋、經費籌集和教學；傅平驤（1909—2000）先生主持教務。常年在書院講學的有李源澄、傅平驤、曾祥仁、張國銓等先生，辦學期間，曾來靈岩書院客座講學者有唐君毅、蒙文通、錢穆、朱自清、饒孟侃、賴高翔、張敷榮、周輔成、秦佩珩等當時名滿天下的學者們。因此，當時的靈岩書院大師雲集，遠近聞名。

民國三十五年（1946）春，爲書院題寫匾額的謝无量先生曾去靈岩參訪，賦詩云：

> 遠游何必到青城，一到靈岩便有情。
> 未進山門先一笑，滿山紅葉讀書聲。

今天，我們還能從這些詩句中感受到靈岩書院的無窮魅力。心中充滿景仰與崇敬，不禁心嚮往之……

靈岩書院師生合影（1946 年農曆丙戌十月）王德宗先生供圖

民國三十五年（1946）暑假，爲了讓更多的人有機會到書院學習，李源澄先生還在蒙文通、彭雲生、唐君毅等先生支持下，在院本部開辦了爲期兩個月的“靈岩書院暑期講習會”

（一説辦學地點在成都蒙文通先生任館長的四川省圖書館），學費爲三個大洋。

那時正是靈岩書院的黄金歲月，潘重規、賴高翔、饒孟侃、牟宗三、謝文炳、朱自清、錢穆、張敷榮、周輔成、彭雲生等當時執教成都各大學的著名文史學者相繼來“暑期講習會”講課，聽課的學生有二十人左右。當時，崇慶縣立中學還有一位四十多歲的老師（估計是王德宗讀書時的班主任兼國文教師田韞可先生）帶着他的幾個學生一起來聽課。有資料證明，後來執教於崇中的祁翔翎先生即是參與該“暑期講習會”聽課的崇中學生之一。

也是在那年夏天，李源澄先生還帶領學生數人徒步作“青城三日游”。其間一個月夜，天師洞住持寇同瞻真人曾應李源澄先生之請，爲靈岩書院師生月下舞劍，展示青城劍法出神入化的絶技。

那時，國内刊物對靈岩書院辦學成績、情况多有報導，兹以民國三十五年至三十六年（1946—1947）在《東南日報》第十版《文史專刊》“文史消息”第二、第十八、第四十一、第四十五期上發表的報導爲例，予以證明。

民國三十五年（1946）七月十一日《文史專刊》第二期：

> 史學家李源澄氏，創靈岩書院於四川灌縣青城山之靈岩寺，專門造就文史方面人才，有學生數十人，教師多係向成渝兩地請著名學者前往輪流講學，近年以來，成績斐然，故發展亦至爲迅速，故不僅開私家講學之風，且（以下文字模糊，從略）……

當年十一月十四日《文史專刊》第十八期：

> 史學家李源澄氏主持灌縣靈岩書院，最近發表《靈岩學報》一種，創刊號有蒙文通

之《楊朱考》《黄老考》，李源澄之《天人合一説探源》，唐君毅之《佛學時代之來臨》等文，内容豐富，實爲沉寂之學術界放一异彩。

次年五月七日《文史專刊》第四十一期：

史學家李源澄氏在四川灌縣青城山手創之靈岩書院，成立兩年，頗著成績，各方學者前往講學者甚多，并曾發刊《靈岩學報》，足爲私家講學之楷模。

次年九月十日《文史專刊》第四十五期：

李源澄教授主持之靈岩書院，近以該地所在之青城山，匪患甚熾，兼之川西物價暴漲，經濟與治安均陷於絶境，不得不自本期起暫行停辦；數載經營，頗著成效，一旦停閉，殊堪惋惜。聞李氏即將赴昆明講學。

據此可知，民國三十六年（1947）秋，靈岩書院因經濟與治安均陷於絶境，教學難以爲繼，李源澄先生遂受聘去昆明執教於雲南大學及五華書院，其學生李源委、李守之、廖定芳、錢松偉、藍見龍、張正愷等隨侍到“五華書院”。靈岩書院日常事務、善後事宜暫由傅平驤先生負責。停辦時間約在當年年底。

事後，李源澄先生亦曾自述靈岩書院解散原因：

我在靈岩住了兩年半，山上鬧匪，不能住了，一九四七年我到雲南大學……

書院解散，師生各奔前程，“靈岩書院”的這一段往事也隨即塵封於歷史長河之中。

當年，書院桌椅板凳搬下山，準備運走時，爲寓居靈岩寺内的成都儒商李濟余先生知曉。瞭解情况後，李濟余先生當即斥資將其全部買下，再運回東岳廟，舉辦“義學”，爲當地山民子女普及文化知識提高文化水準。史稱“靈岩義學”。1950年春，“靈岩義學”停辦。

歲月如歌，目前，“靈岩書院”得到重視，與都江堰、青城山、伏龍觀、二王廟、奎光塔一起被確定爲都江堰市的文化地標，以唤起人們對傳統歷史文化的記憶和認同。

2018年春，市上主管文物保護的有關領導曾向我詢問如何恢復謝无量先生書寫的“靈岩書院”校牌情况。鑒於校牌僅有部分殘存，我向他們建議，請都江堰市著名書法家張通杰先生臨摹一個“靈岩書院”校牌樣稿，由主辦方去刊刻。

馬一浮、伍非百、李源澄、梁漱溟等民國學者們，浸潤於詩書禮儀，養成於西學東漸之時，以講臺爲陣地，以書刊爲舞臺，或孜孜於傳統文化的批判與改造，或倡言西方自由、民主和法治。但無一不是希圖用自己全部生命在書院這塊“净土”上去構造社會的精神家園、個人的立命之所；以接續歷史，瞻望未來。今天回顧他們的故事、言行操守和思想，也許更能感受、體會到中國近現代知識份子對理想信念的追求，其精神是多麽的執着。

限於見識，“靈岩書院”大部分師生情况我瞭解的不多，這裏略記靈岩書院教師張國銓、曾祥仁和學生鍾元靈、王德宗、李紹修等人事迹於下。

二、教師：張國銓與曾祥仁

張國銓（1914—1977）

張國銓，字白珩，籍屬崇州。民國二十八年（1939），曾負笈前往馬一浮先生創辦在四川樂山的“復性書院”求學，肄業前後，白珩先生有作爲結業作業的《〈新序〉校注》《〈擊筑餘音〉注釋》等著述問世。從復性書院肄業，經崇州先賢彭雲生先生介紹，白珩先生相繼執教崇慶中學、“靈岩書院”、石室中學等校；1956 年調入創辦於成都東郊獅子山的四川師范學院，成績斐然。

民國三十五年（1946），著名學者韓文畦先生寓居雅安蒼坪山丁家故廬曾圈點、題跋白珩先生所撰《〈新序〉校注》，評價很高：據宋、元、清前賢諸本校勘，可謂集大成者。

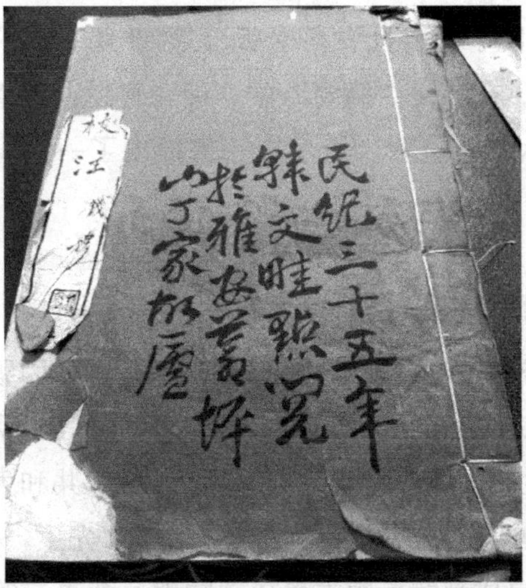

張國銓（白珩）校注劉向《新序》封面（錢穆題簽）

四年後，靈岩書院的崇州學生鍾元靈在一首悼念該書院曾直君老師的詩歌第一句“鄭重張珩遺鯉魚（張白珩先生）”就提到白珩先生。

白珩先生服務於四川師范學院時，與屈守元、湯炳正、劉君惠、蕭蔓若、冉友僑、雷履平、魏炯若、徐仁甫、杜道生、王文才諸位學者、教育家爲同事，是文賢書、范文瑚、羅煥章、張天健、張志烈、范昌灼、藍棣之等先生的老師。

“文革”中，白珩先生曾隨川師同事數十人到崇州西河“孫河壩”軍區農場勞動鍛煉。1977 年春因病棄世在老家。自那時到現在，曾見有川師教授范昌灼、黃勝彬先生等撰文記念他。

范昌灼先生所撰《回憶張伯珩老師》一文寫到，1963 年 7 月畢業後留校執教“中學語文教材教法”課程，師從張白珩老師，文中有“他原任教於成都四中（即石室中學），在全市中學語文界頗享盛譽。1956 年調入川師……”等文字。後來，范昌灼先生這篇回憶文章收在其散文集《朗秋集》中。

黄勝彬先生所撰《“河壩軍區”憶事》一文中有：

河壩軍區……農場……人才濟濟，藏龍卧虎。當然像湯炳正、劉君惠、蕭蔓若、冉友僑、雷履平、張伯珩、魏炯若、徐仁甫、杜道生等等飽學名師，儘管暫居“另類”，仍無法掩飾其學富五車，才儲八斗之星輝……張伯珩老師特别殷情，這張“鐵嘴”滔滔不絶，妙語連珠，促膝談心、叙舊、拉家常，特别親切，他説要盡地主之誼，休假日要邀我上崇慶州，他作［做］東，請吃名小吃，西街的臊子米凉粉、鹽板鴨子、豆腐廉子、凍糕葉兒粑等等，鄉情美意的推薦，雖没吃已是香氣四溢，垂涎三丈……相視一笑，順手又遞一把鑰匙交給我：“以後你來往學校就到我那屋去住。”還好，（張）老師的家屬都趕回崇慶州，衹保留老六舍底樓傍路邊一間房子，而我便是衹有光杆一人在川師了……

1980 年，《四川師范學院學報（社會科學版）》第 3 期刊載了張白珩先生的《試論劉向〈新序〉成書之體例》一文。在該文“摘要”中，編者寫道：這篇文章是我院中文系張白珩老師的遺著，寫成於一九六三年，對《新序》一書提出了一些值得注意的見解；現特予發表，以表懷念之意。

曾祥仁（1893—1949）

曾祥仁，家族派名本麒，字述之，灌邑縣城楊柳河街一號院人。幼入家塾，從鍾撫琴、馬樸之兩位先生學，即嗜書如命，自號“書呆子”。性狷介，因號直君，晚年身體羸瘠，更署“太瘦生”。清光、宣之交（1908—1909）求學於灌縣高等小學堂，受教於羅駿聲、葉惠三、謝賡堂、陳國祥等先生。民國四年（1915），考入成都共和大學。其同學柏郁冬爲井研廖季平先生入室弟子，遂轉入省立國學專科學校，宗奉廖先生，修今文經學，建構“蜀學”理論。民國六年（1917），自成都歸，復求學於羅駿聲、葉惠三等先生。當年，林烺青等灌邑學者爲傳承“蜀學”，保存國粹，組織“麗澤書社”，成立“敬業樂群社”，創“宏模學校”；民國十一年（1922）創“旬期講學會”，曾祥仁皆躋身其中。同時儕輩有陳夢龍、楊向榮、楊超凡、余定夫、萬仲宣、廖鐵生、廖嘉言、李劍鳴等。民國十四年（1925），與余定夫等宣導發起“導江讀書會”，同年協助羅伯濟先生編撰《灌縣志》，與陳夢龍、葉惠三、申嘉績、李世瓊等擔任采訪工作。民國十七年（1928）創“戊辰書報社”。民國二十八年（1939），應西康建省委員會秘書長楊永浚先生之邀，遠赴康定。又由西康轉赴果州（今南充市），得識佛教唯識學大師王化中先生。受其熏陶，乃隨緣和合，講學四方，有弟子數百人。民國三十五年（1946）春，犍爲李源澄先生在灌邑城北靈岩山創建靈岩書院，邀請曾祥仁講學，以學問賅博，出入經史，大受歡迎。次年，灌縣同仁建“玉屏學會”，創會刊《玉屏學報》，余定夫先生任主編，得先生支持尤多。其意在以施教四方，播揚傳統學術，長君子之道，振萎頹之習，樹“蜀學”之風。戊子（1948）秋，積勞成疾；次年春，仍應王化中先生之邀，赴成都羅家碾東方文教學院任文學教授，欲爲學生講授《劍南詩稿》。終因病篤，不得已返家，隨即病逝，士論惜之。同人多撰詩、文、聯悼念，《玉屏學報》第八期特編撰爲“記念曾直君先生逝世專刊”，崇州學者彭雲生及張國銓等皆撰挽詩或挽聯悼念。

彭雲生所撰挽詩爲：

蠶叢北望泣春風，不信途窮即道窮。
傲骨自超千仞上，吟魂長寄百篇中。
江山我亦追游侶，俠義人誰繼此翁。
爲語子由休灑泪，文章憎命古今同。

張國銓先生的挽聯爲：

與我爲忘年交，芳草連袂，皓月開襟，冉冉韶光悲逝水；
如君真三代直，至性感人，剛腸駭俗，蒼蒼雲樹仰高山。

三、學生：鍾元靈、王德宗、李紹修

當年，由崇州前輩彭雲生介紹前去靈岩書院學習的崇慶縣縣立中學學生鍾元靈、王德宗、李紹修等先生的有關事迹如下。

鍾元靈（1924—1986）

在崇州，鍾元靈先生可算是一個有着傳奇色彩但命運多舛的教育界知名人士。

鍾先生學名鍾英，出身寒微，自小悟性穎慧，勤奮向學。抗戰結束前夕，鍾先生早在崇中初中（男）二十六班（1938.8－1941.7）畢業，無力繼續升學。畢業四年後，鍾先生聽説靈岩書院創辦，心嚮往之。經鄉先賢彭雲生先生推薦，遠赴灌縣求學。那時交通不便，鍾先生背負行囊、大米，取道廖家、梓潼、順江、徐渡、大興、中興、玉堂，一路溯岷江而上，步行一百餘里，就讀於靈岩書院，師從李源澄、傅平驤、曾直君、張國銓等先生。

鍾先生學習用功，得到李源澄先生的鼎力支助，以及張國銓、曾直君等先生的悉心指導……他肯動腦、動手，吃苦耐勞，能學以致用，學問很好。書院停辦，因家務貧寒，鍾先生含泪告别恩師，遂易名元靈，以志不忘李源澄“靈岩書院”栽培之恩。

次年夏天，得知王德宗、李紹修等摯友赴重慶考入梁漱溟先生創辦在北碚的勉仁書院學習，又在那裏與恩師李源澄相逢，得到再次追隨恩師求學問難的機會，頓感五内交接，爲自己的貧窮悲痛不已。

鍾先生學成歸來，得當時崇中掌教者衛有恒（1907—1951）先生的破格聘用。他安於清貧，無意名利，與世無爭，潛心學問，善於教學，與同事的關係很好，深得同事和學生的佩服、信任。

1949 年春，他已回崇州，并應母校聘任爲國文教員，聽説曾直君先生去世，欲赴灌城吊唁却囊中羞澀。這時得到張白珩先生寄來的信函，告知灌邑余定夫先生主編的《玉屏學報》徵求挽聯、挽詩的信息，於是撰挽詩二首、挽聯一副寄去，爲《玉屏學報》第八期“記念曾直君先生逝世專刊”刊載：

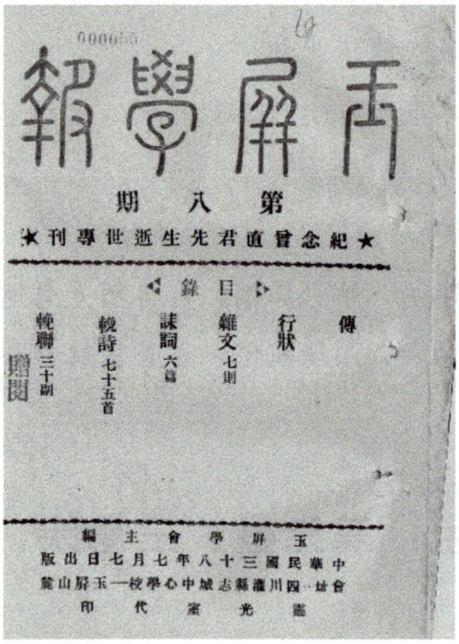
玉屏學報
第八期
★紀念曾直君先生逝世專刊★
目錄
傳
行狀
雜文 七則
誄詞 六篇
輓詩 七十五首
輓聯 三十副
贈閱
玉屏學會主編
中華民國三十八年七月七日出版
會址：四川灌縣志城中心學校—玉屏山麓
盧光室代印

鍾先生的挽詩爲：

鄭重張珩遺鯉魚，高人奄忽訣家居。
養生勞引嵇康論，匡學終成顧絳書。
杜若疏麻芳未沫，列風淫雨色紛如。
新詩改罷增惆悵，泉下南豐倘起予。

鼓琴回首出潛魚，建德鄉還久索居。
肝膽甚憐三尺劍，詞章欲破五車書。
種成桃李陰常在，絶去町畦意豁如。
填海移山無限事，靈修浩蕩孰華予。

鍾先生的挽詩原詩詩句後有四處注釋，附記於此：

鄭重張珩遺鯉魚：張白珩先生。

養生勞引嵇康論：年來多病，先生告予讀《養生論》。

匡學終成顧絳書：疎證顧亭林《與友人論學書》草稿已定。

建德鄉還久索居：曩者游學靈岩，頌朱希真《樵歌》，先生適來，嘆賞不絶。

鍾先生的挽聯爲：

往事尚依稀，酌青城酒，烹靈寶茶，把臂相期忘後進；

新知合培養，紬蠲叟詩，尋逸翁語，作書臨發失先生。

那期《玉屏學報》“紀念曾直君專欄”還刊載有崇州學者彭雲生先生的挽詩。

自 1948 年起，鍾元靈先生相繼在崇慶中學、二中任教，曾任語文教研組長、年級組長。著名學者、教育家趙齊平、施映雪、陳昌渠、記振邦、張天健等數十個後來的北大、川大、交大、成大等高校教授都是他親手調教得以相繼考入高校深造的，其人教學成績可謂突出。可惜，他書生氣太足，一心撲在教學上，既不善於自我表現，也缺乏與領導交流的時間和經驗，因此在 1957 年遭受無妄之災，被開除公職、混沌了二十多年。鍾先生本人身心交困，學業荒廢，家人也跟着吃了不少苦頭。令人啼笑皆非的是，鍾先生因身心交困、家人怨怒而致疾病纏身却囊中羞澀，不能就診，哭告無門，於是自學中醫，也因此成爲儒醫，正應了“久病成良醫”這句箴言。

1978 年落實政策，鍾先生被安排在崇慶縣教師進修學校。雖然那時百廢待興，師資缺乏，中小學教師水準也亟待提高，也許是領導憐老惜賢，讓他在那裏静静地休息，因此，他幾乎無所事事，英雄無用武之地。書生老去，機會不來，最後，提前退休，鬱鬱而終。

1985 年夏天，筆者那時尚在崇慶縣白頭中學任教，由鍾先生的學生龔啓江先生引薦、在縣車隊技師柯秉章先生的帶領下到鍾先生位於崇慶縣小東街的家中去拜訪，聽他講述四十年前求學灌縣“靈岩書院”時的故事。那天，鍾先生神采飛揚，聲情并茂，事隔四十多年，靈岩書院的有些事情仍然記得非常清楚，講述時器宇軒昂，聲音洪亮，滔滔不絶，屈指揮手，如數家珍……

就在當年秋天，我被朋友“召回”灌邑，離開崇州教壇。從此，再没有見過鍾先生，但先生的音容笑貌却長存在我腦際，至今仍歷歷在目、念念不忘。

鍾先生大去已近四十年，往事不堪回首！

王德宗（1924—2018）

王德宗先生，晚號“無限齋”，家住崇州江源鎮，爲崇中初中（男）二十四班（1937.8－1940.7）學生，國文教員兼級任老師是田秔（字醞可）先生；同時在校的學友中有徐正坤、鍾英（元靈）、楊世輝、韓天貴、李紹修等意氣相投。

年輕時風流倜儻的王德宗先生

民國二十九年（1940）7月，王先生初中畢業後考上成都師范，三十四年（1945）夏畢業；據王先生所撰《重上靈岩》一文所記，他就讀靈岩書院的原因：

發誓不爲當時的政府服務，要繼續學習。鑒於我的（成都師范）老師謝巽伯先生曾在（樂山）復性書院從馬一浮先生學習，我羡慕他學問精湛，文章博雅，深信書院也能培養人才。適逢李源澄先生在灌縣靈岩山創辦靈岩書院，於是托彭雲生先生介紹，去靈岩書院求學。

民國三十六年（1947）秋，因時勢、經費等原因，靈岩書院停辦。隨即，李源澄先生應聘執教雲南大學和"五華書院"，學生李源委（端深）、李知勉（培華）（女）、李守之、廖定芳、錢松偉、藍見龍、張正愷等隨侍到"五華書院"。次年，李源澄先生受梁漱溟先生之邀，到重慶北碚勉仁書院作教務長和史學教授。李源委（端深）、李知勉（培華）（女）、李守之、藍見龍等靈岩書院學生又隨同前往。在那裏，王德宗、李紹修又成了李源澄先生的學生。據王德宗先生自述：

1944年，李源澄先生因不滿川大內部的派系鬥爭，遂去（伍非百先生創建在南充的）西山書院教書，仍不合意。一年後索性在灌縣的靈岩山自辦靈岩書院，我就是在這裏師從李源澄先生讀書的。説起來我和他很有緣，三年後我（和同鄉、曾一起在"靈岩書院"師從李源澄先生的李紹修）考入重慶北碚的勉仁文學院時，發現李源澄先生還是該校的教務長和史學教授。

1950年，勉仁書院停辦後，王德宗先生參加工作，後來一直在瀘州市教育部門供職，改革開放，調宜賓教育學院任職，1990年前後以副教授身份退休。在瀘州、宜賓兩地，王先生有無數學生。網上有好幾篇關於王德宗先生的文章。

1988年春，王德宗先生曾陪原靈岩書院同學唐至中先生赴灌縣，擬到靈岩寺憑吊靈岩學院舊迹，但不知什麽原因，止步灌城。於是到文廟山拜訪當年在崇中執過教鞭的帥净民（1895—1991）先生，王先生有詩記其事，詩題爲《呈帥净民師》，詩前有序：

戊辰春日，陪唐至中先生省視净民師於灌縣。一庭花木，春意盎然。净師銀鬚飄拂，神態閑逸，修菩提道而有德者也。爲一絶以奉。

辛夷紅接海棠紅，蘭蕙當風竹影濃。

室内净公鬚似雪，尼山曳杖入梵宫。

1993年，年届七十的王德宗先生

王先生晚年有著述《無限齋存稿》傳世，其中有《無限齋老人小傳》一篇記述其生平，文章以第一人稱記録了自己年輕時赴灌邑靈岩山求學以及後來約四十年生活經歷的文字：

抗日戰争勝利後，他上灌縣（今名都江堰市）靈岩書院，求學於李源澄、傅平驤先生。李先生長於《經》《史》，既是廖季平、蒙文通先生的學生，又去蘇州師從章太炎先生學習；傅先生長於聲音文字訓詁之學，也是太炎先生的學生。與李先生聲氣相通的有唐君毅、賴高翔、周輔成諸位先生，他們有時也來書院講學。其後，他去重慶北碚勉仁國學專科學校（後改爲文學院）學習。勉仁文學院爲梁漱溟先生所辦，梁先生是最具儒、佛真精神，并敢於身體力行的學者，他在這裏撰述并主講《中國文化要義》。又有曹慕樊先生，曹先生博通古今中外，力主文、史、哲不能分割，尤善於講解唐、宋名家詩，特長於吟誦，有聲入心通之妙。曹先生對他的期望特別殷切。終其一生，他深受以上各位先生的陶冶教育，可以説没有他們便根本不會有他。真是恩深如海！

他和他的許多同學朋友一樣，在精力最充沛、對學問略知門徑，可能有所成就的時候……不能不棄其所學……他自己還在掙扎着前進，“朝聞道，夕死可矣”……

> 無論中國的經、史、子、集，還是西方的文、史、哲學。凡是好書，他都愛讀，想讀。終身好學不倦，有所會心，便欣然忘去一切。

透過這段敘述簡潔的文字，展現出作者年少時勤奮努力、壯志拏雲、心雄萬夫，欲駕長風而破萬里浪的滿懷豪情，雖然後來形格勢禁，謀稻粱而非所學，仍始終孜孜不倦，埋頭讀書，體現他一生好學的執着精神；一旦有所會心，便欣然自得，忘懷一切的情態，令人忍俊不禁。

自 2010 年代初，大陸刮起“南懷瑾旋風”，因南先生曾在靈岩寺參悟禪理，語及那時在灌邑的宿儒名僧和“靈岩書院”，從此“靈岩書院”聲名再次横空出世，大江南北，大陸内外，無數人前去都江堰市探訪，四處尋找尚存於世的“靈岩書院”學生。受到這種文化“東風”的熏染，2013 年初夏至 2018 年夏天的五年間，我曾因此三訪王德宗先生於避暑的“青城山莊”。

前兩次拜訪，同行者分别有王國平、楊雲安和張天健、舒紹城、解華福等人，曾蒙王先生贈與親筆簽名的《無限齋存稿》。

王德宗先生《無限齋存稿》封面

王德宗先生《無限齋存稿》扉頁題字

李紹修（生卒年不詳）

目前，崇中靈岩三學子中，最缺乏史事的就是李紹修先生。20 世紀 80 年代以後，多次問詢當年的崇中師生，都很茫然。推想起來，原因是自 1950 年以後李先生的足迹就幾乎再没有踏過崇州的土地。

2018 年 6 月 22 日，在解華福先生陪同下，我第三次前去“青城山莊”拜訪王先生，先生在成都工作、退休的大女兒侍奉在側。那時，王先生已經神情肅然，面容消瘦，精神大不如前。但回憶起當年求學靈岩書院的往事，仍然神采飛揚，敘述語言充滿感情，對李源澄、傅平驤等先生充滿敬佩之情。

當我們問到李紹修先生時，王先生説，李紹修字樹帆，崇中初中（男）二十五班(1938.2—1941.1）學生。後來與王先生一起上灌縣靈岩書院。當年靈岩書院停辦，李紹修先生與他一同回家，無所適從。於是，次年相約一起赴重慶考入梁漱溟先生創辦在北碚的勉仁書院學習。在那裹，又成爲李源澄先生的學生。并與隨侍李先生的李源委（端深)、李知勉（培華）（女)、李守之、藍見龍等靈岩書院同學相逢。於此可知，王、李兩位先生對傳統學術一往情深，幾近痴迷。

民國三十八年（1949）年底，“劉鄧大軍”兵臨重慶，勉仁書院停辦，梁漱溟先生離去，勉仁學生各奔東西。次年初，李紹修先生投筆從戎，不久隨軍赴朝鮮。因其學歷、文化水準較高，被所在部隊任命爲師部文化教員。冰天雪地，南北轉戰，艱苦備嘗，萬死一生。1958年，隨軍返國，駐地浙江。賡及，李紹修先生脱下軍裝，被分配在當地政府部門工作，後來的工作單位是建德市文化館，并在那裹退休。大致於1990年代前後去世。

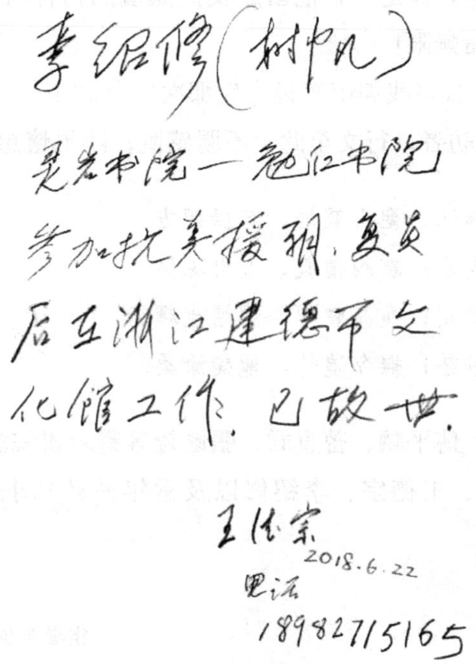
李绍修（树帆）
灵岩书院—勉仁书院
参加抗美援朝，复员
后在浙江建德市文
化馆工作，已故世。
王德宗
2018.6.22
电话
18982715165

王德宗先生手迹

兹將2018年6月22日當天上午，王德宗先生親筆書寫的有關李紹修先生生平的文字簡介如下：

李紹修（樹帆）靈岩（岩）書院——勉仁書院　參加抗美援朝　復員後在浙江建德市文化館工作。已故世。

王德宗

2018.6.22

尾　聲

據傅三雲回憶，2017 年 9 月 16 日，他曾與王國平一起陪同王德宗先生雨中重訪靈岩書院舊址，留下照片數十張。也許，王先生是靈岩書院師生中踏上書院的最後一人；此行既是他以年近期頤之身尋訪舊蹤的壯舉，又是代表當年的師生們在書院舉行的莊重告別儀式。

2018 年 11 月中下旬，王德宗先生因病住進西南醫科大學附屬醫院（瀘州市忠山院區）。當年 12 月 1 日 23 時 7 分，王德宗先生因病仙逝，享年九十有五。

兩天後，其親友師生爲王先生舉行告別會，悼文有言：

無限齋老人王德宗先生，他走了，他留給我們無價的精神財富，宇宙無限，真理無限，學習無限，追求無限，生命無限！

那麼，2018 年 6 月 22 日，我與解華福先生那次去拜訪王德宗先生，也許是他臨終前在“青城山莊”接待的最後來訪者。行文至此，不勝感慨；臨風懷想，援翰寫心。遂爲贊曰：

灌陽勝地，神禹導江；聖山靈岩，名揚四方。
靈岩書院，作育人才；熏陶禮義，人自琢磨。
先賢功德，存於灌州；矗矗豐碑，熠熠生輝。
歲月流逝，往事渺茫；撫今追昔，地變滄桑。

謹以此文記念李源澄、傅平驤、曾直君、張國銓等靈岩書院教師、四川教育界前輩先賢以及崇州前輩學者鍾元靈、王德宗、李紹修以及當年執教和求學於“靈岩書院”的諸位先生！

作者單位：都江堰市教師進修學校

蜀海拾贝

我從心底裏敬佩的老師

——記念陳守忠教授百歲誕辰

張邦煒

内容提要：陳守忠，1950 年畢業於西北師范大學歷史系，隨後留校任教，歷任助教、副教授（1979 年）、教授（1986 年）。先後擔任職務有：歷史系系主任、支部書記、西北師范大學敦煌學研究所所長，以及中國吐魯番學會理事和甘肅絲綢之路學會副理事長等職。作者於陳守忠教授百歲誕辰之際，回憶了陳守忠教授擔任其本科授業師、研究生導師、答辯委員會主持人，受到陳教授指導與幫助的經歷。作者認爲陳師不僅是一位嚴謹、嚴格的經師，更是一位具有人格魅力的受人尊敬的人師。

關鍵詞：陳守忠；導師；紀念；敬佩

1981 年金秋，闊別 16 年後，與陳守忠師在合川釣魚城歷史學術討論會上喜相逢

但凡熟人多半知道我的研究生指導老師是金寶祥先生（1914－2004），其實陳守忠先生（1921—2019）對我影響也不小。我受教於陳師門下，早於師從金師。如果説金師是我的學術領路人，那麽陳師可稱爲我的求學指路人。金、陳二師都是我從心底裏敬佩的老師。對於陳師的學術成就與治學風格，師弟胡小鵬教授《陳守忠教授與西北史地研究》[①] 一文已有相當精準的評介。下面僅從我個人的親身經歷，談談陳師對我的教誨與關照。回顧這些經年累月的金城往事，不免拉雜乃至離題。其中肯定會有不確切甚至錯訛之處，敬請知情師友糾正。

人生道路，因緣際會。我有幸以金、陳二先生爲師，實屬偶然。1957 年高考，我考取的是蘭州大學歷史系，似乎與執教於西北師院（現稱師大）的金、陳二師無緣。但因蘭大當時理科强、文科弱，歷史系師資力量不足，曾經邀請金、陳二師兼課。比我高一級的同學[②]，他們的隋唐史由金師講授，明清史是陳師教的。照此看來，我又與金、陳二師有緣。可是此後蘭大林迪生老校長報請教育部批准，大量從外地高校聘請、引進師資。我們班第一學期的三門專業課程，除中國歷史文選由張孟倫教授講授外，先秦秦漢史、世界古代史兩門聘請的是中山大學丘陶常副教授、梁作干講師。第二學期的魏晋隋唐史、世界中世記史分别由新近引進的北京大學畢業生常振江老師（與寧可先生同班）、山東大學研究生歐陽珍老師（陳同變老教授的女弟子）講授，考古學通論聘請的是北大閻文儒副教授、吕遵鍔講師，因鄒衡老師被北大調走。老師們的教學品質無庸置疑，他們在 80 年代前期均先後評爲教授。年僅 30 歲的梁作干師體系意識强，注重全局觀，新見不少，他在古史分期問題的討論中是主張東晋封建論的代表性學者[③]，對我有潛移默化的影響[④]。

1957 年秋，初入蘭州大學。本人左一

① 胡小鵬：《陳守忠教授與西北史地研究》，《社科縱横》1991 年第 3 期。

② 蘭大歷史系 1956 級的同學比我們班人數多，其中調幹生、年長者尤其多，我記得姓名的有王翼洲、徐世華、陶君廉、賀世哲、施娉婷、顧亞、何承艱、侯尚智、劉述和、饒以誠、韓嘉穗、屈劍英、孫何、張春元等，還有陳守忠師的胞弟陳守敬。

③ 參看梁作干師《西晋與西羅馬滅亡是世界歷史的重大轉捩點》，《歷史研究》1982 年第 5 期；《古代社會性質與財産形態問題》，《暨南學報》1983 年第 4 期。

④ 梁作干師後來調往暨南大學任教，同樣深受學生歡迎。專著《宋代教育》的作者袁徵教授（袁偉時先生的公子）同我一樣，是梁師的崇敬者。參看袁徵《什麽叫做智慧？——梁作干教授剪影》。1984 年在杭州宋史年會遇梁師的女兒梁紫紅，當時是夏威夷大學的宋史研究生，與鄧小南教授等相識。小南教授近年告訴我以後同梁紫紅無聯繫了。

第三學期，張雅韶副教授[①]講宋元明清史。時值1958年秋，超英趕美的大躍進運動如火如荼。同學們激情燃燒，上街游行時最愛唱的進行曲是《幹！幹！幹！》，歌曲結尾一句很帶勁："嘿！最響亮的口號是幹！幹！幹！幹！"[②] 晚上上課，白天勞動，我系師生自己動手修建磚瓦窑，照片登上了《人民日報》頭版。其間大約一個月，同學們還在系總支丁桂林書記的帶領下，到西禮縣（當年西和、禮縣兩縣并爲一縣）砍樹木，煉鋼鐵。同時開展教育大革命，大學生自編自講之風從北大刮到蘭大[③]，張雅韶老師的課剛開頭就叫停，由學生分頭自編講義，輪流上臺講課。此事受到領導表揚："一位教授搞了八、九年中國古代史，拿不出講義來。這次歷史系二年級十幾位同學苦幹了二十多天，就拿出了三十一萬字有一定水準的宋元明清史講義。"[④] 我參與其中，分工編寫《明代中後期資本主義萌芽》一節。"天下文章一大抄，看你會抄不會抄。"所謂"編寫"，無非是抄摘、綜述尚鉞、鄧拓、吴晗諸先生的論著而已。後來上方强調大學應當以教學爲主，教學應當以教師爲主，應當尊重教師在教學中的主導地位，這股自編自講風被否定。

我與金、陳二師終究有緣。1959年春，上級決定蘭大歷史系并入另一教育部直屬院校西北師范學院（其前身爲抗日戰爭内遷的西北聯合大學師范學院）歷史系。可能是爲了安撫蘭大學生，西北師院更名爲甘肅師范大學。當年師范院校稱師院、師專者爲數較多，叫師大者僅三所而已，甘肅師大榮列國内第四所師范大學。兩系合并，蘭大歷史系主任李天祜教授不再任職，系總支丁桂林書記留在蘭大，任校黨委宣傳部長。系主任起初是薩師炯教授，薩師調任教務長後，由金少英教授擔任，陳守忠師仍任系總支書記。陳師在大學生時代積極投身於黨領導下的學生運動，在運動中入黨，是一位老共産黨人。全系教師分爲中國古代及中世記史、中國近代現代史、中國歷史要籍及選讀、世界史四個教研室，由金寶祥、劉熊祥、金少英、薩師炯四位教授分别擔任或兼任教研室主任。

兩系合并後，甘肅師大歷史系的師資力量更加强大，在當年西部師范院校中祇怕要數第一，以下四件事或可證明。一是高知數量多。據我粗略計算，正教授十人，加上副教授達十六七位之多，而且中、老兼有。薩師炯、金寶祥、劉熊祥教授，龔澤銑、張師亮、王俊杰副教授以及從蘭大并入的李天祜、趙儷生教授，李學禧副教授都還是四十出頭的中年人，而從蘭大并入的周戒沉以及許重遠、金少英三先生則是出生於19世紀末的老教授。二是牽頭編教材。60年代初教育部抓高校教材建設，西部師范院校將編寫歷史專業教學大綱和教材，教育部指定由甘肅師大牽頭，爲此在蘭州飯店召開由西部師范院校歷史專業課主講教師參加

---

① 張雅韶老師（1901—1959）是個頗具傳奇色彩的人物。"文化大革命"小報誤將張老師列入1929年形成的以王明爲首的"二十八個半布爾什維克"，其實當時張老師已從莫斯科中山大學畢業回國。其生平事迹可參看《早期共産黨員張雅韶》一文（載張守禮、周德祥編《漳縣史話》，甘肅文化出版社2011年版）。張老師是甘肅省漳縣的第一個留學生、第一名中國共産黨黨員，黨派遣他長期擔任馬仲英的秘書長兼顧問，三次被新疆軍閥盛世才逮捕入獄。

② 歌曲《幹！幹！幹！》，共青團北京市委宣傳部改調，北京大學戴羌平曲。

③ 在這批大學生自編講義中，以北京大學中文系文學專門化1955級集體編著的紅皮書《中國文學史》最有名，1959年由人民文學出版社出版，向國慶十周年獻禮，扉頁上印有"獻給親愛的黨和偉大的祖國"。

④ 丁桂林：《黨的群衆路綫的勝利——蘭大歷史系教學經驗總結》，《蘭州大學學報》1959年第1期，第7頁。

的協作會議。四川師院的羅孟禎、徐溥等老師參加了這次會議，後來羅、徐二師同我講到過會上的一些情形。四是自辦刊物。當年高校學報數量不多，系辦刊物極少，甘肅師大歷史系創辦《歷史教學與研究》（甘肅師大學報副刊）雜志[①]，起初以刊登歷史專業課程教學大綱爲主。爲編寫中國古代史教材做準備，金寶祥、趙儷生、陳守忠諸師執筆撰寫了長篇文章《關於中國封建社會的分期問題》，對中國古代歷史做了總體性探討，刊登於雜志 1959 年第 2 期。這期刊物我保存至今，難免破舊。

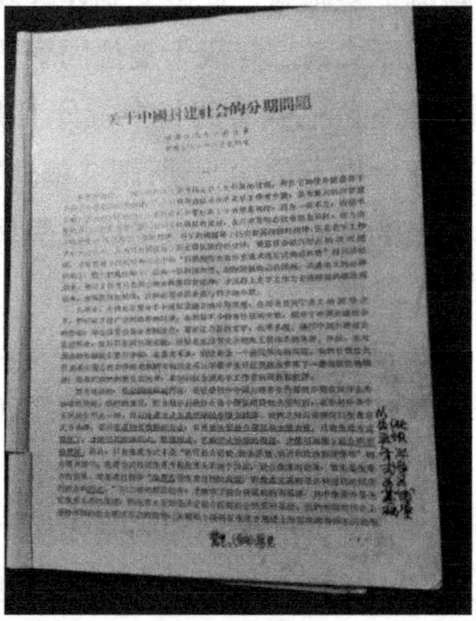

三是培養研究生。20 世紀 50、60 年代全國有資格培養研究生的師范院校僅有北京、華東、東北師大三所，甘肅師大歷史系 1960、1961 兩年招收研究生，共六名。1960 年四名，金寶祥教授指導余用心、薩師炯教授指導何承艱、劉熊祥教授指導李存良、李天祜教授指導侯尚智（後隨導師回蘭大）。1961 年兩名，劉熊祥教授指導蔣中禮，還有我。至於我的導師是誰，下面再説。1990 年因研究生答辯事宜，與出身西南師院的姚政教授在南充相會，他對我感嘆道："'文化大革命'前西師還不知研究生爲何物。"陝西師大李裕民教授 2002 年到西北師大校史館參觀，他説："'文化大革命'前陝西師大無法與甘肅師大相比。"甘肅師大歷史系培養研究生，有人懷疑用的是蘭大歷史系的指標，衹怕未必。據我所知，生物系孔憲武教授，教育系胡國鈺、王文新、李秉德教授，中文系彭鐸、郭晋稀副教授都招研究生。化學系一位研究合成氨的副教授 1961 年也招了兩名研究生，均爲陝西人。孔憲武老師可能因爲是一級教授，1962 年又招收了兩名研究生，是從北京師大和安徽大學報名考來的，都是安徽人。

剛合并到甘肅師大之初，我即有幸受教於陳守忠師門下。我們班在蘭大時已經學過宋元明清史，并有成績記録在案。系上安排陳師爲我們再講一遍，理由是糾正自編自講的錯誤。

① 《歷史教學與研究》雜志的編輯、出版事宜，系裏决定由李慶善師經辦。李師對余用心師兄和我關顧有加，曾推薦我們去聽中文系彭鐸先生講"史漢校讀法"。愚見以爲，彭先生講課之精妙，和趙儷生師有一比，衹怕在伯仲之間。

同學們渴望聆聽金寳祥師講隋唐史，但因常振江老師已講，系裏没有滿足我們的要求。陳守忠師的課深受我班同學歡迎，原因大致有四。一是口音聽得懂。此前丘陶常師的潮州話、梁作干師的梧州話、張孟倫師的饒州話以及後來金少英師的紹興話，我們很難完全聽懂。陳師的通滑普通話不僅能聽懂，而且陳師講課語調抑揚頓挫，有氣勢，感染力强。二是印發講義。更讓同學們高興的是陳師印發自編講義。當時没有統編教材，參考書極少，往往衹能是老師講，學生埋頭記筆記，生怕漏掉一句話。陳師自編講義《中國古代及中世記史講義》第五編參考價值大，我每次易地調動、多次本地搬家，始終捨不得把它淘汰掉，帶着它路經河西走廊，跨過青藏、川藏高原，穿越無數名山大川。這本講義已 60 餘年，有破損，且發黄。

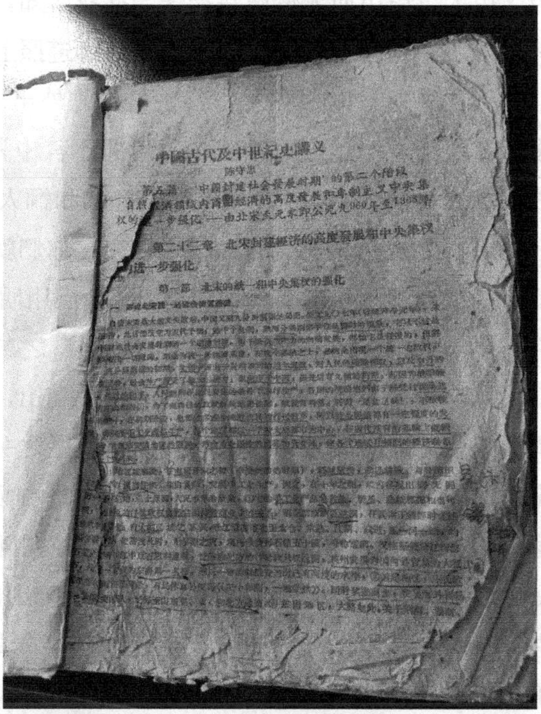

陳守忠師 1959 年秋編寫印發的講義，我珍藏至今

三是内容有新意。如陳師講北宋統一的社會基礎，涉及如何看待五代十國的歷史。歐陽修《新五代史》稱：“嗚呼，五代之亂極矣！”“自古未之有也！”[①] 此説長期以來深入人心。陳師吸收趙儷生師的研究成果[②]，全面評介五代十國，認爲當時并非漆黑一團，北方經濟的逐漸恢復、南方經濟的繼續發展形成了北宋統一的社會物質基礎，以致宋初的社會經濟狀况與漢初、唐初大不相同[③]。這一認識現今已是常識，在當時很新穎。陳師爲開拓學生的學術

① 歐陽修：《新五代史》卷三十四《一行傳》、卷十六《唐家人傳》。

② 趙儷生：《論唐末農民大起義之更深遠的社會意義》，《文史哲》1956 年第 5 期。收入《趙儷生文集》第 1 卷，蘭州大學出版社，2002 年版，第 277—304 頁。

③ 陳守忠：《形成北宋統一的社會物質基礎》，《宋史論略》，甘肅文化出版社，2001 年版，第 1—8 頁。

視野，向我們推薦學術研究新成果。李埏先生的著名論文《〈水滸傳〉中所反映的莊園和矛盾》[①]，便是陳師大力推薦的新成果之一。李埏先生認爲宋代是個無處無莊園的莊園世界，宋代的莊園是個與外界隔絶的絶緣體。四是充滿正義感。陳師以悲憤與崇敬之情，講述岳飛的“莫須有”冤案和文天祥的詩篇“人生自古誰無死”，那張激越的面容與那些激昂的話語至今仍歷歷在目。我從中真切地感受到陳師是個正直人，也希望自己能像陳師一樣正直。

1959 年冬天，陳守忠師這位正直人不幸受到批判。當時全國批判彭德懷元帥的右傾機會主義，甘肅省委張仲良第一書記在省内大張旗鼓地開展反右傾運動，省裏批判霍維德第二書記、蘭大批判林迪生老校長、師大批判隴東老紅軍毛定原副校長[②]以及陳守忠師等。陳師的系總支書記職務被罷免，由人事處山西人樊處長擔任。據我所知，陳師的“錯誤”主要有兩條，一是同情右派。其依據之一是國慶十周年慶祝日，陳師遵照上級指示，將右派分子趙儷生、龔澤銑、王俊杰、水天長等老師集中在系辦公室，不許外出。但陳師説了“錯”話。趙儷生師作爲親歷者，後來在陳師《河隴史地考述》一書的序言中對此事有記述：“國慶日前夕，他（指陳師）代表系總支對我們‘訓話’，却用了抱歉和憫人的語調説，由於上頭有檔，你們暫時不能回家，明天衹要聽到天安門的講話一講完，你們就可以隨便活動了。這是幾句普普通通的話，但我從中嗅到了濃烈的人道氣息。”趙師借用明清之際思想家傅山的兩句話稱讚陳師：“由來高格調，發自好心肝。”[③] 陳師的“錯誤”之二是敢説真話。陳師的家鄉通渭縣位於華家嶺下，大躍進時，不切實際，爲引洮河水上高山，集中附近四縣人力大戰華家嶺，勞民傷財。通渭縣是張仲良書記當年左傾錯誤的重灾區之一。陳師和毛定原副校長一樣，向上級彙報家鄉嚴重的灾情，原本是實事實説，但被視爲右傾。在批判時，又將陳師的“錯誤”與他的富農家庭成分聯繫起來，問題就更大了。好在陳師受委屈的時間不長。1960 年 12 月，中共中央西北局蘭州會議召開[④]，中央統戰部汪鋒副部長出任省委第一書記，大力糾正張仲良書記的左傾錯誤，霍維德、林迪生、毛定原等老領導復職。陳師的“錯誤”得到澄清，系總支書記職務恢復。

陳守忠師是系總支書記，我是個普通本科生，没有機會向陳師單獨請教。讀研究生以後，機會纔多起來。全國各高校的 1961 年入學研究生都不是由本人報考，而是由學校分配。朱瑞熙兄告訴我，他和童超兄從復旦、北大到四川大學讀研究生，同樣出自學校分配。他們到川大後考了一下，但不是入學考試，而是水準測試。那年初秋本科畢業時，系裏宣布蔣中禮師兄和我留校讀研究生。至於攻讀什麽專業，由系領導、導師與研究生三方商議决定。金少英先生正在整理《漢書》，要我做他的研究生，我以自己根基太差爲由婉謝。金老表示理解，但他感嘆：“我這個系主任就成爲光杆司令了喲!”金老終生不曾指導研究生，原因大概

① 李埏：《〈水滸傳〉中所反映的莊園和矛盾》，《雲南大學學報》1958 年第 1 期。
② 李順民：《戰火中走出來的毛定原》，《光芒》2014 年第 2 期。
③ 趙儷生：《〈河隴史地考述〉序》，《趙儷生文集》第 5 卷，第 383—384 頁。
④ 參看李榮珍《具有重要歷史意義的西北局蘭州會議》，《發展》2013 年第 1 期。

是當時的年輕人覺得金老的學問太深奥。系上起初擬議蔣中禮師兄跟金寶祥老師學中國古代史，我跟劉熊祥老師學中國近代史。我不大願意學近代史，蔣師兄更不願意學古代史，於是就互相换了。此時我纔第一次得以單獨拜見金寶祥師。金師問我："你想學哪個斷代?"我是個"易膽大"，没説很願意跟金師學隋唐史，居然耿直地這樣回答："魏晋或兩宋。"我之所以志趣如此，一是畏難，認爲先秦與隋唐研究者較多，出新成果太難。二是受陳守忠師與梁作干師影響，覺得魏晋與兩宋都是社會變革的轉型時期，特别值得研究。讓我敬佩的是金師很開明，他説："那你就跟陳守忠老師學宋史好了。"如今不少同行以爲我是金師的第一位研究生，其實不是我，而是英年早逝的余用心師兄。至於陳師的第一個研究生，恕我大言不慚，不是别人，應當是我。

陳守忠師指導我學宋史，第一步叫我讀李燾《續資治通鑒長編》，第二步準備帶我去實地考察北宋、西夏邊境上的城堡，研究宋夏關係。當年綫裝書《長編》浙江書局本很難找，學校圖書館有一套，册數很多，裝滿一排大書架。圖書館流通組長高老師戴眼鏡，很英俊，熱心腸，允許我一次借十本帶回宿舍閲讀。换書時，如果館裏找不到，一定在陳師家中。到陳師家中找書，往往遇到我崇敬的老紅軍毛定原副校長。毛校長建國初期在我的家鄉四川工作，參與領導修建成渝、寶成鐵路，對我這個四川小青年格外熱情，有説不完的話。當時宋史方面的有關著述極少，圖書館高老師有求必應，特許余用心師兄和我到老舊雜志堆裏去翻找。我們纔有機會在《史語所集刊》《清華學報》《燕京學報》等灰塵滿布的刊物上讀到鄧廣銘、全漢升、張應麟、聶崇岐諸先生的宋史、明史論文。

20世紀60年代初，甘肅師大圖書館大門前

我在陳守忠師指導下學習，第一步正在進行中，第二步還没開始，學校貫徹《高教六十條》(全稱《教育部直屬高等學校暫行工作條例（草案)》)，整頓當時高校工作中出現的某些亂象[①]。在整改中，涉及我系五名研究生的有三件事。一是1960年入學的研究生因第一學

① 參看高軍峰《"教育大革命"與〈高教六十條〉》，《文史精華》2011年第4期；啓和《從〈高教六十條〉到〈高等教育法〉》，《中國高等教育》1999年第12期。

年被借用去編寫中學歷史教材，決定延長學習一年，於是何承艱、余用心兩位師兄與我同届了。二是劉熊祥老師要求嚴，對李存良師兄的學習狀況不滿意，李師兄因而被終止學業，分配到蘭大附中任教。三是陳守忠師當時的職稱還是講師，講師不能指導研究生，我改由金寶祥師指導。在我的印象中，金、陳二師關係極好，陳師對金師素來執弟子禮，但二師的研究旨趣與重點不盡相同。陳師注重實地考察，深研細究宋夏關係是其主要志趣之一。金師强調“讀書貴得間”，要我除讀《長編》外，還應當細讀新近影印出版的《宋會要輯稿》，特別是食貨部分，并與《宋史》諸志及《文獻通考》相關部分結合起來讀。金師當時正致力於土地制度研究，他要我探究北宋的租佃關係。

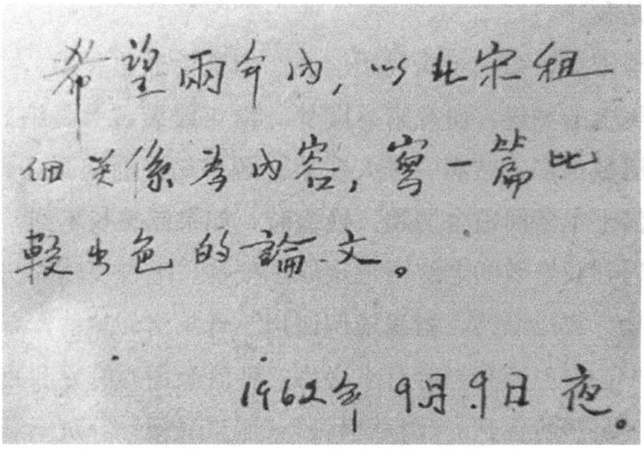

金寶祥師 1962 年秋在我作業上的批語

導師雖然變换，但我仍不時向陳守忠師請教，陳師始終關照着我。有四件事，讓我很感激。一是選定論題：我的研究生畢業論文題目《北宋租佃關係的發展及其影響》是按照金寶祥師的指示選定的，但論點與金師和陳師的看法均有差异。《唐代封建經濟的發展及其矛盾》是金師早年的代表作之一，其中有個重點是探討唐代土地制度從均田制到莊園制的演變[1]。金師似乎認爲莊園制到北宋更盛行，他在我的作業本上批示：“到目前爲止，關於北宋的莊園資料還没有人很好的搜集過，你如有興趣，也不妨嘗試一下。”而我則認爲北宋土地的主要經營方式不是莊園制，而是租佃制。陳師在課堂上高度肯定李埏先生的主張，稱宋代爲莊園世界，認爲宋代的莊園是絶緣體。而我的論文正準備向李埏先生請教。我生怕金、陳二師生氣，殊不知他們很大度，慨然包容，毫無异議。

---

① 金寶祥：《唐代封建經濟的發展及其矛盾》，《歷史教學》1954 年第 5、6 期。金師此後的探討深化，更加注重人身依附關係的演變。他在《論唐代的土地制度》一文認爲均田制表象背後的實質是以依附關係强烈爲特徵的世族地主土地所有制，均田制的瓦解意味着人身依附關係的減輕。

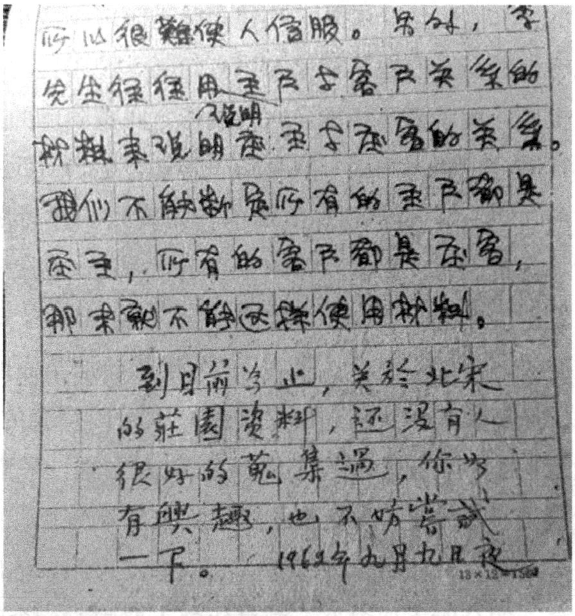
所以很難使人信服。另外，李
先生往往用主戶與客戶关系的
材料来說明地主与佃客的关系。
我們不能斷定所有的主戶都是
地主，所有的客戶都是佃客，
那末就不能這樣使用材料。
到目前為止，关於北宋
的莊園資料，還沒有人
很好的蒐集過，你如
有興趣，也不妨嘗試
一下。 1962年九月九日夜

二是赴京讀書：1963年寒假，我打算到文津街北京圖書館查閱資料，金、陳二師全力支持。雖然是自費，但在北京總得找個住處。陳師很熱心，由他出面請學校替我開了個證明，到鮮魚口内教育部招待所住宿。那裏負責接待高校出差人員，不收住宿費。當時北圖（現稱國圖）善本室宋本、抄本、四庫原本均可借出，在室内閱讀。我在那裏查閱、抄録了不少當時蘭州看不到的資料。本想趁機拜訪前輩學者，我大哥的北大同窗好友林乃燊先生告訴我，鄧廣銘老先生、酈家駒先生都在鄉下搞四清。僅會到人民大學鄭昌淦先生，我居然敢於當面質疑鄭先生的宋代莊園論，是因爲有程秋原先生陪同。秋原先生也是我大哥的同窗好友，我以秋原大哥相稱。他和鄭先生是同事加鄰居，當時都是副教授。秋原大哥事先吩咐我，有話直説無妨。鄭先生彷佛抱着童言無忌的心態，聽我説，没生氣。若干年後，我到四川師院任教，秋原大哥還請鄭先生替我寫了一封推薦信。

1963年冬，在北圖讀書，中午閉館休息，衹得到一牆之隔的北海就餐、等候

三是悉心指教：我的習作除呈送金師外，往往同時送請陳師教正。他不啻看看而已，還不吝賜教。習作《宋代客户的身份問題》初稿末尾有句話，將宋代的租佃關係與當時的四清運動生硬掛鈎。陳師看後説，兩者毫不相干，叫我删掉。我按陳師的指教辦了，否則將鬧笑話。此稿後來被《光明日報·史學》采用，陳師預先得知，他告訴我并加以鼓勵。陳師事前先知的原因是，按照當時的規定，報刊刊登文章前，先要致函作者單位，確認身份。陳師説，但凡遇到這類事情，他都讓總支秘書及時給予肯定性回復。四是替我解圍：教研室討論我的畢業論文，大致相當於現在的預答辯。參加者除金、陳二師外，還有曹懷玉、潘策、許孝德等老師。這對學校來説是件區區小事，早在1927年就參加革命的李之欽老校長兼校黨委書記居然也趕來旁聽。金師首先叫我陳述論文梗概，大致因爲我的作業《論宋代的官田》稍前受到金師誇獎，我有些飄飄然吧，某句話給人以驕傲之嫌，平素温文爾雅，書生氣十足，很慈祥的金師突然發火，訓斥我不知天高地厚，而且怒氣難止，把我駡哭了。一時局面相當尷尬，曹、潘、許等老師不敢吱聲。陳師畢竟是系總支書記，他出面替我打圓場。好在李校長在場，他威望很高，叫金師不要發怒，教育年輕人要耐心，金師纔息怒。

杭州西湖留影 1965.2.

1965年初春，金寶祥師在杭州學術休假，余用心師兄前往看望

當時高校實行專家學術休假制度，能獲得這種機會的專家極少，那年系裏乃至全校，金寶祥師似乎是唯一。1964年夏，余用心師兄和我的畢業論文定稿後，金師和師母就回杭州學術休假一年了。余師兄和我的畢業事宜，由陳守忠師全權負責。陳師主要辦了或督辦了三件事。一是印刷論文。此事較簡單，由教務處科研科陳德科長設計版面，交學校印刷廠鉛印。二是發送論文。發送面很廣，包括各高校歷史系中國古代史教研室和各大圖書館，國家圖書館收藏至今。發送的主要對象是論文評審人，名單顯然是由金師事先確定。余師兄的論

文送金師30年代在北大讀書時的老師鄭天挺老先生和他的高班級同學王毓銓先生，我的送金師的高班級同學鄧廣銘先生和同班同學楊志玖先生。鄧先生當時還在鄉下搞四清，他函告學校，另請他人評審。鄧廣銘先生去世後，他的女公子鄧小南教授在遺物中發現我的畢業論文，親手給了我。上面有少許鉛筆記號，看來鄧先生還是流覽過的。華東師大束世澂、中山大學何竹淇、武漢大學李涵等不少先生主動爲我的論文寄來學術評語，其中何竹淇先生的評語較詳盡，陳師決定將何先生的評語作爲評閱人評語。四位評閱人對我們兩人的論文都基本給予肯定，其中楊志玖先生的學術評語長達近三千言。楊先生認爲我的論文“優點是主要的”，如反駁宋代莊園絶緣論“非常有力”。但“還有一些值得商榷之處”，豈止“一些”而已，從内容到題目達八條之多。如指出客户并非都是佃農、租佃關係的概念比依附關係含義更寬泛等等。拙稿發表時本應在附言中感謝楊先生，主要考慮是恐有“拉大旗作虎皮”之嫌。重讀楊先生的評語，感慨良多。我而今評審碩士乃至博士論文有楊先生這樣嚴肅認真麽，差之萬里。

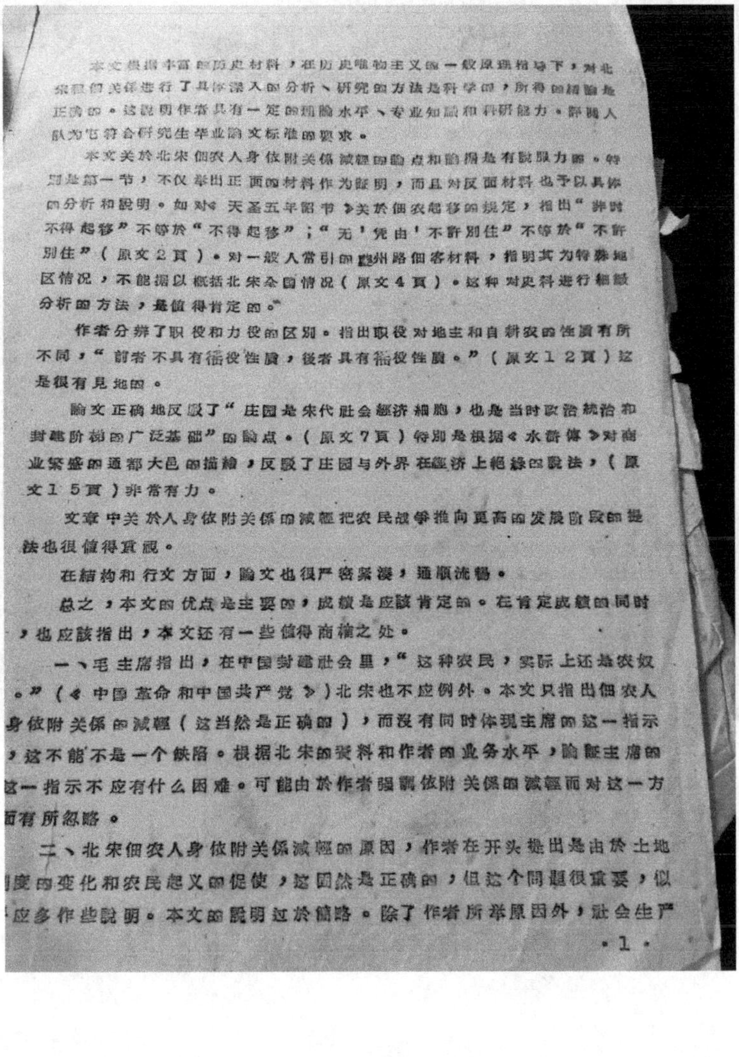
本文根据丰富的历史材料，在历史唯物主义的一般原理指导下，对北宋租佃关係进行了具体深入的分析、研究的方法是科学的，所得的結論是正确的。这說明作者具有一定的理論水平、专业知識和科研能力。評閱人认为它符合研究生毕业論文标准的要求。

本文关於北宋佃农人身依附关係減輕的論点和論据是有說服力的。特别是第一节，不仅举出正面的材料作为証明，而且对反面材料也予以具体的分析和說明。如对《天圣五年詔节》关於佃农起移的規定，指出“非時不得起移”不等於“不得起移”；“无‘凭由’不許别住”不等於“不許别住”（原文2頁）。对一般人常引的夔州路佃客材料，指明其为特殊地区情况，不能据以概括北宋全国情况（原文4頁）。这种对史料进行細緻分析的方法，是值得肯定的。

作者分辨了职役和力役的区别。指出职役对地主和自耕农的性質有所不同，“前者不具有徭役性質，後者具有徭役性質。”（原文12頁）这是很有見地的。

論文正确地反駁了“庄园是宋代社会經济細胞，也是当时政治統治和封建阶級的广泛基础”的論点。（原文7頁）特别是根据《水滸傳》对商业繁盛的通都大邑的描繪，反駁了庄园与外界在經济上絕緣的說法，（原文15頁）非常有力。

文章中关於人身依附关係的減輕把农民战争推向更高的发展阶段的提法也很值得重视。

在結构和行文方面，論文也很严密紧凑，通順流暢。

总之，本文的优点是主要的，成績是应該肯定的。在肯定成績的同时，也应該指出，本文还有一些值得商榷之处。

一、毛主席指出，在中国封建社会里，“这种农民，实际上还是农奴。”（《中国革命和中国共产党》）北宋也不应例外。本文只指出佃农人身依附关係的減輕（这当然是正确的），而没有同时体現主席的这一指示，这不能不是一个缺陷。根据北宋的资料和作者的业务水平，論証主席的这一指示不应有什么困难。可能由於作者强調依附关係的減輕而对这一方面有所忽略。

二、北宋佃农人身依附关係減輕的原因，作者在开头提出是由於土地制度的变化和农民起义的促使，这固然是正确的，但这个問題很重要，似乎应多作些說明。本文的說明过於簡略。除了作者所举原因外，社会生产

·1·

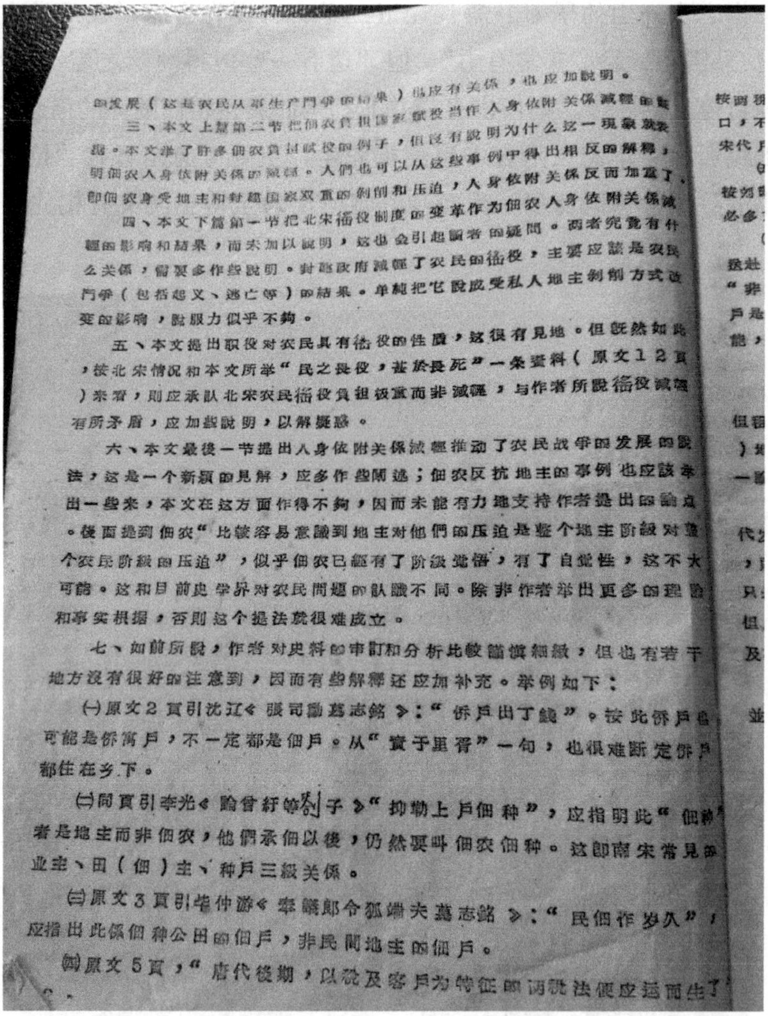

……应有关係，也应加說明。

的发展（这是农民从事生产鬥爭的結果）……人身依附关係減輕的証

三、本文上篇第二节把佃农負担国家賦役当作人身依附关係減輕的証据。本文举了許多佃农負担賦役的例子，但沒有說明为什么这一現象就表明佃农人身依附关係的減輕。人們也可以从这些事例中得出相反的解釋，即佃农身受地主和封建国家双重的剝削和压迫，人身依附关係反而加重了。

四、本文下篇第一节把北宋徭役制度的变革作为佃农人身依附关係減輕的影响和結果，而未加以說明，这也会引起讀者的疑問。两者究竟有什么关係，需要多作些說明。封建政府減輕了农民的徭役，主要应該是农民鬥爭（包括起义、逃亡等）的結果。单純把它說成受私人地主剝削方式改变的影响，說服力似乎不夠。

五、本文提出职役对农民具有徭役的性质，这很有見地。但既然如此，按北宋情况和本文所举"民之畏役，甚於畏死"一条資料（原文12頁）来看，則应承认北宋农民徭役負担极重而非減輕，与作者所說徭役減輕有所矛盾，应加些說明，以解疑惑。

六、本文最後一节提出人身依附关係減輕推动了农民战爭的发展的說法，这是一个新穎的見解，应多作些闡述；佃农反抗地主的事例也应該举出一些来，本文在这方面作得不夠，因而未能有力地支持作者提出的論点。後面提到佃农"比較容易意識到地主对他們的压迫是整个地主阶級对整个农民阶級的压迫"，似乎佃农已經有了阶級覺悟，有了自覺性，这不大可能。这和目前史学界对农民問題的认識不同。除非作者举出更多的理論和事实根据，否則这个提法就很难成立。

七、如前所說，作者对史料的审訂和分析比較謹慎細緻，但也有若干地方沒有很好的注意到，因而有些解釋还应加补充。举例如下：

㈠原文2頁引沈遼《張司勳墓志銘》："侨戶出丁錢"。按此侨戶也可能是侨寓戶，不一定都是佃戶。从"賓于里胥"一句，也很难斷定侨戶都住在乡下。

㈡同頁引李光《論曾紆等劄子》"抑勒上戶佃种"，应指明此"佃种"者是地主而非佃农，他們承佃以後，仍然要叫佃农佃种。这即南宋常見的业主、田（佃）主、种戶三級关係。

㈢原文3頁引毕仲游《奉議郎令狐端夫墓志銘》："民佃作岁久"，应指出此係佃种公田的佃戶，非民間地主的佃戶。

㈣原文5頁，"唐代後期，以稅及客戶为特征的两稅法便应运而生了"。

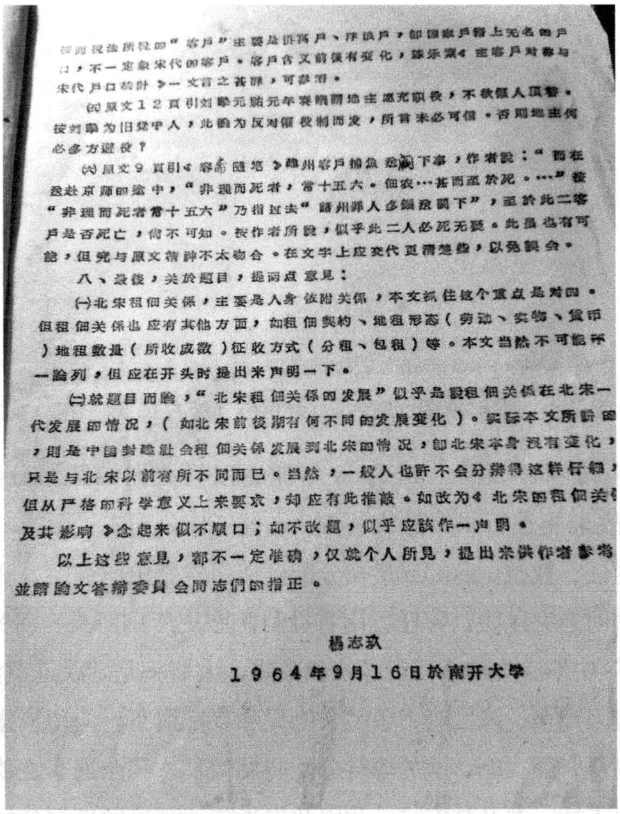
按而現法所說的"客戶"主要是佚寓戶、浮浪戶，即國家戶籍上无名的戶口，不一定就宋代的客戶。客戶含义前後有变化，陳乐素《主客戶对称与宋代戶口統計》一文言之甚詳，可參看。

(五)原文12頁引刘摯元祐元年奏疏謂地主巫充職役，不欲僱人頂替。按刘摯为旧党中人，此論为反对僱役制而发，所言未必可信。否則地主何必多方避役？

(六)原文9頁引《容齋隨筆》饒州客戶捕魚逃闕下事，作者說："而在投赴京師的途中，"非理而死者，常十五六。佃农…甚而至於死。…"按"非理而死者常十五六"乃指过去"饒州鄉人多鎖送闕下"，至於此二客戶是否死亡，尚不可知。按作者所說，似乎此二人必死无疑。此虽也有可能，但究与原文精神不太吻合。在文字上应交代更清楚些，以免誤会。

八、最後，关於題目，提兩点意見：

(一)北宋租佃关係，主要是人身依附关係，本文抓住这个重点是对的。但租佃关係也应有其他方面，如租佃契約、地租形态（劳动、实物、貨币）地租數量（所收成数）征收方式（分租、包租）等。本文当然不可能平一論列，但应在开头时提出来声明一下。

(二)就題目而論，"北宋租佃关係的发展"似乎是說租佃关係在北宋一代发展的情况，（如北宋前後期有何不同的发展变化）。实际本文所討論的，則是中国封建社会租佃关係发展到北宋的情况，即北宋本身沒有变化，只是与北宋以前有所不同而已。当然，一般人也許不会分辨得这样仔細，但从严格的科学意义上来要求，却应有此推敲。如改为《北宋的租佃关係及其影响》念起来似不順口；如不改題，似乎应該作一声明。

以上这些意見，都不一定准确，仅就个人所見，提出来供作者參考並請論文答辯委員会同志們的指正。

楊志玖

1964年9月16日於南开大学

鄭天挺、王毓銓兩大家對余用心師兄的論文評價之高，出人意料。鄭先生的評語有句云："足以成一家之言。"王先生說："研究生而有這樣的成就是罕見的。"老師們讀過兩大家的評語均喜出望外，引以爲榮。三是組織答辯。答辯委員會的名單應當是陳師確定的，系裏金少英、蕯師炯、劉熊祥、王碩如、龔澤銑、王俊杰、李慶善等老師都參加，還從蘭大請來張孟倫、趙儷生、歐陽珍老師。答辯分爲兩個組，同時進行。余師兄的論文答辯由金少英師任主席，趙儷生師、蕯師炯師等任委員。我的論文答辯由陳守忠師主持，張孟倫師、歐陽珍師等任委員。答辯委員投票，不僅要打圈圈或畫叉叉，還要打分數。我的平均分數是 68 分，余師兄得了 72 分。余師兄得分明顯偏低，可見答辯委員們要求之嚴。余師兄是位調幹生，比我年長五六歲，中學生時就喜歡作詩作賦，很優秀。他 1963 年在《歷史教學》第 4 期上以銜微筆名發表《明代的里甲制度》一文，提出新見，引起梁方仲先生的高度重視。梁先生在當年《學術研究》第 4、5 期上連載大著《論里甲法與均徭法的關係》，與余師兄討論。余師兄曾致函吳晗先生，提出研究明代勳貴地主的設想。吳晗先生百忙之中回函，予以支持和鼓勵。

1965 年結業分配前夕，與何承覲（前右）、余用心（後右）、蔣忠禮（前左）師兄合影

當年的研究生工作安排不及時，到 1965 年開春以後纔開始陸續分配。何承覲、蔣忠禮兩師兄品學俱佳，因故未能進行畢業論文答辯①，但工作分配未受影響。何師兄分配到中央黨校，曾任歷史教研室主任、教授。蔣師兄最初分配到河南省歷史研究所，和陳振教授同事，與周寶珠教授熟悉，後來調回老家昆明，曾任雲南省社科院歷史所副所長、研究員②。余用心師兄留校任教，“文化大革命”中不幸失蹤，百般尋找無蹤影，大概率是“跳進黄河洗不清了”。我的畢業分配耽延，聽人説是因爲金、陳二師力争將余師兄和我都留下，但留校指標衹有一個。此事我始終没有也不應該詢問金、陳二師。鑒於等待分配時間較長，我路遇李之欽老校長，要求下鄉参加四清運動。李校長很支持，并及時安排。我因此先後前往酒泉縣東洞公社、寧縣盤克公社郝家灣大隊社教工作隊工作，有機會體驗甘肅農村生活。回顧這段人生經歷，從中獲益頗多。

1965 年，在酒泉縣東洞公社辦階級教育展覽。本人後排左一

① 蔣忠禮師兄的畢業論文題目是《孫中山的民生主義思想》，但因與導師關係没有處理好，未能准許答辯。至於何承覲師兄，其原因則在於計劃趕不上變化。何師兄探究的是當年的熱點論題《卡斯特羅與古巴革命》，在薩師炯師具體指導和幫助下搜集相關資料頗多，應當做得很好。可是形勢驟變，卡斯特羅起初是我國最好的朋友之一，可是當時突然跟着蘇修跑。這個題目無法再做下去，改題目時間又不允許。因爲這些原因，本該四人同時畢業，結果兩人畢業、兩人肄業。

② 同年畢業的外系研究生的分配情況，據我所知，中文系彭鐸先生指導的朱有明分配到新疆大學，姚冠群留校，郭晋稀先生指導的白本松、鄧廷方（後改名鄧濤）分别到開封師院（現稱河南大學）、北京廣播學院（現稱中國傳媒大學）。化學系兩位分配到太原工學院、上海化工研究院。教育系研究生多些，我衹記得，王文新先生指導的于明綱、張百萬分配到陝西師大、甘肅工大，李秉德先生指導的衛緒恒、姬朝武分配到河北省教科所、贛南師專。

我在盤克公社得到學校轉來的教育部通知，分配到西藏人民廣播電台工作。要遠走西藏了，回蘭州向金、陳二師道别。金師叮嚀："那裏高山缺氧，要注意身體。"陳師説："到西藏工作不容易，要通過嚴格的政審，組織上信任你。"至於我本人，很興奮，要走出書齋，到遠方去見世面了。何况我的兄嫂許多年前就在西藏工作，我對西藏并不陌生，毫無恐懼感。

遠走西藏前，攝於蘭州

當年的西藏畢竟既遥遠又神秘，心想很難與師友再見了。我 1980 年調回家鄉四川師院歷史系任教，誰知次年十月就同陳守忠師相逢於合川釣魚城歷史學術討論會上。當時信息不靈，師生陡然會面，喜悦之情更濃。我請陳師到餐館吃了頓四川飯，聊表學生的敬意，學友賈大泉兄作陪。遺憾的是陳師不適應四川菜的麻辣味，晚上腹瀉。在學術討論會上，陳師提交的《汪義武公神道碑等三篇資料》一文，資料出自《隴右金石録》，當時爲四川地區所罕見，有益於釣魚城歷史研究，受到與會者好評，後收入西南師院歷史系編《釣魚城歷史學術討論會論文資料集》。大概是由於當時外行領導内行的現象還比較普遍，與會者得知陳師既是教授又是系總支書記，都稱讚陳師是位"内行好領導"。

合川釣魚城歷史學術討論會部分參會者合影留念，陳師前排左二，賈大泉兄後排右一

到四川師院任教後，承蒙母系盛情邀請，數次回母校交流學習，總有重返學生時代的感覺，欣喜异常。

2012 年秋，又回母校西北師大

與何玉紅師弟同游天水麥積山

師恩難忘。陳守忠師是我的三重老師：本科授業師、研究生導師、答辯委員會主持人。每次到蘭州，少不了前往陳師府上拜望。

2014 年春，拜望陳師。在座者除胡小鵬（右一）、李華瑞（右二）外，還有魏明孔、楊秀清

眼見陳師體格健朗、精神矍鑠，格外高興，心想陳師必定長命百歲。我雖然年事漸高，理當減少外出，但仍與陳師約定，陳師百歲時，一定前往恭賀。我常常白天計算着、夜晚夢想着，陳師百歲將近，我又要回蘭州了。不料去年噩耗傳來，陳師仙逝，頃刻痛心不已。痛定再想，陳師享年九十有八，兒孫滿堂，福壽雙全。按照民間習俗，屬於喜喪，心裏才平静了些。頓時不禁想到古人云："經師易得，人師難遇。"陳師不僅是一位嚴謹、嚴格的經師，更是一位具有人格魅力的人師。趙儷生師在爲陳師的大著作序時，曾如此評價陳師：我"不僅僅表彰他的'學'，更着重表彰他的'行'"①。如果將趙師所言"表彰"改爲"讚美"，這正是我要説的話。陳守忠師是我從心底裏敬佩的老師。我平素在言談中不時讚美我的這位老師的學識與人品，學友們應當還記得吧！

2020 年嚴冬將至時

於成都外東青苔山村

作者單位：四川師范大學歷史文化與旅游學院

① 趙儷生師：《〈河隴史地考述〉序》，《趙儷生文集》第 5 卷，第 384 頁。

中國學術視野中的地域文化

——謝桃坊蜀學研究述評

郭一丹

内容提要：謝桃坊先生爲“蜀學”發起人之一，本文主要對先生的蜀學研究做了簡要述評。包括謝桃坊先生對“蜀學”与“巴蜀文化”關係的梳證与觀點，先生認爲“文翁化蜀”迄近代的學術文化或學術思想，与“巴蜀文化”并無關聯。除此之外，還述評了謝桃坊先生對宋代蜀學的研究，以及“三苏”、魏了翁、花蕊夫人、李調元、廖平等蜀中學者的研究。

關鍵詞：謝桃坊；蜀學；宋代蜀學；蜀中名人；研究述評

從秦并巴蜀、尤其是從西漢初年蜀郡守“文翁化蜀”之後，蜀文化就開始向主流文化融合，蜀中學術也漸漸與中原文化融匯一體，蜀學得到大力發展。宋代出現了“蜀學”興盛的局面，如蘇學——蘇軾三父子、張栻、魏了翁等都在中國學術文化史上做出了特殊的貢獻，留下了蜀人在中華思想文化譜系中耀眼而獨特的光澤。晚清之後，蜀學又興起新一波復興之勢，人才輩出，碩學宏才，各享盛名，如廖平、劉咸炘、謝无量、蒙文通、郭沫若、賀麟、唐君毅、賀昌群……他們的學説都極大地豐富和繁榮發展了蜀中思想、學術與文化。劉咸炘作《蜀學論》、謝无量作《蜀學原始論》、蒙文通撰《議蜀學》，紛紛爲桑梓學術文化“發聲代言”，并不避諱從“鄉先生”的主位視角研究蜀中學術思想，積極呼籲以文會友，以友輔仁，振興蜀學，弘揚古代聖哲之至德要道。2004 年西華大學與四川省人民政府文史館共建蜀學研究中心，創辦了大型學術輯刊《蜀學》，謝桃坊先生爲“蜀學”發起人之一。從 1998 年被聘爲四川省文史館館員之後，謝桃坊先生一方面繼續堅持詞體規范的重建工作，一方面逐漸將治學重點轉到蜀學和國學研究[①]。“巴蜀文化”從 20 世紀 40 年代以來就已經成爲地

① 參見謝桃坊《我的學術生涯（1978—2018）》，《文史雜志》2018 年第 4 期。

方文化研究者的重要工作，主要關注四川地區遠古的歷史與文化、遠古的神話傳説與新近的重大考古發現，并努力進行着釋古的工作。謝先生認爲“這樣的研究方法及其依據都是經不住學理檢驗的”①，因爲他堅持認爲“巴蜀文化”本是考古學的概念，他是極不贊成將遠古神話傳説與考古發現、與“信史”做過多牽强附會的解釋。謝先生特别注重文獻材料的搜集與辨析，并通過比較分析而立假説，再加以探討或證實，重在討論思想的、學理的、社會的或文化的意義。如今，謝桃坊先生的蜀學研究已成一家之言，儘管“先生之著述，或有時而不章；先生之學術，或有時而可商”，但這樣一位勵精爲學、孜孜矻矻、言之持據、庶有志於經邦稽古、不倦尋找“信史”、不懈追求真理的學術前輩讓人由衷佩服。研讀先生著述，開券有益，充養益厚。作爲新時代斯土斯民的一分子，對巴山蜀水間歷代學人的思想成果心存温情與敬畏，拜讀先生蜀學研究著述，研習這位知識生産者的治學方法與思考方法，眼界大開，獲益良多，遂不揣淺陋，草成小文，試對先生的蜀學研究做簡要述評。

一、蜀學與巴蜀文化

“蜀學”最早由晋代常璩提出，主要是因爲蜀地文教事業的興盛和儒學在蜀中廣爲傳播，表明蜀地接受“王化”，接受了中原主流文化。而蜀地學術真正開始呈現地域特色是在兩宋時期，從宋代以來，蜀學已是具有四川地域特色的學術思想。近代以來，蜀學又廣泛吸收新學而具有了新的内涵與活力，涌現了一批學術大家，爲“蜀學”的豐富與發展做出了巨大貢獻。謝桃坊先生認爲，從蜀學發展與演變的縱向維度來看，蜀學的主要成就是在文學、史學、哲學和經學。他是這樣界定“蜀學”的，認爲它是“以四川自西漢迄今的學術爲研究對象，重點是經學、哲學、史學和文學，而以它們體現的學術思想的研究爲核心，包括蜀學理論、蜀學史、蜀中學者、蜀學文獻等方面的研究，是四川文化中高層次的理論研究”②。總之，“蜀學”是中國學術思想的一部分，是中國學術文化史上的一個分支學科。

蜀學與“巴蜀文化”有没有關係呢？謝桃坊先生發表了《蜀學的性質與文化淵源及其與巴蜀文化的關係》等研究成果。在他看來，從蜀學的文化淵源來看，它與“巴蜀文化”是毫無關係的，他所認爲的“巴蜀文化”是考古學上的概念，而考古學上的“文化”主要是遺迹、遺物的綜合體，近數十年來區域内所發現的若干上古遺迹與遺物皆屬於巴蜀文化。他還説，蜀學不僅與“巴蜀文化”并無聯繫，古代巴蜀的遺迹和遺物也不是蜀學研究的對象。謝先生也表示他能理解“巴蜀文化”與區域文化建設、區域經濟發展的某種必要的勾連，理解

---

① 參見謝桃坊《我的學術生涯（1978—2018）》，《文史雜志》2018年第4期。

② 謝桃坊：《蜀學的性質與文化淵源及其與巴蜀文化的關係》，《蜀學》第一輯，巴蜀書社，2006年版。

學者將“巴蜀文化”概念的原有性質改變、擴展外延、豐富内涵、最後擬出一條從古代巴蜀社會到四川現代文明社會發展完整鎖鏈的初心與出發點。但另一方面，他還是堅持指出，如果將“巴蜀文化”與考古學的概念作過多勾連，容易導致過分强調四川文化與古代巴蜀的親緣關係而對歷史産生誤解。他不避争鳴，旗幟鮮明地表達自己的觀點，堅持認爲蜀學對這種“巴蜀文化”的建構在理論上不能接受。簡言之，謝桃坊先生眼中的“蜀學”是指“文翁化蜀”迄近代的學術文化或學術思想，“巴蜀文化”則是考古學意義上的蜀中先秦文化。

謝桃坊先生下結論并非憑空臆斷，而是經過了對古蜀史料的縝密考證，以傳統的文獻學、考據學、校讎學等方法對古蜀史料進行艱苦的辨僞後所提出的看法。例如，在《古蜀史料辯僞》一文中，他進行了悉心的文本考辨，認真甄别有關古蜀國記載的史料。古蜀史是指秦國滅蜀以前西蜀地域的歷史，他認爲這同殷商以前的中國古史一樣，雖然有一些傳説性質的文獻資料，却難以作爲歷史研究的史實，不足以構成真正的信史。這樣的聯繫容易導致相信關於遠古傳説的記載爲歷史研究之證據的學者，又往往將這些“史料”連串拼湊，并加以想象、發揮、詮釋或補充，層層累積，以“擬構”出古史的“真實”譜系來。謝先生不輕從盲信，而是希望從史料文本中去尋找歷史的真相。他尤其對關於遠古蜀地的“史料”中記載的“蜀之爲國肇於人皇”“蜀王，黄帝後世也”“禹本汶山郡廣柔縣人”“蜀之先稱王者有蠶叢、柏濩、魚鳧、開明”等相關史料，進行了仔細梳理與考辨，最終他堅信這些不是歷史的真實。他認爲，關於蜀之爲國肇自人皇、蜀王爲黄帝後世、禹出生於汶川，這些神話傳説都出自中原主流文化觀念的擴展與影響。秦以來的帝王爲了强調中國邊鄙之地自古以來即禹中原王朝存在行政與血緣的關係，從而建構、編造了種種諸如此類的神話傳説。在中國某些地域又爲了强調本地域文化的獨特性，各地方文人學者遂也靡然從之，如法炮製，“製造”了當地遠古時代的種種神話傳説，古蜀王國的世系即是在這種地域文化觀念支配下的産物。關於古蜀王國世系的最早文獻是西漢揚雄《蜀王本紀》，在謝先生眼裏，揚雄便是那位古蜀國、歷代蜀王真實存在過的“始作俑者”。事實上，《蜀王本紀》早佚，漢以後的文獻多有引用，還曾經出現過幾種輯本。謝先生還認爲，晋代常璩關於蜀地“人皇”之説也是不能成立的，正如以顧頡剛先生爲代表的“古史辨派”所質疑、解構的“層累説”一樣，古史建構大都遵循這一規律。他認爲，常璩作爲史學家在處理傳説與歷史的時候將神話傳説與史實相混淆，對後世産生了誤導。我們再來看看謝先生對有關大禹記載的辨析以及觀點。從《詩經》所述禹的活動地域來看主要是在西北地區，即春秋時西戎所處。謝先生認爲從禹興於西羌，發展至禹生於汶川，這些都不是真實的歷史，而是歷代知識生産層累、附會的知識産品，其實禹與西蜀是不存在任何聯繫的。禹是古代神話傳説人物，對此戰國時屈原也曾表達過質疑，晋常璩雖未采用“禹生西羌”之説，也述及禹與巴蜀的關係，即禹取塗山女之説，常璩所説“今江州塗山是也，帝禹之廟銘存焉”，江州是古代的重慶，從傳説中禹的活動范圍，可以認爲《史記》中“禹娶於塗山”其實是在安徽境内，顧頡剛先生也持這種看法，常璩實際上是以地名相同的（重慶的）江州塗山附會了此説。

謝桃坊先生也很清楚，從秦并巴蜀，以至文翁化蜀之後，巴蜀大地的文化已逐漸與中原主流文化融爲一體，其主要内核是大一統國家的主流文化，尤其是儒家傳統文化。另一方面，中國地大物博，人口衆多，人民的生活樣法各有不同，多元一體，各地域的文化差异還是客觀存在的，因此巴山蜀水間孕育出的學術思想也有一些獨特的個性。他認爲蜀學無論在學術體系、學術思想和學術方法等方面均是中國學術的一部分，因地域文化的差异、某些地域的學術呈現一些特色。他研究過一些學者謝无量、吴虞、劉師培、章太炎等對蜀學的看法或評論，覺得相關言説缺乏總體的認識提煉或理性概括，多爲直覺、片面的經驗之談。劉咸炘《蜀學論》中對蜀學的一些概括與把握則是可以啓發我們進一步探討蜀學特徵的。他認爲：“蜀學的特徵是蜀學在發展過程中形成的學術傳統所體現的，它必然受到中國學術思潮的影響。”① 但想要進一步探討這個問題其實也并不容易，很難處理學者的個性與學術共性之間的關係，也很難脱離中國學術思潮去孤立地探討學術的地域性。他對自己的勉力嘗試也謙遜地承認：“它在中國學術和中國地域學術之中僅具有相對的意義……然而若從中國學術發展過程來審視蜀學，則那些最具創造性的并提供新的思想或方法的學者，他們在一定程度上呈現某些共同的特點，由此顯示了某些地域性的特徵，我們歸納這些特徵則又是可能的。”② 謝先生在群星閃耀的蜀中學者群體中選擇了頗具個性和代表性的司馬相如、揚雄、譙周、常璩、陳子昂、趙蕤、李白、龍昌期、蘇洵、蘇軾、吴縝、任淵、魏了翁、楊慎、唐甄、廖平、吴虞、劉咸炘、李宗吾、郭沫若、賀昌群等進行了歷時的考察與認真的梳理。他總結説，從這些蜀中學者的學術思想和治學方法的考察來看，蜀中學者一方面是固守傳統，另一方面又時據學術前沿；一方面以雜學見長，另一方面又似乎常常有“异端”傾向；一方面崇實黜華，另一方面又富於思辨。謝先生歸納的這些學術特徵并非蜀中學術獨擅其美，但的確相對特出。作爲現代蜀中學者，謝先生不願看到歷史浩渺之中就此湮没掉蜀中思想者們曾經閃耀過的精神光澤與思想魅力，他甘願爲蜀學在中國學術史上一席合理的地位而鈎沉索隱，老驥伏櫪，筆耕不止。

二、宋代的蜀學

“一門父子三詞客”是指宋代蜀中文豪蘇軾三父子，蘇軾、父親蘇洵、弟弟蘇轍，父子三人以“三蘇”齊名，在“唐宋八大家中”，一門得其三。“蘇學”在宋代顯名朝野。從蜀學研究的視角來看，“蘇學”是蜀學譜系中最光芒四射的一抹亮色，也是謝桃坊先生蜀學研究

① 謝桃坊：《論蜀學的特徵》，《蜀學》第二輯，巴蜀書社，2007年版。
② 同上。

中用力最勤、成就最高的深耕園地。他不僅出版了學術專著《蘇軾詩研究》，對蘇詩進行了專門的、精深的研究，還出版了學術專著《中國詞學史》《宋詞概論》等相關論著，對蘇詞也有很多詞學理論的品評與論述，他更發表了多篇論文，如庖丁解牛，每每切中肯綮。謝桃坊先生認爲，由於北宋以來，學術界興起了疑經、疑古的思潮，三蘇是這一新的學術思潮中最有影響力的學者。他們不僅吸收了原始儒學的一些思想，也吸收了一些法家和縱横家以及佛、道等思想資源，尤其長於文學與政論，形成了一種很有特色的學術思想，是宋代蜀中學者中的佼佼者。他還説，三蘇的思想精深而駁雜，“但他們認真學習過儒學，而於儒家經典深有研究，留下一些關於經學的著作，均能自成一説。他們的基本思想仍是傳統的儒家思想，但同時又對儒家有所批判。蘇軾尤其如此。他雖然在思想中吸收了不少佛家和道家的因素，但能以理性來看待它們，在本質上是不相信宗教的”①。謝桃坊先生關於“新儒學”與“蜀學”思想交鋒的探討集中於新儒學的集大成者朱熹對“蜀學”中蘇洵、蘇軾父子的批評。他在《蘇洵對“利者義之和”的闡釋及朱熹的批評》《蘇洵與〈太常因革禮〉的修纂》《關於蘇學之辯——回顧朱熹對蘇軾的批評》《蘇軾〈廣成子解〉發微》等論述中，主要探討了蘇洵、蘇軾父子及程頤、朱熹等新儒家對同一問題的不同看法，尤其重在論述南宋朱熹從後來者的視角去捍衛儒學道統，批評有“异端”傾向的蘇氏思想。

北宋嘉祐六年（1061）由名臣、名儒共同修纂的《太常因革禮》是今存中國古代儀制的一部重要典籍，蜀中蘇洵是其主要修纂者之一。關於這一文獻的意義、蘇洵在修纂中如何貫徹了史書之體的意圖等問題，謝桃坊先生進行過詳細精密的探討，通過梳理相關歷史文獻，謝先生斷定此著修纂的宗旨、原則、體例等問題是蘇洵和歐陽修共同探討確定的，其中蘇洵起到了重大作用，“此著從整體結構到具體的條目均體現了宋王朝開國以來百年間的儀制的因革”②。謝桃坊先生在文中對蘇洵的修纂舉證很多，通過具體舉證，説明蘇洵堅持史家體例，體現了他歷史的、政治的觀念，其中顯示的因革與統治階級禮儀規范的議論反映出的政治矛盾和政治鬥争更使它藴含豐富多姿的歷史意義，同時也爲研究中國歷史與禮儀制度貢獻了珍貴的史料。

關於“義”與“利”的關係，傳統儒家重義而輕利，所以君子多有微言大義、凛然大義的浩然正氣，少言或避談人之“利”，認爲“君子喻於義，小人喻於利”，而先秦諸子對此有各自不同的看法，曾經展開過思想史上的義、利之辨。蜀中蘇洵也對此發表過自己的看法，他對《周易》乾卦《文言》中“利者義之和”提出了自己的見解與闡釋，得出了“義”其實是聖人戕害天下人的思想武器的看法，他不僅從哲學思辨的層面提出了“徒義”“徒利”的概念及個中千絲萬縷的聯繫，大膽提出“利在則義存，利亡則義喪”的看法，得出“義利，利義，相爲用而天下運諸掌矣。五色必有丹而色和，五味必有甘而味和，義必有利而義和”

① 謝桃坊：《〈宋元學案·蜀學略〉辨正》，《西華大學學報》（哲學社會科學版）2013年第1期。
② 謝桃坊：《蘇洵與〈太常因革禮〉的修纂》，《文史雜志》2020年第2期。

(蘇洵,《利者義之和論》,《嘉祐集》卷九),二者都需節制、調和相濟等觀點。謝桃坊先生闡釋蘇洵針對“利者義之和”提出了三個基本的觀點,即“義者,聖人戕天下之器也”“徒義與徒利皆不可行”“義必有利而義和”,他認爲蘇洵的論述既富於理論意義,又富於現實意義,深刻而真實地闡釋了“義”和“利”的辯證關係,可謂是一個關於利義之辯的精闢總結。他認爲“蘇洵這篇專論發展了《管子》和《貨殖傳》的重利觀念,但在理論上更爲深刻和周密,所表達的思想令人感到震驚,因其揭示了此古老命題的社會本質意義”[①]。當然,關於這個相同命題,朱老夫子是不認同的,他仍然堅持程頤“利者和合於義也”“合於義乃能爲利物”“聖人以義爲利,義安處便爲利”等觀點,謝桃坊先生認爲程夫子已經偷换、混淆了概念,也并没有切實闡明兩者之間的關係,祇是在極盡所能、勉爲其難地維持儒家的觀念而已。到了朱老夫子這裏,將“君子喻於義”之説發揮到了極端,爲滅“人欲”又層累建構起了理論依據。謝桃坊先生指出:“朱熹之論掩蓋了義與利的本質屬性與關係,否認物資利益在社會現實生活中的意義,所以它與蘇洵之論相比較既不深刻亦不成熟,以致其批評是無力的,亦不能否定蘇洵的基本觀點。”[②] 筆者深以爲然,北宋初年的繁華,張擇端的《清明上河圖》都是從何而來呢?如果所有君子小人都不言利,都不食人間煙火,都學夫子們整天坐而論道,不言起而行之,紙幣“交子”恐也不會産生於蜀地,也不會有當代歷史學者鄧小南筆下宋代江南早期的工業化了,清初蜀中唐甄也不會批評“儒者不言豆苗,以爲外務”(《潛書·良功》)。謝先生在“義”“利”關係的看法上是贊同蘇洵之説的,他總結説:“‘利者義之和’所引起的關於義利之辨雖含有荒誕的成分,却在辯論中反映出中國傳統思想的一個非常重要的問題,而且是令學者們感到困惑的問題。蘇洵對此問題的闡釋至今看來仍有合理性的。”[③] 的確,新儒家“興天理”并非一定需要徹底的“滅人欲”,更何況,明清之後將這種理論運用發揮到了極致。

關於蘇軾與北宋古文運動的關係,謝桃坊先生有專文《蘇軾與北宋古文運動》進行論述,在他的專著《蘇軾詩研究》中也曾述及。他認爲,蘇軾全面總結了北宋古文運動的經驗,不僅提出了新體散文的創作原則,而且在理論和創作上完成了文學新的規范,從文學史的觀點來看,蘇軾與北宋古文運動存在重要而密切的關係。他説,蘇軾“關於古文運動的認識是很具權威性的,主要是因爲其中包含有更多合理的成分和歷史的真實”[④]。如蘇軾也同歐陽修等人一樣,反對五代文弊,抵制“時文”西昆體、太學體,提倡“古文”,認爲古文是一種實用性最强的文體,他還稱讚司馬光的行文“如金玉、穀帛、藥石”,必有適所用,必有爲而作,蘇軾其實深深理解古文與經國大業、國家治道的關係的。謝先生《關於蘇學之辯——回顧朱熹對蘇軾的批評》一文精細梳理了朱熹與蘇軾對相關問題的不同看法,條分縷

① 謝桃坊:《蘇洵對“利者義之和”的闡釋及朱熹的批評》,《中華文化論壇》2018年第12期。
② 同上。
③ 同上。
④ 謝桃坊:《蘇軾與北宋古文運動》,《西南大學學報》(社會科學版)1993年第4期。

析，言之有序，評價中肯。他簡要回顧北宋中期興起的新儒學派關於道統的認識、洛學與蘇學同時盛行、洛黨蜀黨之争、蜀學一時秀出，一直到朱熹將濂、洛之學融匯一體，重建新儒學道統，兼之批判蜀學的過程。謝先生意不在對這段中國學術史和文學批評史上的學術公案刻意辨出“邪正”，而在啓發今人從這段歷史公案中發現新的意義。謝先生并不刻意偏袒一方，衹在客觀求真、求理。朱熹是在禁黜道學的的背景下艱難地從事他的學術工作的，他極大地推動了新儒學的發展，爲新儒學在南宋後期上升爲統治思想奠定了堅實的基礎。關於朱熹對蘇軾的批評方面，謝先生詳細梳理與分析了朱熹批評蘇軾的經過與觀點之後，論證新儒學派從唐宋古文家那裏争回儒家道統，成爲南宋後期及其以後主要的國家意識形態，他們“文以載道”的學術主張從此代替了唐宋古文家“文以貫道”或“文與道俱”的主張，成功抵制了官方曾提倡的元祐之學——蘇學，不遺餘力宣揚程學而建立起了以程朱學派爲核心的正宗的“理學”。謝先生對這段學術公案評價説道：“文學與政治、學術固有一定關係，但它們是不宜混爲一談的。”① 他儘管充分肯定蘇公的文學成就和人格魅力，但他似乎又對朱熹們的“理論”的高度有過譽、偏頗之嫌。

經朱熹的批判以後，蘇學失去了儒學理論的光輝，却還了蘇軾文學家的真面目。但儘管是從文學家的維度給予定義和評價，也并不妨礙蘇軾思想價值的熠熠光芒，如謝先生在評論蘇詩的積極意義時所説：“蘇詩之所以能成爲宋詩的冠冕，不僅在藝術方面而且在思想内容方面都有超過前人之處。蘇詩的思想意義在於它表現了關心人民利益、同情勞苦人民的光輝人道思想，表現了維護道義、同社會邪惡勢力堅決鬥争的精神，表現了建功立業、熱愛生活的積極人生態度……是我國人民喜愛蘇詩并從中獲得精神力量的原因。”② 蘇軾在“文”與“道”之間兼具了應有的思想交集，更多了幾分生活與生命本身的溫度、純粹與真誠。或如錢鍾書先生所説“心理攸同”“道術未裂”。關於這一點，謝先生其實在他更早一點的研究中也指出過，如他在《新儒學派與傳統文學觀念之修正》等文章中也一再肯定了儒家詩教説的積極意義，他還説：“文學作品若得其正，則不會‘害道’，也不是‘無用之贅言’或‘玩物喪志’了。這樣，理學家們在文學觀念與具體創作之間存在矛盾，使他們在理論上不能自圓其説，而在染指於文學觀念與具體創作時處於兩難的心境……近數百年來以新儒學思想爲基礎的傳統文學觀念實爲文學之异化。”③ 的確，否則歷史上也不會發生“烏臺詩案”了。或許，人類在“文”與“道”之間，在理論、學術與文學、藝術之間，或如蘇子吟唱過的“此事古難全”，也或許如他所歌“横看成嶺側成峰，遠近高低各不同”；又或許，我們也可以實事求是地承認人的理性或感性，單獨之一維能一肩擔盡“人道”存在一定的有限性或局限性，正如康德的“二律背反”命題，將理性運用到了極致則易産生悖謬。蘇學仍然是蜀學的驕傲與亮色。

---

① 謝桃坊：《關於蘇學之辨——回顧朱熹對蘇軾的批評》，臺灣《孔孟月刊》第三十六卷第二期，1997 年 10 月。

② 謝桃坊：《蘇軾詩研究》，巴蜀書社，2017 年版，第 237 頁。

③ 謝桃坊：《新儒學派與傳統文學觀念之修正》，《國學論集》，社會科學文獻出版社，2011 年版，第 231 頁。

關於蜀學的辨正與辨原問題，謝桃坊先生主要有《〈宋元學案·蜀學略〉辨正》與《〈宋元儒學案〉辨原》等專文探討。新儒學派爲了純而又純的儒學道統，將辭章之學與訓詁之學排斥在了儒學的大門之外，這成了後世理學家的傳統，也包括清初著名學者黄宗羲在内。“三蘇”也深研過儒家經典，但他們并不完全崇奉儒家之道，因此黄宗羲《宋元學案》并不欲將他們納入其中，“蘇學”在黄宗羲的學術思想史的視野中，是屬於“經術之波瀾或微言之分殊”①。在謝先生看來，蘇學尤其是蘇軾并不是純粹的儒家，南宋初年以來形成的“蘇學”實際上也并没有形成一個學術派别，蘇洵父子是因爲博覽群書而自學成家的，并無學侶，全祖望所謂“廬陵學侶”也僅僅是因爲他們和歐陽修都是有志於古文運動的朋友而已，將他們看成是任孜、任伋的“講友”也是略顯牽强的。謝先生指出，與新儒家尤其是理學家們比較而言，“三蘇”的思想是自由不羈、無門無派的，他們自已也從來没有以承傳儒家道統而自居。因此他理解黄宗羲將蘇家父子排除在宋元學案之外的做法，而不贊成史學家全祖望將他們列入《宋元學案·蜀學略》。全祖望也没有將蘇軾父子列爲《宋元學案》，而是單列了《蜀學略》，因爲他們多“雜於禪”，儘管他們的基本思想仍是傳統的儒家思想，其實他們不僅僅是“雜於禪”，也雜於道，雜於縱横家，即使列入了《蜀學略》，謝先生也不認同，認爲全祖望對理學并無深究，不如黄宗羲對理學之儒的認識那樣深透明徹，謝先生説理學家講學是有明確宗旨的，他們一定要從儒家義理之中去尋找“學道”的門徑和心法，而且最終會凝練概括爲一些“核心關鍵字”，如“仁”“静”“敬”“誠”等等②。如周敦頤通天地、亘古今的陰陽之理，其實與佛學的關係很微妙複雜，但理學家却往往指責他者是“雜於禪”的。謝先生對理學家們喜歡探討“理一分殊”的問題進行了精準的分析，更認同黄宗羲對於理學涉及的重大理論問題所做的精深探討，認同他理性的批判精神。在謝先生看來，黄宗羲的許多見解至今仍然閃耀着學術光輝，具有一定的合理性。他説全祖望補修時將包括蘇學在内的學術思想也并入其中是背離了黄宗羲撰著《宋元儒學案》的宗旨的，從而使它難以同黄宗羲《明儒學案》的學術價值相匹配。經過具體透徹的文本分析，謝先生認爲，全祖望補編《蜀學略》其實是違背了黄宗羲《宋元儒學案》的初衷的，因爲他依照了理學宗傳的關係來描繪蘇學的學術譜系，從學理上看，全祖望的補編是有些不倫不類，極其不恰當的。但是换一個視角，尤其是對蜀學發展的意義來看的話，即“我們若將今本《宋元學案》視爲宋元學術思想史，而不僅僅是理學宗傳史，則它又具豐富的學術思想資料，可對宋元學術有概略的認識。《蜀學略》雖然在《宋元學案》裏作爲附録，但這是第一次將蜀學納入了學術思想史，對蜀學的發展産生了極爲重要的意義”③。其實，謝先生又從另一個方面肯定了蘇學在中國學術思想史中的價值與意義。

黄宗羲“原版正宗”的《宋元儒學案》三十一個學案中爲蜀中南軒張栻，鶴山魏了翁專

① 謝桃坊：《〈宋元學案·蜀學略〉辯正》，《西華大學學報》（哲學社會科學版）2013年第1期。
② 參見謝桃坊《〈宋元儒學案〉辨原》，《西華大學學報》（哲學社會科學版）2016年第4期。
③ 謝桃坊：《〈宋元學案·蜀學略〉辯正》，《西華大學學報》（哲學社會科學版）2013年第1期。

門立了學案，在黄宗羲看來，他們屬於與程朱學派爲主的宋元儒學系統。關於張栻、魏了翁等被納入宋代理學“陣營”的蜀中文化名士，謝桃坊先生也有專文探討，主要體現在他的《論學辯難窮理致知——試析張栻與朱熹關於理學觀念的討論》《張栻籍蜀考》《論魏了翁的學術思想》等文中。他的相關論述是上升到了形而上的理學高度，將張栻、魏了翁的學術的理學思想精華采擷而出，進行了自己的判斷與評價。經謝先生多方考證，張栻屬於四川廣漢綿竹，因此他肯定南軒先生是四川文化名人，儘管張栻在南宋學術思想發展過程中是“湘學”的重要人物。黄宗羲對張栻的評價很高，説他“去短集長”“言語平正”。黄宗羲甚至認爲在張栻與朱熹之辯難窮理的辯論中，朱熹反而較他少了一段涵養的功夫，與朱子切磋得力者，非張栻（吕祖謙、陸九淵數人）莫屬，總之，張栻的見識，已臻卓然不可及之境界。或因朱熹和黄宗羲對張栻都如此高度評價，或因張栻本身籍蜀四川，他的學術思想自然是謝先生“蜀學”譜寫中不可或缺的。

謝桃坊先生着重探討了中國理學史上張栻與朱熹關於理學基本觀念如太極、理道、原性、中庸、知行等反復辯難的主要觀點，驚嘆張、朱之辯已經達至窮理致知、精密細緻的程度，正是由於他們同出濂洛之學又“理一分殊”，纔成全了理學思想的豐富深刻，將儒學的義理之學發展到了空前的學理高度。關於張、朱辯難，謝先生也是有自己的判斷的，如他認爲關於“太極”的認識朱熹更富於理性思辨；關於“理道”，尤其是在“性”與“道”的精微之辯，謝先生進行了詳盡的對比分析，認爲張栻的認識相對較爲深刻而切實；關於“原性”，他總結説：“朱熹僅關注個人内在的修養，以爲學者於仁方面用工夫，便不必考慮其行爲是否符合社會禮法之規范。在此問題上他們的意見最爲分歧：張栻强調行爲的規范，朱熹看重内在的認識。”[①] 他説：“張栻之學重在進德與力行，故理學思想極爲純粹；而朱熹治學則於致知與進德并重，雖以義理探求爲主却又采用實證方法。因此，他們關於進德修身的途徑及諸多理學基本觀念的理解均有相异之處。”[②] 關於對“中庸”的理解，謝先生認爲張栻是從理的角度來談“用中”，真正理解了“中庸”更高的意義，但對於修身與情感的關係，張栻却將性與情相混淆了。關於“知行”的辯難，謝先生認爲張栻的認識不同於一般理學家之論，他更看重社會的道德實踐。但無論張栻、朱熹他們怎麽辯難，怎樣精微高深，使理學思想得以充實豐富，謝先生也實事求是地指出，他們對宇宙、自然、社會、人生的基本認識與言説，他們發現的“儒家不傳之秘”在本質上仍是爲統治階級服務的，是屬於社會政治教化理論，從此使理學成爲中國大一統王權社會的主要統治思想，也是他們所謂的完善個人道德的君子之道、聖賢之道。

南宋時蜀中又出秀一位文化名人——魏了翁，謝桃坊先生認爲他是大學者，但并不認同一直以來被稱爲南宋著名理學家的“定位”（全祖望），他雖然與理學家交往，耳濡目染，受到一

① 謝桃坊：《論學辯難　窮理致知——試析張栻與朱熹關於理學觀念的討論》，《天府新論》2019 年第 6 期。
② 同上。

定影響，他更曾向朝廷上書，爲周敦頤、二程請謚，請求朝廷褒獎朱熹和張栻，使曾一度遭到禁黜的“僞學”——理學得到平反，追謚周敦頤爲“元公”、程顥爲“純公”、程頤爲“正公”、張載爲“明公”。他又曾爲成都府學内周敦頤、二程的祠堂作《三先生祠堂記》等活動而被認爲是理學家。其實，魏了翁在學術觀點上是堅持己見的，在基本的理學觀念上與理學家甚至可謂“道不同不相爲謀”。謝先生在《論魏了翁的學術思想》一文中詳細梳理了魏了翁交往的理學家及其交往過程中理學思想的發展過程，證明不能以理學來定位魏了翁的學術思想。魏了翁在家鄉四川蒲江創建鶴山書院，從事之學也主要是記覽文詞——詩賦經義之學，《宋史》也是將魏了翁列入了《儒林傳》而未將他列入《道學傳》的。通過對《宋史》、黄宗羲、全祖望等記述的對比，謝先生是認同黄宗羲的看法的，他説：“現從黄宗羲關於魏了翁學術淵源的論斷來看，其理解是與事實相符的，而黄百家與全祖望則爲强調理學宗傳關係而作了牽强附會的推測。”[①] 謝先生將魏了翁與李傳道的奏議進行了對比分析，發現李傳道對理學的認識更爲深刻，而魏了翁衹是着重闡述了理學的社會政治倫理意義。他更是鑽研了魏了翁的相關著述，發現魏了翁關於理學其實并無專門的形而上的純思辨的探討，對理學的認識也僅是散見諸文，對理學也不專主一家，并不足以構成系統的理論，何况他的有關論述中還與理學正宗的程朱學派諸多相异。謝先生認爲，魏了翁在學術思想上傾向於傳統的儒家學派，特别重視《六經》，雜以理學思潮中的一些理學觀念。而且，若按照南宋理學家普遍空談義理的傾向來分析，魏了翁的治學是與理學家完全异趣的，謝先生説：“他研究儒家經典，并不專致義理的思辨，而是采取了與理學家們相异的實證方法……他既不滿意漢以來經師的臆測，也不認可理學家的空談，力主實事求是去理解原典而求真知。”[②] 總之，謝先生通過具體研究，認爲不能簡單地將魏了翁的思想概括爲理學思想，也不宜將他定位爲著名的理學家，其實他是以爲窮經學古，醇正有法而又崇尚事功的博學大儒。謝先生論證嚴密、絲絲入扣，得出判斷都依照具體的文獻事實，堅持用翔實的史料説話，如果不是自身對傳統文獻的精深研究與艱苦思考，如果不具有足够深厚的學養積澱，是得不出這些相關判斷與結論的。吾儕小子，衹能道聽途説，或人云亦云，以訛傳訛，讀謝先生文字，方覺基礎學術研究的價值與意義，感於學術信仰的純粹與崇高。

三、對其他蜀中學者的研究

謝桃坊先生因多年治詩學、詞學，對宋代歷史文化、文獻典籍尤爲熟悉，積累宏富，因此對宋代蜀學研究尤其深入精微。他同時博采衆長，泛觀博覽，對蜀中其他名士文人、鴻學

① 謝桃坊：《論魏了翁的學術思想》，《西華大學學報》（哲學社會科學版）2019 年第 1 期。
② 同上。

大儒也多有研究，如花蕊夫人、李調元、劉咸炘、廖平、郭沫若、李安宅……爲蜀中學術思想研究庭園播灑了多彩的學術種子，也收穫了豐碩的學術果實。我們再以他對花蕊夫人、李調元、廖平的研究爲例做一簡述。

花蕊夫人是前蜀王衍之母后小徐妃，逐漸傳世的宫詞共九十八首。謝桃坊先生蜀學研究中對花蕊夫人宫詞進行了精密研究，這對我們瞭解前蜀的宫廷生活，宫詞中體現前蜀與唐朝、與西域文明、與絲綢之路（如絲綢之路中的一部分就是蜀錦、《金剛般若波羅密經》《佛説閻羅王授記四衆道修生七齋功德往生經》《劍南西川成都府樊賞家曆》等都是由川北經絲綢之路傳入敦煌）的關係，以及早在一千多年前西蜀與西域各國的經濟交流與文化融合的歷史遠景打開了一扇觀察的窗口，具有很大研究價值和學術意義。因謝先生尤善治詞學，他在花蕊夫人宫詞中梳理出十二首，從字裏行間與西域文明交融的證據開始梳理，考證出王建墓的樂伎、教樂坊、樂曲《凉州令》（《梁州令》）、工尺譜、回鶻馬、幔裹頭（冪離）、宫廷球賽、護宅石雕獅子（神獸門，獅子并不産於中土）、鬱金香等等，他還考證出前蜀宫中女官李舜弦（及其兄弟）是波斯人，説明那時西蜀雖然地處西鄙之地，實際上與西域各地已經有了非同尋常的經濟或文化交流。正如謝先生所説："我們從花蕊夫人宫詞可見到前蜀在音樂、服飾、民俗和娱樂等方面對西域文明的吸收與融合，從而形成西蜀新的文化。"① 他也不贊同有些學者將前蜀之亡歸罪於王衍母子的做法，認爲這是重複了中國傳統史學中的"女禍"觀念。他認爲花蕊夫人的記游詩和宫詞是五代時期最杰出的女詞人，他評價花蕊夫人"特别是宫詞不僅細緻地表現了蜀宫人的生活真實，而尤其具有歷史與文化的價值"②。他不認同中國歷史上的女禍觀念，認爲這些女性是造成亡國的原因，前蜀滅亡主要還在歷史的大趨勢和必然命運。筆者也深以爲然，在文人的妙筆一揮之下，妺喜、妲己、褒姒、鄭袖、賈南風、楊貴妃們都成了罪魁禍首，文人有些筆墨對歷史是不負責任的。

蜀中羅江李調元是清代文化名人，大學者，也是大詩人，曾被人歸入性靈派詩人。針對這一問題，謝桃坊先生通過對李調元與袁枚的詩論、詩學淵源和詩歌創作等角度的比較研究，得出了自己的判斷，他認爲李調元不應被歸屬於性靈詩派，不僅如此，李調元的觀點有時往往與性靈詩派是截然對立的，因此李調元是學者，他的詩詞大都具有學人之詩的特點，也兼具詩人之詩的韻味。謝先生之所以認爲應將李調元視爲學者，是因爲"李調元活動的時代正是乾嘉時期考據學成爲學術風尚之際，他所交往的友人如紀昀、趙翼、程晋芳等均是長於考據的學者。縱觀李調元的著述，他是以學術著作爲主的"③。他的《函海》《易古文》《古文尚書辯异》《古文尚書證訛》《三傳比》《春秋職官考》《禮記補注》《儀禮古今考》《周禮輯要》《十三經注疏錦字》《春秋左傳會要》等等，在乾嘉學者中是成就突出，更是蜀中學者的驕傲。謝先生認爲，在乾嘉考據學興盛的時候，李調元治學基本上屬於名物訓詁的考據

① 謝桃坊：《花蕊夫人宫詞與西域文明》，《中華文化論壇》2017年第3期。
② 謝桃坊：《花蕊夫人宫詞補考》，《西華大學學報》（哲學社會科學版）2017年第4期。
③ 謝桃坊：《李調元與學人之詩及性靈詩派》，《西華大學學報》（哲學社會科學版）2020年第1期。

學的。與此同時，他也還是位大詩人，是“乾隆四家”之一，儘管他與詩人袁枚有過一段交誼，但不能從他們的詩作中發現他們之間有志同道合的事實或綫索。謝先生將二人的多首詩做了對比分析，認爲李調元與袁枚在生活態度和價值觀念上是甚有差异的。他還判斷説：“李調元之詩的博雅沉穩、嚴謹爽朗，與其宗尚李白、杜甫、韓愈、蘇軾的藝術淵源有關。他論詩不主一家，亦不偏向某一流派，主張立意貴從己出，以意取勝，追求理趣和高遠韻味。”① 但他也客觀地指出，李詩并不是風格特出，也缺乏理論的獨創和藝術的個性，難與袁枚在詩壇的地位與成就相比。不僅如此，或許正由於學者的嚴謹與理性，使他的詩也缺少了自由的靈性與優雅的詩意。謝先生也是學者，他没有畛域偏見，不會因爲李調元是“鄉黨”就曲意吹捧，對袁枚進行“非吾同類”的貶損，他只是就事論事，實事求是，客觀陳述，綜合判斷。

蜀中大學者廖平是井研人，曾長期擔任四川國學專門學校校長，爲四川培養了很多學術人才。他一生治學廣博，遍及群經，對經學尤其精深，成就巨大，其早年的《今古學考》《穀梁古義疏》至今都是經典的學術著作，尤其是他的孔子改制之説對康有爲産生過較大影響，對清末的維新變法思潮産生了重大影響，是中國近世的經學大師和思想家，也是今文經學的終結者。對這位今文經學的終結者，謝桃坊先生對廖平之學術成就與過失也都有了自己的認識。他在充分肯定廖平的學術成就的同時，也據理直言廖平學説一些荒誕不經之處，并發表《廖平經學思想檢論》《廖平經學思想之荒誕》等文加以陳述。例如，廖平治學途徑主要就是以禮制解經，以求通經致用，倡天人之學、皇帝之學。謝先生指出：“廖平特列《今學因仍古學禮制表》，以爲這是孔子保存周制而不改者。這可見以禮制區分今古兩學尚不能達到嚴密與確切的境地，尤其是古代儒者言禮制極爲煩瑣，它與各社會階段的實際情况并不相符。”② 他認爲：“學者們研究儒家經典的途徑是多樣的，對經典中禮制的瞭解，僅有助於認識經典産生的社會歷史背景之一而已，尚待克服解讀文本的各種困難之後，進一步探討經典的思想的、政治的、歷史的、文學的意義。”③ 關於孔子與“六經”（謝先生更傾向於“五經”説）的關係，謝先生認同司馬遷、錢玄同、蒙文通等學者經過考辨得出的結論，而且對此他也有自己的看法。他説：“它們在學術性質上分别歸屬於數術、政治、音樂、文學、歷史等類，内容各不相同，編著者非一，著述時間先後不一；它們并不存在統一的著述意圖，更不存在統屬關係，因而不存在相互的内在的聯繫。”④ 對此筆者雖有不同看法，個人認爲自人類“軸心時代”起很多思想文化往往是包羅萬象，文史哲不分家，没有過多分科之學，如博物學等，分科主要是西學東漸後逐漸形成的，但在某些方面又是贊成謝先生的論證邏輯與研究方法的。

---

① 謝桃坊：《李調元與學人之詩及性靈詩派》，《西華大學學報》（哲學社會科學版）2020年第1期。

② 謝桃坊：《廖平經學之荒誕》，《國學談録》，四川文藝出版社，2020年版，第113頁。

③ 同上，第114頁。

④ 同上，第118頁。

謝桃坊先生多年深耕的蜀學園地及他的研究態度和研究方法往往給人啓迪，他對蜀學的研究是較爲多維與全面的。筆者仍堅持認爲“從文本到文本”的研究方法與王國維提出的“二重證據法”，如今的“四重證據法”，甚至當代的分子人類學、基因檢測等“五重證據法”等研究方法各有千秋，互爲補正，相映成輝。正如伽達默爾詮釋學理解的“效果歷史意識”。伽達默爾說：“效果歷史意識具有對傳統的開放性……對他人的開放性包含這樣一種承認，即我必須接受某些反對我自己的東西，即使没有任何其他人要求我這樣做。”① 的確，後來者都無法讓時間倒流，穿越回到歷史現場，衹能以現有的方法、自己所能掌握的信息去無限追求、接近真實，觸摸歷史。學科之間對彼此多一些開放性可能更有助於人們追求真理。也或如波普爾的抬杠，有些歷史故實我們或已然無法證實，但另一方面我們也無法“否證”。波普爾說：“這些歷史的‘研究方法’或‘觀點’照例都是不可能檢驗的。它們不可能被否定，因此，表面上的肯定也就没有價值了，哪怕它們多得像天上的星辰。這樣一種選擇性的觀點或歷史興趣的焦點，如果不可能被總結爲一種可檢驗的假説的話，我們就稱之爲歷史的解釋。”② 因爲在這位哲學家的眼中，“是從歷史的、儘管不是從邏輯的觀點來看，方法論通常都是哲學觀點的副産品”③。他的話或許出格了些，但的確也值得我們反思，因爲在“真”的背後還有一個書寫者的思想價值體系，還有那些不會書寫者的思想價值體系。又或如學者李學勤《走出疑古時代》中所提倡的也不宜過度疑古，王國維先生早在顧頡剛先生之前就指出有些傳説的背後可能是有真實的影子的。蔡尚思先生曾評價顧頡剛先生說：“他所提出的夏禹的問題，在前曾哄傳一時，我當時耳食之餘，還曾加以譏笑。到現在自己研究了一番過來，覺得他的識見是有先知之明。在現在新的史期尚未充足之前，他的論辯自然并未能成爲定論，不過在舊史辨中凡作僞之點大體是被他識破的。”④ 蔡先生可以親自去深研文獻，得出這樣的結論。筆者學力不逮，精力有限，對謝先生精研數十年的結果和論斷或偶有疑惑，也無力如他般數十年坐冷板凳而初心不改。或如學界正積極提倡的多維、多學科交叉、系統學的研究方法能有助我們去觸摸歷史，接近真實，努力去接近我們先民與祖先的精神世界。再者，“贊而不達於數，則其爲之巫，數而不達於德，則其爲之史……吾與史巫同途而殊歸者也”⑤ 歷史的記録者也是人，最初的“史”是“巫”，逐漸發展爲由“巫”“儒”而“史”，發展爲不必蓍筮而能言吉凶、“善爲易者不占”的時代⑥，不管如何，巫、儒、史都是對過往經驗教訓的總結。正如學者劉剛、李冬君在《文化的江山》中對中國史前文化、對早期的巫、史，從巫到史的精彩論述那樣，最初的“史”本來也不是寫給後來者，而是用於向天

① ［德］漢斯-格奥爾格·伽達默爾著，洪漢鼎譯：《詮釋學Ⅰ真理與方法——哲學詮釋學的基本特徵》，商務印書館，2019年版，第510頁。

② ［英］卡·波普爾著，何林、趙平等譯：《歷史主義貧困論》，中國社會科學出版社，1998年版，第132頁。

③ 同上，第49頁。

④ 蔡尚思，《顧頡剛創建的新疑古派——〈古史辨〉派作用的具體分析》，《社會科學戰綫》1981年第4期。

⑤ 孔子《馬王堆帛書·要》。

⑥ 參見李澤厚《説巫史傳統》，上海譯文出版社，2012年版。

地、向祖先總結匯報復命的。筆者個人認爲自古以來，從巫到史，到後來人們所理解的歷史，或“效果的歷史”不在少數。謝先生繼承了傳統學者如崔東壁、顧頡剛等疑古的考證方法，力求追尋“信史”，這也是不輕信盲從、祛魅啓蒙的不懈努力與追求真理精神的體現，這種求真的精神是值得肯定和弘揚的。謝先生和前輩學者的疑古求真精神和嚴謹治學態度是值得尊敬與敬畏的。學術考證，力求真實，否則寧願“失考”也不作想象演繹，牽强附會，以訛傳訛，這一維的學術陣地，值得堅守，也需要發揚，它與其他的證據法一同融合爲系統科學方法能更讓我們更多地瞭解歷史，更精準解釋文化。

謝老先生是從來不使用手機、電腦、平板等現代工具做學問的，原典原著、卡片注釋、一字一句，一筆一劃，皆爲傳統的純手工操作，銖積寸累，日就月將，行文落筆之間，力求論古敦厚、學術尖新，邏輯嚴密，語法規范、概念準確，結構嚴謹。他也絕不好爲大言，而是老老實實，平鋪直叙，文風樸素，文筆流暢。他説：“這種陳舊的寫作方法看似落後、笨拙、遲鈍、費事，但自有其優長。它可以使研究的心得充分地精細地表達，而且常有命筆快意之感。”[①] 或許正因如此，他是筆者衷心敬佩的當代讀書種子，他的學術更加純粹，掘進縱深、追求高境，體量豐富，吾儕淺學，自愧不及。

作者單位：四川省社會科學院哲學與文化研究所

① 謝桃坊：《我的學術生涯（1978—2018）》，《文史雜志》2018年第4期。

朗朗賢功入雲端

——紀念原温江專署教育局副局長、崇慶中學校長劉朗雲先生

葉成軍

内容提要：劉朗雲（1928—1967），籍屬成都；川大畢業後於 1950 年初進入重慶西南革命大學，後被四川省公安廳派遣到崇慶縣（現崇州市，下同）工作，先後任崇慶縣公安局股長、崇慶縣懷遠中學校長、崇一中（現崇慶中學）校長、温江專區行政公署教育局副局長。他爲崇慶縣及温江專區教育的快速提升做出巨大貢獻，被尊稱爲“顔元式教育躬行者”。1960 年應邀參加全國文教群英大會。1967 年因拒絶被紅衛兵批鬥，夫妻雙雙投繯自盡。

關鍵詞：品雅才卓；領導藝術；川西地區教育改革及成效；傅雷式學者

［劉朗雲及其在崇一中的校長任期］

前 言

劉朗雲是崇一中第21任校長（1954—1960年在任），温江專區（後爲温江地區，1983年并入成都市）教育局副局長（1960—1967年在任）。他品雅才卓，爲人公正公平，思想敏鋭，任勞任怨，工作能力强，對整個温江地區以及崇慶縣教育品質的全面提升做出了顯著貢獻。崇慶縣及崇一中教育氣象因此蔚然暢開，一大批優秀人才應運而生：北京大學教師周先慎、兩彈科技工作者鄔崇斌和王慧芳、重慶工商大學教授傅德岷、省特級教師王嘉興……

雖然目前關於劉朗雲的資料甚少，但時過境遷，許多年過去了，崇州土地上一代又一代的教育人至今仍在深情傳頌，他們難以忘懷劉朗雲對這一方教育發展的卓越貢獻。從更廣范圍來説，劉朗雲七年温江專署教育局副局長任職，其區域性影響也是巨大的。人們無限緬懷地尊稱他爲“顔元式教育躬行者”，一位了不起的校長。1960年6月，劉朗雲以中學校長身份應邀出席北京人民大會堂舉行的全國文教群英大會。

1967年2月，劉朗雲因拒絶被紅衛兵作爲“當權派”批鬥，和妻子戴迪之一起在温江家中雙雙投繯自盡。

采訪崇一中高1957級校友楊精培（左，曾任重師和省教廳幹部、國家教委語言專業組組長）、高1958級校友吴正清（右，原國防三綫建設人事幹部，後曾任教於電子科大）

一、閃亮的青春

劉朗雲，原名劉體煜，成都人，祖籍江蘇武進。祖上何時何故遷居成都，已無從可考。他家居成都何地，也没有明確信息。據崇州市教育局英語教研員劉新民老師回憶，1958年，當時他衹有八九歲，他説，“劉伯伯（指劉朗雲）是家父的同事兼領導，曾帶我去他成都的家裏玩，還買精美的糖果給我吃”“劉伯伯的家大概在成都梨花街一帶，屬於傳統的商業街”。

根據劉朗雲儒雅的氣質，一般認爲，他出身的家庭應該是詩禮之家，或傳統經商人家。

民國二十九年（1940），劉朗雲小學畢業，考入成都縣中學堂，校址在成都外西雍家渡葉家大院。這所學校解放前在全國聯考中曾獲得過全國第一和第四的優异成績，以至於國民政府教育部長陳立夫先生還特地爲它題詞“啓迪有方”。學校也就是後來成都林蔭街大名鼎鼎的成都七中，全國四所“國家級示范性普通高中樣板學校”之一，李嵐清副總理曾爲該校題詞。

抗戰時期，中學先後遷太平坊銀桂橋、茶店子，劉朗雲初中三年及高中兩年，學習成績優异。民國三十四年（1945），就在即將升入大學時，劉朗雲攤上了一件影響他升學的大事。據《崇慶中學志》略載，生性豪俠的青年學生劉朗雲因爲看不慣有權有勢的强梁欺負弱者，挺身而出，兩肋插刀出手相助，致使逞强人受傷。

學校念及劉朗雲品學兼優，想大事化小保護他，可是對方仗勢不依不饒，學校不得已，公開宣稱已將劉朗雲退學，實際上老師們暗中相助，讓劉朗雲進入了四川大學先修班學習。第二年，劉朗雲才轉爲川大法律系正式學生。

劉朗雲自立意識很强。川大四年，他主要靠做家教維持自己的大學生活，很少向家裏伸手。

1949年前的四川大學，是當時國内規模最大的高等學府之一。三十五個科系，兩個研究所，師生達6000多人，各種激進色彩的思想在這裏交鋒，各色政治傾向的人物在這裏出没。劉朗雲作爲進步思想的追隨者，他刻苦學習，并心向進步組織。他見證并投身了那個波瀾壯闊的時代。

在四川大學，翩翩大才子（崇一中胡啓祥老師對其敬稱）劉朗雲與化學系學妹戴迪之相識。戴迪之父親是川大化學系教授，她天真爛漫而又帶着幾分知性，美若渌波芙蕖却又樸素温婉。幾年後，在崇慶縣，他們結成終身伴侣。

成都解放，第十八兵團代表接管四川大學時，恰遇劉朗雲大學畢業，作爲進步學生，他受組織的派遣，於1950年3月首批進入重慶西南人民革命大學學習，地址在原紅岩村八路軍辦事處，時，劉伯承司令任校長。

西南人民革命大學是爲了“適應西南地區解放後的和平建設，團結、教育、改造廣大社會知識青年，培養爲國家建設服務的人才”而建立的黨校性質學校。作爲革大學員及新黨員，集中三個月的半軍事化學習期滿，劉朗雲被四川省公安廳派赴崇慶縣公安局工作。

在崇慶縣公安局，劉朗雲任幹事、副股長、股長。剛解放的崇慶縣，各種政治運動接踵而至，匪患、籌措軍糧、減租退押等，社會治安，黄賭毒，都是公安部門重中之重的大事情，稍有疏忽，後果不堪設想。不過，對22歲的劉朗雲來説，翻天覆地地建立起來的新政權中，他必須義無反顧戰鬥，没有白天黑夜。

據崇一中高57級校友、四川省教育廳退休的楊精培老師回憶，1952年楊精培讀翻身書進入懷遠初中，當年暑假任團小組長的楊精培被學校選送到縣城參加“暑假樂園”學習活動，却被臨時調到縣公安局做輔助性文字工作，每天謄寫材料，恰與劉朗雲同住一室。劉朗雲當時任縣公安局刑偵股股長兼團支部宣教委員。一天深夜，天高月黑，劉朗雲悄悄摸回宿舍的聲音還是驚醒了楊精培。楊精培問：“劉股長，深更半夜的，你去幹什麽了，還這麽辛苦?”燈點亮，見劉朗雲腰間别着短槍，威風凛凛。劉朗雲很歉意，笑着小聲説：“執行任務，今晚抓販毒吸毒人員。對不起，不小心還是把你這位小同志驚醒了。”

作爲一名公安幹部，劉朗雲參與夜間行動是家常便飯。剛剛解放，由於公安人員少，裝備簡陋，公安工作非常危險，必須隨時準備犧牲生命。劉朗雲對此已習以爲常。

新生的紅色政權，意識形態陣地的掌控是極其重要的。由於劉朗雲在公安局工作出色，1952年那個秋意濃濃的10月，他調任崇慶縣懷遠中學校長。

這一年劉朗雲二十四歲。從此，新中國建立以來崇慶縣教育史上一個嶄新的教育氣象，開始醞釀啓肇。

二、任職懷遠中學

教育管理，對公安幹部劉朗雲來説，這是一項全新的工作。政權更迭和教育形勢的巨變，師生都面臨人生觀和世界觀的重新塑造，人性世界和精神領域某些坍塌的東西需要重新構建。

劉朗雲知道，從舊時代走過來的懷遠中學（時稱崇慶縣第二初中），急需滌蕩人心振奮精神的强心劑。

懷遠中學創辦於 1942 年，位於縣城北 25 公里，是一所依托古鎮城隍廟和公園建立的初級中學，設施簡陋。除了幾間教室和一個不規則的操場，一無所有。

劉朗雲來了。他要繼承和發展前人的教育傳統和規則，更要將自己對教育的理解貫穿於學校管理的各個層面，按照先進的教育思想去安排教育的諸般事宜，讓一所從舊有傳統中走過來的學校重新進入一個可視的快速發展時期。

懷遠中學是當時崇慶縣三所中學之一，地處文井江邊，江波含翠之地。教學之餘，劉朗雲帶領師生開始大規模改造辦學環境。關帝廟改建成禮堂，老師和學生有了演講及文藝演出的舞臺；摧枯拉朽的校園風貌改造，操場平整一新，凌亂的校園成爲故舊往事。

據楊精培回憶，劉朗雲一進校園就已認出了他。劉校長説："真是天涯何處不相逢。你要在學生中起好帶頭作用，有什麽情况要及時向我反映。"在懷遠中學的學生眼裏，劉校長英俊而談吐風雅，口才文才上乘，這樣魅力無限的校長，讓他們倍感自豪。

一所學校的發展，最重要的是人的因素，教師素養的培養。劉朗雲的另一種魄力來自他對教師不拘一格的大膽使用。在政治掛帥的年代，這樣的做法於他本身也有不小的風險，但他不以爲意，因爲國家需要建設人才，教育發展刻不容緩。

劉朗雲不是一位誇誇其談的人。他注重教學，更關愛教師，關心師資建設。在學校行政中，他將行政價值取向昭告全校：不必太在意家庭出身和成分，只要擁護新生政權，認真工作，能力强，就是學校的主人。

惟能力品行不惟出身成分，這是劉朗雲治理學校的理念。

楊德義老師是新都人，1957 年大學畢業調入懷遠中學時，劉朗雲已經離任懷遠中學。劉朗雲不知道通過什麽途徑，知道楊德義是可造之材，就對繼任校長王才秀説："你要注意培養年輕教師，學校發展後勁衹能依靠他們。"很快，楊德義就被王才秀派往石室中學，半年脱産跟崗。撫今追昔，多年後的楊德義回憶起這位未曾一起共事的教育先輩和領導，心中充滿對劉朗雲無限感激和敬佩，他説："朗雲校長從懷中調走後，多少年來，懷中的老師們對他仍念念不忘。"

劉朗雲廣受師生愛戴，因爲師生們深刻體會到，這位校長十分少見：不僅没有任何“官架子”，還品真、性善、格美——所謂“三才之士”。

1953年新生報到，一名叫做楊澤全的街子學生到校後不見蹤影，同鄉學生胡慶敏對劉朗雲説，他學費不够放棄讀書回家了。劉朗雲當即對胡慶敏説，一定把人給我找回來，先讀書，别的事以後我來解决。楊澤全很幸運，後來考上了重慶醫學院，在西昌會理醫院工作。類似事件在懷中還有好幾起。

劉朗雲在懷遠中學開疆闢土，氣象宛然。蒸蒸日上的態勢，讓劉朗雲對學校的未來，抱有一種生動的憧憬。

學校的重大人事安排一般在假期進行，但劉朗雲調往崇一中的通知來得很突然。1954年，這個中國傳統紀年的甲午年，已開學一個多月了，4月裏，苟、萬諸山春意盎然，劉朗雲離開了工作19個月的懷遠中學，赴任崇一中第21任校長，繼任者是他川大校友王才秀。

三、執印崇一中

在劉朗雲赴任之前，崇一中已有35年辦學歷史。民國時期的幾任校長，勵精圖治，名震一方。如學校的創辦者、同盟會會員、辛楷、龍應銘、鄭家相，抗戰期間步履維艱堅持辦學且在省内具有良好聲譽的徐玉春校長，還有解放初期誤被鎮壓的衛有恒校長。也就是説，劉朗雲并非崇一中歷史上名聲卓著的校長第一人。

1950年到1954年崇一中走馬燈式换了五任校長，其中二任代理二任兼任。劉朗雲的前任是楊易丹，後來調到專區行幹校任教，1979年成爲四川省首批特級教師。

調到崇一中後，劉朗雲和戴迪之老師成婚。戴老師在崇一中教化學。

從現存資料，可以發現，1954 年的崇一中正處於一種十分微妙的發展氣氛之中。挾懷遠中學壯志未酬之氣，劉朗雲接手的崇一中仍然面臨諸多棘手的問題和困難。

首先是學校辦學條件。小東街的校園，面積不小，但是運動場地不規范，鍛煉設施稀少。唯一可以稱道的是 8 年前川軍劉元琮師長（後參加彭縣起義，任解放軍 62 軍 186 師師長）捐建的圖書館和高中教學部。

如果物理性條件不是決定性的，那麽第二個條件在那個空前的政治大氣候下將是難以克服的。崇一中的老師，有解放前“六臘之戰”從成都少城公園招來的優秀教師留任，有從女子中學和私立樹聲中學合并過來的。教師們有各種顧慮，特别是那些政治上“有尾巴”的教師，他們思想包袱重，觀望情緒濃，自覺前路漫漫而心情灰暗。

劉朗雲面臨一個重大抉擇：如果從個人前途發展講，政治安全不能不考慮；而從學校長遠發展來説，老師們的各種顧慮又需亟待解决。

劉朗雲（二排右起第三）

經過革命大學洗禮的劉朗雲，他并不特别過問一位教師是否有什麽歷史問題。與在懷遠中學一樣，他只是在乎一位老師教書育人能力如何，品行如何，業務上是否有發展潛力。

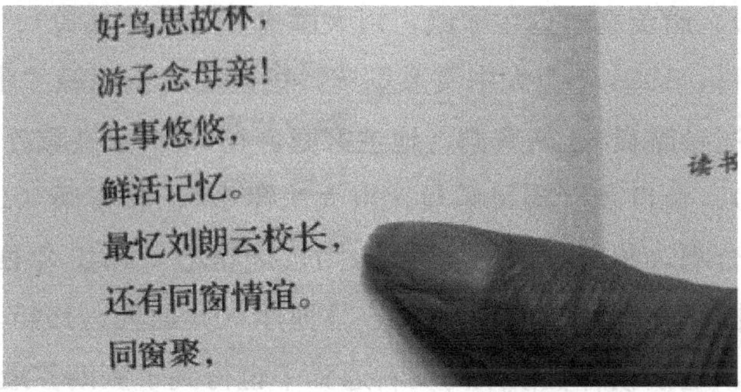

詩人氣質的楊精培先生（高 57 級）在其詩作中緬懷劉朗雲校長

擱在今天的角度來看，可能有人會説，當一名有作爲的校長有什麽困難呢？招賢納士誰不會？打感情牌難道還要現學？知識分子特好面子，校長大權在握，愛錢的就給錢，好權的就給權，還有什麽解决不了的大問題？

但在劉朗雲當校長的時代，别説没錢給，即便有，遇到既不愛錢又不貪權的教師，如之奈何？所以，當一名優秀校長，真需要大智慧，大勇氣。

四、崇一中納士

劉朗雲立足内部挖潛。他通過觀察和調查，對教師們采取保護和大膽使用的措施，啓動學校資源存量。

原女子中學校長楊永廉，1940 年川大畢業，地主家庭，曾經任教大邑女中、晋原中學、温江中學，劉朗雲到任時已是學校普通教師，語文教研組長，專業能力和組織能力都特别强，在教師中很有號召力。劉朗雲找到她，和她談心，很敬重她。有了校長的理解、尊重和庇護，楊永廉恢復了三尺講臺的意氣風發。

這樣的老師還有葉時俊（湖北沔陽人，川大英語系畢業，1941 年在施恩參加過陳誠舉辦的學生集訓班）、宋文彬（葉時俊妻，延安抗大和金陵大學畢業，地主家庭）、施正倫（出身地主家庭）、羅維純（父親是前崇慶縣縣黨部書記長）、龔選仕（金雞人，地主家庭，1948 年川大畢業，愛人是天主教徒）、劉元質（東北大學法律系，國民黨員）、鍾佛操（省一師，國民黨員）、劉鶴聲（黑龍江綏化人，國民黨員，黄埔十期第一總隊，曾任國軍排長和參謀）、王鼎（彭縣人，川大數學系畢業，國民黨員，成都黄埔軍校數理教官）、雷勗吾（三江人，北京大學肄業，地主家庭，國民黨員）、陳思雄（上海大學政經系畢業，川軍楊森部參謀，北伐軍第 3 軍 8 師北伐指揮科長，參加過南昌起義，海豐東江革命委員會《東江日報》編輯，上海東北北京援助馬占山將軍抗日團副團長，劉湘軍事顧問，曾任古宋縣縣長）、鄭守一（小土地出租家庭，川大外語系）、祁祥麟（前崇慶縣青年黨小組長，加入過一貫道，就讀於灌縣靈岩書院）、唐茂柳（地主家庭，川大歷史系，國民黨員）、屈永叔（雙流人，地主家庭，成都大學預科，1934 年川大中文系畢業，復興社周邊組織“中國文化學會”會員，曾任華陽縣第一、二屆參議員）、胡廣淵（地主家庭，1943 年曾供職於内江劉康區糧食專賣局，川大化學系畢業）、金良才（國民黨員，川大法律系）、郭本榮（1943 年以三青團身份參加少城公園學生大合唱，給美國人拍過紀録片）、周正心（1940 年西康省師及 1948 年灌縣航空軍校兩次加入國民黨，體育教研組長）、林博厚（元通人，1945 年加入國民黨，學校校醫）……不勝枚舉，這批教師在後來的反右運動中也得到了劉朗雲最大限度的保護，并被激發了最大的工作熱情。

因爲劉朗雲能够準確理解上級路綫方針政策，并没有完全機械執行極左的那一套，這需要智慧擔當和過人的膽識。在那個形勢下於他個人而言，若被曲解追責，輕則免職，重則牢獄之灾。

擔心，并非空穴來風，事實上劉朗雲六十年代的遭遇正好印證。

劉朗雲求賢若渴進人。周榮泰，1938 年抗大畢業，後入金陵大學學習，解放後曾任成都高等染織學校教導主任；李光煦，省教廳語文教研員。他們都被劉朗雲真情打動，被禮聘到崇一中任教。

類似的教師還有周光煒（本縣北太平人，地主出身，1919 年赴法聖日爾曼學院留學，畢業後回國入北京中法大學。前國民黨員，1941 年西安中央戰幹團政治教官）、任錫玖（辛亥革命著名重慶任家花園淑媛，復旦相輝學院畢業）、張淑芸（其父張寒杉，先後在孫中山、蔡鍔和宋教仁麾下任職，後任楊虎城秘書，民國著名書畫家，陝西歷史博物館館長。張淑芸人稱張二小姐。其夫曾子學，語文教師，同時被劉朗雲招入崇一中）、聶海清（本縣三江人，省師讀書期間任三青團四川省支團第 85 分隊隊長，國民黨員）、李蜀琦（郫縣人，國民黨員，1938 年入南京黄埔軍校，1941 年入四川大學，物理教師）、周繼如（父親是地主，被鎮壓）、徐冰茹（新都人，地主家庭，重慶西南革大俄語系）、張繼康（邛崃人，出身地主家庭，先入川大後轉入四川師院畢業）、戴體元（川大工學院航空系，温江專區著名戴幾何）、張大仁（本縣廖家人，地主家庭，三青團員，1939 年川大數學系畢業，物理教師），還有李明昭、雷文觀、俞子猷、李家祥、劉孝社等等，他們被劉朗雲感召，願意到崇一中軍前效命。

恕不能一一羅列。有一點請不要忘記，當年學校加上教工總共纔幾十號人，從文憑和資歷上説，這等教師陣容之豪華，可想而知。即便後來搞城鄉教師均衡，調進調出所謂“和稀泥摻砂子”運動，但崇一中師資雄厚的班底大致還在，這是後話。

看着以上所列那些名字，再看看他們履歷，有的在當時可以説是驚心動魄。但是，劉朗雲本着對教育負責的宗旨，能够很好地保護并使用這批教師。

劉朗雲還善於在教工中發掘資源。學校有兩位工人康遐齡和劉正蓉，很有才能，劉朗雲就積極争取上級政策，給予職員待遇。康遐齡後來成了後勤主任，劉正蓉後來成了教師，類似經歷的還有高 1957 級學生陳學强。

人的思想一旦解放，定會催生一個鼎盛的繁榮。川西老八所輝煌，指日可待。

劉朗雲從來没有“講團結”“公平公正”之類的虚言和高調，但全校教師能够發自内心地充分擁戴他。

他關心教師不是停留在口頭上。公社化時，教師實行 19 斤口糧配給制，老師們經常吃不飽餓肚子。劉朗雲總能多管道籌集到糧食，晚自習下課後，老師們可以到教工食堂免費加餐，間或還有酒喝。

那個年代，糧食比命還貴。老師們感動啊，一邊進餐一邊流泪。

五、抓教育實效

如果認爲劉朗雲衹重業務，不重政治，那就大錯特錯了。相反，他非常重視黨團建設工作。

1954 年劉朗雲到任崇一中時，他是全校唯一的黨員。他最早在崇一中建立團支部和團總支并自任團支部書記。由於黨員人數少，縣委指示在教育系統成立聯合黨支部，劉朗雲任書記。後來學校增加了兩名黨員，分别是軍隊轉業幹部陳中林（音）和初中教師李紅兵（音），於是學校成立黨支部，劉朗雲任支部書記。爲了發展壯大組織，劉朗雲親自給追求進步的老師和學生上黨課。條件成熟，他又親自給入黨積極分子作入黨介紹人。按照嚴格的組織程式，1956 年上半年崇一中劉榮泰、何世琦等與崇二中三名學生，總共 5 名作爲第一批預備黨員，劉朗雲帶他們去縣委組織部接受組織談話。1956 年下半年崇一中又單獨發展了第二批學生預備黨員。

劉朗雲的遠見，體現在他對學校的硬軟體建設。1954 年下車伊始，他提出崇一中校訓，“勵志苦學，立志成才”，這個校訓一直保持到“文化大革命”以後。他還提出了“向科學技術進軍”口號，鼓舞師生的工作和學習熱情。

劉朗雲非常重視學校體育工作。他當校長後，最早把師生集體跑步引入崇一中校園，直至今天。開始大家很不習慣，劉朗雲帶頭跑，起床跑，晚睡前也跑，校長夫人戴迪之老師也帶着師生跑，大家慢慢也就習慣了。那時，步伐整齊、口號嘹亮的集體跑步，成爲崇慶縣這座小縣城市民争相目睹的靚麗風景。

1958 年，第一屆全運會前夕，劉朗雲帶頭在全校掀起了一個師生體育鍛煉高潮，舉行“跑步到北京”體育運動啓動儀式。根據師生每天運動距離，定期在全校畫圖標注：某人已跑到寶雞，到西安，到洛陽，到鄭州，將抵北京……師生興致極高。地理知識增長了，身體也强壯了。

劉朗雲高度重視藝體建設，除了文藝小組和體操運動等常規活動，學校舉辦運動會的規模和專案設置較以前大大拓展。籃球運動也是學校的保留項目，校園裏活躍有多支籃球隊，教工的，學生的，冠名有“長江隊”“鐘聲隊”等等，還有其他的隊名。經常有師生比賽，有時邀請部隊和外單位來學校比賽。教工籃球隊由劉朗雲親自掛帥，隊員有胡廣淵、張繼康等。大家都有不服輸的精神，比賽輸球了總結，激勵大家一番，馬上再比。每周末，教工籃球隊在縣上比賽，是崇慶縣城的保留節目。

一所學校，教學是核心。劉朗雲根據學校教學現狀和掌握大量的一手調研材料，學校於 1955 年破天荒召開了一次真正意義的教學工作學習大會。會議暫停了學校各項工作，爲期一天半。

劉朗雲主持學習大會，議程環節由他親自擬定。參會的 100 多名學生來自每個班推選的學生及學科代表，30 多名教師則來自各教研組，加上學校領導共 150 人。大會嚴肅而坦率，老師和學生互相提意見，交流教法和學法。師生、生生、師師間充分交流，批評與自我批評。其間學生對老師的有些看法和建議非常尖鋭，但是老師們能够放下身段，認真聽取學生的意見，解釋溝通。會後，老師和學生再把意見和建議帶回去交流。

會議非常成功，大大促進了教育、教學氣氛的和諧，會後，老師們對學生更加關愛，學生們對老師更加感激和尊敬。學生感覺這是自己的激勵大會，老師覺得這不是整人會而是坦誠的交心會，從而促進了教學質量的提高，。

劉朗雲做最後總結發言，他勉勵師生的同時，還幽默風趣地對學習態度和方法的“學而必習，習而必行”（明末清初教育家顔元語）做精彩的辨析，他列舉并闡釋了“學而實習，習而實行”“學而似習，習而似行”“學而不習，習而不行”幾種情況，令在場師生捧腹而嘆服。

這是一次真正解決教學問題的教育工作會議，没有不痛不癢的過場和虚頭巴腦的説教。當年參會的學生後來也從事教育工作，他們説以後再没見過如此高效的切實解決實際問題的教學學習會議。

當年參會的學生會主席劉慕堯（四川大學退休教授，現已 84 歲），至今對那次學習大會記憶猶新。

六、愛校如斯矣

劉朗雲身材不屬於高大魁梧一類，但在師生心目中他形象却出奇的高大：解放帽，中山裝，皮鞋或布鞋，一口標準的成都腔，風度儒雅的學者。

在教師宋國良（1957 年西師畢業進入崇一中，現已 89 歲）的記憶中，劉朗雲是“三有校長”：一是有才幹，胸懷錦繡。他講話一般不用講稿，記下來就是一篇好文章；他做事情也主次分明，中心突出。二是真誠，禮賢下士。他很關心老師們的工作和生活，這種關心不是假公濟私的關心，雖然劉朗雲個人很節儉，還經常給困難教師送東西。三是有襟懷，知人善任。對於當時所謂有政治問題的老師，劉朗雲能做到不偏私，大膽任用。“雖然劉校長曾在大會上公開批評過我，但我對他没任何意見。他以身作則又愛才，對事不對人，大家口服心服，”宋老師多年疾患，講話聲音很低，“老師們都願意團結在他周圍”。

陳學强、朱鏡明等都是高1957級没有升學的優秀學生。由於陳學强父親在臺灣，朱鏡明的父親是地主，他們畢業考核鑒定都是“不予録取”。這個鑒定確實是劉朗雲根據政策下的，儘管當時他内心也非常矛盾。可陳學强、朱鏡明都是城裏人，上不了大學就不可能像農村學生一樣回家有地可種。劉朗雲曾經積極争取政策，試圖説服他們留校當校工。不久，劉朗雲又推薦他們到城關白雲庵小學當代課教師。他們没有大學文憑，但基礎知識相當扎實。後來，陳學强執教民中，“文化大革命”中調三小教戴帽子初中，1978年調崇一中，成爲優秀數學教師。劉朗雲盡自己的最大努力，去幫助這些學生與命運抗争。

在學生王嘉興的記憶中，劉校長絶非附庸風雅之輩，而是純粹的學者形象。他話音不高，疾徐有度，没有套話官話，交代事情言簡意賅。印象最深的是劉校長走路，步態莊敬，以至不久前他們高21班的同學會上還有人模仿劉校長走路的模樣。當年的學生中有人告訴筆者：劉朗雲就是他們身邊看得見的偉人。此言并非毫無依據。偉人不一定需要很高的職位，如修女特蕾莎。

劉朗雲關注學生思想動態。學生劉慕堯，崇慶縣隆興人，家庭出身不好，有思想包袱。1954年下半年，劉朗雲把他叫到辦公室，語重心長地告訴他：“家庭出身是不由人的，你要好好學習，不要有壓力，一個人的道路終歸是自己走出來的。”再加上學生會輔導員戴迪之老師的鼓勵，劉慕堯甩掉思想包袱，學習勁頭更足。1956年，劉慕堯當選學校學生會主席，在參加黨課和書寫入黨申請書時又犯怵了：覺得自己條件不够，開始猶豫。劉朗雲鼓勵他説：“道路的選擇由自己，不要有顧忌，大膽工作，走群衆路綫，注意工作的鬥争性。”在討論劉慕堯入黨的支部會上，耗時很長，過程環節要求很嚴，劉朗雲和許多老師及同學對劉慕堯給予充分的肯定，還主動任劉慕堯的入黨介紹人。入黨積極分子到縣委接受談話，經過嚴格審查，劉慕堯被批准成爲預備黨員。劉慕堯深情地回憶說："在個人入黨問題上，劉校長爲我付出很多，幫助很大。劉校長堅定地貫徹黨的教育方針，堅持教育爲無産階級服務，特別重視學生品德和學業，要求嚴格。"

二排坐者左起第六为刘郎云校长，第五为胡广渊老师，第四为刘元质老师。前排蹲者右一为学生王嘉兴，右三为刘慕尧

劉朗雲是關心學生學習的通才。學校改教俄語後，劉朗雲親自主持新生招生口試，口齒舌頭不靈便者不予録取，一視同仁。劉朗雲説："口齒不靈的學生招收進來培養，就浪費了國家教育資源。"據學生康作明和何相武（高 1964 級學生，學校學生會主席）回憶，劉校長精通數理化外語各科，經常巡視教室，學生隨便問他任何學科問題，隨問隨答且正確。如果有老師生病或因公調不開課，無論什麼學科，劉校長都能够頂上去代課。這一點，特別像朱經武在回憶録中描述他的校長馬君武先生（華東師大創始人）：凡校内功課，没有一門他不能教。

劉朗雲秉仁人之心，關心學生生活。學校實行配給制糧食供應後，老師每月 19 斤，學生每月 30 斤。老師不够吃，學生種的菜蔬和菜油免費送教師伙食團，没有學生會有意見，因爲是劉朗雲親自調撥的。有的學生家裏人很餓，每月能够節約一斤米帶回家熬粥給家人吃。劉校長知道這些，但他知道整個社會嚴重缺乏糧食，所以默許學生這樣做。農村學生陳志乾家貧，評上丙等助學金（每月三元）仍不能解决問題，面臨失學。劉朗雲知道後親自找到陳志乾，説："貧困生很多，按政策已是最大程度救助你了。"最後劉朗雲作了變通，替陳志乾想了個辦法，由他親自簽紙條，讓陳志乾去伙食團把每月助學金"違規"取出來，自己去街上買米，自己在校外煮粥堅持讀書。陳志乾堅持到高中三年畢業，并順利考上了川大生物系。毋庸諱言，與某些在學生伙食中克扣盤剥的校長相比，劉朗雲是如何的清廉！

劉朗雲在學生中享有崇高的威望。一天下午，正在鍛煉身體的學生們饑腸轆轆，有人提議説伙食團可能飯菜已經備好了，得先去看看。幾個男生帶頭，大批學生一看，也跟着向伙食團涌動。伙食團大門口，正在準備學生伙食的伙食團負責老師王子龍從來没有見過這種陣仗，嚇壞了，對負責執勤的學生會幹部何相武大喊：“趕快組織你們學生幹部，擋住這些學生!”何相武當時十五歲，身材瘦小，怎麽能够攔住一隊饑餓大軍呢？何相武急中生智，一路小跑去教導處報告正在開會的劉朗雲。劉朗雲快步趕了過去。有學生眼尖，發現劉朗雲的身影，吼了一聲“劉校長來了”，幾秒之内，兩三百名“餓鬼”頓時忘記饑餓，四散逃竄一空！

劉朗雲在學生中的威望不是來自他校長的職位，而是關心學生。學生從單杠上大回環掉下來受傷，他自己掏錢給他們醫治，并介紹前往成都找名醫鄭懷賢（成都體院著名骨科專家）醫治。有此經歷的學生有吴正清等多人。

七、建設新一中

在那個時代，各種政治運動接踵而至，但學校核心工作并没有受到太大的衝擊。一般認爲，這得益於劉朗雲在完成上級政治任務的同時，還具有一種清醒而特別的糾偏能力。

他的心目中，衹有“人才”兩個字。他經常宣講大教育家顔元的觀點，認爲教育是富國安民之本，教育必須培養實才實德之人，人才培養必須有習行習動之法。劉朗雲心中的教育就應該是這樣的。

一名校長，必須全面設計學校未來。崇一中上任兩個月，劉朗雲主導擬定《崇慶第一中學學生守則》，比國家教育部頒布早一年；1955 年 9 月，學校成立了工會，健全了黨政工團體系。

劉朗雲所理解的人才，不能僅僅是考高分的讀書機器。

1954 年暑假，學校决定修建一排教室，劉朗雲親自帶領新入學的高 1957 級三個班學生參加修建。

緊接着，重新規劃校園布局，師生共同參加勞動。教學教研區、師生住宿區、食堂、田徑場、籃球場、教學試驗田、校園緑化，設計井井有條。

古人“造福桑梓”之説，意在勉勵後生刻苦學習，造福家鄉。在操壩籃球場的規劃改造中，劉朗雲特意栽了四排川西平原并不常見的梓樹，大家最初誤以爲是梧桐。知道是梓樹後也不明就裏，後來聯想到女生院門口那數百年的大桑樹，幡然醒悟：原來是劉朗雲寓教於無聲的教育——激勵大家，學成建設國家，報效父老。多麽深刻而用心的環境教育！

除了行道樹，成片的柑子樹栽滿禮堂左邊的大片空地，那裏成了後來的柑子園。春天，香遠溢清。

在教室和禮堂之間，一大片條形地帶，遍植蠟梅。後來，這裏成了崇一中幾代校友魂牽夢縈的蠟梅園！直至校園2009年搬遷，蠟梅園一直是崇一中學子對母校最温馨的情感寄托，出現在多少篇校友回憶母校的文章裏。那些離校多年的崇中人，即便耄耋，總能對記憶深處的蠟梅園暢説無休。

還一件事學生記憶很深刻。實行勞衛制的困難時期，上級規定校園内所有空地都要種菜，劉朗雲態度堅决：運動場必須保護，跑道必須保留，而且還修繕一新。1959年大煉鋼鐵，砍伐樹木，劉朗雲也不允許。“十年樹木，百年樹人”，崇一中的植樹傳統，一直保持下來，1963年學生栽下許多銀杏樹，成爲校園永恒的風景。後來，學校屢次被評爲省、市園林式學校。

學校在“一化三改造”運動中，每到周末或假期，動員學生到街道、去農村宣傳國家政策。學生分組，學校統一發宣傳資料，還有劇本和歌單。學生回校，匯報演出，劉朗雲親自擔任評委。

崇一中的學生還頻頻走出校門，參加社會勞動，如修建西門水電站，修建西河水壩。1956 年，爲保證新建王場部隊車輛能順利通過縣城，劉朗雲主動請纓，組織學生參加崇慶縣三元街和西街擴建勞動。

劉朗雲非常重視國防教育。1955 年夏，某個星期天，學校與王場部隊駐軍大聯歡。601 部隊蔡師長帶領 1000 多名官兵到校，還帶來了文工團、球隊，聯合舉行文藝演出、座談、友誼球賽等。中午部隊給官兵送餐後，繼續軍民聯歡。劉朗雲認爲部隊文工團蒙古舞有特色，當即送幾個學生去學習。後來很長一段時間，蒙古舞成了校園人氣指數很高的保留節目。那一年，學生踴躍報名參軍，海軍、炮兵（火箭軍）部隊一次性從學校選拔近 70 名學生，以至於高 56 級三個班縮編爲兩個班，最後又補招一個班（即崇一中歷史上的 56 級 2 班）。

一般説，根據工作風格，校長分三類：深閨型、露臉型、融入型。師生們認定，劉朗雲屬於融入型校長。融入型校長也不必事必躬親，校長再累再能幹其實没有多大作用，最優秀校長的工作目標是建設一個好班子，最大限度發揮好人財物綜合效能。

中华人民共和国成立后历任校长情况简表

表 2-2

姓名	职务	任职时间	备注
卫有恒	校长	1949 年 12 月-1950 年 1 月	留用
何学培	代理校长	1950 年 1 月—1950 年 2 月	
张竞	兼校长	1950 年 2 月-1951 年 4 月	
姚体信	兼校长	1951 年 5 月-1952 年 10 月	
何学培	第一副校长	1950 年 2 月-1952 年 10 月	
周毅强	第二副校长	1950 年 2 月-1952 年 10 月	
杨易丹	代理校长	1952 年 10 月-1954 年 4 月	
周毅强	代理第一副校长	1952 年 10 月-1954 年 4 月	
王才秀	代理第二副校长	1952 年 10 月—1954 年 4 月	
刘朗云	校长	1954 年 4 月-1960 年 8 月	
周毅强	副校长	1954 年 4 月-1956 年 2 月	
邓宇中	代理副校长	1958 年 7 月-1960 年 11 月	
邓宇中	副校长(主持工作)	1960 年 12 月-1961 年 8 月	
张孝理	校长	1961 年 9 月-1961 年 10 月	
邓宇中	第一副校长(主持工作)	1961 年 10 月-1962 年 8 月	
张宗琇	第二副校长	1962 年 3 月-1962 年 12 月	
张万千	校长	1962 年 8 月-1966 年 12 月	
邓治安	副校长	1962 年 8 月-1963 年 7 月	
胡学刚	革命领导小组组长	1969 年 10 月-1971 年 3 月	工宣队长
杨国久	革命领导小组副组长	1969 年 10 月-1971 年 3 月	
郭福生	筹备组负责人	1972 年 1 月-1973 年 5 月	
陈茂沅	筹备组负责人	1972 年 1 月-1973 年 5 月	
郭福生	革命领导小组组长	1973 年 6 月-1973 年 10 月	
王益新	革命领导小组副组长	1973 年 6 月-1979 年 2 月	
王才秀	党支部书记主持学校工作	1973 年 10 月-1979 年 2 月	
张奇贤	分管学生工作、学工学农工作	1973 年 10 月-1979 年 2 月	
王才秀	校长	1979 年 3 月-1984 年 9 月	
张玉成	副校长	1979 年 3 月-1982 年 9 月	
[illegible]	[illegible]	1979 年 3 月-1984 年 8 月	

陳介毅是省公安廳下派崇一中幹部，被劉朗雲任命爲教導副主任，成爲劉朗雲最得力的助手之一。副校長周毅强，教導主任周定基、聶海清，總務主任劉元質、劉鶴聲，師生對這個班子認可度非常高。

公園式的學校，清晨，《采茶撲蝶》悠揚而歡快的旋律中，師生們起床，投入緊張的學習。這是一個充滿希望的校園。

一個火紅的年代，預示着一個黄金時代的到來。

八、輝煌崇一中

劉朗雲眼光深邃，格局宏大。崇一中之於他，是家，幸福的家。他之於崇一中，是幸運，非常的幸運。

1955 年和 1956 年，因爲選調生參加國家高考，學生升學率不同程度受到影響。1957 年起，崇一中取得了第一個高考的輝煌，那一年，僅高 21 班就有 8 人考入川大。以後的 1958 年和 1959 年，優質的升學率更是一發不可收拾。

1959 年初，崇一中被溫江專署下文確定爲專區五所重點中學之一。下半年，四川省副省長康乃爾到學校視察。後來幾十年裏，雖然學校也先後來過幾位視察的副省長，但與 1959 年的那次相較，其政治意義不可同日而語。

崇一中當時成爲“川西老八所”之一，筆者就此查閲了相關資料。正式的官方檔確認，崇一中是溫江專區五所重點中學之一。當時的溫江專區五所重點，加上成都市區四、七、九中，構成了民間説法中所謂的“川西老八所中學”。因爲那時完全中學不多，也没有過分强調學校評級，國家也衹是象徵性在 1953 年和 1960 年進行過學校評級。所以，那時的專區重點，與後來的省重實際上没有區别。

1960 年 6 月，劉朗雲以崇一中校長身份出席人民大會堂全國文教群英大會，受到黨和國家領導人劉少奇、周恩來、朱德、宋慶齡、鄧小平等親切接見。據校友吴正清回憶説，能參加這個大會的，都是爲教育做出杰出貢獻的人士，吴正清當時就讀電子科大的專業課老師“中國短波之父”劉盛剛，也應邀參加了此次大會。

其時，原川西行署負責人張秀熟（後任副省長，省人大副主任）非常推崇、激賞劉朗雲的教育思想和能力。

一個月後的 1960 年高考和中考，崇一中升學品質均位列溫江專區第一名。正因爲當年的教學品質和社會效應反響非常好，劉朗雲於 9 月後調任溫江專區行署文教局任副局長。當年下半年，崇一中還入選全國中教改革實驗學校。

劉朗雲時代的崇一中，一個金燦燦的黄金歲月。

九、士殺不可辱

筆者特别奇怪，劉朗雲的愛人戴迪之老師在崇一中工作那麽多年，多年做學生管理工作，學校的各種照片中竟然找不到她的身影。

校長夫人戴迪之是一位行事低調的老師。1951 年秋，王嘉興進初中，1957 年夏高中畢業離開崇一中，他説劉朗雲夫人戴迪之老師教過他初中化學。戴老師中等身材，短髮，上課諄諄而談，聲音不大，宛轉如鳴，儀態親切。她不是搽脂打扮那類，但風度極好，絶配劉校長。

高 1956 級學生葉蜀君（川大歷史系周九香教授之妻）説，那年她患瘧疾，很嚴重。戴老師知道後，非常關心她，要她從女生院搬出來，住進戴老師的宿舍，便於照料。“戴老師像大姐姐，没有老師架子。她和劉校長從來不説一句髒話。”葉蜀君評價道。

劉朗雲離開崇一中當起了行署的行政官員，離開了教育實踐的第一綫。歷史没有給他再任校長的機會，如果時間再充裕一點，劉朗雲應該有自己明確獨立的教育思想，他發揮的教育效能應該更大，他應該可以成爲知名教育家吧。

在温江行署，劉朗雲十分繁忙。專區 12 個縣，教育發展很不平衡，他經常風塵僕僕到一個縣、一所學校，診斷問題，提出辦法。整個温江專區，隨着劉朗雲的辛勤和努力，教育品質大有起色。

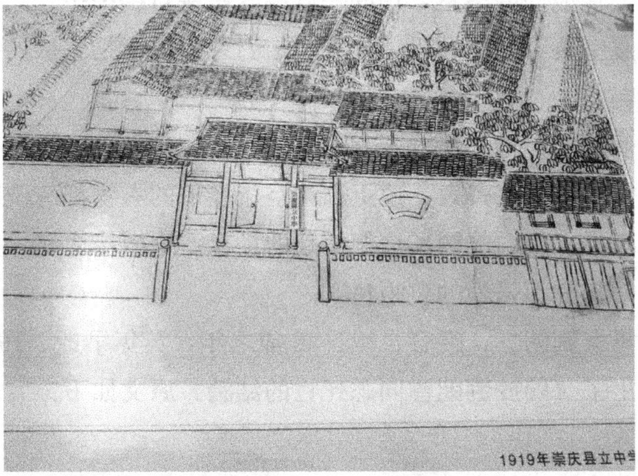

川農大教授文南生，崇一中建校之初著名國文教師文鈺之孫。文南生之兄文劍生，當年西師讀書，很優秀，大學連跳兩級，畢業時因家庭成分被分到新津中學。1965 年上半年，劉朗雲偶然推門進教室聽了他的課，覺得很好，後來劉朗雲把全地區的分管教學校長和教務主任都請到新津中學，觀摩文劍生示范課，還讓文劍生做交流發言。

但是，也有人寫信告劉朗雲，説他原來在崇一中時搞“白專路綫”，祇抓教學不抓政治思想工作。還説他把校園搞得像公園，是封資修的享受思潮。爲此，1962 年劉朗雲回到崇一中寫了一個星期的檢查。

雖已離開，可是崇一中没有忘記劉朗雲，時有師生前往温江探望。1962 年夏，剛剛大學畢業的楊精培携夫人前去温江看望他們的劉校長。

真正要命的是“文化大革命”開始後、1967 年的“二月鎮反”，本是中央軍委副主席葉劍英批准成都軍區打擊四川造反派衝擊軍隊的舉措，即著名的所謂“2・17”事件，要求軍區抓四川成都的造反派帶頭的壞分子，但是在許多地方馬上演變成派系鬥争。

按照當時的説法，劉朗雲是温江專區教育界最大的當權派，紅衛兵自然是不會放過他的。《中央軍委給成都工人革命造反兵團和四川大學 826 戰鬥團的公開信》發表當日，温江造反派就揚言，要把劉朗雲和戴迪之抓起來，狠狠地批鬥。

劉朗雲和戴迪之怎麽也想不明白，當年拋頭顱灑熱血投身革命，兢兢業業，竟會被自己培養出來的年輕人抓起來批鬥。他們决定，以死抗争，拒不受辱。

那天，他們很平静。將心愛的女兒托付給戴迪之的弟弟戴建新，并給他們深愛的崇一中師生寫了一封絶筆信。

劉朗雲與戴迪之，這對驚世駭俗的恩愛伴侶，讓人聯想到比他們早 100 多天去世的翻譯家傅雷與夫人朱梅馥。

1966 年 9 月 3 日，遠在上海的翻譯家傅雷夫婦，分别懸於卧室鐵窗兩側，憤然離世。他們去世之前，傢具、孩子、存款都做了妥善安排，甚至包括他們自己的火化費用！

170 天以後，在四川温江，1967 年 2 月 21 日夜，相同的遭遇，相同的情形，劉朗雲局長與夫人戴迪之老師，在他們的寢室，用同一條繩索雙雙自縊……

那一晚，他們的寢室裏，究竟發生了什麽？這對恩愛夫妻是怎樣的生離死别？怎樣的相約赴難？已無從知曉。

人們只知道，那個晚上，他們把自己的寢室清理得一塵不染，物件收拾擺放得妥妥貼貼，置於床頭的衣服折疊得整整齊齊，連更衣沐浴後换下的衣物都清洗晾曬得周周正正！

他們换上潔潔净净的衣服，離開了這個紛亂的世界。這凛然之氣，是士可殺不可辱的剛烈，是對那場人爲浩劫無聲而强烈的蔑視！

一代英豪、教育專家劉朗雲，從容自絶，38 歲之年，英年早逝。1978 年 12 月，中共温江區專區文教黨組做出了《關於劉朗雲同志死亡的結論》原文如下：

劉朗雲同志參加革命以來，在黨的培養教育下，工作積極熱情，能執行黨的方針政策，較好地完成組織交給的各項任務，并做出了一定的成績。文化大革命初期，由于林彪、“四人帮”反動路綫的干擾影響，劉朗雲同志于 1967 年 2 月 21 日不幸去世，應做好骨灰安放儀式等善後工作。

劉朗雲和戴迪之棄世，崇一中師生聞訊後，自發爲他們搭建靈堂，吊唁者絡繹不絶，許多記念他們的文章以大字報形式出現在靈堂周圍。師生們深切緬懷他們心中的好校長、好老師。

劉朗雲内弟戴建新老師，帶着劉朗雲年幼的女兒來到崇一中，將他們夫婦臨終前寫給師生的訣别信帶來，張貼在學校。

訣别信的最後一句是：“别了，老師們，同學們，你們要相信黨和政府，永遠跟着黨走，建設好我們的國家。”他們年幼的女兒被舅舅戴建新帶去了美國，至今音訊渺無。

多少年來，時有故舊、學生，來到温江劉朗雲和戴迪之墓前，鞠躬，獻花。

他們的心中，劉朗雲不僅僅是一位教育家型的優秀校長，更是一位有氣節知廉耻，不懼慎獨的真君子，傅雷式的學者。

這對遺世獨立的夫婦，精緻地守護着血管裏流淌的人的尊嚴。

謹以此文紀念劉師朗雲先生偕夫人戴迪之女士！

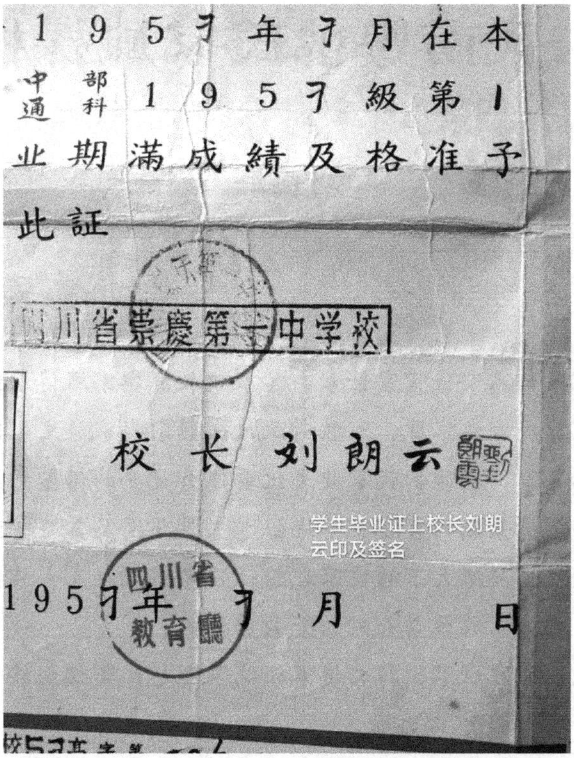
1957年7月在本
中通部科 1957級第1
业期满成績及格准予
此証
四川省崇慶第一中学校
校长 刘朗云
1957年7月日

学生毕业证上校长刘朗云印及签名

作者單位：四川省崇州市崇慶中學

地方學術文化論壇

宋代南豐曾氏家風探析

胡長海

内容提要：南豐曾氏作爲宋代官宦世家，其家族教育與家風傳承對家族的繁榮與穩定有重要的保障作用。梳理曾氏家族家風、家教對深入探討宋代家族文化建設，挖掘世家大族長期穩定繁榮的内在文化基因，啓迪當代家族文化重建有重要的借鑒意義。具體而言，曾氏家族作爲宗聖後裔，能够維持長期的官宦世家地位，主要是因爲其堅持勤奮好學、詩文傳家的家族教育；繼承經世致用、關懷天下的儒家理想；强調聯姻世家大族，維護家族地位的務實政治手段。從而推動了曾氏家族維繫長期的繁榮與穩定。

關鍵詞：南豐曾氏；官宦世家；詩文傳家；儒家理想；聯姻大族

南豐曾氏是宋代較爲典型的士大夫家族，是唐宋社會變革中逐步建構起來的新興家族文化建設的典范。在南豐曾氏家族中大量涌現杰出人才，涵蓋文學家、思想家、政治家等著名代表人物，尤爲突出的貢獻是在宋代文學史的發展上有着濃墨重彩一筆。南豐曾氏家族之所以能够培養出士大夫群體，在宋代政壇、文壇長久興盛，甚至綿延至明清時期，是因爲曾氏家族在較爲長期的發展過程中形成了具有體系性、積極性的家教、家風建設，這對促進曾氏家族的長期穩定和繁榮有重要的保障意義。具體而言，南豐曾氏家族的繁盛體現爲世代官宦，其促進家族繁榮的重要家族風氣主要表現爲重視家族教育、堅定心懷天下的儒家理想、强調與世家大族的家族聯姻等主要方面。探討南豐曾氏家族的家風，對研究曾子後裔、探究宋代家族文化建設以及當代家族重建都有重要的學術與現實意義。

一、宗聖後裔，官宦世家

南豐曾氏乃先賢曾子後裔，在不同的文獻記載中對具體的遷徙過程以及代數有不同的論述。傅占衡在《陶源曾氏家譜》中説：“譜稱陶源自南豐而上溯周漢之間，以爲始祖鄫太子巫生夭，夭生阜，阜生晳，晳生參，參生元，元生西，西生欽。……凡十九世。”① 他認爲南豐曾氏上溯周漢之間，凡十九代。另據《曾氏家乘》認爲：“按曾氏自宗聖十六傳而據，徙豫章。又二十五傳而延鐸，始分居南豐。”② 據南豐瑶礤所藏《曾氏家譜》：“南豐始遷一世祖：洪立，字展成，仕唐爲南豐令”③ 與此比較接近的觀點出自《曾氏世譜》，“按《曾氏世譜》，曾子後十四世當王莽時避地豫章之廬陵，凡六世始徙臨川，今撫州也。又十二世至唐刺史司空洪立乃徙南豐。”④ 即是説，南豐曾氏從源頭上皆以曾子後裔自居，然而，具體到遷徙過程則有不同的觀點。然而，不論具體歷史記載觀點如何，都可以明確的是南豐曾氏應出自宗聖曾子後裔。客觀的説，作爲聖賢後裔的曾氏必然受到自身身份與家族傳統的影響，以儒學作爲家族立身之本，這對保持曾氏家族的發展有重要的意義。

南豐曾氏值得深入探究，并非因爲其作爲先賢後裔，而在於其長期保持了家族的繁榮，維持了較長時期在科場官場的興盛，其背後的教育機制與家族文化值得深入探討。在史料記載中大量的南豐曾氏族人取得科場揚名機會，在官場維持了長久的世家地位。曾氏家族在宋代涌現大量不同級别的官吏。首先，南豐曾氏出現較多的高級官吏，能够在當時發揮較强的社會影響力。比如曾順官至太長少卿：“府君諱順，字至順。姓曾氏，郥國公四十九代孫。……宋淳化三年進士，仕至太常少卿，贈刑部尚書。”⑤ 再如曾仁旺官至尚書水部員外郎，“仁旺字伯興，官至尚書水部員外郎，贈太師沂國公”⑥ 再如曾庠官至秘書省著作佐郎：“君進士及第，歷邵州司理參軍，用薦者爲衡州常寧縣令、福州福清縣丞，以疾自陳，遷秘書省著作佐郎致仕。”⑦ 按照宋代的官僚制度，這些級别都已經涉足中央政治，具有較高的政治地位和政治影響力。同時，曾氏還有大量的中低級官僚，在地方發揮着重要作用。比如曾紆官至中大夫：“曾紆工詩詞……以精明强力，見事風生，爲國能吏，官至中大夫。”⑧ 甚至出現兄弟相繼入仕爲官的現象，比如曾紆生三子，長子曾惇“通判洪州”，次子曾忻“臨

① （明）傅占衡：《江西通志》卷一四三《録危集曾子白文書後》，影印文淵閣四庫全書本。
② （明）劉宗周：《劉蕺山集》卷九《曾氏家乘序》，影印文淵閣四庫全書本。
③ 李震：《曾鞏年譜》，蘇州大學出版社，1997年版，第3頁。
④ （元）黄溍：《文獻集》卷九《金溪曾君墓志銘》，影印文淵閣四庫全書本。
⑤ （明）宋濂：《宋學士集》，《鑾坡前集》卷四《元故韶州路儒學教授曾府君石表辭》，影印文淵閣四庫全書本。
⑥ 李震：《曾鞏年譜》，蘇州大學出版社，1997年版，第4頁。
⑦ （宋）曾鞏：《曾鞏集》卷六四《秘書省著作佐郎致士曾君墓志銘》，中華書局，1984年版，第632－633頁。
⑧ （元）不著作者：《排韻增廣事類氏族大全》卷一〇《賢子弟》，影印文淵閣四庫全書本。

安府司法參軍”，三子曾憕“監潭州南岳廟”①。再如：“曾悳字仲常，中書舍人鞏之孫。……累宮司農丞、通判温州……其弟忞、子密、兄子宫，皆將仕郎。”② 這表明，曾氏家族爲官并非偶然現象，而是一個家族的群體現象。而就出身而言，大量的曾氏族人考取進士，比如曾悟“宣和二年進士”③，再如曾宰“嘉祐六年進士及第”④，以及曾順“宋淳化三年進士，仕至太常少卿，贈刑部尚書”⑤。曾氏家族群體性涌現考取進士而進入仕途以及其他方式做官的歷史現象十分鮮明地反映出其作爲官宦世家的家族性質，凸顯出曾氏長期維持政治家族地位以及廣泛社會影響力的歷史必然性，表明曾氏家族家族教育對當時社會的適應，彰顯探究曾氏家族家風的重要價值與意義。可以説，探討南豐曾氏家族教育與家風傳承，可以深入地剖析宋代新興庶族世家形成與維繫的價值理念。

二、勤奮好學，詩文傳家

南豐曾氏能够在科舉上取得長期的成就，在於其家族重視家庭教育，强調科舉興盛的家族教育傳統。曾鞏不無自豪地説：“家世爲儒，故不業他。”⑥ 後人在爲曾協文集作序也指出：“《雲莊集》，故零陵太守曾公所作也，公家世以儒顯。”⑦ 從這裏可以窺見曾氏家族對儒學教育的高度重視。同時，這也跟宋代重視儒學，强調以文治國、注重教化的基本政治基調緊密關聯。宋真宗曾親自撰寫《崇儒術論》，强調：“儒術汙隆，其應實大，國家崇替，何莫由斯!”⑧ 這表明當時的社會環境對曾氏家族以儒學興家的理念有着重要的促進作用，是曾氏家族興盛的重要社會原因。

曾氏家族十分重視家族教育，强調讀書爲業。據王安石《河東縣太君曾氏墓志銘》指出曾氏家族有重視廣泛讀書的傳統：“夫人於財無所蓄，於物無所玩。自司馬氏以下，史所記世治亂、人賢不肖，無所不讀。”⑨ 顯然，王安石表彰曾氏家族重視讀書而不在乎財物的積蓄，而是通過對歷史治亂、賢愚相關記載的通讀明瞭爲人處世之道。此外，曾氏家族不僅注重讀書，而且十分勤奮，體現爲閱讀涉獵廣泛。大量史料記載曾氏族人發奮讀書的案例，比如其父親曾易占勤奮而廣泛閱讀的情況，囊括儒家經典、歷史著作、文學詞章以至於曆法、

① （宋）汪藻：《浮溪集》卷二八《右中大夫直寶文閣知衢州曾公墓志銘》，影印文淵閣四庫全書本。
② （元）脱脱等撰：《宋史》卷四四八《曾悳傳》，中華書局，1977年版，第13199—13200頁。
③ 同上，第13200頁。
④ （宋）曾鞏：《曾鞏集》卷四六《亡弟湘潭縣主簿子翊墓志銘》，中華書局，1984年版，第634頁。
⑤ （明）宋濂：《宋學士集》，《鑾坡前集》卷四《元故韶州路儒學教授曾府君石表辭》，影印文淵閣四庫全書本。
⑥ （宋）曾鞏：《曾鞏集》卷一五《上歐陽學士第一書》，中華書局，1984年版，第232頁。
⑦ （宋）曾協：《雲莊集》《原序》，影印文淵閣四庫全書本。
⑧ （宋）李燾撰：《續資治通鑑長編》卷七七《崇儒術論》，中華書局，1980年版，第1798頁。
⑨ （宋）王安石：《臨川先生文集》卷一〇〇《河東縣太君曾氏墓志銘》，中華書局，1959年版，第1029頁。

農業、佛老等文獻著作。曾鞏在《南軒記》中記載："六藝百家史氏之籍，箋疏之書……吾悉得於此，皆伏羲以來，下更秦漢至今……罔不畢載。"[①] 可見曾氏家族讀書并不局限於儒家經典或者醉心詞章科舉之學，而是廣泛涉獵，開闊眼界這對其家族發展奠定了文化根基。雖然，曾鞏對其父親有溢美之詞，然而其勤奮讀書則深刻影響了曾鞏的人生發展。再如，曾鞏之兄曾曄，科舉不第，但却好學不輟，嗜書如命。曾鞏在《亡兄墓志銘》中說："歡愉憂悲、疾病行役、寢食之間，書未嘗去目"，以至於諸類文章"莫不皆熟"，而興衰得失"莫不能議焉"[②]。足見其愛好讀書以及讀書涉獵的廣度與深度。再如，曾鞏之弟曾宰，對於六藝、諸子、史學、傳注"目覽口誦手抄，日常數千言"，以至於法制、度數、解名、釋象、聲音、訓詁，"貫穿旁羅，無不極其說"[③]。由此可以想見，曾氏藏書之豐富，足以支撐其子弟博覽群書，經史子集以至於器物考辨無所不及。曾氏家族讀書體現出兩個突出特點，第一是閱讀具有廣泛性，并不拘泥於一方面的經典或者著作；第二是讀書十分勤奮，能够刻苦。曾氏家族發奮讀書不僅體現在爲考取功名的男子身上，還在家族女子文化教育上中凸顯其家族好學的家族教育特點。比如，曾鞏在墓表中稱讚其妹"喜讀書"[④]。再如《江都縣主簿王君夫人曾氏墓志》稱讚曾氏女："孝愛聰明，能讀書言古今。"[⑤] 這充分説明曾氏家族勤奮好學之精神已經廣泛影響家族成員的素質提升，深入家族成員的精神骨髓，對家族影響至爲深遠。

同時，曾氏家族以勤奮好學著稱的同時還注重以家族創作的詩文傳家，在家族重視教育風氣形成的同時，還有大量的家族文人發奮著作，以文章延續家族文脉，促進家族教育的繁榮發展。曾肇在《曾鞏行狀》中表彰祖先："著書垂後，畜厚流長。"[⑥] 曾易占爲官期間，還重視教化的作用，"興學校以進善，新宮寺以臨衆，治梁道、繕置驛以奉行旅"[⑦]。曾氏的前輩重視教育，强調著述，這一風氣也逐步影響整個家族的學術創作與家族教育。南豐曾氏家族著作的繁榮表明其家族教育以家族學術的方式不斷得到傳承，延續家族崇尚文化教育的家族風氣。在史料中可以統計出大量的曾氏家族的經學、史學、文學著作，而且這些著述傳統是不斷延續的，可以從中窺探出曾氏家族的文化底蘊。比如，曾致堯著有：《仙鳧羽翼》《廣中臺志》《清邊前要》《西陲要記》《爲臣要記》《直言集》《文集》[⑧]。曾易占："爲文章十餘萬言，而《時議》十卷尤行於世。"[⑨] 曾鞏的堂兄弟曾庠的著述"《言行録》一卷"[⑩]。又如，

① （宋）曾鞏：《曾鞏集》卷一七《南軒記》，中華書局，1984年版，第285－286頁。
② （宋）曾鞏：《曾鞏集》卷四六《亡兄墓志銘》，中華書局，1984年版，第624頁。
③ （宋）曾鞏：《曾鞏集》卷四六《亡弟湘潭縣主簿子翊墓志銘》，中華書局，1984年版，第634頁。
④ （宋）曾鞏：《曾鞏集》卷四六《鄆州平陰縣主簿關君妻曾氏墓表》，中華書局，1984年版，第637頁。
⑤ （宋）曾鞏：《曾鞏集》卷四六《江都縣主簿王君夫人曾氏墓志》，中華書局，1984年版，第626頁。
⑥ （宋）曾鞏：《曾鞏集》附録《行狀》，中華書局，1984年版，第791頁。
⑦ （宋）陳師道：《後山集》卷一六《光禄曾公神道碑》，影印文淵閣四庫全書本。
⑧ （宋）王安石：《臨川先生文集》卷九二《户部郎中贈諫議大夫曾公墓志銘》，中華書局，1959年版，第952頁。
⑨ （宋）王安石：《臨川先生文集》卷九三《太常博士曾公墓志銘》，中華書局，1959年版，第959頁。
⑩ （清）鄭釴修，劉凝纂：《南豐縣志》第1册，卷二〇"人物傳"，清康熙二十二年刊本，臺灣成文出版社，1989年影印本，第412頁。

曾鞏"爲《金石録》五百卷"①。以及曾鞏兄弟曾布、曾肇的著述。據《宋史》記載，"曾布《三朝正論》二卷、《熙寧新編常平敕》二卷、《審官東院編敕》二卷"②"《曾布集》三十卷"③。《四庫全書總目》記載曾肇著述：《曲阜集》《外集》《奏議》《邇英進故事》《元祐外制集》《庚辰外制集》《内制集》《尚書講義》《曾氏譜圖》《西掖集》《内制》《外制》④。在曾鞏的子侄中，有曾紆著《南游記舊》一卷、《空青遺文》十卷；曾統著《臺諫奏議》十卷；曾續著《十友詩社集》。曾鞏的孫子輩，曾協的著述，據《四庫全書總目提要》："《雲莊集》五卷，宋曾協撰。"⑤ 曾思的著述，據《文獻通考》："《懷峴居士集》六卷，陳氏曰：曾思顯道撰，纮之子也。"⑥ 凡此，南豐曾氏家族創作了大量的文史著作，不僅凸顯出其在宋代歷史文獻上的重要貢獻，更重要的是呈現出曾氏家族以詩文傳家、注重以文化興盛家族的歷史傳統與家族風氣，深刻地説明曾氏家族興盛繁榮的根本原因在於對文化的重視。

三、經世致用，關懷天下

曾氏家族的繁榮從表面上看是因爲其重視文化教育的家族傳統幫助其不斷培養家族人才，推動家族成員占據重要的政治與社會地位，維護了家族的穩定與發展。然而，從更深層次的視角來看，曾氏家族能够延續家族的繁榮還在於其家族對儒家基本精神理念的堅守。客觀的説，曾氏家族作爲先賢後裔，重視儒家教育，皆是源自於對儒家聖王理想的追求與對儒家聖人之道的持護。擁有儒家理想追求的精神力量是曾氏家族不斷繁榮發展的根本内在源泉。而從宋代的曾氏家族成員的爲官爲人的精神面貌與行爲表現，充分體現了其内在的精神氣質。曾氏家族作爲宋代官宦世家，大量的曾氏族人成爲宋代官僚集團成員，其行事風格與價值追求充分體現出其家庭教育的特點，凸顯出傳統儒家經世致用的基本理念以及其家族成員對這一儒家傳統精神的堅守與維護。

首先，曾氏家族對天下的關懷體現在對社會治理的追求。曾氏反復强調社會治理，試圖肩負儒家理想而追求天下安定，憂心國家治理。比如，曾鞏在《先大夫集後序》中論述其祖父曾致堯憂心國家而注重對天下興衰治亂之理的探索："方五代之際，儒學既擯焉，後生小於治術，業於閭巷，文多淺近。是時公雖少，所學已皆知治亂得失興壞之理。"⑦ 唐末五代

① （宋）曾鞏：《曾鞏集》卷四八《徐複傳》，中華書局，1984 年版，第 650 頁。
② （元）脱脱等撰：《宋史》卷二〇三、二〇四《藝文三》，中華書局，1977 年版，第 5107、5143 頁。
③ （元）脱脱等撰：《宋史》卷二〇八《藝文七》，中華書局，1977 年版，第 5370 頁。
④ （宋）楊時：《曲阜集》卷四《曾肇行狀》，影印文淵閣四庫全書本。
⑤ （清）永瑢等撰：《四庫全書總目》卷一五八《别集類十一》，中華書局，1965 年版，第 1365 頁。
⑥ （元）馬端臨：《文獻通考》卷二四五《懷峴居士集》，中華書局，1986 年版，第 1937 頁。
⑦ （宋）曾鞏：《曾鞏集》卷一二《先大夫集後序》，中華書局，1984 年版，第 194 頁。

之際社會動蕩，宋儒對此多有反思，而曾氏重視對治亂興衰的學術思考，探求社會長治久安之道。而曾氏家族傳承關懷天下的儒家理想，王安石在《太常博士曾公墓志銘》指出曾鞏之父曾易占憂心天下“既仕不合，即自放爲文章十餘萬言，而《時議》十卷尤行於世”①，强調“不以一身之窮而遺天下之憂”。而曾鞏在《王深父文集序》也關照“先王之迹熄，六藝殘缺，道術衰微”的歷史現實，强調求“先王之遺”②。曾曄雖科舉不第，但“於治亂興亡、是非得失之際，莫不能議焉”③。曾氏對社會的關懷是對儒家入世思想的繼承與體現，是其注重經世致用的根本動因。這一定程度上强化了曾氏家族的奮發精神。

其次，曾氏家族成員爲官剛正不阿，集中體現爲敢於挑戰權貴利益。儒家思想中强調從道不從君，注重儒家士大夫對關懷天下的儒家基本理念的堅守，反對阿諛奉承。曾氏家族堅守儒家理念，爲官敢於直諫皇帝。曾鞏在《先大夫集後序》中指出其祖父在朝爲官敢於直諫皇帝，心憂天下百姓而不以利益禍患動其心。他説：“公於是勇言當世之得失。……雖屢不合而出，其所言益切，不以利害禍福動其意也。”④ 再如《南豐縣志》記載曾密敢於批判皇帝愛惜金錢，强調應該重視百姓生計，指出内府之富“未及江南一夜秋雨之爲富也”⑤。面對皇權曾氏家族爲官敢於指出皇帝缺點，而非奉迎君主，體現出其從道不從君的基本理念。同時，曾氏爲官敢於得罪在朝權貴，如王安石在《户部郎中贈諫議大夫曾公墓志銘》中記載曾致堯敢於公開斥責權奸：“省華、堯咨有邪巧材，朝廷皆患惡而方幸，無敢斥之者，公入十餘疏辯之，移知蘇州。”⑥ 而耿介的性格與對儒家理想的堅持也導致了官場的沉浮，表明曾氏家族爲官不懼貶謫，以國家天下爲己任。據《宋史》載：“致堯性剛率，好言事，前後屢上章奏，辭多激訐。真宗即位……張齊賢薦其材，任詞職，命翰林試製誥，既而以輿議未允而罷。”⑦ 而曾鞏的父親繼承了其祖父的耿介性格與理想人格，曾易占得其耿直而去其剛烈。據王安石《太常博士曾公墓志銘》記載知信州錢仙芝有所求於曾公，“公不與，即誣公”，後來以至於“亦卒失博士歸，不仕者十二年”⑧。曾鞏也以正直而著稱，曾肇表彰其處置周氏權貴：“高力能動權貴，州縣勢反出其下，故前後吏莫敢詰。公至，首取高置於法。”⑨ 這表明，曾氏族人爲官堅守了儒家理念，不以個人榮辱爲意，充分體現出其家族儒家教育的深入以及其家族對從道不從君的儒家理念的奉行與堅持。

最後，曾氏家族的儒家理念與精神還體現在具體的日常生活、爲官地方的良心政績以及

---

① （宋）王安石：《臨川先生文集》卷九三《太常博士曾公墓志銘》，中華書局，1959年版，第959—960頁。

② （宋）曾鞏：《曾鞏集》卷一二《王深父文集序》，中華書局，1984年版，第196頁。

③ （宋）曾鞏：《曾鞏集》卷四六《亡兄墓志銘》，中華書局，1984年版，第624頁。

④ （宋）曾鞏：《曾鞏集》卷一二《先大夫集後序》，中華書局，1984年版，第194—195頁。

⑤ （清）鄭鉽修，劉凝纂：《南豐縣志》第1册，卷二“名迹宫室”，清康熙二十二年刊本，臺灣成文出版社，1989年影印本，第200頁。

⑥ （宋）王安石：《臨川先生文集》卷九二《户部郎中贈諫議大夫曾公墓志銘》，中華書局，1959年版，第951頁。

⑦ （元）脱脱等撰：《宋史》卷四四一《曾致堯傳》，中華書局，1977年版，第13051頁。

⑧ （宋）王安石：《臨川先生文集》卷九三《太常博士曾公墓志銘》，中華書局，1959年版，第959頁。

⑨ （宋）曾鞏：《曾鞏集》附録《行狀》，中華書局，1984年版，第792頁。

豐富的學術著作之中。比如曾氏族人有捨身取義之精神，在貧寒之中還賑濟他人。據《宋史》記載："曾叔卿，建昌南車人，鞏族兄也。家苦貧即心存不欺。嘗買西江陶器，欲貿易於北方，既而不果行。有從之轉售者，與之。既受，直矣，問將何之，其人曰：'欲效君前策耳。'叔卿曰：'不可，吾聞北方新有灾饉，此物必不時泄，故不以行。余豈宜不告以誤子。'其人即取錢去。居鄉介潔，非所宜受，一介不取。妻子困於饑寒，而拊庇孤惸，唯恐失其意。"① 曾氏族人自己妻子兒女困於饑寒而尚且不貪財，堅持儒家道義，振濟孤窮。而曾氏爲官地方更是敢於變通國法賑濟灾民。據《右中大夫直寶文閣知衢州曾公墓志銘》載曾紆爲官敢於以身救民："時宜城江溢，没數千家，公白守曰：'饑而賑貸，法也。然廩非部使者不可發，今事急矣，請船粟以哺垂死之民。'守曰：'如三尺何?'公曰：'紆常平主管宫也，有罪當坐之。'即發廩自言，部使者嘉而不問。"② 同時，曾氏家族的天下關懷還體現爲在其著作中强調社會治理與邊疆管轄。曾致堯著《兵書類》《國史》《西陲要記》③ 皆關照國家邊疆治理。曾協爲文提出要糾正當時的風俗，崇尚古風："古者五十而後食肉，七十而後衣帛。今也，自童稚時宴然，家居而享侯伯之奉。閭閻之人，綺襦玉食，競爲侈靡，嫁娶喪葬，率逾禮制，力有不足則疾視其勝己者，而求其財力之有餘，盗竊之不作不可得也。"④ 他還提出社會治理的具體舉措："一曰正風俗，二曰重命令，三曰擇計臣，四曰戒獄吏。"⑤ 凡此，曾氏族人在日常生活中重義輕利，在官場上愛護百姓，在學術著作中重視天下治理，無不充分體現出曾氏家族注重經世致用的儒家教育理念，及其對家族發展、家風形成與傳承的深遠影響。

四、聯姻世家大族，維護家族地位

曾氏能够長期的繁榮，也必然采取務實態度，在政治上追求與大家族的結合，以此在政治上保持較有利的地位，維持家族的長期穩定與發展。在曾氏發展過程中，與各地大家族的聯姻是維持其家族政治地位社會地位的重要手段，也是宋代世家維持家族地位的手段的重要體現。這主要從兩個方面來看，第一是積極與世家大族結合，客觀上可以促進家族地位的穩定與提升；第二是在已經結合的家族之中相互扶持，適當施予政治援手，提高聯姻家族的政治與社會地位。

宋代雖然不再如前代一般注重門閥，然而隨着社會穩定，世家又逐步形成。而家族之間

① （元）脱脱等撰：《宋史》卷四五九《曾叔卿傳》，中華書局，1977年版，第13474頁。

② （宋）汪藻：《浮溪集》卷二八《右中大夫直寶文閣知衢州曾公墓志銘》，中華書局，1985年版，第350頁。

③ （宋）王應麟：《玉海》卷二五《淳化清邊前要》，文淵閣文津閣四庫全書本。

④ （宋）曾協：《雲莊集》卷四《辛巳上時相書》，文淵閣文津閣四庫全書本。

⑤ 同上。

相互聯姻，以此維繫家族地位也是宋代大家族鞏固自身地位的重要手段。曾氏家族面對宦海沉浮，也不得不采取務實態度，注重家族聯姻。同時，也應該看到，這種聯姻也是門當户對的一種體現，并非十分功利的行爲。曾鞏早年“既孤而貧”[①]，而曾鞏妹夫王無咎，亦非富貴家族。據《建昌王君墓表》載王氏：“少則貧窶，事親盡力，未嘗佚游慢戲。”[②] 這説明曾氏根據自身情況而確定婚姻對象，而非盲目攀附權貴。而曾氏繁榮之後則選擇了大家族聯姻，比如，南豐曾氏和臨川王氏的聯姻。《宋史》稱王安國“於書無所不通”[③]。曾鞏之妹嫁王安石之弟王安國，據《王平甫墓志》：“妻曾氏，子旊符，女婿葉濤，處者四女。”[④] 再如，富川吴氏和曾氏的聯姻。曾布女婿吴則禮“以父澤入仕。晚居豫章，號北湖居士”[⑤]。再如，南豐曾氏和眉山蘇氏聯姻。《蘇轍年表》云：“曾縱其婿也。……縱，字元矩。”[⑥] 此外，還有其他大家與曾氏聯姻，皆是名門望族，如晁氏世家澶州清豐縣，“曾祖佺，贈太師中書令。祖道，尚書駕部員外郎，贈開府儀同三司、吏部尚書。考宗恪，光禄少卿”[⑦]。再如曾續娶王存孫女：“孫男五，懌、愷，承務郎；愓、悌、悱未仕。孫女九，嫁者一人，南豐曾續其婿也。”[⑧] 據《宋史》可知，王存字正仲，慶曆六年進士，官至吏部尚書[⑨]。顯然，曾氏家族與大家族聯姻也是順應當時風氣，追求門當户對，在政治與社會地位上可以相互扶持，維持家族地位。

此外，曾氏家族與其他大家族聯姻之後也在政治上采取相互扶持的態度，這主要體現在爲官過程中舉薦聯姻家族成員。這既説明其堅持舉賢不避親的理念，同時也可以説是通過政治手段維護家族以及聯姻家族地位的一種體現。《宋史》載崇寧元年曾布擬用其親家陳佑甫爲户部侍郎，這引起了蔡京的批駁。蔡京指出官位爵禄乃皇帝之官位爵禄，“奈何使宰相私其親?”[⑩] 而根據這條史料，曾布在朝中爲官舉薦其親家佑甫爲户部侍郎，反而爲蔡京於御前告發，雖然曾布有所争辯，但這不能説曾氏毫無私心。再如，王萃之子王銍，是曾布第四子曾紆的女婿，王明清“故是録於布多溢美”[⑪]。而王明清在《揮麈録》中記載了曾布爲相，想舉薦王明清之祖爲臺諫：“先祖辭……文肅嘆息而寢其議。故外祖祭先祖文曰：‘昔我先公知公最久，引公諫垣：公辭不就，進退之際，益堅素守。’謂此也。”[⑫] 顯然，聯姻家族的相互舉薦可以保障大家族世代取得較爲有利的官場地位。可見，在實際的政治活動中，曾氏家

① （宋）曾鞏：《曾鞏集》卷四六，《仙源縣君曾氏墓志銘》，中華書局，1984 年版，第 636 頁。
② （宋）王安石：《臨川先生文集》卷九〇《建昌王君墓表》，中華書局，1959 年版，第 937 頁。
③ （元）脱脱等撰：《宋史》卷三二七《王安國傳》，中華書局，1977 年版，第 10557 頁。
④ （宋）王安石：《臨川先生文集》卷九一《王平甫墓志》，中華書局，1959 年版，第 947 頁。
⑤ （元）馬端臨：《文獻通考》卷二三八《經籍考》，中華書局，1986 年版，第 1891 頁。
⑥ （宋）孫汝聽：《蘇轍集》附録《蘇潁濱年表》，中華書局，1990 年版，第 1411—1142 頁。
⑦ （宋）曾鞏：《曾鞏集》卷四六《亡妻宜興縣君文柔晁氏墓志銘》，中華書局，1984 年版，第 634 頁。
⑧ （宋）杜大珪編：《名臣碑傳琬琰之集》卷三〇《王學士存墓志銘》，文淵閣四庫全書本。
⑨ （元）參見脱脱等撰《宋史》卷三四一《王存傳》，中華書局，1977 年版，第 10871—10874 頁。
⑩ （元）脱脱等撰：《宋史》卷四七一《曾布傳》，中華書局，1977 年版，第 13716 頁。
⑪ （清）永瑢等撰：《四庫全書總目》卷一四一《雜事下》，中華書局，1965 年版，第 1197—1198 頁。
⑫ （宋）王明清：《揮麈録後録》卷六《曾文肅爲相首末》，中華書局，1985 年版，第 492 頁。

族也并非拘泥於避諱，而是敢於推薦親戚族人，這對維繫曾氏家族的政治地位有重要的現實意義。

作者單位：中南大學馬克思主義學院

明萬曆年間湖廣右參政韓濟考述

劉　濤

内容提要：韓濟（1542—1598），字克濟，號若章，福建漳州府龍溪縣“匠籍”進士，萬曆元年（1573）中舉，宗師胡定。萬曆二年（1574）進士，會試座師吕調陽。歷任工部虞衡司主事、屯田司員外郎、刑部員外郎、郎中、河南府知府、武昌府知府、湖廣副使、湖廣右參政，曾監修嘉靖帝的生父陵墓、清算張居正在京財産，宦游湖廣十載，政績卓著，影響深遠，備受李世達、潘季馴、陸樹聲、趙用賢、張燮等名人稱道，被視爲夏原吉、周忱再世，名揚海内外。

關鍵詞：韓濟；湖廣右參政；名宦；張燮；明代

目前，學術界對韓濟未有研究，基本停留在民間文獻記載方面，對韓濟的認識，僅有韓濟故里福建漳州在地方志中爲之立傳，新修的《漳州市志》一書未能廣泛搜集史料，尤其是武漢舊志、文集等史料進行系統研究，僅局限於舊志記載。《武漢市志·人物志》一書也是如此，未能從韓濟故里福建漳州出發，考察漳州舊志記載，重新審視韓濟的歷史地位①。

基於福建、湖廣通志未爲之立傳，韓濟的歷史地位長期以來未獲學術界應有的關注，韓濟的湖廣宦績對當下武漢發展具有一定的啓示作用。本文將廣泛搜集福建、湖北新舊地方志、文集、《明實録》、族譜等史料，置身更加廣闊的時空，跳出漳州、福建、武昌、湖廣等傳統認識范疇，立足韓濟所處的世界大航海時代，在文獻分析的基礎上，進行文本分析，揭示閩鄂區域社會歷史文化變遷，還原韓濟應有的歷史地位，爲新時期歷史名人文化研究提供新的研究路徑。

---

① 參見漳州市地方志編纂委員會編《漳州市志》第5册，中國社會科學出版社，1999年版；武漢市地方志編纂委員會編《武漢市志·人物志》，武漢大學出版社，1999年版。

一、張燮撰寫韓濟最早史料

韓濟的生平事迹始載張燮《中大夫湖廣參政若章韓公墓志銘》：

公諱濟，韓氏世居龍溪之天寶山，宋進士韓鉉之後也。代爲望族，曾祖伯元、祖宗信，有隱德。父封公儀，補博士弟子員，負奇不售，然以和易長者，爲鄉閭所歸戴。生子五人，公其白眉最良者也。公之幼也，即已軒軒若朝霞舉，望者知其絶倫。從封公授書，未嘗出就外傅。弱冠試邑諸生。會母陳恭人早世，其奉繼母如自出母，送死事生，耦俱無憾。癸酉，舉省試，明年甲戌，成進士高第，釋褐爲工部虞衡主事，管理盔甲廠。公寶劍新拭，射斗逾寒，竹頭木屑，咸爲精覈。蓋戎器一新，而歲省所司金錢無算，中常侍憚公清謹，咸斂手，無耗大官焉。戊寅，秩滿，封封公如公官，母若妻俱爲安人。嗣奉使督磚臨清。己卯，擢屯田司員外郎。居無何，以繼母喪，南歸。癸未，復除刑部員外郎，尋擢郎中，折獄稱明允。既滿六載考，大司寇方留公需部事，以儲顯擢，而會河南守缺，選人以所部煩劇，非素重臣難治，乃拜公往。公練而習於法，剸决如流。案牘俱手自屬草，吏無所容舞文。而門市心水，常例一切謝却之，諸屬饋餉，毫無所受。潞藩新就國，所在披靡，會有所需民地若干畝，公持之，事竟寢。靈寶杜順者，甲中豪也，倚勢毆落婦人胎，吏不敢問。公立按之法，百計夤緣不能解。而商州人李朝者，寓居盧氏縣，縣中人謂："若族孱，易輿也。"曹起魚肉之。公嘆曰："是庇吾宇下者，何非赤子耶?"悉逮諸掠朝財帛者，朝賴以全。巨盗靳山横行他邑，公盡捕諸賊奴下之理，夜犬不驚。蓋公涖河南未期月也，乃遠近畏懷，如奉神君。及未幾，而封公訃至，遠近悲戀如失慈母，此豈世俗抱咫尺者可效哉。

戊子，復除武昌守。武昌煩劇欲過河南，公悉用所故治河南者治之。楚藩宗室，往往以禄米虚數，代輸入官田宅價值，公曰："詎惟城宗子所宜哉?"悉戒勿許。會城法馳民殘，猾吏田茂禾、黄洪范等憑藉爲奸，公廉其狀，相繼伏法。又劉惠、陳邦兒者僞刻郡篆，與吏朋比截收下邑解貯官錢，公偵得主名，捕鞫之，奸叩頭，無所逃罪，輿人稱快。武昌連歲大歉，公爲力請大吏，出庫藏之餘，發糶賑饑，施藥療病，置具掩骼，夾鹿之車不遑寧處。又爲嚴保甲以防盗賊，通商賈以貿有無，設饘粥以食逃徙。蒿目苦心，蓋於是遂中奇疾，郡人狂走不知所爲。數絶竟起，人以爲循吏之報云。庚寅上最，贈封公複爲武昌守，母妻爲恭人。辛卯，入覲，士民相送，填塞江干，唯恐公之不復來，而公果以壬辰春擢湖廣觀察，開鎮吴門矣。吴故有兩觀察，其一主水利及糧餉，其一主備兵，適備兵員缺，畀公兼任之。公飲冰肅事，稽賦額，節耗蠹，清浮詭之奸，權贏絀之度，一切浚决潴畜之務，以至倉廥舳艫河渠通塞之故，擘畫部署，曲中便宜。而江南歲挽漕粟數十萬，悉赴期會無爽。會倭奴蕩摇朝鮮，有詔天下兵往援，衣糧扉屨，日倍歲增，公毅然曰："菇廬之民屢歲不登，縣官悉索敝賦，其何能給？"條上其宜蠲者若而數罷之。國家養兵，多有摶手之徒，一切闌入。公嚴爲訓練，其陸不任舟師者，不得列於戎行。陸宗伯樹聲謂："公治水擬夏忠靖，理餉擬周文襄。"趙少宰用賢謂："公之轉餉，寬以收其猛，而國計饒；公之飭兵，猛以成其寬，而國威厲。"其爲名輩倚重亦如此。乙未，擢湖廣參知，理楚餉，武昌人踊躍相語曰："我公重來矣。"迎謁者肩相摩於道，公慰謝而遣之。吏胥輿隸之屬素服公廉明，相戒不敢犯其三尺。丁酉，督輸渡淮，舊屙間作中途。事竣，上疏乞骸，朝議憐公久暴露於外，得暫解任以歸。歸而伏枕養屙，經歲，卒於正寢，無貴賤咸痛之。

公豐裁凛然，而爲治不尚刻急，歸於寬碩長者。每屬吏來謁，必委曲諮詢，或指授以興革緩急之方，移時不倦，表率之地，矜嚴肅清。至課吏論人，又因其才力之短長、地勢之難易，絶不置私愛贈厚引引繩。若從事丞尉之屬，畢善禦之，無使私受詞爲蠆尾于國。延接士大夫，款洽備至，及探討閭閻疾苦，加意撫綏。若舍人子與民爲鯁者，法行無赦，競亦未嘗過有摧折，以博赫赫名，故所在咸畏而愛之。内行逾篤。繼母病目積翳，公泣禱於帝，目爲復明。仲兄蚤夭，爲捐資立祀。族人貧不任婚葬者，詣公取給焉。季弟三水令紹忠舉孝廉，豪上不可一世，公善下之曰："阿奴火攻詎出下策者耶？"妹若姊啬不能自營，多資月俸，以修饔飧，没者，爲撫育諸甥倍焉，不至謂家舅驅使草木矣。自公之通籍二十有五年，嘗兩奉諱家食，最後謝事歸，凡三抵里，塞門掩關，兩平頭焚香烹茗，交知過從，劇談清遠。食貧自甘，郡國吏未聞片語請間，山溪之利，與世無争。宅數椽，夾巷濱水，每大浸，堂室間水可半壁，家人登樓以避；比雨退，泥滓汙人，竟寓此以終其身，不能他置爽磑也。没之日，所遺僅故衣半篋，稱貸乃克治喪。初終一節，視庭修家壞者又不大不侔矣。

公生於嘉靖壬寅，没于萬曆戊戌，享年纔五十有七。子長者早殤，次維衡，今娶靳大令一派女。女二，長適胡某參軍應東之孫，次適中書劉履豐學憲庭惠子也。公涖吴時，貴公子王士驌等恃才好結客，客漸及非類，私署主屬名目，實繁有徒，仇人上變，中丞台坐以不軌。公笑曰："若安能反？是白面狂生，酒酣耳熟，叱吒狗屠，張目里中者耳，安能反？"中丞覬以捕反爲功，下令嚴捕之，公力爲轉移，獄大不沸。嘗私謂胡恭人曰："吾始一子，僅數歲著膝前，殺人媚人，即博封拜，吾不忍爲也。"蓋三吴人每嘆韓公其後必大焉。

公没而維衡尚幼，今成立矣，折薪負荷，天定非遥。自是詣余，乞銘墓中之石。自惟先君子與公同年，爲莫逆交，而燮又早辱公契，公嘗謂燮曰："君始生時，尊甫已計偕，而余後發，爲汝家將書抵燕市，尊甫殺雞酤酒，醉餘盡歡。今君翩翩凌雲，而吾兒幸繭栗犢，异日無相忘。"嗟乎！言猶在耳，顧箕尾者已若而載。即不文，安忍負公哉。

知公者莫如燮，遂不辭而爲之銘。

銘曰：既號清郎，亦稱良守。隼旗載騫，經綸在手。郭少附田，宫僅數畝。廉吏可爲，世俗曰否。位不配望，德乃貶壽。疇豐汝前，疇啬汝後。鬱鬱佳城，跨彼壟首。頌溯輿人，碑傳幼婦。吉甫文武，張仲孝友。惟公兼之，公名不朽。[1]

二、從文本分析出發解讀韓濟生平事迹

張燮《中大夫湖廣參政若韋韓公墓志銘》一文記載韓濟生平事迹較爲詳備，但也存在一些問題，據此在張燮所撰墓志銘的基礎上，結合相關史料進行翔實考辨。

韓濟字克濟，雖未提及“若韋”何意，從古人名、字、號來看，“若韋”應是韓濟的别號。韓濟的故里“龍溪”指福建漳州府龍溪縣。“天寶山”是朱熹高足陳淳所云漳州第一名山[2]。韓濟故里龍溪縣二十一都天寶社[3]，今福建省漳州市薌城區天寶鎮。韓濟的先祖“宋進士韓鉉”，始載《八閩通志》，是“宣和三年辛丑，何焕榜”進士[4]，備注“《寰宇志》無此四人”[5]，“《寰宇志》”指《寰宇通志》。正德《大明漳州府志》作“韓鉉”[6]，備注“以上縣分歷官俱未詳”[7]，嘉靖《龍溪縣志》始將韓鉉援引爲龍溪縣進士。“韓鉉”即“韓鉉”，并非北宋宣和三年（1121）進士。韓濟出身“福建漳州府龍溪縣匠籍”[8]，社會地位較低，對其祖先譜系僅能上溯三代，即其父韓儀，祖父韓宗信，曾祖父韓伯元，值得注意的是，張燮在韓濟墓志銘中未述及韓濟與其北宋的祖先韓鉉的具體世代，即未説明韓濟是韓鉉的第幾代後裔，可見直到韓濟去世時，韓家都不知道韓濟與韓鉉之間的世代關係。韓濟墓志銘追溯到其北宋祖先韓鉉，實際上是韓濟功成名就以後建構譜系的結果，這一譜系建構的歷史背景是明世宗在嘉靖十五年（1536）允許天下庶民追溯始祖。源於韓濟的祖先大多默默無聞，與其時如日中天的韓濟的社會地位不符，韓家亟需一位歷史人物作爲祖先。由此就根據地方志記載，選擇了遥遠的北宋科舉人物韓鉉，然而韓鉉實際上并非進士。

---

① （明）張燮撰，陳正統主編：《霏雲居集》卷三五《墓志銘》，《張燮集》第1册，中華書局，2015年版，第637—641頁。

② 劉濤：《朱熹高足陳淳與傅伯成、傅壅父子交往考》，《閩學研究》2018年第4期。

③ （明）劉天授修，（明）林魁、李愷纂：嘉靖《龍溪縣志》卷一《地理·甲社》，中華書局，1965年版，第5頁b。

④ （明）黄仲昭修纂，福建省地方志編纂委員會舊志整理組、福建省圖書館特藏部整理：《八閩通志》卷五一《選舉·科第·漳州府》下册，福建人民出版社，1991年版，第183頁。

⑤ 同上。

⑥ （明）陳洪謨修，中國人民政治協商會議福建省漳州市委員會整理：正德《大明漳州府志》卷一五《科目志·宋進士科》上册，厦門大學出版社，2012年版，第846頁。

⑦ 同上。

⑧ 《明萬曆二年進士題名碑録（甲戌科）》，《明清歷科進士題名碑録》第2册，臺北華文書局股份有限公司，1969年版，第939頁。

韓濟之父韓儀，考中"博士弟子員"即龍溪縣儒學生員。韓濟在其兄弟中猶如三國名將馬良，最爲出類拔萃。韓儀以教書爲生，韓濟幼承家學，未在外就學。韓濟生母陳氏是韓儀的元配，早逝，由於韓濟的緣故，得以母以子貴獲贈恭人。韓濟早年喪母，對其繼母非常孝順。

張燮稱韓濟"代爲望族"，然而根據韓濟出身"匠籍"，如何是世代名門望族呢？實際上，張燮所云是韓濟出身名門望族是從韓濟及其父、子女三代人開始算的，韓濟之父由於韓濟的緣故獲封父子同職，韓濟成名後，先後與潁州知州靳一派[①]、名士胡應東[②]、"福建漳州府漳浦縣軍籍"進士劉庭蕙聯姻[③]，由此提高了社會地位，成爲名門望族。

韓濟生於嘉靖二十一年壬寅（1542），卒於萬曆二十六年戊戌（1598）。韓濟在嘉靖四十年辛酉（1561）以弱冠之年考取秀才，萬曆元年癸酉（1573）考中福建鄉試舉人。其宗師是胡定，"（萬曆元年九月）癸卯，升陝西右參議胡定爲福建提學副使"[④]，"湖廣武昌府崇陽縣軍籍"[⑤]。韓濟在萬曆二年甲戌（1574）連中會試、殿試，成爲"大冶人"[⑥]呂調陽的門生。韓濟初授工部虞衡司主事，管理盔甲廠，發揮出身軍匠籍優勢，製作精良，節約開支。"中常侍"指明神宗近侍，爲此收斂。萬曆三年十二月乙亥（1576），"兵科給事中趙世勳言：歲造盔甲、弓箭等項向時委托非人，侵欺料價，給散各軍直爲棄物"[⑦]，韓濟解決了這一積弊。

韓濟曾參與鑄幣改革。萬曆四年（1576）四月己卯，"工部言：製錢所以足國便民。然必使民不敢盜鑄，而後可以經久，宜以五銖錢爲準，用四火黄銅鑄金，背二火黄銅鑄火漆，務求銅質精美。其粗惡及渣滓者，罪之大，約鑄錢一萬文，用銀一十四兩八錢九分零，費多利少，私鑄自息。督以侍郎何寬責成、員外郎沈文及主事韓濟分理。上令再議以聞，於是工部又議銅價各減十分之一，復欲慎收料、嚴搒簡、去拙工，務使工用相淂則錢自精，而用自廣，報可。"[⑧]

萬曆四年（1576）十月"丁卯，以預造盔甲缺鐵料至一百一十萬六千七百斤，主事韓濟

① （明）閔夢得修，中國人民政治協商會議福建省漳州市委員會整理：萬曆癸丑《漳州府志》卷一七《人物志一·選舉·宋》上册，厦門大學出版社，2012年版，第1240頁。

② （清）孫岳頒等修：《御制佩文齋書畫譜》卷四一《書家傳二十·明二》，《欽定四庫全書》（子部），清乾隆四十一年（1776）抄本，第20頁b—21頁a。

③ 《明萬曆八年進士題名碑録（庚辰科）》，《明清歷科進士題名碑録》第2册，臺北華文書局股份有限公司，1969年版，第980頁。

④ 《明神宗實録》卷一七"萬曆元年九月癸卯"，《明實録》第11册，臺北研究院歷史語言研究所，1962年版，第511頁。

⑤ 《明嘉靖三十五年進士題名録（丙辰科）》，《明清歷科進士題名碑録》第2册，臺北華文書局股份有限公司，1969年版，第831頁。

⑥ （清）夏力恕修：雍正《湖廣通志》卷三二《選舉志》，《欽定四庫全書》（史部十一·地理類三），清乾隆四十六年（1781）抄本，第39頁b。

⑦ 《明神宗實録》卷四五"萬曆三年十二月乙亥"，《明實録》第11册，臺北研究院歷史語言研究所，1962年版，第1011頁。

⑧ 《明神宗實録》卷四九"萬曆四年四月己卯"，《明實録》第11册，臺北研究院歷史語言研究所，1962年版，第1132—1133頁。

議將羨餘并損壞盔、槍、甲葉等鐵抵用，工部覆請，從之。”[①]

“戊寅”指萬曆六年戊寅（1578），韓濟之父獲封父子同職，繼母獲封安人。“臨清”指直隸東昌府臨清州（今山東臨清市），此“磚”指皇宫所用金磚。韓濟奉命督造臨清金磚，發揮制磚祖業專長。

萬曆七年（1579）九月乙巳，“修顯陵祾恩殿，以户部主韓濟董之，令刻期竣事，毋致冒破、虚糜。”[②]“顯陵”指明顯陵，位於湖廣承天府鍾祥縣（今湖北鍾祥市），所葬明世宗生父即明神宗的曾祖父。“户部主”應作“工部主事”。韓濟負責修葺顯陵，深得明神宗的信任。

“己卯”指萬曆七年己卯（1579），韓濟擢升工部屯田司員外郎。未幾，因繼母去世，回鄉奔喪。

“癸未”，指萬曆十一年癸未（1583），韓濟在三年守喪期滿後，回京擔任刑部員外郎。獲得刑部尚書潘季馴的青睞，由此升任郎中，以斷案公正著稱[③]。

《明神宗實録》披露：萬曆十二年（1584）五月庚辰，“刑部主事韓濟估計故相張居正在京房産等物，解進銀一萬六百兩有奇，繳進御筆扁額四面、敕諭二面”[④]，韓濟于此秉公執法。

萬曆十六年（1588），韓濟任滿，“大司寇”指刑部尚書李世達[⑤]，準備提拔他。韓濟却迎難而上出任河南府知府。“潞藩”指明神宗的胞弟潞簡王。韓濟親力親爲，未及一月，制止了潞王要地、懲强扶弱、安定社會秩序，百姓敬奉如神明。其父噩耗傳來，百姓與之同悲。

“戊子”指萬曆十六年戊子（1588），韓濟未獲返鄉守制，出任武昌府知府，采取治理河南府的方法，重塑武昌形象。“楚藩宗室”指楚王朱華奎，韓濟約束楚王府不法行爲。打擊猾吏，嚴懲僞造官印、與官吏狼狽爲奸的不法之徒。

“連歲大歉”，查康熙《武昌府志》記載：

> （萬曆）十六年，大旱。十七年，旱，疫。黄鶴樓灾，延燒千家。有狐自漢陽門入，陰雨作人哭聲。城外龜、蛇斷死，自是水旱相仍，稅璫陳奉激令民變，又有逆宗崇仁攫金殺巡撫趙可懷，武昌人相食。二十年，大旱，湖水盡涸。[⑥]

---

① 《明神宗實録》卷五五“萬曆四年十月丁卯”，《明實録》第11册，臺北研究院歷史語言研究所，1962年版，第1278頁。

② 《明神宗實録》卷九一“萬曆七年九月乙巳”，《明實録》第11册，臺北研究院歷史語言研究所，1962年版，第1865頁。

③ （清）張廷玉等修：《明史》卷一一二《表第十三・七卿年表二》，《欽定四庫全書》（史部・正史類），第23頁。

④ 《明神宗實録》卷一四九“萬曆十二年五月庚辰”，《明實録》第11册，臺北研究院歷史語言研究所，1962年版，第2771頁。

⑤ （清）張廷玉等修：《明史》卷一一二《表第十三・七卿年表二》，《欽定四庫全書》（史部・正史類），第24頁b—25頁a。

⑥ （清）裴天錫修：康熙《武昌府志》卷三《灾异志》，中國國家圖書館藏，清康熙二十六年（1687）刻本，第8頁b。

萬曆十六年（1588），武昌府大旱。萬曆十七年（1589）大旱，爆發疫情。名勝古迹黄鶴樓發生火灾，延燒千家。相傳狐狸從武昌府漢陽門入城，陰雨天似人哀嚎聲。城外黿、蛇皆折斷而死。人心惶惶。其時，又有太監陳奉在武昌大肆徵收税賦，激起民變。又有楚王府宗室朱崇仁攫取金銀，殺害湖廣巡撫趙可懷。武昌自萬曆十六年（1588）到萬曆十七年（1589）接連兩年旱灾，韓濟積極申請開倉賑饑，在萬曆十七年（1589）發放藥品廣爲救治，收掩屍體。與此同時，韓濟在武昌府實行嚴密的保甲制度，恢復商貿活動，設置免費餐食，社會由此安定，獲稱循吏。

韓濟的故里漳州府龍溪縣早在明朝“海禁”時期即參與世界大航海貿易，韓濟在武昌積極發展商貿，促進了長江文明與海洋文明交流。

“庚寅”指萬曆十八年庚寅（1590），韓濟的政績最突出，其父獲贈武昌知府，其母獲贈恭人，其妻獲封恭人。“辛卯”指萬曆十九年辛卯（1591），入覲明神宗，武昌士民相送，擠滿江岸，擔心韓濟不再歸來。

“壬辰”指萬曆二十年壬辰（1592），“湖廣觀察”指湖廣副使。韓濟再次宦游湖廣。面對謡言，反對巡撫的錯誤決定，暗中保護無辜百姓。

萬曆二十年壬辰（1592），日本侵略朝鮮，明朝支援朝鮮，兵源、衣物、糧食均有缺口。韓濟爲民請命，百姓得以减負。韓濟治兵有方。“陸宗伯樹聲”指陸樹聲，時任禮部尚書。“夏忠靖”指夏原吉，謚號忠靖；“周文襄”指周忱，謚號文襄。陸樹聲將韓濟比作名宦夏原吉、周忱再世。“趙少宰用賢”指趙用賢，時任吏部侍郎，對韓濟敬佩不已。

“乙未”指萬曆二十三年乙未（1595），萬曆二十三年（1595）二月癸丑升“湖廣按察司副使韓濟爲布政司右參政”①。武昌百姓歡呼雀躍“我公重來”，摩肩接踵熱烈歡迎，吏胥不敢輕舉妄動。

“丁酉”指萬曆二十五年丁酉（1597），韓濟在督運途中舊病復發，堅持完成任務，辭官歸里。韓濟僅活到閩南“五十歲上壽”之年。韓濟家居期間不干涉地方事務，告誡胞弟、其妻胡恭人，不與民争利。韓濟長子早夭，却當仁不讓爲次兄料理喪事、撫養外甥、資助鄉親婚喪嫁娶。一生未置産業，長住陋室，其家人需要借貸爲之治喪。

墓志銘作者張燮，其父張廷榜與韓濟是同科進士，② 所撰史料影響深遠。

張燮參與修纂萬曆癸丑《漳州府志》，劉庭蕙是該志主纂，③ 始爲韓濟立傳：

韓濟，字克濟，龍溪人，萬曆甲戌進士，授工部主事，覈物料、督戎器盡却常例千

---

① 《明神宗實録》卷二八二“萬曆二十三年二月癸丑”，《明實録》第11册，臺北研究院歷史語言研究所，1962年版，第5214頁。

② （明）閔夢得修，中國人民政治協商會議福建省漳州市委員會整理：萬曆癸丑《漳州府志》卷一七《人物志二·國朝進士》上册，厦門大學出版社，2012年版，第1185頁。

③ （明）閔夢得修，中國人民政治協商會議福建省漳州市委員會整理：萬曆癸丑《漳州府志》卷首《纂修姓氏》上册，厦門大學出版社，2012年版，第73頁。

金。丁内艱，起複補刑部郎中。出守河南，歲饑，開倉以賑，所全活數千人。又念灾勝民困爲緩徵輸，每詢里巷疾苦，加撫字焉。政尚平恕，至持法守正不可奪。潞藩請地，力止之。宗室禄米，有虚糜及屯糧宿蠹者，悉爲厘革。以外艱歸。復補武昌，擢湖廣副使，理蘇、松、常、鎮四郡糧儲，兼督支河省，費巨萬。時有爲蜚語，誣諸貴游子弟聚集亡命將爲變。當道急索按之，株連暴族，濟力持不可，曰："是輩醉飽狂妄瞋目語，難爲豪耳。無反迹，不宜深求。久之，事漸冰釋，不者且構成大獄禍烈矣。"江南人德之不啻父母也。遷楚藩參政，以勞瘁成疾，乞歸。歷仕二十餘載，未嘗營家人産。里居，片字不入公門。在武昌四載，積贖鍰二千餘金，貯庫臨遷官，悉捐修廟學、懸橐出郡，所飲者武昌之水而已。未幾，卒於家。里評稱嘆，舉祀鄉賢。①

囿于地方志體例，對韓濟訓誡楚王府一事，將原作"楚藩"加以模糊化，改稱"宗室"。對韓濟所任湖廣副使，詳細記載其分管事務，即處理蘇州府、松江府、常州府、鎮江府等四府糧食，兼督漕運。在韓濟離任武昌府，增加了韓濟離任之際曾留下兩千多兩白銀支持武昌府儒學以及文廟修葺事宜，發展地方文教，韓濟僅飲第二故鄉武昌府的長江水。該志爲韓濟立傳時，韓濟已入祀鄉賢祠。

康熙《武昌府志》仍紀念韓濟：

韓濟，龍溪人，萬曆間知武昌府，多惠政，士民德之。②

該志記載極爲簡略，以"多惠政"一語概括，但是，留下了武昌"士民"對韓濟感恩戴德的記載。

雍正《湖廣通志》僅留下隻言片語：

（武昌府）漢陽、平湖二門，禹龍港、董家坡而上，墊没，幾不可支。郡守韓濟修之，費千四百金。③

該志記載武昌府城漢陽門、平湖門，自禹龍港、董家坡而上，曾任武昌府知府的韓濟主持修葺，由此費銀一千四百兩。但是，韓濟曾任湖廣右參政等任職情況，却未見載《湖廣通志》，該志也未爲韓濟立傳。

---

① （明）閔夢得修、中國人民政治協商會議福建省漳州市委員會整理：萬曆癸丑《漳州府志》卷二二《人物志七·列賢傳·韓濟》下册，厦門大學出版社，2012 年版，第 1577－1579 頁。

② （清）裴天錫修：康熙《武昌府志》卷五《宦績志》，中國國家圖書館藏，清康熙二十六年（1687）刻本，第 8 頁 b。

③ （清）夏力恕修：雍正《湖廣通志》卷二〇《水利志·武昌府》，《欽定四庫全書》（史部十一·地理類三），清乾隆四十六年（1781）抄本，第 2 頁 a。

三、餘論

綜上所述，可歸納爲以下三點認識。

第一，韓濟自參加科舉考試起，就與湖廣結緣，先後成爲胡定、吕調陽的門生。在任京官時，曾前往湖廣主修明世宗生父的陵墓，又曾負責核算湖廣先賢張居正在京財産。自萬曆十六年（1588）起，到萬曆二十五年（1597），歷任武昌府知府、湖廣副使、湖廣右參政，宦游十載，在社會、財政、土地、民政、醫藥衛生、水利、文教等方面，政績斐然，影響深遠，深受士子、百姓愛戴，備受當朝名宦稱道。韓濟之所以能成爲名宦，與其出身"匠籍"有關，"匠籍"的社會地位低微，促使韓濟深知百姓疾苦，對其廉潔奉公、不斷奮進起到了積極的推動作用。而韓濟在湖廣任前的任職經歷，則爲其奠定了良好的基礎。韓濟在處理張居正在京財産時，未落井下石，處理得當，對其後來任職湖廣也起到了良好的作用。韓濟來自福建水網密布的九龍江北溪一帶，深受東南沿海海洋社會影響，充分認識到武漢地處"九省通衢"，發展商貿的重要性，積極恢復生産，在世界大航海時代，推動東南海洋文明與長江文明交流，受到《東西洋考》作者、漳州月港文化圈領袖張燮的稱道，反映了韓濟具有重要的歷史地位[①]。韓濟這一事迹，經張燮著作刊行於世，促進了海内外對武昌的關注，産生了積極的影響。

第二，就文本書寫而言，張燮《中大夫湖廣參政若韋韓公墓志銘》是目前所見韓濟最早的史料，記載也較爲全面，可彌補福建、湖廣地方史志的不足，據此可還原韓濟應有的歷史地位。但也存在一些問題，如韓濟任職武昌府期間修葺水利，離任武昌知府之際曾留下銀兩支援武昌發展文教事業等具體事例，無法面面俱到。通過萬曆癸丑《漳州府志》纂修人員名單，從中發現在韓濟世侄張燮的努力下，韓濟的兒女親家劉庭蕙的支持下，韓濟得以入傳萬曆癸丑《漳州府志》。由於時間久遠，韓濟生平事迹未能獲得其第二故鄉的全面認識，因此韓濟在湖廣的地方志中僅留下吉光片羽的史料。但是，也可彌補福建記載史料的不足。韓濟是名副其實的湖廣名宦。不能以曾任官職未見載雍正《湖廣通志》，忽視其曾任湖廣高官，未能以雍正《湖廣通志》爲之立傳，忽視其湖廣名宦的歷史地位。

第三，新時期湖廣歷史名人研究方面，應圍繞湖廣歷史名人，跳出傳統的認識范疇，置身更廣闊的時空。在文本分析的基礎上，揭示區域社會歷史文化變遷過程，探索文本的書寫原因，還原文本的書寫過程。即使是自認最熟悉韓濟的世侄張燮，對韓濟的生平事迹仍然挂一漏萬，對韓濟的家世仍進行隱晦，文集、地方志等史料研究韓濟未能全面認識，根據韓濟

---

① 參見劉濤《〈東西洋考〉中的南海地名、針路及其來源》，《南海學刊》2020 年第 4 期。

所處的明代，户籍之分明顯，通過科舉史料，從中發現韓濟的户籍出身，對韓濟的身世進行考察。結合《明實録》記載，從中認識到文集、地方志未曾提及、不便提及的人物與事件，張燮未曾提及韓濟曾處理張居正在京財産，按張居正名揚海内，張燮的兒女親家、曾任四川副使的戴燿就曾積極支持張居正新政，而深受張居正的獎掖，戴燿曾爲萬曆癸丑《漳州府志》作序，對韓濟曾處理張居正財産之事應是知情的，張燮在文集、地方志中認爲不便提及，隱晦處理[①]。

作者單位：龍岩學院閩臺客家研究院

① 參見劉濤《明代兩廣總督戴燿年譜》，《閩臺文化研究》2018年第4期。

稿　　約

《蜀學》是西華大學、四川省人民政府文史研究館蜀學研究中心創辦的學術刊物，由西華大學、四川省人民政府文史研究館聯合主辦，西華大學蜀學院協辦，一年兩輯，由巴蜀書社出版，誠邀海内外學者賜稿。

一、徵稿選題

關於蜀學理論、蜀學思想、蜀學史、蜀中學者以及蜀學文獻等方面的研究。

二、文稿要求

1. 遵守學術道德，文責自負。

2. 未曾公開發表，具有一定的學術原創性。

3. 本刊統一使用規范的繁體漢字。

4. 來稿需提供内容提要和關鍵詞（不需英文翻譯），可加課題項目名稱，注釋一律采用當頁脚注，每頁單獨編號。脚注用小五號宋體，包括文獻作者、文獻題名、卷數或期刊名、出版單位及出版年或期刊的年（卷、期）、起止頁碼，用帶圓圈的阿拉伯數字序號標注。例：

①孫硯方：《都江堰水利詞典》，科學出版社，2004 年版，第 54—55 頁。

②馮廣宏：《創立一門新蜀學——都江堰學》，《西華大學學報》（哲學社會科學版）2005 年第 4 期，第 15—19 頁。

5. 來稿字數以 8000～30000 字爲宜，學術價值高者不受篇幅限制。

6. 來稿請務必詳細注明作者的姓名、單位、職稱、學歷和聯繫方式（電話、電子信箱、通訊地址等）。大作一經刊出，即酌付稿酬，并寄樣刊兩本。

三、本刊對來稿有删改權，若不同意删改者請於來稿上注明。

四、投稿方式**紙質稿件郵寄地址**：四川省成都市郫都區紅光大道 9999 號西華大學四川省人民政府文史研究館蜀學研究中心李文娴（收）。郵編：610039。

電子郵件：xhdxshuxue@126. com；191615760@qq. com；

1214745829@qq.com；
聯繫電話：(028) 87723062；13308000975（李文嫻）

西華大學四川省人民政府文史研究館蜀學研究中心
《蜀學》編輯部

著作權使用聲明

圖書在版編目（CIP）數據

蜀學. 第二十輯/西華大學、四川省人民政府文史研究館蜀學研究中心主辦. —成都：巴蜀書社，2022.5

ISBN 978-7-5531-1702-7

Ⅰ. ①蜀… Ⅱ. ①西… Ⅲ. 文化史—四川—文集 ②巴蜀文化—文集 Ⅳ. ①K297.1—53②K872.71—53

中國版本圖書館 CIP 數據核字（2022）第 061215 號

SHU XUE
蜀　學（第二十輯）　西華大學 四川省人民政府文史研究館 蜀學研究中心　主辦

責任編輯	馬　蘭
封面設計	張　科
出　　版	巴蜀書社 成都市錦江區三色路 238 號新華之星 A 座 36 層 郵編：610023 總編室電話：(028)86361843
網　　址	www.bsbook.com
發　　行	巴蜀書社 發行科電話：(028)86361852
經　　銷	新華書店
照　　排	四川勝翔數碼印務設計有限公司
印　　刷	成都順印天下數字印刷有限公司　(028) 64656858
版　　次	2022 年 7 月第 1 版
印　　次	2022 年 7 月第 1 次印刷
成品尺寸	185mm×260mm
印　　張	24
字　　數	550 千
書　　號	ISBN 978-7-5531-1702-7
定　　價	95.00 圓